# LA PROIE DES ÂMES

Matt Ruff vit à Seattle. Il ne souffre pas de trouble de la personnalité multiple, mais est obsessionnel. Il est l'auteur de deux autres romans. Son premier roman, *Fool on the Hill*, est devenu un livre culte underground dès sa sortie, en 1988, obtenant le soutien enthousiaste du mythique Thomas Pynchon.

DU MÊME AUTEUR

Un requin sous la lune
*Editions du Masque-Hachette Livre, 2002*
*et « Folio SF » n° 173*

Bad monkeys
*10/18, 2008*

Matt Ruff

# LA PROIE DES ÂMES

## Un conte spirituel

*Traduit de l'anglais (États-Unis)*
*par Laurence Viallet*

*Éditions du Seuil*

TEXTE INTÉGRAL

TITRE ORIGINAL
*Set This House in Order*

Éditeur original : HarperCollinsPublishers Inc., 2003

ISBN original : 0-06-019562-2

ISBN 978-2-02-084948-7
(ISBN 2-02-062772-8, 1re publication)

*Pour Michael, Daniel, J.B., Scooter, et toute la clique.*

Je suis toute la famille de mon père, à la fois toutes ses filles et tous ses fils.

WILLIAM SHAKESPEARE, *La Nuit des rois*.

Ce fut mon père qui me convoqua.

La première fois que je sortis du lac, j'avais vingt-six ans, ce qui surprend parfois les autres, interloqués à l'idée que j'aie un âge sans avoir de passé. Moi aussi, cela m'étonne: la plupart des gens que je connais ne se souviennent pas de leur naissance et, pis encore, n'en sont pas chagrinés. Un jour, ma grande amie Julie Sivik me dit que son plus ancien souvenir remontait à sa deuxième fête d'anniversaire, lorsqu'elle était montée sur une chaise pour souffler les bougies du gâteau. Avant, c'est le néant, me dit-elle, mais cela ne semblait pas la contrarier, comme si la disparition de deux années de sa vie était la chose la plus naturelle au monde.

Je me souviens de tout, même des premiers instants: mon nom crié dans le noir; la surprise de l'eau; les algues entrelacées au fond du lac où j'ouvris les yeux. L'eau était sombre dans les profondeurs mais j'apercevais le soleil au loin, à la surface, et je me laissai flotter jusqu'à lui, guidé par la voix de mon père.

Il m'attendait sur la berge, en compagnie d'Adam, de Jake et de Tante Sam. La maison se trouvait derrière eux, Seferis était monté en chaire pour surveiller le corps; je sentais le regard des autres qui m'observaient depuis les fenêtres donnant sur le lac et l'orée de la forêt, trop intimidés pour se montrer. Gideon aussi devait me regarder, depuis Coventry, mais je ne savais alors rien de lui.

Je devrais sans doute en raconter davantage sur la maison. Tante Sam aime à dire qu'un bon conteur ne dévoile ses informations que parcimonieusement, pour piquer la curiosité de son auditoire, mais si je ne raconte pas tout par le menu, et sans préambule, je crains que vous ne trouviez mon histoire confuse. Qu'elle soit barbante serait donc un moindre mal. Alors soyez patient, et je promets de m'efforcer de ne pas être assommant.

La maison, de même que le lac, la forêt et Coventry se trouvent dans la tête d'Andy Gage, ou du moins ce qui serait sa tête s'il était encore en vie. Andy Gage naquit en 1965 et fut assassiné peu de temps après par son beau-père, un homme malfaisant nommé Horace Rollins. Ce n'était pas un banal fait-divers : bien que la torture et les sévices qui le firent périr aient été réels, la mort d'Andy Gage ne l'était pas. Seule son âme mourut, et, en mourant, elle vola en éclats. Puis ces éclats devinrent des âmes à part entière, toutes héritières de la vie d'Andy Gage.

À l'époque il n'y avait pas de maison, la tête d'Andy Gage n'était qu'une pièce sombre dans laquelle cohabitaient les âmes. Un faisceau de lumière aveuglante irradiait le centre de la salle et lorsqu'une âme, de gré ou de force, y était exposée, elle se trouvait propulsée à l'extérieur, dans le corps d'Andy Gage, sans savoir comment elle y avait atterri ni ce qui s'était passé depuis sa dernière sortie. Comme vous pouvez l'imaginer, c'était une existence effroyable, terrible, rendue plus terrible encore par les constantes exactions perpétrées par le beau-père. Des sept premières âmes qui constituaient la descendance d'Andy Gage, cinq furent assassinées ultérieurement et volèrent elles aussi en éclats ; les deux rescapées furent contraintes de se briser en mille morceaux pour survivre. Et lorsque enfin elles réussirent à se libérer de Horace Rollins, plus de cent âmes se partageaient le corps d'Andy Gage.

C'est alors que la vraie guerre commença. Au fil des années, les deux âmes survivantes – Aaron, mon père, et Gideon, le frère de mon père – parvinrent à bricoler un semblant de continuité qui leur permit de comprendre ce qui leur était arrivé. Grâce à l'aide d'une psychiatre émérite, le docteur Danielle Grey, mon père s'appliqua à remettre de l'ordre. Il substitua un paysage à la pièce noire qu'abritait la tête d'Andy Gage, il inventa une campagne ensoleillée où les âmes pouvaient se voir et discuter. Il créa la maison, afin qu'elles puissent y vivre ; la forêt, afin qu'elles puissent s'y isoler ; et le champ de potirons, afin que les âmes défuntes y soient décemment enterrées. Gideon, par égoïsme, ne voulut rien de tout cela, et fit tout ce qui était en son pouvoir pour détruire ce paysage, jusqu'à ce que mon père se trouve dans l'obligation de l'exiler à Coventry.

Les efforts requis pour achever la maison épuisèrent mon père, sapèrent son enthousiasme à s'occuper des choses du monde. Or, il fallait bien que quelqu'un contrôle le corps ; ainsi, le jour où le dernier bardeau fut cloué, mon père s'en alla au lac pour me convoquer.

L'autre chose qui me sidère, c'est que la plupart des gens ignorent le but de leur vie. En règle générale, cela les chiffonne – bien plus que d'avoir oublié leur naissance, en tout cas. Pour ma part, c'est une chose que je n'arrive pas même à concevoir. Savoir qui je suis, c'est savoir pourquoi je suis, et j'ai toujours su qui j'étais, depuis les tout premiers instants.

Je m'appelle Andrew Gage. La première fois que je sortis du lac, j'avais vingt-six ans. Je naquis avec la force de mon père, mais sans sa lassitude ; avec sa pugnacité, mais sans sa souffrance. Il me convoqua pour poursuivre la mission entreprise : mission qu'il avait choisie, mais qui m'était destinée.

# I

# ÉQUILIBRE

LIVRE PREMIER

# ANDREW

# 1

Je rencontrai Penny Driver deux mois après avoir fêté mes vingt-huit ans – ou bien deux mois après avoir fêté mes deux ans, c'est selon.

Ce matin-là, Jake fut le premier debout ; comme presque tous les jours, il surgit de sa chambre en trombe, au lever du soleil, et dévala bruyamment l'escalier qui menait à la pièce commune, sa course assourdissante réveillant les unes après les autres les âmes qui peuplaient la maison. Jake a cinq ans, et ce depuis 1973, lorsqu'il naquit suite à la destruction et au trépas d'une âme répondant au nom de Jacob ; il est mûr pour ses cinq ans, mais ce n'est qu'un enfant, et il ne sait pas respecter la tranquillité des autres.

Le tapage de Jake tira du sommeil Tante Sam, qui se mit à pester ; les invectives de Tante Sam réveillèrent Adam, qui se trouvait dans la chambre adjacente, et Adam, qui est pourtant assez grand pour respecter la tranquillité des autres, mais préfère le plus souvent n'en rien faire, lâcha une succession de cris de guerre avant que mon père ne se mette à frapper contre le mur en lui demandant de la boucler. À ce stade, toute la maisonnée était sens dessus dessous.

Quant à moi, je dus m'efforcer de faire la sourde oreille. Contrairement aux autres, je ne dors pas dans la maison, mais dans le corps, et celui qui occupe le corps ne perçoit quasiment pas le tintamarre domestique, même à son comble, car il ne résonne que faiblement dans la tête d'Andy Gage, pouvant même être étouffé à la demande – sauf s'il provient de la chaire. Mais Adam sait pertinemment cela, et chaque fois que je tente de faire la grasse matinée, il monte en chaire en un clin d'œil pour y pousser ses cocoricos jusqu'à ce que je comprenne le message. Je le laisse parfois s'égosiller, histoire de lui rappeler qui est le patron, ici ; mais ce matin-là j'ouvris les yeux dès que Jake posa le pied sur le palier.

La chambre où je dormais – où dormait le corps – se trouvait dans une demeure victorienne d'Autumn Creek, Washington, à trente kilomètres à l'est de Seattle. La maison appartenait à Mrs Alice Winslow, qui avait pris mon père en pension en 1992, avant ma venue au monde.

Nous occupions une partie du premier étage. L'endroit, quoique spacieux, était désordonné, la pagaille semblant être un des effets secondaires inévitables de la multiplicité, même pour qui s'attache à ne conserver qu'un minimum de biens matériels. En tournant légèrement la tête, j'apercevais depuis mon lit le chevalet de Tante Sam, ses pinceaux, sa peinture, et deux toiles vierges ; le skate d'Adam ; le panda en peluche de Jake ; le sabre japonais de Seferis ; mes livres ; ceux de mon père ; ceux de Jake sur leur petite étagère ; la collection de *Playboy* d'Adam ; les reproductions de tableaux de Tante Sam ; la télé couleur ainsi que la télécommande ayant jadis appartenu à mon père, mais que j'avais récupérées ; un magnéto qui était aux trois cinquièmes à moi, aux trois dixièmes à Adam, et à un dixième à Jack (pour faire court) ; un lecteur de CD à moi à hauteur de la moitié, à mon père à hauteur d'un quart, un huitième à Tante Sam, et un seizième à Adam et Jake (pour faire court) ; un tas de CD et de cassettes vidéo ayant divers propriétaires ; et un panier à roulettes plein de linge sale que personne ne revendiquait, mais qui était principalement à moi.

Voilà ce que j'apercevais sans même jeter un coup d'œil alentour ; outre la chambre à coucher, nous disposions également d'un salon, un dressing, une salle de bains pleine à craquer, et la cuisine que nous partagions avec Mrs Winslow. Cette pièce était toutefois moins encombrée ; Mrs Winslow préparait presque tous nos repas, et exigeait que nos victuailles se limitent à une rangée du frigo et deux étagères dans le placard à provisions.

Je nous tirai du lit et nous allâmes à la salle de bains

pour nous livrer à nos ablutions matutinales. D'abord les dents. Comme Jake, curieusement, adore les brosser, je lui en confie la mission, lui laisse le corps et remonte en chaire. Mais je reste sur mes gardes. Jake, ainsi qu'il a été dit, n'est qu'un enfant; mais Andy Gage a le corps d'un adulte, il mesure un mètre soixante-dix, et l'âme de Jake le porte comme un veston cinq fois trop grand. Il se déplace maladroitement, évalue souvent mal la distance entre ses membres et le monde extérieur et, comme nous n'avons qu'un crâne pour tous, s'il se cogne la tête au coin du lavabo en se penchant pour ramasser le bouchon du dentifrice, c'est un drame collectif. Alors je le tenais à l'œil.

Ce matin-là se déroula sans incident particulier. Il s'appliqua consciencieusement à se brosser les dents: de gauche à droite, de haut en bas, et chacune d'entre elles, même les difficiles, au fond. J'aimerais qu'il soit aussi doué avec le fil dentaire, mais cette opération requiert un peu trop de dextérité.

Je récupérai le corps et passai quelques instants sur les toilettes, tâche qui m'est impartie quasiment tous les matins, bien que mon père me demande parfois de s'en charger – le plaisir d'un bon étron, dit-il, étant l'une des rares choses du dehors qui lui manquent. Il arrive également qu'Adam se porte parfois volontaire, en général lorsque le dernier *Playboy* vient d'arriver; mais en principe je ne lui fais cette fleur qu'une ou deux fois par mois, car cela contrarie les autres.

Après le caca, le sport. Je m'étendis sur le tapis de bain à côté de la baignoire et laissai Seferis se livrer à son petit rituel: deux cents abdos suivis de deux cents pompes, la dernière centaine se répartissant entre le bras gauche et le bras droit. Je revins au pupitre avec une brûlure musculaire, ruisselant de sueur, mais je ne m'en plaignais pas. Le ventre du corps est plat comme une planche à pain, et j'arrive à soulever des poids considérables.

Puis je laissai Adam et Tante Sam passer à tour de rôle deux minutes sous la douche, Tante Sam ayant la primeur. Avant, c'était une fois sur deux à qui commencerait le premier, mais comme Tante Sam aime l'eau beaucoup plus chaude qu'Adam, et qu'Adam «oublie» toujours de changer le thermostat avant de rendre le corps, désormais chaque matin c'est d'abord Tante Sam, puis Adam, et puis moi – Adam sait pertinemment que s'il ne me laisse qu'une eau glaciale ou m'asperge les yeux d'eau savonneuse, il perdra ses privilèges pendant une semaine.

Une fois mon tour venu, je me récurai à la hâte (les autres se donnent rarement la peine de bien frotter), me rinçai et m'essuyai, puis rentrai m'habiller dans la chambre. Mon père monta en chaire pour m'aider à choisir ma tenue. Lorsque je ne reste pas à la maison, je contrôle le corps à temps complet, et devrais donc être seul à décider de mes habits de ville, mais, selon Tante Sam, je n'aurais aucun goût, je serais né ainsi, et il me semble que mon père s'en sent coupable.

– Change de chemise, suggéra-t-il, alors que je venais de poser sur le lit celle sur laquelle mon choix s'était porté.

– Celle-ci jure avec le pantalon? demandai-je, tentant de me remémorer la règle. Je croyais qu'un jean, ça allait avec tout.

– Oui, c'est vrai, répondit mon père. Par contre certains vêtements jurent avec tout, même un jean.

– Tu la trouves moche?

Je brandis la chemise à bout de bras et la scrutai de mon œil le plus critique. Elle était en tissu écossais jaune vif, avec des carreaux rouges et verts. Je l'avais dégotée pour quelques sous, ainsi que d'autres trouvailles, pendant les soldes de printemps, et je la trouvais gaie.

– Elle *est* moche, rétorqua mon père. Si elle te plaît tant que ça, porte-la à la maison, mais je te déconseille de la mettre quand tu sors.

J'hésitais. Elle me plaisait bien, cette chemise, et j'ai horreur de renoncer à quelque chose à cause de l'opinion des autres. Mais cela dit, j'aime beaucoup m'attirer l'estime des gens.

– Comme tu voudras, ajouta patiemment mon père.

– D'accord, répondis-je à contrecœur. Je vais passer autre chose.

Nous finîmes de nous vêtir. Je mis ma montre en dernier, et vérifiai l'heure sur le réveil de la table de nuit. 07:07, indiquait-il, LUN 21 AVR. Le jour et la date concordaient, mais pas l'heure.

– Deux minutes de retard, fit remarquer mon père.

Je haussai imperceptiblement les épaules.

– La montre retarde, lui rappelai-je.

– Dans ce cas, tu devrais la faire réparer.

– Ça ne servirait à rien. Elle marche très bien comme ça.

– Et tant qu'à faire, tu devrais aussi changer l'heure du magnétoscope.

C'était notre éternel sujet de dispute. Mon père avait des douzaines de réveils, comme s'il cherchait à se protéger du temps perdu ; mais cela m'importait moins, n'ayant jamais perdu, que je sache, ne serait-ce qu'une seconde, et j'avais exigé qu'il n'y ait pas plus d'une horloge par pièce. Cette décision et mon incapacité à avoir l'heure exacte sur les diverses horloges avaient déjà donné lieu à plusieurs chamailleries. Mon indifférence vis-à-vis de l'heure qu'affichait le magnétoscope mettait mon père particulièrement en rogne : il n'était pas rare qu'après une coupure d'électricité ou un débranchement intempestif, je laisse le chiffre 12:00:00 clignoter pendant des jours avant de me donner la peine de le remettre à l'heure.

– Ça n'a aucune importance, répliquai-je, plus sèchement que je n'aurais voulu. (J'étais encore déçu pour la chemise.) Je m'en occuperai.

Mon père ne pipa mot, mais je savais qu'il était contrarié : comme je me refusais à intégrer le magnéto dans mon champ de vision, je le sentais qui tentait de me forcer à le regarder du coin de l'œil.

– Je vais m'en occuper, répétai-je, et je sortis de la chambre.

Je traversai le salon – dont l'horloge avait l'impudence d'avancer d'une minute par rapport au réveil posé sur la table de nuit – et je pris le couloir qui menait à la cuisine, où Mrs Winslow avait préparé le petit déjeuner.

– Bonjour, Andrew, me dit Mrs Winslow sans même attendre que j'ouvre la bouche.

Elle savait à tous les coups. En général, le matin, j'étais le premier à arriver, mais même les jours où je prêtais le corps à quelqu'un d'autre, Mrs Winslow le voyait immédiatement, sans qu'on lui dise. En ce sens, elle était comme Adam, semblant presque posséder des pouvoirs divinatoires.

– Vous avez bien dormi ?

– Oui, merci bien.

Bien qu'il soit d'usage de retourner de telles questions, je n'en fis rien car Mrs Winslow souffrait d'insomnie. Je ne connaissais personne d'autre qui dorme aussi peu, mis à part Seferis, qui ne ferme jamais l'œil.

Elle était debout depuis au moins 5 heures du matin, et s'était mise à la cuisine lorsqu'elle avait entendu la douche. Qu'elle se prête à tout cela de si bonne grâce prouvait à la fois sa gentillesse et son affection à notre égard. Comme les autres tâches matinales, le petit déjeuner est une activité collective, et ce n'est pas une mince affaire. Je m'assis non pas devant un mets, mais une kyrielle, commençant par la demi-assiette d'œufs brouillés et la tasse de café qui m'étaient destinées. Je mangeai à ma faim, puis je passai le corps aux autres, chaque âme saluant Mrs Winslow à tour de rôle.

– Bonjour, très chère, s'exclama pompeusement Tante Sam.

Le petit déjeuner de Tante Sam se constituait d'une infusion et d'une tranche de pain au froment agrémentée de gelée de menthe ; avant, elle avait coutume de fumer une demi-cigarette, mais mon père l'avait fortement incitée à y renoncer en lui proposant en échange de passer un peu plus de temps à l'extérieur. Elle buvait son thé à petites gorgées et grignotait délicatement sa tartine jusqu'à ce qu'Adam s'impatiente et commence à se racler la gorge du haut de sa chaire.

– Salut, Beauté, s'écria Adam, jouant les don Juans.

Adam adore se faire passer pour un coureur de jupons. En réalité, les femmes de six à soixante ans l'intimident, et si Mrs Winslow n'avait eu la tête chenue, je doute qu'il ait été aussi impétueux. Comme il engloutissait son petit déjeuner – un demi-muffin et une tranche de bacon – il lui lança ce qui, d'après lui, était une œillade irrésistible ; mais lorsque Mrs Winslow la lui rendit, Adam sursauta, avala son bacon de travers, et partit dans une formidable quinte de toux.

– Bonjour, Mrs Winslow, s'exclama Jake, sa voix haut perchée quelque peu éraillée par l'asphyxie d'Adam.

D'un geste maladroit, il plongea sa cuiller dans le petit bol de Cheerios qu'elle avait sorti à son attention. Elle lui versa également un petit verre de jus d'orange qu'il tenta précipitamment d'attraper. Le verre (ce scénario s'étant déjà produit, il ne s'agissait que d'un gobelet en plastique) valsa dans les airs.

Jake resta figé sur place. S'il s'était trouvé en toute autre compagnie, et non avec Mrs Winslow, il aurait tout bonnement quitté le corps. En l'occurrence, il se recroquevilla, poings fermés, muscles bandés, s'arc-boutant comme s'il allait recevoir une tape sur les doigts ou un coup de poing en pleine figure. Mrs Winslow prit soin de ne pas réagir trop brusquement ; elle fit d'abord mine de n'avoir rien remarqué, puis s'exclama, comme si de rien n'était :

– Doux Jésus, j'ai dû le poser trop près du bord.

Elle se leva lentement, se dirigea vers l'évier, et mouilla un torchon pour éponger les dégâts.

– Je suis confus, Mrs Winslow ! s'écria Jake. Je...

– Mon petit Jake, répondit Mrs Winslow en essuyant la table, tu n'es pas sans savoir que la Floride est un immense État, n'est-ce pas ? Il y a plein d'oranges, là-bas, et il en reste encore des tas à l'endroit où ce jus a été fabriqué.

Elle remplit à nouveau son verre, le posant directement dans sa main, cette fois, et il le prit délicatement entre ses deux paumes.

– Bien, dit Mrs Winslow. Il n'y a pas de mal. Tu sais, ça a peut-être la couleur de l'or, mais rien de plus.

Jake émit un petit rire, mais il ne se détendit tout à fait qu'après avoir regagné la maison.

Seferis se contenta de saluer Mrs Winslow d'un signe de tête. Son petit déjeuner était le plus frugal d'entre tous : une petite assiette de radis avec du sel, qu'il enfournait les uns après les autres et croquait comme des bonbons. Mrs Winslow s'était attablée devant son repas, des gâteaux secs passés au four et couverts de confiture. Comme le couvercle de la confiture collait au pot, elle le présenta à Seferis.

La taille de Seferis, par rapport au corps, est inversement proportionnelle à celle de Jake : son âme mesure trois mètres de long et lorsqu'il est encaqué dans la modeste charpente d'Andy Gage, il dégage une force et une énergie intenses. Il fit sauter le couvercle du pot de confiture d'une simple pression du pouce et de l'index, manipulation à laquelle j'aurais échoué en employant les mêmes muscles.

– *Efcharisto*, dit Mrs Winslow, tandis que Seferis lui tendait le pot dans un grand geste.

– *Parakalo*, répondit Seferis avant de croquer un nouveau radis.

Lorsque les dernières miettes furent englouties, Mrs Winslow alluma la petite télévision noir et blanc posée sur le plan de travail de la cuisine, et versa une tasse de café fumant à mon père qui passait lui rendre visite. Ils aimaient écouter les nouvelles ensemble. Jadis, Mrs Winslow regardait le journal avec son époux et il me semble que la compagnie de mon père devait lui rappeler cette époque ; quant à mon père, la présence de Mrs Winslow devait lui donner l'impression de mener la vie de famille normale à laquelle il avait toujours aspiré. Mais les nouvelles, ce matin-là, étaient bien plus désagréables que d'ordinaire. L'information principale affichée sous l'horloge numérique concernait les derniers développements de la tragédie qui avait frappé les Lodge pendant leurs vacances ; cela affectait mon père encore davantage que l'heure du magnétoscope, et l'humeur de Mrs Winslow elle aussi s'en trouvait assombrie.

Peut-être vous souvenez-vous de l'affaire Lodge ; la couverture médiatique n'a pas été ce qu'elle aurait dû être car, à la même époque, un fait-divers similaire défrayait la chronique, mais cela n'a pas empêché les gens d'en entendre parler. Warren Lodge, jardinier à Tacoma, était parti faire du camping dans l'Olympic National Park avec ses deux filles. Au bout de deux jours, une voiture de police repéra la jeep de Mr Lodge qui faisait de folles embardées entre les voies de la Route 101 et la força à se rabattre sur le bas-côté. Mr Lodge, manifestement en proie au délire et affligé d'une profonde entaille sur le cuir chevelu, affirmait qu'il avait été attaqué par un puma s'étant introduit sur leur terrain de camping. Il avait perdu connaissance. Lorsqu'il avait retrouvé ses esprits, Mr Lodge avait découvert la tente de ses filles réduite en lambeaux, leurs sacs de couchage dévastés, ensanglantés – quant aux fillettes, Amy, douze ans, et Elizabeth, dix ans, elles semblaient s'être volatilisées, bien qu'il les ait cherchées des heures durant.

C'était une histoire crédible. Les attaques de puma ne sont pas si rares au nord de la côte Ouest, et Mr Lodge, avec un peu de veine, avait l'air assez costaud pour survivre à une lutte avec un félin. Pourtant, en l'observant sur le petit écran – le lendemain de son arrestation sur l'autoroute, il avait tenu une conférence de presse afin de solliciter l'aide de volontaires pour rechercher ses filles –, je me sentais de plus en plus mal à l'aise. L'histoire de Mr Lodge était crédible, mais quelque chose clochait dans sa façon de la raconter. Adam, qui scrutait de haut de la chaire le visage souillé de larmes de Mr Lodge, fut le premier à dire tout haut ce que je pensais tout bas, lorsqu'il s'écria :

– Le puma, c'est lui.

Depuis lors – et cela faisait désormais presque une semaine – nous attendions que la police en arrive aux mêmes conclusions. Jusqu'à présent, pas le moindre doute n'avait été émis officiellement, pourtant Adam assurait que les flics devaient y penser, à moins d'être complètement incompétents. Mon père, quant à lui, jurait que si Mr Lodge n'était pas arrêté prochainement, il appellerait lui-même le représentant du ministère public du comté de Mason, à moins que je ne le fasse pour lui.

– Vous pensez vraiment qu'il les a assassinées ? s'enquit Mrs Winslow, tandis que la télé rediffusait l'appel aux volontaires.

En guise de nouvelles, nous avions droit à une resucée des reportages précédents, à la nuance près que les enquêteurs clamaient désormais haut et fort qu'ils n'abandonnaient surtout pas l'espoir de retrouver les fillettes vivantes.

Mon père opina du chef.

– Oh que oui, il les a tuées. Et ce n'est pas tout le mal qu'il leur a fait.

Mrs Winslow resta coite quelques instants. Puis elle demanda :

– Vous pensez qu'il est fou ? Tuer ses propres enfants…

– Les fous ne tentent pas de camoufler leurs crimes, répliqua mon père. Il sait pertinemment que c'est mal, ce qu'il a fait, et il cherche à sauver sa peau. Ce n'est pas un fou. C'est un monstre d'égoïsme.

L'égoïsme : le pire vice aux yeux de mon père. Mrs Winslow ne posa pas la question suivante, pourtant évidente, celle qui me taraudait toujours, et qui était : « Mais pourquoi ? » En admettant qu'il éprouve un mépris total pour le bien des autres, comment se faisait-il qu'un être humain puisse *désirer* faire à autrui ce que Mr Lodge avait infligé à ses propres filles ? Mrs Winslow ne posa pas cette question car elle savait que mon père ne connaissait pas la réponse, bien qu'il ait passé presque toute sa vie à la chercher. Elle ne posa d'ailleurs aucune autre question, se contentant de rester assise aux côtés de mon père, murée dans un silence rageur, tandis que celui-ci finissait son café en écoutant les autres sujets d'actualité. Puis vint le temps de partir au travail ; mon père déposa un baiser sur la joue de Mrs Winslow et me rendit le corps.

Un portrait de famille était accroché dans le hall d'entrée de la demeure : y figurait une Mrs Winslow plus jeune, le cheveu moins gris, en compagnie de son défunt et de ses deux fils, campés sur la pelouse devant leur maison, avant qu'elle ne soit restaurée. Depuis que mon père m'avait raconté cette histoire, je ralentissais systématiquement le pas en passant devant la photo et, ce jour-là, je m'arrêtai carrément ; il fallut que Mrs Winslow me rejoigne et me pousse dehors.

Le ciel était particulièrement dégagé pour la saison, les

rares nuages s'amassaient autour du Mont Winter, à l'est. Mrs Winslow me tendit un sac contenant mon déjeuner (un repas complet, rien de plus, la pitance du midi n'étant pas à partager). Elle me souhaita une agréable journée, puis s'installa dans son fauteuil à bascule, sur la véranda, pour attendre le courrier. Le facteur ne passerait pas avant plusieurs heures, mais elle attendait cependant, comme à son habitude, emmitouflée dans une vieille couverture si l'air fraîchissait.

– Ça va aller, Mrs Winslow ? lui demandai-je avant de m'en aller. Vous avez besoin de quelque chose ?

– Ça ira, Andrew. Reviens-moi entier, c'est tout ce que je demande.

– Ne vous en faites pas, lui dis-je. Si quelqu'un tente de m'attaquer, il ne fera pas le poids face à nous tous.

C'est une vieille blague, un classique chez les personnalités multiples, d'ordinaire elle m'attire au minimum un sourire poli, mais Mrs Winslow se contenta de me donner une tape sur le bras avant de dire :

– Vas-y, alors. Il ne faudrait pas vous mettre en retard, tous autant que vous êtes.

Je pris l'allée. Lorsque j'atteignis le trottoir, je me retournai pour jeter un coup d'œil ; Mrs Winslow avait trouvé un magazine et elle lisait, ou feignait de lire. Elle semblait toute petite devant la grosse demeure, toute petite et toute seule – vraiment seule, à un point que je pouvais à peine concevoir. Je me demandai comment c'était, s'il valait mieux avoir d'autres âmes pour compagnie ou non.

– T'en fais pas pour elle, cria Adam dans la chaire, ça va aller.

– Je crois que le journal l'a vraiment affectée.

– Ça ne l'a pas affectée, ça l'a énervée. Il y a de quoi. Si tu tiens à te faire du mouron, fais-t'en pour les gens que ça laisse de marbre, un truc comme ça.

Je fis un dernier signe de main à Mrs Winslow et je commençai à marcher. De l'autre côté du pâté de maisons, lorsque la demeure fut loin derrière nous, hors de portée de vue, je demandai :

– Vous pensez qu'il va se faire attraper ? Ce Warren Lodge, je veux dire.

– J'espère bien, répondit Adam. J'espère qu'il va payer, qu'on l'attrape ou pas.

– Qu'est-ce que tu veux dire ?

– Ça se passe comme ça, des fois. Les gens croient qu'ils vont s'en tirer à bon compte, qu'ils ont roulé tout le monde dans la farine, et puis tout à coup on s'aperçoit que non. On finit par les faire payer.

– Comment ? demandai-je. Qui ça ?

Mais Adam ne souhaitait plus en parler.

– Espérons simplement qu'il va se faire coincer par les flics, conclut-il.

Puis il regagna la maison, et n'en sortit qu'une fois que nous fûmes arrivés à l'Usine.

# 2

Je travaillais à l'Usine du Réel, sur East Bridge Street. Ma chef, Julie Sivik, était aussi mon amie, la première amie que j'aie rencontrée sans l'aide de quiconque.

Lorsque mon père me convoqua pour la première fois, il était responsable des stocks à Bit Warehouse, un énorme entrepôt qui abritait des ordinateurs juste à côté de l'autoroute 90, entre Autumn Creek et Seattle. À l'origine, il était prévu que je lui succède, tout comme je lui avais succédé à la tête du corps, mais cela ne marcha pas. Gérer efficacement les stocks d'un entrepôt, cela veut dire connaître la place des choses, savoir les retrouver lorsqu'elles ont été rangées et – ce à cause de la politique commerciale de Bit Warehouse, « Tous Experts » – connaître leur usage lorsqu'on leur remet la main dessus. Mon père, au bout de trois ans de métier, avait toutes ces réponses, moi pas.

C'est un problème métaphysique que les gens qui ne souffrent pas de troubles de la personnalité multiple peinent à concevoir. Bien entendu, en me créant, mon père m'avait attribué un grand nombre de connaissances pratiques. J'étais sorti du lac en sachant parler. J'avais une vague idée du monde, ou du moins de ce qui pouvait s'y trouver. Je savais ce qu'était un chien, un flocon de neige, un ferry, bien avant de voir un chien, un flocon de neige ou un ferry pour de vrai. On peut donc tout naturellement se demander pourquoi mon père, m'ayant transmis cela, ne m'avait pas donné de tuyaux pour que je devienne un as de la gestion de stocks. Et pendant qu'il y était, pourquoi n'avais-je pas hérité des dons de Tante Sam pour le français, des prouesses de Seferis en matière d'arts martiaux, et du talent d'Adam pour détecter les mensonges ?

J'aimerais bien savoir, car parfois ces qualités me rendraient service. Bien sûr, je me débrouille toujours pour que Tante Sam traduise pour moi, que Seferis défende le corps dès que besoin est, et qu'Adam reste en chaire pour me prévenir – que je lui aie demandé son avis ou pas – qu'on me raconte des bobards, mais ce serait mieux d'en être capable par moi-même. De plus, les différentes âmes ignorent tout du concept d'entraide désintéressée – elles s'attendent à ce que je leur rende des services en retour, et il est parfois malaisé de satisfaire leurs desiderata. Cela me faciliterait la vie, et me ferait faire des économies, de pouvoir m'arranger pour emprunter leurs qualités.

D'après mon père, si ce genre d'accommodement est impossible, c'est à cause de la différence qu'il y a entre la théorie et l'expérience. Si l'on m'avait demandé ce qu'était la pluie le jour de ma naissance, j'aurais répondu par la définition du dictionnaire. Que l'on me pose la même question aujourd'hui, et je redonne la définition – mais, ce faisant, je songerai à ce moment du matin où, scrutant le ciel voilé, l'on choisit ou non de prendre un parapluie avec soi (certes, dans nos contrées, on opte le plus souvent pour la première solution). Ou bien je penserai au monde qui, reflété dans les flaques de pluie, m'apparaît sens dessus dessous ; à la sensation désagréable et poisseuse que procure un pull en laine gorgé d'eau ; à l'odeur des feuilles humides dans le parc naturel autour du Sammamish Lake. Ce n'est pas tant que l'expérience ait modifié mes réponses, mais leur signification s'en est trouvée totalement changée.

La différence, c'est la mémoire. Les faits, tout le monde les connaît, mais les souvenirs et les sentiments qu'ils suscitent sont uniques en chaque âme. Ils peuvent être relatés mais jamais vraiment partagés, et le savoir que l'on puise dans certains souvenirs particulièrement marquants ne peut, lui non plus, se partager. Il en est ainsi de la connaissance du français chez Tante Sam : il s'agit de bien autre chose que de grammaire et de vocabulaire, c'est le souvenir de son professeur de lycée, Mr Canivet, le premier adulte qui ne l'ait pas trahie, d'une façon ou d'une autre, le premier adulte qui se soit toujours montré gentil envers elle et ne lui ait jamais fait de mal. Or je n'ai pas connu Mr Canivet, et je ne peux pas l'aimer de la même façon que Tante Sam. Les sentiments que j'éprouve envers lui sont dénaturés, et les choses que Tante Sam a apprises auprès de lui resteront elles aussi dénaturées.

L'expérience professionnelle de mon père avait la même qualité inaliénable. Comme elle ne pouvait être partagée, il me fallait l'acquérir par moi-même. Nous avons tenté de me former pendant plusieurs semaines – mon père me guidait pas à pas, depuis sa chaire, répondant à mes milliers de questions concernant les barrettes de mémoire, les ports SCSI et les câbles *null-modem* –, mais c'étaient trop d'informations à retenir, en trop peu de temps. Si nous avions eu six mois devant nous, nous y serions peut-être arrivés, mais à la fin de la troisième semaine l'efficacité professionnelle de mon père – ou plutôt la mienne – laissait tant à désirer que nous risquions le licenciement.

Évidemment, le fait que mon père n'ait pas prévenu ses collègues ne nous a pas aidés ; je persiste à penser qu'il aurait dû jouer franc-jeu et leur dire qu'il devait former son successeur. Mais après quelques mésaventures, il était devenu récalcitrant à l'idée de révéler sa personnalité multiple aux autres, et s'il avait pris le risque de faire confiance à Mrs Winslow, personne n'était au courant à Bit Warehouse. N'en sachant rien, ils tombèrent des nues lorsque Andy Gage se mit à agir comme s'il était quelqu'un d'autre – en l'occurrence, une redoutable tête en l'air ayant des difficultés à effectuer les tâches les plus simples. Mr Weeks, le contremaître, était particulièrement inquiet ; alors que j'avais un jour reformaté par mégarde le disque dur de l'ordinateur principal de l'entrepôt, celui qu'on utilisait pour les inventaires, il s'était demandé à voix haute si je me droguais.

– On pourrait peut-être essayer de lui dire la vérité, suggérai-je. On pourrait dire la vérité à tout le monde.

– Ce n'est pas à la portée de tout le monde, répondit

mon père. C'est une réalité complexe, et les gens n'aiment pas la complexité. Surtout s'il s'agit de tes supérieurs hiérarchiques. Tu apprendras.

*Tu apprendras*. C'était la réponse toute faite de mon père lorsque je lui posais une question à laquelle seule l'expérience pouvait répondre. Il me la faisait souvent à cette époque, et c'était pénible, pour moi comme pour lui. Il pensait qu'il avait vécu le plus dur lorsqu'il avait fait construire la maison, et qu'il serait plus facile de me passer les manettes. Mais lui aussi avait encore des leçons à tirer de son expérience.

Alors nous découvrîmes tous les deux que je ne pouvais pas me glisser si aisément dans les chaussures de mon père. Il fallait que je trouve ma propre place ; que je décide moi-même de mon travail, choisisse mes propres amis – et prenne en mon âme et conscience la décision d'accorder ma confiance à certains.

Je me rendis dans le bureau de Mr Weeks et je lui annonçai que je démissionnais. Il hocha la tête, comme s'il s'y attendait, puis déclara qu'il espérait que j'entreprendrais une thérapie pour me libérer de ma toxicomanie. Je lui répondis que j'allais y songer – encore une réponse toute faite que mon père m'avait apprise – puis je retournai dans l'entrepôt pour achever ma journée de travail. C'est alors que je rencontrai Julie Sivik.

Lorsqu'elle me vit, j'étais perché en haut d'une échelle, dans l'Aile 7, en train de remettre un peu d'ordre parmi les boîtes d'une étagère. Certes, je venais tout juste de donner mon congé, mais j'avais encore envie de parfaire ma connaissance des ordinateurs et mon père et moi étions plongés dans une discussion très animée au sujet des interfaces graphiques. Il fallut que Julie se racle plusieurs fois la gorge pour attirer mon attention.

– Bonjour, m'exclamai-je, lorsque je l'entendis enfin.

Je descendis de l'échelle et m'essuyai les mains sur ma chemise.

– Vous désirez ?

Au premier abord, elle était assez intimidante. Elle faisait quelques centimètres de plus que moi, et semblait plus large d'épaules. Elle portait une veste en cuir marron, un T-shirt noir et un jean noir ; ses cheveux aussi étaient noirs, très raides et sévères, mi-longs. Et elle avait l'air irritée, comme si elle avait déjà décrété que j'étais un peu lent à la comprenette. J'avais déjà lu cette expression sur le visage des clients, mais Julie parvenait bien mieux que la plupart des gens à afficher sa contrariété, comme si quelque chose dans ses traits lui permettait de mieux exprimer son impatience.

– Je recherche un logiciel pour calculer les impôts, dit-elle, en brandissant un petit tas de boîtes sous blister. Je me demandais lequel vous pourriez me conseiller.

– Demande-lui pour quoi faire, me conseilla mon père, et je renvoyai la question :

– Pour quoi faire ?

Julie me regarda comme si j'en tenais vraiment une couche.

– Pour calculer mes impôts. Évidemment.

– L'impôt sur le revenu ou l'impôt sur les sociétés ? intervint mon père.

– L'impôt sur le revenu ou l'impôt sur les sociétés ? répétai-je.

– Oh…

Julie sembla se radoucir.

– Ce n'est pas la même chose ?

– Eh bien, commençai-je, avant de faire une pause pour que mon père m'aiguille. Eh bien, repris-je, si vous cherchez un logiciel qui vous permette de remplir le formulaire 1040, je vous conseillerai celui-ci.

J'indiquai la boîte tout en haut de la pile.

– Parce que… c'est le moins cher. Il est très simple mais bien conçu, tant que vous n'avez pas besoin de remplir des formulaires trop spécifiques… Par ailleurs, si vous exercez une profession libérale ou si vous êtes chef d'une petite entreprise, vous aurez sans doute besoin de quelque chose de plus sophistiqué… Vous n'êtes pas agricultrice, n'est-ce pas ?

En posant cette question soufflée par mon père, je me demandai en quoi le système d'imposition des agriculteurs était si singulier. Mais comme Julie ne possédait pas de ferme, je n'en sus jamais rien.

– En revanche, je suis en train de créer mon entreprise, précisa-t-elle. Mais comme il faut aussi que je remplisse le formulaire 1040 pour l'année dernière, il vaudrait mieux…

– Attendez, lui intimai-je, un doigt en l'air.

Mon père avait embrayé sur autre chose.

– Que j'attende ? s'étonna Julie.

– Une petite minute…

Julie reprit son air courroucé.

– Et j'attends quoi, au juste ?

– Mon père, l'informai-je.

– Votre père ?

– Oh, extra, s'écria Adam qui avait rejoint mon père en chaire. On va bien se marrer.

– Votre père ? répéta Julie.

– Oui, mon père.

Elle se fit fort de me montrer qu'elle cherchait à voir si quelqu'un se trouvait derrière moi, allongeant d'abord le cou d'un côté, puis de l'autre, et se perchant enfin sur la pointe des pieds pour observer par-dessus mon crâne.

– Où ça ? finit-elle par demander.

– Dans la chaire, expliquai-je, après avoir moi-même lancé un bref coup d'œil derrière mon épaule.

– La chaire ?

– C'est une sorte de balcon, devant la maison. Dans ma tête.

– Vous êtes schizophrène, ou quoi ? demanda Julie.

– Non, je souffre de troubles de la personnalité multiple. La schizophrénie, c'est autre chose.

– Des troubles de la personnalité ? Vous partagez votre corps avec d'autres personnalités ?

– D'autres âmes.

Me rappelant soudain les conseils de mon père, j'ajoutai :

– C'est une réalité complexe.

– Je vous crois sur parole.

À cet instant Julie, me confia-t-elle plus tard, s'était dit que soit j'étais totalement sincère, soit j'étais un fieffé menteur – et les deux hypothèses l'intéressaient au plus haut point.

– Qu'avez-vous dit au sujet de cette maison ?

Elle finit par me proposer d'aller boire un verre après le travail, chose qui m'excitait tant que j'acquiesçai immédiatement, omettant de demander au préalable la permission à mon père.

Mais il était heureux que je prenne une initiative, et Adam trancha en ma faveur en estimant que Julie était inoffensive :

– T'inquiète pas, elle ne va pas te découper en morceaux. Par contre, elle doit se demander si toi, tu risques de le faire.

Alors je rejoignis Julie à 9 h 45, sur le parking en face de l'entrepôt. D'ordinaire, j'étais tributaire des transports en commun, mais Julie avait une voiture et me proposa de me raccompagner. Lorsque je lui appris que j'habitais à Autumn Creek, elle suggéra un bar sur Bridge Street, qui se trouvait à quelques blocs à peine de chez Mrs Winslow.

– Moi, j'habite juste derrière cette rue.

Sa voiture était une Cadillac Sedan de Ville datant de 1957, « un classique de base », précisa Julie avant d'ajouter qu'elle l'avait achetée à son oncle et avait l'intention de se faire un petit bénéfice en la revendant une fois qu'elle l'aurait rafistolée.

– Qu'est-ce qui cloche ?

– Quasiment tout.

Julie décrivit la pléiade de défauts dont était affligée sa voiture, auxquels Adam en ajouta un ou deux qu'elle n'avait pas cités ; comme nous sortions du parking, le ventre de la voiture racla le bitume et une gerbe d'étincelles jaillit à l'arrière de la Cadillac.

– Il y a du boulot.

– Ça ne va pas vous coûter trop cher ?

– Si, surtout pour ce qui est des pièces de rechange. Mais je crois que je peux faire la plupart des réparations moi-même… Pourriez-vous baisser votre vitre un instant ? Il faudrait tendre le bras pour indiquer qu'on tourne à droite.

Et puis, peut-être pour en finir avec les histoires de panne de voiture, Julie se mit à me parler d'elle. Elle avait vingt-quatre ans, était originaire de Rhode Island, et avait vécu dans beaucoup d'endroits différents depuis qu'elle avait quitté la maison de ses parents, à seize ans. Elle était allée à l'Université de Boston pendant deux ans, étudiant successivement les sciences physiques, le génie logiciel, l'informatique, avant de finir par abandonner l'université sans le moindre diplôme ; depuis lors, elle avait été laborantine ; mécanicienne ; pompiste ; guide de musée ; décoratrice de cinéma pour films de série Z ; garde forestier ; cuistot dans un fast-food ; croupière ; créatrice de pancartes signalétiques à Eugene, Oregon, pour la voirie publique ; et, plus récemment, assistante d'un kinésithérapeute, à Seattle.

– Mais cela dit, je n'ai jamais été agricultrice, conclut-elle avant de lâcher un petit rire.

Enfin bon, continua-t-elle, depuis que les choses avaient tourné à l'aigre avec son kinésithérapeute, elle avait compris qu'il était temps d'arrêter de déconner, qu'il fallait qu'elle fasse un peu de ménage dans sa vie pour bâtir une vraie carrière. Grâce à l'aide de l'oncle qui lui avait vendu la Cadillac, elle avait trouvé un montage financier pour créer son entreprise et louait des locaux dans un immeuble d'Autumn Creek, où elle avait l'intention de se lancer dans la conception de logiciels informatiques.

– Quels types de logiciels allez-vous concevoir ?

– Des logiciels de réalité virtuelle, m'informa Julie en me regardant comme si j'étais censé savoir de quoi elle parlait, mais je n'avais aucune idée de ce dont il s'agissait.

– C'est quoi, la réalité virtuelle ?

– Vous travaillez à Bit Warehouse et vous ne savez pas ce qu'est la réalité virtuelle ?

– Ça ne fait pas très longtemps que je travaille ici.

– Eh bien, ça m'en a tout l'air !

– Alors, c'est quoi ?

Au lieu de me répondre, elle changea à nouveau de sujet – c'est en tout cas ce que je crus.

– Dites-m'en plus sur cette maison dans votre tête.

Nous nous trouvâmes dans ce bar de Bridge Street, assis

dans un recoin près du juke-box. Julie commanda pour nous deux un breuvage « spécial samedi soir » qui, je le découvris trop tard, consistait en un énorme pichet de bière brune. Mon père m'avait interdit de boire de l'alcool, j'avais donc l'intention de commander un soda, et plutôt que de lui faire remarquer sa bévue, je laissai Julie remplir mon verre, mais n'y touchai pas, me contentant de bavarder avec elle.

Je lui parlai de la maison, du néant noir qui comblait la tête d'Andy Gage, de la lutte qu'avait menée mon père pour y créer un paysage. Mais je n'étais pas aussi clair que je l'aurais souhaité ; c'était la première fois que je racontais cette histoire et j'étais anxieux, ne sachant quels détails inclure, ni comment les présenter. De plus, le fait d'être critiqué en simultané ne me simplifiait pas la tâche. Mon père avait quitté la chaire pour que je puisse m'exprimer librement, mais Adam n'avait pas fait preuve de tant de délicatesse. Il trouvait que je me livrais bien trop naïvement à une inconnue.

– Mais pourquoi pas ? Tu m'as dit toi-même qu'elle ne ferait pas de mal à une mouche.

– Je t'ai dit qu'elle ne te découperait pas en morceaux. Ça ne veut pas dire que tu es libre de tout lui déballer à notre sujet.

– Mais je…

– Alors, Horace Rollins, c'est votre père, intervint Julie sans se rendre compte qu'elle m'interrompait.

Sa question me surprit.

– Non, pas du tout, répondis-je. C'est le père d'Andy Gage. Son beau-père, plus exactement. Nous n'avons aucun lien de parenté. Cela vaut aussi pour Andy Gage, en fait.

– Votre vrai père est décédé ?

– Le père d'Andy Gage, l'ai-je corrigée. Silas Gage. Il s'est noyé.

– Le père d'Andy Gage… Alors, quand vous parlez de votre père, vous ne faites allusion ni à Silas Gage, ni à Horace Rollins, vous parlez d'une autre personnalité. D'une autre "âme".

– D'Aaron, acquiesçai-je en hochant la tête, mon père.
– Celui qui vous a fait sortir du lac… qui vous a créé.
– C'est ça.
– Et à quand ça remonte, en fait ?
Julie était curieuse.
– Quand est-ce que votre père a fait appel à vous ?
J'aurais souhaité qu'elle ne me pose pas la question. Contrairement à ce qu'Adam insinuait, j'avais délibérément décidé de cacher certaines choses à Julie. Pour la plupart, ces omissions étaient instinctives et, sur le coup, j'aurais été bien en peine de justifier mon raisonnement. Mais je savais pertinemment pourquoi j'étais resté flou au sujet de ma date de naissance : j'avais honte. Julie avait tant d'expérience, et moi si peu, que je craignais qu'elle ne veuille pas de moi comme ami lorsqu'elle découvrirait combien j'étais immature. Mais j'étais coincé.
– Il y a un mois, confessai-je. Je suis sorti du lac il y a un mois. Je comprends que je dois avoir l'air naïf…
– Attendez, m'interrompit Julie. Vous n'avez qu'*un mois* ?
– Non, répondis-je, un peu déstabilisé. J'ai vingt-six ans. Mais je suis *né* il y a un mois.
Julie secoua la tête.
– Comment pouvez-vous affirmer ces deux choses à la fois ?
– C'est comme ça, répondis-je. Quel est le problème ?
– Donc c'est ton corps qui, physiologiquement, a vingt-six ans, tenta Julie en passant brusquement au tutoiement.
– Non, le corps a vingt-neuf ans.
– Mais alors, qu'est-ce qui a vingt-six ans, chez toi ?
– Mon âme.
Julie secoua à nouveau la tête. J'appelai Adam à la rescousse.
– Voilà… Adam me dit que, comme ton âme et ton corps ont toujours été liés, ils se reflètent l'un l'autre, plus ou moins. Comme des jumeaux.
– Tu veux dire qu'ils se ressemblent ? Les âmes ont un physique ?
– Évidemment.

Julie gloussa.

– Alors mon âme a les dents de travers ?

– Sans doute, dis-je en lorgnant sa bouche. Si c'est le cas pour ton corps. Et elle a la même couleur d'yeux, la même corpulence, la même voix – et le même âge. Mais pour nous, c'est différent. Nous n'occupons jamais le corps en même temps, alors ce n'est pas la même chose. Adam dit...

– C'est qui, Adam ?

– Mon cousin.

– C'est une autre âme ? Comme ton père ?

– Oui.

– Et il a quel âge, Adam ?

– Adam a quinze ans.

– Il a toujours eu quinze ans, ou est-ce qu'il vieillit ?

– Il a un peu vieilli, répondis-je.

– Comment ça, un peu ?

– Eh bien, c'est difficile à savoir. Ça dépend du temps qu'il passe dehors. Avant, Adam avait tendance à voler du temps pour être le plus possible dans le corps, comme les autres ; en additionnant tout ce temps volé, plus le temps qu'il a eu en rab depuis que mon père s'occupe de tout et a commencé à construire la maison, on arrive à peu près à savoir combien il a pris. Mon père pense qu'il a vieilli d'un an, grosso modo, mais Adam ne veut rien nous dire.

– Il ne veut pas que votre père sache combien de temps il a réussi à voler ? devina Julie.

– Il refuse de s'expliquer sur ce qu'il en a fait.

– Les âmes ne vieillissent que lorsqu'elles occupent le corps ?

– Bien sûr.

– Pourquoi ?

– J'en sais rien. C'est comme ça, c'est tout.

– Et qu'est-ce qu'en dit Adam ?

– Adam dit... Adam dit que c'est pour les mêmes raisons qu'on ne devient pas meilleur joueur au poker si on ne parie pas de l'argent. Excuse-moi, mais je ne vois pas ce qu'il veut dire.

– Je t'en prie, répondit Julie, il me semble que j'ai compris.

Elle attrapa le pichet pour se servir un verre de bière, et remarqua que le mien était toujours plein à ras bord.

– Qu'est-ce qui ne va pas ? Tu n'aimes pas la bière brune ?

– En fait, je ne bois pas, avouai-je, l'impression d'être pris la main dans le sac. Interdiction formelle de mon père.

– Vraiment ?

Elle brandit le pichet, plus qu'à moitié plein.

– Si je bois tout ça toute seule, je vais rouler sous la table.

– Je suis désolé. J'aurais dû te le dire.

– Mais non, voyons. C'est moi qui aurais dû te demander ton avis.

Julie fit un geste vers le bar.

– Tu veux quelque chose d'autre ?

– Non, franchement, ça va.

– Comme tu voudras…

Elle remplit à nouveau son verre, puis dit :

– Alors parle-moi un peu de ton âme à toi.

– Qu'est-ce que tu veux savoir ?

– Eh bien, à quoi elle ressemble, en fait ? Si je voyais ton âme, et que je la comparais à ce que j'ai sous les yeux, est-ce que ça correspondrait ?

– Oh, dis-je. Oui, plutôt. Je ressemble beaucoup à mon père, et mon père est celui d'entre nous qui ressemble le plus à Andy Gage, sauf pour… enfin, la ressemblance est très frappante.

– Mais il y a des différences ?

– Quelques-unes. Mes cheveux sont plus foncés, mon visage plus fin, il est agencé un peu différemment, aussi.

– Et quoi d'autre ?

– Ma foi, les cicatrices.

Je désignai une marque sur l'œil droit d'Andy Gage.

– Jake, un autre cousin, Jake a fait ça un jour où il avait le corps. Il a trébuché et il est tombé tête la première sur le coin d'une table en verre. L'âme de Jake a la même cicatrice, mais pas la mienne, parce que…

– Parce que ce n'est pas à toi que c'est arrivé.

– Exactement.

– Et celle-ci, alors ?

Julie effleura la paume gauche du corps, juste au-dessus du renflement du pouce. Ses doigts étaient froids et humides, mais cette sensation était agréable, je n'en avais jamais éprouvé de pareille. Toutefois, lorsque je compris de quoi elle parlait, je retirai ma main.

– C'est un truc qui est arrivé à mon père. Il s'est planté la main sur un clou.

Je sentais bien que Julie n'était pas convaincue par cette version des faits, mais elle ne chercha pas à me tirer les vers du nez.

– Il y a d'autres différences ? demanda-t-elle.

– De petites choses, c'est tout. Rien de majeur.

Adam, en haut de la chaire, lâcha un grognement.

– Ouais, rien de majeur. Rien, à part…

– Adam ! menaçai-je.

– Quoi ? demanda Julie.

– Rien. Adam est un grossier personnage, c'est tout.

Elle se pencha vers moi, curieuse.

– Qu'est-ce qu'il a dit ?

– Rien du tout. Il fait son enquiquineur, c'est tout.

– Il nous écoute depuis le début ?

Je fis signe que oui.

– Il écoute, et il fait des commentaires. Ça, il sait faire.

– Je pourrais lui parler ?

C'était une requête innocente et, je le découvris par la suite, fréquente. Cependant, comme la plupart des questions de Julie, elle me prit par surprise et, au lieu de me dire qu'elle voulait en savoir plus sur Adam, je crus d'abord qu'elle n'avait plus envie de discuter avec moi.

– Qu'est-ce que j'ai fait de mal ? demandai-je à Adam.

– Rien. Elle n'a rien contre toi. Elle veut simplement connaître le truc.

– Le truc ?

– Le truc magique.

– Tu veux voir le tour de magie ? demandai-je à Julie, perplexe.

– Quoi ? fit Julie.

– Eh, cria Adam, laisse-moi te montrer ce que je veux dire. Passe-moi le corps une minute.

J'aurais dû refuser ; même si cela ne faisait qu'un mois que j'étais sorti du lac, je savais très bien à quoi m'en tenir quant à l'altruisme d'Adam. Mais il paraissait si sûr de lui, et j'étais tellement perdu que je remontai en chaire pour lui laisser la place.

Maintenant, c'était Julie qui semblait surprise. Les gens qui n'ont jamais observé ce genre de changement auparavant s'attendent à une manifestation physique spectaculaire, comme avec les loups-garous dont les poils et les crocs se mettent à pousser à la pleine lune. En réalité, c'est bien plus subtil – le corps ne change pas, seuls ses mouvements se transforment, ce qui peut être bien plus perturbant. Je suis d'un naturel plutôt timide, et bien que je m'efforce de regarder les gens dans les yeux pour ne pas être discourtois, j'ai ce que Tante Sam appelle « un regard poliment discret ». Adam, quant à lui, est l'incarnation de l'indiscrétion. La première chose qu'il fit en prenant le contrôle du corps fut de lancer à Julie son plus torve regard d'adolescent libidineux. Je le sus dès que je vis sa réaction : elle cessa immédiatement de sourire et s'enfonça dans son fauteuil, sur la défensive. Ce fut le premier indice que j'avais commis une grave erreur.

– Salut, Julie, fit-il d'une voix mielleuse qui me fit froid dans le dos. Regarde bien.

Il leva le bras droit et l'agita dans les airs.

– Rien dans cette manche…

Il fit de même avec le bras gauche.

– … ni dans celle-ci.

Baissant les deux bras, il plaqua ses mains autour du pichet de bière.

– Regarde bien !

– Oh non, m'exclamai-je. Adam ! Non !

La bière : évidemment, c'était la bière qu'il voulait. L'alcool est rigoureusement interdit par le règlement intérieur, mais Adam se fiche des règles – après tout, c'est le fils de Gideon. Et il aime boire encore plus que lire *Playboy*.

Comme il portait le pichet à ses lèvres, je tentai de reprendre de force possession du corps, mais Adam n'avait pas l'intention d'abandonner avant d'avoir terminé son affaire. Il n'eut pas besoin de me garder à distance bien longtemps. Adam a beaucoup de « talent » pour boire comme un trou : il se contenta d'incliner la tête en arrière, et la bière disparut du pichet telle l'eau de pluie engloutie dans les égouts. Il avait bu cul sec.

– Aaaaaaahhh…

Adam abattit le pichet vide sur la table. Puis il éclusa les verres autour de lui, s'emparant d'abord de celui de Julie, puis du mien, les vidangeant d'un mouvement de tête en arrière comme s'ils n'étaient pas plus gros qu'un dé à coudre, avant de conclure par un retentissant « ABRACADABRA !!! ». Enfin, il s'affala sur la table, ouvrit la bouche et lâcha un rot tonitruant sous le nez de Julie.

Et voilà. Adam abandonna le corps en ricanant comme un bossu devant sa bonne blague et il fila à la maison, me laissant le soin de réparer les dégâts.

On aurait dit que Julie venait de recevoir une gifle : elle se redressa, toute raide, les mains appuyées contre la table comme si la scène s'était figée alors qu'elle était en train de la pousser. Dans la maison, j'entendis mon père pousser des hurlements de rage et, malgré ses cris, une porte qui claquait tandis qu'Adam, toujours hilare, se barricadait dans sa chambre. Mais tout me parvenait de très loin. À présent, le monde dans lequel je me trouvais se réduisait à Julie et à ses yeux écarquillés d'effroi.

Je me renfonçai dans mon fauteuil et mes mains se précipitèrent vers ma bouche, comme si j'espérais pouvoir miraculeusement y renfourner le rot d'Adam. J'aurais tout fait pour pouvoir moi aussi quitter le corps, le refiler, ainsi que tout ce fiasco, à une autre âme ; mais c'était impossible. Si j'avais le droit d'appeler Seferis en cas de danger physique, il m'incombait de régler les situations gênantes – même si je n'en étais pas responsable. *Dixit* le règlement intérieur.

– Je suis terriblement navré…

Les mots se précipitaient hors de ma bouche, étouffés par mes mains.

– Julie, je suis terriblement navré.

Julie, semblant revenir à la vie, me fit un clin d'œil.
– C'était Adam ? me demanda-t-elle.
J'acquiesçai.
– C'était Adam.
– Tu avais raison. C'est un pur adolescent.
La soirée tourna court. Je ne cessais de demander pardon à Julie qui me répétait qu'elle n'était pas vexée.
– Je suis un petit peu abasourdie, c'est tout.
Mais plus qu'abasourdie, elle semblait sur ses gardes, distante. Elle ne me posait plus de questions, et la conversation piétinait.
Quant à moi, je me sentais bizarre, dans les vapes, nauséeux. Adam avait voulu emporter avec lui toute son ivresse, pour en jouir en solo, mais il y a suffisamment d'alcool dans deux litres de bière brune pour rendre deux âmes pompettes. Julie, apercevant l'éclat vitreux de mes yeux, me dit :
– Je crois qu'il vaudrait mieux que tu rentres chez toi.
– Non, répondis-je en oscillant de gauche à droite. Ça va, vraiment, simplement…
Mais Julie s'était déjà levée pour aller régler la note. Je gardais les yeux braqués sur la mousse qui s'était amassée autour du pichet jusqu'à ce qu'elle revienne.
– Viens, dit-elle en me poussant doucement l'épaule. Je te raccompagne à la maison.
Cette fois-ci, la sensation de ses doigts sur moi ne fut pas aussi agréable, et, lorsque je relevai les yeux, elle arborait une expression sévère et froide.
– Je vais rentrer à pied, suggérai-je.
– N'y compte pas.
– Tu es sûre d'être en état de conduire ?
Julie éclata d'un rire jaune.
– Je pense que ça devrait aller. Je n'ai pu boire qu'un verre, tu sais.
Le trajet en voiture était très court, mais lorsque nous arrivâmes devant la demeure de Mrs Winslow, je somnolais déjà.
– On y est ? demanda Julie en me secouant pour me réveiller. Tu m'as bien dit numéro 39, Temple Street, d'accord ?

Je redressai brusquement la tête. Nous étions bien garés en face d'une demeure victorienne, mais il me fallut quelques instants pour m'assurer que c'était la bonne.

– Je crois bien. Mais ça m'a l'air bizarre. Tout m'a l'air bizarre.

– Rentre chez toi, m'ordonna Julie. Va te coucher.

– D'accord…

Avant de quitter la voiture, je tentai de m'excuser une nouvelle fois. Julie m'interrompit :

– Va te coucher, Andrew.

– Très bien. Très bien.

J'appuyai sur la poignée de la portière ; le loquet semblait bloqué ; j'appuyai avec plus d'énergie et la portière s'ouvrit dans un grincement sinistre, laissant une large traînée de peinture sur le trottoir.

Julie laissa échapper un sifflement rageur. Comme je me répandais en de nouvelles excuses, elle m'ordonna :

– Sors de cette voiture. Sors de cette voiture, laisse-moi fermer la portière et ça ira très bien comme ça.

Je m'exécutai. L'avant de la voiture étant délesté de mon poids, le côté droit de la Cadillac se releva quelque peu, emportant avec lui la portière qui se détacha du trottoir, mais lorsque Julie se pencha pour la fermer, cela coinça à nouveau. Lâchant un chapelet de jurons, Julie tenta de tirer ses fesses le plus loin possible vers l'arrière sans lâcher la poignée.

– Tu devrais peut-être me laisser fermer, hasardai-je.

– Je m'en occupe ! aboya Julie.

Elle fit le deuil de la méthode douce dans un dernier juron et tira sur la portière de toutes ses forces, arrachant une nouvelle couche de peinture. Puis elle ferma la sécurité dans un clic sonore.

– Bonne nuit, lui criai-je. Merci pour la soirée !

Je ne sais si elle me souhaita bonne nuit car je ne l'entendis pas, et, comme je me penchais vers la vitre pour lui dire au revoir, Julie passa la première et démarra en trombe. Alors qu'elle atteignait le haut de la rue, elle emboutit un lampadaire, laissant derrière elle une nouvelle nuée d'étincelles, et cette fois j'eus réellement l'impression que quelque chose était tombé du ventre de la voiture, mais Julie ne ralentit pas pour autant.

Je me réveillai le lendemain matin avec un mal de tête carabiné. Le petit cadeau d'Adam : s'il s'était jalousement gardé l'ivresse, il m'avait laissé l'entière jouissance de la gueule de bois. J'avais l'impression que la maison allait exploser.

Pour ne rien arranger à mes affaires, mon père était furieux contre moi.

– Tu n'aurais jamais dû passer le corps à Adam.

– Eh bien je m'en serais bien gardé, si j'avais su qu'il allait se comporter comme ça.

– Ce n'est pas son comportement, le problème. C'est à toi de maîtriser le corps.

– Mais Julie voulait parler à Adam !

– Et c'est pour ça que tu as démissionné ? Parce que Julie te l'avait demandé ?

– Eh bien…

– Eh bien ? demanda mon père.

– J'étais perturbé… Je ne savais pas vraiment ce que voulait Julie, et comme Adam disait que lui, si, je…

– Non, répliqua mon père. Ça ne va pas, Andrew. Tu es responsable du corps – mais plus pour longtemps, si tu donnes à Adam l'impression qu'il peut débouler à la première occasion, dès que Monsieur est perturbé. À partir d'aujourd'hui, quand nous serons dehors, en public, je t'interdis d'abandonner le corps sauf s'il s'agit d'une question de vie ou de mort. Compris ?

– Compris, dis-je. Mais…

– Andrew…

– Mais si quelqu'un demande à parler à Adam, et que ça ne me perturbe pas, mais que je veux simplement être poli ? Que dois-je faire ?

– Si quelqu'un a besoin de parler à Adam, viens d'abord m'en parler. Ensuite, je veillerai à ce qu'il se comporte correctement.

Mon père décida de ne pas me punir, songeant que mon mal de crâne était déjà une punition en soi… ma gueule de bois, à laquelle s'ajoutaient les conséquences de mon erreur – dès que j'eus les idées un peu plus claires, je réalisai que Julie et moi n'avions pas échangé nos numéros de téléphone, et que je n'avais donc aucun moyen de la contacter. Elle connaissait mon adresse, bien sûr, et pendant quelques jours je me raccrochai à l'espoir qu'elle passe me rendre visite, mais au bout d'une semaine sans nouvelles de sa part, je me résignai à conclure qu'Adam l'avait fait fuir.

Une huitaine de jours plus tard, alors que je marchais sur Bridge Street, des touristes m'arrêtèrent pour me demander leur chemin. C'étaient des Québécois qui ne parlaient pas très bien anglais, et j'en vins à appeler Tante Sam afin qu'elle monte en chaire pour m'aider à traduire. Ce fut assez laborieux, comme opération – Tante Sam m'expliquait ce qu'avaient dit les touristes, je lui disais ce que j'avais l'intention de répondre, puis elle me donnait la traduction française, et je tentais de la redire à voix haute. Quand les touristes partirent enfin, je me retournai pour découvrir Julie Sivik à mes côtés, tout sourires, qui hochait la tête.

– C'est incroyable, dit-elle. On croirait que tu reçois une transmission par satellite. Alors, qui c'est, le polyglotte de la famille ? Ton cousin Adam, encore ?

– Non, répondis-je, c'est ma tante Samantha – en fait c'est ma cousine, mais on l'appelle tous Tante Sam parce qu'elle est plus vieille que nous.

Je continuai.

– Adam a été grondé pour ce qui s'est passé dans le bar, et il est encore puni.

– Puni ? Comment ça ?

– Eh bien, vu qu'il ne voulait plus sortir de sa chambre, après avoir bu toute la bière, mon père l'a enfermé pour trois jours. C'est à nouveau lui qui s'occupe de la maison, mais il n'a pas le droit de monter en chaire pendant encore une semaine.

– C'est très sévère, répondit Julie, mais je sentis une nuance d'approbation dans sa voix.

– Adam s'est comporté de façon très grossière envers toi, dis-je, et moi aussi j'ai eu tort, je n'aurais jamais dû le laisser sortir comme ça, sans prévenir.

– Ouais, eh bien tu vois, ça m'a un peu fait flipper, reconnut Julie. Et puis j'étais aussi énervée à cause de la voiture…

– Je voudrais payer pour faire repeindre la portière.

– Non, c'est pas grand-chose… Et puis, franchement, la peinture n'était pas si terrible que ça, de toute façon.

– Non, non, vraiment, j'insiste… Laisse-moi au moins te rembourser dès que j'aurai trouvé un nouveau boulot.

– Un nouveau boulot ? demanda Julie. Ah oui, j'ai entendu dire que tu cherchais du boulot…

– Par qui ?

– Ton ancien patron. Je suis passée à Bit Warehouse l'autre jour parce que je te cherchais, mais le directeur m'a dit que tu avais démissionné.

– Tu m'as cherché ? Vraiment ?

– Ouais… eh bien… quand j'ai enfin décoléré, je me suis sentie minable de t'avoir abandonné comme une vieille chaussette devant ta maison. Et comme il fallait que j'aille récupérer des trucs à l'entrepôt, je me suis dit que j'allais passer prendre de tes nouvelles. Mais tu n'étais plus là. Alors c'est quoi, ce nouveau boulot ?

– Eh bien, je ne l'ai pas encore trouvé, en fait, dis-je. J'ai un petit souci de lettres de recommandation.

Julie hocha la tête.

– Ouais, le mec à qui j'ai parlé, à Bit Warehouse, a mentionné un problème de toxicomanie.

Elle leva un sourcil.

– C'est encore à cause d'Adam ?

– Pas vraiment… C'est une longue histoire.

– Une nouvelle "réalité complexe" ? plaisanta Julie. Tu cherches quoi, comme boulot ?

Je haussai les épaules.

– N'importe quoi, franchement. Tant que je peux apprendre sur le tas.

– Tu n'as rien contre le fait de retravailler dans le domaine informatique ?

– Non… À part que je ne m'y connais pas des masses… Pourquoi ?

– Ce n'est rien qu'une idée en l'air. Mon bail commence

aujourd'hui, tu sais, le local commercial, pour mon entreprise… Et, en fait, je m'apprêtais justement à y aller pour voir les lieux. Ça ne me ferait pas de mal d'avoir un coup de main, histoire de mettre les trucs en place… et qui sait, il y aura peut-être moyen de te trouver une place à plus long terme.

– Je ne vois pas comment. Je veux dire, je serais évidemment enchanté de t'aider à lancer les choses, mais franchement je ne vois pas en quoi je peux t'être utile en matière de réalité virtuelle.

– Oh mais que si. Tu en sais bien plus sur ce rayon que n'importe qui de ma connaissance.

– Je ne m'y connais absolument pas ! protestai-je. Je n'ai aucune idée de ce que ça peut être. Tu ne m'as pas expliqué.

– Pour faire simple : c'est très semblable à ce qui se passe dans ta tête.

– Tu veux dire que c'est comme la maison ? Mais c'est impossible. La maison n'est pas réelle.

– Eh bien, la réalité virtuelle non plus.

– Je ne comprends pas.

– Ce n'est pas grave, répondit Julie, que ma perplexité faisait sourire. Tu verras.

Elle m'étonna encore en me prenant par le bras comme si nous étions de vieux amis, et que l'incident du bar n'avait jamais eu lieu.

– Viens avec moi. Je t'expliquerai mon idée de génie pendant le trajet.

# 3

Il y avait en fait deux ponts sur Bridge Street. Le plus à l'ouest, dominant le cours d'eau qui donna son nom à Autumn Creek[1], constitue également la principale sortie de la ville. Celui à l'est est surtout utilisé par les camions qui transportent du bois. Il surplombe un ruisseau appelé Thaw Canal, un affluent printanier d'Autumn Creek. Après le canal, le tronçon est de Bridge Street ne reste pavé que sur cinq cents mètres, ensuite il se transforme en une voie de service en gravier.

Le matin où je rencontrai Penny Driver, je fis de l'autostop de l'autre côté du pont qui traverse le canal, pour me rendre au travail, suivant l'itinéraire que j'avais emprunté deux ans plus tôt en compagnie de Julie Sivik. L'Usine du Réel se situait sur un terrain d'une vingtaine d'ares limitrophe au dernier tronçon d'asphalte de Bridge Street. Mon père pensait qu'à l'origine le terrain était un garage pour camions – on apercevait au bout du lopin de terre les vestiges d'une vieille station-service aux pompes à essence rouillées –, mais pendant les années qui précédèrent l'arrivée de Julie, il accueillit des entrepôts. Le bâtiment principal, celui qui devint l'Usine, était une longue remise aux murs en béton. En tout cas, c'était le terme que Julie employait, bien que le bâtiment soit immense, au moins autant que Bit Warehouse, et que l'espace soit occupé par seulement deux rangées de colonnes porteuses.

J'arrivai à l'Usine un peu après 8 heures. Julie m'avait

1. *Creek* signifie « cours d'eau ». (Toutes les notes sont de la traductrice.)

précédé ; sa voiture était déjà garée sur le parking, sous l'auvent près des pompes à essence. Elle conduisait la Cadillac Sedan qu'elle utilisait déjà deux ans auparavant, et qui était toujours en instance d'être réparée. Vous songez peut-être qu'elle ne s'était pas mise en quatre pour en prendre soin, et pourtant si – en tout cas par intermittence –, mais à chaque problème résolu un nouveau se présentait, et l'état général de la voiture ne semblait jamais s'améliorer. Toutefois Julie insistait sur le fait qu'un jour ou l'autre elle la vendrait, mais ne parlait plus de faire un bénéfice.

Je fis le tour pour rejoindre la porte latérale et pénétrai dans l'Usine. La voix de Julie se répercutait sur les poutres de la remise – Julie se trouvait au fond du dédale de tentes militaires, en train de se disputer avec l'un des frères Manciple. Sans doute Irwin, le cadet et le plus timoré des frères Manciple ; seules les répliques courroucées de Julie étaient audibles, ce qui n'aurait pas été le cas si elle s'était crêpé le chignon avec Dennis. Fredonnant afin de ne pas entendre des paroles qui ne m'étaient pas destinées, je me dirigeai vers la tente du Capitaine, qui me faisait office de bureau, et m'assis pour voir si j'avais reçu des e-mails.

Mais il faudrait sans doute que je vous en dise davantage sur ce campement.

La première fois que j'ai vu la remise, c'était l'anarchie la plus totale. Il n'y avait pas d'électricité, pas de fenêtres aux murs, et Julie avait dû assurer la visite avec une lampe de poche pour me montrer combien l'endroit était spacieux. Certes, il y avait de la place, mais aussi beaucoup de saletés : le faisceau lumineux de la lampe de poche balayait des amas de longs tubes métalliques coupés en morceaux. D'anciens échafaudages, avait expliqué Julie, qui abritaient auparavant des casiers de stockage. Lorsque les entrepôts avaient fermé, les casiers avaient été enlevés et les échafaudages démantibulés pour être envoyés à la ferraille, mais, malheureusement, la ferraille était restée au rebut. Notre première mission serait de louer une benne à ordures pour nous en débarrasser.

– Je reconnais qu'on se croirait dans une zone sinistrée, là, mais je pense qu'il y a du potentiel pour en faire quelque chose de bien, une fois qu'on aura viré toutes ces saloperies…

– Pas de problème… Ça, c'est dans mes cordes. J'arrive à soulever des choses très lourdes.

– Une fois qu'on s'y sera attelés, à mon avis on ne devrait pas en avoir pour plus d'une semaine, grosso modo. Et lorsqu'on se sera débarrassés de ce bazar, on pourra monter le campement, et…

– Le campement ?

– C'est le seul hic, avec ce bâtiment.

Julie braqua sa lampe de poche vers le plafond, illuminant des planches tachetées.

– Le toit fuit. Pas trop, enfin il ne tombe pas des hallebardes à l'intérieur, mais j'aimerais quand même mieux ne pas prendre le risque de laisser du matériel informatique en dessous.

– Alors tu comptes monter un campement là-dedans ? Pour protéger les ordinateurs de l'humidité, quand il pleuvra ?

Julie acquiesça.

– Des tentes militaires achetées au surplus. Mon père connaît l'intendant de Fort Lewis, et il peut m'en avoir pour que dalle – de toutes les tailles, autant que j'en veux.

– Ça ne serait pas plus simple de changer la toiture ?

– Je n'en ai pas les moyens, en tout cas pas pour l'instant. Une fois que l'Usine sera en place, que ça marchera, quand j'aurai trouvé des capitaux, ou des subventions…

– Mais pourquoi est-ce que ça serait à toi de payer ? Si tu n'es que locataire ?

– Ça fait partie du contrat. Si le prix du loyer est si bas, c'est notamment parce que j'ai promis de prendre certains travaux à ma charge.

– Tu t'es engagée à réparer la toiture ?

– Oui, entre autres.

– Mais si tu n'as pas les moyens de faire les travaux…

– Je n'en ai pas les moyens *pour l'instant*, rétorqua Julie. Mais ce n'est pas un problème, je n'ai pas à m'en occuper tout de suite, mais seulement avant que le bail expire. En attendant, il y a des choses plus urgentes à faire, par exemple virer ces saletés, et s'assurer que le système électrique puisse supporter tout le matos que je vais apporter ici... Refaire la toiture, c'est plutôt un projet à long terme. Un projet pour toi, peut-être, ajouta-t-elle, vu que tu es architecte dans l'âme.

– C'est mon père qui a construit la maison, lui rappelai-je. Et pour ce qui est de ses dons de menuisier-charpentier, ils ne sont qu'imaginaires.

Mais Julie ne m'écoutait plus. Plongée dans ses pensées, elle s'était retournée et agitait à nouveau sa lampe de poche en tous sens pour prendre la mesure de l'espace. Comme je l'observais, j'eus une illumination : Julie n'avait pas l'esprit pratique. Vous vous en doutez certainement depuis belle lurette, mais pour moi ce fut une révélation. C'était également la toute première fois que je portais un jugement sur la personnalité d'autrui de façon complètement autonome, sans l'aide d'Adam ni de mon père, et cela me procura un étrange sentiment de satisfaction, comme si je venais de découvrir une de ses qualités. Peut-être était-ce une bonne chose – l'inaptitude de Julie à accomplir certaines tâches rendait généralement les gens dingues, mais je restais toujours patient avec elle, trouvant même sa totale absence d'esprit pratique parfaitement charmante, parce qu'elle confirmait mon intuition.

En dehors de cela, il arrivait parfois que ses idées soient moins farfelues qu'elles n'en avaient l'air. De même que la voiture de Julie, la toiture de l'Usine ne fut jamais totalement réparée – bien qu'il m'ait fallu à maintes reprises grimper sur le toit pour rafistoler des trous trop importants pour rester ignorés –, du coup, le campement devint permanent. Et même si les tentes n'avaient pas été indispensables, nous les aurions certainement conservées, et ce à cause d'un étonnant effet de dominos : non seulement elles nous servaient à garder le matériel bien au sec, mais elles rendaient l'Usine bien plus agréable car elles nous permettaient de diviser l'immense remise en plusieurs petites pièces. Les tentes conféraient au lieu une certaine intimité, et même si un tel effet aurait pu être créé avec des cloisons de bureau, en constituant des cabines, par exemple, il me semble avec le recul que les tentes offraient la meilleure solution, pour ne pas dire la plus rigolote. Travailler à l'Usine, c'était comme travailler dans un camp de gitans, surtout après que Julie, prise d'une frénésie créative, avait peint les tentes de différentes couleurs.

La mienne était bleu azur, avec des nuages dessinés à la bombe que Tante Sam m'avait appris à faire au pochoir. Elle accueillait un grand bureau en chêne que Julie et moi avions récupéré dans le dépotoir où nous avions entreposé les échafaudages, et était équipée d'un Pentium reconditionné. Avec l'aide de Julie, j'avais créé mon propre site web pour entrer en contact avec des personnalités multiples et échanger des infos. Julie m'avait proposé de me donner un deuxième ordinateur pour la maison, mais mon père et moi avions posé notre veto – la dernière chose dont nous avions besoin, c'était qu'Adam et Jake se chamaillent pour avoir accès à Internet.

Ce matin-là, comme je bataillais pour établir la connexion avec le serveur Internet, je reçus une flopée de messages d'erreur. Ça arrivait de temps en temps, après deux années passées à localiser puis régler divers problèmes, le réseau électrique de l'Usine semblait plutôt stable, mais notre serveur restait peu fiable.

Je criai :

– Dennis ?

Dans la tente mitoyenne, Dennis Manciple répondit :

– Il n'y a plus rien.

– C'est encore le standard ? demandai-je.

– Irwin dit que non. La ligne téléphonique fonctionne encore, mais on ne peut plus aller sur Internet. Ça doit coincer de l'autre côté. Attends quelques minutes.

– Ouais, ricana Adam. Attends quelques minutes et c'est la ligne de téléphone qui va lâcher, elle aussi.

– La ferme.

J'abandonnai mon ordinateur et me dirigeai vers la tente de Dennis, qui était rouge sang et criblée de faux impacts de balle, et dont l'entrée était gardée par les portraits de

Lara Croft et Duke Nukem, peints à la bombe sur la porte. Comme toujours, Dennis était en pleine rédaction de code, mais, à ma grande surprise, il était vêtu de pied en cap.

Les frères Manciple étaient originaires de l'Alaska. Leurs parents étaient des pionniers ; Dennis et Irwin avaient grandi dans un hameau dans les bois autour du fleuve Yukon, et c'est seulement à l'adolescence qu'ils avaient vu pour la première fois une ville de plus de cent habitants. Cette petite enfance plongée dans l'isolement – ils avaient suivi leur scolarité primaire à la radio – avait laissé des stigmates. Non pas que les frères ne fassent montre d'aucune urbanité, avait d'ailleurs signalé Julie Sivik, mais plutôt que leur affabilité différait fortement de celle des autres gens. (Lorsque je lui avais fait remarquer qu'on pouvait dire la même chose de moi, Julie avait nuancé son propos en des termes que je ne suis pas encore sûr de bien saisir : « Toi tu es simplement étrange, m'avait-elle annoncé, mais les Manciple, eux, sont bizarres. »)

Dennis avait un problème vestimentaire, sans doute lié au climat dans lequel il avait grandi ou à ses vingt-cinq kilos de trop. Toujours est-il qu'il avait constamment chaud, même lorsqu'il faisait un temps à ne pas mettre le nez dehors. Il se promenait légèrement vêtu à longueur d'année, quelle que soit la météo, et dès qu'il passait plus de cinq minutes quelque part, il s'empressait de se mettre à l'aise en retirant les quelques frusques qu'il avait sur le dos. Il n'était pas rare de le surprendre dans sa tente vêtu en tout et pour tout d'un caleçon long et de bretelles noires, mais ce jour-là il portait une vraie chemise, avec des boutons, et un bermuda. Ainsi que des chaussures.

– Dennis, m'exclamai-je, mais tu es habillé !

Je humai l'air de sa tente, qui m'apparut plus frais que d'ordinaire.

– Et tu t'es lavé.

Il n'était pas déplacé de dire de telles choses à Dennis, jamais il ne s'en formalisait ; mais il fallait bien plus de délicatesse avec Irwin.

– C'est un ordre de L'Amiral, m'expliqua Dennis, qui parlait de Julie.

Il l'avait affublée de plusieurs surnoms, dont L'Amiral, Mon Général, et, de temps en temps, La Reine des Garces, même si ce dernier ne lui agréait guère.

– Nous allons accueillir parmi nous une nouvelle employée, aujourd'hui. Je ne suis pas censé lui montrer mes poils du torse, au moins pas dès la première semaine.

– Une nouvelle ? Qui est-ce ?

Dennis haussa les épaules.

– Une fille que La Toute Merveilleuse a rencontrée à Seattle, le mois dernier.

– Julie ne m'en a rien dit.

– Et pourquoi elle t'en aurait parlé ? Vous êtes mariés ou quoi ?

– Non, mais… elle va faire quoi, cette fille ? Pourquoi Julie l'a-t-elle recrutée ?

– Ça m'en bouche un coin, rétorqua Dennis. Je ne sais même pas pourquoi elle t'a embauché, toi.

Si Dennis n'était pas susceptible, mieux valait ne pas l'être non plus. Mais je ne lui en voulais pas de me taquiner au sujet de mes qualifications. Julie m'avait officiellement embauché à l'Usine du Réel en tant que « consultant en créativité ». C'était le poste idéal pour moi, disait-elle, car j'avais un rapport direct avec ce qu'était ontologiquement la réalité virtuelle : un univers imaginaire où différentes personnes se rencontrent, échangent, et créent ensemble.

Une fois mes premières réticences dépassées – mon père avait fait construire la maison pour manipuler les masses, et non pour exprimer sa créativité –, il m'a bien fallu admettre que cela m'intriguait. Mais il est difficile d'être consultant pour un projet qui a des années d'avance sur son temps.

Ma première expérience virtuelle fut particulièrement décevante. Il s'agissait d'un horrible jeu vidéo appelé *La Métropole de la ruine*, auquel on jouait avec des lunettes stéréoscopiques et un joystick. Les lunettes permettaient d'apercevoir le croquis rudimentaire, mais en 3 D, de ce qui était censé être une ville écarlate. Lorsque l'on avançait dans la Grand-Rue, porté par un tapis roulant invisible, de petites pyramides volantes représentant des pseudo-bombardiers surgissaient entre les « immeubles » avant de lâcher leur cargaison. Le but du jeu était d'abattre les avions ; les lunettes percevaient les mouvements, et en tournant la tête on arrivait à viser le réticule qui se trouvait dans son champ de vision. Mais le détecteur de mouvement était paresseux – il fallait tourner la tête et attendre un peu ; alors seulement le réticule bougeait – et le temps que j'abatte mon premier avion, j'avais la migraine. Puis mes lunettes se sont embuées.

– Je suis désolé, dis-je à Julie, passant la main sur mon front dégoulinant de sueur avant de lui rendre les lunettes. Je ne peux rien faire pour toi.

– Du calme, répliqua Julie. Ce n'est pas mon prototype. C'était juste pour te donner une idée...

– Ça ne ressemble pas à ce que tu m'avais décrit – ou ce que je croyais que tu avais décrit. Et ça n'a rien à voir avec la maison. La maison n'est peut-être pas réelle, mais elle en a l'air. Mais ça, par contre... c'est minable, comme jeu.

– Je sais bien. Mais mes associés travaillent sur un système de réalité virtuelle qui est tellement meilleur, absolument dernier cri...

Elle s'interrompit, rêveuse.

– Elle a l'air réelle, tu me dis. Comment ça ?

– Hein ?

– Tu dis que la maison a l'air réelle, bien que ça ne soit pas le cas. J'aimerais en savoir plus sur la nature de cette expérience. Quand tu te trouves dans la maison, tu es toujours en possession de tes cinq sens, n'est-ce pas ?

– Oui. Bien sûr.

– Alors ce serait une sorte d'hallucination parfaite ?

Je fis la grimace.

– Je ne pense pas qu'hallucination soit le bon terme.

– C'est quoi, le bon terme ?

– Je ne sais pas. J'ignore s'il y en a un.

– Et un rêve ? demanda Julie. Est-ce que ça ressemble à un rêve ?

– Non. Ça doit plutôt ressembler à ce que tu décrivais

quand tu parlais de réalité virtuelle : comme si on était tout éveillé, dans un endroit imaginaire, avec d'autres gens. Mais…

Je désignais les lunettes.

– … ça n'a rien de commun avec ça, alors je ne sais plus quoi dire.

Mais Julie, pugnace, insista :

– Il faut que je te présente mes associés.

Bien qu'ils aient été élevés dans les bois, les frères Manciple avaient été initiés aux nouvelles technologies. Les maisons dans le hameau de leurs parents étaient équipées de panneaux solaires et, dès 1975, ils avaient eu un ordinateur chez eux, le père de Dennis et d'Irwin ayant commandé par correspondance le premier Altair à monter soi-même. Les gosses avaient grandi avec cet ordinateur et ses différents successeurs, passant leurs longues soirées d'hiver à faire de la programmation – ou parfois, surtout pour Irwin, à farfouiller à l'intérieur des machines les plus vieilles. Et puis, en 1993, un jeu d'aventures en *shareware* appelé *Le Navire de pierres*, créé par les deux frères (Irwin s'occupant du scénario et Dennis du code), leur avait rapporté suffisamment d'argent pour qu'ils songent à en faire leur métier. Ils quittèrent l'Alaska et descendirent vers le sud pour tenter leur chance dans l'industrie informatique, préférant Seattle à la Silicon Valley de peur qu'il ne fasse trop chaud en Californie.

Julie les rencontra à l'époque où elle travaillait chez le kinésithérapeute que Dennis avait consulté pour ses problèmes de dos. À ce stade, fin 1994, cela faisait un an que les frères vivaient à Seattle, sans y avoir rien fait. Malgré le succès du *Navire de pierres*, ils n'avaient pas réussi à attirer l'attention des fabricants de logiciels avec un ambitieux projet pour une nouvelle version, et comme ils n'avaient plus un sou vaillant, ils envisageaient de tout abandonner et de rentrer chez eux. Mais Julie, qui rencontrait elle-même de grandes difficultés dans sa vie professionnelle (elle était sortie un moment avec le kinésithérapeute, mais ils s'étaient séparés ; elle était sur le point de se faire licencier et de perdre ses parts dans l'entreprise), les avait incités à créer l'Usine du Réel, décidant d'y participer en tant que directrice commerciale, actionnaire majoritaire et, officieusement, directrice générale.

Le système de réalité virtuelle des frères Manciple s'appelait Eidolon. Tout comme pour *La Métropole de la ruine*, il fallait se munir de lunettes 3 D mais, celles-ci ayant été conçues par Irwin, elles étaient plus agréables à porter et ne s'embuaient pas si vite. Il y avait également un « gant sensitif » qui transmettait au logiciel Eidolon ce que faisait la main droite du joueur, ce qu'il désignait, secouait ou attrapait.

C'était un bien meilleur jeu que *La Métropole de la ruine*, en fait. Les dessins apparaissaient en couleurs, avec des formes définies, d'un beau grain, non comme des croquis tracés à la hâte. Au lieu de se trouver sur un tapis roulant, le joueur avait une totale liberté de mouvement – pouvant tourbillonner, dériver du haut vers le bas, glisser d'avant en arrière, puis de côté, tout cela par la grâce d'un simple mouvement du gant sensitif. Et personne ne criait : aux antipodes d'une ville dévastée par la guerre, le monde vu par les lunettes d'Eidolon ressemblait à une sorte de salle de jeux bourrée de joujoux ; une espèce de ballon qu'on pouvait faire rebondir, frapper en tous sens ; un champignon magique qui, lorsqu'on l'effleurait, faisait surgir du sol violettes et pissenlits.

Mais, malgré tout, cela n'avait rien à voir avec la maison. Le graphisme, s'il était meilleur, évoquait davantage l'esthétique des dessins animés que la vraie vie, et bien que l'on puisse voir les choses, on ne pouvait pas les toucher : tenter d'attraper le champignon magique, c'était comme attraper un courant d'air. Il était impossible de sentir l'odeur des fleurs, ou de goûter l'eau du bassin en plastique en forme de canard. La première fois que j'essayai Eidolon, je n'entendis même pas les rebonds du ballon ; les lunettes ayant beau être prolongées par des écouteurs stéréo, Irwin n'avait pas encore réussi à les faire marcher. Et les mouvements « libres » restaient parfois trop lents ou syncopés, particulièrement lorsque l'on faisait surchauffer l'ordinateur en lui demandant de dessiner trop de pissenlits.

Par ailleurs, le sens de tout cela m'échappait quelque peu.

– Le sens vient uniquement de l'utilisateur, c'est lui qui donne un sens au jeu, m'expliqua Julie. Il n'y en a pas d'autre.

– Bien, mais… c'est pas que ce ne soit pas chouette, et tout, mais tu crois vraiment que les gens vont claquer leur argent pour jouer à un jeu de ballon imaginaire ?

– Tu ne comprends pas, Andrew. Eidolon, ce n'est pas une salle de jeux.

– Ah bon ?

– Non. Eidolon, c'est ce qui a permis de construire la salle de jeux.

Elle entreprit de m'expliquer qu'en fait Eidolon était un « moteur de logiciel », une sorte de langage de programmation, d'interprète.

– La salle de jeux, c'est une simple application. Une démonstration. Mais on peut se servir du moteur pour créer n'importe quel type de paysage, qui aura toutes sortes de finalités. Par exemple, imaginons que tu sois promoteur immobilier et que tu veuilles emmener quelqu'un faire une balade dans un immeuble qui n'existe que sous forme de plan. Grâce à Eidolon, c'est possible. À moins que tu n'aies vraiment envie de jouer à un jeu de ballon imaginaire, mais en utilisant tes propres lois physiques ; grâce à Eidolon, c'est aussi possible.

– Hmmm.

Je gardai ma langue dans ma poche, mais ces exemples ne me paraissaient pas particulièrement intéressants. Julie sentit mon manque d'enthousiasme, et trouva vite une application susceptible de m'appâter.

– Ou bien, dit-elle, imaginons que tu sois handicapé.

– Handicapé ? Comment ça, handicapé ?

– Disons que tu as eu un accident. Imaginons que tu te sois blessé au niveau de la colonne vertébrale, et que tu es paralysé, tu ne sens plus rien au niveau des jambes. Tu pourrais tout à fait passer le restant de tes jours dans ton fauteuil roulant. Mais, grâce à ça – elle tapota le gant sensitif –, tu peux encore te lever et danser quand l'envie t'en prend.

– Le moteur permettrait de faire ça ?

– Évidemment.

Elle sourit.

– Alors tu vois, ce n'est pas seulement un gadget hors de prix. Si on trouve les bonnes applications, ça peut être un outil qui permettra aux gens de vivre une existence plus épanouie.

*Un outil qui permettra aux gens de vivre une existence plus épanouie*... Elle me plaisait, cette phrase.

– Ça me semble très alléchant, dis-je. Mais qui, en réalité, programmerait une telle application ?

– L'utilisateur, répondit Julie.

– La personne dans le fauteuil roulant ?

Julie opina du chef.

– La version finale de l'interface de programmation sera très intuitive, très facile à utiliser. Les gens pourraient définir et créer de nouveaux paysages en utilisant simplement les lunettes, les écouteurs et le gant.

Ce qui aiguisa mon attention. Dans la tête d'Andy Gage, seul mon père avait le droit de transformer la maison et ses terrains, or voici que j'avais la possibilité de m'octroyer un peu de ce pouvoir.

– Tu peux me montrer comment ça marche ?

Je tendis la main vers les lunettes et le gant, mais Julie m'arrêta.

– Je te parle de la version finale. Celle-ci n'est pas terminée.

– Oh... Tu veux dire que je ne peux même pas essayer une version expérimentale ?

– Eh non. Désolée. Dennis travaille toujours sur le moteur Eidolon, alors pour l'instant les applications doivent être encodées séparément. L'éditeur de paysages simplifiés – le Paysagiste – est encore un peu à la ramasse.

– Complètement à la ramasse, tu veux dire ? demandai-je, soudain très soupçonneux. Quand est-ce qu'Eidolon sera terminé ?

– Quand ce sera terminé.

Dennis, tous les mois et quelques, bidouillait un nouveau programme de démonstration destiné à présenter la toute dernière version encore inachevée du moteur Eidolon, pour séduire les investisseurs potentiels. Ces démos se rapprochaient le plus possible du produit final qui serait présenté par l'Usine du Réel. Elles étaient également ma seule chance de pouvoir jouer au consultant : avant que Dennis ne se mette à les encoder, Julie me faisait asseoir à ses côtés et m'encourageait à suggérer des modifications pouvant être incluses dans les démos. Mais ces séances de *brainstorming* ne duraient jamais très longtemps, et la plupart du temps Dennis était totalement incapable de mettre mes conseils en pratique.

– On ne travaille pas sur l'holodeck de Starship Enterprise, hurlait-il invariablement, sa patience à bout.

Ainsi, j'avais fini par passer presque tout mon temps à faire du non-conseil : aider Irwin à assembler et désassembler les composants, coudre les fils sensitifs pour Dennis, faire des courses pour Julie, réparer la toiture en lambeaux, et me coltiner toutes les corvées de l'Usine – telles que la vidange du Seau de Miel – dont Julie et les Manciple ne voulaient pas entendre parler. En règle générale, j'abattais assez de travail pour ne pas avoir l'impression de voler mes six dollars de l'heure. Mais il ne restait plus tant de corvées que cela, et je n'arrivais pas à me figurer à quoi pourrait servir un cinquième employé.

– À mon avis, elle doit s'y connaître en matière de graphisme de l'interface, me répondit Dennis tandis que je continuais à le harceler de questions.

– Graphisme de l'interface ? Tu veux dire qu'elle fait de la programmation ?

– C'est ce qu'a l'air de penser le Grand Manitou.

– Alors elle va travailler avec toi ?

– Ou toi, répliqua Dennis. Ça dépendra si *j'estime* qu'elle fait de la programmation ou non.

– Est-ce que ça signifie que tu vas enfin lancer le Paysagiste ?

– Peut-être bien que oui.

Réfléchissant avec un peu plus de sérieux à la question, il ajouta :

– Vaudrait mieux. C'est pas pour le moteur que j'ai besoin d'un coup de main.

– Non, bien sûr que non, répondit Adam en fonçant en chaire. Ça fait seulement quatre ans qu'il s'acharne dessus, qui oserait penser qu'il a besoin d'aide ?

– Boucle-la.

– Des commentaires, dans le poulailler ?

– C'est rien, juste Adam qui ramène sa fraise.

– Hum hum.

Dennis savait, pour la maison, mais il ne semblait pas convaincu, et chaque fois qu'il m'entendait parler à Adam ou à mon père, il réagissait comme si je me comportais en malade mental.

Penny Driver arriva à l'Usine une quinzaine de minutes plus tard. J'étais retourné dans ma tente pour faire quelques vaines tentatives de connexion à Internet et étais ressorti chercher Irwin lorsque je l'aperçus.

Penny était entrée par la porte latérale. (La remise comportait également une porte principale, à l'entrée, style porte de garage, suffisamment grande pour laisser passer un semi-remorque, mais la fois où nous l'avions ouverte, il nous avait fallu deux jours pour la refermer, et depuis nous faisions comme si c'était un mur.) Elle se tenait dans l'embrasure de la porte, la main encore posée sur la poignée, semblant prête à prendre ses jambes à son cou. Je me dis que Julie n'avait pas dû lui décrire le lieu.

– Vous êtes au bon endroit, criai-je à son attention.

Elle bondit littéralement en entendant ma voix : un petit saut, et un couinement sonore. Sa main libre se leva avant de retomber sur sa poitrine, comme si elle avait fait une attaque.

– Je suis désolé, lui dis-je.

Je me dirigeai lentement vers elle, comme si c'était Jake.

– Je suis désolé, je ne voulais pas vous faire peur. Mais vous êtes bien à l'Usine du Réel, si c'est ce que vous cherchez.

Je lui tendis la main, mais elle n'en voulut pas. Elle ne paraissait soudain plus effrayée, juste interloquée ; elle me regardait comme une ménagère observe une boîte de haricots verts qu'elle ne se souvient pas d'avoir posée dans son Caddie. Ne sachant que faire, je lui rendis son regard.

Elle était très petite, à peine plus de un mètre cinquante, et toute menue. Elle portait un vieux pull gris délavé qui lui arrivait presque aux genoux, et un jean froissé. Ses cheveux coupés court étaient en bataille, comme si elle avait été surprise au pied du lit, après une bonne nuit de sommeil, mais ses yeux injectés de sang étaient entourés de cernes noirs.

Tout à coup, elle lâcha la poignée de la porte et croisa les bras sur sa poitrine. Puis elle fit trois pas en avant, se déplaçant si vite que je dus faire un bond sur le côté pour la laisser passer. Ne me prêtant nullement attention, elle se mit à tourner la tête de façon panoramique, comme pour prendre la mesure de la superficie de la remise : les tentes, le plafond de planches souillées, les seaux pour les fuites, les tas de ferraille rouillée dans les coins, les câbles d'isolation enroulés tels des serpents. Elle retroussa sa lèvre supérieure.

– Bordel de Dieu, quel putain de trou à rats !

– Pardon ? fis-je.

– Tu as parfaitement entendu, jubila Adam. C'est quoi, le mot qui te pose problème, "bordel" ou "putain" ?

Penny décroisa les bras. Elle cligna des yeux, puis se retourna vers moi, semblant brusquement très inquiète de me découvrir près d'elle. Cette fois elle ne bondit pas, ne couina pas ; mais elle recula aussi vivement qu'elle avait avancé. Le dos à nouveau contre la porte, elle leva la main pour me faire un signe timide.

– Bonjour, dit-elle.

– Bonjour, lui répondis-je.

– Salut, fit Adam. Eh ! Vous avez vu le défilé ?

Julie surgit entre deux tentes, suivie par Irwin qui tirait une tête de six pieds de long.

– Bonjour Penny, s'écria-t-elle en faisant un signe de tête. Je vois que vous avez déjà fait connaissance, tous les deux.

– Si on veut, dis-je.

Manifestement, c'était le festival des comportements étranges, ce matin-là : comme Julie approchait, j'aurais pu jurer que je décelais une expression bizarre sur son visage

– un petit rictus suffisant sur les lèvres, une lueur d'amusement dans les yeux – mais je préférai ne pas y prêter attention, songeant qu'elle avait dû se disputer avec Irwin. Adam aurait sans doute pu me donner une autre piste, mais son attention était complètement monopolisée par Penny.

– Dans ce cas, dit Julie en nous rejoignant, les présentations formelles s'imposent. Andrew Gage, voici Penny Driver. Penny, voici Andrew.

– Ravi de vous rencontrer, Penny, annonçai-je en lui tendant à nouveau la main.

Cette fois, elle la serra, mais je sentais qu'elle se forçait. Je lui secouai le bras une fois, doucement, puis lâchai prise.

– En fait, dit Julie, elle aime bien se faire appeler Souris.

– Pas du tout, s'écria Adam du haut de la chaire. T'as pas vu comme elle vient de tiquer, là ? Elle a horreur de se faire appeler Souris.

– Adam, fis-je en veillant à ne pas parler à voix haute, est-ce que Julie te semble bizarre ce matin ? Elle a une drôle de tête, comme si…

– Salut, Souris, cria Dennis Manciple d'une voix tonitruante.

Il surgit de sa tente, débraillé, les trois premiers boutons de sa chemise ouverts, s'attirant immédiatement un froncement de sourcils de la part de Julie.

– Dennis ! aboya-t-elle en joignant les revers de son propre chemisier.

Dennis passa outre. Tous poils au vent, il accourut à grandes enjambées vers Penny, et lui attrapa la main si brutalement qu'il manqua la soulever du sol.

– Enchanté de vous rencontrer, Souris.

– Elle lui plaît, ricana Adam, il la trouve sexy… mais elle, elle se dit que c'est un gros porc dégueulasse.

Je songeai que ce n'était que de la projection de la part d'Adam – bien qu'il soit vrai que, quand Dennis lui avait serré la menotte, Penny avait tordu le nez comme quelqu'un qui a posé la main sur un truc pas très net.

– Mais pour Julie, Adam, dis-moi ?

– J'en sais rien, répondit-il. Elle est toujours un peu

zarbi, de toute façon, alors il n'y a peut-être rien. À moins qu'elle n'ait eu l'idée débile de vous coller ensemble.

– Qui donc ? Penny et moi ? Pour qu'on sorte ensemble ?

– Ouais.

Nouveaux ricanements.

– Pour que vous sortiez ensemble. C'est peut-être ça. À moins qu'elle n'ait vu le défilé, elle aussi.

– Quel défilé ? De quoi parles-tu ?

– Sois attentif, c'est tout. Tu verras, toi aussi.

Dennis n'avait pas cessé de serrer la main de Penny ; il semblait disposé à continuer toute la journée.

– Ça suffit comme ça, cria Julie.

Elle se mit entre eux et, d'un geste vif, porta la main à l'encolure de Dennis.

– Qu'est-ce que je t'avais dit ?

– Mille pardons, ma Toute-Puissante, s'excusa Dennis.

Il se reboutonna, mais en prenant son temps.

– Crétin.

Julie lui tourna le dos et lança un sourire d'excuse à Penny.

– Je suis désolée. Comme vous le voyez, l'ambiance est plutôt décontractée, ici – peut-être un peu trop, parfois. Le nudiste, c'est Dennis Manciple. Et Grincheux, là-bas, c'est Irwin, son frère.

Irwin, qui ne s'était pas approché de nous à plus de trois mètres, ne semblait pas avoir l'intention de venir serrer la main de Penny ou même de lui faire un signe de tête. Il boudait.

– Maintenant que vous connaissez tout le monde, reprit Julie, pourquoi n'irions-nous pas à la Grande Tente pour que je vous montre le système ? Vous pourriez essayer une de nos démonstrations pour vous faire une meilleure idée de notre projet.

– D'accord, répondit Penny.

Elle avait l'air d'en avoir autant envie que de se pendre, mais elle ne broncha pas quand Julie la prit par le coude et elle se laissa guider de bonne grâce, se contentant de lancer un dernier coup d'œil chagrin à la porte par laquelle elle était entrée.

La Grande Tente, comme son nom l'indiquait, était la plus grande tente de l'Usine. Elle avait été plantée à l'extrémité sud de la remise, en diagonale, entre les murs – c'est ce que nous avions trouvé de mieux pour qu'elle tienne entre les piliers porteurs. À l'origine, c'était une tente militaire qui faisait office de chapelle dans laquelle était célébrée la messe, mais nous l'avions décorée de façon à ce qu'elle évoque plutôt le chapiteau d'un cirque (enfin, c'était moi qui l'avais décorée, après que Julie et Irwin s'y étaient vaguement essayés, sans vraiment y mettre du cœur ; tracer des rayures rouges et blanches étant une activité dont on se lasse vite). On y abritait la plupart du matériel de l'Usine, dont tout un arsenal de postes de travail tombés du camion, récupérés par l'oncle de Julie, et reliés en réseau.

La Grande Tente était aussi encombrée que ma chambre, et aussi désordonnée que la remise l'avait naguère été. Mais il y a des degrés en matière de pagaille, et lorsque nous arrivâmes il me sembla que je saisissais les raisons de la prise de bec entre Irwin et Julie : pendant la nuit, un des ordinateurs avait été vidé de ses entrailles et démantibulé sur une table de travail. Ce genre de choses se produisait constamment – Irwin passait son temps à arracher un ou deux ordinateurs au réseau, à les démonter puis les reconfigurer pour les rendre un chouïa plus performants – mais lorsque l'un des engins ne fonctionnait pas, cela pouvait poser des problèmes sur tout le réseau, surtout quand on devait faire une démonstration. Aussi, soit Julie avait oublié de signifier à Irwin qu'elle aurait besoin de la totalité du réseau, soit, ce qui était plus vraisemblable, il n'avait pas tenu compte de ses instructions.

La vision du matériel dans la tente suscita une nouvelle réaction bizarre chez Penny. Elle se détacha de Julie, se dirigea vers la table de travail, et fit un commentaire très péremptoire concernant l'attirail de pièces détachées. Je ne compris pas vraiment ce qu'elle disait – elle parlait le jargon communément employé par les anciens salariés de Bit Warehouse, que je n'avais jamais appris – mais cela impressionna suffisamment Irwin pour qu'il daigne se dérider un peu.

– C'est exact, dit-il. Vous avez déjà travaillé sur ce type de bécane ?

Au lieu de lui répondre, Penny choisit d'examiner les deux autres postes de travail, ceux qui n'avaient pas été décortiqués. Elle fit glisser un doigt sur une aspérité de la coquille en métal et en plastique de l'ordinateur.

– Vous avez effacé les marques ? demanda-t-elle.

– On les a eus comme ça. Ça faisait partie du deal.

– Ouais, précisa Adam. Quatre-vingt-dix pour cent de ristourne, mais pas de numéros de série.

– Mets-la en veilleuse.

Penny me dévisageait.

– Ooh, pardon, m'écriai-je. Je ne m'adressais pas à vous.

– Andrew entend des voix dans sa tête, ironisa Dennis. Il y a toute une famille, là-dedans.

– Une famille ?

– C'est compliqué, intervint Julie.

Elle lança une œillade menaçante à Dennis.

– Andrew vous expliquera par lui-même, s'il en a envie.

Je n'en avais absolument pas envie, et surtout pas maintenant.

– Alors, dis-je dans l'espoir de détourner la conversation, quelle démo on fait ?

Dennis s'assit devant un poste et se mit à pianoter.

– Que dirais-tu de *La Gigue des éclopés* ? proposa-t-il. Tu l'aimes bien, celle-là.

*La Gigue des éclopés*, c'était la démonstration de l'application que Julie avait inventée pour m'appâter la première fois que j'avais essayé Eidolon – l'application censée être programmable par un paraplégique, grâce à l'interface casque-et-gant du Paysagiste. Bien que l'interface n'ait pas encore été matérialisée, j'avais tant réclamé l'application à Julie qu'elle avait fini (à la dure) par faire codifier la démo à Dennis – et un représentant du ministère des Anciens Combattants (devant lequel nous prenions bien soin de ne pas appeler l'application *La Gigue des éclopés*) avait été tellement emballé qu'il nous avait attribué une bourse de recherche de cinq mille dollars.

– Parfait, répondis-je. Allons-y pour celle-là.

– Bien, ajouta Julie. Andrew, pourquoi ne ferais-tu pas le mec en fauteuil roulant ? On passera le costume sensitif à Penny.

Le costume sensitif, c'était une version du gant sensitif qui couvrait tout le corps. L'Usine du Réel avait créé trois costumes sensitifs, chacun de taille différente : un pour les adultes de grande taille, un pour les adultes de petite taille, et un pour les enfants. Julie s'empara du costume pour enfants pour le donner à Penny.

– Il va falloir que vous ôtiez ceci, Penny, dit Julie en tirant sur la manche de son gigantesque pull.

Encore une fois, Penny prit un air effrayé, et sembla récalcitrante.

– Attendez, dit Julie. Laissez-moi vous donner un coup de main…

Elle se glissa derrière Penny, attrapa son pull au niveau de la taille, à deux mains, et se mit à tirer vers le haut.

Pendant un bref instant, Penny se raidit comme un piquet, elle résistait. Sur son visage se succédèrent, à une vitesse impressionnante, différentes expressions, comme si elle ne savait pas si elle devait avoir peur, être outrée, ou coopérer. Je surpris même – ou crus voir – une lueur de colère si intense qu'on aurait pu penser que Penny allait se retourner pour frapper cette Julie qui avait l'audace de vouloir la déshabiller. Mais la colère s'estompa aussi vite qu'elle était apparue, et Penny se fit plus passive ; elle laissa ses bras se lever, son pull se soulever, puis partir.

Elle ne portait pas grand-chose, en dessous. En fait, tout ce qu'elle avait sous son pull, c'était une minuscule brassière qui dévoilait ses épaules et ses clavicules, et révélait surtout qu'elle ne portait pas de soutien-gorge. La brassière était rose pétant, et affichait l'inscription POUPÉE GONFLABLE. Je dus rougir en lisant ces mots – et Penny, me voyant rougir et entendant Dennis siffler, croisa les bras sur sa poitrine comme si nous venions de la surprendre dans le plus simple appareil. Pendant ce temps Julie qui, accroupie derrière Penny, ne pouvait assister à la scène, tentait de l'inciter à glisser les pieds dans les jambes du costume sensitif.

– Il faut que vous souleviez le pied droit, Souris… Souris ?

Je me dirigeai vers le fauteuil roulant que j'utilisais pour la démonstration. Le fauteuil en soi était on ne peut plus ordinaire – encore un surplus de l'armée – mais le gant sensitif qui allait avec avait été spécifiquement programmé pour interpréter les mouvements individuels des doigts comme s'il s'agissait de mouvements de membres entiers. Je m'assis dans le fauteuil. Avec l'aide d'Irwin, Dennis brancha le gant sur le réseau et se remit à pianoter sur son ordinateur, faisant surgir un mannequin virtuel sur son écran. Je recroquevillai l'index dans mon gant, et le mannequin leva la jambe gauche, qui partit en arrière ; je pliai le majeur, et le personnage leva la jambe droite ; je frottai l'index et le majeur contre un détecteur de mouvements sur le bras du fauteuil roulant, et la silhouette cogna ses talons l'un contre l'autre et bondit dans les airs ; je remuai le pouce et le petit doigt, et la silhouette leva les bras.

– Ça marche bien, se réjouit Dennis.

Puis il tourna son attention vers Penny qui, à force de cajoleries, s'était finalement laissé guider dans le costume dont Julie avait refermé la fermeture Éclair. Les vérifications d'usage prirent plus longtemps que d'ordinaire, car pour s'assurer que le costume fonctionne, il faut que la personne qui le porte se place sur une jambe, saute à cloche-pied, agite les bras, etc., et Penny semblait très mal à l'aise – mais finalement, grâce à la gentillesse de Julie, nous réussîmes à effectuer tous les contrôles.

Il était maintenant temps de passer les casques. Comme je l'ai dit plus haut, Irwin les avait conçus de telle façon qu'ils soient confortables, mais on s'y sent toujours un peu à l'étroit, au début, avant qu'on ne les branche – comme si l'on portait sur les yeux de lourds bandeaux reliés à des câbles. Alors qu'Irwin attachait le Velcro derrière mon casque, j'entendis Julie susurrer :

– Détendez-vous, Souris. Vous n'allez rester dans le noir qu'une seconde.

Irwin brancha mon casque sur le réseau et le mit en route. Une image test en 3 D apparut devant mes yeux. Dennis procéda aux essais son : une locomotive invisible déboula près de mon oreille gauche, puis la droite, puis les deux oreilles d'un coup. Je levai les pouces à l'attention de Dennis.

– Parfait, dit Dennis. C'est parti…

Pendant qu'il pianotait les dernières instructions sur son clavier, je recroquevillai mon index et mon majeur dans le gant sensitif, les pliant comme les jambes d'un homme assis.

L'image test laissa place à une vision directe de l'univers d'Eidolon qui, dans la démo, consistait en une salle de bal géante dotée d'un sol en damier noir et blanc, cerclé de colonnes en marbre bleu. La salle de bal n'avait ni murs ni plafond ; le damier flottait dans un néant qui m'apparut d'abord rouge terne mais devenait de plus en plus éclatant, la couleur changeant comme celle d'un lever de soleil au fur et à mesure de la démonstration.

Je baissai les yeux pour jeter un coup d'œil panoramique et examiner mon « Moi » : pas mon vrai moi mais celui d'Eidolon, le mannequin dans le fauteuil roulant en 3 D. L'illusion était parfaite, convaincante, et l'aurait été d'autant plus si je n'avais senti que mes vraies jambes se trouvaient dans une position légèrement différente de celle du mannequin. J'eus un petit mouvement de l'index ; alors que ma vraie jambe ne bougeait pas, l'Andrew d'Eidolon leva le pied et l'avança, prouvant qu'il n'était pas si éclopé que ça.

Je levai les yeux et découvris la Penny d'Eidolon face à moi, sur la piste de danse. La Penny d'Eidolon était plus massive que la vraie : ses bras et ses jambes semblaient plus musclés, son corps mieux charpenté, et ses seins plus imposants ; la texture de son visage était la même que celle d'un mannequin en maillot de bain que Dennis avait scanné, son expression restait figée. Mais si elle ne ressemblait pas à la vraie Penny, elle bougeait comme elle : elle oscillait d'un pied sur l'autre, mal à l'aise, croisait puis décroisait les bras, jetait des coups d'œil par-dessus son épaule comme si elle s'attendait à ce qu'un monstre surgisse derrière elle à tout moment.

La musique commença. Le premier morceau était *The Waltzing Fool* de Lyle Lovett, une lente ballade jouée au piano et à la guitare que j'aimais beaucoup, bien qu'elle soit un peu triste. Lorsque les premiers accords retentirent, je redressai l'index et le majeur ; dans la vraie vie, je ne quittais pas mon fauteuil roulant, mais, dans l'univers d'Eidolon, l'Andrew virtuel se tenait solidement campé sur deux jambes. Je tournai la main dans le sens inverse des aiguilles d'une montre et donnai un coup de pouce sur le côté ; l'Andrew d'Eidolon fit un tour sur lui-même pour envoyer balader son fauteuil roulant et celui-ci se désintégra, se transformant en une nuée de colombes qui s'envolèrent pour décrire des ronds au-dessus de la piste de danse, tournoyant entre les colonnes de marbre. Je tournai la main dans le sens des aiguilles d'une montre, collai le pouce à l'index, et plongeai la main en avant ; l'Andrew d'Eidolon se retourna vers la Penny d'Eidolon, plaqua le bras gauche contre son torse et s'inclina.

L'Andrew d'Eidolon veillait à bien garder ses distances avec la Penny d'Eidolon. Si je m'étais approché d'elle, la démonstration aurait permis à nos deux Eidolons de se toucher les mains et de danser ensemble, mais à moins de faire de même dans le monde réel, nous n'aurions pas senti le contact – et enlacer quelqu'un sans qu'il nous soit permis de le sentir représente une expérience troublante qui, à mon avis, aurait pu faire complètement dérailler Penny. Alors je restai sur mes gardes, et me contentai de danser en face d'elle : l'Andrew d'Eidolon étendit son bras droit, replia le gauche contre lui, se balança au rythme de la musique. La Penny d'Eidolon fit de même, mais sans lever les bras, et elle fixa son regard vers le haut, d'un air inquiet, pour s'assurer de ce que faisaient les colombes.

Puis la voix de Dennis envahit les écouteurs :

– Y en a marre de cette musique !

Et la douce ballade de Lyle Lovett, au beau milieu d'un couplet, fut détrônée par le *Brown Sugar* des Rolling Stones.

– Merde, Dennis ! criai-je en levant les bras pour enlever les écouteurs.

Dennis se fichait de mes plaintes. Bouche bée, il dévisageait Penny, qui avait gardé son casque et continuait de danser. Simplement, elle ne dansait plus du tout de la même manière.

Disparu, le balancement gêné des hanches. Maintenant, c'était tout le corps de Penny qui ondulait, ses hanches, ses bras, ses pieds roulaient au rythme de la musique, sans la moindre once de timidité. Quant à cette façon de bouger… eh bien, comme Adam fit observer un peu plus tard, soudain, le slogan sur sa brassière ne sembla plus si déplacé…

Dennis ne la quittait plus des yeux, médusé. Irwin non plus. Moi non plus. La seule personne qui ne regardait pas Penny, c'était Julie – et encore seulement parce que c'était moi qu'elle observait, toujours avec ce drôle de sourire aux lèvres. Au bout d'un moment, je finis par m'en rendre compte, et comme Julie s'en aperçut, elle fit un signe de tête en direction de Penny et leva les sourcils comme pour me demander : *Alors, qu'en penses-tu ?*

– Adam, demandai-je. C'est quoi, ce bordel ?

– Ben ça, mon vieux, j'en ai pas la moindre idée, répondit Adam, la voix chargée de sarcasmes. Mais si je n'étais pas complètement bouché, je m'autoriserais peut-être à penser que Penny agit comme si elle était quelqu'un d'autre… voire plein d'autres gens.

Alors il éclata de rire, et ajouta :

– Moi, j'adore les défilés, pas toi ?

# LIVRE DEUXIÈME

# SOURIS

# 4

Souris est allongée dans un lit inconnu, dans une maison inconnue, sa main est plaquée entre les cuisses d'un homme qu'elle n'a jamais vu. Elle ne sait pas quel jour c'est, dans quelle ville elle se trouve ; elle ignore comment elle y a atterri.

Il y a quelques instants, c'était dimanche soir, le 20 avril, et elle était tranquillement assise dans sa cuisine, à éplucher le programme cinéma du *Seattle Times* en sirotant un verre de vin rouge – certes, ce n'est jamais une bonne idée, mais elle en avait une irrésistible envie, et quelqu'un avait laissé une bouteille déjà entamée dans le placard au-dessus de son évier. Elle s'était versé un verre, en avait bu une gorgée, et avait fait courir son doigt sur la colonne des horaires de cinéma, cherchant à trancher entre *Le Patient anglais* et le dernier film de Jim Carrey.

… et soudain elle n'est plus là. Elle n'a sans doute pas perdu conscience, tout au plus elle a cligné des yeux, et tout a changé. Alors qu'elle était habillée, et assise, elle est désormais nue comme un ver, et allongée. Le goût frais du vin a cédé la place à un arrière-goût de vodka et de cigarettes – elle ne boit pas d'alcool fort et ne fume pas, mais pourtant cet arrière-goût prononcé semble indiquer qu'elle a bu jusqu'à plus soif et fumé comme un pompier. Le papier journal grossier et froid sous ses doigts est devenu une chaude enveloppe de chair autour de sa main. Et le visage d'un inconnu est apparu, à quelques centimètres du sien, d'où émanent des ronflements aux relents de gin.

Elle ne hurle pas. Elle aimerait bien, mais lorsque l'on

passe sa vie à perdre conscience du temps – et à le cacher – on apprend à contrôler ses réactions. À l'intérieur, elle hurle, à l'extérieur, elle laisse simplement s'échapper un petit cri, un petit bruit semblable à un hoquet. Mais cela aussi, elle le tait, elle serre les lèvres pour étouffer le son avant qu'il ne s'amplifie.

C'est l'horreur. Perdre conscience du temps qui a passé, ce n'est jamais bon – c'est un signe de folie, et cette folie prouve que Penny est une horrible femme, une bonne à rien –, mais il y a des degrés, dans l'horreur, et se retrouver ainsi au lit avec un inconnu, c'est toucher le fond. Bien sûr, ça pourrait être pire : grâce à Dieu, l'inconnu est endormi, et seule sa main est en contact avec lui. Il est déjà arrivé que Souris, après un trou noir, revienne à elle pour se retrouver tendrement enlacée, ou au milieu d'une conversation intime ; un jour, elle a découvert un homme sur elle, qui lui écartait les jambes, et n'avait pu alors réprimer son hurlement.

Ce n'est peut-être pas l'horreur absolue, mais c'est quand même l'horreur. Et pourtant, tandis qu'elle ressasse tout cela, qu'elle réalise combien elle est démente et monstrueuse pour se retrouver dans de telles situations, une autre partie de son cerveau qu'elle nomme son Pilote Automatique se détache d'elle, s'élève au-delà de son épouvante, de sa haine d'elle-même, et, froidement analytique, cherche à la réorienter dans le temps et l'espace. On dirait que c'est le matin ; une lumière grisâtre filtre à travers la fenêtre de la minuscule chambre, comme si c'était l'aube. L'aube de quel jour, là, c'est plus difficile. Lundi matin, espère-t-elle ; cela signifierait qu'elle n'a perdu qu'une nuit. Mais, d'un point de vue subjectif, il n'y a pas de différence entre perdre toute une nuit et toute une semaine – et il lui est déjà arrivé de perdre des semaines, et même des mois entiers. Une fois, quand elle était plus jeune, elle a même perdu toute une année. Quelle que soit la durée, le temps perdu crée la même sensation : qu'il n'y a plus de temps du tout.

Il y a des moyens de vérifier, toutefois. De sa main libre, elle se touche le crâne pour voir si ses cheveux ont poussé. Souris aime se faire couper les cheveux pour qu'ils restent le plus ras, le plus simple possible, mais lorsqu'elle traverse des trous noirs, elle s'en soucie peu ; l'apparition soudaine d'une plus grande quantité de cheveux est le signe irréfutable qu'elle a décroché un bon bout de temps. Là, il semblerait que sa longueur de cheveux n'ait pas bougé. Puis elle se souvient qu'elle s'est mordu l'intérieur de la joue, dimanche, pendant le déjeuner. Sa langue recherche la plaie et la retrouve, toujours là, toujours fraîche.

Lundi matin, alors. Vraisemblablement. Donc si ça ne fait qu'une nuit, et qu'elle a passé une partie de la nuit avec... avec ce... cet inconnu à ses côtés, elle n'a pas pu aller bien loin. Elle doit toujours être dans les environs de Seattle, près de chez elle. Ce qui a du bon, et du mauvais : du bon, parce qu'elle ne devrait pas avoir trop de difficultés à retrouver son chemin ; du mauvais, parce qu'elle est tout à fait capable de lui avoir dit où elle habitait.

Elle dégage sa main emprisonnée. Ça vient facilement, mais en la retirant son avant-bras effleure la froideur caoutchouteuse d'une capote usagée abandonnée sur les draps. Un cri de dégoût sort de ses lèvres avant qu'elle ne puisse l'étouffer.

Les yeux de l'inconnu s'agitent sous ses paupières fermées ; sa main s'élève, frotte sa bouche et son nez. Il ronfle. Puis, tandis que Souris retient son souffle, il se retourne, lui montrant son dos. Il se rendort, et ses ronflements changent désormais, ils se font plus légers, plus proches du réveil.

Son Pilote Automatique la force à bouger avant que la peur ne la paralyse. Comme elle est légère, les ressorts du lit ne grincent pas lorsqu'elle se laisse glisser au bord du matelas. Elle atterrit à croupetons par terre, à côté du lit, et s'immobilise, l'oreille tendue, mais cette fois l'inconnu ne réagit pas.

Ses vêtements sont éparpillés partout sur le sol. En tout cas, elle voit ses chaussures et son jean ; elle ne reconnaît pas la culotte en dentelle noire ni la brassière rose, mais, comme elles trônent au sommet de la pile, il lui semble raisonnable de partir du principe qu'elles lui appartiennent. Elle remarque, légèrement courroucée, qu'il n'y a pas de soutien-gorge. Bien qu'elle soit assez menue pour ne pas avoir besoin d'en porter, elle trouve que ça fait un peu salope. Or elle n'est pas franchement en position de se plaindre d'avoir l'air salope.

Elle s'habille aussi vite, aussi silencieusement que possible. Ce faisant, elle parcourt la pièce des yeux, à la recherche d'autres affaires à elle. Quand vous ne savez pas ce que vous aviez avec vous, il est difficile d'être sûr de ne rien oublier, mais elle finit tout de même par se dire qu'il n'y a rien d'autre – et, si tel n'est pas le cas, il ne lui reste plus qu'à espérer que ça ne soit pas irremplaçable.

Vêtue de pied en cap et prête à partir, elle jette un coup d'œil à son reflet dans le miroir accroché contre la porte de la chambre à coucher, et remarque pour la première fois l'inscription obscène sur sa brassière. Tout d'abord, elle pense que c'est un truc – les mots doivent être inscrits sur le miroir, pour mieux maudire ou gronder la femme susceptible de se faufiler hors de cette chambre à coucher au petit matin. Que nenni – elle baisse les yeux – ces mots sont inscrits sur son vêtement, sur elle.

Elle ne peut pas sortir comme ça. Son anxiété montant en flèche, formant une étroite spirale, elle se retourne et jette un nouveau coup d'œil circulaire dans la pièce. Un pull jeté sans soin a atterri au sommet d'une commode, près du lit. Il n'est pas à elle – il est trop grand – mais il lui permettra de se couvrir jusqu'à ce qu'elle arrive chez elle. Elle l'attrape d'un geste vif, faisant choir de menus objets de la commode ; ils dégringolent bruyamment par terre. L'inconnu remue, et Souris, agrippée au pull, quitte la chambre en trombe.

L'étroit corridor de l'autre côté de la chambre lui rappelle les couloirs exigus qui bordent les couchettes des trains de nuit, avec les vitres contre un mur et les portes contre l'autre. Ce qui suscite une nouvelle vague d'angoisse : elle se demande s'il est possible qu'elle se trouve réellement dans un train. Mais non, la rassure le Pilote Automatique, les couloirs de train ne sont pas aussi encombrés ; les passagers n'ont pas le droit d'y déposer leurs affaires personnelles. Et en plus, ça ne bouge pas.

Quel genre de maison pourrait avoir l'allure d'un wagon de train, sans en être un ? Une caravane, comprend-elle. Elle est dans une caravane. Ce qui devrait l'aider à trouver une issue : si la chambre à coucher se situe à un bout de la caravane, la sortie doit être quelque part de l'autre côté.

Elle prend le couloir. Arrivé à mi-longueur, il donne dans un salon/salle à manger meublé dans le pur style beauf : il y a un canapé défoncé, une vieille télé, une fausse cheminée électrique, une table à manger pleine de nervures sur laquelle s'entassent cannettes de bière et assiettes sales. Un comptoir couvert d'un lino élimé sépare la salle à manger d'une petite kitchenette, où s'accumulent d'autres cannettes de bière.

*Une caravane de beauf*. C'est absolument ridicule, mais Souris est mortifiée par ce bouge de si mauvais goût, bien plus mortifiée par le décor que par le simple fait de s'y trouver. De toutes les fois que ce genre de choses lui est arrivé, jamais elle ne s'est réveillée dans un endroit convenable. Comme si le mauvais esprit qui met constamment sa vie sens dessus dessous voulait à tout prix lui faire savoir qu'elle n'a que ce qu'elle mérite, qu'elle ne peut prétendre à rien d'autre qu'à l'ordure. Peu importe qu'elle s'évertue à avoir un intérieur de bon goût, bien rangé, propre – elle en revient toujours au même point.

Il faut qu'elle se tire d'ici. La porte d'entrée de la caravane se situe tout au bout du salon, près de l'entrée de la kitchenette ; Souris s'y précipite. Elle enfile le pull – sur ses épaules, on dirait une sorte de poncho qui empeste la bière et les cigarettes – et ouvre la porte. Une bourrasque de brise fraîche et matinale s'engouffre à l'intérieur, envoyant valdinguer les cannettes de bière posées sur la table.

Et puis, Souris se dit : *Et mon manteau ?*

Il faisait froid la nuit dernière : comment aurait-elle pu ne pas porter de manteau ? Alors qu'elle était sur le point de s'enfuir, elle rebrousse à nouveau chemin et repère deux manteaux par terre, à côté de la fausse cheminée.

L'un d'eux, une veste en cuir râpé, semble être à sa taille, et pourtant, comme pour la culotte et la brassière, elle ne la reconnaît pas.

Elle hésite. Si c'est sa veste, elle devrait la prendre ; elle ne veut rien laisser derrière elle, rien qui puisse permettre de retrouver sa trace. D'un autre côté, comme elle lui a déjà volé le pull, si la veste n'est pas à elle, et qu'elle la vole également, il est possible qu'il appelle la police. Que faire ?

Un bruit dans la chambre met un terme à ses atermoiements. Elle laisse la veste en cuir derrière elle et court vers la porte, tandis que la voix ensommeillée d'un homme demande : « Y a quelqu'un ? »

Dehors, sur le perron en bois de la caravane, Souris découvre le *Seattle Post-Intelligencer*, encore enveloppé dans son sachet en plastique. Avisant la date, elle s'aperçoit qu'elle avait raison : c'est bien le lundi 21 avril 1997. Elle a seulement perdu une nuit. Son soulagement ne pourrait être plus grand.

La voiture de Souris est garée dans la rue en face de la caravane. C'est bien la sienne, ça ne fait pas un pli ; une Buick Centurion, un énorme tank noir qui lui sert de véhicule. Elle l'a achetée d'occasion, pour mille dollars, sans compter les quarante-huit remboursements mensuels de cent cinquante dollars qu'elle doit encore. Ce n'est pas la voiture qu'elle voulait. La voiture qu'elle croyait acheter était une Honda Civic, bien plus petite et économique, mais à la place, par un coup du sort, elle a signé pour la Buick.

La personne qui conduisait la voiture la nuit précédente ferait bien d'apprendre deux trois trucs en matière de manœuvres. Non seulement l'une des roues est à cheval sur le trottoir, mais la voiture est dans le mauvais sens. Toutefois, le conducteur n'était pas totalement je-m'en-foutiste : les portières de la Centurion sont toutes bien verrouillées et, en regardant par la vitre, Souris s'aperçoit que les clés n'ont pas été oubliées sur le contact. Elle fourre la main dans les poches de son jean et découvre que, là non plus, il n'y a pas de clés.

– Oh, non, murmure Souris. Non, non, non…

Elle était à deux doigts de s'échapper ! Elle fouille à nouveau dans ses poches, les retourne.

– Hé !

On l'appelle.

Souris glapit. Une poignée de menue monnaie valse dans les airs ; les centimes et les pièces s'abattent sur le toit de la Centurion comme des grêlons plats.

L'inconnu se tient sur le perron. Indifférent au vent glacial, il est sorti en T-shirt et caleçon miteux. Il porte sur le bras la veste en cuir et, de la main gauche, remue un trousseau de clés.

– Tu n'iras pas loin, sans ça, lui dit-il.

Souris a le gosier serré. Il la provoque ? Ce n'est pas l'avis du Pilote Automatique ; son ton n'est pas méchant, il cherche surtout à protéger ses yeux du soleil. Mais il ne descend pas les marches, et ne fait pas mine de lui donner les clés.

– Écoute, ajoute l'inconnu en étouffant un bâillement.

D'un geste mou, il désigne la caravane derrière lui.

– Tu ne veux pas rentrer prendre un petit déjeuner ? Ou si tu m'attends quelques minutes, on peut sortir…

Souris secoue la tête, veillant à ne pas avoir l'air effrayée. Mais l'inconnu décèle quelque chose dans son expression, et prend une mine inquiète.

– Eh, tu ne te casses pas comme une voleuse à cause de la nuit dernière, hein ? Parce que, je sais qu'on était tous les deux bien faits, mais… tu te rappelles, hein ? Je t'ai demandé, je t'ai demandé deux fois, si tu étais bien certaine de vouloir me raccompagner ici. Et tu as dit que oui. Tu as dit “évidemment”.

Oui, il semble soucieux. Cependant, il ne se fait pas du souci pour elle, mais à cause d'elle.

– Tu t'en rappelles, oui ?

– Faut que j'y aille, répond Souris.

– Putain, t'as dit “évidemment”, insiste l'inconnu. Je veux dire, si ça te chante d'avoir des regrets maintenant que c'est le lendemain matin et tout, libre à toi, mais en tout cas la nuit dernière tu as dit…

– Faut que j'y aille, répète Souris, plus fort cette fois.

– Ouais, attends une seconde. Je veux qu'on soit bien clairs tous les deux sur ce qui s'est passé. Je veux qu'on soit clairs…

Maledicta la Mal Embouchée, commençant à se lasser de ces conneries, pousse Souris sur le côté et avance à grandes enjambées, en hurlant :

– Ferme ta gueule et file-lui ses putains de clés, enculé !

Souris cligne des yeux. Elle a été téléportée du trottoir jusqu'en bas du perron. Elle serre les poings, sa gorge est irritée comme si elle venait de hurler. L'inconnu la dévisage.

– Tout va bien, lui dit-il d'une voix apaisante. Tout va bien, nom de Dieu, calme-toi ! Je ne veux pas te garder ici à tout prix, je veux simplement…

– … sale garce !

Souris se trouve de nouveau sur le trottoir, la veste à la main, elle glisse la clé dans la serrure de la portière. Par-dessus son épaule, elle aperçoit l'inconnu, désormais au bas du perron, qui titube en décrivant un cercle, une main sur l'entrejambe et l'autre contre son visage qui semble ensanglanté.

– Espèce de sale garce, c'est quoi ton…

Silence. Souris est assise dans sa voiture, sur le parking d'une banque. Le moteur ne tourne pas, mais les clés sont sur le contact ; la veste en cuir est posée sur la banquette arrière. Dehors, le ciel est plus clair.

Souris reste calmement assise, les mains agrippées au volant, attendant de voir si elle change une nouvelle fois de décor. Elle observe un thermomètre numérique sur l'immeuble de la banque qui, de façon cyclique, indique l'heure puis la date puis la température ; le temps passe lentement, la température augmente, mais sans changements brutaux – la date reste inchangée.

Souris commence à se détendre et, du coup, réalise qu'elle sait où elle est. La banque est récente, mais dans la rue en face il y a des boutiques qu'elle reconnaît. Elle se trouve dans le quartier de l'Université, à Seattle, à cinq blocs de la cité U dans laquelle elle logeait lorsqu'elle était étudiante à l'Université de Washington.

Elle sait comment rentrer chez elle, d'ici. Elle veut faire vite, vite enlever cette brassière obscène, s'en débarrasser, et se débarrasser de cette infection de pull-over. Mais d'abord, suivant les conseils pressants du Pilote Automatique, Souris scrute l'intérieur de la voiture, à la recherche d'un pense-bête.

Ce jour-là, il a été caché dans la boîte à gants de la Centurion, à côté d'un paquet de Winston à moitié vide et d'une flasque de vodka que Souris feint de ne pas voir. Écrit à la va-vite sur une serviette en papier de bar, il énumère une demi-douzaine de corvées et de rendez-vous ; il y a même de la place pour les rayer une fois qu'ils seront liquidés. Elle découvre, en lettres deux fois plus grandes que le reste :

Objectif numéro un :
USINE DU RÉEL – 08:30
SOIS BIEN HABILLÉE ! ET À L'HEURE !!!

En un sens, Souris n'a pas besoin d'un pense-bête pour se rappeler qu'elle doit attaquer un nouveau boulot. Elle n'a pas pensé à grand-chose d'autre depuis vendredi soir, depuis que ça lui est tombé dessus. En fait, c'était expressément pour se détendre – pour se changer les idées pendant quelques heures – qu'elle avait eu l'idée d'aller au cinéma, la nuit précédente, et de sortir la bouteille de vin du placard.

Mais la nuit précédente semble s'être achevée il y a moins d'une heure, et Souris ne s'est pas enlevé de la tête que son nouveau boulot commence le lendemain. Malheureusement, ce pense-bête signifie que le lendemain, c'est le jour même. Souris regarde une nouvelle fois l'heure sur la banque et découvre, consternée, qu'elle n'a pas le temps de rentrer chez elle. Si elle vivait encore dans sa chambre de la cité U, elle s'en sortirait peut-être, elle parviendrait même probablement à faire une toilette de chat, mais son appartement actuel sur Queen Anne Hill se situe à quinze minutes en voiture, à l'autre bout de la ville. Si elle veut être à Autumn Creek pour 8 h 30, il faut qu'elle soit sur l'autoroute d'ici dix minutes.

– Oh mon Dieu…

Souris tire sur le bas de son pull, constate combien il est sale. Elle jette un nouveau coup d'œil à l'horloge de la banque.

– Oh mon Dieu.

SOIS BIEN HABILLÉE, indiquait le pense-bête, ET À L'HEURE, pourtant il est rigoureusement impossible qu'elle puisse accomplir ces deux missions. Elle n'a même pas encore commencé son nouveau boulot qu'elle a déjà tout fait foirer.

– Espèce de sac à merde, t'es bonne à rien, crie Souris en surprenant son reflet dans le rétroviseur intérieur de la Centurion.

Elle se bourre la cuisse de coups de poing, en rythme, assez fort pour y laisser des bleus.

– Espèce de sac à *merde*, t'es bonne à *rien*, espèce de sac à *merde*, t'es bonne à *rien*, espèce de sac à *merde*, t'es bonne à *rien*…

L'horloge de la banque indique qu'une autre minute vient de s'écouler. Souris cesse de se frapper, elle fait tourner le moteur et met les gaz, sortant du parking dans un crissement de pneus. Deux blocs plus loin, à l'arrêt devant un feu rouge, elle se trouve à nouveau plongée dans les affres de l'indécision. Qu'est-ce qui est pire : arriver au travail en retard, mais impeccable, ou arriver au travail à l'heure, mais dégueulasse ?

Un bruit retentissant interrompt son dilemme. Un homme baraqué, vêtu d'un survêtement à l'effigie des U.W. Huskies et qui traverse le passage piétons devant elle, vient de jeter son ballon de basket sur le capot de la Centurion. Ce n'était pas accidentel ; ayant remarqué que Souris, plongée dans ses pensées, parlait toute seule, l'homme a décidé de lui faire une frayeur. Rattrapant la balle au bond, il éclate de rire, heureux de l'avoir surprise.

C'en est trop. Souris disparaît. Malefica arrive, Malefica la Mal Lunée, sœur jumelle de Maledicta. Elle enfonce l'accélérateur ; la Centurion bondit sur le passage clouté et fonce dans les tibias du supporter des Huskies. Ce n'est rien qu'un petit coup, mais ça suffit pour que le mufle lâche son ballon et tombe tête la première sur le capot. Ça suffit à lui faire peur.

Et ça marche, pendant quelques instants. Malefica aperçoit une lueur de crainte dans ses yeux. Mais il commet ensuite une grossière erreur : il se dit que Malefica n'est qu'une toute petite fille, qu'elle ne sait pas vraiment ce qu'elle vient de faire, ni à qui elle a affaire. Sa crainte se mue en colère, il se redresse, s'éloigne du capot dans l'intention de faire le tour du véhicule et d'ouvrir la portière avant.

Malefica appuie à nouveau sur l'accélérateur, maintenant le pied au plancher. La Centurion démarre au quart de tour, passe de dix à quinze kilomètres/heure, déséquilibrant le supporter qui manque de tomber en arrière. L'effroi le saisit à nouveau.

– Eh ! crie-t-il tandis que le bout de ses chaussures traîne sur le bitume et que ses mains s'abattent sur le capot de la voiture. Eh ! Eh ! EH !

L'effroi devient terreur lorsque, à travers le pare-brise, il plonge ses yeux dans ceux de Malefica et y lit ses intentions ; il se jette à terre comme elle maintient le pied au plancher.

Continuant d'appuyer sur le champignon jusqu'à ce qu'elle atteigne l'autre côté du croisement, Malefica jette un coup d'œil au rétro intérieur : l'amateur de basket-ball se relève péniblement. Il crie, lève le poing, mais il est difficile de jouer les gros durs lorsqu'on vient de mouiller son pantalon.

Malefica éclate de rire. C'est une toute petite fille, pour sûr, mais une toute petite fille dans une *putain de grosse bagnole*, et vaudrait mieux que personne ne s'avise de lui chercher des noises. Fonçant au bout de la rue sans même marquer le stop, elle fait fuir trois nouveaux piétons d'un méchant coup de klaxon.

… et Souris se retrouve sur l'autoroute 90, en direction d'Autumn Creek, sa décision prise, bien qu'elle ne se rappelle pas avoir tranché. L'habitacle de la Buick empeste la fumée de cigarette ; Souris dégage une main du volant pour épousseter une cendre tombée sur le pull-over volé et manque de perdre le contrôle de son véhicule.

– Oh mon Dieu…

Souris reprend sa voiture en main et se range dans la file pour véhicules lents. Elle baisse sa vitre ; la fumée se disperse, mais les bourrasques d'air frais ne peuvent rien pour le pull, qui empeste toujours. *Elle* empeste toujours.

Il est peut-être encore temps de dire qu'elle est malade. Qu'elle a mal au ventre : elle a dû manger quelque chose de mauvais au dîner, n'a pas fermé l'œil de la nuit à cause de ses crampes à l'estomac… Puis, elle s'est rendu compte un peu trop tard qu'elle avait oublié de faire sa lessive.

C'est ça, se dit Souris, dans un mouvement d'exaltation qui malheureusement ne dure pas. Oui, ils peuvent gober cette histoire – ils seront peut-être même fiers d'elle, de cette fille qui arrive à l'heure le premier jour alors qu'elle a été malade comme un chien. Mais Souris sait pertinemment qu'elle va commettre d'autres erreurs, d'autres bêtises pour lesquelles elle devra s'excuser, et qu'il ne lui reste qu'à croiser les doigts pour qu'elle puisse s'en tirer malgré tous ses futurs bobards. De toute façon, ils finiront par la percer à jour. De toute façon, inéluctablement, ils finiront par connaître sa vraie nature.

*Sac à merde, bonne à rien.*

# 5

Souris ne sait plus trop comment elle a perdu son dernier boulot. Ça s'est terminé brusquement, il y a trois jours, mais de là à savoir si elle s'est fait virer ou si elle a démissionné… tout ce qu'elle peut en dire, c'est que Julie Sivik a joué un rôle dans tout cela.

Le magasin d'entretien informatique pour lequel elle travaillait, « Chez Rudy, Réparation Express », une minuscule échoppe, se trouve juste à côté de Pioneer Square, dans le centre-ville de Seattle. Rudy Krenzel, le propriétaire de la boutique, occupe les lieux depuis quarante-cinq ans. Les trente premières années, il s'était attaché à réparer principalement des machines à écrire, des postes de radio, des téléviseurs, mais, depuis les années 80, ses activités s'étaient davantage tournées vers l'entretien et la réparation de matériel informatique, surtout grâce à l'aide de jeunes « stagiaires », des étudiants qui faisaient presque tout le travail.

Souris avait postulé pour un stage au mois d'août dernier, après que l'ancien apprenti de Rudy l'avait quitté pour suivre sa première année d'université à Boston. L'entretien d'embauche s'était mal passé, Souris s'étant assez mal dépatouillée avec la question de Rudy concernant son expérience en matière de réparation de PC. En réalité, elle en avait de l'expérience ; et même beaucoup, sans doute. Elle avait déjà occupé des postes nécessitant qu'elle entretienne et répare des ordinateurs, et on avait loué son travail – on lui avait même dit qu'elle avait de réels dons pour cela, en fait. Mais comme elle était rigoureusement incapable de se souvenir ne serait-ce que d'une fois où elle aurait réparé un de ces engins, elle avait dû mal à vanter ses qualités et leur description lui paraissait malhonnête, comme si elle doutait de son propre curriculum vitæ. Cela n'échappa pas à Rudy, qui semblait se méfier.

– Si vous êtes un tel as, comment se fait-il que vous vouliez travailler pour moi ?

Et Souris de balbutier :

– C'était écrit sur le pense-bête…

Du coup, elle était certaine qu'il ne l'embaucherait pas. Mais Rudy décida de la mettre à l'épreuve avant de la jeter de sa boutique *manu militari*. Il la mena dans un atelier plein à craquer, où quatre PC en souffrance étaient alignés sur une table.

– Montrez-moi ce que vous savez faire, lui demanda Rudy.

Pendant quelques instants, Souris resta interdite, ne sachant par où commencer. Puis Rudy, impatienté, se racla la gorge, et Souris fit un pas vers le premier PC, et, avant qu'elle ait pu dire ouf, elle était déjà de retour dans la boutique, avec Rudy, en train de lui serrer la main.

– … à demain, alors, lui disait-il. Il y a beaucoup de travail en retard, depuis que Larry est parti, et j'aimerais que vous vous y mettiez dès que possible.

– D'accord, répondit Souris.

Rudy lui tint la porte ; elle s'en alla avec la vague impression qu'elle avait dû, malgré tout, décrocher le boulot. Mais elle ne parvint pas à y croire avant de trouver le pense-bête du lendemain.

Cela faisait presque huit mois qu'elle travaillait pour Réparation Express lorsque Julie débarqua dans sa vie. Garder le même boulot pendant huit mois, c'était un record pour Souris ; en moyenne elle tenait environ trois mois, et son dernier job, dans une agence intérim appelée Cyberintérim, n'avait duré que trois semaines. Trois semaines agréables, lui avait-il semblé avant que tout s'écroule. Jusqu'aux derniers instants, ses employeurs avaient vanté sa valeur, sa vaillance ; les entreprises qui avaient fait appel à elle corroboraient leurs dires ; mais un beau matin, alors qu'elle pénétrait dans l'accueil de Cyberintérim, elle avait eu la surprise de s'entendre dire par la standardiste :

– Mais qu'est-ce que vous venez faire ici ?
– Prendre ma nouvelle mission, avait répondu Souris.
– Non, certainement pas, lui avait répondu la standardiste.
Et avant que Souris n'ait la chance de comprendre ce qu'elle avait fait, un vigile était venu pour la faire sortir des locaux.
Pourquoi s'était-elle fait virer de Cyberintérim ? Souris faisait semblant de ne pas savoir, mais ça ne faisait pas un pli : parce qu'elle n'était pas quelqu'un de bien, voilà pourquoi. Toutefois, son excellence au travail – ou du moins ses dons de simulatrice – lui avait d'abord permis de camoufler le fait qu'elle soit pourrie jusqu'à la moelle, mais elle avait fini par tomber le masque, par révéler sa vraie nature, et ses employeurs s'étaient débarrassés d'elle. C'était la seule explication plausible.
Aussi était-elle surprise que les mois se succèdent sans que Rudy Krenzel ne semble la prendre en grippe. Peut-être était-ce lié à ses conditions de travail : Souris s'était rendu compte dans le passé que sa longévité professionnelle était plus forte lorsque les contacts avec les autres étaient limités. Bien que la boutique soit petite, Souris échangeait assez peu avec Rudy. Ils se disaient bonjour le matin et au revoir le soir, mais le reste de la journée, Souris travaillait dans l'arrière-salle de l'atelier tandis que Rudy tenait la boutique. Elle réparait les ordinateurs, il s'occupait des clients. Les jours où il y avait peu de travail, Souris faisait les mots croisés du *Seattle Post-Intelligencer* en écoutant la radio, et Rudy lisait les livres de James Michener qu'il conservait sous le comptoir. Ils étaient séparés par moins de trois mètres, mais auraient pu se trouver dans deux immeubles différents.
Les rares fois où Souris sentait la présence de Rudy, c'était lorsque des anciens camarades de l'armée se présentaient à la boutique. En présence de ces hommes – de gros gars costauds avec des cheveux gris coupés en brosse –, Rudy Krenzel, qui était d'un naturel plutôt discret, devenait tapageur, faisait des blagues salaces en riant d'un rire tellement gras que Souris en avait mal aux oreilles. De

temps à autre, lorsque le visiteur venait pour la première fois, Rudy appelait Souris à la boutique et faisait les présentations. Elle disait bonjour, serrait la main, se faisait excuser le plus vite possible pour retourner dans son atelier, fermait la porte et mettait la radio.

Un après-midi d'avril, Souris entendit une voix nouvelle dans la boutique, une voix féminine. C'était inhabituel ; les femmes du quartier ayant besoin de faire réparer leur ordinateur allaient d'ordinaire chez PC Docteur, sur Third Avenue, qui pratiquait des prix trois fois plus élevés que Réparation Express, mais avait le mérite de ne pas ressembler à un mont-de-piété. Mais cette femme avait une façon de parler qui évoquait davantage les camarades de chambrée de Rudy qu'une cliente. Piquée par la curiosité, Souris entrouvrit la porte de son atelier et lorgna par la fente.

La femme se penchait sur le comptoir pour libérer une miette prisonnière de la barbe de Rudy. Son attitude séductrice – la poitrine de la femme frottait le bras de Rudy tandis qu'elle l'époussetait – fit rougir Rudy, et celui-ci lâcha un commentaire au sujet de son ex-épouse qui provoqua le rire de la femme.

Souris entrouvrit un peu plus la porte pour mieux entendre ce que disait la femme. Elle se dit qu'elle n'espionnait pas vraiment leur conversation, qu'elle attendait simplement que Rudy l'appelle pour la présenter, mais elle se fit si discrète que ni Rudy ni la femme ne remarquèrent sa présence. Ils continuèrent à bavarder, et Souris comprit que la femme s'appelait Julie Sivik, qu'elle était la nièce d'un certain Arnold Sivik, un caporal-chef qui avait commandé le bataillon de Rudy, en Corée, et qu'elle passait récupérer chez Réparation Express un paquet qu'« Oncle Arnie » avait déposé pour elle. Souris ignorait ce qu'il contenait, mais elle avait l'impression que Rudy n'aimait pas le savoir dans sa boutique ; en fait, il se serait peut-être même mis en colère, s'il ne s'était laissé désarmer par les chatteries de Julie.

– Je suis très heureux de rendre service à Arnie, déclara Rudy au bout d'un moment, mais ce magasin n'est pas un entrepôt pour matériel douteux. Je ne veux pas d'histoires.

– Voyons, s'écria Julie en posant la main sur le bras de Rudy. Ce n'est pas du matos volé. Pas vraiment, en tout cas.

– Ce n'est pas l'impression que j'ai eue, en écoutant Arnie.

Il dégagea son bras, puis descendit de son tabouret pour se diriger vers l'atelier. Souris s'écarta de la porte.

– Tout est en bas, dans la cave, expliqua Rudy en entrant dans l'atelier pour se diriger vers les marches du fond. Arnie m'avait demandé de tout planquer, c'est bizarre comme requête, pour des trucs qui ne sont pas vraiment volés.

– Rudy…, répondit Julie Sivik.

Elle entreprit de le suivre, mais il l'arrêta en haut de l'escalier.

– Attendez-moi ici, je vous l'apporte.

Souris était courbée en deux sur son plan de travail, feignant d'être absorbée par la réparation du PC en face d'elle. Elle attrapa un outil au hasard – un petit tournevis avec une poignée rouge – et s'en servit pour donner de petits coups à l'intérieur de l'appareil éventré.

– Bonjour, fit Julie qui se tenait à quelques pas.

Souris glapit, envoyant voler son tournevis dans les airs.

– Waouh ! s'écria Julie. Waouh ! Ne soyez pas si nerveuse !

Souris posa la main contre son cœur.

– Je… je croyais que vous étiez là-bas, dit-elle en désignant l'escalier.

– J'y étais.

Julie lui tendit la main.

– Je suis Julie Sivik. Et vous ?

– Penny. Penny Driver.

– Souris, ajouta Julie après avoir relâché sa main. C'est mignon, comme surnom. Et ça vous va plutôt bien. Alors, quel est le problème ?

– Avec mon surnom ?

– Avec l'ordinateur que vous êtes en train de réparer.

– Oh, fit Souris. Il ne marche plus.

– Je m'en doute. C'est sans doute pour ça que vous le réparez, hein ? Mais pourquoi il ne marche plus ?

– J'en… euh… j'en sais encore trop rien. Je viens de m'y mettre.

– Hum hum.

Julie lorgna le boîtier éventré de l'ordinateur.

– Dites-moi une chose, Souris : vous débranchez toujours les ordinateurs avant de savoir ce qui cloche ?

– C'est toi qui vas me dire une chose, connasse ! aboya Maledicta. Tu viens toujours emmerder les gens avec tes questions à la con quand ils ont du boulot ?

– Le branchement…, balbutia Souris. Le branchement fait… fait partie du problème, mais il fallait que je le débranche, pour voir ce qui n'allait pas. Et là c'est toujours, je ne sais pas trop encore…

Elle s'interrompit. Julie était pâle comme un linge.

– Quelque chose ne va pas ?

Rudy remontait de la cave, portant un carton sur lequel était inscrit « Surplus de l'armée américaine ».

– Et voilà, dit-il en présentant le carton à Julie.

Elle se hâta d'aller le chercher.

– Merci, Rudy. C'est très gentil à vous, merci infiniment.

– Ouais, ouais… les présentations sont faites ? demanda Rudy en faisant un signe de tête vers Souris.

– Euh, oui, répondit Julie. Nous étions en train de bavarder… Souris me dit qu'elle a du pain sur la planche.

Rudy gloussa.

– Elle se met du pain sur la planche. Je n'ai jamais vu une telle forcenée au travail.

– Vraiment ? Est-ce qu'elle travaille uniquement sur les composants, ou est-ce qu'elle peut aussi débugger du code ?

– Pourquoi ?

– Comme ça. Simple curiosité.

– Ne vous faites pas d'idées, la prévint Rudy. J'ai eu assez de mal comme ça à remplacer mes assistants médiocres.

– Des idées ?

Julie lui lança un sourire innocent ; mais Rudy, lassé des galanteries, lui renvoya un regard noir.

– Très bien, dit-il, vous devriez peut-être y aller, avec vos affaires non volées.

– J'y vais, répondit Julie. À bientôt, Souris.

Elle sortit, Rudy sur les talons, qui referma la porte derrière lui. Souris alluma la radio et se remit au travail.

L'après-midi s'acheva en un clin d'œil.

Ce jour-là, Souris ne rentra pas chez elle après le travail mais, comme le lui ordonnait son pense-bête, elle se rendit à la librairie d'Elliott Bay. Elle trouva une table libre dans le café au sous-sol du magasin et commanda une tasse d'Earl Grey. Tandis que son sachet infusait, elle posa son ordinateur portable sur la table. Ce portable lui appartenait depuis quelque temps, bien qu'elle ne sache pas exactement depuis quand, ni d'où il sortait. Mais elle ne voulait pas se préoccuper de cela tout de suite – elle se contenta de l'allumer et de lancer Microsoft Word.

Pendant que le logiciel s'ouvrait, Souris loucha vers l'horloge du café ; elle indiquait 18:25. Lorsqu'elle releva les yeux, elle découvrit 19:13, et Julie Sivik se trouvait à nouveau à ses côtés.

– Il y a quelqu'un ? demandait Julie en passant sa main devant les yeux de Souris. Souris ?

Souris se hâta de rabaisser l'écran de son portable. Elle aperçut le fichier sur lequel elle travaillait – la barre des tâches indiquait « Fil.doc » avant qu'il ne disparaisse de sa vue. Elle n'osa lever les yeux vers Julie qu'une fois qu'elle eut entendu le clic de l'ordinateur qui se refermait.

– Bonjour, dit Souris.

– Bonjour, répondit Julie, couvant le portable des yeux. Je vous interromps encore une fois, n'est-ce pas ?

Souris ne répondit rien, et se contenta de dévisager Julie en attendant que celle-ci dévoile ses intentions. Au bout d'un moment, Julie lâcha :

– Eh bien, tout d'abord, je voudrais m'excuser d'avoir été aussi curieuse, aujourd'hui, à la boutique…

– Curieuse ?

– Oui… vous avez eu l'air contrariée par mes questions.

Souris secoua la tête. Elle avait le souvenir de s'être sentie assez mal à l'aise, mais pas contrariée.

– Enfin bref, dit Julie, en tout cas, je tenais à m'excuser, et par ailleurs…

– Comment m'avez-vous retrouvée ici ?

– Ma voiture est tombée en panne, expliqua Julie. Les dépanneurs de chez Triple A l'ont emmenée au garage, quelques pâtés de maisons plus loin. Elle est censée être prête pour 20 heures. Je suis venue ici pour passer le temps, et j'ai eu du bol de vous y rencontrer.

Elle sourit.

– De toute façon, reprit Julie, je ne voudrais pas être une plaie, mais quitte à vous être retombée dessus… je me pose encore des questions au sujet de ce dernier truc dont on a parlé, chez Rudy.

– Au sujet du branchement ?

Souris se mordit nerveusement la lèvre ; elle avait beau savoir qu'elle avait fini de réparer le PC peu de temps après la visite de Julie – le propriétaire de l'ordinateur était passé le récupérer juste avant la fermeture de la boutique –, elle n'avait toujours pas la moindre idée de la nature de la panne.

– Le branchement… ? répéta Julie, puis elle secoua la tête. Non. Non, pas ça. J'ai demandé à Rudy si vous saviez débugger du code.

Apercevant les yeux ronds de Souris, elle précisa :

– Vous comprenez, faire du code ? De la programmation ?

– Oh, répondit Souris. Je…

– Parce que, voyez-vous, voici le truc…

Julie tendit la main vers le portable de Souris, celle-ci voulut protester, mais déjà Julie le faisait glisser vers elle après avoir fait place nette sur la table. Elle attrapa une chaise et s'assit, se glissant si près de Souris que leurs genoux se touchaient.

– Le truc, continua Julie, c'est que je dirige une entreprise qui fait des logiciels, et on travaille sur un projet de réalité virtuelle depuis quelques années déjà. Mon chef de projet, Dennis, qui est un type pourtant très doué, ne va pas assez vite ces derniers temps. Alors depuis quelques mois j'envisage d'embaucher quelqu'un de nouveau, histoire de lui mettre un peu le feu aux fesses.

Julie tapotait sur le clavier du portable, ouvrant une

fenêtre dans laquelle défilaient des lettres, des chiffres et des symboles. Du code, se dit Souris, à moins que ce ne soit du chinois.

– C'est le code source d'un de nos modules de programme. Ou plutôt, c'était le code source – cette version du logiciel semble avoir un bug. Rien de bien compliqué ; Dennis l'a repéré et il lui a seulement fallu quelques minutes, quand il s'y est enfin attelé, pour le remettre en ordre. Mais j'ai gardé le code tel qu'il était au début pour l'utiliser comme une sorte de test avec les employés potentiels…

Elle jeta un regard interrogateur à Souris. Celle-ci secoua la tête. Elle ouvrit la bouche, prête à répondre qu'elle était navrée de ne pas avoir été assez claire, mais qu'elle ne cherchait pas de nouveau boulot, et par ailleurs…

Sa chaise bascula brutalement en arrière. Julie ne parut pas s'en rendre compte, elle se penchait en avant, scrutant l'écran du portable.

– Hum…, dit-elle en se frottant le menton. Je ne crois pas que c'est comme ça que Dennis avait procédé…

Elle fouilla dans une pile de papiers posés sur la table, et en extirpa une page pour la comparer à ce qui apparaissait à l'écran.

– Non, ce n'est pas la même chose.

Elle tira une autre page de la pile.

– Merde alors… on dirait que votre solution est meilleure… plus simple, en tout cas.

Julie reposa les pages, et se tourna vers Souris avec une nouvelle lueur de respect dans les yeux.

– Dites-moi, vous êtes heureuse de travailler pour Rudy ?

Souris haussa les épaules, ne sachant comment répondre à sa question. Elle travaillait pour Rudy pour gagner sa croûte, et parce que c'était écrit sur le pense-bête ; quel rapport avec le bonheur ?

– Ce ne doit pas être très intéressant, comme travail, suggéra Julie. Passer toute la journée dans cette arrière-salle, à remplacer des cartes d'extension HS.

– Ça ne me dérange pas.

– Laissez-moi vous en dire plus sur mon entreprise, insista Julie.

Elle désigna d'un geste de la main la tasse vide de Souris.

– Et si vous me laissiez vous offrir un autre thé pendant que nous bavardons ?

– Je n'aime pas le thé tant que ça, répondit Souris.

– OK. Quelque chose d'autre, alors ? Une bière, peut-être, un verre de vin ?

– Du vin. Du vin rouge, ce serait parfait.

… et elle se retrouva chez elle, dans sa cuisine, l'horloge au-dessus de la gazinière indiquant 23:55. Elle avait mal à la tête et une faim de loup. Après une courte pause devant son frigo – elle découvrit une tranche de rôti de dinde et un morceau de cheddar, dont elle ne fit qu'une bouchée, debout, faisant glisser le tout avec un demi-litre de lait –, elle se traîna jusqu'à son lit, trop fatiguée pour prendre la peine de relire son pense-bête afin de voir si elle avait liquidé toutes ses corvées.

Le lendemain, au travail, Rudy se mit à se comporter différemment avec elle. Mais pas tout de suite ; lorsque Souris entra dans la boutique il lui dit bonjour comme à son habitude. Seulement, après la pause-déjeuner (Souris ne se souvenait pas d'être sortie pour la prendre), Rudy semblait crispé, et ce soir-là, il ne lui répondit pas lorsqu'elle lui dit au revoir.

Cela s'était produit le mardi et, les jours suivants, la mauvaise humeur de Rudy ne fit qu'empirer. Le mercredi matin, il haussa la voix pour la première fois, se plaignit que l'atelier était un « épouvantable chantier » dans lequel « je serais bien infoutu de trouver quoi que ce soit, vu ce que vous en avez fait ».

– Que cherchez-vous ? demanda Souris, inquiète. Je vais vous aider.

Mais sa sollicitude ne sembla qu'irriter Rudy davantage ; il lui demanda de faire le ménage dans l'atelier avant la fermeture du vendredi, et quitta la pièce d'un air furieux.

Le vendredi suivant, le moment qu'elle redoutait depuis

huit mois arriva enfin. Cela se produisit alors que Souris s'apprêtait à partir. Comme Rudy l'avait exigé, elle avait remis l'atelier en ordre ; elle avait également achevé de réparer les deux ordinateurs en souffrance.

– Fini, avait-elle annoncé en arrivant dans la boutique, un peu avant 18 heures.

Rudy, le visage renfrogné, lisait *Les Dériveurs*, et fit mine de ne pas la remarquer.

– Bon, si vous n'avez plus besoin de moi aujourd'hui…

Pas de réponse.

– Bon, je vais y aller, alors, ajouta Souris. À lundi, Rudy.

Elle avait déjà posé la main sur la poignée lorsqu'il lâcha :

– Certainement pas.

Souris se retourna. Rudy, relevant la tête de son livre, la fusilla du regard.

– Comment ça ? demanda-t-elle.

– Certainement pas. Vous ne vous rappelez pas ?

Il grogna.

– Merde alors, peut-être même pas. Peut-être que "l'ennui mortel" que vous éprouvez en travaillant pour moi a tué votre mémoire, aussi.

Il posa son livre et inspira un grand coup.

– J'ai quelque chose à vous dire avant que vous ne vous en alliez. Si pour une raison quelconque, vous n'aimez pas ce boulot, tant pis – je ne veux pas que les gens travaillent ici contre leur gré. Mais cela ne vous donne pas le droit de me chier dessus. Cet endroit n'est peut-être qu'une "taule de merde", mais j'en suis fier – j'ai travaillé à cela, je l'ai créé, j'y ai œuvré pendant des années sans l'aide de personne, et vous n'avez pas le droit de chier là-dessus. Ce n'est peut-être pas grand-chose, mais d'après ce que je vois, vous n'en avez pas autant…

Souris sentit que sa lèvre inférieure se mettait à trembler. Elle avait envie de pleurer ; elle voulait supplier Rudy de lui pardonner, quoi qu'elle ait fait. Mais elle était épouvantée à l'idée que si elle faisait du bruit ou interrompait Rudy, il surgisse de derrière son comptoir pour venir la frapper. Elle resta donc à côté de la porte, sans rien dire, sans rien faire, tandis que Rudy continuait à l'incendier. Cela n'en finissait plus.

– … alors voilà, dit-il après avoir épanché sa fureur.

Il avait désormais les yeux rouges comme s'il était lui aussi au bord des larmes.

– C'est tout ce que j'avais à vous dire. Tirez-vous d'ici, maintenant.

– Rudy…, tenta Souris.

Mais le mot ne fut qu'un gazouillis incompréhensible.

Rudy se leva brusquement, renversant son tabouret dans un bruit strident, et Souris sortit en trombe.

Elle quitta Réparation Express ventre à terre, atteignant sa voiture avant même que ses larmes ne se mettent à couler. Elle se glissa sur le siège du conducteur, verrouilla ses portières, puis resta recroquevillée sur le volant, à sangloter pendant presque vingt minutes. Elle espérait perdre conscience du temps, perdre cet instant, cette journée. Que tout soit derrière elle. Mais elle ne décrocha pas, et sa crise de larmes finit par cesser. Elle rentra à la maison.

Une lumière rouge clignotait dans l'obscurité de son appartement lorsqu'elle pénétra chez elle : il y avait un message sur son répondeur. Après avoir allumé dans le salon, Souris appuya sur le bouton *Messages*, et entendit la voix de Julie Sivik.

– Salut Souris ! Nous sommes vendredi après-midi, il est quatre heures environ, et je voulais vous confirmer que tout était prêt pour lundi…

Le répondeur était posé sur un guéridon dont le bois était recouvert d'une plaque de verre ; comme le message continuait – et que Julie exprimait son inquiétude quant à Rudy et la façon dont il aurait « pris la nouvelle » –, Souris surprit son reflet dans la vitre. Soutenant son propre regard, Souris se demanda : *Qu'est-ce que tu as encore fait ?*

Mais elle avait beau savoir pertinemment qu'elle était folle, elle n'osa pas poser la question à voix haute.

# 6

Le pense-bête du jour comprend tout un lot d'indications pour trouver l'Usine du Réel, mais malgré cela, et malgré le fait qu'elle ne soit pas repassée chez elle, Souris arrive avec plusieurs minutes de retard. Distraite par un semi-remorque qui lui colle au train, elle loupe le tournant qui mène à Autumn Creek et se voit obligée de rebrousser chemin à la prochaine sortie ; puis, ayant rejoint la route qui mène en ville, elle ne reconnaît pas l'Usine tout de suite. *Après le 2^e^ pont, à 500 mètres sur la gauche*, stipulent les indications, mais lors du coup de fil qu'elle lui a passé pendant le week-end, Julie Sivik avait décrit l'Usine comme un bâtiment « un tout petit peu défraîchi », et Souris ne s'attend pas à une ruine. Elle la longe, et continue son chemin pendant plus d'un kilomètre avant de comprendre son erreur.

– Oh mon Dieu, s'exclame Souris en passant le portail de l'Usine, après avoir fait demi-tour une nouvelle fois.

L'endroit n'est pas simplement défraîchi, il a tout bonnement l'air à l'abandon. Mais une vieille Cadillac avec une carrosserie rafistolée est garée sur le parking, et Souris se souvient que Julie a mentionné au téléphone qu'elle avait dû faire réparer sa voiture, une Cadillac. Alors ça doit être bon ; c'est ici qu'elle travaille, maintenant. Souris gare sa Buick derrière le portail, dans le sens du départ, au cas où il faudrait repartir en vitesse. Bien qu'elle soit en retard, elle passe quelques instants assise dans sa voiture, moteur éteint, pour rassembler son courage avant de poser le pied par terre.

*Entrer dans le bâtiment principal par la porte latérale*,

précisent les indications. Le bâtiment principal doit être ce long machin semblable à un entrepôt bas de plafond, au centre du parking. Souris le contourne par la gauche (une montagne de pneus usés, entourée d'un grillage, l'empêche de passer par la droite), se retournant fréquemment pour s'assurer que rien ne rampe vers elle ou ne surgit des ronces et des broussailles qui encerclent les bâtiments. Arrivée à la porte, elle marque un arrêt pour rajuster sa mise, tirant sur le col et le bas de son pull-over afin de s'assurer qu'il couvre complètement la brassière.

La façon dont le pense-bête est rédigé semble indiquer qu'il faut entrer dans les locaux sans frapper, mais Souris n'en fait rien. Personne ne lui répond. À contrecœur, elle appuie sur la poignée, qui cède immédiatement. Elle ouvre la porte et glisse un pied à l'intérieur.

*Oh mon Dieu.* Ce bâtiment est un vrai taudis, des murs en béton et un toit en lambeaux qui abrite une armada de… *tentes* ?

– C'est bien ici, crie une voix de femme.

Souris lâche un petit cri.

– Désolé, désolé, s'excuse la voix.

Souris s'aperçoit que ce n'est pas une femme : la voix appartient à un homme qui semble très jeune sous sa touffe de cheveux blond-roux. Il fonce vers elle à vive allure, et Souris, apeurée, recule vers la porte.

Elle est soulagée lorsque apparaît Julie Sivik. Mais son soulagement est de courte durée : Julie demande à l'homme aux allures de garçonnet d'appeler Souris par son surnom, et un autre homme – un gros homme très laid, une sorte de troll obèse – surgit d'une tente en hurlant : « Salut, Souris ! » À son tour, il se précipite vers elle, à une vitesse surprenante pour sa taille, et engloutit la main menue de Souris entre deux battoirs moites et pâteux.

C'en est trop. La matinée implose, des fractions de temps disparaissent, pulvérisant le cours harmonieux des événements.

– Allons faire un essai, propose Julie.

Tous se dirigent vers une grande tente au bout de l'entrepôt : Julie et Souris, l'homme qui fait jeune, le gros, et un troisième homme, un type maigre et lugubre qui ne décroche pas un mot. Souris se dit qu'elle devrait connaître le nom de ces hommes, maintenant, mais elle les ignore.

Julie laisse passer Souris devant, se frayant un chemin en donnant un coup de coude au troll qui tâche d'avoir les mêmes prévenances. Souris entre dans la tente ; elle a une brève vision de l'intérieur, un endroit humide, sentant le refermé, et plein de toutes sortes de matériel électronique.

La voilà soudain plantée au beau milieu de la tente avec ces trois hommes anonymes qui la dévisagent pendant que Julie tente de lui enlever son pull…

… puis ils lui fourrent de force un truc lourd sur la tête, qui lui couvre les yeux…

… puis elle est prisonnière d'une hallucination, d'un damier géant qui flotte dans l'espace. Un fantôme fluorescent se laisse glisser vers elle sur les carreaux noirs et blancs, et la voix du troll résonne dans ses oreilles, lui ordonnant de danser…

Ça suffit. Suffit. Souris disparaît. Drone arrive, Drone qui fait ce qu'on lui demande de faire sans rien ressentir.

– Danse, Souris, ordonne le troll.

Et Drone, obéissante, oscille d'une jambe sur l'autre.

Et soudain la musique change – Drone ne l'écoutait même pas avant qu'elle change, mais elle change – et Loins vient la remplacer, car elle a reconnu une chanson qu'elle adore. Loins, en fait, adore danser ; c'est elle qui, la nuit dernière, est allée au relais routier Les Danseurs de Pluie, c'est elle qui a rencontré George Lamb, l'inconnu, et a accepté d'aller chez lui. Elle avait même plutôt envie de se le taper, mais quand ils sont arrivés devant la caravane de George, elle a compris qu'elle ne prendrait pas son pied, alors elle a refilé la corvée à Drone.

Loins danse jusqu'à ce que la musique cesse, jusqu'à ce que le monde du rêve soit débranché et que le casque de réalité virtuelle soit ôté. Après elle cède la place au Cerveau, qui répare les PC et fait du code…

Lorsque Souris revient, la matinée s'est écoulée. Elle a la surprise de se retrouver dans une autre tente, plus petite. Assise sur une chaise pliante en bois, elle écoute Julie qui parle derrière son bureau défoncé. L'horloge numérique posée sur le bureau l'informe qu'il est désormais 12:12. Souris a mal à la tête, mais elle n'est pas fatiguée, et le Pilote Automatique en déduit qu'il doit s'agir de la fin de la matinée.

– … fera une réunion avec Dennis après le déjeuner pour mettre au point les trucs sur lesquels vous allez travailler, dit Julie.

Souris n'écoute pas vraiment ce qu'elle dit. Par contre, le plus discrètement possible, elle tente de vérifier où elle en est : baissant les yeux, elle s'aperçoit qu'elle porte bien son pull, que sa brassière est parfaitement cachée, qu'en fait elle n'a jamais été exposée. Ce bref éclair qu'elle a eu lorsqu'elle a vu Julie en train d'essayer de lui ôter son pull – ça aussi, c'était peut-être une hallucination, au même titre que le damier flottant.

Mais si elle a vraiment halluciné, si elle a fait un épisode psychotique, alors quelle a été sa réaction lorsque ça s'est passé ? Est-ce que les autres l'ont remarqué ? Souris observe Julie pendant quelques instants, et se dit que l'attitude de Julie – qui parle sur un ton posé, détendu – ne correspond pas à celle de quelqu'un qui aurait assisté un peu plus tôt à une crise de folie. Quand même, pense Souris, 12:12 – ça fait trois heures et demie qu'elle est ici. Que s'est-il passé ?

– … faim ? demande Julie.

– Pardon ? dit Souris.

Julie a un sourire indulgent.

– Pardonnez-moi, dit Souris. J'ai… j'ai eu une petite absence.

– C'est pas grave, répond Julie. Je vous demandais si vous aviez faim. Je me dis que je pourrais taper dans la caisse, rameuter les gars et vous inviter tous à déjeuner, sur le compte de l'entreprise. Qu'est-ce que vous en dites ?

– D'accord, répond Souris.

Ce qu'elle voudrait plus que tout, c'est rentrer chez elle, passer un coup de fil à Rudy Krenzel, et le supplier de la reprendre. Mais cette possibilité ne semble pas envisageable – elle ne figure pas sur le pense-bête.

Souris ne quitte pas Julie d'une semelle lorsque celle-ci va chercher les hommes. Elle est suffisamment attentive pour arriver à saisir les noms de deux d'entre eux. L'homme aux allures de garçonnet s'appelle Andrew ; le troll – qui porte une chemise ouverte aux quatre vents, ce qui lui vaut de sévères remontrances de la part de Julie – se prénomme Dennis. Souris n'arrive toujours pas à savoir le nom du troisième homme, mais, comme il n'ouvre pas la bouche, elle se dit que ça n'a pas d'importance ; à quoi bon connaître le nom de quelqu'un qui ne lui adresse pas la parole ?

Ils sortent de l'Usine et Julie fait remarquer qu'elle craint qu'ils ne soient pas à leur aise dans sa voiture, à cause de vagues problèmes de coussins sur la banquette arrière.

– Ce n'est pas grave, dit Souris, assez heureuse de ce nouveau rebondissement. Je peux vous suivre dans ma voiture.

– Je monte avec elle ! crie Dennis, et Souris croit attraper des boutons.

Mais Julie vole à son secours.

– Non, Dennis. Toi, tu viens avec moi. Il faut que je te parle.

– Quoi ? Maintenant ? On peut discuter au restaurant.

– Non, Dennis, répète Julie. Andrew, pourquoi tu n'irais pas avec Souris ? Histoire qu'elle ne se perde pas.

– Qu'elle se perde ? s'exclame Dennis. Qu'est-ce que tu nous chantes, Capitaine ? Le resto est sur Bridge Street. Il suffit qu'elle tourne à droite après le portail et qu'elle aille tout droit.

– Grimpe dans ma putain de bagnole, Dennis.

Dennis, grommelant dans sa barbe, traîne les pieds jusqu'à la portière de derrière, où l'homme qui a avalé sa langue attend patiemment que Julie ouvre.

– Tu montes à l'arrière ! beugle Dennis en poussant l'homme qui a perdu sa langue.

À peine assis dans la Cadillac, Julie et Dennis reprennent leur dispute, mais, comme leurs vitres sont baissées, Souris n'entend pas ce qu'ils disent. Elle se tourne vers Andrew, qui marmonne et semble perdu dans ses pensées. Après quelques instants, il sort de sa rêverie, jette un coup d'œil à Souris et hausse les épaules comme pour s'excuser.

– Quand Julie a décidé de faire les choses d'une façon et pas d'une autre, ça ne sert à rien d'aller contre son gré.

D'un coup de tête, il désigne le volant de Souris.

– On y va ?

Pendant le trajet, Andrew cherche poliment des sujets de conversation. Il fait des efforts, mais pas suffisamment pour cacher sa gêne de se retrouver seul avec elle. Souris se demande s'il a vu quelque chose qui aurait échappé à Julie. *Qu'ai-je fait ce matin entre 9 heures et midi ?* a-t-elle envie de lui demander, mais elle s'en garde bien. Blessée par la retenue d'Andrew, Souris décide qu'il ne lui plaît pas du tout.

En un clin d'œil, ils arrivent au Harvest Moon, un restaurant dans le style des années 50, avec plein de chrome et de néons. Souris suit la Cadillac de Julie sur le parking situé derrière le restaurant. Elle n'a pas encore tiré le frein à main qu'Andrew a déjà filé hors de la voiture.

– Enculé, grommelle Maledicta derrière son dos.

Dans le restaurant, Dennis tente de s'asseoir à côté de Souris mais Julie intervient une nouvelle fois ; elle s'assied sur le siège à gauche de Souris et insiste pour qu'Andrew, et non pas Dennis, se mette à sa droite.

– Tu leur montes la baraque ou quoi ? peste Dennis à haute voix. Pourquoi t'arrêtes pas de le coller à côté d'elle ?

– Tiens, Dennis, dit Julie en lui passant le menu. Tu te sens toujours mieux devant une bonne assiette de bouffe.

Une serveuse vient prendre leur commande et, tandis qu'ils attendent leurs plats, Julie essaie d'animer la conversion, mais en vain. Plus exactement, elle cherche à favoriser les échanges entre Andrew et Souris. Elle pose des questions toutes faites à Andrew, du style :

– Alors, Andrew, est-ce que tu savais que Souris avait travaillé à Bit Warehouse, comme toi ?

Mais Andrew fait la sourde oreille. Entre son malaise flagrant et les sarcasmes de Dennis concernant son rôle d'entremetteuse, Julie bat vite en retraite. Plus personne ne dit mot avant que la nourriture n'arrive.

Pendant le repas il advient quelque chose qui modifie le sentiment d'antipathie de Souris envers Andrew. À quelques pas de leur table se trouve un box où sont assis un homme et une petite fille de quatre ou cinq ans. L'homme coupe mécaniquement une côte de bœuf, qu'il engloutit morceau après morceau. La petite fille n'a pas faim ; une assiette de petits pois et de purée de pommes de terre est posée en face d'elle, mais au lieu de manger, elle joue avec sa cuiller, repousse ses petits pois dans un coin et trace des dessins dans sa sauce. Puis elle finit par se lasser et, pour faire une expérience, tapote contre le rebord de son assiette avec la partie creuse de sa cuiller. Contente du son que cela produit, elle recommence, à un rythme entêtant, comme si elle sonnait un gong.

L'homme pose sa fourchette. Il attrape la main de la fillette qui tient la cuiller, l'immobilise ; il ne dit rien mais ses yeux lui envoient un avertissement. La petite fille, soudain assagie, se remet à pousser ses petits pois dans son assiette. L'homme retourne à son steak. Et puis la petite semble s'ennuyer à nouveau, et elle donne un coup de cuiller dans son verre d'eau.

Cette fois, l'homme ne prend même pas la peine de poser sa fourchette, il se soulève de son siège et, du revers de la main, frappe l'enfant en plein visage. C'est une claque formidable : la petite fille bascule sur le côté et manque tomber de sa banquette. Sa figure s'empourpre, elle se met à pleurer, tout doucement. Entendant la gifle, quelques clients cherchent à voir ce qui se passe, puis détournent le regard.

Alors Andrew se lève.

– Seigneur, gémit Dennis, c'est parti…

Mais Andrew fait la sourde oreille. Il se dirige vers leur table, se place à côté de la fillette, et braque son regard sur l'homme à nouveau occupé à couper son steak.

– Excusez-moi, dit Andrew.

L'homme prend son temps pour finir de mâcher son morceau de viande.

– Qu'est-ce que vous me voulez ? finit-il par demander.

– C'est votre fille ? demande Andrew.

– Ouais, c'est ma gamine. Qu'est-ce que vous me voulez ?

– Vous auriez pu lui faire éclater le tympan, en la frappant comme ça, l'informe Andrew. Ou la mâchoire. Ou…

Il désigne la fourchette que l'homme tient toujours à la main.

– Vous auriez pu lui crever un œil.

L'homme laisse tomber sa fourchette dans son assiette et se frotte les mains. Il lâche un soupir d'exaspération.

– Fous-moi le camp, connard.

– Ne me traitez pas de connard, proteste Andrew.

L'homme ne semble pas en croire ses oreilles. Ces paroles sortent de la bouche d'Andrew, or il est bien plus costaud, bien plus salaud que lui ; il porte un costume, mais il est froissé, élimé, comme s'il passait le plus clair de son temps à faire des travaux de force… ou à tabasser les gens qui ne lui reviennent pas.

– Tu préfères peut-être que je te crève un œil, à toi ? Ou que je te défonce…

– Cessez de me menacer, répond Andrew d'une voix non menaçante, mais ferme.

C'est la voix qu'un père – un bon père – utilise lorsqu'il veut dissuader son enfant de faire une chose dangereuse : *Ne joue pas avec les allumettes, mon chéri !*

L'homme reste perplexe, le sang-froid d'Andrew le désarçonne. Il étudie son visage pendant un moment, puis baisse les yeux – il regarde ses mains, se dit Souris, pour voir s'il a une arme. Ce n'est pas le cas. Et même si Andrew est bien bâti, il n'a pas un physique de bagarreur. C'est un mystère.

– T'es taré, c'est ça ? demande l'homme.

Andrew laisse sa question en suspens, et l'homme, toujours sur ses gardes, ajoute :

– J'élève ma gosse comme je veux. C'est pas tes oignons, ducon.

– Si un adulte tabasse une petite fille, ce sont les oignons de tout le monde, réplique Andrew d'une voix forte, et de nouvelles têtes se tournent. Vous devriez avoir honte.

– Moi, honte ! ricane l'homme.

Il regarde les tables alentour, cherchant le soutien des

clients qui ont les yeux braqués sur lui. Son regard s'arrête sur Julie.

– Vous y croyez, vous ? Ce type vient me faire la morale, nom de Dieu !

– Cela ne vous fait peut-être pas de mal, rétorque Julie.

L'homme secoue la tête.

– Eh bien, reprend-il en se tournant vers Andrew, eh bien, au temps pour moi. Ça fait une voix pour toi.

– Je n'ai pas besoin de voix, dit Andrew.

– Non, bien sûr que non. T'es dans ton bon droit, hein ? T'es un expert, en matière de mioches. Mais laisse-moi te dire une bonne chose : si tu devais te coltiner cette satanée gamine…

– Si c'était ma fille, je ne la traiterais pas de "satanée gamine". Et elle ne pleurerait pas pendant que je bâfrerais sous ses yeux.

L'espace d'un instant, on croirait que l'homme s'est finalement décidé à balancer son poing dans la figure d'Andrew. Pourtant, comme Andrew ne bronche pas, ne cille pas, et continue de le regarder droit dans les yeux, l'homme semble finalement se décider à ne plus chercher à savoir pourquoi Andrew n'a pas peur.

– Très bien, dit-il.

Il gigote sur son siège, fouille nerveusement dans ses poches.

– Très bien, écoute-moi bien : tu vas faire un gosse, d'acc ? Tu vas faire un gosse, vivre avec lui pendant quelques piges, et alors tu pourras revenir pour me donner des leçons.

Il jette un billet de vingt dollars sur la table, à côté de son assiette.

– Viens, Rebecca ! aboie-t-il en se dégageant de sa banquette.

Il bouscule Andrew et prend dans ses bras la fillette qui a regardé la confrontation avec tant intérêt qu'elle en a oublié ses larmes. L'homme porte la fillette jusqu'à la porte, puis il s'arrête, se retourne, et remue l'index en direction d'Andrew.

– Tu peux commencer à prier pour ne pas recroiser mon chemin, *connard*.

– Si j'entends dire que tu tabasses des enfants, tu peux être sûr de me revoir. Et je ne serai pas seul.

– Espèce de taré.

L'homme baisse les bras, secoue la tête. Surprenant le regard d'une serveuse posé sur lui, il ajoute :

– Y a des timbrés qui viennent manger ici. Vous le savez ?

Il sort, emportant la fillette avec lui. Andrew les suit du regard jusqu'à ce qu'ils disparaissent, puis revient s'asseoir à table.

– Je demande à Dieu que tu arrêtes d'agir comme ça, implore Dennis.

Andrew hoche la tête, et répond tristement :

– Je sais, Dennis.

– Ce mec aurait pu te tuer. Il aurait pu sortir un flingue et te descendre. Ça arrive.

– Je ne pense pas qu'il avait une arme, Dennis.

– Il avait un couteau. Il avait des poings…

Andrew secoue la tête.

– Adam dit qu'il ne m'aurait pas fait de mal.

– Adam…

Dennis lève les yeux au ciel. D'un ton ironique, il ajoute :

– Et si "Adam" s'était trompé ?

– Alors Seferis m'aurait protégé.

– Seferis… tu es vraiment atteint, tu le sais, ça ? Ce mec avait raison. Et tu sais ce que c'est, le pire ? C'est que ça ne va rien changer. Tu crois que ce type va arrêter de frapper la petite parce que tu le lui as demandé ?

– Il y a plus de chances que si je n'avais rien dit, rétorque Andrew.

Mais il a l'air malheureux, comme s'il craignait que Dennis n'ait raison.

– Que dalle, dit Dennis. Ça va changer que dalle.

– C'est pas grave, insiste Andrew. Enfin… enfin bien sûr que si, c'est grave, mais on ne peut pas rester sans rien faire, c'est tout. On ne peut pas regarder sans rien faire quelqu'un qui fait du mal.

– Et pourquoi pas ? Si ça ne change rien, que tu lui dises… la prochaine fois que ce type aura envie d'envoyer des tartes à sa fille, tu crois qu'il va penser à toi ?

– Non, intervient Souris, surprise de s'entendre parler, mais la petite, elle, elle y pensera.

Andrew et Dennis la regardent tous les deux, et Julie sourit.

Une fois le déjeuner terminé, ils rentrent à l'Usine du Réel, et Souris reperd conscience du temps. Ce n'est pas une surprise : cela se produit au moment même où Julie annonce à Souris qu'il va falloir se remettre au travail.

– OK, dit-elle. Vous, Dennis et moi allons nous asseoir pour nous mettre à…

… et soudain Souris se rend compte qu'elle est seule, accroupie dans l'espace qui sépare deux tentes très rapprochées. Ne sachant ce qu'elle y fait, elle entreprend de se lever, mais s'interrompt lorsqu'elle entend deux voix dans la tente de gauche. Ce sont celles de Julie et d'Andrew.

– … un exemple typique de trouble de la personnalité multiple, disait Julie. J'ai dû parler à trois ou quatre personnes différentes.

– Le défilé. C'est l'expression qu'emploie Adam.

– Le plus drôle, c'est que je ne m'en serais peut-être pas rendu compte si je ne te connaissais pas. J'aurais pu simplement me dire : “Ouh là là, comme elle est soupe au lait !” Mais une fois que tu sais ce que c'est… J'ai tout de suite eu ma petite idée – la première fois qu'elle m'a envoyée bouler, chez Rudy. Mais j'en ai été absolument certaine lorsque je lui suis retombée dessus à la librairie. Et quand elle a un petit coup dans le nez, c'est flagrant.

– Tu l'as fait boire ?

– Pas exprès, répond Julie, sur la défensive. Je lui ai proposé de lui payer un verre de vin, puis elle en a réclamé un autre. Ensuite elle est encore allée en commander trois, rien que pour elle.

– Julie !

– Mais que voulais-tu que je fasse ? Je ne savais même pas qui commandait les verres, en plus.

– J'espère que tu l'as raccompagnée chez elle, après ça.

– J'ai essayé, Andrew. Vraiment, j'ai essayé. Elle n'avait pas l'air saoule, mais elle est si menue, et après cinq verres… mais elle refusait que je la raccompagne.

Comme j'insistais, une personne que je ne connaissais pas encore est apparue, et il a dit – c'était un homme, sans aucun doute, et sa voix était on ne peut plus assurée, à jeun –, il a dit: "Non, il faut qu'elle ait sa voiture pour aller travailler, demain matin." Alors j'ai répondu: "Vous êtes sûr que c'est bien qu'elle conduise, après avoir bu tout ce vin?", et il a dit: "Ne vous en faites pas, je la raccompagne à la maison. J'ai l'habitude." Pourtant, même là, je n'ai pas lâché l'affaire comme ça. Je leur ai souhaité bonne nuit, puis j'ai fait mine de partir dans l'autre sens, mais je suis revenue sur mes pas et je les ai suivis. Je voulais juste m'assurer qu'ils regagnent leur voiture dans de bonnes conditions. Or ils ne sont pas allés à la voiture, mais dans un café. Je suis restée dehors le plus longtemps possible, mais, comme ils n'en ressortaient pas, j'ai dû remonter dans ma voiture et je me suis dit, bon, ça devrait aller, ils attendent de dessaouler un peu… C'est pas glorieux, Andrew, mais que voulais-tu que je fasse? C'était pas… c'était pas comme la fois où toi, tu t'es saoulé.

Andrew émet un bruit que Souris, qui colle l'oreille de l'autre côté de la bâche, n'arrive pas à interpréter. Il y a un silence. Puis Andrew demande:

– Alors tu lui as proposé du travail?

– Oui, avant qu'elle boive son deuxième verre de vin. Et elle a accepté.

– Qui a accepté?

Julie éclate de rire.

– Oui, je me suis posé la question. Elle m'a donné son numéro perso, j'ai donc appelé de bonne heure, le lendemain matin, d'une part pour m'assurer qu'elle était bien rentrée chez elle, et d'autre part pour voir si elle se souvenait d'avoir accepté ma proposition.

– Et alors?

– Eh bien, la personne qui a répondu au téléphone s'en souvenait, elle. Mais lorsque j'en ai reparlé à Souris, samedi, elle avait l'air de tomber des nues, comme si elle ne voyait pas du tout ce dont je parlais tout en s'efforçant de ne pas me le montrer. À vrai dire, je n'étais pas sûre à cent pour cent qu'elle viendrait ce matin…

Andrew veut savoir :
– Pourquoi est-ce que tu lui as proposé ce boulot, Julie ?
– Pourquoi ? s'exclame-t-elle.
Julie semble stupéfaite qu'on puisse douter de ses mobiles mais, même à travers la bâche, Souris comprend que sa surprise est feinte.
– Mais parce qu'elle a la programmation dans le sang, c'est tout. En tout cas, une de ses âmes est une vraie pro. Si tu avais vu ce qui s'est passé aujourd'hui, après le déjeuner, même Dennis en était baba.
Un silence.
– Quoi ? Tu ne me crois pas ?
– Je veux bien croire qu'elle soit une bonne programmatrice, répond Andrew, mais Adam pense qu'il y a une autre raison pour que tu l'aies embauchée, et je crois qu'il dit vrai.
Nouveau silence.
– Eh bien…, fait Julie.
– Eh bien ?
– D'accord, d'accord, voilà le truc. C'est surtout à cause de ses talents de programmatrice que je l'ai embauchée – depuis quelque temps, j'avais envie de faire rentrer quelqu'un de nouveau, au moins à temps partiel, et j'avais vraiment décidé de tâter le terrain, bien avant que je fasse le lien avec les histoires de personnalité multiple. C'est la vérité vraie, Andrew. Mais quand j'ai fait le lien, je me suis dit…
– Quoi ?
– Tu vois, le truc, c'est qu'elle n'en sait rien. Je veux dire, manifestement certaines de ses personnalités sont au courant, comme le type qui m'a dit qu'il allait la raccompagner chez elle, mais elle – la femme que tu as rencontrée ce matin –, elle n'en sait rien. J'en mettrais ma main à couper. Alors je me suis dit que toi, peut-être, tu pourrais…
– Oh, Julie… quelle mauvaise idée…
– Je me rappelle la fois où tu m'as raconté comment c'était pour ton père, avant qu'il construise la maison. Avant qu'il soit au courant. Comme s'il vivait en plein

chaos, tu m'as dit. Eh bien… ça doit sans doute être comme ça, pour elle, non ? Comme si elle vivait en plein chaos.

– Sans doute. Mais, Julie…

– Je me suis dit que comme tu avais vécu une expérience semblable, tu voudrais certainement l'aider…

– Ce n'est pas une expérience que moi j'ai vécue, corrige Andrew. C'est mon père. Et ni lui ni moi ne sommes psychiatres, or ce qu'il lui faut, c'est un médecin.

– D'accord, très bien, mais alors comment est-ce qu'elle va faire pour savoir ce qu'il lui faut, si elle n'a conscience de rien ?

– Si elle n'a conscience de rien, c'est sans doute parce qu'elle ne se sent pas prête. Et si l'on essaie de la forcer à prendre conscience, on risque de lui faire plus de mal que de bien.

– Tu es en train de dire qu'il vaut mieux pour elle qu'elle continue à faire l'autruche ?

– Je dis que si tu la déstabilises en essayant de lui faire des révélations qu'elle ne veut pas entendre, elle ne t'entendra pas… elle appellera une autre âme pour se protéger de tes révélations. Et si tu persistes à la déstabiliser, son protecteur décidera peut-être que tu es une menace pour elle, et l'éloignera de toi. Elle sera toujours seule à ne pas comprendre ce qui se passe – mais un jour, elle se réveillera avec un autre boulot, peut-être dans une autre ville, et il faudra qu'elle s'adapte à tous ces changements sans même comprendre ce qui s'est passé.

– Eh bien, répond Julie, l'air blessée. Je ne voulais pas… je ne voulais pas dire qu'il faut tout lui balancer d'un coup. Je pensais que vous feriez d'abord connaissance, que vous deviendriez amis, et que tu lui raconterais peut-être ton histoire. Que tu lui dirais comment ça se passait pour ton père, et les autres, avant que la maison ne soit bâtie…

– Que je lui décrive les symptômes ?

– Euh, eh bien oui, en fait. Tu pourrais lui raconter que ton père perdait constamment conscience du temps qui était passé, lui parler des pense-bêtes qu'il écrivait…

enfin, n'en fais pas trop, mais si jamais elle s'écriait "mais on dirait que tu me décris ma vie, là !", alors…

– Je ne pense toujours pas que c'est une bonne idée, Julie. Et j'aurais vraiment préféré que tu m'en avertisses avant de l'embaucher. Vraiment, quand tu parles de tout balancer… tu es au courant de tout cela depuis plus d'une semaine, mais la première fois que j'en ai entendu parler, c'était ce matin, et par Dennis.

– Je sais, je sais… j'aurais dû t'en parler. J'ai failli le faire, et puis je me suis dit que je ne voulais pas t'influencer…

– M'influencer ? Comment ça ?

– Je veux dire… je ne voulais pas que tu saches pour la personnalité multiple avant de la rencontrer. Je voulais voir si tu t'en apercevrais si je ne te disais rien.

– Mais tu m'as dit que c'était flagrant. Est-ce que tu avais peur de t'être trompée ? Qu'elle n'ait pas de personnalité multiple, après tout ?

– Non, j'en étais certaine, je pensais simplement…

– Quoi ? Que ce serait rigolo de me faire une surprise ?

– Andrew !

– C'est pas juste, insiste Andrew. Je ne mérite pas ça, et elle non plus, surtout. Je ne sais pas ce qui t'a pris, Julie. Vraiment pas.

– Andrew !… Andrew ! Attends !

Il s'en va. Accrochée à la toile pour mieux se cacher, Souris glisse un pied dehors et lance un coup d'œil furtif à l'entrée de la tente, juste à temps pour le voir sortir. Elle s'aperçoit tout de suite que sa sortie relève davantage de la mise en scène théâtrale que d'une vraie colère. Arrivé devant la tente, Andrew s'arrête pour laisser à Julie le temps de le rejoindre. Elle arrive, contrite, et Souris se demande si sa contrition n'est pas feinte, elle aussi.

– D'accord, Andrew, dit Julie en plaçant la main sur son avant-bras – le même geste séducteur et conciliateur que Souris l'a vue faire à l'égard de Rudy Krenzel. D'accord, j'ai merdé, je le reconnais, et je suis désolée. Vraiment. Mais maintenant, elle travaille ici. Je ne peux plus revenir là-dessus. Et j'espère que tu ne vas pas lui faire payer mon erreur.

– Bien sûr que non. Mais, Julie…

Julie lui tire légèrement le bras, qui effleure sa poitrine.

– Travaille avec elle, c'est tout ce que je te demande, l'implore-t-elle. Si cette histoire de personnalité multiple ne vient pas sur le tapis, tant pis. Si vous ne vous entendez pas bien, tant pis aussi – je n'insisterai pas, je te le promets. Mais si – et seulement si – tu t'apercevais qu'elle veut de l'aide, qu'elle se sent prête à être aidée, j'espère que…

– Ne compte pas sur moi pour te faire des promesses, Julie.

– Je ne t'en demande pas. On va voir… on va voir comment ça se passe, d'accord ?

Elle lui sourit, bat des paupières et, devant son absence de réaction, répond elle-même à sa question.

– D'accord. Alors…

Elle exerce une dernière pression sur son bras, avant de le relâcher.

– Je ferais mieux d'aller voir comment ça se passe pour elle. J'ai demandé à Dennis de l'installer dans une tente libre, mais elle a probablement fini, à l'heure qu'il est.

Julie embrasse Andrew sur la joue, ce qui semble le surprendre, puis elle se retourne et s'en va, le laissant planté derrière elle, l'air exaspéré et complètement déboussolé. Il la regarde s'en aller, Souris l'observe la regarder.

Elle est fascinée par la conversation qu'elle vient de surprendre, pourtant elle lui passe au-dessus de la tête. Pour la deuxième fois de la journée, elle a envie de baisser sa garde : elle s'imagine surgir de sa cachette pour tapoter l'épaule d'Andrew et lui demander : *Qu'est-ce qui se passe ? Vous parliez de moi ?*

Cette fois, c'est plus qu'une pensée fugace, mais elle n'ose pas passer à l'acte. Elle reste cachée, à l'abri et, quelques instants plus tard, assiste à une autre scène intéressante.

Une fois que Julie est trop loin pour l'entendre, le visage d'Andrew se transforme. Son expression change, dirait-on, mais le changement semble plus profond que cela. Le trouble d'Andrew s'évapore ; son air légèrement ennuyé cède la place à quelque chose de beaucoup plus fort, de beaucoup plus noir : un mépris teinté de haine.

– Connasse, dit Andrew. Espèce de sale connasse, mêle-toi de tes affaires.

Puis il cligne des yeux, et retrouve son Moi de jeune garçon déboussolé, et légèrement exaspéré.

– Oh, Julie, murmure-t-il.

Il courbe la tête, comme s'il écoutait quelque chose, puis ordonne :

– La ferme.

– Souris ? crie Julie, quelque part dans l'Usine. Souris, où es-tu ?

Souris, à nouveau disparue, ne répond plus. En revanche, Maledicta et Malefica se relaient dans une cachette repérée un peu plus tôt : une tente de stockage pleine de piles de boîtes, des boîtes parfaitement adaptées pour improviser une forteresse et abriter leur solitude. Elles s'enferment derrière ses murs. Malefica extirpe une boîte apparemment solide sur laquelle elle s'assied ; Maledicta grille une cigarette.

Elles passent un long moment dans leur forteresse, seules et songeuses.

# LIVRE TROISIÈME

# ANDREW

# 7

Lorsque j'arrivai au travail, le mardi matin, deux e-mails m'attendaient.

Je m'étais déjà préparé à attaquer une semaine éprouvante sur le plan émotionnel, m'étant disputé avec Julie l'après-midi précédent. Ce n'était pas la première fois que Julie cherchait à me compliquer la vie sans me demander mon avis. Elle adorait forcer ses proches à se porter volontaires pour toutes sortes de missions et elle adorait leur faire des surprises. En revanche, elle détestait demander leur permission, ou du moins ne semblait pas se rendre compte qu'une autorisation est parfois nécessaire. Et chaque fois qu'elle se retrouvait obligée de rendre des comptes – chaque fois que quelqu'un se plaignait d'avoir été fourré contre son gré dans un projet ou une intrigue quelconque –, elle avait immanquablement la même réaction, au point qu'Adam l'avait homologuée. Il disait que le brevet avait été déposé par Julie Sivik, et il avait appelé ça « la Phase de réaction en trois étapes après s'être fait passer un bon savon ».

La phase un, qui durait environ vingt-quatre heures, était celle de la Contrition. Quand ses amis l'avertissaient qu'elle avait passé les bornes, Julie devenait tout sucre tout miel, et semblait tellement blessée par sa propre transgression que l'ami qu'elle avait mis dans l'embarras commençait à se sentir coupable, comme si c'était lui qui était allé trop loin. Mais à peine le doute s'était-il installé que Julie passait tout de go à la phase deux, baptisée par Adam : la Balle au Centre. Pendant cette phase, qui durait entre deux et cinq jours, Julie ne laissait rien passer, elle avait les nerfs à fleur de peau et piquait des crises pour des vexations ou erreurs négligeables, qu'elle n'aurait d'ordinaire même pas remarquées. Le pire, avec la phase deux, c'est qu'il n'y avait pas moyen de faire entendre à Julie qu'elle avait un lien avec la phase un. Ainsi, d'ici au surlendemain, je m'attendais à ce que Julie se mette à me hurler dessus parce que j'aurais mal attaché mes lacets. M'imaginant lui répondre : « Tu sais, Julie, si tu es d'une humeur exécrable, c'est parce que tu te sens coupable », je savais que non seulement elle serait offusquée, mais qu'elle ne verrait même pas ce dont je parlais. Je le savais, parce que j'avais déjà essayé.

La phase trois, de Réconciliation, était une version édulcorée de la phase un. Au bout d'un certain moment, Julie se radoucissait, et passait un jour ou deux à tenter d'amadouer sa victime, sans jamais admettre, bien entendu, qu'elle ait quelque chose à se faire pardonner. Puis tout était terminé, en tout cas jusqu'à la prochaine fois – mais si Penny continuait de travailler à l'Usine du Réel, la prochaine fois n'allait pas tarder.

La veille, lorsque Julie m'avait supplié de trouver une solution pour aider Penny, j'avais répondu que je ne lui promettais rien. Mais ce n'était pas un non catégorique, formel, et je savais que Julie était susceptible d'interpréter cette absence de refus franc et massif comme une promesse. Du coup, ça n'avait pas manqué, je m'étais creusé la tête – une bonne partie de la nuit, en fait – pour trouver des solutions et, plus j'y pensais, plus j'étais convaincu de ne pas pouvoir lui venir en aide.

J'avais déjà fait part à Julie de certaines de mes réticences : je n'étais pas psychiatre, et même si ça avait été le cas, je n'aurais rien pu faire tant que Penny n'aurait pas voulu du secours. Mais je ne lui avais pas fait part de ma raison principale, parce qu'elle semblait trop cruelle pour que je la dise haut et fort : Penny ne me plaisait pas.

Cela ne signifie pas que je la détestais. En fait, les sentiments que j'avais à son égard étaient neutres, ni bons ni mauvais, ni positifs ni négatifs. Simplement, si je l'avais rencontrée par hasard, elle ne m'aurait pas paru très intéressante. Je conviens que ce manque d'intérêt pour elle puisse sembler plutôt négatif, surtout venant de moi qui, en général, suis curieux des autres. Le fait que Penny me laisse de marbre devenait donc une sorte d'attaque contre elle : en tout cas, ce serait probablement l'avis de Julie. Mais tels étaient mes sentiments, et je n'y pouvais rien.

Du coup, comme je ressentais cela, je ne pouvais rien faire pour elle. Je n'étais pas encore né lorsque mon père avait commencé à construire la maison, et pourtant j'avais entendu plus d'une histoire sur les difficultés douloureuses que ça avait présentées – et pas seulement pour mon père. J'adore mon père, mais Tante Sam m'a dit qu'au début il leur menait un train infernal – et elle ne faisait même pas allusion aux fois où il se disputait le contrôle du corps avec Gideon. Pour arriver à le supporter pendant ces temps difficiles, il fallait être un vrai ami, faire partie de la famille, être une sainte comme Mrs Winslow ou bien une professionnelle, comme le docteur Grey. Quelqu'un rencontré de fraîche date, animé par une sorte d'indifférence, n'aurait jamais tenu le coup.

– Eh bien merde, alors, dit Adam comme je franchissais le portail de l'Usine pour traverser le parking menant à la remise. Ce qui arrive à Penny, ça ne te regarde pas. C'est pas toi qui l'as fait venir ici, et tu n'as pas promis de lui venir en aide.

– Je sais bien, mais Julie…

– Ah oui, Julie, ricana Adam. Oh ! J'oubliais, mais c'est vrai qu'il ne faudrait surtout pas décevoir Julie.

– Elle a été très gentille avec nous.

– Gentille… Bien sûr. Et c'est pour ça que tu te tracasses à cause de ça… parce que Julie est tel-le-ment gentille.

À peine avais-je posé le pied dans l'Usine que je fonçais vers ma tente, où j'allumai mon ordinateur. J'avais reçu deux e-mails, qui provenaient tous deux d'un certain Fil. Ils avaient été envoyés tard dans la nuit, après minuit ; l'objet du premier mail était *Cher Mr Gage*, le deuxième n'avait pas de titre. Songeant qu'il s'agissait probablement de messages indésirables, je cliquai sur le premier, et lus :

**Objet : Cher Mr Gage,**
**Date :** mardi 22 avril 1997 00:33
**De :** Fil <fil@cybernrthwest.net>
**À :** gardiendelamaison@pacbell.net

Cher Mr Gage,
Je vous écris afin de solliciter votre bienveillance dans l'espoir que vous me donniez quelques conseils pour aider Penny à se trouver. Je comprends que c'est beaucoup vous demander - vous ne nous connaissez ni d'Ève ni d'Adam - mais elle a peur depuis tellement longtemps qu'une aide pour qu'elle comprenne ce qui lui arrive serait infiniment précieuse. Aidez-nous, s'il vous plaît.
f.

Le message suivant, envoyé trois minutes plus tard, indiquait ceci :

**Objet :**
**Date :** mardi 22 avril 1997 00:36
**De :** Fil <fil@cybernrthwest.net>
**À :** gardiendelamaison@pacbell.net

Une dernière chose connard si tu lui fais du mal, on va te niquer à un point que t'as même pas idée

Cela peut sembler étrange, mais c'est le premier message qui me perturba le plus, sans doute parce qu'il était plus personnel, adressé à mon nom.

– Comment ont-ils eu notre adresse e-mail ? demandai-je.

– Devine, rétorqua Adam.

Comme je ne voyais pas, il ajouta :

– Merci, Julie, d'être si gentille.

– Adam ! criai-je. Adam, arrête, je suis sûr que Julie n'y…

– Chut, il y a quelqu'un dehors, me prévint Adam.

Je me dressai sur mon siège, aux aguets, et crus entendre quelque chose, un léger bruit de pas.

– Il y a quelqu'un ? demandai-je.

Pas de réponse. Je me levai, marchant sur la pointe des pieds vers l'entrée de la tente, collai l'oreille quelques instants contre la bâche, puis haussai les épaules et sortis. Il n'y avait personne, en tout cas je ne voyais rien.

– Il y a quelqu'un ? répétai-je.

Dans la tente d'à côté, Dennis beugla :

– Quoi ?

– Rien ! gueulai-je à mon tour.

Je contournai ma tente, fouillai du regard chaque recoin – pas un chat. Je m'en retournais vers ma tente et m'apprêtais à y rentrer lorsque Julie cria :

– Eh !

– Julie, m'écriai-je en faisant volte-face.

Comme par miracle, elle venait d'apparaître derrière moi.

– Comment… comment ça va ?

– Très bien, répondit Julie en souriant.

Elle posa sa douce main sur mon bras.

– Et toi ?

– Je… je vais bien, je crois. Mais…

– Formidable, dit Julie. Écoute, Andrew, si tu as un peu de temps à m'accorder maintenant, j'aimerais beaucoup te reparler de…

Les mots fusèrent de ma bouche avant même que j'aie le temps de réfléchir.

– C'est pas possible, Julie…

Elle avait été interrompue au beau milieu de sa phrase. Je sentis une légère pression de sa main sur mon bras.

– … que je fasse ce que tu m'as demandé de faire pour Penny, expliquai-je tout en sachant qu'elle comprenait à quoi je faisais référence. J'en suis incapable. Tu m'as demandé de réfléchir, c'est fait, mais tout ce que je peux te dire, c'est que c'est impossible. Alors… alors je préférais te le dire en face, pour qu'on soit bien d'accord. J'espère que tu me comprends.

Julie ôta la main de mon bras. Elle plissait la bouche en cul-de-poule.

– Elle te comprend parfaitement, dit Adam.

– Bon, voilà, bredouillai-je, bon, il faut que j'aille faire un truc important, alors… alors, à plus, d'accord ?

Comme Julie ouvrait la bouche pour me répondre, je tournai les talons et me réfugiai dans ma tente.

Une fois rentré, je m'arrêtai et attendis quelques instants. Julie ne tenta pas de me suivre, mais elle ne partit pas non plus sur-le-champ – je l'entendais, derrière la porte de la tente, qui respirait bruyamment par la bouche. Finalement, elle dit doucement mais assez distinctement « Merde » dans sa barbe, puis partit comme une furie, ses talons martelant le sol en béton de l'Usine.

– La phase deux ne va pas tarder, cette fois, prédit Adam.

Je retournai à mon bureau, et relus les mots sur mon écran d'ordinateur :

```
Une dernière chose connard si tu lui fais du
mal, on va te niquer à un point que t'as même
pas idée
```

– Qu'est-ce qu'il faut faire, Adam ?

– Eh bien, tu pourrais commencer par leur demander de ne pas te traiter de connard. Ça n'a pas mal marché, hier.

– Je ne plaisante pas. Est-ce je dois me faire du souci ?

À l'intérieur, je sentis Adam hausser les épaules.

– Je ne pense pas. Pas encore, dit-il. On dirait qu'il s'agit d'une sorte de protecteur, qui cherche à t'intimider et joue les durs pour que tu fasses attention à elle… enfin, s'ils ne savent pas ce que “non”, ça veut dire, c'est un autre problème, mais pour l'instant…

J'étais obsédé non par Penny, mais par Julie, et n'arrivais pas à m'ôter de la tête l'image de mon amie furibarde s'en allant en trombe, à grands coups de talons.

– Il faudrait peut-être qu'on essaie de les aider.

– Ne sois pas idiot. C'est une mauvaise idée, tu l'as dit toi-même. En plus, tu n'en as pas vraiment envie.

Je ne cherchai pas à ergoter, préférant transférer mes deux e-mails dans ma boîte d'« Archivés » sans y répondre.

Puis je me dis que c'était une bonne journée pour aller jeter un coup d'œil à l'état de la toiture. Équipé d'une échelle, je procédai pendant l'heure suivante à une fouille très minutieuse, à la recherche de bardeaux détachés, de trous et de planches pourries.

Aux alentours de 10 h 30, j'entendis Julie qui m'appelait.

Elle semblait inquiète.

– Andrew ! Andrew !

– Qu'est-ce qui se passe ? Il y a eu un accident ?

Je me précipitai vers le bord du toit, manquant de perdre l'équilibre.

Il n'y avait pas eu d'accident. Si Julie semblait préoccupée, c'est parce qu'elle était en colère.

– Qu'est-ce que tu fous là-haut ?

– Qu'est-ce que tu crois que je fous là-haut ? répliqua Adam de la voix égale qu'il utilise habituellement lorsqu'il fait le souffleur, et je dus me mordre la langue pour ne pas répéter ses paroles à voix haute.

– Je cherche les fuites, répondis-je à Julie.

Je conseillai *in petto* à Adam de la mettre en veilleuse.

– Est-ce que je t'ai demandé de chercher les fuites, aujourd'hui ?

– Eh bien, répondis-je, mais…

Cela ne rimait à rien ; elle ne me donnait jamais la moindre instruction.

– Tu as besoin de moi ?

– Oui ! À ton avis, pourquoi je te cherche partout !

– Oh… d'accord, je descends tout de suite… Où est-ce qu'on se retrouve ?

Mais elle était déjà repartie, après avoir claqué la porte derrière elle.

– Elle est tellement gentille, persifla Adam.

– Tais-toi.

Je retrouvai Julie et les autres sous la Grande Tente. Julie s'entretenait avec Dennis, tandis qu'Irwin, assis par terre en tailleur, remplaçait les fils défectueux d'un costume sensitif. Penny était assise dans un coin, à pianoter sur un portable. En la voyant, je ressentis un étrange pincement au cœur, mais lorsqu'elle leva les yeux vers moi, je n'y décelai aucune lueur d'angoisse ou de complicité. Quelle que soit l'âme qui occupait désormais son corps, ce n'était pas l'auteur des e-mails.

Je me dirigeai vers Julie et m'installai à ses côtés en attendant patiemment qu'elle me fasse signe.

– Oh, fit-elle doucement au bout de quelques minutes. En fait, ça ne servait à rien que tu viennes. Tant pis.

– D'ac-*cord*, répondis-je.

– Mais du moment que tu es ici, ajouta Julie avant que je m'en aille, ça ne te dérangerait pas de filer un coup de main à Irwin ?

Irwin, entendant son nom, releva la tête, et je compris à son air contrit qu'il n'avait pas besoin de mon aide et ne comprenait pas la requête de Julie. Mais j'allai m'asseoir près de lui, et tâchai de me rendre utile.

Au bout d'un moment je me sentis observé. Je tournai la tête, Penny avait les yeux rivés sur moi, et je découvris dans son regard une nouvelle âme. *Fil*, pensai-je.

– Fil, confirma Adam. Ça ne peut pas être l'autre, elle n'a pas l'air complètement furax.

Mais alors Dennis hurla « Salut, Souris ! », et Fil, si c'était bien elle, cligna des yeux et disparut.

Adam et moi-même continuâmes à faire le guet, mais Fil ne réapparut pas de toute la matinée. Après le déjeuner, je retournai sur le toit.

**Objet : Cher Mr Gage,**
**Date :** mercredi 23 avril 1997 01:04
**De :** Fil <fil@cybernrthwest.net>
**À :** gardiendelamaison@pacbell.net

Cher Mr Gage,
J'espère que ma requête ne vous a pas semblé trop brutale. J'aurais sans doute dû vous contacter personnellement, mais je suis quelque peu timide, et j'ai l'impression que

vous aussi… serait-il possible que nous nous parlions de visu ? Indiquez-moi le lieu et l'heure qui vous conviendraient…
f.

– Ça veut sans doute dire que je ne peux plus remettre ce truc à plus tard, dis-je.

Adam ne répondit pas. J'essayai à nouveau.

– J'aurais dû leur répondre hier, hein ?

Toujours rien. On était mercredi matin, et Adam, pour se venger, me traitait par le mépris car j'avais pris la défense de Tante Sam alors qu'ils se disputaient, comme à leur habitude, la nuit précédente.

– Très bien, dis-je. Je me débrouillerai tout seul.

J'entendis un imperceptible ricanement, émis depuis la chaire, puis ce fut à nouveau le silence. J'ouvris une fenêtre sur mon navigateur web pour répondre à mes e-mails, et plaçai mes doigts sur le clavier.

*Cher Fil,* pensai-je sans taper, *je suis désolé de ne pouvoir vous aider, ainsi que Penny…*

*Cher Fil, j'aimerais beaucoup pouvoir vous aider, mais je crains de ne pas être la personne adéquate…*

*Cher Fil, si Penny se sent vraiment prête à « se trouver », il lui faut alors un bon psychiatre, et…*

– Cher Fil, intervint Adam, incapable de se contenir plus longtemps, en vrai, je m'en bats les couilles, de toi ou de Penny. Mais comme je me les couperais sans doute, les couilles, si Julie Sivik me le demandait, j'ai décidé de faire le blaireau et…

– La ferme, dis-je.

– Quoi ? Je croyais que tu avais besoin de conseils ?

– Oui. Mais vu que tu ne veux pas m'aider…

J'entendis soudain un bruissement, comme si quelqu'un se faufilait dans la tente, et levai les yeux de mon ordinateur.

– Julie ?

Ce n'était pas Julie. C'était Penny, ou plutôt le corps de Penny. L'âme, c'était celle de Fil. La différence dans les mouvements du corps était flagrante : alors que Penny courbait les épaules comme si elle s'attendait à tout moment à être enlevée par un prédateur, Fil se tenait et se déplaçait avec plus de confiance – même lorsqu'elle était particulièrement nerveuse, comme à l'instant.

– Mr Gage ?

– Ah, murmurai-je.

Je retins ma respiration.

– Bonjour.

– Bonjour.

Elle me tendit la main. Je la pris, la serrai, soudain en proie à une vive émotion. Quelques instants plus tôt, je m'apprêtais à l'envoyer bouler par e-mail, mais maintenant que nous étions face à face me revenaient en mémoire les histoires de mon père lorsqu'il avait dû chercher de l'aide pour la première fois – combien il avait eu peur, combien il lui avait fallu rassembler de courage. Soudain, mes réticences pour lui venir en aide m'apparurent mesquines, égoïstes.

Mais avant que nous puissions parler de quoi que ce soit, Julie, en pleine phase deux, débarqua dans ma tente.

– Andrew ! aboya-t-elle. Andrew, il faut que tu…

Apercevant le corps de Penny, elle s'arrêta net.

– Oh, dit Julie.

Son regard passa de moi à Fil, à nos mains serrées au-dessus du bureau, puis revint se poser sur moi.

– Oh, excusez-moi, je repasserai plus tard…

– Non !

Je bondis sur mes pieds et lâchai la main de Fil (en fait, je ne la lâchai pas, mais la repoussai).

– Non, ne te…

– Je ne voulais pas vous interrompre, ajouta Julie.

Elle affichait désormais le même sourire satisfait qu'elle arborait deux jours auparavant, lorsque Penny et moi nous étions rencontrés.

– Continuez, je vais…

Elle se dirigea vers la sortie.

– Mais tu n'interromps rien du tout !

Je n'avais pas l'intention de crier, mais c'était sorti tout seul, comme si Julie venait de m'accuser des pires horreurs et que je réfutais ses accusations avec virulence.

– Calme-toi. Tout va bien…
– Qu'est-ce… qu'est-ce que tu voulais ?
– Le Seau de Miel, répondit Julie qui avait perdu le sourire. Il est… sale. C'est un don gracieux de Dennis, à mon avis. Il faudrait que tu le nettoies, mais si tu…
– Mais pas du tout, répondis-je, encore trop fort. Je m'en occupe immédiatement.
Je lançai un coup d'œil à Fil, qui paraissait médusée par mes éclats mais semblait vouloir poursuivre, ou plutôt commencer, notre conversation. Je me disais qu'il faudrait que je lui parle, qu'il était grossier de la laisser en plan, mais ne sachant que dire, surtout avec Julie plantée à mes côtés, je me contentai de hocher la tête et de grommeler des mots incohérents. Puis je quittai la tente en m'efforçant de ne pas avoir l'air de m'enfuir.
– Beau travail, railla Adam, une fois franchie la porte de la tente, tandis que je partais au petit trot. Tu avais raison, tu t'en tires très bien tout seul.
– Ce n'est pas grâce à toi, rétorquai-je, furieux.
– T'en fais pas. Si tu perds les pédales chaque fois qu'elle essaie de te parler, au bout d'un moment elle comprendra le message.
– Je ne perds pas les pédales. Elle m'a pris par surprise, c'est tout.
Mais quelques instants plus tard, dans les toilettes, alors que je m'apprêtais à épurer le Seau de Miel, je me sentis observé, et, me retournant, je surpris Fil à quelques pas de moi, les yeux rivés sur ma personne. Mon cerveau se grippa de nouveau. Baissant les yeux vers mes chaussures, je tentai de trouver quelque chose à dire ; j'appelai Adam à la rescousse, mais il s'était à nouveau muré dans le silence. Finissant par me figurer que si je me forçais à prononcer un mot, avec un peu de chance les autres suivraient, je relevai la tête et balbutiai :
– Écoutez…
Mais elle avait déjà disparu, s'en était retournée dans le campement. Je ne la suivis pas. Je la revis environ une heure plus tard, alors qu'elle sortait de la Grande Tente, mais ce n'était plus Fil.

Je regagnai mon bureau dans l'espoir d'arriver à répondre à son e-mail. Mon ordinateur était encore allumé, comme je l'avais laissé, mais le navigateur était fermé et, en l'ouvrant, je découvris que le dernier message de Fil avait été supprimé. J'allai voir dans les « Archivés » ; les deux autres messages avaient eux aussi été supprimés.

**Objet : Cher Mr Gage,**
**Date :** jeudi 24 avril 1997 06:01
**De :** Fil <fil@cybernrthwest.net>
**À :** gardiendelamaison@pacbell.net

Cher Mr Gage,

Je suis vraiment désolée de vous avoir dérangé. Je nec4est quoi ton problème connard? on vient te demander de l'aide et tu refuses carrément de répondre c'est quoi ça tu mériterais une bonne branlée va te faire enculer sale con

Jeudi, un peu avant midi, Julie revint me chercher. Je me trouvais dans les bois, derrière l'Usine, occupé à jeter des pelletées de chaux dans la fosse où nous vidions le contenu du Seau de Miel. Voyant Julie qui se dirigeait vers moi, je me préparais à ses remontrances – je n'avais pas reçu l'instruction de verser de la chaux dans la fosse – mais, lorsqu'elle parla, je perçus seulement de l'inquiétude dans sa voix, et pas de colère :

– Tu as vu Penny ?

– Moi ? Non, je…

– Elle a disparu. Sa voiture n'est plus là, et je viens d'appeler chez elle, mais il n'y a personne. J'espère qu'il ne lui est rien arrivé.

Cette dernière phrase sonnait comme une interrogation, mais je feignis de ne pas m'en rendre compte.

– J'espère que non.

– Alors tu n'as aucune nouvelle ? Elle ne t'a pas dit qu'elle risquait de ne pas venir, aujourd'hui ?

– Je ne lui ai pas… parlé depuis hier. Et effectivement, elle ne m'a pas dit qu'elle ne viendrait pas aujourd'hui.

Julie hocha la tête, et je fus submergé par la honte à l'idée de lui avoir menti. J'aurais voulu lui parler des e-mails que j'avais reçus, mais je savais que si je le faisais, elle voudrait y fourrer son nez et j'avais assez de difficultés comme ça à décider moi-même de ce que je voulais faire.

– Très bien, dit Julie. Il faut que j'aille à Seattle, de toute façon, je ferai un saut chez Penny. Si elle se pointe durant mon absence, tu pourras lui dire que je m'inquiète pour elle ?

– Bien sûr, Julie.

– Merci.

Elle tourna les talons. Comme je me penchais pour récupérer la pelle, elle ajouta :

– Au fait…

– Hmm ?

– C'était quoi, ce cirque, hier ?

– Quel cirque ?

– Quand je suis entrée dans ta tente alors que tu étais avec Penny, et que tu as paniqué. Qu'est-ce qui t'est arrivé ?

– Paniqué ? fis-je en m'efforçant – en vain – de prendre un air perplexe. (Je suis un piètre menteur.) Mais je n'ai pas paniqué…

Julie ne broncha pas, mais se contenta de hausser les sourcils pour me signifier qu'on ne la lui faisait pas.

– Je n'ai pas paniqué, répétai-je. Elle est – Penny – simplement venue me dire bonjour. C'est tout.

– Uh-uh, répondit Julie.

Puis elle haussa les épaules, et laissa tomber.

– Eh bien, promets-moi simplement de lui dire que je suis allée la chercher…

Après en avoir fini avec la fosse, je décidai de marcher jusqu'en ville afin de récupérer du matériel pour réparer la toiture. Je me servis dans la caisse, attrapai un sac à dos militaire dans une des tentes de stockage, et me dirigeai vers la route.

C'était une belle journée, claire et chaude, on se serait

cru en été. À l'Autumn Creek Café (un restaurant végétarien face au Harvest Moon), les serveurs avaient mis des tables en terrasse, et j'en profitai pour prendre tranquillement mon déjeuner au soleil. À l'intérieur du café, une radio branchée sur une chaîne d'informations continues annonça, alors que je finissais mes lasagnes aux épinards, que Warren Lodge était recherché par la police qui souhaitait l'entendre comme témoin, le soupçonnant d'être le responsable – et non le puma – de la disparition de ses filles. C'était une si bonne nouvelle que je restai encore vingt minutes à table pour attendre un nouveau flash, histoire que mon père monte en chaire et en prenne lui-même connaissance. Puis j'allai à la quincaillerie de Mill Street pour acheter des bardeaux.

Je traversais le pont pour rentrer à l'Usine lorsque j'entendis une voiture arriver derrière mon dos. Pensant que Julie revenait de Seattle ou qu'il s'agissait d'un touriste égaré, je regardai par-dessus mon épaule pour découvrir la Buick de Penny. J'étais si content pour l'affaire Warren Lodge que j'en oubliai de paniquer – je levai la main pour la saluer, et, si Fil avait été au volant, je serais probablement parvenu à lui faire signe de s'arrêter, et serais sans doute monté en voiture pour enfin bavarder avec elle.

Malheureusement, ce n'était pas Fil qui conduisait, ni Penny. L'âme au volant de la Centurion m'était encore inconnue, en tout cas *de visu* : il s'agissait du protecteur à la langue bien pendue. Comme la voiture se rapprochait suffisamment pour que je puisse déceler les traits de son protecteur, je m'aperçus qu'il (ou elle) était fou de rage – non pas contrarié, ou furieux, mais *fou de rage*.

– Oh, merde ! s'exclama Adam.

Je compris alors que j'avais des ennuis.

Cessant de faire coucou, je laissai retomber mon bras et tournai le dos à la voiture. Mon premier réflexe fut de détaler, mais, tandis que je traversais le pont au pas de course pour atteindre le bas-côté de la route, quelque chose me disait que ce n'était pas une bonne idée. Je ralentis alors, dans l'espoir que la Buick me dépasse. Elle n'en fit rien ; décélérant, elle se plaça à mes côtés et roula au pas. Je sentais le regard du protecteur braqué sur moi, mais continuais d'avancer, les yeux rivés droit devant.

Puis le protecteur appuya longuement sur le klaxon de la Centurion, et j'eus à nouveau le réflexe de prendre mes jambes à mon cou, ce qui, plus qu'une mauvaise idée, était un effort inutile. Dans un crissement de pneus, la Buick accéléra, me dépassa, et fit une embardée sur l'accotement pour me couper la route.

Le protecteur, ouvrant la vitre, hurla :

– Viens vite poser ton cul de merde dans cette putain de bagnole, enculé, ou je vais couper tes couilles à la con et…

Adam lui aussi se mit à crier – sans doute « Ne monte pas dans la voiture ! » – mais je courais déjà à bride abattue en direction du pont. Le protecteur tenta une nouvelle fois de me barrer le passage, mais la Centurion était moins maniable en marche arrière, et je parvins à atteindre le pont avant elle – alors, au lieu de le traverser, je me jetai sur le côté.

Il n'y a ni sentier ni chemin pour descendre vers Thaw Canal, rien qu'une pente rocailleuse sur laquelle je glissai, dégringolai, puis roulai, estourbi par le paquet de bardeaux qui me fracassait le crâne et me pilonnait le cou. Comme il n'y a non plus ni sentier ni chemin le long des berges de Thaw Canal, je choisis, plutôt que de chercher à m'échapper en remontant le courant, de me cacher sous le pont. Dans l'eau glacée jusqu'aux genoux, je percevais le ralenti de la Buick juste au-dessus de moi et les imprécations de la protectrice – car il s'agissait bien d'une protectrice, j'en étais désormais certain – qui faisait les cent pas sur le pont, jurant de me faire subir toutes sortes de sévices si je ne me montrais pas sur-le-champ. Je collai la main à ma bouche pour que mes dents ne se mettent pas à claquer et m'efforçai de ne pas éternuer.

Tout ce vacarme finit par déloger un écureuil ou une marmotte apeurée. La petite bête s'enfuit en trottant le long de la ravine et, alors qu'elle se frayait un passage parmi les broussailles, la protectrice la prit pour moi. Elle lui ordonna de revenir *illico, bordel à queues !*, mais, comme elle n'en fit rien, la protectrice abandonna la partie après quelques minutes. Elle vomit un nouveau chapelet d'injures, traversa le pont sur toute sa longueur deux ou trois fois encore, puis finit par remonter dans la Buick avant de filer dans un crissement de pneus furibond.

Le silence qui suivit fut brisé par la voix de mon père, qui parlait depuis sa chaire :

– Je demande que nous fassions une réunion pour parler de ce qui vient de se produire.

Mrs Winslow ouvrit la porte de la demeure alors que j'atteignais les dernières marches du perron.

– Andrew ! s'écria-t-elle. Que t'est-il arrivé ?

– C'est compliqué, répondis-je.

– Allons, entre vite.

Je la suivis dans la cuisine et pris place à la table du petit déjeuner. Pendant que Mrs Winslow préparait le café, j'ôtai mes chaussures et mes chaussettes et, devant son insistance, mon jean.

Avant même qu'Adam ait besoin de me prévenir, je compris que je ne pouvais raconter à Mrs Winslow l'histoire dans son intégralité. Si forte que soit mon envie d'avoir avec elle la plus grande franchise et de parler de ce problème avec quelqu'un d'extérieur à ma tête, je savais que certaines choses – telles les lettres de menace – ne feraient que la bouleverser de façon démesurée. Alors je restai volontairement vague :

– J'ai des petits problèmes avec une collègue de travail.

– Une collègue ? demanda Mrs Winslow, le front soucieux. Ce n'est pas Julie, au moins ?

– Non, c'est une nouvelle. Une programmatrice. Penny.

– Et qu'est-ce qu'elle t'a fait ? Elle t'a envoyé bouler le long d'une digue ?

J'émis un gloussement nerveux, mais vu mon état humide et fangeux, ce n'était peut-être pas si génial, comme trouvaille.

– Vous savez combien j'ai confiance en vous, madame Winslow. Plus qu'en n'importe qui. Mais je crois qu'il me faut, qu'il nous faut régler cette affaire tout seuls. Mon père a exigé qu'on tienne une réunion exceptionnelle, à la maison, et je suis sûr qu'il saura comment agir. Alors ne vous en faites surtout pas.

– Oh, cela ne me regarde pas, fit-elle sur un ton indiquant qu'elle n'avait pas besoin de mes conseils pour décider si elle devait s'en faire ou pas. Mais… j'imagine que je n'ai pas besoin de te le dire, Andrew, mais si jamais tu avais besoin d'aide – si tu envisageais de quitter ton travail, par exemple…

– Quitter mon travail ? Pourquoi ferais-je une telle chose ?

Mrs Winslow avisa mon jean qui séchait, accroché au dossier d'une chaise.

– Si tu avais besoin de te tenir à distance de cette Penny, par exemple. Si ton père pensait que c'est la solution…

– Oh…

– Il ne faudrait pas t'inquiéter pour le loyer, voilà où je voulais en venir.

– Eh bien, merci, Mrs Winslow. Je suis sûr que nous n'en arriverons pas là, mais je vous en suis vraiment, vraiment reconnaissant. Mon père aussi. Et, en parlant de mon père…

Je posai ma tasse de café sur la table.

– Je crois qu'il faut que j'y aille…

Mrs Winslow acquiesça.

– Je veillerai à ce qu'on ne te dérange pas.

Nous nous levâmes tous les deux. Mrs Winslow prit ma tasse et se dirigea vers l'évier. Passant devant la télé, elle l'alluma. La voix du présentateur me rappela quelque chose.

– Mrs Winslow ? Vous avez entendu, pour Warren Lodge ?

– Oui, répondit Mrs Winslow d'un ton beaucoup plus morne que ce que j'avais prévu.

Puis elle expliqua :

– Aux dernières nouvelles, la police n'arriverait pas à lui remettre la main dessus. Il est en cavale.

– Oh… Eh bien, je suis sûr que d'ici quelques jours…

– On verra bien, répliqua Mrs Winslow, visiblement sceptique. Maintenant, va assister à ta réunion, Andrew. Je t'appellerai pour le souper, dans quelques heures.

– Très bien, Mrs Winslow.

Il faut que quelqu'un fasse marcher le corps : en un sens, c'est une lapalissade, mais littéralement, ce n'est pas tout à fait exact ; il est possible, même si en général c'est une mauvaise idée, de laisser le corps sans surveillance. Il suffit de s'assurer que le corps se trouve à l'abri, dans un endroit où, si les choses dégénèrent, on ait le temps de voir venir. Gardant tout cela à l'esprit, je préparai la réunion en m'assurant qu'il n'y avait pas dans ma chambre de gazinière allumée, de fils électriques dénudés, d'étagères sur le point de s'écrouler, de tigres échappés du cirque et autres causes éventuelles de catastrophes terribles. Mais trêve de plaisanteries, ces précautions ne sont pas à prendre à la légère : suite à l'une de ces mémorables réunions que mon père avait coutume de tenir avant que la maison ne soit construite, il avait regagné le corps pour découvrir un corbeau perché sur le torse, en train de le cribler de coups de bec.

Après m'être assuré, à ma grande satisfaction – et à celle de mon père –, que ma chambre ne présentait aucun danger (et après avoir fermé volets et fenêtres), je m'allongeai sur le lit, m'installant confortablement sur le matelas.

Un jour, Julie m'avait demandé quelle impression cela faisait de quitter le corps.

– Tu te recroquevilles en toi-même, tu t'envoles, ou quoi ?

M'étant escrimé plusieurs fois, sans succès, à lui décrire la scène, j'avais conçu l'exercice suivant qui, sans être parfait, permet au moins de traduire l'idée générale : Basculez la tête le plus loin possible en arrière. Vous sentez alors une tension dans les muscles de votre cou, qui devient douloureux. Imaginez que cette tension aille vers l'extérieur, s'enroule autour de votre visage et se répande dans votre torse, vos bras, vos jambes, transformant la surface de votre peau en une enveloppe rigide, semblable à une armure. Maintenant, imaginez que vous vous extirpez à reculons de cette armure et que vous vous retrouvez non derrière votre corps, mais complètement ailleurs.

Imaginez que tout cela se produise en l'espace de deux battements de cœur.

Voilà plus ou moins l'effet que ça fait. En tout cas, chez moi. D'après les échanges que j'ai eus sur Internet, certaines personnalités multiples le vivent différemment – et, bien sûr, ce qui vous arrive une fois que vous avez quitté votre corps dépend de la configuration de votre paysage intérieur, qui diffère chez chacun.

Le paysage à l'intérieur de la tête d'Andy Gage ressemble à ceci (voir dessin page suivante).

En bas de la carte, la croix indique l'endroit où je suis apparu, sous la colonne de lumière qui relie l'intérieur à l'extérieur. Elle effleure la crête d'une colline, au-dessus du littoral sud du lac ; puis, de là, un sentier contourne le lac, à l'ouest puis au nord, se divisant en trois branches. La branche droite mène à un petit port, sur la berge ouest du lac ; la branche au centre arrive directement dans le champ de potirons ; la branche gauche grimpe sur une colline qui conduit à la maison. Je reviendrai plus tard sur le problème des distances, quasi métaphysique, et me bornerai pour l'instant à indiquer que le chemin qui relie la colonne de lumière à la maison est d'environ deux kilomètres.

Les couleurs, les sons, les odeurs, les goûts, les sensations tactiles sont exactement les mêmes à l'intérieur et à l'extérieur. La maison ressemble à une vraie maison ; les collines, les rochers, les arbres, à de vraies collines, de vrais rochers, de vrais arbres. La seule différence vient de soi car, à l'intérieur, on ne porte pas le corps – ainsi, par exemple, selon la taille de l'âme, l'endroit où se posent les yeux est plus ou moins élevé.

Le paysage est surplombé d'un ciel pareil au vrai ciel, avec un soleil, une lune, des étoiles. Les mouvements des corps célestes sont contrôlés par mon père, qui, la plupart du temps, veille à ce qu'ils correspondent à leurs équivalents réels : en général, quand il fait jour à l'extérieur, il fait jour à l'intérieur, idem pour la nuit. Le paysage fluctue selon la météo – elle aussi contrôlée par mon père – mais celle-ci, en revanche, ne correspond pas du tout à la

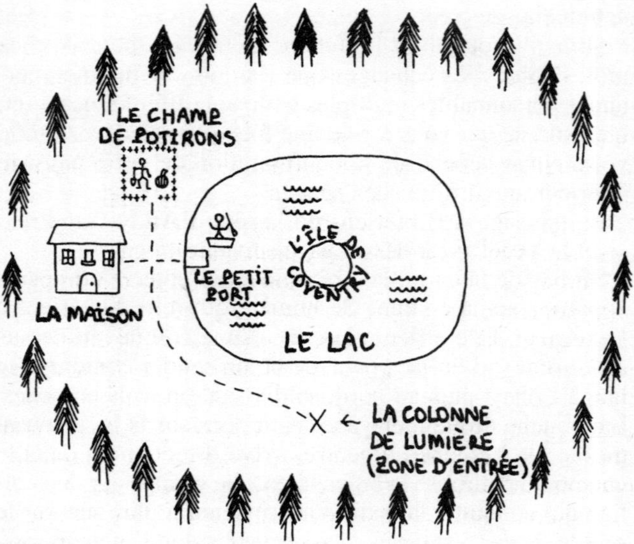


réalité, ou en tout cas pas à celle de la côte nord-ouest des États-Unis : de jour comme de nuit, le ciel reste clair dans la tête d'Andy Gage, et il n'y pleut jamais. Parfois, aux alentours de Noël, mon père organise une petite tempête de neige pour faire plaisir à Jake et aux autres gamins.

Et quant aux lois de la physique… Eh bien, ce n'est pas une mince affaire. Comme ce paysage n'existe pas vraiment, certaines choses sont possibles à l'intérieur alors qu'elles ne le sont pas à l'extérieur – cela dit, j'y suis tellement habitué que je ne considère pas cela comme une anomalie, et j'ai dû mal à les répertorier sur commande. J'ai toutefois déjà fait allusion à l'une de ces impossibilités : il s'agit des distances, qui sont optionnelles. À l'intérieur, lorsque vous souhaitez vous rendre d'un point A à un point B, il n'est pas strictement nécessaire de passer par tous les points intermédiaires, comme dans la vraie vie. Ainsi, lorsque l'on se trouve au sommet de la colline, derrière la colonne de lumière, et que l'on souhaite rentrer à la maison, on peut prendre le chemin, mais ce n'est pas obligé – si l'on est pressé, si l'on n'a pas envie de marcher, on peut aller directement à la maison, en un clin d'œil.

Ce jour-là, alors que je savais que tous les autres m'attendaient, je décidai de prendre mon temps. Je restai un moment au sommet de la colline, à contempler le lac. Mes yeux étaient irrésistiblement attirés vers Coventry, l'île où était prisonnier Gideon. On ne voyait pas grand-chose : l'île n'était plus qu'une vague esquisse derrière la brume qui planait au-dessus des eaux profondes du lac.

J'ai déjà dit que mon père choisissait la météo du paysage intérieur. Mais il ne contrôlait pas la brume – il ne la convoquait pas, et ne la chassait pas non plus. Rétrospectivement, je me dis que nous aurions dû nous en soucier, mais à cette époque la brume était associée, dirons-nous, au lac plutôt qu'à la forêt ou au champ de potirons, et mon père préférait penser qu'il s'agissait d'une anomalie bénigne plutôt que du signe d'un danger potentiel.

Tout comme la colonne de lumière, le lac était antérieur au paysage. À l'origine, c'était une sorte de néant, une zone encore plus sombre dans la tête déjà sombre d'Andy Gage qui, de temps à autre, vomissait de nouvelles âmes. Quand il entreprit de créer un paysage, mon père se débrouilla pour apprivoiser ce vide – il lui fit prendre l'apparence d'un corps aqueux, préférable à la béance noire ; il apprit également à convoquer de nouvelles âmes, comme moi, pour qu'elles sortent du lac à sa demande. Mais il ne parvint jamais à maîtriser parfaitement le processus. Et ainsi, comme le lac restait techniquement une entité à part entière, il n'était pas tellement choquant qu'il agisse selon ses propres lois. Mon père préférait donc ne pas trop s'en faire. Et puisque cela ne le tracassait pas, moi non plus – mais ma curiosité était piquée.

– Andrew, appela mon père en surgissant derrière moi, sur la colline.

Je lui dis bonjour d'un signe de tête, mais continuai à observer l'eau du lac, espérant apercevoir une image nette de Coventry, malgré la blancheur de la brume.

– N'y a-t-il pas plus de brouillard qu'avant ? demandai-je.

Mon père ne répondit pas ; je sentais croître son impatience. Je poursuivis, pourtant :

– On dirait que si. Quand je suis sorti du lac, il n'y en avait quasiment jamais…

– Andrew…

– Oui, je sais : la réunion.

– Oui, répondit mon père. La réunion. Allons-y.

Nous partîmes : je choisis d'aller directement à la maison, et nous nous y retrouvâmes instantanément.

Le plan de la maison qui occupe la tête d'Andy Gage est le suivant (voir page ci-contre).

Comme vous voyez, c'est banal, comme architecture. Le rez-de-chaussée se compose d'une grande pièce commune. Un escalier au fond à gauche monte vers la galerie qui domine la pièce commune et conduit aux chambres et à la garderie. Un petit couloir mène à la chaire.

Une grande table avait été placée pour la réunion au centre de la pièce commune. Elle était plus large d'un côté que de l'autre, et mon père, le chef de famille, prit place à cet endroit. Adam s'assit à sa gauche ; moi à sa droite. Les deux sièges adjacents furent occupés par Tante Sam et Jake ; Seferis s'assit à côté d'Adam. Un peu plus loin se trouvaient Simon, Drew et Alexander ; Angel, Annis, Arthur et Rhea ; Sander, Archie, Seth, et les deux Samuel ; Joe Bouche Cousue le Fossoyeur ; et le Capitaine Marco. La plupart de ces âmes, comme mon père, s'étaient lassées du monde extérieur et n'occupaient le corps que très rarement. Joe Bouche Cousue et le Capitaine n'étaient jamais sortis ; c'étaient des âmes-auxiliaires que mon père avait convoquées car elles occupaient des fonctions spécifiques dans le paysage.

Il restait des âmes en haut, dans la galerie, des tas d'âmes : les Témoins. Les Témoins, c'étaient ce que ces goujats de psychiatres se plaisaient à appeler des « personnalités alternantes » – des âmes fabriquées suite à un traumatisme ou des sévices. Personnifications vivantes de souvenirs douloureux, elles s'apparentaient à de petits enfants ; pour la plupart, c'étaient des sosies de Jake. Mais elles n'avaient pas la profondeur de Jake, n'étant en général sorties qu'une fois, à l'horrible occasion qui les avait créées. Elles avaient le

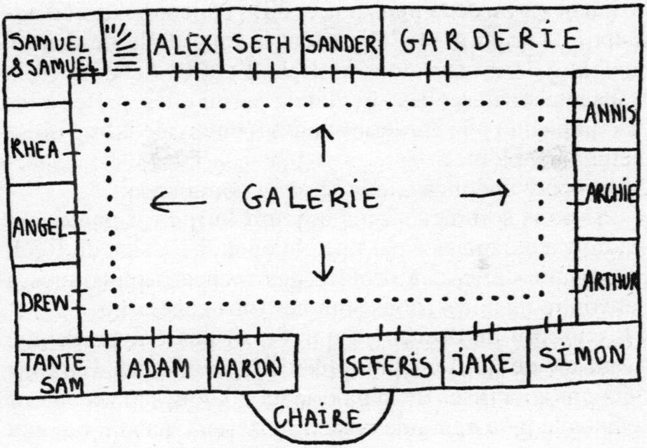


PREMIER ÉTAGE

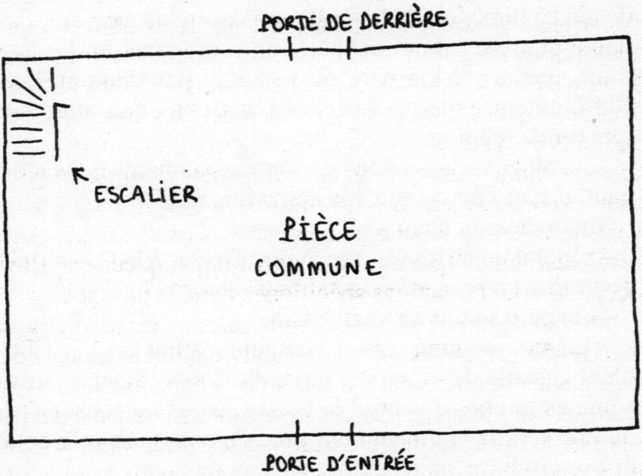


REZ-DE-CHAUSSÉE

regard triste et parlaient rarement. Il était peu probable qu'elles aient des suggestions à faire, mais, comme elles faisaient partie de la maisonnée, elles étaient en droit d'assister à la réunion et s'alignaient le long de la rambarde, dans la galerie, certaines assises, d'autres debout. Trois assistantes maternelles circulaient parmi elles, prêtes à les raccompagner à la garderie si elles s'ennuyaient trop ou se mettaient à pleurer.

Mon père annonça que la réunion commençait.

– Si nous sommes réunis aujourd'hui, c'est parce que Andrew a été menacé par une collègue, à l'Usine du Réel. Et puisque celle-ci a proféré des menaces physiques à l'encontre du corps, nous sommes tous concernés...

Il entreprit de décrire ce qui s'était passé avec Penny. Avant même qu'il ait fini, plus de la moitié des Témoins s'étaient volatilisés de la galerie, et quelques âmes autour de la table piquaient une crise d'hystérie. Quand il raconta la course-poursuite avec la Buick et la protectrice, Annis se colla les mains aux oreilles et regagna sa chambre en courant. Quelques instants plus tard, ce fut Arthur qui détala en direction de la forêt par la porte de derrière, sans doute pour se calmer les nerfs en saccageant un bosquet d'arbrisseaux. Mon père ne se laissa pas démonter par l'affolement général, de telles réactions étant attendues lors d'une réunion.

– ... alors voilà où nous en sommes, conclut-il. Maintenant, il faut voir ce que nous pouvons faire...

Simon leva la main.

– Quel danger représente Penny Driver ? Est-ce qu'elle pourrait s'en prendre pour de bon au corps ?

Mon père se tourna vers Adam.

– L'âme que nous avons vue aujourd'hui est véritablement capable de violence, répondit Adam. Seferis et moi sommes tombés d'accord là-dessus. Nous ne pensons pas qu'elle veuille vraiment nous faire du mal, mais cela pourrait se produire, au cours d'une crise de rage.

– Eh bien, dans ce cas, continua Simon, en me regardant droit dans les yeux, il faut que *quelqu'un* appelle la police. Nous ne pouvons tolérer le moindre risque de violence.

Les âmes assemblées autour de la table émirent un murmure d'assentiment.

– Andrew ? demanda mon père.

– Je ne pense pas que nous devrions appeler la police, dis-je, décontenancé par sa proposition. Bien sûr, je reconnais que ce qui s'est passé aujourd'hui est contrariant, mais je pense qu'Adam a raison, elle n'avait pas l'intention de nous faire du mal. À mon avis... c'est plutôt un appel à l'aide. Il n'est pas question de nous attaquer, ni de nous culpabiliser. Les âmes de Penny crient au secours. Pour une raison ou une autre, elles sont convaincues que nous pouvons venir à leur rescousse, et elles réclament désespérément notre aide.

– Mais ça ne justifie pas les menaces ! cria Simon. Ni les rodéos en voiture !

– Nous aussi, on a eu besoin d'aide, lui rappelai-je. Tu ne vas pas prétendre qu'on n'a jamais fiché la trouille aux autres, à force de les harceler ?

– Qu'est-ce que tu insinues, Andrew ? demanda mon père. Penses-tu qu'il faudrait que nous fermions les yeux sur le... désespoir... de Penny et qu'on lui vienne en aide ?

– Eh bien...

– Parce que tu n'as pas agi comme tu le souhaitais. Tu te comportais comme si tu ne voulais rien avoir à faire avec cette histoire.

– Je sais. Mais peut-être... peut-être que, pour être justes, il faudrait l'aider, ne serait-ce qu'en lui donnant des pistes...

– MENTEUR ! beugla Adam, et une nouvelle douzaine de Témoins détalèrent comme des lapins. "Peut-être que pour être justes...", parodia-t-il. Il ne s'agit pas d'être justes, ni gentils – en vérité, tu t'en tamponnes le coquillard, de Penny. Ce qui compte, c'est *Julie*...

– Oh là là, geignit Simon, encore elle.

– Il n'est pas seulement question de Julie, protestai-je. Sincèrement, je pense que...

– Il n'est pas *seulement* question de Julie ! Alors, tu reconnais que...

– Adam ! Andrew ! cria mon père. Cessez tout de suite...

– J'ai une idée, intervint Tante Sam.

Sa voix posée s'éleva au-dessus du grabuge, nous rabattant le caquet.

– Je pense, continua-t-elle, que nous devrions aller voir le docteur Grey.

Jake, qui n'avait cessé de remuer sur son siège pendant toute la discussion tant il était mal à l'aise, se ranima soudain et s'écria :

– Oh, oui ! Allons voir le docteur Grey !

Mais l'idée n'enchantait pas mon père.

– Le docteur Grey a pris sa retraite, rappela-t-il à Tante Sam. Elle est malade.

– Elle n'est pas morte, que je sache, répliqua Tante Sam. De toute façon, cela fait longtemps que nous aurions dû lui rendre visite, ne serait-ce que par courtoisie – ça fait plus d'un an qu'on ne l'a pas vue. Je suis certaine qu'elle serait heureuse de nous donner quelques conseils. Et peut-être aurait-elle même envie de rencontrer Penny en personne.

– C'est tout à fait déplacé. Ça ne se fait pas, de débarquer chez les gens pour leur demander…

– Moi, je trouve que c'est une excellente idée, dis-je. De lui rendre visite, je veux dire. Tante Sam a raison, elle pourrait nous donner des conseils. Et puis, c'est la mieux placée…

– Andrew…

– On pourrait y aller demain. On pourrait lui téléphoner ce soir, pour voir si elle est libre.

– Demain, c'est vendredi, dit mon père. Tu dois aller travailler.

– À quoi bon aller à l'Usine si je dois passer la journée à jouer à cache-cache avec Penny ? Julie ne m'en voudra pas si je prends un jour de congé – en tout cas, certainement pas si on lui explique qu'on veut aider Penny.

– Cette idée ne me plaît pas, insista mon père. Je…

À l'autre bout de la table, Drew s'exclama soudain :

– Si on va voir le docteur Grey, demain, on pourra s'arrêter à l'aquarium, sur le chemin du retour ?

– Ooh, s'écria Jake en bondissant sur sa chaise. Et à

Magic Mouse, le magasin de jouets ? Il est presque sur la route !

C'était la porte ouverte pour que la moitié des âmes fassent des suggestions d'excursion, et mon père dut taire ses réserves quant à la visite au docteur Grey, le temps de les rejeter les unes après les autres. Lorsqu'il eut fini son tour de table, l'idée de la visite s'était imposée d'elle-même.

– Très bien, céda mon père. Très bien. Nous irons chez le docteur Grey.

– Et peut-être à Magic Mouse, s'entêta Jake.

La réunion s'acheva peu de temps après. Alors que je reprenais possession du corps, Mrs Winslow frappa à la porte de ma chambre.

– Andrew ?

– Oui, Mrs Winslow ?

Je m'assis, raide comme un piquet, et jetai un coup d'œil au réveil posé sur la table de nuit : il était presque 17 heures.

– Quelqu'un te demande au téléphone, dit Mrs Winslow.

– C'est Julie ?

– Non, Julie a téléphoné tout à l'heure, mais je lui ai dit que tu n'étais pas disponible. Cette personne refuse de donner son nom, mais elle tient absolument à te parler.

Oh oh…

– Andrew ? Veux-tu que je lui dise de rappeler plus tard ?

– Non, dis-je en posant les pieds à terre. Non, je m'en occupe.

Je rejoignis le salon.

– Je suis désolé. J'espère qu'elle ne vous a pas dit des horreurs…

– Elle a un vocabulaire fleuri, admit Mrs Winslow, mais je connaissais déjà toutes les expressions…

Le téléphone était posé sur le guéridon, dans le couloir. Au-dessus, sur le mur, figurait une liste comportant tous les numéros d'urgence : centre antipoison, urgences, pompiers, police, FBI.

Je décrochai le combiné.

– Allô ? dis-je.

Pas de réponse. Mais il y avait quelqu'un en ligne.

– Allô ?

J'entendais une respiration, maintenant. Je me mis en colère.

– Qui est à l'appareil ? Comment vous appelez-vous ?

– *Enculé*, siffla l'anonyme, avant de raccrocher.

Je reposai le combiné. Mrs Winslow, postée dans l'embrasure de la porte de la cuisine, tendait l'oreille. Elle fit quelques pas pour venir me rejoindre.

– Andrew ? dit-elle en désignant la liste de numéros. Est-ce qu'il faut que tu téléphones ?

– Oui, répondis-je, mais pas à la police. Au docteur Grey.

– Oh… alors attends un instant, je crois bien que j'ai son numéro dans mon carnet d'adresses, là-haut…

– C'est bon, dis-je en saisissant à nouveau le combiné. Je parie que mon père s'en souvient.

# 8

Le lendemain matin, je remontais Olympic Avenue pour me rendre chez Julie, sous une bruine tenace, mais cela ne me dérangeait pas. J'avais pris un parapluie, et l'air humide et froid qui me fouettait les joues me tenait éveillé. Il était 5 h 45, ou à peu près.

Ce n'était pas seulement à cause de l'heure matinale que je bâillais. Les âmes de Penny avaient encore appelé deux fois la nuit précédente, d'abord aux alentours de 21 heures, puis après minuit. Le premier coup de téléphone, celui de 21 heures, provenait de Fil ; Mrs Winslow avait décroché et était venue me chercher en me demandant :

– Connais-tu quelqu'un qui s'appelle "F" ?

Lorsque je pris le combiné, Fil eut à peine le temps de balbutier « Mr Gage ? » avant de se faire évincer par la protectrice mal embouchée qui, m'ayant crevé les tympans en m'accablant d'insultes et de menaces, me raccrocha au nez sans me laisser la chance d'en placer une.

Je décrochai lorsqu'il sonna après minuit, et compris dès la première syllabe que j'avais affaire à Mal Embouchée. Par chance, c'était moi qui avais réceptionné l'appel, et non Mrs Winslow. En effet, comme j'avais du mal à trouver le sommeil, j'avais décidé d'aller me préparer un verre de lait chaud dans la cuisine. Le téléphone sonna alors que j'étais déjà dans le couloir ; je répondis dès la première sonnerie. Lorsque j'approchai le combiné de mon oreille, j'entendis « va te faire enculer sale con », et raccrochai immédiatement. Après avoir compté jusqu'à quinze afin de m'assurer que la communication était coupée, je le débranchai pour la nuit. Mais du coup, le lait chaud ne me fut pas d'un grand secours.

Heureusement, l'unique coup de téléphone que je passai ce soir-là porta ses fruits. Je n'eus pas de difficulté à joindre le docteur Grey, qui me dit qu'elle se réjouissait de me voir. Au téléphone, elle avait l'air en forme : sa voix semblait assurée, il fallait tendre l'oreille pour surprendre de vagues bredouillements.

Je songeai également à appeler Julie, pour la prévenir que je n'irais pas travailler, mais je me dis que cela nécessiterait sans doute davantage d'explications et je n'étais vraiment pas d'humeur. Alors je préférai me lever plus tôt pour lui laisser un petit mot avant de partir. Bien sûr, c'était aussi une excuse pour passer chez elle – et, d'après Adam, ma seule motivation.

Au cours de la première année qui avait suivi notre rencontre – ma première année de vie –, je rendais fréquemment visite à Julie, passant souvent plusieurs heures chez elle après le travail. Au bout d'un moment ces visites devinrent quotidiennes – on aurait dit que je vivais chez elle ; je possédais même un jeu de ses clés – au point que Julie et moi envisageâmes de devenir colocataires pour de bon. Pourtant cette situation ne dura pas ; pendant longtemps, je n'eus plus le droit de me rendre à l'appartement de Julie, mais je continuais à la voir tous les jours au travail. Puis, lorsque l'interdiction se leva et que je regagnai mon droit de visite, ce ne fut plus jamais pareil. Ayant déjà trop usé de son sens de l'hospitalité, j'avais peur d'en abuser une fois pour toutes et ne parvenais jamais à me détendre, même lorsque Julie insistait pour m'inviter.

Ensuite, cela devint bizarre. Sans doute pensez-vous que l'idée même de rendre visite à quelqu'un implique de passer du temps avec votre hôte, n'est-ce pas ? En tout cas, c'est ce qu'il me semblait. Pourtant, j'avais beau adorer me rendre dans l'appartement de Julie, je ne m'y sentais vraiment à l'aise que lorsqu'elle n'y était pas. Comme la fois où, trois mois plus tôt, elle était partie une semaine en vacances et m'avait demandé de venir m'occuper de ses plantes : chaque jour, après les avoir arrosées, je passais un moment dans la chambre de Julie, et je me sentais heureux. Ce qui n'avait aucun sens car la chambre de Julie, lorsque celle-ci ne s'y trouve pas, n'est qu'une pièce vide. Mais j'étais tout de même heureux d'y être, parce que cela me rappelait l'époque où Julie et moi avions failli devenir colocataires. L'époque où mes visites étaient anodines, où je n'avais pas à craindre d'abuser de son hospitalité.

Peut-être qu'Adam avait raison, après tout : peut-être que si j'avais décidé de laisser un mot à Julie, c'était uniquement pour avoir l'occasion de passer le déposer chez elle tandis qu'elle dormirait encore, et lui rendre une petite visite sans avoir le sentiment de lui imposer ma présence.

L'appartement de Julie était en fait le grenier restauré d'une maison de trois étages. Pour s'y rendre, il fallait s'armer de courage et monter par la façade extérieure, en empruntant une sorte d'escalier de secours en bois, fixé de façon précaire au bâtiment. La porte en haut de l'escalier n'avait plus de poignée ; cela faisait désormais plus de six mois qu'elle avait disparu, et bien que Julie parle sans cesse de la remplacer, elle n'était parvenue pour l'instant qu'à passer une corde dans le trou et faire un nœud de chaque côté. Une boîte à lettres en fer-blanc ornait l'autre côté de la porte. J'aurais pu glisser mon petit mot à l'intérieur, mais je songeai que Julie risquait de ne pas le trouver – après tout, elle n'avait aucune raison d'aller prendre son courrier au saut du lit. Mieux valait le glisser sous sa porte.

Je grimpai l'escalier qui craquait et crissait à chaque marche. Une fois arrivé au sommet, j'éprouvai un soulagement qui ne dura pas. Il y avait un trou de cinq centimètres entre le palier et la porte du grenier, si bien que, lorsque l'on baissait les yeux, on apercevait les couvercles des poubelles du propriétaire, trois étages plus bas.

Cela dit, je n'ai pas le vertige. Je craignais surtout que les grincements de l'escalier ne réveillent Julie. Mais, depuis le palier, je n'entendais pas le moindre bruit dans son appartement. Je décidai d'attendre encore un peu et, ce faisant, me laissai aller aux agréables souvenirs de cette journée d'hiver où Julie et moi avions fait connaissance, et transporté un sapin de Noël sur ce même escalier, et...

– Oooh, gémit Adam, en chaire. Oooh, chérie... oh, oui... oh, oui, c'est ça !... ooooohh...

– Adam ! le réprimandai-je. La ferme, Adam !
– Ooh, chérie… oh, oh, oh, *oh*… oui… *oui*… *OUI !*
– Arrête, Adam !
– J'arrêterai quand toi, tu arrêteras. Cesse de rêvasser devant sa porte, et laisse ton fichu mot.
– D'accord, d'accord…
Je m'accroupis, tendant la main pour glisser la feuille sous sa porte. Puis, au lieu de me lever, je me baissai encore, plaquai mes mains au sol et inclinai la tête pour que mon œil droit puisse voir sous la fente de la porte. J'apercevais mon petit mot, en sécurité de l'autre côté, et les contours poilus d'un paillasson, une paire de bottes appartenant à Julie, et…
La voix de mon père retentit :
– *Andrew.*
– D'accord, dis-je, d'accord.
Je me relevai, et m'en allai.
Je pris le car de 6 h 05 pour Seattle. Entre les bouchons et les nombreux arrêts, il me fallut presque une heure pour arriver en ville. Légèrement barbouillé après le trajet en bus, j'ouvris mon parapluie et partis me promener autour de Pioneer Square avant de me diriger vers les quais. La moitié des âmes au moins – me semblait-il – avaient dû se précipiter en chaire pour profiter de la vue ; je ne fus pas à court d'idées pour faire du lèche-vitrines.
À 7 h 50 je montai à bord du ferry pour me rendre à Bainbridge Island. La traversée dure environ trente-cinq minutes ; les circonstances étaient exceptionnelles et les ennuis que l'on peut s'attirer en bateau limités, et mon père dérogea donc au règlement intérieur en acceptant que Seferis, Tante Sam, Simon, Drew et Alexander passent chacun cinq minutes dans le corps. Drew et Alexander furent ravis de parcourir le navire et d'observer le détroit de Puget par les hublots. Seferis, qui avait manqué sa séance d'exercices quotidienne, alla sur le pont pour faire ses pompes. Tante Sam opta pour le bar du ferry et essaya de taxer une cigarette au serveur – elle serait peut-être parvenue à ses fins si mon père, du haut de sa chaire, ne l'avait pas tenue à l'œil. Puis ce fut le tour de Simon.

Nous étions presque arrivés sur l'île et, malgré le crachin entêtant, Simon décida de se rendre sur le pont – sans parapluie – pour observer l'amarrage.

Trempé jusqu'aux os et frissonnant, je débarquai. Je longeai quelques blocs pour me rendre au restaurant La Frégate, où nous prîmes le petit déjeuner. Ce fut bien moins efficace, et beaucoup plus coûteux, que chez Mrs Winslow : je commandai deux entrées, quatre plats, et trois boissons. Bien entendu, presque toute la nourriture resta sur les assiettes ; cela dit, lorsque nous eûmes terminé, j'étais plus que rassasié.

Il était désormais 9 h 20. Je remontai la rue en direction d'une galerie marchande, et autorisai Adam et Jake à faire l'un après l'autre une partie de jeu vidéo à un dollar. Le soleil apparut pendant qu'Adam terminait Mortal Kombat. Dès qu'il eut décapité son dernier adversaire, nous partîmes faire un peu de lèche-vitrines.

Finalement, à 10 heures, je pris un nouveau bus, pour Poulsbo, une ville au-dessus de Liberty Bay où vivait le docteur Grey, et où, avant qu'elle fasse son attaque, elle recevait ses patients. Après un saut chez le fleuriste pour lui acheter un bouquet de marguerites, je me retrouvai à 11 h 05 tapantes devant sa maison.

Je comprends qu'un tel trajet s'apparente à un parcours du combattant. Pourtant mon père, à une époque, faisait régulièrement le voyage – au moins une fois par semaine, parfois deux fois lorsqu'il trouvait une niche dans son emploi du temps. Il n'avait pas le choix.

D'après les statistiques, un patient atteint de troubles de la personnalité multiple rencontre environ huit psychiatres avant qu'un diagnostic juste soit posé. Et à ce stade, il n'est parfois qu'à mi-chemin car, même lorsque le diagnostic est bon, il arrive qu'il lui faille voir encore huit autres psychiatres avant de trouver celui qui pourra le soigner correctement.

La métaphore classique pour parler d'un patient souffrant de troubles de la personnalité multiple (ou « troubles dissociatifs de l'identité », comme on dit maintenant) est celle du vase cassé. Cette métaphore implique une solution évidente : ramasser les morceaux, prendre de la colle, et recoller le vase. Ou bien, en termes humains : identifier les morceaux et fragments de la personnalité originelle, utiliser une colle faite à base de thérapie par la parole, l'hypnose, les médicaments, pour reformer un tout unifié et unique. Vous savez, comme dans *Sybil*[1].

Le seul problème, avec ce scénario, c'est que la métaphore ne tient pas la route. Il est tout à fait possible de casser un vase, l'enterrer, le laisser sous terre pendant vingt ans, puis de le déterrer et le recoller nickel. C'est possible parce qu'un vase n'est, par définition, pas un objet vivant, et ses morceaux sont inertes. Mais les âmes ne sont pas en porcelaine. Elles sont vivantes et, comme toute chose vivante, changeantes ; elles continuent à changer même après avoir été réduites en morceaux.

Alors oublions le vase ; préférons-lui l'image d'un rosier dévasté par la tempête. Les branches s'éparpillent partout dans le jardin, mais elles ne se contentent pas de joncher l'herbe, elles reprennent racine, tentent de croître, chose malaisée maintenant qu'elles sont en concurrence avec d'autres branches qui, elles aussi, recherchent de la place et de la lumière. Pourtant, elles y parviennent – la plupart d'entre elles, en tout cas – et, dix ou vingt ans après la tempête, il n'y a plus seulement un plant, mais une foule de rosiers. Certains sont vilainement rabougris ; peut-être même sont-ils tous plus petits que ce qu'ils auraient été s'ils avaient eu un jardin pour eux tout seuls. Mais ils représentent bien plus, beaucoup plus qu'un simple ensemble de pièces de puzzle.

La solution induite par la métaphore du vase cassé ne fonctionne pas avec la métaphore du rosier. Pour transformer tout un jardin d'églantines en un unique rosier, rien ne sert de coller, il faut élaguer, déraciner, balancer tout à la fois, et, lorsque c'est fini, on n'obtient pas le rosier d'origine, mais un avatar monstrueux. Et l'on ne parvient

1. *Sybil*, de Flora Rheta Schreiber (J'ai Lu, 1979). Roman écrit d'après l'un des premiers cas connus de troubles de la personnalité multiple, celui de Sybil Dorsett.

pas toujours à ce stade : souvent les sauvageons ne se laissent pas greffer de bonne grâce.

Mon père apprit tout cela à ses dépens. Le docteur Kroft, psychiatre à Ann Arbor, dans le Michigan, ayant diagnostiqué le TPM en 1987, croyait dur comme fer à la métaphore du vase cassé. Pendant quatre ans, ils se sont escrimés à faire fusionner mon père et les autres âmes qui logeaient dans la tête d'Andy Gage. Les seules réintégrations à peu près satisfaisantes furent celles des Témoins. En abréagissant – en revivant mentalement – la phase de mauvais traitements qui avait constitué la genèse d'un nouveau Témoin, mon père parvenait parfois à se réapproprier les souvenirs de ce témoin, et ainsi à l'absorber. Mais ce processus était extrêmement traumatisant et ne marchait pas toujours. Quant aux tentatives d'absorption d'âmes plus complexes, comme celles de Simon ou Drew, non seulement elles avaient lamentablement échoué, mais en plus elles avaient entraîné des périodes de chaos et de trous noirs.

Suite à un de ces épisodes chaotiques, mon père se retrouva en observation dans une cellule capitonnée de l'hôpital psychiatrique d'Ann Arbor, et c'est alors qu'il songea pour la première fois que les méthodes du docteur Kroft n'étaient peut-être pas les bonnes. À sa sortie de l'hôpital, mon père eut une longue discussion avec le docteur Kroft au cours de laquelle il voulut envisager un autre traitement. Le docteur Kroft lui certifia qu'il n'y avait pas d'alternative : la réintégration était la seule solution, point à la ligne. Mon père, perdant son sang-froid, s'écria que cette « fixation » du docteur Kroft sur la réintégration était de la pure projection.

C'était odieux. Le docteur Kroft était unijambiste. Champion de football de son université, il avait perdu une jambe suite à un accident de voiture advenu alors qu'il conduisait en état d'ivresse ; mon père insinuait que ses méthodes de traitement du TPM lui permettaient de sublimer le fait qu'il ne pourrait jamais recouvrer son intégrité. Mon père admettrait plus tard qu'il était impardonnable d'avoir proféré de si grossières allégations, quel qu'ait été son degré de contrariété. Le docteur Kroft devait partager cet avis car il lui fit payer son impertinence en le renvoyant dans sa cellule capitonnée.

Lorsque mon père sortit de l'hôpital pour la deuxième fois, il décida de quitter le Michigan. Ayant entendu dire que la côte Ouest était à la pointe pour le traitement des maladies mentales, il déménagea à Seattle où il trouva effectivement des tas de psychiatres « d'avant-garde ». Il rencontra la plupart d'entre eux.

Il y avait le docteur Minor, qui pensait que la majorité des cas de troubles de la personnalité multiple résultaient non de sévices ordinaires, infligés pendant l'enfance, mais de sévices *rituels* perpétrés par des sectes sataniques qui fomentaient de noirs desseins dans toute la nation. Il y avait le docteur Bruno, qui prônait le retour à la vie antérieure. Il y avait le docteur Whitney qui, outre son activité de médecin, avait pour marotte d'animer un groupe de discussion pour personnes ayant été violées ou agressées par des extraterrestres. Et puis il y avait le docteur Leopold, qui conseillait d'adjoindre à la thérapie une approche plus procédurière.

– Portez plainte contre vos parents, avait-il conseillé à mon père lors de la première séance. Vous ne parviendrez pas à revaloriser votre ego tant que vous n'aurez pas fait payer les salauds qui vous ont mis dans cet état.

Ces éminents savants avaient une chose en commun : ils étaient partisans de la métaphore du vase cassé. Qu'ils croient que les troubles étaient le fait d'adorateurs de Satan ou la conséquence de sévices subis dans une autre vie, tous tombaient d'accord sur le fait qu'Andy Gage ne serait pas guéri tant qu'il n'aurait pas retrouvé l'intégrité de son âme unifiée. Le docteur Whitney, spécialiste des traumatismes post-viol interplanétaire, parlait en ces termes :

– Évidemment qu'il faut que vous réintégriez ! Vous ne voulez pas être normal ?

Mon père commençait à être à bout d'arguments lorsque, une journée de printemps, en 1992, il passa à la bibliothèque de Seattle et découvrit un livre intitulé *Guide pratique pour apprendre à vivre en souffrant de troubles de la personnalité multiple*. Le *Guide*, signé par le docteur Danielle Grey (un écrivain du coin, d'après ce qu'annonçait le bandeau de couverture), abordait les troubles de la personnalité multiple comme un état qu'il faut apprendre à gérer plutôt qu'une maladie à guérir. « La première difficulté rencontrée par les personnes atteintes de troubles de la personnalité multiple, écrivait le docteur Grey dans sa préface, n'est pas due à leur anormalité, mais au fait qu'ils fonctionnent tout à fait normalement. Avoir une personnalité multiple, en soi, n'est pas une chose plus handicapante que d'être gaucher. Les trous noirs, l'incapacité de garder son travail ou son domicile, la nécessité d'établir des listes pour arriver à vivre au quotidien – voilà les handicaps. Mais ce sont des handicaps qu'une maisonnée bien organisée, même si elle abrite de multiples personnalités, peut apprendre à combattre grâce à la concertation. »

Bien que le docteur Grey se garde de dire que la réintégration n'était pas un objectif adapté aux troubles de la personnalité multiple, elle ne cachait pas que ce n'était pas pour elle une priorité. L'important, c'était d'éliminer la confusion qui naissait à cause des changements inopinés de personnalité : d'imposer l'ordre. Qu'il y ait au final une âme, ou dix, ou cent – ce n'était qu'un problème accessoire.

Ce serait une litote de dire que les idées du docteur Grey avaient été fraîchement reçues par ses pairs. Mais le *Guide* fut une vraie bénédiction pour mon père, qui serait allé bien plus loin que jusqu'à Poulsbo pour avoir la chance de rencontrer le docteur Grey en personne.

Le docteur Grey vivait dans une maison à deux étages qu'elle avait, curieusement, conçue et bâtie elle-même. Je frappai à la porte et la compagne du docteur Grey, Meredith, vint m'ouvrir. Elle me complimenta pour mon choix de fleurs, et m'invita à patienter dans le petit salon de l'entrée.

– Danny n'est pas encore tout à fait prête. Elle sera là d'ici quelques minutes.

Meredith prit les marguerites pour les mettre dans un vase ; je rejoignis le petit salon. C'était la pièce où le docteur Grey recevait jadis ses patients et où elle avait pour la première fois suggéré à mon père d'élaborer un paysage dans la tête d'Andy Gage. Le salon était vaste et clair, avec des luminaires anciens, une cheminée au gaz, et de grandes baies vitrées dont on pouvait déplier les fins rideaux ou refermer les volets, selon l'humeur du patient.

Une table basse en chêne, posée sur un tapis, occupait le centre de la pièce, entourée, en vrac, d'un fauteuil rembourré et son tabouret pour les pieds, d'une chaise en bois, d'un fauteuil à bascule avec coussinets, et d'un confortable divan, suffisamment large pour que l'on puisse s'étendre dessus. Deux livres se trouvaient sur la table basse. Il y avait le *Guide* du docteur Grey. L'autre ouvrage, que je ne reconnus pas, avait pour illustration de couverture un miroir brisé. Les morceaux du miroir étaient imprimés sur un papier brillant, très réfléchissant, et, lorsqu'on prenait le livre pour observer la couverture, on y découvrait les éclats de son propre visage. Le livre était intitulé *De l'autre côté d'une âme fragmentée*, et signé par le docteur Thomas Minor.

– Merde alors, s'écria mon père, du haut de sa chaire. Cette saloperie…

Je n'arrivais pas à savoir s'il se référait au livre ou à son auteur.

– Ce docteur Minor, c'est le psychiatre que tu voyais ? demandai-je.

– Oui. Ce livre est épuisé, Dieu merci.

– Il a l'air neuf, observai-je.

J'ouvris le livre au premier chapitre, et choisis un paragraphe au hasard.

*Le diagnostic que je posai d'emblée sur Theo était le suivant : c'était une névrosée tout ce qu'il y a de plus typique, une pauvre petite fille riche gâtée-pourrie qui, après avoir dilapidé plusieurs milliers de dollars puisés dans la cagnotte parentale pour sa thérapie, se lasserait de la psychanalyse et se déciderait enfin – mieux vaut tard que jamais – à grandir un peu et à affronter la vie, comme nous le faisons tous. Telle était ma prédiction pour l'avenir ; mais pour l'instant, c'était une vraie chieuse.*

Je n'en croyais pas mes yeux.

– Et cet homme est un psychiatre ?

– Encore tu n'as pas tout vu, me certifia mon père. C'était son premier livre, celui qu'il a écrit avant de découvrir la conspiration satanique.

De l'autre côté du salon, j'entendais le vrombissement d'un moteur : le monte-charge qui transportait le fauteuil roulant du docteur Grey au rez-de-chaussée. Un bruit sourd, quelques instants plus tard, indiqua que le monte-charge s'était bloqué ; il y eut un bref silence, un grognement prolongé, un cliquetis, puis me parvint la voix du docteur Grey qui s'exclama : « Et merde ! » J'entendis quelqu'un accourir du fond de la maison, et Meredith qui demanda :

– La porte s'est encore coincée ?

Alors leurs deux voix :

– Je peux très bien m'en sortir toute…

– Laisse-moi donc…

– Merde, Meredith !

– Danny, lâche le…

– Ça va, ça va !

– Recule un peu pour que je…

– Dépêche-toi !

Puis il y eut un nouveau cliquetis, et le docteur Grey grommela :

– Bon, ça va, pousse-toi.

Un autre moteur, plus léger, se mit à ronronner, le fauteuil du docteur Grey pénétra gracieusement dans le salon.

– Andrew !

Le docteur Grey me salua, et je feignis la surprise, comme si je ne l'avais pas entendue arriver.

En fait, mon étonnement n'était pas que feint : son apparence était surprenante. Comme je l'ai dit plus haut, elle avait une voix assurée, claire, et ses yeux brillaient encore de malice, mais elle avait perdu beaucoup de poids – me penchant pour la serrer dans mes bras, je découvris qu'elle n'avait plus que la peau sur les os. Et elle avait vieilli ; je ne l'avais pas vue depuis un an, mais elle semblait en avoir dix de plus, elle s'était ridée et ses cheveux jadis châtains avaient pris la couleur de son nom.

– Ah, s'exclama le docteur Grey alors que je me relevais après l'avoir embrassée, vous avez trouvé les gribouillis de Minor.

– Oh, oui, dis-je en jetant un coup d'œil au livre que je tenais toujours à la main. Mon père croyait qu'il était épuisé.

– C'était le cas, il a été réimprimé. C'est un service de presse que Minor m'a fait envoyer. Pour se faire mousser.

– Oh... Quel goujat.

– Mmph, grogna le docteur Grey pour marquer sa désapprobation. Enfin, asseyez-vous !

Elle désigna le divan.

– Asseyez-vous, mettez-vous à l'aise. Que je dise bonjour à toute la famille.

– D'accord.

Je m'installai sur le divan puis remontai en chaire pour que les autres puissent venir la saluer. Je m'attendais à sa requête, une pure politesse, mais soudain je regrettai, égoïstement, d'avoir à en passer par là. Il me tardait de pouvoir parler de Penny au docteur Grey, et j'avais peur que les autres ne l'épuisent avant même que j'aie l'occasion de m'entretenir avec elle. Ma dernière visite avait été abrégée car le docteur Grey s'était soudain sentie à bout de forces.

Elle avait fait son attaque en janvier 1995, alors que mon père apportait la touche finale au paysage et à la maison – une coïncidence potentiellement explosive. Je ne comprenais toujours pas très bien comment mon père avait pu tenir le coup, mais je savais que la prévenance du docteur Grey y était pour beaucoup: le lendemain de son départ pour les urgences, mon père avait reçu la visite du docteur Eddington – le sympathique associé du docteur Grey, de Fremont –, venu lui annoncer la mauvaise nouvelle et lui offrir ses services en tant que thérapeute, pour qu'il supporte le traumatisme. Le docteur Eddington avait également apporté une lettre postdatée du docteur Grey qui disait, en substance: si vous êtes en train de lire ceci, c'est qu'il m'est arrivé une chose terrible ; je ne veux pas qu'il vous en arrive une à vous aussi, alors, s'il vous plaît, soyez fort et acceptez l'aide du docteur Eddington.

Mon père était fort, il acheva la maison tout seul et me convoqua, exactement comme prévu ; en tout cas c'était la version officielle. Pendant ce temps, le docteur Grey passa plusieurs mois clouée au lit ; la première fois que je la rencontrai, une semaine après ma naissance, elle avait encore beaucoup de difficultés à énoncer plusieurs phrases d'affilée, et bien qu'elle ait fait ensuite des progrès considérables, il apparut assez vite qu'elle ne récupérerait jamais complètement.

Le plus désolant, avec cette attaque – outre les dégâts qu'elle avait provoqués dans le corps et l'esprit du docteur Grey –, c'est qu'elle avait affecté la relation avec mon père. C'est une chose que je ne compris jamais vraiment, et que mon père refusa de m'expliquer. D'abord, je crus qu'il lui était trop douloureux de voir sa chère amie aussi diminuée, mais le temps passant je compris que ce n'était pas le cas. Mon père n'avait jamais montré la moindre réticence à rendre visite au docteur Grey à l'hôpital, tandis qu'elle était au plus mal. Ce ne fut que bien après sa sortie qu'il sembla aller la voir ou lui téléphoner à contrecœur – de plus en plus à contrecœur, alors même qu'elle recouvrait la possibilité de mener de vraies conversations. Selon moi, ses réticences étaient le fruit d'un mélange de culpabilité et de peur : culpabilité car, en tant que patient, il avait peur d'être responsable d'un surmenage qui aurait provoqué l'attaque ; et peur qu'en tant qu'ex-patient il ne puisse, même dans le cadre d'une visite amicale, lui en causer une nouvelle.

Et même là, il restait sur son quant-à-soi : au lieu de se précipiter en premier pour lui dire bonjour, mon père laissa passer toutes les âmes devant lui. Lorsque son tour arriva, il s'en tint aux plus brèves salutations et – cela faisait mal à voir – à une politesse quasiment dénuée d'émotions. Quand le docteur Grey suggéra qu'il quitte la chaire pour venir bavarder avec elle, mon père botta en touche, prétextant qu'il ne voulait pas la fatiguer. Alors que j'aurais dû m'en féliciter, j'étais déçu. Le docteur Grey, elle aussi, fit la moue et sembla sur le point d'insister pour le voir un moment en tête-à-tête, mais elle n'en eut pas l'occasion ; Meredith entra dans le salon, portant un plateau couvert de friandises, et mon père profita de la distraction pour me rendre le corps.

– Écoutez, Aaron, insistait le docteur Grey tandis que Meredith faisait de la place sur la table pour y déposer le plateau.

– Euh, je suis désolé, il est rentré.

– Merde ! Dites-lui que je…

– Tu as vu comme elles sont belles ? demanda Meredith en brandissant le vase posé sur le plateau.

– Hein ! ? aboya le docteur Grey.

Puis, voyant les marguerites, elle se radoucit.

– Oui, dit-elle, oui, elles sont très belles.

Elle me lança un regard.

– C'est vous qui les avez apportées ?

Je fis oui de la tête.

– C'est très gentil. Très attentionné de votre part, Andrew.

Ses yeux allèrent vers le plateau.

– Voulez-vous un macaron, Andrew ?

– Non, merci, j'ai le ventre bien plein, en fait. Plus tard, peut-être.

– Comme vous voulez.

Elle jeta un regard appuyé à Meredith, qui attrapa une tasse sur le plateau et la remplit à l'aide d'une cafetière spéciale. Le docteur Grey avala son café d'un coup, comme s'il s'agissait d'un médicament.

– Un autre, dit-elle.

Meredith lui en servit un deuxième qu'elle avala aussi sec. Puis elle grommela « assez » et fit un signe de la main pour lui signifier de s'en aller alors qu'elle lui proposait une autre tasse. Meredith prit la tasse et quitta le salon.

– Ainsi, Andrew, commença le docteur Grey, vous m'avez dit au téléphone que vous aviez des problèmes avec une femme. Est-ce…

Elle fit une pause, fouillant dans ses souvenirs.

– … Julie ? C'est bien son nom, n'est-ce pas, Julie ?

– Oui, Julie Sivik, répondis-je. C'est ma patronne. Mais cela dit, ce n'est pas avec elle que j'ai des problèmes.

– Mais vous en aviez, n'est-ce pas ?

Son regard se brouilla tandis qu'elle fouillait dans sa mémoire.

– La dernière fois que vous êtes venu me voir ? Vous étiez obsédé par elle…

– Oui, on peut dire ça, mais…

– Elle vous menait par le bout du nez, du point de vue sentimental, puis elle avait changé d'avis, et vous aviez de réelles difficultés à l'accepter.

– Oh oui, mais ça remonte à loin. Je m'en suis remis.

– Ah !

Le docteur Grey sortit de sa rêverie, le visage illuminé.

– Parfait ! Alors qui est cette fille ?

– Elle s'appelle Penny Driver. Mais il ne s'agit pas… il ne s'agit pas d'une relation amoureuse. On est collègues, rien de plus.

Je m'interrompis, espérant un signe de compréhension de la part du docteur Grey, mais comme ses yeux ne me quittaient pas et semblaient attendre d'en savoir plus, je repris :

– Elle a commencé à travailler à l'Usine du Réel lundi dernier – Julie l'a embauchée. Et voilà que…

Je lui racontai l'histoire. Le docteur Grey était attentive, mais ne semblait pas réagir, si bien que je commençai à me demander, sans trop y croire, si elle s'était endormie les yeux grands ouverts. Mais lorsque je lui racontai comment j'avais tenu tête à Julie en l'interrogeant sur les raisons réelles du recrutement de Penny, le docteur Grey revint à la vie, hochant vigoureusement la tête.

– Très bien, dit-elle. Je vous félicite de l'avoir coincée. Vous aviez raison, c'était une mauvaise idée, surtout de tout vous mettre sur le dos comme ça…

– Eh bien, répondis-je, ragaillardi, je suis sûr que Julie ne songeait pas à mal…

– L'enfer est pavé de bonnes intentions…, dit le docteur Grey. Vous le savez sans doute déjà, mais je ne suis pas une grande adepte des bonnes intentions…

– Hmmm…
– Mais je m'égare. Pardonnez-moi. Continuez.
– Euh, eh bien, alors, le lendemain…

Pendant la deuxième partie de l'histoire, comme je décrivais les tentatives de Fil pour m'encourager à « aider Penny à se trouver », le docteur Grey intervint régulièrement, m'interrogeant sur la formulation exacte des e-mails et le comportement de Penny, Fil et de Mal Embouchée quand elles disaient ou faisaient certaines choses. Elle voulait aussi savoir tout ce que j'avais fait, mais après ses commentaires sur les bonnes intentions j'avais peur qu'elle ne trouve à redire à mes propres actes. Mais son opinion, lorsqu'elle m'en fit part, fut positive.

– Il me semble que vous vous en êtes très bien sorti, vu les circonstances.

– Euh… sauf quand j'ai perdu les pédales…

– Eh bien, c'est normal que vous ayez été un peu nerveux, surtout à cause des menaces. Mais il va falloir que vous parliez à cette fille…

– Je sais. Simplement…

– Il va aussi falloir que vous expliquiez à Julie ce qui se passe – je sais que vous ne voulez pas qu'elle soit mêlée à tout cela, mais si le comportement de Penny affecte votre travail, il faut que votre patronne soit mise au courant. Surtout si c'est elle qui a embauché Penny.

Je ne trouvai rien à répondre à cela, mais le docteur Grey se comporta comme si j'avais répondu. Elle dut apercevoir une expression sur mon visage – certes, l'attaque l'avait diminuée, mais ses intuitions restaient toujours aussi fiables.

– Si jamais la situation avec Penny venait à se détériorer encore davantage, pensez-vous qu'il soit possible que Julie vous en tienne pour responsable ?

– Eh bien, répondis-je prudemment, je ne pense pas qu'elle juge que je serais directement responsable… Mais elle pourrait tout à fait agir comme si c'était ma faute.

– Laissez-moi vous poser une autre question, alors. Tout à l'heure, vous m'avez dit que vous n'étiez plus obsédé par Julie. Comment avez-vous fait ?

– Comment ?

– Comment en êtes-vous sorti ? Si mes souvenirs sont exacts, vous étiez plutôt mal en point à cause d'elle, la dernière fois que vous êtes venu me voir. Et Dieu sait que je n'ai pas dû être d'un grand secours, à piquer du nez au beau milieu de la conversation…

– Oh, non ! répondis-je. Vous avez été d'un grand secours, en tout cas vous avez fait tout ce que vous avez pu…

– En d'autres termes, pas grand-chose, rétorqua le docteur Grey. Alors, comment avez-vous réussi à gérer vos sentiments ? Est-ce que vous avez continué à en parler avec Julie, ou bien…

– Non. Non, Julie en avait par-dessus la tête, de mes sentiments, au bout d'un moment. Je ne peux vraiment pas lui en vouloir… Je veux dire, je sais que l'amour, ce n'est pas rationnel, et qu'on n'a pas besoin d'avoir une explication rationnelle pour comprendre que deux personnes ne puissent pas être ensemble, même si l'on pourrait croire qu'elles sont faites l'une pour l'autre… mais, quoi qu'il en soit, je voulais absolument trouver une explication logique. Et Julie faisait tout son possible, elle essayait de tout m'expliquer, mais elle a fini par se lasser que je lui pose sempiternellement les mêmes questions.

– Ainsi vous ne pouviez plus parler. Comment avez-vous résolu le problème, alors ?

– J'ai… j'ai entendu des trucs.

– Qu'est-ce que vous avez entendu ?

Je baissai les yeux sur mes mains.

– Qu'est-ce que vous avez entendu ? répéta patiemment le docteur Grey.

– C'est plutôt gênant.

Le docteur Grey me lança un regard franc.

– Je vous promets de ne pas me moquer.

Je me fis violence pour lui dire, dans un soupir :

– Ça s'est passé environ une semaine après que je suis venu vous voir. Julie s'était mise à fréquenter un mec, un mécano de chez Triple A, et ça me rendait un peu dingue. Un des trucs qu'elle m'avait expliqués lorsque je lui demandais pourquoi on ne pouvait être ensemble, c'était qu'elle n'avait envie de sortir avec personne – et puis tout à coup elle a radicalement changé d'avis et a commencé à voir ce type. Alors, ce week-end-là, j'avais beau me dire qu'elle en avait marre de ressasser les mêmes choses, je me suis pointé chez elle pour qu'elle m'explique encore une fois.

– Que s'est-il passé ?

– Eh bien, j'étais devant sa porte, en train d'essayer de trouver le courage de frapper, lorsque je les ai entendus. Julie et son mécano.

– Entendus ?

– Ensemble… Vous savez…

– Ah, dit le docteur Grey.

– La chambre de Julie se situe du côté opposé à la porte d'entrée, mais c'est un petit appartement, et, euh, ils n'étaient pas discrets.

– Vous les avez donc entendus alors qu'ils étaient ensemble dans la chambre à coucher. Et puis ?

– Eh bien, j'aurais dû m'en aller.

– Oui, certainement, acquiesça le docteur Grey. Mais qu'avez-vous fait ? Vous êtes resté pour écouter ?

J'avais les joues en feu, tellement penaud que je n'osais pas lever les yeux vers elle. Je hochai la tête.

– Je n'ai pas pu m'en empêcher.

Puis, songeant que mon père écoutait probablement, j'ajoutai prestement, pour m'amender :

– Enfin, j'aurais pu m'en empêcher, bien sûr que si, mais j'ai préféré ne rien en faire.

– Et ça vous a fait quel effet, d'avoir l'oreille collée à leur porte ?

–C'était horrible. Horrible, et pas bien, mais en même temps… vous savez ce que c'est, la catharsis, n'est-ce pas ?

– Oui bien sûr, mais je pense que le terme qui convient, c'est plutôt "procuration"…

– Non, catharsis. Oui, bien sûr, j'ai d'abord un peu vécu ça par procuration… Julie avait l'air de vraiment s'éclater, et bien sûr j'aurais aimé que ça soit moi qui… moi qui la rende heureuse comme ça. Je me suis peut-être même imaginé que c'était moi, pendant un petit moment. Mais, comme ça n'arrêtait pas, à la longue c'est devenu… déchirant. Comme cette sensation, lorsque l'on pleure si violemment que le corps entier est parcouru de tremblements – simplement, je ne pleurais pas, et je ne tremblais pas non plus. Et une fois que ça s'est arrêté, qu'ils ont enfin terminé et que je m'en suis allé, je me suis senti complètement lessivé : dans les vapes, épuisé, presque fiévreux – mais en même temps, bizarrement, je me sentais mieux.

« Je me souviens d'avoir pensé : "C'est peut-être pour ça que vous ne pouvez pas être ensemble." J'avais peut-être beau vouloir la rendre… heureuse… comme ça, je n'en étais peut-être pas capable, et Julie le savait peut-être, et c'est pour ça qu'elle avait préféré le mécano. Alors je suis rentré chez moi en pensant à ça, et je me suis couché tôt ce soir-là, j'ai dormi d'un sommeil de plomb, et lorsque je me suis réveillé, le lendemain, j'avais accepté : j'avais accepté le fait que Julie et moi ne formerions jamais un couple. Le sentimentalisme obsessionnel, le besoin d'explications, tout s'était volatilisé.

– Éliminé, dit le docteur Grey.

– Oui.

– Ou refoulé, ajouta-t-elle. Ou partagé.

– Partagé… non ! protestai-je.

C'était une grave accusation.

– Je ne partage jamais rien ! Je n'ai jamais perdu le fil du temps, ne serait-ce qu'une seule seconde !

– Mais vous disiez que vous aviez sombré dans un sommeil de plomb, cette nuit-là…

– Je parlais de sommeil, pas de trou noir ! En plus, si j'avais perdu le fil du temps, quelqu'un s'en serait rendu compte, dans la maison.

– Alors parfait, tant mieux, ajouta le docteur Grey. Pas de trou noir. Mais il me semble toutefois que vos sentiments vis-à-vis de Julie ne sont peut-être pas aussi maîtrisés que ce que vous voudriez bien croire. Et mieux vaudrait ne pas l'oublier, ne serait-ce que pour éviter qu'ils interfèrent avec ceux que vous éprouvez envers Penny. Ce n'est pas du gâteau d'avoir affaire à un individu atteint de troubles de la personnalité multiple, même lorsque vos motivations sont claires comme de l'eau de roche.

– Et alors, pour Penny ? demandai-je, pressé de changer de sujet. Qu'est-ce que je dois faire ?

– Pour commencer, il faut aller lui parler. Vous entretenir avec la médiatrice, quel est son nom déjà ?

– Fil.

– Fil, c'est ça. Posez vos limites. Il va sans doute falloir que vous passiez d'abord par la protectrice et que vous la coinciez entre quat' z-yeux pour lui dire clairement que vous ne tolérerez pas ses insultes. Plus de menaces, plus de coups de fil anonymes en pleine nuit, plus rien de tout cela. C'est très important, Andrew.

Elle leva un doigt inquiet.

– Cependant, si les menaces continuent, ou s'il y a une quelconque escalade dans la violence, il faudra que vous appeliez la police.

Je fronçai les sourcils.

– C'est très sérieux, Andrew.

– Je sais que c'est sérieux. Mais… je ne veux pas lui créer d'ennuis. Je ne veux pas la faire enfermer, pour l'amour de Dieu.

– Moi non plus, précisa le docteur Grey, mais je ne tiens pas à ce qu'une de ses personnalités alternantes, prise de folie, finisse par vous faire perdre la tête. Promettez-moi donc…

– Très bien, c'est promis. Juré, craché.

– Bon, bon… alors, l'étape suivante, une fois que vous aurez pris contact et fixé des limites, ce sera de voir s'ils sont d'accord pour venir me voir ici.

– Oh, non ! Docteur, je ne peux pas vous demander de…

– Je ne vous propose pas de les suivre, m'assura le docteur Grey. Je n'en suis pas capable, je n'en ai pas l'énergie. Mais avant de l'orienter vers un confrère, j'aimerais rencontrer cette femme. Pour moi. Pour confirmer le diagnostic.

– D'accord. Je devrais arriver à attirer Penny ici. J'espère…

– Ensuite, ajouta le docteur Grey, j'aimerais aussi que nous abordions l'hypothèse que vous vous fassiez suivre par un confrère.

– Moi ? Pourquoi ? Je ne suis pas…

– J'estime qu'il peut vous être utile d'avoir quelqu'un à qui parler – un médecin, j'entends. Quelqu'un susceptible de vous conseiller lorsque vous rencontrez des difficultés dans votre vie. Il ne s'agirait pas de séances hebdomadaires – mais mensuelles, ou à la carte, lorsque vous avez besoin d'une oreille compatissante. Je serais évidemment très heureuse de vous proposer de m'en charger, mais je ne peux pas garantir que je serai toujours… eh bien…, comme je vous disais, je n'en ai plus l'énergie.

En prononçant ces mots, elle sembla s'enfoncer encore un peu plus dans son fauteuil roulant.

– Docteur Grey, demandai-je, soudain affolé. Vous allez bien, n'est-ce pas ?

– C'est… ça se discute, Andrew, répondit-elle avec un petit rire forcé.

– Je n'aurais peut-être pas dû venir aujourd'hui ? Mon père disait que c'était une mauvaise idée, que vous étiez trop…

– Non, voyons, Andrew, protesta le docteur Grey, peinant à se redresser. Je… vous savez, c'est étrange, comme j'ai suivi votre père et les autres, j'ai l'impression de bien vous connaître. Mais en réalité… en réalité, nous nous connaissons à peine. Vous ne m'avez jamais vraiment vue… sous mon meilleur jour…

Elle soupira.

– … le changement n'a pas été évident.

Sa main encore robuste se mit à taper sur le bras de son fauteuil roulant.

– Ça me *manque*, de voir les patients. Ça me manque… de ne plus travailler autant qu'avant. Alors ne vous en voulez surtout pas d'être venu me voir parce que vous aviez un problème – je suis *ravie* de pouvoir vous aider, ravie d'en avoir l'occasion. Je regrette simplement de ne pas en avoir fait plus… à vos débuts.

– Il n'y a pas de regrets à avoir, dis-je. Vous en avez suffisamment fait comme ça, ne serait-ce qu'en aidant mon père à bâtir la maison. Ça s'est vraiment bien goupillé.

– Oui, je m'en félicite, dit le docteur Grey avant de baisser les paupières quelques instants. Pourriez-vous appeler Meredith ? Je crois qu'il faut que je remonte à l'étage me reposer un peu.

– Oh oui, bien sûr. Faut-il que je… ?

– Ça me ferait plaisir que vous restiez déjeuner avec nous, si vous êtes libre.

Le docteur Grey rouvrit les yeux.

– Il faut juste que je fasse un petit somme, avant. Vous pouvez feuilleter le livre de Minor, pendant ce temps. Vous me direz ce que vous en pensez.

– J'ai déjà lu un paragraphe, et je trouve ça épouvantable.

– Formidable ! Lisez-en d'autres, dans ce cas ! Pendant le déjeuner, vous pourrez m'en dire tout le mal que vous voudrez, avec force détails.

Elle fit un sourire las.

– Comme ça, j'aurai gagné ma journée !

Je m'en serais fait une joie. Mais comme elle ne revenait pas de sa sieste, Meredith finit par suggérer que nous prenions le déjeuner sans elle. Nous mangeâmes des sandwiches, sur leur porche, et entre deux bouchées forcées (je n'avais toujours pas faim) je m'enquis de l'état de santé du docteur Grey.

– Ça va, ça vient, selon les jours, répondit Meredith, restant dans le vague. Aujourd'hui, c'est moyen – mais je sais qu'elle était contente de vous voir.

Une fois notre repas fini, j'attendis encore un peu dans l'espoir de lui dire au revoir, mais le docteur Grey continua à dormir. Alors je lui laissai un petit mot pour la remercier de m'avoir reçu et lui dis que je la rappellerais lorsque j'aurais pris contact avec Fil. Puis je me dirigeai vers l'arrêt de bus pour rentrer à Autumn Creek.

Pendant le long trajet, je pensai à Julie.

# 9

Il n'est sans doute pas surprenant que les choses du sexe me perturbent. Contrairement à la majorité des âmes de la maison, je n'ai jamais été violé ni agressé ; mais il fallait bien que ma connaissance pratique du monde vienne de quelque part et, pour un individu à la personnalité multiple, l'appréhension collective de la sexualité fonctionne toujours, en quelque sorte, à la façon de dominos.

Ce n'était pas l'aspect technique qui me laissait pantois – il me semble que je l'avais bien compris, même si l'idée de passer à l'acte pour de vrai me fichait une sacrée frousse. Ce qui me déconcertait le plus, c'était l'approche. Comment, au juste, deux êtres en arrivaient-ils à envisager de le faire, et comment se le disaient-ils ? J'avais entendu parler de séduction, mais je n'étais pas sûr de saisir la différence avec l'amabilité de bon aloi. Imaginons que vous connaissiez quelqu'un qui souhaite que vous l'embrassiez : pouvait-on être certain que la personne en ait vraiment envie, sans courir le risque de se ridiculiser ? Était-il possible de poser la question, tout simplement, ou bien le fait même d'avoir à demander prouvait-il que la réponse était négative ? Et lorsque l'on finissait enfin par embrasser l'élu, comment savoir si on pouvait aller plus loin ? C'étaient quoi, les signes ?

Les réponses de mon père concernant la liste ci-dessus étaient frustrantes :

– Tu apprendras.

Je ne pouvais pas lui en vouloir de ne pas m'aider davantage : hors coercition, mon père était (et est toujours) puceau. D'après ce que je sais, il n'a jamais eu personne dans sa vie, et n'en a jamais exprimé le désir.

Pourtant, d'autres habitants de la maisonnée avaient eu des relations sexuelles ou sentimentales, ou des embryons de relations, mais en général ils gardaient leurs souvenirs pour eux. Ainsi, je savais que Tante Sam avait eu un « amoureux » pendant l'adolescence d'Andy Gage ; je savais aussi (car Adam ne savait pas tenir sa langue) que son amoureux et elle avaient fait beaucoup de choses intimes ensemble. Mais Tante Sam n'en parlait jamais ; elle refusait même de confirmer l'existence de cet amoureux.

– "Les dames ne racontent pas ce genre de choses" était son unique réponse.

Et même si elle n'avait pas joué les divas, elle n'aurait peut-être pas eu grand-chose à me faire partager ; ce n'est pas parce qu'elle avait vécu une histoire d'amour qu'elle pouvait me conseiller sur la manière d'en engager une.

Alors j'étais pour ainsi dire livré à moi-même lorsque, vers la fin 95, je commençai à me demander si je plaisais à Julie. Oh, bien sûr, les autres voulaient toujours ramener leur fraise – pour ne rien changer – mais, selon Mrs Winslow, mieux aurait valu que des éléphants me donnent des conseils en matière de patinage artistique.

Ou à peu près. Avec le recul, je dois admettre qu'Adam (puceau lui aussi) comprenait assez bien la situation. Mais ses remarques étaient si déplacées – et si opposées à ce que j'avais envie d'entendre – que je refusais de l'écouter sérieusement.

– Julie n'a aucune intention de baiser avec toi, m'annonça-t-il tout à trac.

– Et je peux savoir comment tu sais ça ? Tu l'as lu dans *Playboy* ?

J'avais voulu le mettre en boîte, mais Adam sembla trouver ma réplique tordante.

– Ouais, répondit-il, hilare. Dans le numéro spécial sur les femmes et la mécanique… Sans blague, elle est peut-être compliquée, Julie, mais elle n'est pas timide. Quand elle veut vraiment un truc, elle te le fait savoir. Elle est tout à fait capable de choisir le moyen le plus tordu de te le faire savoir, mais elle le fait.

– Eh bien peut-être que dans ce cas-là c'est différent. Peut-être qu'elle hésite encore.

– Non, répondit Adam, elle a pas envie de baiser avec toi, c'est tout.

– Adam…

– Je ne dis pas que ça ne lui a jamais traversé l'esprit. Peut-être que si. Peut-être que lorsqu'elle rêvasse, quand elle s'ennuie, ça lui est déjà venu à l'esprit – c'est peut-être ça que tu as remarqué. Mais ce n'est pas sérieux. Si elle avait vraiment envie de baiser avec toi, ça se serait déjà passé.

Je me refusais à le croire, bien que les « preuves » de l'intérêt que Julie m'avait manifesté soient bien légères. Il est vrai qu'elle était très démonstrative avec moi, mais, comme Adam s'évertuait à me le démontrer, elle se comportait de la sorte avec tout le monde… même avec Dennis, les rares fois où ils ne se chamaillaient pas. D'un autre côté, Julie et moi passions tout notre temps ensemble, tous les deux, en dehors du travail, et elle ne faisait cela avec personne d'autre. Nos discussions en tête-à-tête étaient extrêmement personnelles, touchant des sujets qu'on n'aborde pas avec n'importe qui. On échangeait nos secrets ; Julie m'appelait son « confident ».

Il y eut des incidents, des événements qui semblaient suggérer que nous étions plus que de bons amis, ou que nous le devenions. Des incidents qui me donnaient de l'espoir.

Par exemple, nous allâmes fêter la veille de Thanksgiving dans le bar de Bridge Street où nous nous étions rencontrés. Julie commanda un kamikaze, moi, une margarita fraise sans alcool. Le serveur, apportant les boissons, dit qu'il redoutait de voir sa famille le lendemain, du coup Julie me parla des siens, en particulier de son père. Sans entrer dans des détails que je n'ai pas à communiquer, disons que la relation entre Julie et son père, sans être aussi épouvantable que celle d'Andy Gage avec son beau-père, était tout de même terrible – ce n'était pas pour rien qu'elle était partie de chez elle à seize ans.

Julie parla de son père pendant deux heures. Je fis de

mon mieux pour me mettre à sa place, bien que, comme je le lui rappelai, je n'aie personnellement pas souffert de mauvais traitements de la part de mes parents. Mais comme ça n'avait pas l'air de la déranger, je l'écoutai attentivement, et elle m'ouvrit son cœur. Elle parlait encore lorsque je la raccompagnai chez elle, lui tenant la main pendant tout le trajet.

Une fois que nous arrivâmes sur Olympic Avenue, le flot de paroles se tarit. Elle resta coite pendant un moment, puis se blottit contre moi, passa ses bras autour de mon cou et me demanda si je voulais monter chez elle pour la border. Nous prîmes l'escalier, Julie accrochée à moi. Une fois chez elle, elle ne mit pas la lumière, mais m'attira dans sa chambre. Elle chercha une boîte d'allumettes dans le noir et alluma une bougie sur le coffre posé à côté de son futon. Puis elle se déshabilla devant moi. J'étais médusé. *Complètement* nue, elle farfouilla dans sa penderie pendant une éternité, me sembla-t-il, puis elle attrapa un déshabillé vaporeux, blanc, qu'elle passa. Elle revint vers moi, enroula à nouveau ses bras autour de mon cou, puis m'embrassa à pleine bouche.

– Oui, elle t'a embrassé, consentit Adam, plus tard. Mais elle ne t'a pas embrassé pour te demander de rester; elle t'a embrassé puis t'a dit d'être prudent sur le chemin du retour. Tu saisis la différence ?

Oui, je saisissais. Mais après cette nuit, je remarquai d'autres choses, des choses que Julie me disait qui semblaient pleines de sous-entendus. Par exemple, pendant la semaine qui suivit Thanksgiving, s'étant sévèrement disputée avec son propriétaire et envisageant de rendre son appartement, elle vint me voir et me dit, à brûle-pourpoint : « Tu sais, on devrait vraiment prendre un truc ensemble », et comme je me dérobais en répondant que c'était une chouette idée, mais que je ne me sentais pas tout à fait prêt à quitter Mrs Winslow, elle répliqua : « Oh, mais tu t'éclaterais bien plus avec moi qu'avec Mrs Winslow… » Ou bien, la semaine suivante, sa voiture ne voulut pas démarrer, et il fallut qu'elle aille à pied à l'Usine, malgré le froid glacial et la neige. Elle rappliqua dans ma tente en sous-vêtements, en train de se sécher avec une serviette-éponge, et elle me demanda : « Andrew, tu t'enfuirais à Hawaï avec moi ? » Ce à quoi je balbutiai : « Hum... », et elle s'assit alors sur mes genoux, ses cheveux humides nichés dans le creux de mon cou, et elle me dit : « S'il te plaît, Andrew, s'il te plaît, emmène-moi loin d'ici... » Ou encore, quelques jours plus tard, comme Dennis se moquait d'une idée que j'avais eue pour une démo en disant : « En tout cas, tu es doué, pour les suggestions ridicules », Julie lui glissa, en passant : « Je suis sûre qu'il est doué pour d'autres choses, aussi... »

Je sais, je sais... je voulais sans doute déceler dans tout cela des choses qui n'y étaient pas. Mais à l'époque... à l'époque, j'étais persuadé que Julie m'envoyait des signaux, et tant pis pour les doutes d'Adam.

Puis les fêtes de Noël arrivèrent – mon tout premier Noël – et Julie insista pour qu'on aille acheter un sapin. Mrs Winslow en avait déjà un, artificiel, en plastique, qui faisait trois mètres de haut et qu'elle avait acheté avant son mariage, mais Julie me certifia que ce n'était pas un vrai arbre de Noël.

– Ce qu'il faut, c'est sortir et aller en couper un dehors, un vrai. C'est la tradition.

– Tu fais ça toutes les années ? demandai-je.

– Eh bien non, à vrai dire je ne l'ai jamais fait. Mais n'empêche que c'est la tradition. Ça pourrait être notre tradition...

Bien entendu, l'idée de cultiver une tradition avec Julie me séduisit immédiatement.

Son oncle nous emmena dans une pépinière de Snoqualmie. Un après-midi, après le boulot, il vint nous chercher avec son camion. Julie, qui avait été euphorique toute la journée, me présenta comme son « âme sœur ». Son oncle, un homme d'un certain âge, aux cheveux poivre et sel, qui avait la voix la plus rocailleuse que j'aie jamais entendue, me tendit la main : « Fou de joie. » Il n'ajouta plus grand-chose pendant un moment, Julie tenant le crachoir pendant la quasi-totalité du trajet. Au cours de son monologue, axé sur nos dernières aventures à l'Usine, je m'aperçus qu'elle parlait de moi en des termes très élogieux – complimentant mon inventivité, mon sens du travail, ma gentillesse –, ce qui aurait dû me flatter, mais me déstabilisa surtout. Ses louanges étaient le plus souvent exagérées, quelques-unes de purs mensonges (je ne suis absolument pas « doué pour la musique », la seule personne de la maison qui ait l'oreille musicale, pour ainsi dire, c'est Tante Sam, or elle n'est pas si bonne que ça). Là encore, je me creusais la tête pour savoir où se trouvait le message codé : Julie bavardait-elle avec son oncle, ou bien essayait-elle de me dire quelque chose ?

La pépinière de Snoqualmie vendait des arbres déjà coupés, de toutes tailles, mais Julie, obsédée par son idée de « tradition », insista pour que, munis d'une scie, nous allions dans les champs. Après avoir choisi l'arbre le plus éloigné possible du parking, Julie dirigea les opérations d'abattage. Tandis que son oncle et moi nous relayions à la scie, elle nous criait des encouragements, se moquait de notre lenteur, et nous balançait des boules de neige. Ces projectiles m'étaient tous destinés.

Une fois de retour à Autumn Creek, Julie remercia chaleureusement son oncle « tu es formidable, Arnie, for-mi-da-ble » et lui proposa de venir boire un verre chez elle, mais il déclina l'offre, prétextant devoir faire une autre course. Grimpant à l'arrière de sa camionnette, il découvrit une montagne de cartons cachés sous des capitons pour meubles. Il ouvrit l'une des boîtes et en sortit deux bouteilles de scotch qu'il nous tendit.

– Joyeuses fêtes, croassa-t-il.

Adam, en chaire, s'écria joyeusement :

– Voyez-moi ça, de la contrebande !

Julie, à son tour, offrit à son oncle un sachet en papier kraft soigneusement fermé. J'ignore ce qu'il contenait, mais son oncle sembla très heureux.

– Super ! dit-il en enfournant le paquet dans la poche intérieure de sa veste.

Il attrapa Julie par le menton et me donna une tape sur l'épaule.

– Soyez sages, tous les deux.

Lançant un dernier clin d'œil à Julie, il grimpa dans la cabine du van et s'en alla.

Comme il était parti, j'offris ma bouteille de scotch à Julie.

– Joyeux Noël, dis-je. J'ai un autre cadeau pour toi, mais…

– Ouais, moi aussi, mais rentrons le sapin, d'abord.

Nous transportâmes le sapin en haut de l'escalier, puis jusqu'à la chambre de Julie. Ensuite, elle alla dans la cuisine nous préparer un lait de poule, pendant que j'installais l'arbre sur un tabouret. L'opération était plus délicate que je ne l'aurais cru, mais le tout tenait en équilibre lorsque Julie revint, une tasse dans chaque main.

– Santé, dit-elle en m'en tendant une.

J'avalai une gorgée prudente, puis fis la grimace, sentant l'alcool malgré les œufs et la crème.

– Oh, Julie, tu as dû oublier que je ne…

– Chut, fit-elle en posant son doigt sur mes lèvres. Si tu ne dis rien, moi non plus.

Bien entendu, le problème n'était pas de dire ou de ne pas dire, tenter de cacher que j'avais bu à mon père, c'était comme tenter de cacher que je m'étais mis du vernis à ongles. Mais je bus une autre gorgée, ne serait-ce pour être poli, avant de poser discrètement la tasse dans un coin.

– Alors, on échange les cadeaux, maintenant ?

Julie secoua la tête.

– Pas encore. On n'a pas encore fini de décorer le sapin de Noël.

Elle sortit de son armoire un carton plein de décorations de Noël et attrapa deux guirlandes électriques tout emberlificotées. Elle m'en tendit une.

– Commençons par défaire les nœuds.

Nous nous assîmes et discutâmes en défaisant les fils emmêlés. Je demandai à Julie où elle avait acheté le lait de poule.

– Acheté ! s'exclama Julie. Je l'ai fait moi-même, voyons !

– Vraiment ?

Je jetai un coup d'œil à ma tasse.

– Je croyais que le lait de poule de base – tu sais, sans le scotch – se trouvait en brique.

– En fait, ça se trouve dans les œufs, plaisanta Julie, qui

se trouvent dans les poules. Et le lait, lui, se trouve dans les vaches.

– Tu as trait une vache ?

– Non, Andrew…

Julie sembla agacée, puis comprit qu'à mon tour je plaisantais.

– D'accord, d'accord, le lait provient d'une brique – mais c'est moi qui l'ai mélangé aux autres ingrédients.

Elle eut un sourire triomphal.

– Ça fait partie des secrets précieux que j'ai appris dans les cuisines du resto mexicain de Lulu, à Phoenix.

– Tu faisais du lait de poule dans un restaurant mexicain ?

– Oui, quand c'était la période des fêtes. Le gars avec qui je travaillais m'avait donné son secret.

*Le gars avec qui je travaillais…* Quelque chose dans l'intonation de Julie m'incita à lui demander :

– C'était ton petit ami ?

Julie fronça les sourcils ; elle sembla se concentrer sur sa guirlande électrique.

– Oui, répondit-elle.

Adam, en chaire, me prévint :

– Arrête tout de suite.

Mais je n'en fis qu'à ma tête, bredouillant :

– Est-ce que… est-ce que tu as déjà pensé à moi en ces termes ? Comme si j'étais ton petit ami, je veux dire ?

Julie se renfrogna davantage, mais elle continua à démêler les guirlandes, comme si elle n'avait rien entendu. Un si long moment s'écoula sans qu'elle réponde que je finis par me demander si j'avais bien posé ma question à voix haute. Mais elle finit par me jeter un regard et dit :

– Tu te souviens de la fois où je t'ai parlé de ce kiné avec lequel je vivais ?

– Bien sûr. Celui avec lequel tu travaillais avant d'ouvrir l'Usine du Réel ?

Elle acquiesça.

– Avec lequel je travaillais, vivais, et tout… Depuis qu'on a rompu, je ne l'ai pas revu une seule fois, je ne lui ai pas reparlé ne serait-ce qu'une fois. Je ne sais même pas s'il vit toujours à Seattle. Et c'est la même chose avec le mec de Phoenix… et le type à Eugene, et mon copain de Las Vegas, et celui de Yellowstone, et mon ex à New York, et les quatre gars de Boston. Ça a toujours été comme ça, avec moi : quand je suis avec quelqu'un, et qu'on casse, je n'en entends plus jamais parler. Et je ne veux pas que ça se passe avec toi, Andrew – je veux que tu fasses partie de ma vie, pas que tu deviennes un étranger.

– Oh, soupirai-je, à la fois flatté et déçu.

Mais comme la déception l'emportait, je finis par suggérer timidement :

– Mais si… si ça ne s'arrêtait pas, alors ? Si…

Julie me lança un sourire triste.

– Les histoires d'amour ont toujours une fin. Tu ne le sais pas ?

Non, je ne le savais pas – je ne le croyais pas, par ailleurs, bien que j'aie peu d'arguments pour ma défense. Pour ne pas me faire envoyer sur les roses, je me consacrai à mes guirlandes emmêlées, et après quelques pénibles instants de silence, Julie annonça, avec une gaieté forcée :

– Je vais dans la cuisine pour reprendre un peu de lait de poule.

Pour une fois, le sous-entendu était clair : *à mon retour, j'aimerais qu'on change de sujet*. Ce que nous fîmes. Ce n'est que plus tard, alors que Julie et moi nous étions souhaité bonne nuit et que je me dirigeais vers chez moi, que je me rendis compte qu'elle ne m'avait pas dit si je lui plaisais.

– Qu'est-ce que ça peut faire ? disait Adam. *Elle n'a pas envie de baiser avec toi*. Mets-toi ça dans la tête une fois pour toutes, pour commencer.

Je m'y efforçai. Je m'y efforçai, et j'y serais peut-être arrivé, si ce qui advint le mercredi suivant n'était pas advenu.

Cette année-là, Noël et le 1er janvier tombaient un dimanche, et Julie avait décidé, pour couper la poire en deux, de faire une fête pour célébrer les deux événements, au bureau, le mercredi 27. Julie et moi avions apporté les boissons : Julie avait fait une sorte de punch, grâce à la deuxième bouteille de scotch de son oncle, et je m'étais chargé des biscuits et du gâteau au chocolat. Les frères Manciple, quant à eux, s'étaient occupé des activités.

Le mercredi après-midi, à 17 heures, nous nous rassemblâmes sous la tente principale pour que débutent les festivités. Julie servait le punch à la louche, en offrant à tout le monde sauf moi ; Dennis mit en route le système Eidolon. Comme l'Usine du Réel ne comptait à cette époque que deux costumes de données, nous les revêtîmes à tour de rôle pour faire des parties de ping-pong et de *skee-ball* virtuels, puis pour briser des *piñatas* en 3 D (on ne porte alors pas de bandeau sur les yeux, mais les *piñatas* peuvent s'esquiver). Et puis Dennis annonça le nec plus ultra des jeux virtuels : le *Twister*.

– C'est quoi ? demandai-je.

Julie haussa les sourcils.

– Tu n'as jamais joué au *Twister*[1] ?

Elle me décrivit le jeu tel qu'il se présentait dans le monde réel ; il m'avait l'air vraiment bizarre. Sa version virtuelle était plus bizarre encore : les cercles colorés ne se trouvaient pas seulement par terre, mais flottaient dans les airs partout autour du joueur.

– Alors, dis-je, l'objectif, c'est d'atteindre les cercles, ce qui fait qu'on se contorsionne…

– C'est ça, dit Julie.

– Et le premier qui tombe a perdu ?

– Oui, en principe, mais le but du jeu n'est pas de gagner ou de perdre…

Quel était-il, ce but ? D'un côté, comme pour les *piñatas*, il s'agissait de faire rire les spectateurs. Mais le *Twister*, m'indiqua Julie, offrait en plus aux joueurs une parfaite excuse pour se vautrer les uns sur les autres. J'arrivais à concevoir l'intérêt d'un tel jeu, lorsqu'on avait le partenaire idéal – mais cela ne fonctionnait pas vraiment dans le cyberespace. Lorsque Irwin et moi-même avons fait notre première partie de *Twister* virtuel, nos

1. Les joueurs se positionnent sur un tapis et doivent placer simultanément la main ou le pied dans un cercle d'une couleur précise.

deux corps se trouvaient dans des coins opposés de la Grande Tente, or le contact corporel virtuel, s'il n'est pas accompagné d'un contact réel, ne procure évidemment aucune sensation. De plus, la version du logiciel que nous utilisions *buggait* lorsque nos corps devaient entrer en collision. Ainsi, quand l'arbitre m'ordonna « main gauche – rouge », ma main, au lieu de le contourner, traversa l'Eidolon d'Irwin, qui occupait le cercle rouge le plus proche.

Julie, apercevant la scène sur l'un des moniteurs, se mit à crier comme un putois.

– Vous ne respectez pas les règles ! braillait-elle, un peu pompette. Hé, Irwin, file-moi ton costume une minute, que je vous montre comment vous y prendre.

Irwin s'exécuta. Elle revêtit le costume et demanda à Irwin de nous positionner de façon à ce que nos corps réels soient à la même distance que nos corps virtuels.

– Main droite – bleu, m'ordonna l'ordinateur.

Apercevant un cercle bleu au-dessus de l'épaule de Julie, je voulus faire passer ma main à travers sa poitrine, et rencontrai une résistance.

Le jeu commença alors à me captiver beaucoup plus. Il devint également plus dangereux, nos corps virtuels n'étant pas totalement synchrones avec nos corps réels. Non que cet état de fait engendre toujours des incidents désagréables – cela ne me dérangeait pas que Julie, croyant attraper un cercle vert derrière moi, tende la main pour malencontreusement m'empoigner les fesses – mais, la plupart du temps, ce n'était pas plaisant : Julie aurait sans doute pu se passer de ce coup de genou en pleine cage thoracique, et moi de ce coup de coude dans le ventre. Le jeu s'acheva sur un ambitieux « pied gauche – jaune » exigé par Julie quand mes jambes cédèrent et que je tombai les quatre fers en l'air.

– Ouille, me plaignis-je.

– Andrew ?

Julie, affolée, arracha son casque, mais comprenant que je ne m'étais pas vraiment fait mal, elle éclata de rire… et s'étala à son tour, doucement, sur moi.

Je me dis alors que ce jeu me plaisait bien, malgré tous mes bleus.

Après cela, nous fîmes une pause et nous dirigeâmes vers les rafraîchissements. Julie et Dennis se saoulèrent, Irwin se cuita franchement. Puis, aux alentours de 18 h 30 – c'était incroyable que ça ait pris si longtemps –, Dennis enleva sa chemise. Julie, qui se servait une dernière louche de punch, s'exclama :

– Tu sais, Dennis, c'est *tellement* irrésistible de te voir t'exhiber comme ça…

Dennis, toujours aussi imperturbable, leva les bras par-dessus sa tête.

– Faut bien que je m'aère, expliqua-t-il.

Puis, après avoir exposé quelques instants ses aisselles à l'air frais, il demanda à Julie :

– Dis-moi, ô Intrépide Grand Chef ? Puisque je suis irrésistible, pourquoi ne ferais-tu pas une partie de *Twister* avec moi ?

Je pense qu'il plaisantait. Même lorsqu'il ne remontait pas la fermeture de derrière, Dennis avait grand-peine à entrer dans le costume de données. Mais Julie avait dans les yeux une lueur bravache qui semblait indiquer qu'elle réfléchissait à sa proposition, afin de ne pas perdre la face, de relever le défi, quel qu'il soit, et je savais que si elle bravait Dennis il ne voudrait pas se dégonfler. Cela suscita en moi un sentiment étrange ; je ne voulais pas que Julie joue au *Twister* avec Dennis, ni avec personne d'autre que moi. Mais avant que nous n'en arrivions là, Irwin se courba en deux et vomit sur l'un des casques Eidolon : fin de partie.

– C'est l'heure de rentrer à la maison, suggérai-je.

Comme la Cadillac de Julie se trouvait encore chez le garagiste, nous n'eûmes pas à nous préoccuper de notre taux d'alcoolémie et nous rentrâmes tous en ville à pied. Une fine neige tombait du ciel ; Julie et Dennis, pris d'une folle énergie, couraient en tous sens, attrapant les flocons avec la langue et chantant les chœurs d'*Auld Lang Syne* (je ne connais pas très bien la chanson, mais je suis sûr qu'ils inventaient les paroles). Irwin avançait à pas lourds, comme un zombie, s'arrêtant de temps en temps pour vomir à nouveau. Je le suivais tranquillement, le tenant à l'œil et tâchant de ne pas finir dans le champ de tir de Julie et Dennis.

Traversant East Bridge, nous arrivâmes à un croisement. Julie devait tourner à droite pour rentrer chez elle. J'hésitai, ne sachant si je devais l'accompagner ou continuer sur Bridge Street avec les frères Manciple. Mais Julie, décidant pour moi, passa le bras autour de ma taille et leva la main pour leur faire au revoir.

– À demain, dit-elle.

– Bonne nuit, bafouilla Irwin en titubant, sans même se donner la peine de se retourner.

Dennis, bien plus vif, nous couvait d'un regard interloqué tandis que Julie m'emmenait vers sa rue.

– Eh, Grand Manitou, appela-t-il. Vous faites quoi, maintenant ?

– T'aimerais bien savoir, hein ? répondit Julie.

– Ah ouais ? rétorqua Dennis, vacillant sur ses jambes. Est-ce que ça veut dire que tu as changé d'avis, pour lui ?

– Chuuut ! ordonna Julie en riant.

– Quoi ? hurla Dennis.

Il colla la main derrière son oreille, comme s'il était dur de la feuille.

– Je comprends pas, Capitaine. *Quoi ?*

– Bonne *nuit*, Dennis, cria Julie, toujours riant (mais pourquoi ?).

Puis, me tirant par la main, elle me dit :

– Allons-y, Andrew.

– Umm, Julie…

– On court ! s'écria-t-elle en continuant de me remorquer.

Nous détalâmes tandis que Dennis beuglait quelque chose que je ne compris pas. Nous fûmes bientôt hors de sa vue, fonçant dans la ruelle, dans le noir, Julie ouvrant la voie, toujours hilare, moi sur ses talons.

On arriva devant l'immeuble de Julie. Au lieu de monter à son appartement, elle fonça vers le jardin et se laissa tomber sur la pelouse, m'entraînant avec elle sur la fine couche de neige. Comme nous folâtrions, je me froissai un nouveau muscle, mais Julie ne s'en rendit pas compte.

– Mon Dieu, s'exclama Julie en se couchant sur le dos. Mon Dieu, que je suis saoule.

Puis elle se laissa rouler vers moi, planta son coude par terre, et me demanda :

– Tu veux monter un petit moment ? Il est encore tôt.

– Euh… d'accord, dis-je.

Julie, sentant mon hésitation, me jeta un long regard, comme si elle prenait une décision.

Elle tendit la main vers moi pour ôter un flocon de neige tombé sur mes cils, puis attrapa une boucle de mes cheveux qu'elle enroula autour de son index.

– Viens, dit-elle en se levant.

De retour dans sa cuisine, Julie nous versa deux verres de scotch pur.

– Julie, commençai-je par protester.

Mais elle me coupa la parole :

– Allez, Andrew, rien qu'un. Pour trinquer.

– Trinquer à quoi ?

– Aux expériences nouvelles, répondit Julie d'un air entendu.

Alors je me laissai aller – je décidai de me laisser aller –, sachant que je le paierais plus tard.

– D'accord… aux nouvelles expériences, répétai-je, et je bus.

Julie avala son verre cul sec, je tentai de siroter le mien mais finis par le vider d'un coup, manquant de m'étouffer, le gosier serré par la chaleur.

Julie nous resservit un verre et m'entraîna vers sa chambre. Là encore, elle n'alluma pas, préférant brancher l'arbre de Noël ; la pièce fut baignée de douces couleurs. Elle se laissa tomber sur son futon. Je m'assis en tailleur par terre, avec prudence, à quelques pas d'elle.

Cette fois, Julie me vit grimacer de douleur.

– Tu t'es fait mal au dos ?

Je fis oui de la tête.

– C'est le *Twister*.

– Oh merde, s'exclama Julie.

Puis elle donna une petite tape sur le futon derrière elle.

– Viens par ici, je vais te faire un massage… Allez, viens, Andrew, je ne vais pas te manger.

Je la rejoignis sur le futon et m'étendis sur le ventre, comme elle me l'avait demandé.

– Mon Dieu, que tu es tendu, observa-t-elle en s'asseyant sur moi.

Et je l'étais : tendu par la peur et l'excitation réunies. Je sentais également qu'Adam était monté en chaire et que lui aussi s'affolait, s'affolait au point d'en avoir perdu sa langue, en fait. Cela valait mieux – la dernière chose que j'avais envie d'entendre, c'étaient ses sarcasmes en fond sonore.

Pendant quelques instants, Julie laissa légèrement courir ses mains sur mon dos, comme pour tâter le terrain. Je faisais de mon mieux pour me détendre – mais alors Julie se mit à tirer sur ma chemise comme pour la faire sortir de mon pantalon.

– Bon sang, Andrew, calme-toi, dit Julie. Je ne vais pas te faire de mal, je te promets. Maintenant…

Elle donna un petit coup sec à ma chemise.

– … ça ne te dérange pas si je t'enlève ça ?

J'aurais voulu dire non, mais le mot semblait coincé dans ma gorge.

– D'accord, dit Julie après quelques instants. Nous gardons la chemise. Mais alors, débraillée.

Toujours sur moi, elle changea de position ; j'entendis le frou-frou d'un tissu sur la peau – puis la chemise de Julie tomba par terre, en tas à côté du futon. Je lâchai un petit cri et me retournai pour découvrir, à la fois soulagé et déçu, qu'elle portait toujours son soutien-gorge.

– Excuse-moi de faire mon Dennis, dit-elle en me souriant.

Elle n'avait rien en commun avec Dennis. Vous pouvez me croire : Dennis sans chemise, et Julie sans chemise, c'est le jour et la nuit.

En rejoignant Julie sur le futon, j'avais posé mon verre à portée de main. Je m'en emparai, ce qui sembla l'amuser. Elle attendit patiemment que je finisse de boire. Puis elle me retira le verre vide des mains, le posa dans un coin, me poussa doucement pour que je me remette sur le ventre, et glissa ses mains fraîches et douces sous ma chemise.

Les quinze minutes qui suivirent furent indiscutablement les plus heureuses, les plus effroyables de ma vie

– ce qui, je veux bien l'admettre, ne veut pas dire grand-chose par rapport aux autres jeunes hommes de vingt-six ans. Je ne sais pas ce que valait ce massage, du point de vue objectif – je n'avais aucun moyen de comparaison –, mais il me procura un bien-être infini, même lorsque Julie enfonçait ses doigts tellement fort sur mes hématomes que j'en grognais.

J'avais fermé les paupières, et j'étais sur le point de me laisser aller lorsque Julie me demanda :

– Alors, Andrew… quels sont tes buts pour cette nouvelle année ?

J'ouvris les yeux.

– Mes… mes buts ?

– Oui, tes buts.

Gardant une main sur mon cou, elle fit glisser l'autre vers le bas de mon dos, et caressa ma peau du bout des doigts, juste au-dessus de la ceinture de mon jean.

– Tu sais, quand on a trinqué… Quelles sont les nouvelles expériences que tu aimerais vivre, cette année ?

– Ah… je… euh…

– Ne te creuse pas la tête.

Sa main remonta vers mes épaules, puis Julie se pencha si bas qu'elle se coucha presque sur moi pour murmurer à mon oreille :

– Choisis au hasard. Une chose que tu n'as jamais faite, et que tu aimerais faire…

Je tournais la tête de côté, sur le futon, et Julie dut voir que je piquais un fard, car elle sembla déstabilisée.

– Andrew ?

– Julie…

J'étais pétrifié à l'idée de me ridiculiser complètement, mais je ne savais que faire, et je n'avais personne à qui demander conseil – Adam ayant déserté la chaire lorsque Julie avait ôté sa chemise. Je me forçai à continuer :

– Julie… est-ce que tu… est-ce que tu es en train de me faire des avances ?

Elle rit, mais pas aussi gaiement qu'auparavant.

– Et si c'était le cas ? dit-elle.

– Ça l'est, ou pas ?

J'avais parlé bien trop fort.

Tentant de changer de ton, j'ajoutai :

– Je t'en prie… je t'en prie… ne joue pas avec moi, Julie.

Il y eut un long silence, puis je sentis qu'elle se laissait rouler sur le lit. Elle n'était plus sur moi.

– Merde.

– Julie ?

Je relevai la tête pour la regarder. Couchée sur le dos, elle observait le plafond en jouant avec ses cheveux.

– Merde, merde, merde, dit Julie. Qu'est-ce que je fous, bordel ? Qu'est-ce qui déconne chez moi ?

– Ce qui déconne chez toi ? répondis-je, bien que la question ne m'ait pas directement été posée. Julie, il n'y a rien qui déconne… si tu veux… tu sais. Simplement, je ne comprends pas – la semaine dernière, tu as dit, il m'a semblé que tu avais dit, que tu ne voulais pas qu'on soit amants, parce que…

– Je sais.

– … parce que l'amour, ça ne dure pas, mais l'amitié, si, et tu veux que je fasse partie de ta vie…

– Je sais.

Julie s'était mise à opiner du chef.

– Et tu as raison, Andrew.

*C'était moi qui avais raison ?*

– Attends, attends, non. Ça, c'était ton argument à toi. Je ne crois pas que c'est vrai – et si toi non plus tu n'y crois pas, c'est super… j'ai juste besoin de savoir ce que tu ressens, c'est tout.

– Ce que je ressens…

Elle enleva les mains de ses cheveux, et me regarda. Cette image viendrait me hanter, plus tard : Julie était si belle, allongée sur ce lit, j'eus vraiment l'impression qu'une chance s'offrait à moi, fugacement. Si seulement j'avais su la saisir – si je m'étais penché pour l'embrasser, caresser son visage, si j'avais fait quelque chose –, la soirée se serait peut-être achevée autrement. Peut-être serions-nous devenus amants, après tout. Mais comme j'étais encore moins doué pour séduire que je ne l'étais pour me laisser séduire, j'hésitais, complètement dépassé par les événements.

Puis Julie rompit le silence.

– Non, dit-elle en secouant la tête.

Elle s'assit, me tournant le dos.

– Tu peux me passer ma chemise, Andrew ?

– Julie, fis-je, le souffle coupé comme si de l'eau glacée venait de se déverser sur ma poitrine. Julie, tout va bien, tu n'as pas à... je veux dire... on peut parler, au moins, ou...

– Andrew, je crois qu'il vaudrait mieux que je me couche, répondit Julie en continuant d'éviter mon regard. Je suis désolée, je sais que c'est très tôt, mais... je crois que ça vaut vraiment mieux. Tu devrais rentrer chez toi.

Elle finit par se tourner vers moi, affichant un petit sourire fragile, et me caressa le genou comme on caresse la tête d'un bébé.

– Maintenant, tu me passes ma chemise, veux-tu ?

– D'accord.

Je la lui tendis. Elle se détourna pour l'enfiler, comme si elle était soudain gênée que je la voie en soutien-gorge. Une fois rhabillée, elle bondit du futon, attrapa les deux verres et fonça vers la cuisine, allumant le plafonnier au passage.

Je me levai à mon tour, aveuglé par la luminosité soudaine. Je rentrai ma chemise dans mon pantalon et me dirigeai vers la cuisine, où Julie lavait les verres à grande eau.

– Julie ? demandai-je en restant à une distance respectueuse.

– Oui ? répondit-elle, courbée sur l'évier, le dos tourné vers moi.

– Je sais que tu veux que je parte sur-le-champ, mais... demain. Demain, quand on sera plus frais... on pourra reparler de tout ça ?

– Parler ?

Elle ferma le robinet et chercha un torchon à vaisselle.

– Bien sûr.

Elle essuya les verres à whiskey, puis ses mains.

– Bien sûr, répéta-t-elle en accrochant le torchon.

Elle s'empara de mon manteau, posé sur la table de la cuisine, et me le tendit.

– Et voilà.

– Julie…

– Chuut, répondit-elle en me fourrant le manteau dans les mains.

Elle se pencha pour déposer un rapide baiser sur ma joue ; je tournai la tête pour lui présenter mes lèvres, mais elle avait déjà fait un pas en arrière.

– Fais attention en descendant l'escalier, recommanda-t-elle en m'ouvrant la porte d'entrée.

J'eus beaucoup de mal à dormir cette nuit-là. Bien que je sois fin saoul – et vous pouvez être sûr que mon père m'en fit voir de toutes les couleurs –, je ne l'étais pas suffisamment pour sombrer dans un sommeil d'ivrogne. Par ailleurs, il était encore tôt quand j'arrivai chez moi – à peine 20 heures. Lorsque l'heure à laquelle je me couchais d'ordinaire arriva, j'avais assez dessaoulé pour me tourner et me retourner pendant des heures.

Le lendemain matin, Julie commença par m'éviter. Sans doute aurais-je dû, pour me comporter en adulte, faire de même et feindre que rien ne s'était produit, mais je n'y arrivais pas – et après quelques sous-entendus salaces de Dennis qui arguait que j'avais dû me « coucher tard la nuit dernière », Julie remarqua ma mine défaite et prit pitié de moi. Elle passa me voir dans ma tente aux alentours de midi.

– Je suis vraiment désolée, Andrew, dit-elle en se plantant devant mon bureau, d'un air contrit.

– Tu n'as aucune raison de l'être, Julie. Ça ne me dérange pas que tu m'aies fait des avances, si… si c'est bien ce qui s'est passé. Simplement, j'ai besoin que tu m'expliques, c'est tout.

Julie soupira.

– Il n'y a pas d'explication à donner, Andrew. J'étais saoule. Toi aussi. On…

– J'ai bu ce que tu m'as donné à boire.

Nous sursautâmes tous deux en entendant le ton que j'avais employé.

– OK, dit Julie. OK, bon, j'ai picolé, je t'ai fait picoler, tout est ma faute. N'empêche qu'il n'y a pas d'explication à donner. Les gens font des bêtises, quand ils ont bu, Andrew… c'est tout.

– Mais je croyais que je ne te plaisais même pas.

– Bien sûr que si, tu me plais, Andrew. Tu me plais beaucoup. Mais…

– Alors, pourquoi ne serions-nous pas amants ? Si je te plais, et que tu me plais, et qu'on s'aime bien…

Julie finit par me donner plus d'une demi-douzaine de raisons pour lesquelles nous ne pouvions être amants. Il y en avait une autre, celle d'Adam, que Julie ne formula pas à voix haute mais qui, j'en arrivais à le croire, était la seule valable : Julie, malgré ce que son comportement avait parfois pu me laisser croire, n'était tout bonnement pas intéressée.

Aucune de ces explications ne me satisfaisait – même pas celles que j'étais prêt à entendre. Je ne voulais pas savoir « pourquoi ne peut-on pas être amants » mais « comment peut-on devenir amants ? ». Que fallait-il que je fasse pour saisir la chance qui, j'en étais persuadé, s'était fugacement présentée à moi, et ne pas la laisser passer, cette fois ? Comment pouvais-je te séduire, Julie ?

Je ne pense pas que Julie aurait répondu à ma question, même si j'avais osé la lui poser en face. Et comme ce n'était pas le cas, je ne cessais de lui répéter « Pourquoi pas ? » jusqu'à ce qu'elle finisse – assez rapidement, en fait – par se lasser d'avoir à trouver des raisons.

À partir de la mi-janvier, Julie cessa de passer du temps avec moi en dehors des heures de travail et s'arrangea pour m'éviter aussi dans l'Usine ; elle fit un nombre record de déplacements à Seattle, pour le boulot, restant la plupart du temps plusieurs jours d'affilée en ville. Une nuit, comme je l'attendais devant son appartement, lorsqu'elle arriva chez elle, bien après la tombée de la nuit, elle me fit sèchement remarquer que je n'avais plus à me présenter à sa porte sans y avoir été convié.

– Plus jamais ? m'exclamai-je, stupéfait.

– En tout cas pour l'instant, répondit Julie.

Elle détourna le regard, puis frappa du pied par terre, excédée.

– Pour l'instant ? Jusqu'à quand, pour l'instant ?

– Tant que tu ne te seras pas remis de cette histoire, répondit-elle durement. Le temps que ça prendra.

Puis, se radoucissant :

– J'espère que ça ne sera pas trop long, Andrew. Mais…

Je pense que rien ne pouvait être pire que ce que je ressentis cette nuit-là – ce fut si terrible que je pris ma journée du lendemain pour aller voir le docteur Grey, de mon propre chef, sans même demander la permission à mon père. Puis, une semaine plus tard, je surpris Julie qui racontait à Dennis qu'elle sortait depuis peu avec un mécano rencontré à Seattle.

Adam et mon père m'avaient tous deux conseillé de ne rien dire – cela ne pouvait que compliquer les choses, et peut-être même causer mon licenciement. Je savais qu'ils avaient raison et je réussis à me contenir pendant presque vingt-quatre heures, mais je finis par flancher. Je me rendis chez Julie alors qu'elle ne m'y avait pas invité. Grimpant l'escalier, je m'arrêtai un instant dans l'espoir de rassembler assez de courage pour frapper à la porte, puis j'entendis un bruit étrange… et j'écoutai.

Le docteur Grey ne croyait pas que ma « catharsis » avait fonctionné. Ses conclusions ne me semblaient pas insensées, mais je me refusais à la croire. Je me rappelai le soulagement éprouvé le lendemain, au réveil, lorsque je m'étais aperçu que mon obsession s'était envolée, volatilisée ; c'était déprimant de songer qu'il puisse s'agir d'une sorte de tour de passe-passe mental. Même en refusant de reconnaître que cette histoire de catharsis n'était qu'une illusion, je devais toutefois admettre que l'opération n'était pas totalement couronnée de succès. Peut-être avais-je toujours le béguin pour Julie, au fond de moi – une toute petite flamme, une inextinguible flammèche d'espoir, peut-être un jour pourrais-je saisir ma chance. Cette flammèche n'était pas dure à entretenir, me semblait-il : la liaison de Julie avec son mécano ne dura qu'un mois, et depuis, elle n'avait personne. Alors, peut-être…

Je retournai le problème dans tous les sens – tous les problèmes – pendant le trajet en car de Poulsbo au port et du port à Seattle. J'aurais pu rentrer à la maison pour réfléchir au calme, et passer le corps à d'autres âmes, mais j'étais fatigué et je sentais poindre une migraine, alors je décidai de rester à l'extérieur. Du coup Angel et Rhea crièrent à l'injustice car ils n'avaient pu encore sortir, ainsi que Simon, qui était sorti mais se trouvait spolié. Mon père, percevant mon humeur, soutint ma décision et promit une récompense à Simon et aux autres, s'ils savaient se tenir. Ce qui adoucit Angel et Rhea, mais pas Simon, qui avait lui-même ses humeurs.

Lorsque le ferry arriva à Seattle, je fonçai à l'arrêt de bus situé entre Second Avenue et Madison Avenue, manquant de peu celui qui partait pour Autumn Creek à 15 h 20. Le suivant ne passait qu'à 16 h 10, ce qui, fit remarquer Simon, nous laissait le temps de faire un tour par la galerie commerciale du Westlake Center. Je lui conseillai de ne pas me chauffer les oreilles. Le bus de 16 h 10, à cause de problèmes de moteur, arriva en retard et dut repartir aussi sec au dépôt. Simon se mit à pleurnicher. Perdant mon sang-froid, je lui hurlai de la boucler, ce qui eut au moins la vertu de m'apporter un peu de confort dans le monde réel : lorsque le bus de remplacement arriva, aucun des passagers ne voulut s'asseoir à mes côtés.

Il était 17 h 45 lorsque nous arrivâmes à Autumn Creek. Je parvins à traverser le pâté de maisons en traînant la patte, longeant Temple Street jusqu'à la maison, ne songeant qu'à rentrer chez moi, manger un bout, prendre un long bain chaud…

… c'est alors que j'aperçus la Buick de Penny garée le long du trottoir, en face de la maison.

C'était vraiment la dernière chose que j'avais envie de me coltiner après cette journée harassante. Mais le moment avait semblé propice à Penny pour me coincer : j'étais trop épuisé pour paniquer à nouveau ; la colère et la rage que j'éprouvais vis-à-vis de Simon et de la compagnie de bus m'avaient presque fait oublier Julie.

Je me dirigeai vers la Buick. Du coin de l'œil, j'aperçus une silhouette, assise sur la véranda, qui bondit sur ses pieds comme sursaute une sentinelle.

– Tout va bien, Mrs Winslow, criai-je.

– Tu en es bien sûr, Andrew ?

– Oui, répondis-je, et je m'aperçus, stupéfait, que Mrs Winslow tenait un fusil entre ses mains. Tout va bien, vraiment, vous pouvez rentrer. Je vous rejoins pour dîner d'ici quelques minutes.

Hochant imperceptiblement la tête, Mrs Winslow se replia dans la maison. J'avais l'impression qu'elle n'était pas loin – elle devait attendre juste derrière la porte, le fusil à la main, prête à accourir si Penny affichait la moindre volonté de me kidnapper et de me faire monter de force dans la Centurion. Je ne savais si cela devait me rassurer, ou m'inquiéter.

En tout cas, impossible de continuer à jouer la montre : j'ouvris la portière passager et grimpai dans la Buick. Je reconnus Mal Embouchée, courbée en deux sur le volant, qui martelait un rythme impatient sur le tableau de bord.

– Bonjour, dis-je, je crois qu'il est temps qu'on ait une petite…

– Ferme-moi cette putain de portière, répondit Mal Embouchée.

Je soupirai. Le docteur Grey m'avait demandé de ne tolérer aucune insulte, mais, comme je ne voulais pas commencer tout de go par une dispute, je m'exécutai, claquant la portière.

– Maintenant, poursuivis-je, pouvons-nous…

J'entendis un bruit sec : l'allume-cigare. Mal Embouchée se retourna et attrapa au vol l'allume-cigare, avant de se ruer vers moi.

– *Connard !* siffla-t-elle, son visage soudain à quelques centimètres du mien, le rond rougeoyant de l'allume-cigare placé juste au-dessus de ma joue. Espèce de *connard* !

Adam, du haut de la chaire, appela au secours. Seferis arriva sur-le-champ, prêt à sauter dans le corps pour en prendre le contrôle… mais je m'y opposai. Je sais que j'aurais dû le laisser faire. J'aurais également dû être terrorisé : c'est une réaction normale lorsque l'on est menacé par quelqu'un qui brandit un bout de métal incandescent. Or, bizarrement, ce n'était pas le cas. J'éprouvais peut-être un petit pincement d'angoisse, tout au fond de mes entrailles, mais surtout, j'en avais ras le bol.

– Enlevez-moi ça tout de suite, dis-je d'un ton las.

L'allume-cigare trembla, comme si Mal Embouchée luttait contre elle-même pour ne pas me l'écraser sur le visage. Je tournai la tête et la regardai droit dans les yeux.

– Vous êtes un grossier personnage, et je n'aiderai pas Penny si vous continuez de vous comporter aussi grossièrement avec moi.

Elle recula, mais seulement un peu : l'allume-cigare resta braqué vers moi, prolongeant son bras gauche toujours tendu.

– Vous voulez l'aider ?

Je hochai la tête.

– Si vous êtes polie...

– Polie ! ricana Mal Embouchée.

– Correcte, au moins, dis-je. Écoutez, je reconnais que moi aussi j'ai été grossier envers vous, et j'en suis désolé. Mais si vous cessez de me menacer et de perturber ma logeuse, je vous promets que j'essaierai d'aider Penny, comme vous le souhaitez.

Mal Embouchée m'observa un long moment, songeuse. Puis elle baissa le bras et remit l'allume-cigare à sa place.

– D'acc, dit-elle.

– Vous le pensez vraiment ? demanda une autre voix, plus affable. Vous voulez bien nous aider ?

– Oui, bien sûr, Fil. C'est Fil, n'est-ce pas ?

– Oui, répondit-elle en souriant. Comme le Fil d'Ariane, ça vous dit quelque chose ?

– Il me semble... et c'est quoi, le nom de la protectrice ?

– La protectrice ?

– Celle qui, euh...

Je jetai un coup d'œil au tableau de bord.

– Celle qui dit des gros mots.

Fil suivit mon regard jusqu'à l'allume-cigare.

– Oh ! Vous parlez des jumelles ! Maledicta et Malefica. Maledicta, c'est celle qui parle – et dit des gros mots – mais elles sont toujours fourrées ensemble.

– Il y en a d'autres ? demandai-je.

– Oh, oui, beaucoup d'autres.

Elle me lança un regard curieux.

– Vous aussi, vous en avez d'autres, non ?

Je hochai la tête, et Fil fit de même, dans un grand sourire.

– Je me disais bien qu'on n'était pas seules. Et vous savez comment faire pour que ça fonctionne, n'est-ce pas ? Pour que ça soit moins… gênant ?

– Oui.

On aurait dit qu'elle avait retenu son souffle toute sa vie, et pouvait enfin expirer.

– Oh, Dieu soit loué !… Alors, comment on fait ? Quand est-ce qu'on commence ?

– Ça dépend, répondis-je. Que sait Penny, au juste ?

– Penny, répéta Fil. Vous savez, c'est très gentil de l'appeler comme ça.

– Plutôt que Souris ?

Fil acquiesça.

– Souris, c'est le surnom que sa mère lui avait donné. Et quand Penny est morte…

– Quand cette putain de salope a fini par la tuer, corrigea Maledicta.

– … tout ce qui en est resté, c'est Souris. Elle se considère toujours comme Penny, et je pense qu'elle pourrait le redevenir vraiment si… eh bien, avec votre aide. Le fait que vous l'appeliez Penny, et que vous persistiez à le faire alors qu'on vous avait dit le contraire, eh bien c'était un bon présage.

– On me l'avait soufflé, avouai-je.

– J'ai commencé à m'inquiéter un petit peu lorsque j'ai vu que vous ne nous répondiez pas, poursuivit Fil. Je suis désolée pour l'e-mail que Maledicta vous a envoyé – elle l'a fait en douce, et du coup je ne comprenais pas votre réaction, au début. C'était terriblement grossier de sa part.

– C'est bon. Je sais que…

– … et lorsque j'ai reçu votre réponse, je ne savais plus quoi penser. Je…

Une douleur fulgurante me vrilla le milieu du front, brouillant ma vision pendant quelques instants.

– Mr Gage ?

– Pardonnez-moi, dis-je en me massant les tempes. Je suis désolé, je… je suis un peu fatigué. On pourrait peut-être reprendre cette conversation demain, ou dimanche ? Je vous promets que je ne me déroberai pas une nouvelle fois, simplement… là, il faut vraiment que je rentre me reposer.

– Bien sûr, dit Fil.

Elle me tendit un petit bout de papier.

– Voici le numéro de Penny, chez elle. Appelez-nous quand vous voulez – si Penny répond, présentez-vous, et l'un d'entre nous viendra vous parler.

– D'accord.

Je hochai la tête.

– Je vous passe un coup de fil ce week-end, pro…

Elle se pencha sur le siège pour se rapprocher de moi. Je crus d'abord qu'elle voulait me serrer dans ses bras, mais au dernier moment elle tourna la tête et pressa ses lèvres contre les miennes.

– Quel chou, murmura une nouvelle âme, interrompant le baiser.

Elle fit glisser un doigt le long de ma joue.

Au-dehors, une autre voiture klaxonna. La tête de Penny se tourna vers le bruit, ses yeux prirent un éclat dur.

– Qu'est-ce qu'elle fout ici, celle-là ? demanda Maledicta.

Coincé contre la portière, j'essayais de me remettre du baiser.

– Maintenant, annonçai-je, je rentre chez moi.

– C'est ça, répondit distraitement Maledicta. Mais tu perds pas ce foutu numéro, hein !

– Mais non…

Je sortis péniblement de la voiture, puis Maledicta partit sur les chapeaux de roue, manquant envoyer dans le décor la Cadillac qui arrivait au bout de la rue. Comme la Centurion disparaissait à vive allure, la Cadillac klaxonna à nouveau.

– Julie ? appelai-je.

– Andrew ! cria Julie en baissant frénétiquement sa vitre. *C'est quoi, ce bordel ?*

Je m'approchai de la Cadillac, bien plus inquiet que lorsque j'avais rejoint la Buick.

– Qu'est-ce que tu fabriques ici, Julie ?
– Hein ? Bon sang, Andrew, mais je te cherche, voyons ! Où étais-tu fourré, depuis hier ?
– Tu n'as pas trouvé mon petit mot ?
– Ton mot ? Quel mot ?
– Celui que j'ai laissé chez toi, ce matin.
Julie secoua la tête.
– Il n'y avait pas de mot chez moi.
– Mais si. Sous…
– D'abord tu pars précipitamment du boulot, hier ; ensuite tu ne réponds pas à mon coup de fil, hier soir ; aujourd'hui tu ne mets carrément pas les pieds au travail ; et maintenant…
Elle regarda par-dessus son épaule, à l'endroit où la Buick avait disparu.
– … Maintenant Penny me mate comme si j'étais Jack l'Éventreur, et manque de me foncer dans le lard.
– Je suis désolé. Je suis désolé que tu te sois fait du souci, mais je te jure que j'ai laissé un mot.
– Qui disait quoi ?
– Qui disait que je ne viendrais pas au travail aujourd'hui parce que j'allais voir le docteur Grey, à Poulsbo, pour lui demander ce qu'on pouvait faire pour aider Penny. Comme tu voulais.
– Oh, s'écria Julie, calmée sur-le-champ.
Puis elle demanda :
– Et alors, comment ça s'est passé ?
– Eh bien, pas mal, il me semble… Écoute, Julie… je sais qu'il te tarde d'en savoir plus, mais là, je suis vraiment claqué. Ça ne te dérangerait pas d'attendre jusqu'à lundi, que je te raconte ?
– Lundi !
– À la première heure, promis. Je viendrai plus tôt, et on pourra…
– Voyons, Andrew ! Tu ne vas pas me faire poireauter tout le week-end, pas après…
– Alors, demain, consentis-je. Je t'appelle demain pour qu'on bavarde…
Je voyais bien qu'elle avait envie de dire non, d'exiger

que je lui raconte l'histoire par le menu, maintenant, tout de suite – mais je devais avoir l'air tellement crevé qu'elle ne pouvait faire comme si de rien n'était.

– D'accord, demain, concéda-t-elle. Demain, de bonne heure…

– Je t'appelle après le petit déjeuner, promis-je. Bonne nuit, Julie.

Je me retournai, mais elle m'attrapa par le bras.

– Andrew ?

– Oui ?

– Tu ne m'en veux pas, n'est-ce pas ?

– T'en vouloir ? Pourquoi est-ce que je t'en voudrais ?

– Eh bien…

Elle lança un nouveau coup d'œil par-dessus son épaule.

– Laisse tomber. Mais écoute : au lieu de m'appeler après le petit déjeuner, demain, pourquoi ne passerais-tu pas à la maison pour qu'on le prenne ensemble ?

– Passer à la maison…

– Oui, comme au bon vieux temps…

Elle sourit, un éclat traversa ses yeux.

– Tu sais, ça me manque vraiment de ne plus passer autant de temps avec toi. J'y pense, parfois. En vrai, j'y pense beaucoup.

Elle me lâcha le bras et me caressa la joue, reproduisant exactement le geste qu'avait eu l'âme inconnue de Penny, après m'avoir embrassé.

– Et toi, Andrew ? Ça t'arrive d'y penser ?… Andrew ?

# LIVRE QUATRIÈME

# SOURIS

# 10

Lorsque Souris se réveille, ce dimanche matin, une enveloppe de la Société Britannique des Correspondants du Monde Entier l'attend sur la table de cuisine.

Dimanche matin : Souris n'est sûre de la date qu'après l'avoir vérifiée sur ses deux horloges ; le réveil branché à côté de son lit et le modèle à pile posé sur sa commode. Dimanche 27 avril. Elle a fait plusieurs trous noirs la semaine précédente, surtout jeudi et vendredi, dont elle ne se souvient que par éclairs fugaces et confus. Elle a encore dû picoler, vendredi soir, parce qu'elle s'est réveillée samedi avec la tête comme un compteur à gaz (mais seule, Dieu merci, et dans son lit). Elle a été à cran toute la matinée, ne tenant pas en place, rêvant de quitter l'appartement mais incapable de le faire – chaque fois qu'elle essayait de partir, elle finissait immanquablement par faire demi-tour et revenir sur ses pas. Comme elle tentait de s'en aller pour la cinquième fois, elle a découvert un bout de journal scotché à sa porte, sur lequel était inscrit au marqueur noir : ATTENDS QUE CE PUTAIN DE TÉLÉPHONE SONNE. Abandonnant alors la partie, elle n'avait plus bougé, puis aux environs de 13 heures le téléphone avait sonné, puis ç'avait été samedi soir.

Et maintenant c'est dimanche matin. Souris sort de sa cuisine, pieds nus, frottant ses yeux encore ensommeillés, cherchant à voir si elle a la gueule de bois. On dirait que non – elle a mal à la tête, mais ça ne ressemble pas à ça, et si sa bouche est sèche, elle ne décèle pas l'immonde arrière-goût avec lequel elle s'est réveillée la veille.

Elle va se servir de l'eau au robinet. Portant le verre à

ses lèvres, elle se retourne, aperçoit l'enveloppe du coin de l'œil, tourne encore un peu, et bondit.

Ce n'est pas l'enveloppe qui l'effraie. C'est sa mère, dont elle surprend le reflet dans le cul du verre. Sa mère, assise sur une chaise près de la table, les mains soigneusement pliées sur ses genoux, les ongles faits.

– *Petite Souris*, articule distinctement sa mère. *Tu as du courrier.*

Souris lâche un petit cri, avale l'eau par le nez ; son verre s'échappe et se fracasse par terre. Sur la pointe des pieds, en proie à une violente quinte de toux, Souris découvre que la chaise est vide, que sa mère n'est pas vraiment là – bien sûr que non, comment serait-ce possible ?

L'enveloppe, par contre, est réelle : un rectangle blanc de papier rêche, posé contre un rond de serviette. Souris va la chercher à petits pas délicats. Malgré ses précautions, la plante de son pied gauche se pose sur un éclat de verre, provoquant un autre petit cri, et elle atteint la table en clopinant.

L'enveloppe est épaisse, de qualité, un papier parchemin utilisé pour les faire-part de mariage et les convocations royales. Elle est coûteuse, ou le serait si elle n'avait été volée – à l'étalage, probablement, dans une des boutiques du centre commercial de Pacific Place. Aucun timbre n'y est collé. Si Souris vivait toujours avec sa mère, il y en aurait un, un joli timbre anglais choisi pour sa beauté et non sa valeur, mais heureusement ces prétentions n'ont plus cours ; l'enveloppe n'a pas été postée d'Angleterre, ni d'ailleurs.

Souris étudie l'adresse de l'expéditeur, inscrite à la main d'une écriture élégante et noire qui semble à la fois gracieuse et moqueuse :

*Société Britannique des Correspondants*
*du Monde Entier*
*1234 Catchpenny Lane*
*Century Village, Dorset 13971*
*ANGLETERRE*

Bien qu'elle l'ait vue des douzaines de fois, Souris est saisie, comme toujours, par l'inauthenticité – le peu de naturel – de cette adresse. Même lorsqu'elle était adolescente, Souris savait que les codes postaux britanniques ne comportaient pas cinq chiffres. 13971, c'est un code américain, et, qui plus est, la date d'anniversaire de Souris : 13 septembre 1971. Puis il y a les noms de la rue et de la ville : Catch*penny* Lane, *Cent*ury Village. Et le comté, le Dorset : une vraie région, certes (Souris avait vérifié dans un atlas), mais aussi le nom de jeune fille de sa mère.

C'était si gros que Souris ne pouvait s'empêcher de frémir devant la crédulité de sa mère, tellement impressionnée par la qualité du papier et l'élégante écriture qu'elle n'avait jamais soupçonné la supercherie. *Espèce d'idiote*, songe Souris, ou plutôt commence à songer. *Espèce de vieille...*

Mais un sentiment de terreur l'envahit soudain, chassant cette pensée hérétique avant même de l'avoir conçue. L'épouvante est telle que Souris disparaît quelques instants, laissant à l'intrépide Maledicta le soin d'ajouter : « Eh bien, c'était pourtant une vieille idiote, ta connasse de mère. »

... puis Souris revient, ses doigts, agrippés à l'enveloppe, froissent le précieux papier.

Son entaille au pied saigne. Il faudrait qu'elle s'en occupe ; il faudrait qu'elle balaie les bris de verre, aussi. Mais elle a d'abord besoin de connaître le message secret que la « Société » lui a envoyé. À ses risques et périls, elle retraverse la cuisine en direction du tiroir à couverts, à côté de l'évier, et attrape un couteau pour ouvrir l'enveloppe.

Elle a toujours reçu d'étranges lettres. Il y a les listes, bien sûr, les itinéraires anonymes qui lui permettent de maintenir un semblant de normalité dans sa vie. Il y a les graffitis, les messages-surprises et les sermons, tel le gribouillis apparu sur le bout de journal accroché à sa porte, la veille au matin. Et puis il y a les pense-bêtes, les missives détaillées surgissant de nulle part, au petit bonheur la chance, censées avertir Souris d'un danger potentiel ou lui prodiguer des conseils pour résoudre un problème lui donnant du fil à retordre.

Maintenant que sa mère est morte et enterrée, elle a moins de souci à se faire, mais lorsqu'elle était plus jeune et vivait encore chez elle, sous ses fourches caudines, Souris savait parfaitement que certains courriers étaient plus dangereux que d'autres. Il n'y avait généralement rien à craindre des listes, sauf lorsqu'elles comportaient des « à faire » qui violaient les règles en constante mutation de sa mère ; en réalité, sa mère se félicitait plutôt de l'existence de ces listes, croyant que Souris les écrivait elle-même. (« Bonne petite Souris, disait-elle d'une voix doucereuse, se souvient Souris, quelle bonne idée que de tenter de canaliser ce petit cerveau en morceaux qui est le tien. » Ce souvenir se mêle à un autre, celui de sa mère qui la pousse sur un lit défait en lui demandant : « Qu'est-ce que tu as oublié ? Qu'est-ce que tu as oublié ? » et lui tord le téton jusqu'à ce que Souris se mette à hurler – un souvenir si vivace que sa simple évocation coupe le souffle à Souris qui, de la main, enveloppe son sein pour le protéger.) Les graffitis étaient un peu plus dangereux, mais ils apparaissaient dans des endroits où la mère de Souris ne les voyait pas (dans le casier de Souris, à l'école, sur le tableau d'une salle de classe déserte où elle allait parfois se cacher), ou bien ils étaient effaçables (sur une vitre gelée, ou un miroir de salle de bains embué pouvant être nettoyé d'un simple geste de la main).

Mais les pense-bêtes, par contre, pouvaient être dangereux. Souris se souvient notamment d'une fois où elle était encore au collège, et qu'un garçon, un certain Ben Deering, avait feint d'avoir le béguin pour elle. Ben vint la voir un jour pendant l'heure du déjeuner – Souris, comme à son habitude, était assise toute seule à une petite table dans un coin de la cantine – et lui demanda : « Eh, tu me permets de m'asseoir à ta table ? » Au son de sa voix, Souris releva les yeux, puis les baissa aussi sec, sans un mot. Ben, prenant son silence pour un assentiment, s'installa.

– Alors, demanda-t-il en jouant avec un agglomérat de fayots encore congelés posés sur son plateau, t'en penses quoi, de la bouffe, ici ?

Souris ne répondit pas à sa question, ni à ses autres tentatives pour engager la conversation. Elle ne porta même plus les yeux sur lui. Sa gentillesse apparente ne pouvait être qu'une ruse. Ben était populaire au collège, tandis que Souris, au mieux, était invisible, et, au pire, le souffre-douleur ; cela n'avait aucun sens de songer que Ben puisse réellement vouloir lui parler. Alors elle l'ignora, dans l'espoir qu'il abandonne vite la partie et la laisse en paix.

Mais ce ne fut pas le cas. Il resta pendant toute l'heure du déjeuner, d'excellente humeur, comme si le silence dans lequel Souris se murait représentait le plus bel échange qu'il ait jamais connu. Lorsque la sonnerie retentit, appelant les élèves à retourner en cours, il se leva, toujours souriant, et lui dit :

– Merci. À demain.

Comme promis, il revint s'asseoir auprès d'elle le lendemain, s'attirant regards torves et ricanements de la part des autres élèves, qui avaient fini par remarquer son étrange manège. Mortifiée par leurs rires, Souris se mura encore davantage en elle-même, et refusa de parler ; Ben, de son côté, semblait de plus en plus avide de sa sourde et muette compagnie.

Le lendemain, Ben ne vint pas au collège. Souris, s'apercevant qu'il n'était pas non plus à la cantine, en conçut d'abord du soulagement, mais après quelque temps elle se surprit à le chercher du regard, pour voir s'il était réellement absent ou s'il avait préféré manger avec quelqu'un d'autre. Le surlendemain, quand Ben revint s'asseoir à la table de Souris, elle répondit à son joyeux « Salut » par un « Bonjour » à peine audible.

Cet événement extraordinaire fit sourire Ben de toutes ses dents.

– Pardon de ne pas être venu, hier, ma petite sœur était malade, et il a fallu que je reste à la maison pour m'occuper d'elle.

– C'est rien, bafouilla Souris.

Ils ne se mirent pas pour autant à converser. Plutôt, Ben lui posait des questions – « T'aimes bien l'école ? » « C'est quoi, ton groupe préféré ? » – auxquelles Souris répondait avec le moins de mots possible, et d'une voix monocorde. Elle ne comprenait pas en quoi tout cela pouvait l'intéresser et, malgré ses embryons de réponses, tentait de trouver assez de courage pour lui poser la seule question valable : « Qu'est-ce que ça peut te faire ? » Bien sûr, elle ne risquait pas de dire une chose pareille – elle avait déjà épuisé tout son courage pour indiquer à Ben quelle musique lui plaisait.

À la fin de la pause-déjeuner, Ben la remercia encore et lui souhaita un agréable week-end. Puis, pris d'une impulsion soudaine, il demanda : « Hé, tu voudrais pas te promener avec moi après l'école ? » Cette proposition fit retomber Souris dans son mutisme ; elle secoua un peu la tête, puis la hocha un tantinet, enfin ouvrit la bouche pour laisser s'échapper un couinement avorté.

– Tu sais quoi, dit Ben, je t'attendrai sur les marches, quand la cloche aura sonné. Si tu veux venir, rejoins-moi là-bas.

Après quoi il attrapa son plateau et s'en alla, laissant une Souris muette seule devant sa table.

Elle passa le restant de la journée à jeter des regards anxieux à l'horloge, redoutant la sonnerie et se demandant ce qu'elle ferait lorsqu'elle retentirait. Elle ne comprenait toujours pas les intentions de Ben. Si c'était un traquenard, il était très retors : Ben aurait-il passé trois pauses déjeuner à mettre un piège au point ? D'un autre côté, s'il ne s'agissait pas d'une ruse, et que Ben veuille devenir son ami… *pourquoi ?* Pourquoi, pourquoi, pourquoi ?

Que faire ? Tandis que les minutes s'écoulaient, pour se consoler, Souris se disait qu'au final ce ne serait pas à elle qu'incomberait la décision.

Son angoisse atteignit un pic à 14 h 57. Tandis que la deuxième aiguille de l'horloge de la salle de classe entamait ses derniers tours, Souris commença à se sentir étourdie, évaporée, légère, aussi ; elle percevait des petits coups derrière son crâne, comme si quelqu'un frappait à une porte pour entrer. La dernière sonnerie, lorsqu'elle retentit, lui fit l'effet d'un coup de feu dans sa tête. Souris entra en convulsions, s'agrippant à sa chaise pour ne pas se volatiliser dans la stratosphère…

… et soudain elle fut dans sa chambre, chez elle, assise

à son petit bureau, en train de regarder le coucher de soleil par la fenêtre. Sa tête se tourna mécaniquement vers le radio-réveil. Il était 17 h 47.

Souris portait encore les vêtements qu'elle avait à l'école, ce jour-là, mais son corps entier était recouvert d'une fine couche de poussière, et il y avait des taches de boue sur son genou droit. Une ronce s'était coincée dans une de ses chaussettes, et elle avait des égratignures sur les bras et les paumes des mains.

Un message était posé sur son bureau, en face d'elle, un mot composé de trois paragraphes, en deux parties. Le stylo qui avait servi à le rédiger avait été posé dessus, et lorsque Souris le prit pour l'écarter, il était encore chaud.

Le message indiquait :

*Désolé, Souris, mais ça ne va pas. Quand Ben Deering en a eu marre de t'attendre sur les marches du collège, il est allé à South Woods Park pour rejoindre deux garçons, Chris Cheney (orth. ?) et Scott Welch, et puis ils se sont mis tous les trois à faire des blagues sur toi. D'après ce qu'ils ont dit, Chris aurait fait un pari avec Ben : s'il se débrouille pour que tu lui tiennes la main, il gagne une vieille bicyclette. Je ne sais pas pourquoi, peut-être simplement parce que Chris est une peau de vache (en plus sa copine, c'est Cindy Wheaton, celle qui n'arrête pas de te faire des croche-pieds en cours de sport, alors elle a peut-être quelque chose à voir là-dedans), et puis sans doute que Ben a vraiment envie d'avoir un vélo.*

*En tout cas, ça ne va pas. Tu ne plais pas du tout à Ben. C'est rien qu'un coup fourré.*

Sous ces mots, une autre main, plus énervée, avait écrit :

*Ce que tu aurais déjà PIGÉ*
*si tu n'étais pas LA DERNIÈRE DES CONNES !*

Lorsque Souris saisit enfin la teneur du message, ses yeux s'emplirent de larmes. Son chagrin était amer, mais étrangement détaché, comme s'il n'avait pas d'objet – elle n'aurait su dire si c'étaient des pleurs de déception, de douleur, ou d'indignation. Elle se sentait *mal*, c'était tout ; mal, et convaincue au plus profond d'elle-même qu'elle s'était en quelque sorte infligé cela toute seule, peu importe le reste.

Une larme déborda, roula le long de sa joue, et Souris se dit : *Sac à merde, bonne à rien.*

– Petite Souris, murmura sa mère, derrière elle.

Souris poussa un petit cri et tourna sur sa chaise. D'un geste désespéré, elle essuya ses larmes, tellement dépitée de se faire surprendre en train de pleurer qu'elle en oublia le message posé sous son nez, sur le bureau.

– C'est l'heure d'aller te laver les mains avant de passer à table, annonça la mère de Souris, ses yeux brillant d'une joie méchante.

Elle passait son temps à épier Souris ; c'était un de ses jeux favoris. Parfois, elle annonçait sa présence d'une voix tonitruante, pour faire sursauter Souris ; d'autres fois, elle se faufilait sans un bruit et attendait – pendant de longues minutes s'il le fallait – que Souris entende sa respiration derrière sa nuque.

Souris avait horreur de cela, comme de la plupart des jeux de sa mère. C'est pourquoi, lorsqu'elle avait eu le bureau, elle avait d'abord pensé le mettre de l'autre côté de la pièce, face à la porte de la chambre. Mais sa mère l'avait convaincue qu'il était plus sensé de le placer face à la fenêtre, pour que Souris puisse bénéficier de la « lumière naturelle » pendant la journée. Bien entendu, le bureau avait atterri à l'endroit où sa mère le désirait. Et cela ne changeait peut-être pas grand-chose, somme toute ; après des années à être victime de frayeurs intempestives, Souris avait appris qu'il n'y avait pas un endroit dans toute la maisonnée, pas un recoin protégé où sa mère ne puisse pas débarquer en douce quand bon lui semblait.

– Va te laver les mains, Souris, répéta sa mère, son allégresse vicieuse disparaissant à vue d'œil.

Souris s'essuya les yeux une dernière fois puis bondit de sa chaise pour foncer vers le couloir.

Au lieu de s'écarter, la mère de Souris resta dans l'embrasure de la porte. C'était un autre jeu : pour pouvoir sortir, Souris devait s'aplatir contre le mur et se glisser contre les hanches puissantes de sa mère, s'exposant docilement aux pincements et aux claques que celle-ci décidait alors de lui infliger. Cette fois, au lieu de la battre, la mère de Souris attendit qu'elle soit engagée dans la porte pour se pencher sur le côté, écrasant de tout son poids Souris contre l'embrasure. Souris serra les dents, sachant que les pleurs étaient contraires au règlement. Après une brève éternité, la pression se relâcha suffisamment pour qu'elle puisse se faufiler, puis elle détala dans le couloir qui menait à la salle de bains.

Ce soir-là, pour le dîner, il y avait du ragoût de veau, servi dans des plats de porcelaine fine. Il n'y avait pas de vaisselle ordinaire chez les Driver ; seulement de la porcelaine fine, pour tous les repas, et de la porcelaine très fine pour les grandes occasions. Souris savait que c'était de la porcelaine fine car sa mère ne tarissait pas d'éloges à ce sujet, ainsi que de la chance qu'elles avaient toutes les deux de vivre dans une maison si raffinée, pleine de choses si raffinées.

– On en a de la chance, n'est-ce pas, disait justement sa mère, de vivre dans une maison si raffinée, pleine de choses si raffinées ?

– Oui, répondit Souris comme un perroquet, ah ça oui.

– Oui. Et on a beaucoup de chance que ton père ait pris soin de nous, qu'il ait veillé à ce que l'on puisse s'offrir tout cela.

– Oui, répondit Souris.

Une photographie du père de Souris était accrochée au mur de la salle à manger. Morgan Driver se trouvait sur une colline, devant un château, quelque part dans la campagne anglaise. L'image était un peu floue, comme si le photographe avait hésité à faire la mise au point sur lui ou sur l'immense édifice derrière lui, mais en regardant de près on décelait une expression grave sur son visage – étonnamment grave, pour un homme qui venait de se marier.

Une lune de miel en Angleterre : c'était l'une des premières, et des plus raffinées de toutes les choses raffinées dues au père de Souris. La mère de Souris nourrissait depuis toujours une passion pour les choses britanniques, « depuis que je suis une toute petite fille, encore plus petite que toi, petite Souris », et ces semaines passées à faire le tour des îles Britanniques constituaient l'apogée de sa vie.

– Si merveilleuses, disait-elle lorsqu'elle en parlait, et elle en parlait fort fréquemment, si raffinées, et un gentleman si raffiné pour me tenir compagnie…

*Un gentleman si raffiné pour me tenir compagnie*. Morgan Driver n'était pas fortuné, bien que cela ne transparaisse pas dans les propos de la mère de Souris. Il vendait des assurances, et comme son métier l'obligeait à beaucoup voyager, il savait dénicher de bonnes affaires pour voyager en avion et séjourner dans de gentils hôtels. Certes, il avait un petit pécule ; mais il n'était pas fortuné. En revanche, il était bien assuré. La chose la plus importante qu'il ait jamais faite, outre prendre financièrement soin de Souris et de sa mère, fut d'embarquer à bord d'un avion doté d'un moteur défectueux. Cela s'était produit alors que Souris n'avait que deux ans, et elle n'avait jamais eu la chance de connaître réellement son père. Pour elle, ce n'était qu'un personnage fictif, évoqué dans des histoires racontées par sa mère ou sa grand-mère, et quelques contes plus romanesques narrés sous la forme de pense-bêtes. Souris préférait les histoires de sa grand-mère, mais celles de sa mère étaient plus impressionnantes – histoires de Morgan Driver le preux chevalier, le gentleman ayant connu une fin tragique, mais seulement après s'être bien assuré que sa famille jouirait pour toujours de choses raffinées.

– Qu'il est bon que nos besoins soient satisfaits, se félicitait la mère de Souris en se servant une louche de ragoût. Qu'il est bon de vivre dans une maison si raffinée, pleine de choses si raffinées.

Lorsque sa mère se lançait dans une de ses tirades, elle empruntait une voix faussement aristocratique, une diction mélodieuse que Souris détestait secrètement. Mais Souris ne pouvait pas dire à sa mère de cesser de se donner de grands airs et ce, d'autant plus qu'elle la préférait affectée et agaçante plutôt qu'agressive et violente. Nettement.

– Qu'il est bon...

– Oui, dit Souris.

– Qu'il est bon d'avoir des mets raffinés, des meubles raffinés, des habits raffinés...

Souris, dont l'attention flanchait, fut sur le qui-vive dès que sa mère mentionna les vêtements. Bien qu'elle se soit nettoyée le plus soigneusement possible dans la salle de bains, elle savait que la poussière couvrant son chemisier et sa jupe n'avait pu échapper à sa mère, de même que l'accroc à son bas – bien entendu, les filles assez vernies pour jouir de vêtements aussi raffinés n'étaient pas censées les saccager en se vautrant dans la boue.

Souris jeta un coup d'œil furtif de l'autre côté de la table, se demandant si elle allait être punie. Sa mère était imprévisible : une chose tantôt susceptible de la pousser à bout pouvait plus tard la faire rire aux éclats, ou encore passer totalement inaperçue. Parfois, elle ne réagissait pas, simplement pour tout remettre sur le tapis, plus tard, à brûle-pourpoint.

Pour l'instant, décréta Souris, sa mère n'avait pas l'intention de crier au scandale pour les vêtements – elle poursuivait sa litanie de choses raffinées, son attention captée par la nourriture en face d'elle et non par sa fille. Souris s'autorisa à se détendre un peu.

– Ben Deering, s'écria soudain sa mère, et Souris eut l'impression qu'un piège se refermait sur ses entrailles. Ben Deering, Ben Deering, répéta sa mère en fredonnant, le chéri de ces dames c'est Ben Deering.

Elle inclina la tête, telle une chouette scrutant une petite bête recroquevillée au fond d'un puits.

– Ben Deering, sache-le, est un nom qui me semblait inconnu – en tout cas, tu ne l'avais jamais prononcé – mais, tout à coup, je me souvenue qu'il y a un Ben Deering *Senior* qui gère une décharge publique à Poubelle-ville.

Poubelle-ville était le sobriquet trouvé par la mère de

Souris pour désigner Woods Basin, la partie de la ville située en dessous de South Woods Park. C'était un quartier pauvre, peuplé de bicoques décaties et de parkings pour caravanes, où vivait la lie du peuple. La mère de Souris était bien placée pour savoir combien la populace de Poubelle-ville était ignoble car, par un vilain tour du destin, elle avait eu la malchance de naître à Woods Basin et s'y était languie trente-deux ans avant qu'un être supérieur ne vienne l'en arracher en lui donnant le nom de Mrs Morgan Driver. Bien qu'elle soit sortie de leurs griffes, les habitants de Poubelle-ville nourrissaient encore une grande jalousie à l'égard de la mère de Souris et ne cessaient de manigancer contre elle, ne manquant jamais une occasion de lui gâcher la vie. Dès que quelque chose clochait chez les Driver ou dans leur quartier – la chute d'un arbre dans le jardin, une inondation dans la cave, une ampoule grillée avant l'heure –, la mère de Souris s'arrangeait toujours pour faire porter le chapeau aux comploteurs de Poubelle-ville.

Il va sans dire que Souris avait l'interdiction formelle d'approcher Poubelle-ville. Et sympathiser avec un résident de Poubelle-ville – même involontairement – était une forme de trahison, un péché mortel selon sa mère. Le piège à loup se referma complètement lorsque Souris comprit combien la situation était épineuse.

– Un gérant de *décharge publique* ! s'exclama sa mère en feignant l'allégresse. Et *toi*, tu connais son *fils* !

– Non, protesta faiblement Souris. Non, je…

– Non ?

– Non, couina-t-elle timidement, écrasée par le regard de sa mère, son filet de voix devenu un murmure. Non, je…

– Tu quoi ? demanda sa mère. Tu ne le connais pas ?

Sa main gauche plongea sous la table, en ressortant le pense-bête. Elle brandit le bout de papier par-dessus sa tête, remuant les poignets comme si elle faisait du tambourin.

– Tu ne le connais pas ?

Souris était perdue, elle se savait perdue, pourtant elle

réussit à balbutier en désignant timidement la feuille de papier :

– Ce n'était qu'un piège…

– "Ce n'était qu'un piège", l'imita sa mère. Pourquoi aurait-il cherché à te piéger s'il n'avait pas su que tu tomberais dans le panneau ? Hein ? Que fichais-tu avec ce garçon pour qu'il croie que tu lui tiendrais la main ?

– Rien.

– "Rien".

– Je ne lui avais jamais adressé la parole, avant.

– Je vois. Tu dois vouloir dire qu'un jour qu'il s'ennuyait, il s'est demandé à qui il pourrait bien tenir la main et, soudain, frappé par un éclair de génie, il s'est dit : "Et pourquoi pas la fille de Verna Driver ? Elle ne m'a jamais adressé la parole, n'a jamais témoigné le moindre intérêt pour moi, mais à quoi bon essayer de me faciliter la vie ?"

– Je ne sais pas pourquoi il m'a choisie, répondit tristement Souris. Peut-être… Peut-être que, comme c'est écrit, peut-être que Cindy Wheaton…

– Qui est ta gourde de copine, d'ailleurs ?

Comme Souris roulait des yeux ahuris, sa mère donna une nouvelle secousse à la feuille.

– Ta *copine*. Celle qui espionne Ben Deering, bien qu'il ne t'intéresse pourtant pas.

– Je ne sais pas, répondit Souris, qui comprit en entendant sortir les mots de sa bouche combien ses paroles devaient sembler insensées, pas seulement à sa mère mais à quiconque les entendrait.

– Tu ne sais pas, répéta sa mère. Bien sûr que non, voyons, tu ne connais même pas Ben Deering, alors comment pourrais-tu savoir qui tu as envoyé pour l'espionner ?

– Je n'ai pas…

– Sais-tu, ce que moi, je ne sais pas ? Je ne sais pas si tu me dis la vérité quand tu prétends que tu as conscience de ta chance. Je ne sais pas si tu apprécies vraiment toutes ces choses raffinées que l'on te donne. Je me dis que tu n'es peut-être qu'une ingrate, une bonne à rien, un sac à *merde* qui ne sait que mentir, incapable de se dire qu'elle fout sa vie en l'air en cavalant avec un vaurien de Poubelle-ville. Je me dis…

Ces paroles cruelles faisaient souffrir Souris, qui se mit à trembler de tous ses membres parce qu'elle luttait pour ne pas laisser couler ses larmes. Si les pleurs, de par le monde, suscitent souvent la pitié, ce n'était pas le cas chez sa mère – il n'y avait au contraire pas de moyen plus efficace de la rendre furax. Luttant pour garder son sang-froid, Souris essayait de trouver des arguments pour récuser les terribles accusations de sa mère. Elle n'avait jamais tenu la main de Ben, lui avait à peine dit deux mots, et pourtant sa mère insinuait qu'elle… qu'elle…

Souris commit l'erreur de baisser les yeux un instant. Lorsqu'elle les releva, sa mère n'était plus assise face à elle.

Souris hurla, tenta de s'abriter sous la table, mais sa mère fut la plus rapide ; elle l'attrapa et la replaça sur sa chaise, qu'elle fit ensuite basculer en arrière. La violence du choc assomma Souris et, le temps qu'elle reprenne ses esprits, sa mère avait posé le pied au centre de son thorax, la clouant au sol.

Pareil à une lourde pierre, ce pied sur sa poitrine l'empêchait de respirer.

– Qu'est-ce qu'il y a ? demanda sa mère tandis que Souris peinait bruyamment à remplir ses poumons.

Elle lança un bras par-dessus la table, attrapa une poignée de ragoût brûlant et l'enfourna dans la bouche grande ouverte de Souris.

– Juste ciel ! Mais qui a fait ça ? *Je ne sais pas.*

Nouvelle poignée.

– Et ça ? *Je ne sais pas.*

Alors elle ôta son pied du thorax de Souris et – avant que celle-ci puisse reprendre son souffle – fondit sur elle, collant une main sur sa bouche et lui fermant les narines de l'autre.

– "Maman, pourquoi je ne peux plus respirer ?" murmura-t-elle à l'oreille de Souris. *Je ne sais pas.*

Après cela, elle cogna la tête de Souris contre le sol. À moins que cette sensation d'écrasement n'ait été due au manque d'oxygène ; il était difficile de savoir, car à ce stade Souris était en train de quitter son corps, de glisser vers les ténèbres. Elle se recroquevilla dans le noir et s'endormit. Ce que sa mère continua à lui faire subir ne la concernait absolument plus.

Lorsqu'elle se réveilla, dix-neuf heures plus tard, elle se trouvait assise sur le rebord de son lit, dans sa chambre. Sans même regarder son radio-réveil, elle savait qu'il ne s'était pas écoulé plus d'une journée : son nez lui faisait encore mal, après avoir été pincé si violemment ; elle sentait un hématome à l'endroit où sa mère avait appuyé son pied, sur sa poitrine ; les égratignures sur son bras, quoique moins fraîches, étaient toujours là elles aussi. (Il y avait par ailleurs d'autres douleurs, des maux mystérieux, notamment une meurtrissure cuisante entre ses jambes qui lui donnait envie de replonger immédiatement dans le noir – mais elle s'interdit d'y penser.)

La première chose que fit Souris, après avoir recouvré ses esprits, fut de s'assurer qu'elle était bien seule. Elle regarda à trois reprises dans sa penderie et par deux fois sous le lit avant de conclure que sa mère n'était plus dans sa chambre. Ce qui l'amena tout naturellement aux deux questions suivantes : Où était passée sa mère ? De quelle humeur était-elle ? L'un des inconvénients causés par les trous noirs qui succédaient aux crises de rage de sa mère, c'était qu'elle ne savait jamais vraiment quelle sorte de conclusion – s'il y en avait une – avait été atteinte.

Elle resta encore deux minutes à passer sa chambre en revue, dans l'espoir de trouver une liste qui lui apporterait quelques éclaircissements, mais la réaction de sa mère devant le pense-bête avait sans doute provisoirement eu raison de son auteur – à moins que sa mère, ayant mis la main sur la première liste, ne l'ait détruite par pure méchanceté. Toujours est-il que Souris ne trouvait rien, et il ne lui resta plus qu'à croiser les doigts en espérant que sa mère n'attende pas qu'elle se faufile dans le couloir à l'étage pour lui sauter dessus.

Sa mère n'était pas dans le couloir. Souris se précipita vers la salle de bains, ferma la porte (il n'y avait pas de serrure), regarda dans les coins, la baignoire, et la cabine de douche, puis ouvrit le robinet d'eau chaude du lavabo. Elle s'assit sur les toilettes et fit pipi, refusant encore délibérément de remarquer la douleur entre ses jambes ; ayant terminé, elle scruta un long moment le miroir sur le lavabo, qui s'était embué, dans l'espoir qu'un graffiti apparaisse. En vain.

Elle prit enfin son courage à deux mains pour descendre au rez-de-chaussée, et découvrit sa mère dans la cuisine, qui découpait quelque chose sur le plan de travail de l'évier.

– Petite Souris, dit sa mère sans même se retourner.

Ces mots semblaient neutres, comme si sa mère voulait lui signifier qu'elle était consciente de sa présence, sans montrer ni hostilité ni bienveillance. Souris aurait voulu prendre ses jambes à son cou, se cacher, mais elle se força à rester dans les parages quelques minutes, pour voir si sa mère voulait lui dire ou lui faire quelque chose. Ce n'était pas le cas, elle continua à s'affairer, et Souris finit par s'éclipser, ne sachant toujours pas si l'orage était passé.

Le dimanche suivant, la mère de Souris, pour jouer, lui donna une bourrade qui l'envoya en bas de l'escalier : elle se fit une entorse au poignet. Le soir même, au dîner, sa mère lui servit une assiette de petits pois gelés recouverts d'une couche de beurre non fondu, et feignit de ne pas comprendre pourquoi Souris ne voulait pas manger ses légumes (elle s'en amusa d'abord comme d'une bonne blague, mais, comme Souris refusait d'avaler ne serait-ce qu'une bouchée de ces petits pois semblables à du gravier, elle se mit franchement en colère, faisant sortir Souris de table, qui alla se coucher le ventre vide). Si de tels incidents étaient désagréables, ils étaient également fréquents – poilade quotidienne classique – et, en ce sens, pas particulièrement révélateurs de l'état d'esprit de sa mère. Souris ne comprit que le lundi matin que celle-ci restait contrariée au sujet de Ben Deering.

Elle s'en rendit compte lorsqu'elle partit à l'école. Elle franchissait le seuil de la maison quand sa mère – qui avait été jusqu'alors d'une humeur délicieuse – l'attrapa soudain par son poignet meurtri et la retint pour lui demander :

– Sur quoi sommes-nous tombées d'accord, pour ce garçon de Poubelle-ville ?

Souris, qui n'en avait aucune idée, répondit du tac au tac :

– Je ne lui adresserai plus jamais la parole !

– Ça pour sûr, nom de Dieu ! aboya sa mère alors que Souris avait l'impression d'avoir donné la bonne réponse.

Puis, affichant à nouveau un sourire affable, elle reprit :

– Bon, c'est possible que je ne sois pas à la maison quand tu rentreras, mais ne t'en fais pas. Je dois faire une petite course.

Sa tête était secouée par un fou rire à peine maîtrisé.

– Alors, attends-moi sagement, et n'ouvre pas la porte aux inconnus !

Ce jour-là, pour le déjeuner, Ben Deering tenta de s'asseoir à sa table. Elle le vit s'approcher d'elle, se leva pour l'envoyer paître…

… et se retrouva en cours, fermant son cahier au moment où la sonnerie retentissait.

Ben Deering, Chris Cheney, Scott Welch et Cindy Wheaton s'étaient réunis sur les marches du collège lorsque Souris s'en alla. Ils la dévisagèrent tous, lui lançant des regards ouvertement hostiles mais aussi inquiets, comme s'ils craignaient que Souris ne les attaque. Souris, qui redoutait qu'ils ne s'en prennent à elle, fila le plus vite possible.

– Espèce de sale tarée, va ! cria Cindy Wheaton dans son dos.

Souris, arrivant chez elle, rentra dans une maison déserte. Elle en fut d'abord soulagée, mais, comme sa mère n'était toujours pas revenue à l'heure du souper, elle commença à s'inquiéter. Et si la maison n'était pas complètement vide ? Et si sa mère, au lieu de faire des courses, se cachait dans un coin, attendant le moment propice pour lui bondir dessus ? La faim qui nouait l'estomac de Souris n'arrangeait rien à son état de nerfs, loin de là.

Mais sa mère finit par arriver, une heure plus tard, affichant une bonne humeur si triomphante que Souris s'en alarma encore davantage. Sa mère ne lui raconta pas où elle était allée, elle lui pinça simplement la joue et entreprit de préparer le dîner. Elle fit des côtelettes d'agneau avec de la purée et des épinards à la crème, l'un des menus préférés de Souris : c'était un très mauvais présage.

Elles avaient presque achevé leur repas lorsqu'on sonna à la porte.

– Tiens, qui donc est-ce que ça peut être ? gloussa sa mère en bondissant pour aller ouvrir.

Elle était partie depuis quelques instants à peine quand elle se mit à hurler :

– Penny ! Penny, viens ici *tout de suite* !

*Penny*. Sa mère ne l'appelait par son vrai nom qu'en présence d'inconnus – des étrangers qu'en général elle essayait de duper d'une façon ou d'une autre. Se demandant quel nouveau jeu venait d'être inauguré, et quelle serait sa nocivité, Souris se laissa glisser de sa chaise et se dirigea vers les cris de sa mère.

Elle fut stupéfaite de se trouver nez à nez avec Ben Deering – Ben Deering, et un homme de grande taille qui devait être son père. Ben semblait à la fois bougon et gêné, il s'efforçait de ne pas lancer un regard à quiconque, et surtout pas à Souris ; le père de Ben et la mère de Souris étaient en colère, bien que Souris ait l'impression que seule la colère du père de Ben était sincère.

– C'est elle ? demanda le père en faisant un signe de tête vers Souris.

– Oui, répondit la mère de Souris, comme si cela lui crevait le cœur. Voici ma fille.

Souris recula d'un pas, songeant que le grand monsieur risquait de la frapper, mais il se tourna vers son fils et demanda :

– Eh bien ?

Ben soupira et, dans un effort presque théâtral, se força à jeter un coup d'œil à Souris.

– Je suis désolé, dit-il.

Apparemment, cela ne suffisait pas : à peine les mots avaient-ils quitté ses lèvres que son père lui donna une calotte sur la tête.

– Tu es désolé *de quoi* ? demanda Ben Senior.

– Je suis désolé d'avoir fait ce pari, récita Ben à contrecœur. Je suis désolé d'avoir voulu te piéger. C'était méchant.

Il observa son père, comme pour demander : « Ça suffit ? »

– Très bien, dit son père. Va m'attendre dans la voiture.

Ben s'empressa d'obéir.

– Bon, dit Ben Senior en se tournant vers Souris.

Il semblait s'attendre à ce qu'elle se lance dans une tirade à son tour, mais voyant qu'elle se contentait de le regarder avec de grands yeux, il se racla la gorge et ajouta :

– Comme tu vois, mon fils a bien eu ton message. Enfin, plus exactement, *nous* avons bien reçu ton message.

*Mon message ?* se demanda Souris, et le père de Ben, remarquant son air perplexe, s'exclama :

– Oh, pour l'amour de Dieu !

Souris fit un nouveau pas en arrière.

– Le message auquel je fais allusion, jeune fille – au cas où tu ne le saurais pas – est celui que tu as balancé par la fenêtre de notre salon ce soir.

Il brandit une brique entourée d'un bout de papier déchiré. Souris n'avait jamais vu cette brique, mais lorsque le père de Ben passa sa main pour aplanir le papier, elle reconnut le message. Pendant quelques instants très pénibles, elle se demanda ce qu'elle avait pu faire. Puis elle se souvint de la « course » que devait effectuer sa mère.

– Penny !

L'aptitude de Verna Driver à feindre l'indignation laissait rêveur.

– Penny, mon Dieu, mais qu'est-ce qui t'a pris ? Comment as-tu pu faire une chose pareille ?

Se retournant pour ne plus présenter que son dos au père de Ben, elle fit tomber le masque indigné et, révélant sa malveillante jubilation, tira la langue à Souris en lui décrochant un clin d'œil. Puis elle reprit :

– Oh, Mr Deering, je suis tellement navrée, je ne saurais vous dire combien je suis choquée…

– Mon gars s'est mal comporté, répondit le père de Ben. Mais…

Il montra la brique.

– … Je ne pense pas que le vandalisme soit une réponse adéquate.

– Oh, mon Dieu, non ! s'exclama la mère de Souris. Je ne sais pas ce que Penny…

– Et ce que tu as fait au collège aujourd'hui n'en est pas une non plus, jeune fille, poursuivit le père de Ben. Eh oui, mon fils m'a raconté ça, aussi.

– Au collège, aujourd'hui ?

Le masque indigné s'affaissa.

– *Elle* a fait quelque chose… à l'école ?

– C'est dangereux, d'être incapable de maîtriser ses émotions, déclara le père de Ben, prescient. Tenez, je vous rends ceci, dit-il en remettant la brique et le message à la mère de Souris, et j'exige que vous demandiez à votre fille de se tenir à distance de mon fils et de ma maison.

– Vous pouvez en être sûr, lui répondit la mère de Souris, laissant glisser davantage son masque, dévoilant un air narquois.

Puis elle se reprit, et ajouta, plus douce :

– Bien entendu, nous rembourserons les dégâts causés à votre fenêtre.

Mais le père de Ben, qui devait sentir que quelque chose ne tournait pas rond, rétorqua :

– Tant pis pour les dégâts. Mais serrez la vis à votre fille avant qu'elle ne fasse du mal à quelqu'un. Quand on est incapable de maîtriser ses émotions…, conclut-il en agitant un index menaçant vers Souris.

Il tourna les talons et s'en alla.

– "Serrez la vis à votre fille avant qu'elle ne fasse du mal à quelqu'un", se moqua la mère de Souris une fois qu'il eut le dos tourné.

Comme la voiture des Deering démarrait, elle ajouta :

– Que s'est-il passé, à l'école ?

Souris se posait la même question. Passant en revue les événements de la journée, elle se souvint d'une chose que, sur le coup, elle avait négligée : lorsqu'elle avait croisé Ben et ses amis, après les cours, il avait les cheveux en bataille, sa veste et sa chemise couvertes de taches – des traces de nourriture séchée.

– Je crois que j'ai fait tomber mon plateau sur Ben, à la cantine, répondit Souris d'une toute petite voix.

– Tu crois ?

Sa mère lui jeta un regard torve et, pour la troisième fois, Souris fit un pas en arrière. Mais cette fois sa mère éclata de rire et, d'un geste affectueux, enroula le bras autour de sa fille.

– Eh bien, on leur a donné une belle leçon, à ces pouilleux de Poubelle-ville, pavoisa-t-elle. Bon, ma petite Souris, ça te dirait, une bonne glace ?

Et le sujet Deering fut clos, tout au moins pour la mère de Souris. Souris, quant à elle, n'en avait pas vraiment fini, bien entendu ; l'aventure du plateau-repas et de la brique dans la fenêtre circula vite dans le collège, et Souris, désormais baptisée « La tarée », devint le souffre-douleur idéal.

Puis, un beau matin, environ deux semaines plus tard, une circulaire du collège apparut comme par enchantement dans le cartable de Souris. Souris la découvrit alors qu'elle préparait ses affaires, et sa mère, qui rôdait non loin, la lui arracha des mains avant même qu'elle puisse la lire.

– C'est quoi ? demanda-t-elle en parcourant la circulaire.

Les yeux écarquillés, elle se mit à la lire plus attentivement, de plus en plus excitée.

– Mais voyons, c'est fantastique, s'exclama-t-elle. Quelle chance inouïe !

Elle se tourna, balançant par mégarde un coup de coude dans la tête de Souris.

– Pourquoi tu ne m'as rien dit, hier soir ?

Souris, qui se frottait la tête, ne put que hausser les épaules en signe de perplexité. Quand sa mère eut fini sa lecture, elle prit la circulaire, et commença à lire.

Chers parents attentifs,

Cette lettre afin de vous informer de la création d'une passionnante activité extrascolaire pour les élèves exceptionnels comme votre fille. Grâce à notre convention exclusive avec la Prestigieuse Société Britannique des Correspondants du Monde Entier, nous…

Souris se douta tout de suite qu'il y avait anguille sous roche. Si la lettre était écrite sur le papier à en-tête du collège, le texte était tapé à la machine, et non polycopié comme l'étaient les circulaires classiques, et la machine à écrire avait tendance à taper des u bas qui lui paraissaient étrangement familiers. Quelques années plus tôt, la grand-mère de Souris lui avait offert une machine à écrire Underwood qui inscrivait les u bas, comme cela ; puis la mère de Souris, agacée par ce cadeau, était allée lui acheter une machine électrique très coûteuse, insistant pour qu'elle jette l'Underwood, ce que, lui semblait-il, elle avait fait. Mais c'était troublant que la machine à écrire du collège ait exactement le même défaut que l'Underwood abandonnée, et la même police, aussi – suffisamment troublant pour que Souris se demande pourquoi elle ne se souvenait pas précisément de la fois où elle l'avait jetée.

La « passionnante activité extrascolaire » décrite dans la circulaire était on ne peut plus étrange, elle aussi. Il ne s'agissait, une fois qu'on passait outre aux formules prétentieuses, que d'un échange de correspondants. La Société Britannique des Correspondants du Monde Entier organisait des échanges épistolaires entre des collégiens américains « exceptionnels » – Souris rencontrait d'énormes difficultés à se reconnaître dans ce qualificatif – et des pensionnaires britanniques encore plus exceptionnels, dont la plupart, d'après la circulaire, étaient membres de la noblesse. Le but de tout cela, du côté américain en tout cas, semblait de susciter une osmose culturelle – grâce à leurs contacts réguliers avec des jeunes *lords* et *ladies* anglais, les collégiens américains déjà exceptionnels deviendraient super-exceptionnels, s'assurant ainsi un avenir des plus glorieux. En revanche, la lettre ne mentionnait pas le profit que les jeunes Anglais tiraient de cet échange.

Cette histoire paraissait absolument grotesque à Souris. Elle avait également l'allure d'une mauvaise blague. Il existait déjà un programme de correspondants au collège, mais il s'agissait d'envoyer des cartes postales à des petits villageois miséreux d'Afrique ou d'Asie, une activité aussi digne, aux yeux de Verna Driver, que d'aller faire serveuse dans un boui-boui de Poubelle-ville.

– Tu vas me signer ça, ordonna la mère de Souris. Tu vas me signer ça *dès aujourd'hui*.

– D'accord, répondit Souris.

Et elle fit de son mieux. Elle s'éclipsa de la cantine avant la fin du repas et se rendit au bureau du surveillant général, où Mr Jacob, se grattant la tête, lui apprit qu'il n'avait jamais entendu parler d'un tel programme.

– Je regrette, lui dit-il, je serais ravi de vous inscrire au programme Une Carte Postale Pour Mon Copain du Tiers-Monde, si vous voulez…

– Non merci, répondit Souris.

– Eh bien, alors…

Il lui rendit la circulaire.

– Si j'en entends parler, je vous contacterai, mais à mon avis, c'est une mauvaise plaisanterie.

Évidemment, c'était une plaisanterie. Ce qui mettait Souris dans l'embarras, car elle allait devoir rentrer chez elle pour annoncer à sa mère qu'elle n'avait pas fait ce qui lui avait été demandé, n'en ayant pas été capable. Plongée dans ses pensées, elle sentit une démangeaison dans le creux de sa main gauche. Elle y jeta un coup d'œil, et découvrit un gribouillis au stylo-bille : FAIS COMME SI ÇA AVAIT MARCHÉ.

Souris opina du chef, puis alla se laver les mains, et, quand la sonnerie retentit, elle rentra chez elle pour annoncer à sa mère qu'elle s'était inscrite au programme afin de trouver un correspondant. Et, après une période étonnamment courte, les premières lettres d'une longue série envoyée par la Société Britannique des Correspondants du Monde Entier avaient commencé à affluer dans la boîte à lettres des Driver. Souris, découvrant la première missive, secoua la tête, incrédule, en voyant l'adresse de l'expéditeur ainsi que le timbre : un timbre à deux *pence*, multicolore, un portrait de la reine Elizabeth oblitéré sans que les barbouillages du tampon s'étendent sur l'enveloppe. Le timbre semblait avoir été simplement rajouté sur l'enveloppe.

Deux *pence*, pensa Souris. Deux *pennies*. Était-ce assez pour envoyer un courrier depuis l'Angleterre en Amérique ? Elle en doutait fort, et ses doutes ravivèrent un vieux souvenir, un jour qu'elle était chez Bartleby avec sa mère. Bartleby, c'était la papeterie qui vendait de petits articles de bureau, mais aussi des timbres et des pièces pour collectionneurs. Il devait être possible d'y acheter des timbres étrangers, déjà oblitérés… ou même de les voler, se dit Souris.

L'enveloppe était bidon, tout comme la circulaire qui l'avait précédée. Souris l'aurait détruite, si elle avait osé, mais elle n'osait pas ; de toute façon sa mère s'en était déjà emparée et lui jetait des œillades énamourées, imperméable aux doutes qui assiégeaient Souris.

– Voyons voir ce que nous avons reçu, se réjouit la mère de Souris.

Trop impatiente pour aller chercher un coupe-papier, elle attaqua l'enveloppe comme un ours s'en prend à une ruche. La comparaison n'est en rien exagérée : après avoir déchiré l'enveloppe, elle fourra littéralement le nez dedans – et s'écarta d'un violent mouvement de tête, comme si quelque chose l'avait piquée. Elle essaya à nouveau, plus prudemment, avec sa grosse paluche avide, et la retira violemment elle aussi.

– Merde, jura-t-elle. Merde ! Merde ! *Merde !* FAIT CHIER !

Mais sa crise de fureur passa aussitôt, remplacée par une gaieté maussade.

– Vas-y, dit-elle en montrant l'enveloppe à Souris, essaie, toi.

Souris, écartant le haut de l'enveloppe pour y jeter un coup d'œil, ne découvrit ni miel ni abeilles au dard affûté, mais une autre enveloppe, plus petite, sur laquelle était simplement inscrit : « De la part de Miss Penelope Ariane Jones. À Miss Penny Driver. » Souris comprit tout de suite ce qui avait tant contrarié sa mère : l'enveloppe intérieure était de couleur violette.

Or le violet insupportait la mère de Souris – c'était une couleur qui, tel l'ail pour le vampire, suscitait chez elle une réaction quasi allergique. La tête de Souris se balada imperceptiblement d'avant en arrière sur son cou, mais elle n'opina pas vraiment du chef. Sa mère ne pouvait lire la lettre : elle était destinée à ses yeux seulement.

– Eh bien vas-y, aboya sa mère en levant une main menaçante. Ouvre-la !

Souris ouvrit l'enveloppe, qui contenait deux feuilles de papier à lettres, violet lui aussi, parsemées d'une écriture que Souris connaissait déjà.

– "Chère Miss Driver, lut-elle, c'est avec ravissement que j'entreprends ce qui sera, je l'espère, une longue correspondance entre nous…"

La brève description que fournissait la lettre de « Century Village, Dorset » paraissait tout aussi factice que l'adresse de l'expéditeur figurant sur la plus grosse enveloppe. De longs passages semblaient plagier les romans de Jane Austen, et peut-être même des Harlequin. Mais cette lecture agit comme un baume sur la mère de Souris ; l'ourse savourait enfin son miel, elle s'en léchait les babines, sans sembler douter un instant de ce que cela pouvait être. Souris, pendant ce temps, faisait de son mieux pour rester concentrée sur sa lecture – elle ne cessait de chercher un message caché, quelques lignes plus bas, une lettre dans la lettre, écrite pour elle seule.

Elle finit par l'apercevoir : tout au bout, juste après la signature « Penelope Jones », elle aperçut une ligne qui disait : NE PAS LIRE CE QUI SUIT À VOIX HAUTE et sous laquelle se trouvait un post-scriptum, en fait un nouveau message l'avertissant que Cindy Wheaton comptait la piéger au prochain cours de sport.

Une fois remise de sa surprise, Souris se dit qu'elle en voulait à ce messager : le subterfuge était grossier et pouvait lui attirer de gros ennuis. Et si l'engouement de sa mère pour toutes choses britanniques avait terrassé sa phobie du violet ? Elle aurait donc lu la lettre de ses propres yeux, y compris le message secret, et se serait aperçue qu'il s'agissait d'une ruse – alors, comment savoir ce qu'elle aurait pu faire à Souris ? Et même si la supercherie ne risquait pas d'être découverte, ce mode de communication induisait une surcharge de travail car, bien entendu, dès que sa mère s'était fait lire la lettre, elle ordonnait que Souris y réponde sur-le-champ. Elle se faisait également fort de surveiller les opérations. Penchée sur l'épaule de Souris qui s'appliquait à écrire, elle critiquait chaque phrase, chaque tournure.

Ce ne fut que plus tard que Souris comprit que le fait de piéger sa mère – et la piéger de la manière la plus grossière possible – n'était pas seulement un moyen pour atteindre une fin, mais l'un des buts mêmes de son correspondant. Le correspondant semblait très en colère, par ailleurs, ce qui fut flagrant lorsque Souris reçut la deuxième missive de Penelope Ariane Jones, qui commençait ainsi :

*Chère Miss Driver,*
*Je vous transmets mes meilleurs vœux, ainsi qu'à votre famille, depuis mon Dorset enchanteur. Ayez, s'il vous plaît, l'obligeance de bien vouloir dire à Madame votre Mère, de ma part ainsi que de celle de mes compatriotes, que c'est une horrible vieille CONNASSE, que nous adorerions lui larguer une grosse MERDE bien schlingante dessus et fourrer ses putains de choses raffinées dans son TROU DU CUL pourri…*

Souris, qui lisait à voix haute, s'arrêta net en lisant « Ayez, s'il vous plaît, l'obligeance de dire à Madame votre Mère », abasourdie par les mots horribles qui suivaient.

– Petite Souris ? demanda sa mère, brisant le silence qui s'était brutalement instauré. Qu'y a-t-il ? Que veut-elle me dire ?

Et Souris releva les yeux, prête à s'étouffer de terreur, et soudain elle se retrouva à replier la lettre tandis que sa mère, encore émerveillée, s'exclamait :

– C'était tellement beau, quelle charmante jeune fille, pourquoi ne lui ressembles-tu pas plus ?

Dès qu'elle fut seule, Souris déchira la lettre en mille morceaux, sans même chercher à y découvrir un message particulier.

– Fini, dit-elle, mi-courroucée, mi-suppliante, en évacuant les bouts de papier par la cuvette des toilettes. Fini, fini, fini.

Mais ce ne fut, bien entendu, pas le cas. Les enveloppes émises par la Société Britannique des Correspondants du Monde Entier ne cessèrent d'arriver pendant les mois et les années qui suivirent. La mère de Souris ne découvrit jamais le pot aux roses, bien qu'elle ait elle-même détruit des lettres, folle de rage et de frustration devant le constant refus de Penelope Jones d'opter pour un papier de couleur plus agréable. Et si quelques messages avaient été perdus, la plupart parvinrent à Souris ; même après le départ de Souris de chez sa mère, même après que celle-ci fut morte et enterrée, son messager continua à lui envoyer des missives au nom de la Société Britannique, comme pour lui adresser un clin d'œil complice.

Et en voici une autre. Souris attrape un couteau à beurre dans le tiroir à couverts et découpe soigneusement le haut de l'enveloppe. À l'intérieur, elle découvre une enveloppe plus petite, secrètement ravie par les riches teintes violines, parade magique contre sa mère. « De la part de Miss Penelope Jones », lit-elle, « À l'attention de Miss Penny Driver », et cela la ravit également. Bien que l'enveloppe intérieure soit toujours destinée à Souris, sur l'enveloppe extérieure, elle est toujours Penny, et ce nom lui plaît. Elle rêve désespérément de se faire appeler ainsi, mais personne ne le fait jamais.

Elle ouvre à son tour l'enveloppe violette, et en sort un bout de papier lavande, sur lequel est inscrit :

CHOSES À FAIRE AUJOURD'HUI
(dimanche 27 avril 1997)
1. PRENDRE UNE DOUCHE
2. METTRE DE JOLIS VÊTEMENTS
3. ALLER AU RENDEZ-VOUS AVEC ANDY GAGE
DEVANT HARVEST MOON À MIDI
4. <u>L'ÉCOUTER</u>

Bizarre. Ce n'est pas du tout un message, c'est une liste. Pour qu'elle lui parvienne sous cette forme, c'est que ça doit être important, mais Souris reste interloquée. Un rendez-vous avec Andy Gage ? Pour quoi faire ? Et l'écouter ? À quel sujet ? Qu'a-t-il de si important à lui dire pour procéder selon un tel protocole ?

Peut-être n'est-ce pas un tel mystère. Peut-être feint-elle la surprise simplement pour cacher le fait qu'elle s'attendait à quelque chose de cet ordre. Car ce qui lui vient d'abord à l'esprit, lorsqu'elle se demande à quoi tout cela rime, c'est le souvenir de la conversation qu'elle a entendue à l'Usine du Réel, le lundi précédent. Le dialogue entre Andrew et Julie, que Souris a surpris entre deux tentes. Ce qu'ils disaient semblait la concerner.

Oui, c'est bien cela – Souris en est soudain convaincue, mais elle ignore pourquoi. Cela dit, elle n'a pas le temps de se poser davantage de questions. Il est presque 11 heures, et s'il faut qu'elle se débarbouille, s'habille, et soit à midi à Autumn Creek, il serait temps qu'elle se dépêche.

Elle clopine dans son appartement, jusqu'à la salle de bains, tentant de ne pas laisser trop de traces de sang derrière elle. Comme elle s'assied sur le rebord de la baignoire pour enlever l'éclat de verre planté dans son pied, elle s'aperçoit que ses mains tremblent, mais pas à cause de la douleur.

Souris est excitée.

Souris est effrayée.

# 11

Lorsqu'elle voit Andy Gage devant le Harvest Moon, une heure plus tard, Souris pense à une photographie de son père. Non le cliché solennel pris pendant la lune de miel qui trônait sur la table à manger de sa mère, mais un autre portrait, plus souriant, posé sur la cheminée de sa grand-mère.

Cette photographie avait été prise le lendemain matin du bal de fin d'année du lycée. Après la dernière danse, Morgan Driver et ses amis allèrent faire un tour en voiture et finirent par l'envoyer dans le fossé. Il n'y eut aucun blessé, mais ils étaient perdus en rase campagne et il leur fallut toute la nuit pour rentrer en ville. La jeune fille que fréquentait à l'époque le père de Souris avait pris la photo à l'aube : Morgan Driver marchait à reculons sur le bas-côté de la route, le pouce tendu pour arrêter un automobiliste. Sa veste était accrochée à une épaule ; sa cravate défaite autour de son cou, sa chemise volant au vent. Une cigarette pas encore allumée pendouillait au coin de sa bouche, et il souriait malgré la vilaine entaille au-dessus de son œil gauche.

Cette photographie n'existe plus. La mère de Souris l'a brûlée, ainsi que toute une collection, peu après la mort de Grand-mère Driver. *Ces photographies étaient indignes*, répondait-elle à Souris lorsque celle-ci s'enquérait de leur disparition. Ce qui signifiait que ces clichés ne correspondaient pas à l'image qu'elle voulait garder de son époux – comme les histoires de Grand-mère le laissaient entendre, ils représentaient une personne totalement différente, un Morgan Driver qui fumait, buvait, faisait des blagues salaces et qui, lorsqu'il avait huit ans, sautait à pieds joints dans les flaques de boue.

Souris regrette amèrement que sa mère les ait toutes détruites, mais les photos restent gravées dans sa mémoire – comme si elle avait conservé dans son crâne les albums de sa grand-mère pour les feuilleter à sa guise. Et cette photographie de lendemain de bal – désormais posée sur la tablette de l'esprit de Souris – est plus réelle que jamais.

Souris ne saisit pas tout de suite pourquoi Andy Gage lui fait songer à cette photo. Planté sur le trottoir devant le Harvest Moon, il ne fait pas de l'auto-stop, et ne prête même aucune attention aux voitures qui passent. Sa mise, quoique simple, est correcte – veste sur le dos, col boutonné. Il n'a pas de blessure au front. C'est plutôt quelque chose dans son maintien, se dit-elle. Andrew semble à son aise, on dirait que, contrairement à Souris, il se sent à l'aise dans ce monde, comme son père sans doute – du moins, avant son mariage.

Mais en se rapprochant, elle s'aperçoit qu'Andrew parle tout seul. Il se raconte peut-être des histoires drôles – il vient d'éclater de rire. C'est insensé, comme comportement, pourtant Andrew paraît n'éprouver aucune gêne. Et lorsqu'il aperçoit Souris qui arrive dans sa Buick, au lieu de sembler embarrassé par le flagrant délit – ce que ressentirait Souris si elle était à sa place –, il lui sourit et lui fait signe. Il se sent à l'aise dans ce monde.

Souris arrive sur le parking derrière le restaurant, et se gare dans le coin le plus éloigné afin d'avoir le temps de reprendre ses esprits. Elle regarde dans le rétroviseur intérieur, puis relit sa liste pour s'assurer qu'aucune nouvelle instruction n'a été ajoutée. Rien d'autre. Elle n'a toujours aucune idée de ce qu'Andrew veut lui dire, ni de ce qu'elle est censée faire, à part l'écouter.

Elle ouvre sa portière et sort. Andrew traverse le parking pour venir à sa rencontre, les mains dans les poches. Là, il paraît gêné. Il ne semble pas aussi mal à l'aise que lundi dernier, lorsqu'ils sont rentrés de l'Usine du Réel, mais on dirait qu'il est absorbé dans ses pensées.

– Salut, fait Souris, histoire de dire quelque chose et d'avoir l'air de savoir ce qu'elle fabrique ici.

Andrew, quant à lui, paraît totalement déboussolé.

– Penny ? demande-t-il, comme s'ils ne s'étaient jamais rencontrés.

Souris réprime une envie impérieuse de répondre « Oui, c'est moi », et se contente de hocher la tête.

S'ensuit un silence pénible. Souris a reçu l'instruction d'écouter, et non de parler ; de plus, il faut qu'Andrew s'exprime le premier, pour qu'elle glane des indices. Mais on dirait qu'Andrew obéit aux mêmes règles, attendant qu'elle dise quelque chose.

Il finit tout de même par briser le silence :

– Vous savez pourquoi vous êtes ici, n'est-ce pas ?

Souris cligne des yeux. Elle se demande si elle a mal compris, mais Andrew fait alors cette stupéfiante déclaration :

– Quand vous vous êtes réveillée ce matin, vous n'aviez aucune intention de venir à Autumn Creek aujourd'hui. Mais lorsque vous avez reçu cette missive – ce message, ou peut-être cette liste – qui vous disait de me rejoindre…

Ils se trouvent dans un parc, chacun assis à l'une des extrémités d'un long banc en bois. Les joues de Souris sont en feu, elle est un peu essoufflée ; Andrew lui aussi a les joues rouges. Il a les mains dans les poches, et plaque ses bras contre ses flancs, il tient le moins de place possible, comme s'il voulait se faire tout petit.

Ils n'ont pas l'air d'être en train de parler à bâtons rompus – Andrew ne la regarde même pas – et Souris tourne la tête pour jeter un coup d'œil alentour. Elle ne reconnaît ni le parc ni les maisons dans la rue voisine, mais elle pense qu'ils doivent toujours être à Autumn Creek. Le Pilote Automatique lui indique que le soleil n'a pas changé. Elle n'a pas dû s'absenter si longtemps que ça.

– Ça fait cinq minutes, annonce Andrew.

Souris écarquille les yeux.

– On a quitté le parking du restaurant depuis environ cinq minutes, explique-t-il. On est dans Maynard Park, à quatre blocs au sud de Bridge Street. Vous marchiez vraiment très vite.

Il s'interrompt pour reprendre son souffle, puis tourne la tête très doucement pour la regarder dans les yeux.

– Penny ?

Souris comprend enfin pourquoi il prononce son nom avec un point d'interrogation : il sait. Il sait pour ses trous noirs, et il sait pour les listes. Que sait-il d'autre ?

– Je suis désolé de vous avoir fait peur, tout à l'heure, continue-t-il en détournant à nouveau le regard. Mon père m'a dit d'y aller franchement. J'espère que je n'ai pas eu tort – je n'ai jamais fait ça.

*Comment savez-vous pour les listes ?* pense Souris, mais elle ne dit rien.

– Vous vous demandez comment ça se fait que je sois au courant, pour les listes, ajoute Andrew. Et vos tr…

Souris est adossée à un arbre, cette fois elle a le souffle vraiment coupé, elle est en pleine hyperventilation. Ses paupières sont closes, elle les force à s'ouvrir et découvre encore plus d'arbres, tout autour d'elle. Elle est dans les bois, toute seule.

Non, pas toute seule.

– Penny ?

Sa voix, douce mais proche, l'effraie tant qu'elle manque reprendre ses jambes à son cou. Souris s'apprête à disparaître, mais rebondit contre quelque chose, comme si elle avait été éjectée de la noirceur par l'équivalent psychique d'une bourrade dans le dos.

– Penny, je vous en prie, n'ayez pas peur de moi, dit Andrew. Je ne cherche pas à vous effrayer ; je veux simplement vous aider. Je sais par quoi vous êtes passée, et il faut que vous sachiez que je le sais pour que nous puissions en parler.

Souris tourne la tête et le découvre à sa gauche, à environ un mètre. Il entre à pas traînants dans son champ de vision, brandissant ses mains dans les airs, tel un gangster prêt à se rendre.

– Je veux simplement vous aider, répète-t-il.

Il n'essaie pas de s'approcher davantage, mais préfère se laisser tomber par terre, à l'endroit où il se trouve.

– Je ne bouge pas de là, d'accord ?

Son geste – le fait qu'il s'assoie dans la poussière comme si de rien n'était, comme si peu lui importait de salir son pantalon – évoque à nouveau son père à Souris, son père tel que sa grand-mère le décrivait. Cette pensée ne suffit pas à la calmer complètement, mais elle l'arrache, l'espace d'un instant, à sa peur. Elle se détache de l'arbre, et se résout enfin à se tourner vers lui.

– Je suis désolé que tout cela vous bouleverse autant, Penny, continua Andrew. Mais je sais ce que c'est, les trous noirs, et…

– Quoi ?

Cela s'apparente davantage à un petit cri suraigu qu'à un mot chargé de sens, mais Andrew comprend.

– Vous n'êtes pas la seule personne au monde à vivre ce genre de choses. Il y en a d'autres.

Souris, levant une main tremblante, le désigne :

– Vous aussi ?

C'est une question à laquelle il serait censé répondre par oui ou non, mais, prenant un air soucieux, il dit :

– Pas vraiment… C'est plus compliqué que ça… Mon père avait des trous noirs, comme vous. Il perdait le fil du temps, parfois quelques minutes, parfois des jours entiers, et il avait besoin de faire des listes pour ne pas être trop déboussolé. Mais malgré cela, il continuait à avoir des ennuis, se faisait constamment reprocher des choses qu'il ne se rappelait pas avoir faites. Il était incapable de gérer son compte en banque. Il passait son temps à perdre des choses qui lui appartenaient, et à en trouver qui ne lui appartenaient pas – des vêtements, par exemple, et pas seulement quelques-uns mais des penderies entières, des vêtements qui lui allaient bien mais qu'il n'avait pas achetés, qu'il n'aurait jamais achetés…

Souris, se sentant faible, pose la main contre l'arbre pour se soutenir.

– Et les messages. Il recevait des lettres anonymes, de temps en temps, ou des messages sur son répondeur. Il arrivait que ce soit un conseil utile, mais aussi de pures méchancetés – des insultes, même des menaces. Parfois, c'était un mélange des deux, dans le même message, comme si la personne qui cherchait à l'aider en avait aussi vraiment marre de lui.

– La Société, explique Souris.

– Quoi ? demande Andrew. Oh… Penny ?

– Oui, répond-elle.

Elle n'est plus contre l'arbre, mais accroupie en face d'Andrew, les bras enroulés autour des jambes, le menton posé sur un genou. Elle a retrouvé son souffle, et se sent un peu plus calme.

– Les âmes – les gens – qui envoyaient des messages à mon père ne s'étaient pas attribué de nom particulier, reprend Andrew. Ils n'avaient pas l'intention d'agir en douce. Je suis persuadé que mon père aurait préféré qu'ils soient un peu plus discrets – il n'était pas assez riche pour avoir un appartement rien que pour lui, et lorsque ses colocataires surprenaient les messages sur leur répondeur, il avait… eh bien, parfois, il avait vraiment honte.

*Avait*. Souris a noté qu'Andrew parle au passé, voudrait lui en parler, mais d'abord elle a besoin de savoir :

– Qu'est-il arrivé à votre père ?

Avant qu'Andrew puisse continuer, elle répond à sa place.

– Il s'est fait enfermer, n'est-ce pas ? Parce qu'il était fou ?

– Hein ? demande Andrew, l'air surpris. Non… enfin… non, il n'était pas fou. Il a eu des petits soucis avec des gens qui, eux, le croyaient fou, mais…

– Il s'est fait enfermer, insiste Souris en hochant la tête.

– Provisoirement. Pendant un petit moment, oui, une fois… d'accord, deux. Mais il est ressorti, les deux fois, parce qu'il n'était pas vraiment fou. Et puis il s'est fait aider, il a découvert un moyen d'éviter les trous noirs. Penny ? *Il y a un moyen d'éviter les trous noirs*.

Il lui ment, forcément. Quel tour cruel, que d'avoir manigancé une stratégie afin que la Société la fasse venir ici, pour la terroriser en lui annonçant qu'il connaît sa folie puis lui mentir comme un arracheur de dents.

Souris lâche un profond soupir pour ne pas se mettre à pleurer.

– Comment ? demande-t-elle. Comment a-t-il fait pour éviter les trous noirs ?

– Il a construit une maison.

Elle a dû mal entendre.

– Il…

– Il a construit une maison, répète Andrew.

Son front se plisse à nouveau.

– Écoutez, c'est difficile… J'ai envie d'être franc avec vous, mais j'ai peur que si je vous explique tout, tout de suite, vous ne finissiez par penser que moi, je suis fou. Ou que vous preniez vos jambes à votre cou parce que je vous aurais fichu la frousse. Alors, s'il vous plaît, faites-moi une faveur ? Vous voulez bien venir avec moi, maintenant, pour que je vous montre quelque chose ? Je ne sais pas si ça peut vous être d'un grand secours, mais… c'est possible. En tout cas, ça m'aidera peut-être au moins à trouver mes mots.

– Où voulez-vous que je vous accompagne ? demande Souris, sur ses gardes.

– Chez moi. Ce n'est pas loin, à quelques blocs à peine, de l'autre côté de Bridge Street.

– D'accord, répond Souris en songeant : *Peut-être bien qu'il est fou.*

Ils se lèvent – Souris a les genoux endoloris d'être restée accroupie si longtemps –, il la guide à travers bois, et elle comprend que les fourrés font partie de Maynard Park. Comme ils quittent le parc et se dirigent vers le nord, Souris remarque qu'Andrew s'est remis à parler tout seul. Souris perçoit son nom à deux reprises parmi les grommellements indistincts, et au bout d'un moment Andrew s'exclame « Lâche-moi la grappe, veux-tu », tellement fort qu'elle sursaute. Souris est perturbée, non pas tant par ce soliloque qu'à l'idée que, s'il dure encore, elle risque d'entendre une deuxième voix. Elle songe : *Il faut que j'arrête de le suivre comme ça. Une fois qu'on sera à Bridge Street, je bifurquerai pour revenir au parking du resto, puis je prendrai ma voiture et je rentrerai chez moi. Il ne peut pas m'en empêcher.*

Sa décision est prise, elle fait un pas en avant, mais soudain sa main se retrouve dans sa poche, agrippée à la liste. De mémoire, Souris voit le dernier point, souligné :

## 4. L'ÉCOUTER

Ils arrivent sur Bridge Street. Souris ne prend pas la direction du restaurant. Andrew traverse la rue, elle le suit.

Comme ils posent le pied sur le trottoir, une voix les hèle :

– Hé ! Hé ! Andrew ! Souris !

C'est Julie, qui agite frénétiquement les bras, en contrebas. Andrew, l'apercevant, laisse échapper un petit sifflement agacé.

– Ah non, Julie, pas maintenant, murmure-t-il.

– … de bonnes intentions. Et, vraiment, je tiens à elle. Énormément. Mais, parfois…

Julie Sivik et Bridge Street sont passées. Andrew et Souris longent une rue tranquille, bordée de pavillons.

– Enfin bon, conclut Andrew, qui semble venir à bout d'un long discours.

Il désigne une grosse maison un peu plus haut, sur la gauche.

– C'est ici.

Une dame aux cheveux blancs vient leur ouvrir la porte.

– Bonsoir, Mrs Winslow, crie Andrew.

La femme lui fait un petit signe de la main, mais ses yeux sont braqués sur Souris, et elle n'a pas l'air commode. Souris se demande si elles se sont déjà rencontrées, et ce qu'elle a pu dire ou faire pour s'attirer un tel regard.

Mais alors Andrew, grimpant les marches du porche à toute vitesse, annonce :

– Mrs Winslow, voici mon amie Penny Driver.

Le visage de la femme s'illumine, elle répond chaleureusement :

– Je suis enchantée de vous rencontrer, Penny. Entrez, entrez, faites comme chez vous. … Je vais faire le café, dit Mrs Winslow en s'engouffrant dans un couloir.

– Merci, Mrs Winslow, répond Andrew.

Il ouvre une porte à mi-chemin du couloir et fait signe à Souris de la franchir.

– Par ici.

Mais Souris, au lieu d'entrer, reste plantée dans le corridor, à gigoter nerveusement sur ses jambes.

– Penny ? s'inquiète Andrew.

– Oui, répond Souris, un tremblement dans la voix.

Andrew secoue la tête.

– Oh, la porte d'entrée se trouve juste devant vous, dit-il en la désignant du doigt. Si vous avez envie de partir, sachez qu'elle reste ouverte.

– D'accord, répond Souris, sans prendre la peine de lui demander comment il savait qu'elle avait besoin d'être rassurée sur ce point. Merci.

Elle franchit la porte qu'il vient d'ouvrir et pénètre dans ce qu'il nomme le salon. Il y a effectivement des fauteuils, à l'intérieur – Souris en voit au moins deux, en plus d'un petit canapé –, mais il faudrait faire un peu de ménage avant que quiconque puisse s'y asseoir. La pièce est un incroyable chantier, entre le canapé, les fauteuils, les étagères aux murs, et la quasi-totalité du sol encombrée d'objets : des boîtes, des jouets, des vêtements, un bric-à-brac hétéroclite, des saletés.

– Excusez-moi, dit Andrew en surprenant son expression, je ne suis pas très doué pour organiser l'espace.

Dans un coin du salon elle aperçoit une maison miniature – pas une maison de poupée, mais une maquette de professionnel, de celles qu'un architecte pourrait fabriquer, entourée d'un décor. Elle est posée sur un guéridon, visible malgré la pagaille. Souris songe que c'est ce qu'Andrew voulait lui montrer – il semble faire des manœuvres pour s'en approcher –, mais il se dirige soudain vers la droite, vers le canapé, montrant du doigt un immense tableau peint à l'huile accroché au mur qui le surplombe.

C'est un portrait de groupe. Une vingtaine de personnes sont assemblées au premier plan. On dirait les membres d'une même famille, la plupart ressemblent à Andrew ; il y a beaucoup d'hommes, peu de femmes, un petit garçon, et un géant. Ils se trouvent dans une grande pièce en duplex dont les murs sont couverts de planches en bois laqué, et bordés de bougeoirs incandescents. De ces bougeoirs émane une lumière gaie qui baigne l'étage inférieur de la pièce; mais en haut, le long de la grande galerie qui constitue le deuxième niveau, les bougeoirs sont plus espacés, leur lumière moins vive. Sur ce sombre perchoir s'est assemblé un autre groupe, plus important que le premier, ses mornes rangs sont peuplés presque exclusivement d'enfants aux mines tristes. Leurs airs mélancoliques perturbent Souris, qui se félicite de ne les voir qu'en arrière-plan, derrière une balustrade.

Le tableau est signé « Samantha Gage ».

Andrew lui montre un individu aux cheveux bruns, dans le premier groupe.

– C'est mon père, dit-il.

La ressemblance est saisissante, Andrew et son père pourraient être jumeaux.

Souris désigne un individu aux cheveux plus clairs, à côté du père d'Andrew.

– C'est vous ?

– Non, grimace Andrew. Ça, c'est Gideon.

Il prononce ce nom comme s'il s'agissait d'une incantation maléfique. Puis il désigne une autre silhouette, complètement à gauche, à l'écart des autres.

– Ça, c'est moi.

– Oh, je vois, dit Souris.

Mais la ressemblance n'est pas frappante, quelque chose cloche dans le visage.

– Ne vous occupez pas de moi, dit Andrew qui pose la main sur le tableau pour cacher la silhouette censée le représenter. Moi, c'est un cas particulier. Mais quant à eux…

Il les désigne de sa main libre.

– Pour mon père, ces gens représentent l'équivalent de votre Société. Les choses se passent beaucoup mieux pour eux maintenant, parce qu'ils se voient, ils se parlent en face à face, d'âme à âme. Mais avant, mon père était dans l'état où vous vous trouvez à présent, la pièce que vous voyez là n'était qu'un néant noir où dormaient presque toutes les âmes.

Souris aimerait pouvoir lui dire, à cet instant précis, qu'elle n'a aucune idée de ce qu'il raconte, mais malheureusement elle en a une, qui devient d'ailleurs de plus en plus précise. Elle continue de scruter le tableau en écoutant Andrew et sent une pression de plus en plus forte dans ses tempes, comme si une foule d'êtres minuscules s'y regroupaient, se pressant à l'intérieur de son crâne comme des enfants qui s'écrabouillent le visage contre une vitrine.

– … et alors il a dû créer un endroit où ils pouvaient tous vivre en étant éveillés, en même temps. Un lieu de rencontre, dans sa tête.

– Dans sa tête…

– C'est ça, répondit Andrew. Parce que c'est là qu'ils vivent. Vous le savez ça, Penny, n'est-ce pas ? Les membres de votre Société – c'est pour cela qu'ils arrivent toujours à vous faire parvenir des messages, où que vous soyez, et pour cela qu'ils prennent le contrôle de votre corps pendant les trous noirs. Ils savent toujours où vous êtes, où vous trouver, parce qu'ils sont toujours avec vous.

D'une minute à l'autre, il va lever le bras, appuyer le bout de son index au centre de son front, et lui dire « votre Société vit là-dedans ». Il ne l'a pas encore fait, mais cela ne saurait tarder, et Souris sait qu'alors sa tête va exploser, que les membres de la Société vont se précipiter à l'extérieur de son crâne, pareils à des insectes grouillants qui s'échappent lorsqu'on soulève une pierre. Et là, elle deviendra complètement givrée, folle à lier, à tout jamais.

Il lève le bras.

– Non, dit Souris qui recule d'un pas…

… et tombe, tête la première, dans un cours d'eau glacé. Elle se relève en hurlant, chancelante. L'eau n'est pas profonde, mais le courant et les rochers glissants dans le lit du ruisseau lui font perdre l'équilibre.

– Au secours ! crie-t-elle.

– Penelope ! crie une voix derrière elle. *Stamata ! Perimene !*

Souris…

… court parmi les arbres, pas dans un petit parc citadin, cette fois, mais dans une vraie forêt. Les jambes de son jean sont lestées par de la boue et des feuilles, mais elle ne s'arrête pas, fonçant pendant des kilomètres et des kilomètres, lui semble-t-il. Pourtant, même la certitude absolue qu'une chose terrible est en train de la rattraper ne peut la faire galoper éternellement ; au bout d'un moment il faut qu'elle s'arrête, ne serait-ce qu'un instant. Chancelante, elle pénètre dans une petite clairière ; elle se penche en avant, les mains sur les genoux, et ferme les yeux pour mieux écouter la course de son poursuivant.

Lorsqu'elle les rouvre, elle aperçoit ces mots gravés dans la terre, à ses pieds : ARRÊTE TES CONNERIES. Souris sent un amas de terre fraîche sous ses ongles. Il y a un picotement dans son cou, la sensation familière que quelqu'un se tient près d'elle.

Elle ne se retourne pas. En revanche, elle fait mine de s'apprêter à le faire puis saute à pieds joints ; bondissant comme un cabri, elle détale à fond de train pour tenter d'abandonner son corps derrière elle.

Elle fonce droit dans un arbre, et s'écrase dessus.

– … saignez, dit Andy Gage, accroupi à ses côtés.

Souris est couchée sur le dos, elle cligne des paupières en regardant le ciel. Elle sent croître une bosse sur son front, du sang qui dégouline le long de son cuir chevelu ; sa nuque lui fait mal. Elle est calme désormais – en état de choc – mais son cœur est malade, et elle se dégoûte : ensanglantée, couverte de boue, vautrée dans la fange. Démente.

– Penny ? demande Andrew.

– Je suis une *merde*, dit Souris.

Les larmes se mettent à couler, glissant au coin de ses yeux – il ne manquait plus que ça.

– Je ne suis qu'une sale tarée, bonne à rien…

– Penny…

– … une espèce de sac à *merde*.

– Penny, *arrêtez*, ordonne-t-il, et elle lui obéit.

C'est-à-dire qu'elle arrête de le dire à voix haute. Mais dans sa tête, où se trouve la Société, elle ne cesse de répéter : *Espèce de sac à merde, bonne à rien.*

Alors Andrew lui demande :

– Vous vous souvenez de la petite fille, au restaurant ?

– Oui, dit Souris.

Bien sûr qu'elle s'en souvient.

– Vous vous rappelez la façon dont il en parlait ?

– Oui.

– "Cette satanée gamine", il disait. "Cette satanée gamine." Vous trouvez qu'il avait raison de l'appeler comme ça ?

– Non, répond Souris.

– Non, acquiesce Andrew. C'était odieux. Atroce. Bon, et s'il l'avait traitée d'espèce de sac à merde, à la place ? De bonne à rien ? Est-ce qu'il aurait eu raison ?

– Non…

– Non. Il aurait eu tort. Ç'aurait été méchant, et faux. Tout comme c'était méchant et faux que votre mère vous parle ainsi.

Elle bascule la tête sur le côté, sentant un élancement cuisant derrière la nuque, et l'observe.

– Qui… Qui vous a parlé de ma mère ?

– Vous-même, répond Andrew.

– Je n'ai jamais…

– Pas vous, personnellement, mais les membres de votre Société.

– Ils n'ont rien à voir avec moi, proteste Souris.

– Mais si, voyons. Vous les avez convoqués pour qu'ils vous aident à supporter des choses trop lourdes à gérer toute seule. Et, pour la plupart, ils sont toujours là, toujours prêts à voler à votre secours, mais maintenant ils commencent à avoir leurs propres désirs, leurs propres besoins, et ça complique les choses.

– C'est complètement *fou*.

– Non. En revanche, vous auriez pu devenir folle, avec tout ce que vous a fait subir votre mère. Ou bien méchante, comme ce type, au restaurant. Mais vous n'en avez rien fait. Plutôt, vous avez inventé quelque chose. Et c'est génial, seulement, maintenant, il va falloir être encore plus inventive si vous voulez remettre un peu d'ordre dans votre vie.

Souris se rassied, lentement, avec l'aide d'Andrew. Elle essaie de se retourner pour le regarder, mais son cou et ses épaules lui font vraiment mal, à présent.

– Où sommes-nous ? demande-t-elle dans un rictus de douleur.

– Dans les bois, derrière l'Usine du Réel. En fait, un kilomètre plus loin, j'ai failli vous perdre. Il a fallu que j'appelle Seferis pour vous rattraper.

– Seferis ?

– C'est compliqué, répond Andrew.

Souris pense : *Tout va être compliqué, à partir de maintenant.*

– Dites-moi quand même. Dites-moi tout.

Se laissant aller :

– Dites-moi ce que je dois faire.

# 12

Trois jours plus tard, Penny se trouve dans un autre salon en désordre, cette fois à Poulsbo, Washington, sur la péninsule de Kitsap – et elle se demande si la vieille dame en fauteuil roulant lui rappelle sa mère ou sa grand-mère.

Grand-mère et Verna Driver firent toutes deux des attaques cardiaques dont elles ne se remirent jamais. Grand-mère mourut peu de temps après – elle qui allait si bien se retrouva en soins intensifs du jour au lendemain, et décéda le surlendemain. La mort de sa grand-mère fut l'événement le plus triste de sa petite enfance, une perte si douloureuse que, peu de temps après les funérailles, Souris se retira dans le noir et dormit pendant toute une année – son plus long trou noir.

L'agonie de la mère de Souris se prolongea dans le temps, et si elle aussi fut traumatisante, c'était différent. Alors que Grand-mère avait plongé dans le coma juste après son attaque, Verna Driver resta consciente. Clouée au lit, trop faible pour bouger, incapable de parler ou se refusant à le faire, elle poursuivait constamment Souris de son regard furibond. Les soignants avaient dit à Souris de ne pas s'en formaliser; à moins qu'une vraie communication ne soit rétablie (plusieurs tentatives pour lui faire répondre à des questions par des clignements d'yeux avaient échoué), ils ne pouvaient certifier qu'elle avait conscience de ce qui l'entourait. Mais Souris savait à quoi s'en tenir sans autre forme de communication que ce regard incessant: sa mère était parfaitement consciente. Consciente, et furieuse, et désireuse de tout son être de pouvoir forcer Souris à prendre sa place.

Le docteur Grey, dans son fauteuil roulant, est furieuse

elle aussi. Le plus souvent elle parvient à ravaler sa colère, mais celle-ci explose à deux occasions : la première fois, lorsque la femme qui prend soin d'elle insiste trop lourdement pour lui venir en aide, la seconde lorsque Andrew est un peu long à comprendre que le médecin voudrait s'entretenir avec Souris en tête-à-tête.

– Allez donc voir si Meredith a besoin d'aide, en cuisine, suggère-t-elle.

Ce à quoi Andrew répond :

– Pour l'aider à quoi ?

– Ce dont elle a besoin, rétorque le médecin.

Mais Andrew reste bêtement assis sur son siège, sans rien comprendre, jusqu'à ce qu'elle finisse par aboyer :

– Allez donc faire un tour, Andrew ! Revenez dans une heure !

Andrew avait prévenu Souris que le docteur avait ses humeurs. « Elle est un peu difficile, parfois », avait-il dit. Il lui avait assuré qu'il ne fallait pas s'en faire pour autant, mais Souris semble à cran lorsqu'il quitte le salon.

Le docteur s'en aperçoit, et s'excuse immédiatement.

– Je suis désolée, dit-elle. Ce n'était pas professionnel de ma part. Je suis censée vous mettre à l'aise, non sur les nerfs. Mais j'ai toujours été un peu soupe au lait, et ce machin – elle tapote son fauteuil roulant – n'a rien arrangé. Soyez patiente avec moi, s'il vous plaît.

C'est du nouveau, pour Souris, que quelqu'un lui demande pardon, et encore pas d'avoir piqué une crise à cause d'elle, mais en sa présence.

– Ne vous en faites pas, dit-elle.

– Tant mieux. Bon, passons aux choses sérieuses, maintenant… Il me semble qu'Andrew vous a parlé de ses troubles de la personnalité multiple… Je me trompe ?

Souris fait signe que non, grimaçant quelque peu à cause de son cou endolori.

– Et quelle a été votre réaction ?

– Ma réaction ?

– Qu'en avez-vous pensé ?… Je vous en prie, soyez franche. Rien de ce que vous me direz ne sortira de cette pièce.

– J'ai… j'ai trouvé que c'était très étrange, répond Souris.

Trop étrange, mais elle n'en dit rien – sa curiosité première, l'espoir qu'un peu de lumière soit enfin faite sur sa condition s'étaient étiolés au fur à mesure qu'elle réalisait que l'homme dont Andrew parlait comme de son « père » n'était pas, contrairement à ce qu'elle avait pensé, un père biologique, mais psychologique, une version antérieure d'Andy Gage. De même qu'Andrew, son interlocuteur, n'était pas le fils biologique de ce père mais un membre de la Société qu'il avait constituée – un membre éminent, certes, mais une créature inventée de toutes pièces par l'imagination de l'Andy Gage originel.

*Trop* étrange. Fou. Et si sa propre Société lui avait laissé son libre arbitre, Souris ne se serait certainement pas retrouvée dans cette pièce. Lorsque son réveil a sonné, ce matin, elle a découvert, scotchées sur le moindre mur, la moindre porte de son appartement, des listes rigoureusement identiques. Le voyant de son répondeur clignotait, et bien qu'elle ait effacé les messages sans les écouter, elle savait ce qu'elle aurait entendu si elle avait appuyé sur *Messages* ; une voix, très proche de la sienne, qui lui conseillait fortement de ne pas manquer son rendez-vous chez le docteur Grey, profitant de l'occasion pour l'agonir d'insultes.

– Étrange, répète le docteur, comme si elle songeait à la polysémie du mot.

Souris baisse les yeux.

– Je sais que je suis folle. Mais au moins, moi… je suis réelle.

– Et vous pensez que ce n'est pas le cas d'Andrew ?

Souris hésite, elle ne veut pas dire de mal d'Andrew qui a été si gentil envers elle.

– Il dit… il dit que son "père"… l'a fabriqué.

– Eh bien, expliqua le docteur, toutes les personnalités se façonnent d'après un modèle. Par exemple, les gens disent souvent qu'ils doivent se réinventer ; mais cela ne veut pas dire que leur nouveau Moi soit faux.

– Ce n'est pas la même chose.

– Peut-être pas tout à fait. Mais je suis persuadée

qu'Andrew est réel. Quant à savoir si vous souffrez de troubles de la personnalité multiple, je l'ignore encore.

Souris se sent soudain pleine d'espoir.

– Vous pensez que ce n'est peut-être pas le cas ?

Le docteur hausse les épaules.

– C'est tout à fait possible. Cela dit, d'après ce que m'a expliqué Andrew, vous semblez avoir la plupart des symptômes dont souffrent les personnes atteintes d'un trouble de la personnalité multiple qui n'est pas soigné. Les trous noirs ; ces choses que manifestement vous avez faites mais dont vous ne vous souvenez pas. Dites-moi, que se passe-t-il, à votre avis ?

– À mon avis…

– Comment l'expliquez-vous ? À vous-même, je veux dire. Quand vous vous réveillez dans un lieu inconnu, ou que vous recevez un message anonyme se référant à des choses dont vous n'avez pas souvenir. Que s'est-il passé, d'après vous ?

– Je ne sais pas.

Souris écarte les doigts en signe d'impuissance.

– C'est pas… Je ne me l'explique pas. Ça arrive, c'est tout.

– Mais vous aimeriez bien avoir une explication.

– J'aimerais que ça s'arrête.

– D'accord, répond le médecin en hochant la tête. Voyons voir. Ce que j'aimerais faire, c'est provoquer l'un de ces trous noirs. Aujourd'hui seulement…

– Je ne peux pas les provoquer, objecte Souris. Des fois, j'aimerais bien, mais je ne contrôle pas…

– Oh, je ne pense pas que ça pose problème, dit le médecin. Mais pour une fois, j'aimerais voir si vous pouvez rester consciente lorsque advient un trou noir.

– Si je peux rester consciente ?

Souris secoue la tête devant ce paradoxe.

– Mais comment ?

– Répondez simplement à ma question, sans réfléchir. Partons du principe, pour notre démonstration, que vos trous noirs ne sont pas de simples évanouissements. Admettons le fait qu'en réalité ils vous transportent littéralement quelque part. Vous l'imaginez comment, cet endroit ?

– Je ne sais pas… Je ne peux pas…

– Ne réfléchissez pas, répondez simplement : où allez-vous lorsque vous perdez le fil du temps ?

– Dans le noir, répond Souris.

Le docteur hoche la tête, encourageante.

– C'est bien, le noir, on s'y sent en sécurité. Mais ce qu'il faudrait, c'est y voir un petit peu plus clair. Vous voulez bien attraper la boîte, là-bas, s'il vous plaît ?

Elle désigne une petite boîte blanche posée sur la cheminée. Souris la prend, fait mine de la lui passer, mais le docteur lui dit :

– Non, c'est pour vous.

Souris s'assied sur le divan, pose la boîte sur ses genoux. Elle soulève le couvercle et découvre un dôme lustré en plastique jaune. C'est un casque. Un casque en plastique, équipé d'une lampe de mineur.

– Vous voulez que je le mette ?

– Si vous voulez, dit le docteur. Il est peut-être un peu grand pour vous, mais vous pouvez ajuster la courroie intérieure.

Souris s'empare du casque, et le pose délicatement sur sa tête. Il est trop grand pour elle, trop lourd. Ça lui fait mal au cou. Au bout d'un moment, elle l'enlève.

– Ça ne va pas ? demande le docteur.

– Ça me fait mal au cou, répond Souris.

– C'est normal. Gardez-le, vous le mettrez plus tard. Et ne vous inquiétez pas pour la lampe – elle s'allumera toute seule quand vous en aurez besoin.

Le docteur se penche vers la table basse, elle y prend une autre lampe : une petite lampe de poche stroboscopique. Elle la dirige sur le visage de Souris, et l'allume.

– Concentrez-vous là-dessus, Penny, s'il vous plaît.

Souris ne veut pas regarder la lumière – elle l'aveugle, et chaque flash émet un petit bruit horripilant – mais elle ne peut s'en empêcher ; ses yeux ne suivent plus ses instructions. Comme son regard se fixe au centre du réflecteur de la lampe stroboscopique, la lumière se transforme,

forme des vagues, des parois mouvantes et lumineuses qui glissent sur Penny, la transpercent. Les bruits s'estompent, deviennent plus graves, vibrants, ils épousent les vagues de lumière.

Le docteur reprend la parole, et sa voix aussi a changé, elle semble plus riche, pleine, c'est la voix d'un prédicateur, c'est une savane en feu.

– Maintenant, je veux que vous vous détendiez, Penny, détendez-vous, ne quittez pas la lumière des yeux, n'ayez pas peur. Dans un instant, je vais demander à un membre de votre Société de sortir pour venir bavarder avec moi. En général, lorsque cela se produit, vous vous recroquevillez tout au fond de vous-même, dans cet endroit noir, et vous dormez jusqu'à ce que l'on vous rappelle. Aujourd'hui, je voudrais que vous restiez tout près, en veille – que vous vous fassiez une petite place où rester, si vous voulez. Le casque que vous tenez dans les mains rentre à l'intérieur avec vous ; il vous ira bien, là-dedans, et vous protégera. La lampe s'allumera automatiquement lorsque vous serez dans le noir, pour que vous puissiez regarder autour de vous et voir la place qui vous est allouée. Vous me comprenez ?

– Oui, répond Souris, hésitante.

– Très bien. Je vais compter jusqu'à trois, ensuite j'aimerais m'entretenir avec la personne nommée Fil. Un… deux… tr…

*…ois.*

Les murs se télescopent, le docteur, la table basse, la lumière stroboscopique valsent dans un sens, Souris et le divan dans l'autre.

Non, ce n'est pas cela. Le divan ne bouge pas ; rien ne bouge, si ce n'est Souris, attirée vers… vers…

Vers quoi ?

La voilà campée sur un sol ferme – du moins un sol qui ne se dérobe pas. Lorsqu'elle regarde devant elle, elle voit le salon, mais il est plus petit, c'est une lucarne dans le noir, elle a l'impression de regarder par un trou dans un mur, ou depuis la bouche d'une grotte sombre.

Juste derrière l'entrée de la caverne, Souris entend une

voix – la sienne, mais avec un débit différent – comme un écho :

*– Bonjour, docteur Grey.*

Une main apparaît dans son champ de vision, surgissant de sous l'ouverture de la grotte. C'est sa main ; la main de Penny Driver. Elle se tend par-dessus la table basse – plonge un instant pour éteindre la lumière –, puis serre celle du docteur.

– *Enchantée*, dit le docteur. *Êtes-vous Fil ?*

Le salon chavire tant et si bien que Souris devrait avoir le mal de mer, mais il n'en est rien.

– *Comme pour le fil d'Ariane*, répond la voix, la voix de Penny Driver. *Vous connaissez l'histoire ?*

Souris, qui n'a pas l'intention d'en entendre plus, ni d'écouter quelqu'un converser avec sa voix, se retourne. Derrière elle, c'est le néant, le noir. Ça lui fait peur, mais elle tient toujours le casque que le docteur lui a donné, et elle se souvient de ce qu'elle a dit, qu'il la protégerait. Elle le remet. Cette fois, il lui va parfaitement bien, elle n'éprouve pas la moindre gêne. La douleur dans sa nuque s'en est allée.

La lampe de mineur s'allume instantanément, et Souris s'aperçoit qu'elle se trouve dans un tunnel, le tunnel d'une caverne. Celui-ci rétrécit au fur et à mesure qu'elle s'éloigne de l'ouverture de la grotte, c'est un sentier étroit et pentu qui s'enfonce dans les profondeurs. Malgré sa lampe de mineur, Souris n'arrive pas à voir jusqu'au bout, mais elle a l'impression qu'il s'élargit en contrebas, s'ouvrant sur un espace plus vaste. Un courant d'air chaud la frôle, qui remonte des profondeurs, et elle a soudain l'impression qu'un grand nombre de personnes se sont assoupies sur le sol de la caverne, on dirait même que les dormeurs sont alignés en rang d'oignons, expirant à l'unisson.

– Eh, *Souris*, siffle une nouvelle voix, toute proche.

Souris fait volte-face et découvre une femme vêtue d'une veste en cuir noir qui s'appuie contre ce qui, quelques instants plus tôt, n'était que la paroi sombre et nue du tunnel. La femme fait à peu près la même taille que Souris, mais les cuissardes qu'elle porte – munies d'un bout d'acier, en cuir noir comme sa veste, et lacées jusqu'au genou – la grandissent. Son visage, encadré par une tignasse de méduse aux boucles emmêlées, est marqué ; ses joues, son front sont constellés de vilaines cicatrices, les rares parties de peau dépourvues de traces sont rugueuses et irritées. Ses yeux sont d'un bleu glacial, mauvais, deux blocs gelés de dédain, ses lèvres gercées affichent constamment un sourire sardonique.

– Alors, dit-elle, t'as fini par te bouger le cul pour venir voir ce qui se passe à l'intérieur, hein ?

Souris, baissant les yeux, aperçoit une deuxième femme, accroupie sur le sol de la caverne dans une position semblable à celle d'une gargouille. C'est la jumelle de la première femme, elle a les mêmes traits, les mêmes vêtements, mais elle est encore plus hideuse, si une telle chose est possible : ses cicatrices de variole sont plus prononcées, ses cheveux davantage en broussaille, ses yeux plus froids encore.

Souris, sans un mot, fait quelques pas en arrière pour ne plus avoir à supporter la vision de ce duo malfaisant. Étrangement, elle n'est pas effrayée, mais… *répugnée*.

– Petite Souris à la con, ricane la première. Quoi ? Tu crois quoi, bordel ? Qu'on est ici pour te faire du mal ? Putain, c'est qu'elle se croit peut-être trop bien pour nous ? *Connasse !*

*Moche et Supermoche*, se dit Souris qui cherche à attribuer un nom aux deux femmes. *Immonde et Superimmonde*. Souris ne sait pas ce qu'elles ont derrière la tête, mais elle ne veut rien avoir à faire avec elles.

– Souris à la con, répète Moche/Immonde, l'air véritablement vexée. D'accord, connasse, va te faire foutre.

Elle fait un geste obscène, puis disparaît avec sa jumelle.

Derrière l'entrée de la grotte, Souris entend se réverbérer la voix du docteur :

– … *archiver les souvenirs ?*

*– Eh bien, je suis presque tout ce qui se passe,* explique la voix de Penny Driver. *Je tiens mon journal – j'en ai deux, en fait. Dans l'un, je note les événements au jour le jour, les choses qui nous sont arrivées. L'autre s'appa-*

*rente davantage à un témoignage historique, je décris les choses que, j'en suis sûre – ou presque –, la mère de Penny nous a faites. C'est pour aider Souris, le jour où elle voudra vraiment remettre de l'ordre dans sa vie.*

*– Souris, c'est Penny ?*

*– Souris,* c'était *Penny.*

Souris s'enfonce dans le couloir étroit, de plus en plus bas. Les voix s'estompent derrière la bouche de la grotte tandis qu'elle descend, et bientôt elle n'entend plus que le souffle-vent chaud qui la frôle à intervalles réguliers.

Et à l'endroit exact qu'elle avait imaginé, le passage donne à nouveau sur un espace si vaste qu'elle n'a aucune idée de sa superficie. La lampe de mineur porte loin, mais Souris a beau agiter la tête dans tous les sens, elle n'aperçoit que le sol en pierres grossières qui s'étend sous le faisceau lumineux, peut-être à l'infini. Malgré son immensité, l'espace semble confiné, le courant d'air s'est divisé en souffles distincts, un concerto de ronflements. Souris n'arrive toujours pas à discerner les dormeurs mais – dardant un regard perçant dans le noir – elle sait désormais qu'ils ne sont pas loin.

Elle fait encore quelques pas puis s'arrête, curieuse mais peureuse. Et si elle se perdait, ici ? Souris cherche une idée pour retrouver son chemin, savoir comment remonter jusqu'à l'ouverture de la grotte. Alors qu'elle tourne la tête en tous sens, un tas de cailloux blancs – exactement ce qu'elle recherche – apparaît sous le faisceau de sa lampe. Elle se penche pour recueillir quelques galets.

À cet instant, elle perçoit un autre son que les respirations : des bruits de pas. Souris relève la tête, s'attendant à ce que les jumelles Moche et Supermoche reviennent la tourmenter, mais ce ne sont pas elles. Les pas sont légers, évoquant de délicates ballerines plutôt que de lourds godillots.

C'est une fillette, elle doit avoir sept ans et semble apprêtée comme pour se rendre à une fête. Ses ballerines sont roses, de même que sa robe de soie et de taffetas, une robe de bal. Mais son visage est triste, et ses yeux – bruns comme ceux de Souris – sont hantés.

Elle transporte quelque chose: une petite bourse en velours sanglée par un cordon. Elle la tient dans une main, au niveau de sa taille, le sac oscille de gauche à droite tandis qu'elle s'approche.

Souris repose les cailloux par terre et se lève. Elle résiste à l'envie de prendre ses jambes à son cou. La petite fille se rapproche et Souris s'aperçoit que sa robe n'est pas aussi belle qu'elle le croyait: son ourlet est défait, sale, une épaisse tache noirâtre s'étend sur toute la longueur du tissu. On dirait de l'huile, ou du sang séché, mais Souris comprend soudain qu'il ne s'agit pas de ça. C'est une tache de sirop au chocolat.

Souris reconnaît la robe, maintenant: c'est sa robe, ou plutôt ça l'était, un cadeau de sa mère. Un cadeau offert par jalousie, le genre de cadeau qui n'avait d'autre fonction que de faire de l'ombre à celui d'une autre, en l'occurrence la grand-mère de Souris, qui lui avait acheté une robe bain de soleil.

Cela s'était passé à la fin de l'été. Souris et Grand-mère Driver s'étaient rendues à une projection matinale, *Les Muppets, ça c'est du cinéma!*, au Willow Grove Rialto. Ensuite, elles étaient allées manger une glace sur Third Street et Souris avait repéré la robe bain de soleil dans la vitrine du magasin de mode Little Misses. C'était une petite robe toute simple, colorée, en coton, mais elle avait attiré son regard.

« As-tu envie de l'essayer ? » lui avait demandé sa grand-mère, et Souris avait dit: « Oh oui », alors qu'elle n'était pas si emballée que ça – c'était simplement une façon de retarder son retour à la maison. Mais la robe lui allait à ravir, elle était jolie comme un cœur – en tout cas, c'était l'avis de sa grand-mère – et, du coup, elle la lui avait offerte.

À peine de retour à la maison, dès que sa mère avait découvert la robe, Souris avait compris qu'elle s'était fourrée dans un sacré pétrin. Verna Driver, devant Grand-mère, était restée cordiale, s'exclamant: « Voyons, Millicent, vous n'auriez vraiment pas dû », mais Souris sentait affleurer sous la fausse politesse réprobatrice de sa mère de bien plus violentes émotions. Alors qu'elles étaient toutes deux sur le perron, à regarder Grand-mère s'en aller, Souris avait senti la main de sa mère s'agripper à son épaule, plantant ses ongles si profondément que Souris avait dû se mordre les lèvres pour ne pas crier. Dès que la voiture de Grand-mère avait disparu de leur vue, la mère de Souris l'avait entraînée dans la maison avant de refermer violemment la porte.

– Tu te prends pour quoi, bordel ? La petite fille aux allumettes ? Tu en as, des vêtements, de *beaux* vêtements. Pourquoi te sens-tu obligée de mendier pour en avoir d'autres ? Tu comprends l'image que tu donnes de toi ? De *moi* ?

– Je n'ai pas mendié ! protesta Souris. Grand-mère m'a simplement demandé si j'en avais envie. Elle voulait être gentille, et…

– Gentille !

La mère de Souris déploya le bras et gifla sa fille à toute volée, si bien que celle-ci, chancelante, entendit sonner les cloches.

– Elle est hideuse ! N'importe qui ayant un minimum d'affection pour toi ne pourrait t'offrir une robe aussi ignoble ! Je n'arrive pas à croire que tu sois aussi crétine !

– Je suis désolée, couina Souris, levant le bras dans une faible tentative pour se défendre. Je la lui rendrai, si tu veux ! Je la jetterai…

– *File dans ta chambre !* hurla Verna Driver.

Et avant que sa fille ait le temps de lui obéir, elle lui envoya un nouveau coup qui la projeta contre le mur.

Le lendemain, la mère de Souris, à nouveau tout sourires, rentra à la maison les bras encombrés d'un paquet couvert de papier cadeau.

– Petite Souris ! cria-t-elle en ouvrant la porte d'entrée. J'ai une surprise pour toi !

Souris, qui lisait dans sa chambre, n'accueillit pas cela comme une bonne nouvelle ; elle ne bougea pas d'un pouce. Bien entendu, sa mère vint la chercher.

– Je t'ai fait un cadeau d'anniversaire, avec un peu d'avance, pour te montrer combien je t'aime.

Souris savait qu'elle mentait. Non parce que sa mère disait l'aimer – Souris pensait sincèrement que c'était vrai – mais parce qu'elle prétendait que son cadeau était offert par amour. Ce cadeau était le fruit de sa jalousie ; Souris le savait avant même d'ouvrir la boîte et de découvrir la robe, à l'intérieur.

–Oh… qu'elle est jolie ! s'exclama Souris, s'efforçant de paraître la plus enthousiaste possible.

–Oui, elle est *belle*, répondit sa mère. Et ce n'est pas tout. Ce soir, nous mangeons au restaurant. J'ai réservé chez Antoine.

« Chez Antoine », le restaurant rattaché au Marriott de Willow Grove, était l'établissement le plus luxueux de la ville. La mère de Souris aimait y aller pour les grandes occasions. Souris l'aurait sans doute adoré, elle aussi – les desserts, chez Antoine, étaient merveilleux –, si elle n'avait pas constamment dû veiller à afficher un enthousiasme débordant ; ce qu'il fallait faire même lors d'un dîner ordinaire chez Antoine. Un dîner provoqué par la jalousie serait encore plus redoutable.

Souris prit cependant son courage à deux mains. Elle revêtit la robe et une paire de ballerines en satin que sa mère lui avait également achetées, et fit remarquer plusieurs fois combien la robe était jolie – *belle*, en fait. Sa mère elle aussi se mit sur son trente et un : gants blancs, escarpins blancs, capeline blanche, jupe bleu marine ornée de gros pois blancs.

Lorsqu'elles arrivèrent chez Antoine, on leur apprit que la salle principale était inaccessible, ayant été réservée pour un banquet de noces par les Hallbeck et les Burgess, deux grandes familles du coin (Carl Hallbeck possédait le *Willow Grove Reporter*, et les Burgess l'usine d'emballage qui faisait travailler toute la main-d'œuvre de la ville). Souris craignait que sa mère ne soit contrariée, mais elle accueillit la nouvelle avec bonne humeur, suivant sans broncher le maître d'hôtel qui les menait dans une salle moins spacieuse.

– Maintenant, commande ce qui te ferait plaisir, dit la mère de Souris.

Souris feignit d'avoir du mal à faire son choix, demandant à sa mère de lui décrire les plats les plus exotiques ; puis elle choisit des croquettes au poulet car elle savait d'expérience qu'elle arrivait à les manger même lorsqu'elle avait l'estomac noué par l'anxiété.

Leur table se trouvait près de la porte qui reliait les deux salles, et elles entendaient les invités de la noce. Verna Driver, assise face à la porte, ne cessait de se pencher sur le côté pour avoir une meilleure vue ; Souris, fort heureuse que sa mère soit distraite, braquait les yeux devant elle en attendant que ses croquettes arrivent.

Elles mangèrent leur repas ou, plutôt, Souris mangea ; sa mère, complètement captivée par le mariage, toucha à peine son assiette et ne prêtait aucune attention à Souris. Du coup, lorsque la serveuse vint leur proposer les desserts, Souris se sentit suffisamment à l'aise pour commander ce dont elle avait vraiment envie : le *sundae* aux trois chocolats de Chez Antoine. Verna Driver commanda un *cheesecake* puis annonça qu'elle allait se laver les mains, avant de disparaître dans la salle principale.

La mère de Souris s'absenta un très long moment. Cela ne gênait pas Souris. Elle attaqua son *sundae* dès qu'on le lui apporta, souhaitant profiter de sa solitude pour le savourer.

Elle avait mangé deux boules de glace sur trois et se resservait du sirop au chocolat lorsqu'elle entendit des rires qui fusaient dans la grande salle. Ils attirèrent son attention. Elle reposa le sirop au chocolat, se laissa glisser de sa chaise et alla à la porte pour voir ce qui se passait.

Un kiosque à musique avait été improvisé au bout de la salle et, devant, les tables étaient disposées de façon à créer un vaste espace. Souris aperçut sa mère au beau milieu de la piste de danse – son chapeau, tel un drapeau blanc, était impossible à manquer – qui dansait avec le marié, Bennett Hallbeck. À en juger par son sourire, la mère de Souris passait un moment divin, mais Ben Hallbeck semblait pris au piège ; il ne cessait de jeter des regards angoissés aux couples qui dansaient autour de lui, comme pour les supplier de le sauver. Finalement, à la faveur d'une pause des musiciens, il tenta de se dégager. Mais Verna Driver refusait de le laisser partir : elle le prit par la taille, l'attira tout près d'elle, et entreprit de se frotter contre lui. Cela lui valut de nouveaux rires de quelques spectateurs attablés, mais c'en était trop pour la mariée qui déboula telle une furie sur la piste de danse, flanquée de ses demoiselles d'honneur.

Souris ne resta pas pour regarder ce qui allait se passer. Elle fit immédiatement volte-face et se dépêcha de regagner sa table. Comme elle remontait sur son siège, elle fit tomber le sirop au chocolat ; le sentant dégouliner sur sa robe, elle laissa s'échapper un petit cri de désarroi.

Une dernière explosion de rires provint de la salle adjacente, puis le groupe se remit à jouer, très fort. Un instant plus tard, la mère de Souris surgit à leur table. Elle souriait encore, mais son sourire semblait fragile ; elle avait perdu son chapeau et ses cheveux étaient en désordre.

– On s'en va, maintenant, dit-elle d'une voix monocorde.

– D'accord, répondit Souris.

La tête baissée en signe de résignation, elle se leva, exposant aux yeux de sa mère la tache de sirop au chocolat que ses efforts frénétiques pour l'éponger à l'aide d'une serviette n'avaient fait qu'étaler. La robe était fichue ; mais Verna Driver ne hurla pas, ne la frappa pas non plus, elle fit simplement claquer une fois sa langue, comme si elle armait un pistolet.

– On s'en va, répéta-t-elle.

Elles quittèrent Chez Antoine par une porte dérobée, et Souris était alors si épouvantée qu'elle remarqua à peine qu'elles partaient sans payer. Tandis qu'elles traversaient le parking, elle jeta un regard désespéré en direction du restaurant, oasis inatteignable de rires et de lumière.

Puis elles montèrent en voiture. Souris voulut mettre sa ceinture mais elle comprit qu'il lui était impossible de la boucler sans la souiller de sirop au chocolat. C'était un vrai dilemme : sa mère exigeait qu'elle mette toujours sa ceinture en voiture mais elle exigeait avec tout autant d'ardeur qu'elle ne salisse ou ne souille jamais le véhicule ; les taches collantes, notamment celles dues à des friandises ou à de la glace fondue, étaient tout particulièrement honnies. Songeant que mieux valait commettre une entorse qui, ne laissant pas de trace, était susceptible de passer inaperçue ou d'être oubliée, Souris n'attacha pas sa ceinture, et arrangea sa robe de façon à ce qu'elle n'effleure pas la housse des sièges.

Sa mère boucla sa ceinture et mit le moteur en marche. Elle prit plusieurs rues sans dire un mot ; puis, sans crier gare, freina brusquement, précipitant Souris contre le tableau de bord. Souris ne se fit pas mal mais, surprise par la brutalité du choc, elle éclata en sanglots. Verna Driver fit un petit sourire et continua à conduire.

Le trajet de retour semblait interminable. Souris s'en réjouit d'abord ; elle était désormais certaine que sa mère lui réservait une bonne correction, et qu'elle s'y emploierait dès qu'elles se retrouveraient toutes les deux, à l'abri des regards. Elle n'était donc pas pressée de rentrer chez elle ; comme ses sanglots s'apaisaient, elle prêta davantage attention au décor et s'aperçut qu'elle ne reconnaissait pas la rue. Elles avaient fait un détour. Souris se mit à regarder devant elle et découvrit au croisement suivant une plaque signalant SOUTH WOODS PARK posée au-dessus d'une flèche qui indiquait la droite.

Elles ne tournèrent pas à droite, mais à gauche, s'enfonçant plus profondément dans Poubelle-ville. Après une succession de virages qui les conduisirent dans des ruelles de plus en plus délabrées, elles atterrirent devant un cul-de-sac dépourvu du moindre réverbère. Verna Driver sembla hésiter en découvrant l'allée, comme si elle avait elle aussi des réticences à y pénétrer, mais elle se fit violence et engagea la voiture. Seulement la moitié des terrains qui bordaient la voie étaient occupés par de vraies maisons. La plupart abritaient des caravanes ; l'un d'entre eux était vide, envahi par les mauvaises herbes ; un autre accueillait un cabanon déglingué qui pourrissait sous la lumière de la lune. Un pinscher, enchaîné devant le cabanon, aboya méchamment tandis que Souris et sa mère passaient en voiture.

Elles allèrent jusqu'au bout de l'allée, jusqu'au dernier

terrain où se trouvait une maison en bois délabrée, sombre et abandonnée. Elle n'était pas en aussi piteux état que la cabane, mais de peu : le toit s'effondrait, un des murs s'affaissait ; toutes les fenêtres que Souris apercevait étaient brisées ou condamnées par des planches.

Il n'y avait pas de garage, mais des marques de pneus dans le jardin. Verna Driver gara sa voiture à cet endroit et coupa le moteur. Souris, sachant qu'une chose très néfaste se tramait, restait figée sur place, respirant le moins bruyamment possible, comme si son silence pouvait, par quelque tour du sort, duper sa mère et lui faire oublier son existence.

En vain. Souris entendit un clic comme Verna Driver défaisait sa ceinture. Celle-ci lui dit, dans un soupir lugubre :

– Petite Souris. Tu as saccagé ta robe.

Elle semblait si triste. Souris faillit s'y laisser prendre, songeant un instant que sa mère, après tout, n'était peut-être pas en colère, mais terriblement déçue.

– Je ne l'ai pas fait exprès, dit Souris. Elle…

– Oh, répondit sa mère en l'observant, pourtant moi je crois que tu l'as fait exprès.

Alors Souris saisit la poignée de la portière. Elle parvint à l'ouvrir, à poser un pied par terre, avant que sa mère la rattrape par les cheveux et l'attire dans l'habitacle, la précipitant sur les sièges de devant pour la faire ressortir par le côté conducteur. Comme Souris continuait de se débattre, sa mère l'empoigna, la jeta par-dessus son épaule, et la porta jusqu'à la maison.

Souris hurlait à s'en époumoner ; plus haut dans l'allée, le doberman lui répondit par une salve d'aboiements. Mais personne ne réagit dans les baraquements ou les caravanes alentour. Pendant ce temps, indifférente aux hurlements de Souris et aux aboiements, sa mère poursuivait la conversation d'un ton égal, comme si elles se trouvaient encore dans la voiture, à discuter tranquillement des écarts de Souris.

– Tu sais à quel point je m'évertue, disait-elle, à quel point je m'évertue à te faire apprécier ce que tu as. Pourtant, tu persistes à te comporter comme si ça t'était dû, tu persistes à… tout ficher en l'air. Alors, soit – si tu veux tout foutre en l'air, si tu veux finir clocharde, et vivre dans Poubelle-ville, où personne de digne ne voudra t'approcher, soit. Ne perdons plus de temps.

Elle ouvrit la porte de la maison. L'intérieur sentait le renfermé, le moisi ; Souris décela également une odeur de colle et découvrit des lambeaux de papier peint au mur. Puis les odeurs changèrent. Souris et sa mère se retrouvèrent dans une cuisine dont le sol était jonché de vaisselle brisée, et sa mère ouvrit une autre porte. Souris sentit un vide derrière elle et laissa s'échapper un dernier hurlement.

– Et voilà, dit sa mère avant de la jeter dans la cave.

Sa chute dans l'escalier avait dû lui faire mal, mais Souris ne ressentait plus rien. Lorsqu'elle avait perdu l'équilibre, elle avait quitté son corps – en tout cas, à moitié : elle entendit le fracas de la chute, les bruits du carambolage qui se faisaient écho comme dans un tunnel, mais n'éprouva pas de douleur. Puis elle se retrouva les quatre fers en l'air contre un sol frais et terreux. La porte de la cave se referma dans un claquement sonore, la laissant dans le noir le plus complet.

Elle resta ainsi un bon moment – peut-être dix minutes, peut-être une heure. Peut-être trois. Souris n'avait pas peur du noir, elle s'y sentait en paix, presque rassurée. Ce ne fut que parce qu'elle songeait aux raisons qui l'avaient amenée ici – elle était forcément un être infect pour que sa mère la traite ainsi – qu'elle fondit à nouveau en larmes.

Les pleurs séchaient sur ses joues, et elle commençait à se relever pour chercher un moyen de sortir, lorsqu'elle entendit un bruit. Le craquement discret d'une porte qui s'ouvrait. Ce n'était pas la porte en haut de l'escalier ; c'en était une autre, une autre porte qui donnait sur la cave ou, peut-être, une porte qui menait à l'extérieur. Souris ne bougeait pas, tendant l'oreille, quand le craquement se renouvela – la même porte se referma, la peur la regagna alors, car elle n'était plus seule dans la cave.

Souris se rassit vite. Elle était totalement désorientée, mais se dit qu'elle n'avait pas dû tomber trop loin de l'escalier et elle se mit à chercher à tâtons son chemin dans le noir. Ses doigts frôlèrent une planche en bois rugueux – la marche du bas ! Elle remonta ses doigts le long de la planche jusqu'à ce qu'elle rencontre le pilier de la rampe, elle l'attrapa, et se redressa. Puis elle tendit la main pour attraper la balustrade mais, au lieu du bois, sentit le dos d'une autre main qui l'avait trouvée avant elle. La main bougea, encerclant son bras d'une poigne de fer.

Et puis…

… et puis elle ne savait pas ce qui s'était passé. Elle avait dû faire un trou noir alors qu'elle était en train de hurler ; elle était tombée en arrière et était maintenant chez elle, dans sa chambre, assise au bord de son lit dans la lumière du matin tandis que sa mère l'appelait pour qu'elle vienne prendre son petit déjeuner. La belle robe rose de princesse que sa mère lui avait offerte avait disparu et elle ne la revit jamais, de même que la robe bain de soleil que sa grand-mère lui avait achetée. Et les souvenirs de ce qui avait pu advenir dans la cave après que la main s'était enroulée autour de son poignet s'étaient eux aussi volatilisés – Dieu soit loué.

Mais à présent que Souris se retrouve dans la caverne avec la petite fille, elle comprend tout à coup : ce n'est pas vrai. Tout comme les photographies de son père brûlées par sa mère, la robe rose n'a pas disparu ; elle est là-dedans. La robe bain de soleil de Grand-mère doit y être elle aussi, quelque part ; il faudrait la chercher. Les souvenirs de ce qui s'est passé dans la cave après le trou noir… eux aussi doivent s'y trouver.

Oui. Souris observe la bourse que tient la petite fille, qui la tord comme si elle était vivante, et réalise qu'elle sait ce qu'elle contient. Comme pour confirmer son hypothèse, les ficelles de la bourse se relâchent toutes seules. Les pans de tissu s'entrouvrent comme une bouche, et Souris entend le craquement discret de la porte de la cave qui s'ouvre dans le noir.

– Non ! gémit Sourit.

Elle ne veut pas être mêlée à tout cela ; elle ne veut pas se rappeler ce qui s'est passé. Elle fait un pas en arrière, et se retourne pour partir en courant, mais alors même qu'elle en conçoit la pensée, cela advient pour de vrai : la caverne, le tunnel, l'ouverture de la grotte, tout défile à l'envers, comme dans un brouillard.

… et elle se retrouve dans le cabinet du docteur, regagnant son corps à une telle vitesse qu'elle s'émerveille de ne pas être projetée hors du divan. Son torse se précipite violemment vers l'avant ; le casque glisse de ses genoux et tombe à terre.

– Ohhh, gémit Souris.

Ses mains viennent se plaquer contre sa nuque de toutes leurs forces ; la douleur est revenue, et elle a redoublé d'intensité.

– Oh, mon Dieu…

– Penny ? demande le docteur. Penny, est-ce que ça va ?

Penny ne répond pas. Elle essaie de se masser la nuque pendant un moment, mais cela ne fait que répandre la douleur jusqu'à ses tempes, alors elle s'arrête et – comme la souffrance s'est apaisée – commence à faire courir ses doigts autour de son crâne. Pour vérifier.

– Penny ? répète le docteur. Qu'avez-vous vu ?

Ses mains se baladent désormais sur son front, à l'endroit où elle redoute qu'il soit, mais il n'y a pas de trou, pas d'ouverture béante au-dessus de ses sourcils, rien que sa peau douce.

– Penny.

Souris repose doucement ses mains. Elle se met un peu plus à l'aise sur le divan, veillant à se tenir bien droite pour soulager sa nuque.

– Je ne remettrai jamais les pieds là-dedans, dit-elle.

– Qu'est-ce que vous avez vu ? Est-ce que vous avez rencontré quelqu'un ?

Souris a l'air absente. Le docteur doit se dire qu'elle écoute quelque chose, mais en réalité elle *ressent* quelque chose : elle se concentre sur l'espace qui occupe, elle le sait désormais, l'intérieur de sa tête, tentant de sentir si d'autres membres de la Société se tapissent aux abords de la grotte, susceptibles de l'entendre.

– Penny…

Elle ne sent la présence de personne, ce qui ne veut pas dire que personne ne s'y trouve. Mais elle décide de tenter sa chance, et demande rapidement, à voix basse :

– Est-ce que vous pouvez les faire sortir ?

– Les faire sortir… ?

– Les gens, dans ma tête. Est-ce que vous pouvez…

Souris a envie de dire « les tuer », mais c'est trop violent, ils l'entendraient à coup sûr, même si elle murmurait.

– … est-ce que vous pouvez m'en débarrasser ?

Le docteur n'a pas l'air étonnée par cette requête, mais ne semble pas non plus disposée à la satisfaire.

– Penny, dit-elle sur le ton que l'on utilise pour les mauvaises nouvelles, comprenez-vous pourquoi ils ont atterri là-dedans ? Est-ce qu'Andrew vous a dit…

– Je me fiche de savoir pourquoi ils sont là-dedans ! Je veux simplement qu'ils s'en aillent ! dit Souris, soudain découragée. S'il vous plaît, implore-t-elle, je ne veux plus avoir affaire à eux, à ces horribles jumelles, à cette petite fille tordue, à aucun d'entre eux. Je veux simplement… Est-ce que vous pouvez les faire sortir ?

– Je suis désolée, dit le docteur.

– Vous ne pourriez pas m'hypnotiser ? Ou peut-être… peut-être qu'il y a un médicament, un truc que je pourrais prendre…

Mais le docteur secoue la tête.

– Même s'il y avait une pilule magique pour supprimer vos personnalités alternantes, elles finiraient de toute façon par refaire surface – ou bien vous en convoqueriez de nouvelles.

– Non, insiste Souris, non, je ne ferais certainement pas…

– Mais si, c'est ce que vous faites, Penny. C'est comme ça que vous réagissez dans des situations stressantes : en vous dissociant pour vous faire aider par quelqu'un d'autre. Si vous suivez la thérapie qui vous convient, vous pourrez découvrir des méthodes plus douces pour surmonter le stress, mais cela ne se produira pas du jour au lendemain. Je suis désolée.

– Mais Andrew dit que…, bégaye Souris, inquiète à

l'idée d'offenser le médecin, Andrew dit que vous… que votre méthode pour traiter… notre état… diffère de celles des autres psychiatres. Peut-être que si j'allais voir quelqu'un d'autre, peut-être qu'on m'offrirait… eh bien…

Elle s'interrompt maladroitement.

Le docteur fronce les sourcils mais n'a pas l'air en colère.

– Mes méthodes sont parfois peu orthodoxes, reconnaît-elle. Andrew n'est peut-être pas le plus apte à expliquer puisque son propre traitement, le traitement de son père, s'est… interrompu… de façon inopportune. Mais ce n'est pas le sujet. D'autres psychiatres s'opposent à moi sur de nombreux points, c'est exact, mais il y a une chose pour laquelle ils sont d'accord avec moi : un des principaux caps à franchir pour soigner votre état consiste à ce que vous affrontiez les expériences qui l'ont engendré. Et pour cela, vous allez avoir besoin de l'aide des membres de votre Société. Que vous décidiez de les considérer comme de vraies personnes ou comme des fantômes psychiques importe peu, il faut simplement que vous ayez accès aux informations qu'ils détiennent. Plus tard, quand ils vous auront fait partager ces renseignements, vous pourrez parfaitement débattre de leur vocation finale – soit vous souhaiterez les réintégrer, soit vous apprendrez à vivre avec eux, ou bien vous combinerez les deux méthodes. C'est une question importante, mais qui n'intervient que plus tard dans le traitement. Vous ne pouvez pas commencer par vous débarrasser d'eux.

*Il faut simplement que vous ayez accès aux informations qu'ils détiennent.* Souris pense à la petite fille avec sa bourse, elle pense à tous les autres, dans la grande caverne, ces gens qu'elle a entendus sans les voir. Mon Dieu ! Si tous étaient des enfants munis d'un sac ? Dire qu'elle a ressenti une telle terreur à l'idée d'avoir à se remémorer ce souvenir. Et il faudrait la multiplier par cent… non, pire que ça, par chaque trou noir qu'elle a fait ?

– Non, répondit Souris, non, c'est impossible. Je n'y arriverai pas.

Elle regarde le docteur.

– J'en suis incapable.

– Vous êtes la seule à savoir quand vous serez prête, répond le docteur, faisant preuve d'une patience étonnante. Pour moi, le fait que vous soyez ici signifie que c'est pour bientôt. Mais nous n'allons rien forcer. Je vous propose de vous donner mon numéro de téléphone, ainsi que celui d'un autre médecin, à Seattle – c'est lui qui prendrait votre traitement en charge, le cas échéant. Comme ça, vous pourrez réfléchir à tout cela à tête reposée, le temps qu'il vous faudra. Un dernier conseil, cependant, ajouta le docteur en levant le doigt comme pour lui donner un avertissement, je pense que vous avez tort de considérer vos personnalités alternantes, votre Société, en des termes purement négatifs. Je comprends que vous pensiez cela, vu le désordre qu'elles sèment dans votre vie, mais ce ne sont pas vos ennemies.

– Ce ne sont pas mes amies non plus, ajoute Souris en se rappelant la façon dont Moche avait sifflé.

– Peut-être pas vos amies, mais… vos alliées. Des gens avec des intérêts communs. Pas des intérêts identiques : vous serez peut-être parfois en porte-à-faux avec eux, et, même si ce n'est pas le cas, ils ne vous plairont pas forcément, et vous ne leur plairez peut-être pas non plus. Mais en général, vous tendez vers les mêmes choses, et je pense que vous trouverez que c'est beaucoup plus fructueux de travailler avec eux plutôt que contre eux… Je vois bien, à votre expression, que vous ne me croyez pas, mais ce n'est pas grave. Souvenez-vous simplement de tout cela lorsque vous prendrez votre décision.

– D'accord.

– Très bien. Et maintenant, si vous aviez la gentillesse de bien vouloir appeler Meredith…

Le docteur demande à sa conjointe de donner une carte à Souris comportant les deux numéros de téléphone – le sien, et celui du docteur Eddington. Souris fourre la carte dans son portefeuille et fait son possible pour avoir l'air sincère lorsqu'elle affirme qu'elle réfléchira à tout ce que le docteur lui a dit.

Quelques instants plus tard, Andrew rentre de promenade. Il est visiblement très curieux de savoir ce qui s'est passé pendant son absence, mais – peut-être vexé de s'être fait envoyer sur les roses un peu plus tôt – il ne pose pas de questions. Le docteur, qui semble soudain exténuée, se fait violence et insiste pour qu'Andrew la rappelle bientôt :

– Je veux parler à ton père, dit-elle, et je veux que tu prennes rendez-vous avec le docteur Eddington.

Andrew lui promet de le faire, mais Souris pense qu'il est à peine plus sincère qu'elle-même.

Une fois en voiture, tandis qu'ils quittent Poulsbo, Andrew finit par craquer et demande :

– Alors, comment ça s'est passé ?

Souris hausse les épaules.

– Bien.

Les parois de la voiture se télescopent, tout comme l'a fait le cabinet du docteur lorsqu'elle a compté jusqu'à trois. Souris se retrouve à l'entrée de la grotte, sans casque cette fois. Elle entend la voix de Moche qui surgit de la bouche de Penny Driver :

*– Mon cul, oui. Pas bien du tout. Cette petite connasse est venue nous zieuter, elle nous a vus, et elle a pété les plombs. Petite Souris à la con.*

– *Maledicta*, répond Andrew, *est-ce que vous avez été… aimable avec elle ?*

*– Putain, mais elle a même peur de son ombre. Pourquoi est-ce que je devrais m'emmerder à être* aimable *avec elle ?*

*– Maledicta…*

Souris, en proie à une violente colère, ressort soudain. Moche – Maledicta ? – est surprise ; il y a une brève lutte pour reprendre le contrôle, pendant laquelle les mains de Penny Driver se détachent du volant, et la Buick fait une embardée à gauche. Maledicta, percevant le danger, cesse de lutter.

– Penny ? demande Andrew, les yeux exorbités, tandis que Souris reprend le volant en main et remet la Centurion dans la bonne voie.

– S'il vous plaît, ne me parlez pas pour l'instant, répond Souris, il faut que je me concentre.

– OK, dit Andrew.

Souris est furieuse, elle n'aurait pas cru que c'était possible, pourtant sa visite chez le médecin n'a fait qu'empirer les choses. C'était déjà terrible de perdre conscience, mais d'être secouée comme un prunier dans son propre crâne, forcée d'écouter et de regarder quelqu'un prendre possession de votre corps et dire des horreurs sur vous…

Il faudra qu'elle soit vigilante, désormais. Il faudra qu'elle reste sur ses gardes, toujours sur ses gardes au cas où la Société chercherait à prendre le pouvoir. Qu'elle se tienne prête à les combattre.

Mais la vigilance, découvre rapidement Souris, requiert beaucoup d'énergie ; quand ils arrivent au port, elle est à bout de forces, tremblant comme quelqu'un qui n'a pas dormi depuis plusieurs jours. Tandis qu'ils attendent leur tour pour s'embarquer, Souris pose la tête sur le volant…

… et la relève une heure et demie plus tard. Le moteur de la Buick ne tourne pas, ils sont garés en face de la maison où vit Andrew, à Autumn Creek.

– Penny ? demande doucement Andrew.

Autumn Creek ! Comprenant ce qui vient de se passer, Souris se redresse comme un diable à ressort – et crie de douleur car elle a l'impression de recevoir un nouveau coup sur la nuque.

– Oh, Penny, dit Andrew, plein de compassion, en grimaçant sur le siège à côté. Je croyais que vous deviez aller faire soigner ça. Vous n'êtes pas allée à l'hôpital ?

Souris le regarde, sa vision brouillée par les larmes.

– Je ne sais pas, répond-elle.

Tout ce qu'elle sait, c'est qu'elle a essayé d'aller à l'hôpital, dimanche soir. Mais comme elle s'approchait de l'entrée des urgences, elle a aperçu un groupe d'infirmiers en train de plaquer au sol un homme en camisole de force. Et elle a soudain réalisé que si elle disait s'être assommée contre un arbre tandis qu'elle faisait la course contre elle-même, elle risquait elle aussi de finir avec une camisole. Alors, elle s'était tétanisée sur place et elle ne sait pas ce qui s'est passé ensuite. Peut-être était-elle allée aux urgences. Peut-être quelqu'un y était-il allé pour elle. Mais dans ce cas, ça n'avait rien changé.

– Voudriez-vous que je vous accompagne à l'hôpital, maintenant ? propose Andrew.

– Non, répond Souris. Non, merci.

Elle s'essuie les yeux d'un revers de la main. Recouvrant la vue, elle aperçoit la logeuse d'Andrew, assise sur la véranda, qui les regarde. Qui la regarde, elle.

– Elle ne m'aime pas, n'est-ce pas ?

– Qui, Mrs Winslow ? Bien sûr que si.

– Elle n'a pas confiance en moi. Elle pense que je représente un danger pour vous.

– Mrs Winslow s'inquiète pour ma sécurité. Mais elle n'a rien contre vous, Penny. Elle...

– Elle sait que je suis folle. Elle l'a vu.

– Elle a vu comment vous vous comportiez, concède Andrew. À deux reprises, en fait. Mais même si ça n'avait pas été le cas, elle me tiendrait à l'œil. Vraiment, elle n'a rien contre vous en particulier.

– D'accord, dit Souris.

Elle ferme les yeux et pose sa tête sur le volant, priant pour faire un nouveau trou noir, mais sachant que du moment qu'elle le souhaite vraiment, ce sera impossible. Andrew ajoute :

– Sa famille a été trucidée.

Souris relève la tête.

– Quoi ?

– Son mari et ses deux fils, explique Andrew. Ils ont été assassinés. Alors, vous savez, si vous avez l'impression qu'elle me couve un petit peu, il ne faut pas le prendre pour vous.

– Comment ça, assassinés ? demande Souris, choquée.

Andrew réfléchit quelques instants avant de répondre, demandant l'avis de sa propre Société.

– Ils étaient en week-end sur les îles San Juan, finit-il par lui dire. C'était il y a des années. Avant que mon père n'emménage ici, avant que je... avant que je ne prenne la relève. Enfin bon, ils sont partis faire ce voyage, et Mrs Winslow était censée les accompagner, mais elle est tombée malade au tout dernier moment et a dû rester à la maison. Et en chemin, sur le ferry, ils ont rencontré...

Là, Andrew prononce un mot qui ressemble à « puma », mais il se reprend aussitôt.

– … un homme très malfaisant, qui a convaincu Mr Winslow de le prendre en stop. Une fois qu'ils avaient quitté le ferry, et qu'il n'y avait plus personne alentour, le type a sorti un revolver et il a forcé Mr Winslow à marcher vers une falaise qui donne sur le détroit. Alors il a abattu Mr Winslow et il a forcé les deux garçons à sauter.

– Est-ce que la police l'a retrouvé ? demande Souris qui sait pourtant déjà, d'après le ton d'Andrew, que la réponse est négative.

Andrew secoue la tête.

– Non, non pas pour ça. Mais mon cousin Adam pense qu'il a finalement dû se faire choper. En tout cas, c'est ce qu'on espère.

Souris secoue la tête puis lui dit, fronçant les sourcils :

– Je ne comprends pas.

– La police ne l'a jamais coincé pour les meurtres, explique Andrew, mais elle a eu de ses nouvelles plus tard. Il paraîtrait qu'il a fouillé dans le portefeuille de Mr Winslow après l'avoir tué, et qu'il a trouvé une photo de Mrs Winslow, avec son adresse. Et puis, après s'être enfui, il s'est mis à lui écrire…

– À lui *écrire* ?

– Des petits mots surtout, précise Andrew. Des mots *horribles*. Des cartes postales, des cartes, de temps en temps des lettres plus longues – des choses vraiment ignobles, vicieuses, je veux dire encore cent fois pires que le plus méchant message que vous ayez jamais reçu.

– Mais qu'est-ce… qu'est-ce qu'il lui écrivait ? Il la menaçait ?

– Non, il fanfaronnait, plutôt. En général, il commençait par lui rappeler qui il était – bien sûr, il ne lui a jamais donné son nom, mais il lui rappelait ce qu'il avait fait – et puis, il se félicitait du bon temps qu'il passait, voyageant partout, libre. Et il allait effectivement dans plein d'endroits – les timbres étaient oblitérés de tous les coins du pays, les cartes ne venaient jamais deux fois du même coin. Et ça a duré environ cinq ans.

Andrew s'interrompt, courbe la tête.

– Cinq ans et demi.

– Cinq…

Les mots restent bloqués dans son gosier.

– Ouais, dit Andrew. Et à chaque nouvelle lettre, elle allait voir les policiers dans l'espoir qu'ils découvrent des indices. Mais ils n'ont jamais rien trouvé.

– Mais, alors… comment pouvez-vous dire qu'il a fini par se faire attraper, si la police…

– Il ne s'est pas fait coincer pour les meurtres, ni pour le courrier, répond Andrew. Mais les lettres se sont brutalement arrêtées, du jour au lendemain. Et la police, comme Adam, pense que le genre de type qui peut faire ce genre de trucs pendant cinq ans et demi, régulièrement, ne déciderait pas volontairement de s'arrêter tout d'un coup. Alors, il a dû lui arriver quelque chose – il s'est sans doute fait arrêter pour une autre affaire. À moins que, à moins qu'il ne soit mort.

– Mais il n'y a pas moyen d'en être certain, dit Souris, horrifiée. On…

– Non, mais on peut toujours espérer. La dernière lettre que le type a envoyée ? Elle a été postée d'une ville au nord de l'Illinois. Et c'était en août 1990, quelques jours seulement avant qu'une énorme tornade passe dans le coin. Alors, qui sait… Peut-être qu'après avoir posté la lettre, il s'est retrouvé coincé, dehors, sans abri pour se protéger de la tempête. C'est la fin que lui souhaite Adam. Et parfois… parfois, à moi aussi, ça me plairait. En tout cas, conclut Andrew, en tout cas, si je vous dis tout ça, je sais que c'est une histoire horrible mais je voudrais que vous compreniez que les choses que vous avez faites – changer d'âme, vous enfuir dans les bois, comme la dernière fois que vous êtes venue ici –, tout ça, ce n'est rien pour Mrs Winslow. Et quand vous dites que vous n'êtes pas quelqu'un de bien ? Penny, voyons (il se met à la tutoyer)… quand je t'entends dire de telles choses, ça me porterait à croire que tu ne sais pas ce que c'est, quelqu'un de mauvais. Mais pourtant tu le sais, n'est-ce pas ? Tu le sais parfaitement.

Souris ne répond pas mais elle se surprend à lancer un coup d'œil vers le rétroviseur intérieur, comme pour s'assurer que sa mère, par quelque tour de magie, ne s'est pas glissée sur la banquette arrière de la Centurion. Ce n'est pas le cas. Bien sûr que non.

– Une dernière chose, dit Andrew. La fois où mon père m'a raconté tout ça, tu sais, tout ce qui est arrivé à la famille de Mrs Winslow… Il m'a avoué que, quand elle lui en avait parlé pour la première fois, il s'était dit qu'il aimerait pouvoir parcourir les lettres.

Souris fait les yeux ronds.

– Pas pour satisfaire une curiosité morbide, ajoute vivement Andrew. Simplement, mon père voulait comprendre les motivations d'une personne qui commettait des actes aussi atroces et en concevait un réel désir… et il se disait que s'il pouvait savoir ce que le tueur avait écrit, il y verrait plus clair, et parviendrait à lire entre les lignes.

Andrew hausse les épaules.

– Mais bien sûr, il n'a pas osé demander à lire les lettres. Je veux dire, Mrs Winslow ne les avait plus, et en plus ça, ça ne se fait pas. Donc mon père n'a jamais réussi à comprendre quel était le mobile du tueur. Mais il disait qu'il savait quel était son *but*. Ça, c'était manifeste : il voulait détruire Mrs Winslow. Pourquoi, on n'en sait rien, mais c'est ce qu'il recherchait. Et il n'a pas réussi.

*Et il n'a pas réussi* : les mots suscitent un étrange frisson dans la colonne vertébrale de Souris, la douleur dans sa nuque se mue momentanément en quelque chose de léger, d'argentin, qui tintinnabule au fond de son crâne.

– Il n'a pas réussi, répéta Andrew. Oh, il lui a fait du mal, pour sûr : sans lui, elle ne serait pas devenue celle qu'elle est désormais. Il l'a peut-être même rendue un peu folle : elle continue d'attendre le facteur tous les matins, et mon père pense qu'elle ne pourra jamais quitter cette maison, du moins pas tant qu'elle ne sera pas absolument certaine que les lettres n'arriveront plus. Elle souffre d'insomnie ; elle s'inquiète pour moi. Il y a tout ça. Mais elle a survécu. Ça lui a fait du mal, mais ça ne l'a pas détruite et – Penny ? – c'est quelqu'un de bien. Toujours.

Souris comprend enfin le message qu'il veut lui faire passer. Mais elle ne veut pas l'entendre. Elle secoue opiniâtrement la tête, et la douleur redouble, faisant monter de nouvelles larmes dans ses yeux.

– Moi, je ne suis pas quelqu'un de bien.

– Et pourquoi ? Parce que ta mère te torturait ?

– Parce que, répond Souris, puis elle s'interrompt, songeant : *parce que je le méritais.*

Andrew lit dans ses pensées.

– Qu'aurais-tu fait pour mériter ça ? demande-t-il posément. Souviens-toi de la petite fille au restaurant, Penny, que pourrait faire une enfant pour mériter un tel traitement ?

– Je ne sais pas ! crie Souris.

En larmes, elle bourre le volant de coups de poing.

– Je ne m'en souviens pas ! Mais j'ai dû… j'ai dû…

Elle éclate en sanglots.

Andrew attend que ses pleurs cessent puis, d'une voix douce, il lui demande :

– Penny ? Tu veux venir un moment à la maison ?

Souris renifle en haussant les épaules.

– Tu pourrais, continue Andrew comme s'il s'apprêtait à lui faire une proposition délicate, tu pourrais peut-être rencontrer mon père. Si tu veux.

– Ton père ?

– Je pourrais l'appeler pour que tu lui parles.

– Ton père, répète Souris.

Elle s'essuie le nez sur sa manche.

– Pourquoi…

– En fait, dit Andrew, ce que tu traverses en ce moment… ça ne m'est jamais arrivé. Je n'ai jamais dû affronter le fait d'avoir une personnalité multiple, parce que ça a toujours été comme ça, pour moi. Tout le reste, tout ce que tu dois apprendre à gérer, ça s'était produit avant moi. Et c'est sans doute pour ça que je ne peux pas t'aider davantage.

– Oh si, répond mécaniquement Souris. Si, tu m'aides.

– Je n'en ai pas l'impression, rétorque Andrew. Pas assez, en tout cas. Mais peut-être que mon père…

Il hausse les épaules.

– Alors, est-ce que tu as envie de le rencontrer ?

*Pas vraiment*, se dit Souris. Mais elle songe au trajet qui lui reste à faire pour rentrer chez elle, toute seule – enfin, toute seule… Seigneur –, et elle comprend que, parmi toutes les choses qu'elle n'a pas envie de faire, l'idée de rencontrer le « père » d'Andrew est sans doute la moins mauvaise.

– D'accord, concède-t-elle. Très bien.

– Super.

Andrew sourit.

– Viens, entrons, dit-il en posant la main sur la poignée de la portière. Mrs Winslow te fera un bon café, ou un thé, si tu veux…

Il bondit presque hors de la voiture, et Souris se dit, *à l'aise dans le monde*. D'un côté, elle est horrifiée qu'il puisse être si indolent, alors qu'il vient de lui raconter des histoires de meurtre et de torture mentale infligée à une vieille dame, mais, d'un autre, elle l'envie. Peut-être qu'Andrew, ou bien son père, lui donnera le truc : comment appréhender le mal sans se laisser dévorer. Peut-être que si Souris parvenait à vivre ainsi, elle ne serait plus terrorisée par la petite fille dans la caverne.

Andrew trottine vers la maison, il appelle Mrs Winslow ; tandis qu'il grimpe les marches du perron, elle lui dit quelque chose de drôle, et ils en rient tous les deux ; ils sont à l'aise.

Souris sort de sa voiture et – à pas lents d'abord – va les rejoindre.

# LIVRE CINQUIÈME

# ANDREW

# 13

Julie était jalouse de Penny.

En tout cas, c'était l'opinion d'Adam ; quant à moi, je ne savais pas vraiment. Je pensais que Julie serait heureuse que j'aide Penny, elle avait eu l'air heureuse, surtout au début... mais aussi, elle s'était mise à agir étrangement.

Par exemple, il y avait eu cette invitation à prendre le petit déjeuner chez elle, samedi. C'était gentil, quoique inattendu. Mais lorsque j'arrivai, frais comme un gardon, le samedi matin, Julie m'attendait dehors.

– Allons prendre le petit déj au restaurant, proposa-t-elle.

– Au restaurant ? Mais je croyais... Je croyais que tu voulais qu'on fasse ça chez toi.

Je brandis mon sac plein de viennoiseries.

– J'ai acheté des roulés surgelés à la cannelle. Les chouettes.

– Mon appartement est un vrai foutoir, et, en plus, je n'ai rien dans le frigo – ça m'était sorti de la tête. On ne peut pas petit déjeuner simplement avec des roulés à la cannelle.

– D'accord, lui dis-je, ravalant ma déception.

– Tiens, dit Julie en attrapant mon sac. Je vais aller les mettre au congélateur, comme ça ils ne décongèleront pas. Attends-moi ici...

Elle prit les roulés et fila chez elle. Elle y resta un moment.

– À dire vrai, déclara Adam tandis que nous attendions, ce qui te plaît chez elle, c'est que tu n'arrives pas à la percer à jour !

– Tais-toi. Elle ne me plaît plus.

Ce à quoi Adam ne fit même pas l'honneur d'éclater de rire.

– Bon, s'écria Julie, un peu trop gaiement, lorsqu'elle réapparut enfin, allons manger !

Elle passa le bras sous le mien et m'entraîna dans la rue, marchant à si vive allure qu'elle me traînait presque derrière elle.

– Julie, dis-je en trébuchant malgré mes efforts pour marcher à son rythme, Julie, ralentis un peu !

– Mais je meurs de faim ! s'exclama-t-elle.

Elle m'embrassa sur le crâne, ce qui me déstabilisa quelques instants.

Le temps que je remette un peu d'ordre dans mes pensées, nous étions sur Bridge Street – marchant désormais à une allure raisonnable – et Julie me tirait les vers du nez au sujet de Penny.

– Il n'y a pas grand-chose à raconter, jusqu'à présent, répondis-je, ce qui n'était pas tout à fait vrai.

J'avais décidé que je ne parlerais pas des e-mails que j'avais reçus ni de la poursuite avec Maledicta et de mon plongeon dans Thaw Canal et, en faisant l'impasse là-dessus, il ne restait plus grand-chose.

– Mais tu passes beaucoup de temps avec elle, pourtant ?

– Pas tant que ça, non.

– Mais hier, lorsque je suis venue et que je t'ai vu…

– On n'était pas du tout en train de passer du temps ensemble. Penny s'est juste pointée chez moi, exactement comme toi. En fait, ce sont plutôt des gens de sa clique qui sont venus, d'ailleurs – Penny n'était pas là.

Julie sembla satisfaite.

– Alors, tu as rencontré sa famille ?

– Quelques membres, en tout cas, dis-je en songeant aux menaces de Maledicta, armée de son allume-cigare.

– Qu'est-ce qu'ils voulaient ?

– Ils veulent que j'aide Penny.

– Tu vois, j'avais raison.

– Peut-être, dis-je. Mais je ne sais toujours pas si Penny, elle, veut qu'on l'aide. Et…

– Évidemment, m'interrompit Julie, mais si sa famille te demande de l'aide, c'est plutôt bon signe, non ?

Sans attendre ma réponse, elle poursuivit :

– Et avec le docteur Grey ? Que s'est-il passé, là-bas ?

Je haussai les épaules.

– Pas grand-chose. Elle a dit qu'elle voulait bien voir Penny, si Penny était d'accord pour la rencontrer. Mais je ne sais pas si…

– Génial, dit Julie.

Nous étions arrêtés devant un passage piétons, au croisement qui se situe devant le Harvest Moon, le feu était passé au vert, mais Julie n'y prêtait pas attention.

– Vous allez sans doute avoir besoin d'un jour de congé supplémentaire, Penny et toi, pour ça, non ?

– Sans doute. Je n'y avais pas pensé, en fait. Mais… oui. J'en aurai peut-être besoin. Ou elle. Ça dépend de…

– Eh bien, dès que tu voudras prendre des jours, n'hésite pas. Mais préviens-moi un tout petit peu à l'avance, cette fois, d'accord ?

– D'accord, mais…

– Et puis, si vous voulez que je vous emmène à Poulsbo, ça me fera plaisir de vous y conduire. En espérant que ma voiture marchera ce jour-là…

– Merci beaucoup, Julie, répondis-je poliment bien que sa proposition m'ait semblé un peu étrange, mais tu sais, Penny a une voiture. Et puis, tu en fais trop…

– Penses-y, c'est tout, répliqua Julie. Si je peux faire quelque chose pour toi, pour vous, je serais heureuse de vous filer un coup de main.

– D'accord, dis-je, merci.

Je louchai vers le signal piétons, vert pour la deuxième fois.

– Tu meurs toujours de faim ?

Ce matin-là, le Harvest Moon était bondé. Tandis que nous attendions qu'une table se libère, je jetai un coup d'œil aux présentoirs à journaux près de la porte. La photo de Warren Lodge faisait la une du *Seattle Post-Intelligencer* et de l'*Autumn Creek Weekly Gazette*. LA CHASSE À L'HOMME CONTINUE annonçait en gros titre le *PI* ; la légende sous la photo de la *Gazette* indiquait : LE « PUMA » COURT TOUJOURS.

Julie suivit mon regard.

– Quelle histoire, hein ? Tu sais ce que j'aimerais bien savoir ? Où était passée la mère ?

– La mère ?

– Oui, tu sais : Mrs Lodge.

– Mrs Lodge ?... Je croyais qu'il était veuf.

Julie secoua la tête.

– Les journaux disent qu'il est divorcé, mais je n'ai lu nulle part que son ex-femme était décédée.

– Mais si elle est toujours vivante, dis-je, troublé par cette révélation, tu ne crois pas qu'elle devait savoir, ou en tout cas se douter de ce dont son mari était capable ? Tu ne crois pas qu'elle aurait dû essayer de protéger ses filles ?

– Euh, oui, bien sûr. C'est pour ça que je me demande où elle est.

Une serveuse nous attribua une table. Après avoir appelé mon père pour qu'il fasse taire quelques réfractaires, je commandai mon petit déjeuner, une omelette au fromage et aux crevettes. Pendant le repas, Julie continua à me poser des questions sur Penny, auxquelles je ne pouvais le plus souvent pas répondre.

– Vraiment, Julie, je ne la connais pas si bien que ça, pour l'instant. Vraiment pas. Le peu de contacts que j'ai eus, ça a toujours été avec d'autres âmes.

– Et alors, comment elles sont ? Tu en as rencontré combien ?

– Quelques-unes. Mais...

– Alors, comment sont-elles ?

Comme elle insistait, je me sentis obligé de lui faire une petite description – la meilleure possible – de Fil et Maledicta.

– Maledicta, sourit Julie. Ça veut dire quoi, mal embouchée ?

– Quelque chose comme ça.

Julie hocha la tête.

– J'ai dû la rencontrer, moi aussi. C'est quoi ? La version d'Adam, chez Penny ?

Plutôt sa version de Gideon, pensais-je. Adam n'était pas particulièrement flatté par la comparaison, mais je passerai sa réponse sous silence.

– Maledicta, c'est Maledicta, répondis-je, diplomate. C'est sa protectrice, ça c'est sûr, mais à part ça... Je ne pense pas que c'est gentil de la comparer aux gens de ma maisonnée.

– Bien sûr, dit Julie. C'est celle qui t'a embrassé ?

Je n'en croyais pas mes oreilles. Je me demandais si Julie avait vu la scène... mais bien sûr que oui. Julie avait un grand sens de l'observation, quand elle voulait.

– Je ne sais pas qui c'était, ou ce que c'était.

– Hmmm.

Julie, sceptique, leva les sourcils.

– Eh bien, si tu ne sais pas, tu ne sais pas.

Après le petit déjeuner, comme nous quittions le parking, un camion qui passait sur Bridge Street klaxonna en nous doublant. Cet incident ne vaudrait pas la peine d'être mentionné si Julie n'avait pas réagi comme elle le fit : elle m'attrapa par le coude pour attirer mon attention, de façon à ce que je tourne le dos à la rue.

– Dis-moi, Andrew, me dit Julie d'un ton jovial, ça te dirait de venir passer un petit moment à la maison ?

– Quoi ?

Je dégageai mon bras et regardai par-dessus mon épaule, en direction de la dépanneuse qui approchait du bout de la rue.

– Qui était-ce, Julie ?

– Comment ça ? demanda Julie, jouant les innocentes.

Je songeai alors : *Adam se trompe, ça ne me plaît pas du tout.*

Mais lorsque Julie réitéra sa proposition d'aller chez elle, je répondis oui, bien entendu. Je ne pris même pas la peine de faire allusion à ce qui était évident : si son appartement était trop en désordre pour qu'elle puisse me recevoir avant le petit déjeuner, il devrait l'être encore. Nous allâmes chez elle, passâmes tout le reste de la matinée à bavarder, et ce fut vraiment très agréable, comme au bon vieux temps.

Et puis, aux alentours de midi, je m'aperçus que Julie s'étirait en bâillant pour la troisième fois en trois minutes. Songeant qu'elle voulait peut-être me signifier quelque chose, je me levai pour y aller.

– Il faut que je rentre à la maison, dis-je. J'ai promis à Fil et Maledicta de les appeler ce week-end, et mieux vaut que je le fasse cet après-midi, Maledicta semblait impatiente.

– Tu peux les appeler d'ici, si tu veux.

Julie s'était interrompue en plein étirement.

– Non merci. Ça risque de me prendre un bon bout de temps.

– D'accord, dit Julie.

Puis elle sourit.

– Je savais que ça prendrait entre vous.

Je m'efforçai de rester impassible. Mais que voulait-elle dire, au juste ? Elle ne m'avait pas écouté, ou quoi ? À part les quelques mots qu'on avait échangés au boulot, et le premier jour, pendant le déjeuner, je n'avais encore jamais parlé à Penny.

– Laisse tomber la neige, conseilla Adam. Dis-lui simplement salut, et va-t'en.

– OK, dis-je en prenant ma veste. À plus tard, Julie.

Tournant les talons, je me dirigeai vers la porte… et m'arrêtai net, la main sur la poignée.

– Julie ?

– Ouais ?

– Je trouve ça génial, que tu veuilles nous aider, mais… tu comprends, hein ? En admettant que Penny accepte de construire sa maison, tu ne pourras peut-être pas t'impliquer dans tout ça. Enfin, même pour moi ça ne sera peut-être pas possible, une fois que je lui aurai présenté le docteur Grey. Et si jamais Penny vient me demander des conseils, ou autre chose, je ne pourrai peut-être pas t'en parler. Pas parce que je n'en aurai pas envie mais parce que, eh bien…

– Ce genre de choses ne se dit pas.

Julie hocha la tête.

– Évidemment que je comprends. T'en fais pas.

– D'accord, répondis-je, un peu sceptique. Eh bien, c'est parfait. Euh… alors…

– Appelle-moi plus tard, si tu veux.

De retour à la maison, je composai le numéro de Penny. Fil décrocha immédiatement.

– Bonjour, Mr Gage.

– Bonjour.

La conversation ne dura pas, Fil m'ayant demandé de but en blanc s'il serait possible qu'on se rencontre à Autumn Creek avec Maledicta, histoire de se parler *de visu*. Je m'attendais à cette requête et je m'étais dit que c'était d'accord, tant que Maledicta et sa jumelle se tenaient correctement. Je dis à Fil qu'elles pouvaient passer chez Mrs Winslow quand elles voulaient dans l'après-midi.

– Penny viendra-t-elle aussi ?

– Bien sûr que non, répondit Fil, l'air surprise. Penny n'est au courant de rien.

À 13 h 45, la Buick se gara en face de la maison. Mrs Winslow s'était assise sur la véranda quelques minutes auparavant, lorsque je lui avais dit qui allait nous rendre visite ; elle m'observait tandis que je me dirigeais vers la voiture.

Maledicta se trouvait derrière le volant, tirant sur une cigarette ; Fil ne savait pas conduire.

– Voulez-vous passer prendre une tasse de café ou de thé à la maison ?

Maledicta observait Mrs Winslow, en faction sur la véranda.

– Non, aboya-t-elle. Monte dans cette putain de bagnole. On se casse.

Grimaçant devant tant de grossièreté, je me tournai pour faire un signe de tête rassurant à Mrs Winslow, puis grimpai dans la voiture.

– On va où ? demandai-je.

Nous allâmes en ville, nous arrêtant à différents endroits. Lorsque la voiture roulait, Maledicta me parlait, puis on se garait un petit moment, et Fil prenait la relève. Grâce à elles, je trouvai quelques réponses aux questions que Julie m'avait posées.

Fil retraça en quelques points l'histoire de Penny: elle était née à Willow Grove, dans l'Ohio, en 1971 ; son père, un représentant de commerce, était mort dans un accident d'avion deux ans plus tard; pendant la quinzaine d'années qui avaient suivi, sa mère, une folle dangereuse nommée Verna Dorset Driver, avait méticuleusement brisé son âme en mille morceaux, puis Penny avait obtenu une bourse qui lui avait permis de se réfugier à l'Université de Washington; et la mort de sa mère, l'année suivante, l'avait définitivement libérée. Tel un consciencieux journaliste, Fil s'était efforcée de narrer les faits de la façon la plus objective possible; bien qu'elle décrive les émotions de Penny avec facilité, elle gardait les siennes pour elle-même et minimisait son rôle dans la vie de Penny.

Maledicta, quant à elle, n'essaya jamais d'être objective. Elle s'épancha abondamment, déversant ses sentiments qui se déclinaient autour de la haine, la colère et l'amertume. Elle en rajoutait des tonnes, se vantant d'avoir «sauvé la peau de cette Souris à la con» tant de fois qu'elle ne saurait le dire et que «si Malefica et moi n'avions pas veillé sur elle, cette Souris à la con ne serait plus qu'une tache sur le mur – non que cette petite connasse ne mérite pas un tel sort, mais nous aussi, on a chaud pour nos putains de miches».

Après m'avoir raconté la vie de Penny, Fil et Maledicta me posèrent des questions sur la mienne. Fil était fascinée par le concept de la maison, et voulait tout savoir sur la façon dont elle avait été construite et était dirigée; Maledicta, plus sceptique, voulait connaître les problèmes pouvant se poser («Est-ce que Malefica et moi on aurait notre putain de turne, rien que pour nous? Et si les autres la ramènent? C'est qu'il faut les tenir à carreau, ces connards»). Je répondis à leurs questions par le menu, jusqu'à ce qu'elles soient satisfaites – c'était alors la fin de l'après-midi et je me sentais à nouveau sur les rotules.

– D'accord, trancha Maledicta. On va le faire. On va la construire, cette putain de baraque.

– Et Penny? demandai-je. Elle va vous aider?

– Souris de merde, ricana Maledicta. Ouais, tu peux compter dessus. Vaudrait mieux pour elle, bordel.

– Mais sait-elle seulement que vous…

– Mais oui. Carrément. Elle fait simplement mine que non, mais elle sait. Souris n'est pas conne, c'est juste une mauviette.

– D'accord, mais…

– Ce qu'on va faire, dit Maledicta, on va se démerder pour que Souris passe par là demain, et tu la mettras au parfum. Et nous, de notre côté, on s'arrange pour qu'elle t'écoute attentivement.

– Demain, répétai-je quelque peu incrédule, en doutant de vouloir jeter aux orties mon week-end, surtout sans qu'on me demande mon avis.

Mais quelles qu'aient été mes objections, je les mis sous le boisseau lorsque Maledicta appuya sur l'allume-cigare.

– Ouais, dit-elle en sortant un paquet de Winston de sa poche et en le secouant pour en faire tomber une. Ouais, Souris va se bouger le cul. On s'en occupe. Et si… si c'est pas le cas, on trouvera quelqu'un d'autre pour mener la barque, bordel.

Elle me jeta un coup d'œil.

– Tu peux faire ça, non ?

– Je vais lui parler, dis-je, inquiet à l'idée que l'allume-cigare surgisse d'une minute à l'autre. Vous vous arrangez pour qu'elle vienne me voir et je ferai de mon mieux pour lui expliquer ce qui se passe.

– Un peu mon neveu, répliqua Maledicta.

Et le lendemain, à midi, j'attendais Penny devant le Harvest Moon, en me retenant de rire pendant qu'Adam imitait Maledicta : « C'est quoi cette météo à la con ? Cette chierie de ciel est plutôt dégagée de sa mère pour un mois d'avril de merde, tu trouves pas, bordel ? »

Puis Penny arriva et, pendant un moment, ça ne rigola plus. Il existe un type d'âme, qui tient le rôle de protecteur, appelé un coureur, et dont la mission est d'éloigner le corps d'une situation potentiellement dangereuse. Penny avait au moins deux coureurs et ils ne tardèrent pas à apparaître tous les deux. Le premier intervint peu de temps après l'arrivée de Penny. Je ne pense pas que c'était ma faute ; lorsque j'avais demandé des conseils à mon père quant à la façon de m'adresser à Penny, il m'avait recommandé d'être direct, mais avait ajouté que, quelle que soit la méthode employée, Penny changerait sans doute de personnalité plusieurs fois pour éviter d'entendre ce que j'avais à lui dire.

– C'est horrible de savoir enfin à quoi s'en tenir. Je m'en souviens.

– Mais Maledicta dit que Penny sait déjà.

– Je suis persuadé qu'elle se doute de quelque chose, au moins en partie, m'expliqua mon père. Mais de là à savoir la vérité vraie… Ou se l'entendre dire de but en blanc…

Fil et Maledicta m'avaient dit qu'elles laisseraient un message à Penny pour qu'elle sache comment me retrouver. Je pensais que c'était un bon moyen d'amorcer la conversation : je ferais allusion au message, ce qui amènerait tout naturellement la question de son auteur. C'était un plan réaliste, mais je n'ai jamais réussi à amener tout naturellement la suite. Dès que je mentionnai le message – chose que, d'après Penny, je n'aurais jamais dû connaître –, elle s'affola et le premier coureur arriva.

Ce coureur ne courait pas réellement, en fait, il marchait très vite, c'est tout : Penny baissa la tête si bas que son menton touchait presque sa poitrine, colla les bras le long de son corps, raide comme un piquet, serra les poings, et fila à une vitesse surprenante. Avant que je comprenne ce qui se passait, elle était déjà sortie du parking et fonçait vers Bridge Street. Je partis sur ses talons, criant « Penny » ; elle ne se retourna pas, mais, comme je m'approchais d'elle, elle commença à faire un bruit, un râle rauque de matou en chaleur qui sortait du plus profond de sa gorge, et qui me donna la chair de poule. Je n'étais pas la seule personne à être perturbée, d'autres passants, entendant ce cri sinistre sortir de la bouche de Penny, se hâtèrent de changer de trottoir. Alors je la rejoignis, posant ma main sur son épaule, et le râle monta de quelques octaves, se muant en une mélopée funèbre suraiguë – le son que produirait sans doute un porc-épic criard. La mélopée me paralysa sur place ; le coureur se dégagea et continua sa route, disparaissant de ma vue au coin de la rue.

– Ne perds pas sa trace, cria Adam.

Je détalai à nouveau, gardant désormais mes distances pour ne plus entendre ses hurlements stridents. Le coureur avait un pâté de maisons d'avance sur moi lorsqu'il s'enfonça dans Maynard Park et, pendant un moment, j'eus peur de la perdre, mais quand j'y entrai à mon tour, je découvris le corps de Penny assis sur un banc, qui m'attendait.

– Penny ? demandai-je, hésitant.

S'il était manifeste que le coureur avait disparu, je ne savais pas quelle âme l'avait relayé. Le visage de Penny s'assombrit, elle grimaça, et j'eus immédiatement la réponse à mes interrogations.

– Assieds-toi, fulmina Maledicta. On lui botte le cul et elle sera là dans une minute.

J'obtempérai. Le rictus s'effaça aussitôt, remplacé par la confusion, et Penny courba les épaules. Je lui laissai une seconde pour se reprendre, puis retentai ma chance, constatant qu'elle venait de passer par un trou noir et m'efforçant de parler comme si ce n'était pas une affaire bien grave.

Alors un autre coureur déboula, un sprinter, celui-là ; il détala dans les fourrés, derrière le banc.

– Oh là là, soupirai-je en me levant pour le suivre.

La franchise ne semblait pas la meilleure méthode.

Enfin, pour aller au fait, j'eus ma dose de sport, ce jour-là. Au final, Penny entendit tout ce que j'avais à lui dire, mais après plusieurs kilomètres d'une course-poursuite effrénée, et au risque de se rompre le cou.

Ce soir-là, j'appelai le docteur Grey pour prendre rendez-vous, mais elle n'était pas disponible.

– Danny ne va pas très fort, ce week-end, Andrew, me dit Meredith. Elle n'a pas quitté le lit depuis hier.

– Oh, non, répondis-je. Ce n'est pas lié à ma visite, j'espère.

Au lieu de me rassurer, Meredith se contenta de me demander :

– Que puis-je faire pour vous ?

Je lui communiquai la raison de mon appel.

– Hum hum… Eh bien, elle ne sera sans doute pas en mesure de recevoir quiconque demain. Peut-être plutôt en fin de semaine. Vous voulez bien rappeler jeudi ou vendredi ?

– D'accord, répondis-je en me demandant comment Maledicta accueillerait la nouvelle.

Le lundi matin, j'arrivai en avance au travail pour parler à Julie – et pour m'excuser. Dimanche, à un moment, entre deux réponses, Penny et moi lui étions tombés dessus, sur Bridge Street. L'instant était très mal choisi, comme Julie finit par l'admettre – accourant vers nous, elle avait même ralenti le pas en apercevant l'expression de mon visage.

– Salut, fit-elle. J'espère que je ne vous dérange pas…

– Si, putain, pesta Maledicta. Casse-toi.

Je songeai que cette histoire avait peut-être contrarié Julie, et je ne m'étais pas trompé. Entrant dans l'une des tentes de l'entrepôt, je la surpris en train de fouiller dans un carton plein de vieux brouillons, et elle sembla d'abord vouloir éviter mon regard, mais fut forcée, à contrecœur, de remarquer ma présence.

– Alors, dit-elle brusquement, quoi de neuf ?

– Eh bien, Penny est d'accord pour aller voir le docteur Grey…

– Je suis au courant, répliqua Julie.

– Ah bon ?

– Et ouais. C'est pour ça qu'elle s'est fait porter pâle aujourd'hui, non ?

– Penny est malade ?

Julie releva enfin les yeux, l'air écœurée. Elle devait croire que je feignais l'étonnement.

– Tu vas pas me faire croire que tu ne le savais pas ?

– Eh bien, non, dis-je. Je n'étais pas au courant. Quand est-ce qu'elle t'a appelée ?

– À 5 h 30 du matin, m'informa Julie. C'était pas le meilleur moment.

– Qu'est-ce qu'elle t'a dit ?

– Qu'elle ne viendrait pas, c'est tout. Et quand je lui ai demandé ce qui n'allait pas, elle m'a dit de m'occuper de mon cul.

– Maledicta, dis-je.

– Ouais, Maledicta. Qu'est-ce qu'elle a contre moi, au juste ?

– Contre toi ?

– Elle est ouvertement hostile chaque fois qu'elle me voit.

– Il me semble que Maledicta est hostile envers tout le monde, Julie – même avec Penny. C'est dans sa nature.

– Non, répondit Julie en secouant la tête. J'ai l'impression qu'elle m'en veut personnellement, pour une raison quelconque.

Elle fronça les sourcils.

– Tu lui as dit quelque chose sur moi ? Un truc qui la rende dingue ?

– Non. En tout cas, je ne crois pas. Tu penses à quoi ?

– Est-ce que tu lui as dit que la seule raison pour laquelle j'ai embauché Penny, c'était parce que je voulais que tu l'aides à soigner ses troubles de la personnalité multiple ?

– Oh non ! Pourquoi lui aurais-je dit une chose pareille – ce n'est pas le cas, n'est-ce pas ? Et en plus Maledicta veut vraiment que Penny se fasse soigner. Elle y tient sans doute plus que Fil ou Penny, à ce stade. Alors je ne vois pas pourquoi elle t'en voudrait.

– Mmm, répondit Julie. Mmm… Eh bien… Bon, j'imagine que c'est un progrès par rapport à la semaine dernière, cette fois, au moins, elle a appelé pour prévenir… Enfin, elle ne va pas voir le docteur Grey aujourd'hui ?

– Ça me semble difficile. Le docteur Grey est… n'est pas disponible aujourd'hui. À mon avis, si Penny a dit qu'elle était malade, c'est à cause de sa nuque.

– Sa nuque ?

– Penny a pris un vilain coup sur la nuque, hier, précisai-je. J'ai même eu peur qu'elle ne se fasse un traumatisme cervical. Et si elle souffre, la personne qui contrôle son corps souffre elle aussi, ce qui pourrait expliquer que Maledicta ait été particulièrement désagréable.

– Oh ! s'exclama Julie.

Voyant qu'elle se radoucissait quelque peu, je m'engouffrai dans la brèche :

– Et pour ce qui s'est passé hier, Julie, je suis sincèrement désolé... tu es vraiment tombée au mauvais moment.

– Samedi aussi, sans doute, hein ?

– Samedi ?

– Samedi après-midi, quand je vous ai vus en voiture, en ville, je vous ai fait coucou mais tu m'as complètement snobée.

Je secouai la tête et Julie se remit en colère.

– Bon sang, Andrew, s'écria-t-elle. Je vous ai vus, tous les deux, n'essaie pas de me dire que je me trompe !

– Mais non, Julie, je ne dis pas qu'on n'était pas ensemble. Simplement, je ne me rappelle pas t'avoir vue samedi après-midi.

– Pourtant tu me regardais droit dans les yeux quand je t'ai fait signe.

– Eh bien, ça ne veut pas dire que je t'ai vue. Si la voiture roulait, je devais sans doute surveiller Maledicta.

– Ouais, bon, laisse tomber, répondit Julie avec morgue. Peu importe.

– Est-ce que tu veux que j'appelle Penny pour savoir pourquoi elle ne vient pas ?

– Non.

Julie secoua la tête.

– Non. Par contre, essayons de travailler un peu aujourd'hui... si on y arrive, avec la moitié des informaticiens en moins.

J'aurais pu répondre par nombre de remarques indélicates, mais j'eus la sagesse de garder ma langue dans ma poche. Pourtant, un peu plus tard, Dennis, bien moins prudent que moi, décida de lâcher quelques vannes au sujet de l'absence de Penny :

– Eh bien, Capitaine, quelle bonne idée tu as eue d'engager une deuxième programmatrice. Ça ne fait qu'une semaine et je n'arrive déjà plus à imaginer comment on a pu se passer d'elle...

Julie et Dennis passèrent le reste de la journée à se manger le nez, ce qui détourna l'attention de Julie. Mais en sortant du travail, comme je quittais l'Usine, j'aperçus la Buick de Penny garée dans le parking. Mon estomac se noua.

– Penny ? demandai-je en me dirigeant vers la voiture. Maledicta.

– Entre dans cette putain de bagnole. Fil a encore des questions à te poser sur ta baraque.

– D'accord.

Je lançai un coup d'œil nerveux vers l'entrepôt ; Julie se trouvait encore à l'intérieur, mais je savais qu'elle ne tarderait pas à sortir.

– D'accord, mais je crois qu'il vaudrait mieux qu'on aille ailleurs. Julie est assez contrariée que Penny ne soit pas venue travailler aujourd'hui.

– Qu'elle aille se faire foutre. Monte dans la caisse.

Je m'installai. Au lieu de s'en aller tout de suite, Maledicta prit le temps d'allumer une cigarette. Je m'aperçus qu'il y avait encore une raideur dans sa nuque.

– Comment vous sentez-vous ?

– Ça roule, ma poule, répliqua Maledicta, mais cette connasse de Souris est vraiment un cas désespéré. On s'est dit qu'elle avait besoin de repos.

– Oh. D'accord. Écoutez, est-ce qu'on peut…

– Alors, tu l'as pris ce rendez-vous chez le toubib ?

– Non, répondis-je. Je n'ai pas réussi.

– Qu'est-ce que c'est que cette merde ?

– Je vous explique dès qu'on sort d'ici.

– OK, fulmina Maledicta.

D'un geste rageur, elle passa la première et mit les gaz. Mais c'était trop tard, et lorsque nous longeâmes le portail de l'Usine, je regardai par-dessus mon épaule et aperçus Julie plantée sur le parking, les mains sur les hanches.

Le mardi, par beaucoup d'aspects, s'apparenta à une répétition de la veille : j'arrivai en avance et Penny n'arriva pas du tout. Mais Julie ne voulait plus rien entendre :

– Faites ce que vous voulez tous les deux, allez-y. Et quand Penny se décidera à revenir travailler, si jamais ça arrive, préviens-moi, c'est tout.

– Julie… je t'avais dit que ça pouvait arriver.

– Eh oui, c'est vrai, alors sans rancune, c'est pas ta faute. Maintenant, est-ce qu'on peut passer à autre chose ?

Ce jour-là, après le travail, je quittai encore l'Usine pour découvrir un nouveau véhicule garé devant le portail. Mais cette fois, ce n'était pas la Buick de Penny. C'était une dépanneuse : la même dépanneuse qui nous avait klaxonnés, Julie et moi, le samedi matin. Un homme sortit de la cabine alors que je m'approchais, et lui aussi je le reconnus : c'était le mécano de Triple A que Julie avait fréquenté un an plus tôt.

Julie passa près de moi en courant, riant aux éclats, et elle sauta sur le mécano, enroulant ses bras autour de son cou et ses jambes autour de sa taille. Je me détournai pendant qu'ils s'embrassaient.

– Hé, Andrew ! cria Julie qui avait retrouvé la terre ferme. Je te présente Reggie Beauchamps. Je ne sais pas si vous vous êtes déjà rencontrés.

– Non, commenta Adam, du haut de sa chaire, mais on sait qu'on en a déjà entendu parler…

– La ferme, marmonnai-je dans ma barbe tout en faisant un signe forcé de la main.

– Bon, il faut qu'on y aille, dit Julie. Passe le bonjour à Penny, si tu la vois, d'accord ?

C'est alors qu'Adam m'informa qu'il avait l'impression que Julie était jalouse de Penny.

– Pourquoi le serait-elle ? On est même pas ensemble, Penny et moi ! Tandis que Julie, elle, est à nouveau en couple, on dirait.

– Ouais, répondit Adam, et même si elle était libre, elle n'aurait pas envie de baiser avec toi pour autant.

– Adam !

– Ce n'est pas parce qu'elle ne veut pas baiser avec toi que ça l'empêche de penser que vous avez un lien particulier. Or maintenant qu'elle s'aperçoit que tu développes une amitié encore plus particulière avec Penny, elle se sent abandonnée.

– Mais c'est pas le cas !

– Peu importe. Elle, tout ce qu'elle voit, c'est que tu passes beaucoup de temps avec Penny et que tous les deux vous faites plein de mystères autour de ça…

– Mais on ne joue pas les mystérieux ! Et en plus, je ne fais que ce que Julie m'a demandé de faire !

– Ouais, répondit Adam, je t'avais dit que ce n'était pas une bonne idée.

Songeant que plus vite Penny serait suivie par un médecin, plus vite Julie redeviendrait normale avec moi, je rappelai le docteur Grey le soir même.

– Allô, dis-je lorsque Meredith décrocha, je sais que vous m'avez dit de rappeler jeudi mais j'espère que…

– Andrew, répondit Meredith sur un ton monocorde que je n'arrivai pas à décrypter. Re-bonjour. Écoutez, Danny est toujours…

J'entendis la voix du docteur Grey en arrière-fond. Puis Meredith dut poser sa main sur le combiné car tous les sons furent étouffés. Pourtant, j'avais l'impression que Meredith et le docteur Grey se disputaient.

Le docteur Grey prit finalement l'appareil :

– Andrew ?

– Docteur Grey, répondis-je, est-ce que tout va bien ?

– Oui, tout va bien.

La ligne fut de nouveau brouillée pendant quelques instants, et le docteur Grey cria quelque chose que je ne pus comprendre. Puis elle reprit :

– Andrew ?

– Oui, je suis toujours là.

– Vous appelez sans doute pour me parler de votre amie.

– Oui. Elle est prête à vous rencontrer, si vous vous sentez…

– Très bien, merci. Que diriez-vous de demain ?

– Formidable ! Il faut que je fasse confirmer par Penny, mais je crois…

– Parfait. Il me tarde de la voir.

Mais, j'allais le découvrir, ce n'était pas le cas de Penny. Lorsque je lui parlai au téléphone, elle sembla confuse ; je dus lui expliquer deux fois la raison de mon appel avant qu'elle comprenne.

– Demain ? finit-elle par me demander, l'air consternée.

– Oui, demain matin. Je suis désolé de ne pas avoir pu te prévenir plus tôt, mais tu ne le regretteras pas, je te le promets.

– Je ne sais pas, répondit Penny. Je suis vraiment désolée que tu te sois donné tant de mal pour fixer ce rendez-vous, mais en y repensant plus sérieusement, je…

Il y eut un grand fracas, comme si Penny avait fait tomber le combiné. Puis Maledicta prit la parole :

– T'emmerde pas avec elle. Dis-moi juste à quelle heure tu veux qu'on vienne te chercher.

Le lendemain matin, à 8 heures tapantes, la Buick se gara sous les fenêtres de Mrs Winslow. Le soulagement que j'éprouvai en découvrant que Penny en personne était au volant disparut dès que je vis sa petite mine. Elle avait l'air de ne pas avoir fermé l'œil de la nuit, et son cou lui faisait toujours mal, et bien qu'elle n'en dise rien, elle aurait manifestement voulu être ailleurs. J'envisageai de lui proposer d'annuler le rendez-vous avec le docteur Grey, mais n'en fis rien pour des raisons, je dois le reconnaître, très égoïstes : il me semblait que Penny ne serait pas *autorisée* à se défausser et je n'avais pas envie de me fader le voyage jusqu'à Poulsbo en compagnie de Maledicta.

Quand nous arrivâmes devant la maison du docteur Grey, Meredith paraissait elle aussi d'une humeur exécrable. Je n'arrivais pas à savoir si elle m'en voulait particulièrement, mais lorsque le docteur Grey me demanda de la laisser seule avec Penny, je préférai aller faire un tour plutôt que de patienter à la cuisine. Je revins environ une heure plus tard, curieux de voir comment Penny s'en sortait. Mon père m'avait dit de ne pas m'attendre à un miracle, il faudrait plus de soixante minutes pour remettre de l'ordre dans la vie de Penny. J'en avais conscience, mais je ne pus m'empêcher d'être surpris de voir Penny afficher une plus petite mine encore. Qu'est-ce qui clochait ?

Comme nous roulions vers le ferry, Maledicta surgit, furieuse, et vomit un flot d'insultes explicatives : grâce au docteur Grey, Penny avait rencontré personnellement, pour la première fois, certaines de ses âmes. Bien évidemment, ça n'avait pas tellement accroché entre elles. Maledicta semblait réellement vexée, et elle venait de se lancer dans une longue harangue contre Penny lorsque celle-ci reprit de force le contrôle du corps, manquant par là même d'envoyer la voiture dans le décor.

Penny commanda le corps jusqu'à ce que nous atteignions le port, puis une autre âme prit le relais. Il me sembla d'abord que c'était Maledicta, mais n'entendant pas de nouvelle bordée d'injures, je compris que j'avais affaire à sa jumelle.

Malefica tendit le bras pour ouvrir la boîte à gants, d'où elle sortit une flasque de vodka.

– Eh ! criai-je. Eh ! Qu'est-ce que vous fichez !

Indifférente à mes objections, Malefica ôta le bouchon et entreprit de siffler le contenu de la bouteille.

– Sors de cette voiture tout de suite, ordonna Adam – chose complètement superflue, car j'étais déjà en train de défaire ma ceinture.

À cet instant précis, Malefica cria comme si on venait de lui donner un coup de poignard dans le dos. Elle se raidit, et une nouvelle âme prit la relève.

L'âme était, si l'on peut dire, de sexe masculin – et sobre, dans tous les sens du terme. Apercevant la bouteille de vodka qu'il tenait à la main, il lâcha un soupir indigné et secoua la tête. Il referma le bouchon, et au lieu de reposer la flasque dans la boîte à gants, la fit glisser sous son siège. Puis il se tourna vers moi et s'excusa :

– Je suis désolé. Parfois, lorsqu'elles sont très tristes, elles ont des tendances autodestructrices – voire destructrices tout court. Moi, j'essaie de recadrer les choses.

Il s'appelait Duncan ; il se présenta comme le chauffeur attitré de Penny.

– Comment va Penny ? demandai-je.

– Là, elle dort. Je ne sais pas comment elle se sentira au réveil.

– Et pour Malefica et Maledicta ?

– Elles sont réveillées. Mais…

J'eus l'impression qu'il s'adressait à un public plus vaste que moi.

– Elles ne sortiront pas avant de s'être un peu calmées.

Le ferry arriva et s'ouvrit pour laisser entrer les véhicules. Après avoir garé la voiture dans le parking, Duncan sortit de la Centurion, emportant la bouteille de vodka avec lui ; en revenant, quelques instants plus tard, il avait les mains vides.

– Je suis navré de vous mettre dans un tel pétrin, lui dis-je alors qu'il s'était rassis derrière le volant. J'aimerais vous faciliter les choses, mais je ne sais pas vraiment quoi faire.

– Vous avez vécu ça, vous aussi, n'est-ce pas ?

– Pas personnellement, non. Mais, même sans le connaître d'expérience, j'ai une petite idée de ce que vit Penny.

– Eh bien dans ce cas, répondit Duncan, pensez-vous que vous pourriez lui faire rencontrer quelqu'un qui connaisse vraiment ce genre de situation ?

C'était tellement évident, comme suggestion, que je n'en revenais pas de ne pas y avoir pensé – de plus, je savais parfaitement à qui Penny devrait s'adresser.

– Je ne veux rien avoir à faire là-dedans, intervint mon père.

– Tu n'as pas besoin de lui parler pendant des heures, tu pourrais peut-être, je ne sais pas, moi… te contenter de quelques paroles d'encouragement.

– Des paroles d'encouragement…

– Oui ! Pour qu'elle sache, malgré ses craintes actuelles, que tout finira par s'arranger. Comme pour toi.

– Tu ne te rends pas compte de ce que tu me demandes, Andrew.

Il avait raison, je ne me rendais pas compte – mais au final, mon enthousiasme de jeune bleu triompha des réticences du vieux sage, et il accepta.

Une fois chez Mrs Winslow, Duncan réveilla Penny. Dès qu'elle se rendit compte qu'elle avait fait un trou noir ayant duré tout le trajet du retour, elle fut bouleversée, et il me fallut un moment avant de pouvoir l'apaiser suffisamment pour lui proposer de discuter avec mon père. Malgré tout, elle finit par accepter. J'appelai mon père, le laissant bavarder avec Penny, et je rentrai pour faire une longue promenade autour du lac, particulièrement brumeux ce jour-là.

Quand je revins, je m'aperçus que trois heures s'étaient écoulées – au temps pour la brève conversation. Mon père semblait lessivé.

– Comment ça s'est passé ? lui demandai-je.

Penny était repartie chez elle.

– Elle va mieux, répondit mon père. Pour l'instant, en tout cas.

Puis il ajouta :

– Je regrette vraiment que tu m'aies refilé le bébé, Andrew.

– Eh bien, répondis-je, c'est fini maintenant, non ?

– Non, répondit mon père, je ne crois pas.

Le lendemain matin, Penny reprit son poste à l'Usine du Réel, comme si de rien n'était. Dennis tenta bien de la taquiner au sujet de sa « semaine de vacances », mais, comme ça la laissait de marbre, il abandonna vite la partie. Dès le milieu de l'après-midi, Julie, qui avait observé la facilité avec laquelle Penny retrouvait ses marques, semblait déjà lui avoir pardonné son absence injustifiée.

– On peut dire ce qu'on voudra à son sujet, commenta Julie à un moment, mais en code, elle se débrouille. Bon, je dois en déduire que tout va mieux ?

– Mieux, oui, concédai-je.

– Bravo, dit Julie en me tapant sur l'épaule.

Lorsque la journée de travail fut finie, Penny vint me voir et me demanda avec quelque hésitation si elle pouvait « rediscuter un peu avec Aaron ». Cette requête me prit au dépourvu, mais mon père semblait s'y attendre car il était déjà monté en chaire.

– Dis-lui oui, m'ordonna-t-il.

Alors je retournai me promener vers le lac pendant que mon père et Penny échangeaient des « paroles d'encouragement ».

... Ce qui se reproduisit le lendemain. Chaque conversation vidait davantage mon père mais, le vendredi soir, il me fit part d'un véritable progrès, me sembla-t-il.

– Elle va prendre rendez-vous avec le docteur Eddington, la semaine prochaine, pour commencer une vraie thérapie.

– C'est génial ! m'exclamai-je. Alors le pire est passé...

– Non, Andrew, il est devant nous.

– Excuse-moi... Je sais qu'elle n'est pas facile, mais...

– Non, tu n'en as pas la moindre idée, me coupa sèchement mon père. C'est absolument... Je sais que tu n'es pas le seul responsable de cette situation, Andrew, mais je t'en veux vraiment de m'avoir fourré là-dedans. Il y a certaines choses que je préférerais ne pas revivre.

Je m'excusai platement, continuant de me réjouir *in petto* que, quelles que soient les épreuves qui attendaient Penny, ma propre vie allait reprendre son cours normal.

Le samedi, aux alentours de midi, je tombai sur Julie sur Bridge Street, et après quelques instants inconfortables elle me proposa de déjeuner avec elle. Pendant le repas, je la mis au courant des dernières nouvelles – ce qui était beaucoup plus facile depuis que j'avais vraiment matière à discuter. Et lorsque j'eus terminé, elle s'excusa pour son comportement.

– J'imagine que cette semaine a dû être éprouvante pour toi.

– Ne t'en fais pas, Julie, je sais que c'était dur pour toi aussi, de te sentir tenue à l'écart…

– Eh bien…

– Adam m'a dit que tu étais jalouse.

Julie écarquilla les yeux.

– Jalouse. Mmm.

Elle eut un léger mouvement de tête, comme si elle l'inclinait sur le côté.

– D'ac-*cord*.

– Alors, comment ça se passe avec ton mécano? demandai-je en m'efforçant de parler sur un ton enjoué. Avec Reggie?

Julie fit la grimace.

– Pas si bien que ça?

Julie haussa les épaules.

– Il m'a rappelée il y a environ quinze jours, après qu'un de ses amis a remorqué ma voiture. C'était la première fois que j'avais de ses nouvelles depuis, euh, depuis la dernière fois qu'on s'était vus. On s'amuse bien, mais…

Elle haussa à nouveau les épaules.

– J'ai peut-être fait une erreur. Sans doute, même.

Après le déjeuner, Julie me convia à aller chez elle, où je passai plusieurs heures. C'était la visite la plus agréable, la plus détendue que je lui aie rendue depuis plus d'un an, et, lorsque je rentrai chez moi, j'avais le sentiment qu'en effet les choses s'amélioraient. Maintenant, je me rends compte combien j'étais naïf – même s'il ne s'était rien passé d'autre, j'aurais encore eu plein de problèmes avec Julie et Penny. Mais à cet instant, j'étais bienheureux, bercé par la plus sereine ignorance.

Ma sérénité se prolongea une vingtaine d'heures, jusqu'au dimanche après-midi, où je tuai Warren Lodge.

Après cela, les choses dégénérèrent à une vitesse impressionnante.

# 14

Je sortais de chez Magic Mouse Toys lorsque je l'aperçus, la tête penchée, les mains enfoncées dans les poches, le visage caché par une capuche bleue : un puma dans Pioneer Square.

Le dimanche, après le petit déjeuner, l'envie m'avait pris d'aller passer la journée à Seattle. Je voulais échapper à Autumn Creek pendant quelques heures, histoire de ne pas être à la maison s'il prenait l'envie à Penny ou même à Julie de me passer un coup de fil. Je m'étais aussi dit que c'était une bonne occasion de me rattraper vis-à-vis des âmes de la maisonnée qui estimaient avoir été dernièrement lésées en temps passé à l'extérieur. Ainsi, tandis que j'attendais à l'arrêt de bus sur Bridge Street, je demandai à Angel et à Rhea de monter en chaire et de réfléchir à ce qu'ils aimeraient faire en ville.

Comme de bien entendu, avant même qu'Angel et Rhea commencent à proposer des idées, Jake, Adam, Tante Sam, Drew, Alexander et Simon déboulèrent en même temps en chaire, revendiquant le droit d'occuper le corps à tour de rôle. Faisant mine d'être surpris, je leur rappelai qu'ils avaient tous passé un moment à l'extérieur lors du premier voyage à Poulsbo pour rendre visite au docteur Grey.

– Angel et Rhea sont les seuls à ne pas y avoir eu droit. Il faut être juste.

– Non, c'est pas juste, pleurnicha Simon. Le seul moment que j'ai passé, moi, à l'extérieur, c'était cinq minutes sur un ferry à la noix. On ne m'a même pas laissé choisir ce que je voulais faire. Et moi, ce que je voulais, c'était aller à la galerie commerciale du Westlake Center. Moi, ce que je voulais…

Comme je l'ai dit, une telle réaction étant prévisible, j'avais déjà prévu la parade avec mon père, lorsque je lui avais demandé la permission de faire cette sortie un peu particulière. Alors, suivant ses conseils, je fis taire Simon et posai les règles :

– Très bien, dis-je, voici le règlement. Chacun choisit *une* chose qu'il aimerait faire à Seattle. Bien sûr, il faut que ça reste dans le domaine du raisonnable ; que ça ait lieu en centre-ville pour qu'on ne passe pas la journée à courir dans tous les sens, et que ça ne dure pas plus de dix minutes ni coûte plus de deux dollars. Comme Angel et Rhea n'ont pas eu leur mot à dire la dernière fois, ils passent en premier et ils auront vingt minutes et quatre dollars chacun. Dernier point – je visais particulièrement Simon –, le premier qui se plaint, fait des caprices et se comporte comme un enfant gâté, non seulement n'aura plus droit au chapitre, mais passera le reste de la journée à la maison, enfermé dans sa chambre.

Drew voulait toujours aller à l'Aquarium, et comme Rhea trouvait que c'était une chouette idée, nous commençâmes par là. L'Aquarium de Seattle, fort heureusement, se déploie sur deux bâtiments ; ainsi Rhea vit les hippocampes, les poissons tropicaux et la pieuvre géante, tandis que Drew découvrait le couvoir des saumons et les mammifères marins. Puis ce fut l'heure d'aller faire des tours de tramway le long des quais : Angel fit le trajet de l'Aquarium au Quai 70 ; Alexander récupéra le corps pour le retour. Nous descendîmes à Occidental Park, dans Pioneer Square, où Tante Sam dénicha un café qui vendait des croissants nappés au chocolat pour 1,95 dollar.

Il était désormais un peu plus de midi. Simon persistait à vouloir aller au Westlake Center, Adam était la seule âme à ne pas avoir tout à fait choisi, mais il suggéra que, dans le cas où il n'aurait pas le droit d'aller boire une bière dans un bar – ce qui était effectivement interdit –, il puisse faire un petit saut dans une librairie « spécialisée » qu'il connaissait sur Pike Street.

Comme ces lieux se trouvaient à l'exact opposé de l'endroit où nous étions, ce fut alors le tour de Jake, qui opta pour une visite chez Magic Mouse. C'est son magasin de jouets préféré, à Seattle. Il est plus petit que chez Schwarz, mais le choix est varié et la plupart des articles se situent dans la gamme de prix de Jake.

Pourtant, Jake n'a pas réellement besoin de dépenser de l'argent. En effet, la plupart des âmes utilisent une astuce pour tricher. Jake en est le spécialiste : s'il tient un objet entre ses mains et le scrute sous tous ses angles, il peut le rapporter à l'intérieur après en avoir créé une copie imaginaire pour la maison. C'est un moyen formidable d'acquérir des biens luxueux qu'on ne pourrait normalement pas s'offrir et, si cet usage se répandait, il permettrait sans doute d'éviter ce désordre qui, dans le monde réel, rend si pénible la vie d'une personne atteinte de troubles de la personnalité multiple. Mais cette astuce a ses limites. Elle marche surtout avec les objets simples ou du moins les objets complexes auxquels on peut penser en termes simples – ainsi, un cheval à bascule ou le circuit d'un train électrique sont bien plus faciles à faire rentrer que, disons, un puzzle. De plus, les âmes n'ont pas toutes les mêmes talents de reproduction – si Tante Sam et moi-même sommes plutôt doués, mon père est étonnamment mauvais (la construction de la maison et de son décor, dit-il, fut la seule activité artistique de sa vie, et il ne s'en portait pas plus mal), et Adam en est tout simplement incapable, ce qui le navre. Jake a une aisance naturelle mais, comme la plupart des enfants de cinq ans, il en veut toujours plus : si on lui demande de choisir entre un vrai jouet et un jouet imaginaire, il voudra les deux. Alors, je savais que, quel que soit le nombre de peluches et de petits soldats de plombs qu'il duplique, il finirait inévitablement par dépenser ses deux dollars.

J'entrai au rez-de-chaussée du magasin et je lui cédai la place. Il fonça vers les trains miniatures ; il possédait déjà les répliques de la plupart des locomotives et des wagons, mais il passa quelque temps à absorber de nouveaux éléments de décor. Puis il se dirigea vers les jeux de société.

Pour mieux allécher les enfants, Magic Mouse exposait

sur des présentoirs les jeux à la vente, et, lors d'une de ses visites précédentes, Jake s'était pris de passion pour un jeu allemand appelé « Le Labyrinthe des surprises ». Il coûtait vingt-cinq dollars, une somme bien trop importante pour Jake, mais celui-ci s'efforçait – en vain jusqu'à présent – de le mémoriser.

Les jeux de société sont difficiles à recopier. Même les plus simples comportent beaucoup de détails dont il faut se rappeler, et les facteurs chance, comme les lancers de dés, posent d'épineux problèmes métaphysiques. Ce jeu était particulièrement riche en détails : le labyrinthe était constitué de plusieurs douzaines de carrés en carton, tous différents, que les joueurs déplaçaient pendant la partie. Il y avait aussi des cartes – et rien que d'y penser, j'ai la migraine. Mais Jake semblait bien déterminé à maîtriser le jeu, quitte à s'y prendre en plusieurs fois. Il s'accroupit à côté de l'exemplaire de démonstration, posé sur une étagère basse, attrapa une poignée de carrés en carton et se concentra.

– Tu sais, claironna une voix, le nombre de joueurs requis est indiqué sur la boîte.

Jake sursauta, laissant choir ses cartons. Un vendeur, un homme d'âge mûr portant le bouc et des lunettes, s'était discrètement approché de lui. Je suis persuadé que l'employé voulait seulement lui venir en aide, mais le fait qu'un adulte se tienne à ses côtés – et le toise de toute sa taille – est une chose éminemment terrifiante pour une toute petite âme comme Jake.

– Qu… quoi ? bégaya-t-il.

– Le nombre de joueurs, répéta le vendeur.

Il tapota sur le côté de la boîte.

– C'est écrit juste là. À côté de l'âge conseillé et des autres informations pratiques.

– D'acc… d'ac… *cord*, répondit Jake.

Le vendeur hocha la tête et s'en alla.

Jake ramassa ses cartons.

– Êtes-vous déjà venu dans notre magasin ? s'enquit l'employé, surgissant à nouveau.

Jake laissa échapper un cri et, perdant l'équilibre, manqua tomber par terre ; le vendeur le rattrapa par le bras.

– Que me voulez-vous ? demandai-je en me relevant.

Jake avait abandonné le corps à l'instant où le vendeur l'avait effleuré.

– Je vous ai demandé si vous connaissiez déjà notre magasin, répondit le vendeur tout sourires, qui ne semblait pas avoir conscience du malaise qu'il venait de causer.

– Oui, répondis-je, nous sommes déjà venus ici.

– Ah, dit l'employé, alors cela ne sert à rien que je vous parle de Décollage.

– Décollage ? demandai-je, et pendant quelques instants pénibles, je me demandai si cet homme insistant était un vrai vendeur. Quel décollage ?

– Décollage, le jeu d'aviation, répliqua le vendeur en me montrant du doigt un autre présentoir. C'est notre meilleure vente, et de loin.

– Oh, fis-je. Eh bien, je vous remercie, mais... En fait, c'est ce jeu, ici, qui m'intéresse, et j'aimerais bien que vous me laissiez tranquille.

– Mais volontiers, répondit le vendeur, imperturbable.

Il m'adressa un signe de tête et s'en alla à nouveau.

– Jake, demandai-je en me retournant vers le labyrinthe en carton, tu veux retenter ta chance ?

Il ne voulait pas ; désormais incapable de se concentrer, il semblait tellement secoué que je dus l'amadouer pour qu'il remonte en chaire.

– Ça va aller, Jake, on va aller à l'étage, maintenant.

L'étage supérieur est principalement dévolu aux gadgets, aux distributeurs de joujoux. Je fouillai les différents étals, choisissant plusieurs produits, et faisant des commentaires d'un ton détaché. Cela finit par apaiser suffisamment Jake pour que sa curiosité soit piquée par un Yo-Yo tacheté qui faisait meuh-meuh en montant et en descendant le long de sa ficelle. Certes, il coûtait plus de deux dollars mais je le lui achetai quand même.

Ayant fourré le Yo-Yo dans ma poche, je quittai le magasin pour rejoindre First Avenue.

– Maintenant c'est mon tour, dit Simon.

– Maintenant c'est ton tour, acquiesçai-je, ne sachant s'il fallait prendre le bus ou aller à pied jusqu'au Westlake Center.

Alors, comme je marchais sur le trottoir, plongé dans mes pensées, une grande silhouette vêtue d'un pull bleu à capuche me frôla, descendant vers First Avenue. L'homme – je songeai que c'était un homme – me bouscula en passant près de moi ; d'ordinaire je n'aurais rien dit, mais, comme ça se rajoutait à mon accrochage avec le vendeur, j'étais irritable et criai après lui : « Hé ! »

Il ne s'arrêta pas, ne se retourna pas ; ne sembla même pas m'avoir entendu, continuant de marcher d'un pas imperturbable, pour traverser Yesler Way, en contre-jour. On en serait restés là si, de l'autre côté de la rue, deux hommes n'avaient pas été en train de charger une vieille armoire à l'arrière d'un camion. Lorsqu'il monta sur le trottoir, l'homme vêtu du pull bleu releva la tête, si bien que son visage se réfléchit un instant sur les miroirs du meuble. Ce ne fut qu'un éclair, et le visage de l'homme se trouvait encore partiellement caché par sa capuche. Pourtant, je le reconnus.

Warren Lodge.

Je n'en crus d'abord pas mes yeux. Il était en cavale depuis dix jours, et j'aurais pensé qu'il avait quitté l'État, voire le pays – après tout, la frontière canadienne ne se trouve qu'à une centaine de kilomètres. De plus, je ne l'avais vu qu'à la télé et dans les journaux, et lui tomber dessus ainsi, dans la rue, en vrai, c'était comme de repérer le croque-mitaine en train de faire la queue au bureau de poste.

Mais alors que la silhouette vêtue de bleu longeait tête baissée les déménageurs, Adam, qui avait suivi mon regard, s'exclama, perché sur la chaire :

– C'est lui.

Connaissez-vous la sensation que l'on éprouve lorsque, suivant tranquillement son bonhomme de chemin, sans se préoccuper du temps qu'il fait, on se laisse surprendre par les nuages qui cachent brusquement le soleil et que, la lumière se faisant rare, on se retrouve soudain dans un tout autre paysage que celui dans lequel on évoluait une seconde plus tôt ? Eh bien, cela m'a fait le même effet : en l'espace d'un instant, la physionomie de ma journée a été bouleversée.

– Tu en es certain ?

– C'est lui, répéta Adam. C'est Warren Lodge.

Alors Simon – qui ne savait pas et se contrefichait de savoir qui était Warren Lodge, mais était assez malin pour sentir que notre programme venait d'être chamboulé – mit son grain de sel :

– Eh, c'est quoi ce kidnapping ? C'est mon tour, maintenant !

– File dans ta chambre, Simon.

Que faire lorsque l'on découvre un puma en liberté dans la ville ? Ce n'est pas compliqué : appeler la police. Mais, regardant alentour, je ne vis pas le moindre flic, même pas un agent de la circulation. Certes, il y avait quelques civils à l'air coriace – les déménageurs, par exemple – et j'aurais pu leur demander de l'aide pour neutraliser Warren Lodge mais, à supposer que l'idée m'ait traversé, cela m'aurait pris du temps de leur expliquer… or la silhouette bleue s'éloignait déjà.

Je lui emboîtai le pas.

– Andrew ! cria Adam, mais qu'est-ce que tu fous ? Et merde ! Fais attention !

Le feu de circulation sur Yesler Way était encore au rouge, et, comme je posais le pied sur le bitume, une voiture manqua me renverser. Heureusement, le conducteur était plus attentif que moi, et il freina.

– Andrew, cria Adam une nouvelle fois, lorsque nous fûmes de l'autre côté de la rue, à l'abri, qu'est-ce que tu fiches ?

– À ton avis ? Je le suis, répondis-je. C'est Warren Lodge, il faut qu'on l'attrape.

– Qu'on l'attrape ? Mais tu es fou ? Il faut qu'on prévienne les flics. C'est à eux de l'attraper.

– Je ne vois pas le moindre flic. T'en vois, toi ?

– Eh bien dans ce cas, va dans une cabine – tiens, en voilà une. Appelle la police.

– Pas avant de savoir où il va.

Warren Lodge avait quelques rues d'avance sur moi, il se dirigeait toujours vers le sud. Je faisais de vaines tentatives pour cacher mon manège, feignant de m'arrêter tous les trois mètres devant la vitrine d'un magasin, même quand il n'y avait rien à regarder. Si Warren Lodge s'était retourné ne serait-ce qu'une fois, il aurait tout de suite compris mon petit jeu.

Mais il ne se retourna pas, continuant son chemin sans s'arrêter, rue après rue. Pourtant lorsqu'il arriva au croisement de First Avenue et de King Street, il s'arrêta net, comme s'il découvrait une chose déplaisante. Il traversa l'avenue en toute hâte et se volatilisa au coin de la rue.

Je me précipitai vers lui. Sur ma droite, j'aperçus ce qui avait effrayé Warren Lodge : une voiture de police garée contre le trottoir. Mais elle était vide, et les policiers qui l'avaient quittée invisibles.

Je tournai à gauche, fouillant King Street du regard, cherchant la direction qu'il avait prise. Les trottoirs qui menaient à la gare étaient déserts sur deux blocs et demi. Je décidai de piquer un sprint, jetant un coup d'œil dans les ruelles et les allées transversales, mais j'atteignis la gare sans l'avoir revu. Pressé de retrouver sa trace avant qu'il ne se soit complètement volatilisé, je ne prêtai aucune attention à une porte qui indiquait « SÉCURITÉ PASSAGERS » et fonçai, toujours seul, dans la salle des pas perdus.

– C'est complètement débile, Andrew, protesta Adam. Enfin, je veux dire bien sûr qu'il n'y a aucune chance qu'il y soit, et, de toute façon, c'est toute cette histoire qui est débile.

La gare de King Street est toute petite, et il me fallut moins d'une minute pour aller voir dans la salle d'attente et le hall. Mon sang ne fit qu'un tour lorsque je remarquai une personne vêtue de bleu à un guichet, mais il s'avéra qu'il s'agissait d'une femme aux cheveux courts.

Mon père avait enfin eu vent de ce qui se tramait.

– Qu'est-ce que tu fabriques ? me demanda-t-il en montant en chaire, à la suite de Seferis. Simon court dans toute la maisonnée en se plaignant d'avoir été dupé.

– On a vu Warren Lodge, lui répondis-je.

– Vous avez vu Warren Lodge ? Dans la rue ?

Il jeta un coup d'œil à l'extérieur pour voir où nous nous trouvions.

– Mais alors que faites-vous dans cette gare, pourquoi n'êtes-vous pas au commissariat ?

– Andrew a décidé de jouer les héros, il veut l'arrêter lui-même, expliqua, pédagogue, Adam.

– QUOI ?

Mon père est une âme qu'il est malaisé d'ignorer même lorsqu'il n'est pas en rogne, pourtant, pendant quelques instants, je fis comme s'il n'existait pas.

– Adam, demandai-je, tu crois qu'il allait où, Warren Lodge, sur First Avenue ?

– J'en sais rien, répondit Adam. Peut-être nulle part.

– Qu'est-ce que tu veux dire ?

– Eh bien, il est en cavale, non ? Les flics surveillent sa maison, il ne doit plus pouvoir se servir de son compte en banque. Du coup, il ne peut plus rentrer chez lui et il n'a plus d'argent…

– Il est à la rue… alors tu crois qu'il écume les alentours de Pioneer Square ?

– Peut-être bien. Et c'est une raison de plus pour que tu ne te mettes pas, toi, à ses trousses, parce que tôt ou tard…

– Donc s'il avait peur et qu'il voulait trouver un endroit près d'ici pour se noyer dans la foule, où irait-il ?

Adam ne répondit pas mais ce n'était pas grave ; je connaissais déjà la réponse. C'était un lieu où j'étais déjà allé ce jour-là : Occidental Park.

– Andrew, cria mon père, tandis que je fonçais sur Occidental Avenue. Andrew, est-ce que tu *m'entends* ?

– Mais oui, répondis-je, et je sais que tu es en colère contre moi, mais…

– Sais-tu seulement à quel point tout ça est dangereux ? Tu mets en danger toute la maison.

– Je ne vais pas l'affronter en personne, promis-je. Je veux juste le retrouver et puis…

– Andrew…

– Attends, répondis-je.

Occidental Park court sur deux blocs d'immeubles. La partie sud est bordée de galeries d'art et d'antiquaires ; mais le nord, longé par un parking, est moins reluisant avec ses nombreux bancs en bois qui accueillent une foule de sans-abri.

– Andrew…

– Il est là !

Il était assis tout seul sur un banc dans la partie septentrionale du parc. Il portait toujours sa capuche et était plié en deux comme s'il était malade ou courbé de douleur, mais c'était bien lui. Adam me le confirma.

– Très bien, dis-je. Maintenant, on peut appeler la police.

Il y avait une cabine téléphonique non loin. Je m'y rendis pour faire le 911, mais avant que j'en aie eu le temps, je m'aperçus qu'un autre occupant du parc – un clochard avec une très longue barbe et une tignasse encore plus longue, semblable à un naufragé sur une île déserte – s'approchait du banc où se tenait Warren Lodge. Le naufragé, un vrai schizophrène, arriva en braillant et en agitant ses bras en tous sens ; Warren Lodge, paniqué, bondit sur ses pieds et fonça vers la sortie du parc, se précipitant en direction de Washington Street.

– Nom de Dieu ! m'écriai-je en raccrochant.

Le temps que j'arrive à mon tour sur Washington Street, Warren Lodge s'était à nouveau volatilisé. Je fonçai vers l'est, en haut de la colline, courant sur un demi-bloc… et me retrouvai au croisement de cinq rues.

– Ça suffit, Andrew, déclara mon père. J'exige que tu retournes immédiatement sur tes pas ; va téléphoner…

– Mais il n'a pas pu disparaître ! dis-je, tournant sur moi-même à la recherche d'un indice qui m'indiquerait la direction qu'il avait prise.

Je finis par me retrouver face à Second Avenue. Le bloc le plus proche abritait essentiellement une salle d'exposition de meubles ; il y avait également un abribus, le long du trottoir, à quelques mètres. Encore plus loin, l'avenue passait sur un pont qui franchissait la voie de chemin de fer ; des escaliers menaient à la gare de King Street.

– La gare ! m'écriai-je. Il est peut-être reparti là-bas.

– C'est impossible, répliqua Adam.

– Pourquoi ?

– Parce que, fit-il, raisonneur, pour y être reparti il faudrait qu'il y soit déjà allé. Mais ce n'est pas le cas. C'est toi qui tournes en rond.

– Adam…

– Assez, Andrew, intervint mon père. Retourne dans le parc pour téléphoner, et appelle la police.

Adam cria alors pour m'avertir de quelque chose mais j'avais décidé de ne plus lui prêter attention, et fis la sourde oreille. Il me fallut quelques secondes pour comprendre mon erreur : il m'avait semblé que l'abribus était vide, mais, m'apprêtant à le dépasser, je m'aperçus qu'il y avait quelqu'un à l'intérieur, plié en deux…

– Continue ta route, m'ordonna Adam. Fais comme si tu ne l'avais pas vu.

Mais je m'étais déjà arrêté net – et Warren Lodge m'avait enfin repéré. Je me trouvais pile derrière lui, nous étions seulement séparés par le plexiglas de l'abribus ; il sentit ma présence. Il se redressa et sa tête, toujours cachée par la capuche, se tourna vers moi. Il devait se demander si j'étais le naufragé du parc qui revenait lui chercher des noises.

Il se leva.

Mon père et Adam me crièrent en chœur de prendre mes jambes à mon cou, et je sentis que Seferis tentait de forcer le passage pour prendre le contrôle du corps. Le plus étrange cependant, c'est que je n'avais pas peur. Enfin, bien sûr que j'avais peur, j'étais *effrayé*, mais je n'étais pas *terrifié* comme devrait l'être toute personne sensée lorsqu'un assassin d'enfants s'intéresse à elle.

Peut-être voulais-je qu'il s'intéresse à moi ; peut-être est-ce pour cela que je n'étais pas terrifié. J'avais certes dit à mon père que je n'affronterais pas directement Warren Lodge, mais il me semble désormais qu'inconsciemment, c'était mon intention depuis le début. Non pour jouer les héros, contrairement à ce qu'Adam avait insinué, mais pour être présent lorsqu'il serait arrêté, et pour le regarder droit dans les yeux avant qu'il ne soit emmené et puni – histoire de le condamner, et aussi de voir, de satisfaire ma curiosité, la même curiosité qui poussait mon père à vouloir lire les lettres de Mrs Winslow.

Eh bien, il fallait que je saisisse ma chance : il s'était

levé et s'apprêtait à se retourner. Le fait qu'on ne lui ait pas encore passé les menottes ne m'inquiétait pas autant qu'il aurait fallu. Je ne bougeai pas d'un pouce. Nous nous retrouvâmes face à face, séparés par un simple panneau de verre.

Il semblait plutôt pathétique pour un prédateur. Ses yeux étaient bouffis par la fatigue, son menton couvert d'une barbe de trois jours disséminée et irrégulière, comme s'il avait commencé à se raser et avait changé d'avis. L'entaille sur son front – celle qu'il était censé avoir récoltée suite à sa lutte avec le félin – était toujours là, désormais rouge écarlate. Son nez coulait.

*Drôle de puma*, je me rappelle avoir pensé. Puis ses lèvres bougèrent, comme s'il allait poser une question – « qui… ? » ou peut-être « quoi… ? » – et je compris soudain qu'il avait peur, bien plus peur que moi. Ce qui, pour une raison quelconque, me mit hors de moi. J'avais envie de le gifler, au lieu de quoi je criai son nom, « WARREN LODGE », puis je levai le bras et le désignai en ajoutant « NOUS SAVONS CE QUE VOUS AVEZ FAIT ».

Ou, en tout cas, j'avais commencé de le dire. Je ne sais pas si tous les mots sont sortis car, lorsque je levai le bras pour pointer mon doigt sur lui, Warren Lodge recula d'un pas. Peut-être ses yeux lui jouèrent-ils un tour, peut-être crut-il en voyant mon index brandi que je le menaçais d'une arme. Quoi qu'il en soit, il recula, d'un pas, puis d'un autre, puis d'un autre, puis d'un autre. Au quatrième pas, il descendit du trottoir, se retrouva dans la rue, et c'est là que la camionnette le renversa.

Il n'y eut pas le moindre avertissement, ni klaxon, ni crissements de pneus, juste un éclair vert qui arriva sur le côté et emporta Warren Lodge dans un bruit sourd. Il n'en eut jamais conscience, son attention étant fixée sur moi au moment où il s'en alla brutalement.

S'ensuivit une période de confusion. J'entendis un cri, ou un hurlement, puis un autre bruit sourd et des bris de verre, et encore d'autres bruits, mais c'était difficile de tous les localiser. Ma vision se brouilla, comme si je regardais un film sur une pellicule abîmée.

Lorsque j'y vis plus clair, je zoomai en direction du pont. Quelqu'un avait arrêté une camionnette verte, au beau milieu de la circulation, à cheval sur deux couloirs, derrière de longues traces de pneus. L'avant de la camionnette était défoncé et de la fumée sortait en sifflant de son capot froissé. M'approchant, je découvris sur ma droite que quelqu'un – peut-être le même vandale qui avait saccagé la camionnette – avait brisé l'une des vitrines du magasin de meubles.

Si j'arrivais à faire le lien entre la camionnette et l'éclair vert, la vitrine brisée me laissait pantois. Je continuai à chercher Warren Lodge dans la rue ou sur le trottoir, mais, ne le trouvant nulle part, je m'inquiétai à l'idée qu'il se soit à nouveau carapaté. Peut-être se cachait-il derrière la camionnette. Je m'allongeai par terre, sur mes mains et mes genoux, pour regarder sous le véhicule, mais j'étais encore trop loin ; je me relevai donc et m'approchai lorsque j'entendis un bruit sur ma droite.

Je me trouvais désormais en face de la vitrine brisée du magasin de meubles. À l'intérieur, un salon avait été recomposé sur une estrade ; par esprit de réalisme, on avait posé sur le canapé un mannequin vêtu de bleu qui semblait dormir. C'était très réussi, hormis le fait que le tout était recouvert de bris de verre, que certains meubles étaient mouillés, et que les couleurs de la housse du canapé commençaient à tourner.

Non, un instant, ce n'était pas cela… quelque chose m'échappait.

– Adam, qu'est-ce qui m'échappe ? demandai-je.

Alors le mannequin se redressa et je m'aperçus qu'il avait une tête de puma, et la tête du puma était couverte d'entailles ensanglantées et un gros bout de verre sortait de son cou, transperçant le tissu bleu. Le puma tenta de me sauter dessus, mais il trébucha sur la table basse et perdit l'équilibre, ouvrant sa gueule comme pour grogner sans que rien en sorte si ce n'était un liquide rouge, et le film se brouilla de nouveau.

Des bruits de clapotis se muèrent en un vrombissement de moteur diesel. Je m'aperçus que je fixais mes mains, et compris petit à petit que celles-ci se trouvaient sur mes genoux, que j'étais assis, et que mon siège était en mouvement.

En relevant les yeux, je découvris que j'étais à bord d'un bus. Par la vitre défilait le paysage familier de l'autoroute 90 ; le car venait de longer Issaquah et se dirigeait vers Autumn Creek. Le ciel, qui semblait presque limpide quelques instants plus tôt à Seattle, était désormais parsemé de nuages. Je m'intéressai aux autres passagers du bus. Aucun d'entre eux n'afficha la moindre surprise ou le moindre intérêt en me découvrant.

Peut-être n'étais-je pas apparu brutalement parmi eux. Peut-être m'étais-je simplement endormi. Peut-être venais-je de me réveiller. Encore fallait-il, pour que je m'assoupisse dans le bus, que j'y sois d'abord monté, chose dont je n'avais aucun souvenir. Cependant, cette idée était extrêmement séduisante : si je m'étais endormi, il était possible que j'aie rêvé, ce qui pouvait signifier que l'incident avec Warren Lodge n'était qu'un cauchemar...

Pas terrible. Songeant à l'accident, j'eus un flash-back très réaliste : je vis la camionnette renverser Warren Lodge, j'entendis la vitrine s'écrouler, je sentis les bris de verre crisser sous mes semelles tandis que je m'approchais pour regarder...

J'avais à nouveau les yeux rivés sur mes mains.

– Terminus, cria le conducteur. Autumn Creek, terminus.

Je relevai la tête ; le bus se trouvait à l'arrêt de Bridge Street. Je me levai et sortis sur des jambes flageolantes. Je fus accueilli sur le trottoir par une brise humide et fraîche – pas encore de pluie ni de bruine, juste un peu d'humidité dans l'air, comme des gouttes de rosée fantomatique – et cela chassa la brume de mon esprit.

Je m'appuyai contre un lampadaire et fermai les yeux.

– Adam ? criai-je.

Mon père me répondit :

– Rentre à la maison, Andrew.

– D'accord, acquiesçai-je, trop épuisé pour protester.

C'était typiquement le genre de journée où j'étais certain que Mrs Winslow m'attendrait devant la porte de la maison, mais je me trompais. J'extirpai ma clé de mes poches et rentrai chez moi.

– Mrs Winslow ?

La télévision était allumée, le volume monté à bloc. Le son m'attira dans la cuisine. Mrs Winslow se tenait au milieu de la pièce, roulant de gros yeux devant le poste de télévision, les mains agrippées au dossier d'une des chaises comme pour s'y soutenir. Elle était en larmes mais l'expression de son visage ne me permettait pas de dire si c'étaient des larmes de tristesse ou des larmes de joie.

– Mrs Winslow, comment allez…

– Chuuuut ! souffla Mrs Winslow avec une ardeur que je ne lui connaissais pas.

Je me tournai vers le téléviseur et aperçus l'image en noir et blanc de ce trottoir au centre-ville de Seattle dont je sortais à peine. Il y avait l'abribus, la vitrine effondrée et, au bout de la rue, presque en dehors de l'écran, la camionnette au capot écrabouillé.

« … quêteurs estiment que Lodge s'est vraisemblablement suicidé », affirmait la voix du commentateur.

La caméra fit alors un gros plan sur le véhicule accidenté.

« Charles Daikos, qui était au volant de la fourgonnette, a avoué aux policiers qu'il était en train de tenter de récupérer son portable tombé sous son siège lorsque l'accident a eu lieu et, de fait, ne peut nous dire si Lodge s'est délibérément jeté sous les roues du véhicule. Suite à la collision, Daikos souffre de légères contusions au visage, mais ne présente aucune blessure grave… »

L'image revint sur la vitrine fracassée. Des policiers s'affairaient devant tandis qu'à l'intérieur deux ambulanciers soulevaient un long sac gris pour le poser sur un brancard.

Soudain la télé ne marchait plus, et je me retrouvai à table, les mains enroulées autour d'une tasse de café pour me réchauffer. Mrs Winslow remuait sa cuiller dans son thé.

– Alors, demandai-je, la question me semblant soudain étrangement déplacée, Warren Lodge est mort ? Pour de bon ?

– Oui, me répondit Mrs Winslow. Est-ce que tu as faim, Andrew ?

Nous mangeâmes en silence, puis je me retirai dans ma chambre. D'ordinaire, à cette heure, j'avais coutume d'abandonner le corps un petit moment pour que les autres âmes puissent jouer, lire, écouter de la musique. Mais, ce soir-là, j'oubliai le rituel et passai des heures à faire les cent pas. Personne ne se plaignit du changement, pas même Simon.

La nuit tomba. Aux alentours de 21 heures, j'entendis la sonnerie du téléphone, Mrs Winslow frappa à la porte du salon pour me dire que Penny voulait me parler.

– Dites-lui que je ne suis pas là, demandai-je.

Les heures passèrent. Soudain, je réalisai que mon père criait mon nom, perché dans la chaire. Il semblait s'égosiller depuis un bon moment sans que je l'entende, ce qui était étrange car il est impossible de ne pas entendre ce qui est dit en chaire – ce n'est même pas une question de règlement, c'est simplement lié à la façon dont ça fonctionne. Mon étonnement céda à un sentiment d'horreur quand je songeai soudain au sang qui avait jailli de la bouche de Warren Lodge.

– Andrew !... Andrew !

– Tant de sang, murmurai-je.

Et puis :

– Je l'ai tué, n'est-ce pas ? Je l'ai tué.

– Non, Andrew, répondit mon père, c'était un accident.

– Mais je le poursuivais...

– Tu le suivais, c'est tout.

– ... je l'ai poursuivi dans la rue.

– Tu l'as reconnu et il a eu peur. Ce n'est pas toi qui l'as poussé sous les roues de la camionnette, c'est lui qui a reculé.

– Il a reculé parce que je lui ai fait peur. Il...

– C'était un accident, Andrew. Le seul tort que tu aies eu, c'était de te mettre dans une situation dangereuse – de nous y mettre tous – en allant affronter Warren Lodge plutôt que de partir à la recherche d'un policier, comme je te l'avais demandé. Tu as été stupide. Tu as été très stupide et tu t'es mis dans une situation très dangereuse. Mais tu n'as rien fait de mal.

– J'en sais rien, répondis-je.

Je passai la main dans mes cheveux.

– Mon Dieu, la police… il faut que je la prévienne, n'est-ce pas ? Que j'appelle pour dire…

– Non, répondit mon père, catégorique.

– Mais la police ne sait pas ce qui s'est vraiment passé. Au journal, ils disaient que Warren Lodge s'était suicidé…

– Qu'il s'était peut-être suicidé.

– Mais c'est faux !

– Ce n'est pas grave. Ça ne sert à rien qu'ils sachent ce qui s'est passé exactement.

– Mais les témoins sont censés se présenter. Ils ne sont pas… censés quitter la scène d'un accident sans dire ce qu'ils ont vu…

Je m'interrompis, songeant : *Comment ai-je fait pour m'esquiver ? Comment ai-je fait pour prendre le bus ?*

– … c'est la loi.

– C'est peut-être la loi, mais si tu veux revenir maintenant sur ce que tu as fait, pour la respecter, cela pourrait causer bien plus d'ennuis que de raison.

Je fronçai les sourcils.

– Des ennuis pour nous, tu veux dire.

– Oui.

– Alors, tu veux que je taise la vérité, tout cela pour éviter que nous ayons des ennuis. Ce n'est pas un peu égoïste ?

– C'est la meilleure solution, Andrew. Ce qui s'est passé aujourd'hui n'était qu'un accident. Un ac-ci-dent.

Je secouai la tête sans rien dire.

– Je pense, reprit mon père, je pense qu'il faudrait que tu ailles te coucher maintenant.

– Non, répondis-je. Non, je ne suis pas fatigué.

Je mentais effrontément – j'étais à bout de forces, le corps était à bout de forces –, mais l'idée de ne pas être conscient m'effrayait.

– Andrew, tu as besoin de te reposer…

Comment étais-je monté dans le bus ? Pourquoi ne m'en souvenais-je pas ?

Je dus penser à voix haute.

– Tu es tombé dans le lac, m'apprit mon père.

– Quoi ?

– Lorsque Warren Lodge… lorsqu'il s'est relevé et qu'il a essayé de sortir par la vitrine, tu as laissé le corps et tu es tombé dans le lac. Seferis a dû le récupérer. C'est lui qui a quitté les lieux de l'accident et s'est assuré que le corps monte sagement dans le bus.

– Je suis tombé ?

– … dans le lac. C'est pour ça que tu ne te souviens de rien. Tu t'es endormi sous l'eau. Il a fallu que j'appelle le Capitaine Marco pour qu'il te repêche.

– Est-ce que tu es en train de dire que j'ai fait un trou noir ?

– Pendant une heure, pas plus, tu n'es pas resté si longtemps que ça dans le lac, mais il a fallu un moment pour te réveiller, et s'assurer que tu ne te rendormes pas.

Il soupira.

– Je suis désolé de ne pas t'en avoir parlé plus tôt, mais je préférais attendre que tu te sois un peu reposé.

– Mais c'est impossible. Je ne peux pas faire de trou noir.

– Tu n'es pas censé en faire, me corrigea mon père. Mais ce qui est arrivé à Warren Lodge… c'est une chose atroce à voir, un choc horrible.

– C'est terrible, dis-je. *Terrible*. Si je me mets à perdre le fil du temps…

– C'est inquiétant, reconnut mon père. Mais ce n'est pas ta faute, Andrew. C'est la première fois que tu vois quelqu'un m…

– J'ai la responsabilité du corps, tu me l'as répété des milliers de fois : je ne suis pas censé perdre son contrôle, quoi qu'il advienne.

– Je sais, mais…

– Quoi qu'il advienne. C'est toi-même qui me l'as dit.

Il y eut alors un long silence. Lorsque mon père reprit la parole, il déclara :

– Demain, quand tu rentreras à la maison après le travail, je veux que tu appelles le docteur Eddington pour prendre rendez-vous.

– Le docteur Eddington ?

– Le docteur Grey avait raison, admit mon père, comme si cela lui coûtait quelque chose. Il faut que tu puisses parler à quelqu'un, un médecin je veux dire.

Je réfléchis quelques instants.

– Est-ce que je… est-ce que je pourrai lui parler de Warren Lodge ? De ce qui s'est passé aujourd'hui ?

– Oui, répondit mon père, et de tout ce que tu veux… Penny, Julie, n'importe quoi.

– D'accord.

– Tu devrais aller te coucher maintenant, Andrew.

– Non.

Je secouai la tête.

– Je ne pense pas que je pourrai dormir. C'est… ça ressemble trop à un trou noir…

– Essaie quand même. Allonge-toi. Ne t'en fais pas, je vais rester avec toi.

– D'accord.

J'éteignis la lumière et me couchai, songeant que je ne parviendrais jamais à m'endormir – et comme c'est souvent le cas lorsqu'une telle pensée vous traverse, je me sentis soudain très las. Mon père resta en chaire, me parlant doucement tandis que je commençais à somnoler.

– Père, demandai-je au bout d'un moment, comme j'étais sur le point de m'assoupir.

– Oui ?

– C'était bien un accident, n'est-ce pas ?

– Oui.

– D'accord, dis-je, enfin convaincu.

Mais alors une autre question surgit. Pourquoi et d'où venait-elle, je n'en sais rien, et même à ce jour, je ne sais pas si je l'ai vraiment posée ou si j'ai rêvé que je le faisais :

– Père ?… Est-ce que le beau-père d'Andy Gage a été victime d'un accident, lui aussi ?

À cela, pas de réponse, si ce n'est les clapotis sur les berges du lac, tandis que je sombrais imperceptiblement dans le sommeil.

# 15

En me réveillant le lendemain matin, je me demandai pour la deuxième fois si tout ceci n'était qu'un mauvais rêve, si la mort de Warren Lodge était un cauchemar ; mais le silence pesant qui régnait dans la chaire et la maison m'indiqua, à juste titre, que ce n'était pas le cas. Lorsque je me rendis à la salle de bains pour me livrer aux ablutions rituelles, Jake refusa de venir brosser les dents du corps ; Seferis, qui faisait sa séance de gym routinière, perdit deux fois le compte de ses abdos ; Adam et Tante Sam, quoique encore occupés à se chamailler pour passer chacun sous la douche en premier, n'essayèrent même pas de jouer la montre.

Même Mrs Winslow ne semblait pas dans son assiette : je débarquais dans la cuisine pour y prendre le petit déjeuner lorsque je découvris qu'elle s'était contentée de mettre une seule portion d'œufs brouillés et de pain de mie pour nous tous dans une grande assiette.

– Oh, Seigneur, s'écria-t-elle en prenant conscience de son erreur alors qu'elle s'apprêtait à poser l'assiette devant moi.

– Ne vous en faites pas, la rassurai-je. Je ne pense pas que les autres aient très faim, ce matin.

– Vous en êtes sûr, Andrew ?

– Certain.

Pourtant, Adam commençait déjà à protester, mais, comme je l'ignorais royalement, il finit par abandonner, et personne d'autre ne broncha.

Mrs Winslow s'assit devant son propre petit déjeuner. Nous papotâmes en mangeant, comme à notre habitude – de quoi, je ne saurais dire, à part que Warren Lodge ne fut jamais mentionné –, et, une fois que j'eus nettoyé mon assiette, mon père vint prendre sa tasse de café quotidienne. Au moins, ça, c'était normal. Mais il me semblait toutefois qu'il manquait quelque chose, et ce ne fut que lorsque je me levai pour m'en aller que je compris ce dont il s'agissait : Mrs Winslow n'avait pas allumé la télévision pour le journal du matin.

– Tu crois qu'elle a compris ? demandai-je à Adam.

– Ce qui s'est vraiment passé hier ? grogna Adam. Comment veux-tu ?

– Je ne sais pas. Mais…

– Elle ne regarde pas toujours le journal.

– Mais un jour comme aujourd'hui, justement…

– Elle ne veut sans doute pas entendre pour la milliardième fois la façon dont il a tué ses gamines – tu sais qu'ils vont encore rabâcher toute l'histoire.

– Eh bien…

Force était de reconnaître que ce n'était pas absurde.

– Peut-être bien.

– Mais j'ai un truc à te dire, ajouta Adam. Tu me dois un petit déj.

– Adam…

– Parce que moi, cette histoire ne m'a pas bouleversé.

Il devait pourtant l'être. Mon père lui avait peut-être conseillé de se tenir à carreau, mais il me semblait que si Adam s'était vraiment réjoui de la façon dont Warren Lodge avait rencontré la mort, il aurait fait davantage de plaisanteries à ce sujet.

Je dis au revoir à Mrs Winslow et partis au travail. Comme j'arrivais dans Bridge Street, j'eus une vilaine frayeur : une camionnette verte était garée en face de l'Autumn Creek Café. Ce n'était pas le même vert, et elle était équipée d'une galerie et de finitions extérieures en acier chromé alors que la fourgonnette ayant écrasé Warren Lodge n'arborait ni l'une ni les autres, mais je manquai tout de même m'évanouir lorsque je la vis. J'attendis, mais, comme la camionnette ne disparaissait pas tel un mirage, je m'en approchai à pas prudents. J'avançai une main et touchai l'un de ses panneaux.

Il y eut un terrible fracas de verre brisé. Je tourbillonnai sur moi-même : un livreur venait de faire tomber plusieurs bouteilles d'*ice tea* de l'arrière de son camion. Un groupe de gamins sur le chemin de l'école se mit à applaudir.

Je me pliai en deux et vomis la quasi-totalité de mon petit déjeuner sur le trottoir, ce qui suscita une nouvelle salve d'applaudissements de la part des écoliers. Je m'attendais presque à ce qu'Adam se joigne à eux, mais la chaire était déserte.

Penny était dans ma tente lorsque j'arrivai à l'Usine. Elle avait l'air de vouloir bavarder longuement avec moi, et je tentai de l'en décourager : je me mis à bâiller en lui disant bonjour, et je me tâtai les sinus comme si j'avais la migraine.

– Ça va bien ? me demanda Penny.

– J'ai mal dormi, répondis-je. Que puis-je faire pour toi ?

Nerveuse, elle se mordit la lèvre inférieure.

– Je vais téléphoner au docteur Eddington, déclara-t-elle.

– Je suis au courant. Mon père m'a dit que tu t'étais décidée à prendre rendez-vous. C'est une excellente nouvelle.

– Non, répondit Penny. Je veux dire, je vais lui téléphoner ce matin… tout de suite. Et je me demandais si tu… si tu voulais bien venir l'appeler avec moi.

– Avec toi ?

– Eh bien… Je me suis souvenue que le docteur Grey voulait que toi aussi, tu prennes rendez-vous avec le docteur Eddington, alors je me demandais si on ne pouvait pas tous les deux…

– Oh ! m'écriai-je. Oh… non. Non merci.

J'avais évidemment la ferme intention d'appeler le docteur Eddington, mais là, je n'en avais aucune envie.

– Je ne me sens pas prêt à l'appeler tout de suite.

– Oh…

– Penny, dis-je. Tu sais que tout va bien. Le docteur Eddington est quelqu'un de bien. Il ne faut pas que tu aies peur de l'appeler.

– OK, dit-elle.

Ses dents apparurent à nouveau, non pour mordre sa lèvre inférieure mais pour l'agacer, et je sus qu'elle allait vouloir parler à mon père. Mais comme ni lui ni moi n'étions prêts à cela, je lui demandai brusquement « Il y a quelque chose d'autre ? », avant de désigner mon bureau comme si une mission importante m'attendait. Penny, comprenant ce que je lui signifiais, fit non de la tête.

Environ une heure plus tard, bourrelé de remords, je me dirigeai vers la tente de Penny pour m'assurer que tout allait bien. Elle était au téléphone, je tendis l'oreille sans me faire remarquer jusqu'à ce que j'entende le nom du docteur Eddington. *Bon, elle s'occupe de tout*, pensai-je en m'en allant. *À partir de maintenant, Penny sera dans de bonnes mains*. Ce que je lui avais dit était vrai : le docteur Eddington était un homme bien, un médecin bien. J'allais moi-même l'appeler prochainement… mais peut-être pas sur-le-champ. Aujourd'hui, je me sentais un peu patraque.

En fait, je me sentais tellement mal que je décidai de quitter plus tôt le travail, à la sauvette. Au beau milieu de l'après-midi, alors que je venais de jeter le contenu du Seau de Miel derrière l'entrepôt, j'aperçus la dépanneuse de Reggie Beauchamps garée sur le parking de l'Usine. Reggie était assis dans la cabine, tout seul, il fumait une cigarette en écoutant la radio, l'air de s'ennuyer, et je songeai… enfin ce à quoi je songeai n'a pas d'importance. En revanche, je savais que je ne voulais pas me trouver dans le coin pour voir Julie lui sauter au cou une nouvelle fois. J'avais désormais vraiment mal à la tête, et comme mon estomac criait famine depuis que j'avais vomi mon petit déjeuner et oublié de manger à midi, je décidai de m'en aller. Je m'échappai en douce par un trou dans le grillage afin de ne pas avoir à passer devant la dépanneuse de Reggie.

À la maison, Mrs Winslow m'attendait avec un gâteau au chocolat tout juste sorti du four. Tandis que je me remplissais la panse dans la cuisine, j'annonçai à Mrs Winslow que je ne me sentais pas très bien et lui demandai si elle aurait la gentillesse de dire à quiconque me réclamerait au téléphone que je n'étais pas là.

– Tu sais quoi, Andrew, répondit Mrs Winslow, moi-même je ne me sens pas tellement d'aplomb, alors je te propose de débrancher le téléphone ce soir.

Ce qu'elle fit.

Cette nuit-là, je rêvai que je flottais sur le paysage qui se déploie dans la tête d'Andy Gage. Vue d'en haut, cette géographie onirique formait une série de cercles concentriques, du plus grand cercle extérieur, constitué par la forêt d'un vert profond, jusqu'au petit point gris de Coventry. Je planais au-dessus de l'île, m'attendant à surprendre à tout moment le visage sarcastique de Gideon relevé vers moi. Mais Gideon n'apparut jamais et je finis par me demander pourquoi. Dans mon songe, Coventry n'était qu'un rocher aride, sans habitations ni cavernes où pourrait se cacher une âme. Où était-il donc ? Je descendis plus bas, dans l'espoir d'affiner ma recherche, mais, à cet instant même, le brouillard s'épaissit, surgissant du lac, il me cacha la vue, et je fus alors réveillé par le bruit de la pluie qui fouettait les vitres de ma chambre.

À l'aube, la pluie avait cessé. Le ciel était encore couvert lorsque je m'en allai au travail, mais le présentateur météo avait promis une éclaircie pour le milieu de matinée, et les nuages semblaient effectivement se clairsemer. Quant à moi, je décrétai que je me sentais mieux que la veille et me jurai d'appeler le docteur Eddington le jour même, l'après-midi au plus tard.

Arrivant à l'Usine, je remarquai la Cadillac de Julie dans le parking. Julie était assise dans sa voiture, un peu comme Reggie Beauchamps dans sa dépanneuse, la veille. Par contre Julie ne fumait pas, elle n'écoutait pas la radio, ne bougeait pas. Elle avait l'air d'avoir pleuré.

– Julie ? demandai-je en m'approchant doucement pour ne pas l'effaroucher.

Elle balança la tête sur le côté, dans un mouvement léthargique, et baissa sa vitre qui grinça. Ses yeux étaient injectés de sang, cernés de rouge : en effet, elle avait pleuré.

– Julie… que se passe-t-il ?

Question idiote. Les joues de Julie s'empourprèrent, et ses lèvres se tordirent comme si elle s'apprêtait à me faire une remarque sarcastique. Mais elle ne dit rien. Elle respira profondément et maîtrisa sa rage.

– Rien, finit-elle par répondre, puis elle ajouta : Reggie.

– Oh…

– Comme prévu.

– Oh.

Il y eut un silence gêné, puis Julie reprit :

– Ça te dirait de lâcher le boulot, aujourd'hui ?

Je ne savais pas si c'était une vraie proposition ou une simple allusion à mon récent absentéisme.

– Mmm…

– On pourrait faire l'école buissonnière, insista Julie, partir quelque part, se prendre une journée. Qu'en dis-tu ?

Je dus lorgner vers l'entrepôt, car elle ajouta :

– Ne t'en fais pas pour Dennis et Irwin ; ils n'ont pas vraiment besoin de nous.

– Je sais, répondis-je si hâtivement que c'en était indélicat. Enfin je veux dire… d'accord. Pas de problème.

Je montai dans sa voiture. Quand je fermai la portière, Julie me dit :

– Une seule consigne : pas un mot sur Reggie.

Je lui donnai ma parole de bonne grâce.

– Où va-t-on ? me demanda Julie.

– Je ne sais pas, répondis-je. Tu as une idée ?

Elle secoua la tête.

– Je n'ai pas envie d'aller à Seattle, et j'aimerais partir d'ici, mais à part ça…

– Le Mont St Helens ! m'écriai-je.

Le Mont St Helens figurait parmi les destinations touristiques locales qui me venaient toujours à l'esprit, sans que j'aie forcément envie d'y aller, par ailleurs, si vous voyez ce que je veux dire. C'était sorti comme ça.

Mais Julie prit ma proposition très au sérieux.

– D'accord, dit-elle en hochant la tête. Allons au Mont St Helens.

Elle se pencha pour tourner la clé de contact ; la Cadillac démarra sans broncher.

– C'est bon signe, dit Julie en souriant. Prochain arrêt, Mont St Helens…

Lorsque nous fûmes sur Bridge Street, juste avant le pont, nous croisâmes la Buick de Penny. Je lui fis signe, et je pense que Penny me vit, mais avant qu'elle ait eu le temps de répondre à mon salut, Julie accéléra à fond les manettes.

– Euh, Julie, dis-je, tandis que nous foncions sur le pont, tu ne crois pas qu'on aurait dû s'arrêter pour dire à Penny où on allait ?

– Pas du tout, répondit Julie. Aujourd'hui, c'est notre sortie à nous.

Julie n'ayant pas de carte routière dans sa voiture – ou en tout cas pas la moindre carte de l'État de Washington –, nous fûmes forcés d'aller à l'aveuglette : autoroute 5 vers le sud jusqu'à ce que nous trouvions un panneau qui indique le Parc national de Mont St Helens, puis à gauche, ou peut-être à droite (avec un peu de chance, le panneau nous donnerait une indication pour rejoindre la route qui menait au volcan). Le trajet était bien plus long que nous ne l'avions prévu et, de concert, nous laissâmes échapper un grognement lorsque, venant d'atteindre le croisement, nous découvrîmes qu'il nous restait encore soixante-dix kilomètres à faire. Mais c'était un grognement jovial – nous prenions alors encore cela à la rigolade. Nous nous arrêtâmes pour déjeuner sur une aire de repos perchée en haut de la montagne. Le point de vue panoramique nous offrait des aperçus de notre destination : le Mont St Helens, balayé par des nuages menaçants, apparaissait puis disparaissait de notre champ de vision, au bout d'une longue rivière, au fond de la vallée. C'était beau, mais pas particulièrement rassurant, et plutôt que de nous rapprocher nous préférâmes rester où nous étions, au soleil. Nous sortîmes une couverture du coffre de la Cadillac, que nous étendîmes sur l'herbe, et nous nous assîmes pour contempler la journée qui passait.

– Qu'on est bien, s'exclama Julie en soupirant d'aise. Restons ici pour toujours, Andrew.

– D'accord, répondis-je. Je construirai une cabane.

– Ouais…

Poussant un nouveau soupir, elle s'étendit par terre, et

posa sa tête sur mes genoux. Je m'efforçais de ne pas bouger – j'étais assis, les mains posées sur l'herbe, derrière mon dos, et savais que je ne pourrais garder éternellement cette position inconfortable, mais je pensais que si j'arrivais à ne pas bouger, Julie s'endormirait peut-être.

Le temps me trahit avant que mes biceps n'en aient la chance. Les nuages, masquant désormais complètement le Mont St Helens, semblaient courir vers nous, et Julie, sentant que le vent annonçait des pluies torrentielles, se redressa.

– Il vaudrait peut-être mieux rentrer, dit-elle, s'il pleut comme la nuit dernière, la voiture va faire la tête.

Il ne plut pas ; les nuages restèrent dans les montagnes tandis que nous reprenions l'autoroute. En revanche, il y avait beaucoup de circulation : à partir d'Olympia, en direction du nord, on eut droit à des bouchons en accordéon, du coup la voiture faisait la tête, et nous ne tardâmes pas à faire de même. Nous venions de dépasser Tacoma lorsque le moteur de la Cadillac se mit à tousser, puis mourut. Julie réussit à redémarrer mais ce n'était que le premier de plusieurs calages, chacun nécessitant de plus en plus d'efforts pour que la voiture reparte. Après le cinquième ou le sixième – nous longions désormais Boeing Field, pouvant presque apercevoir les gratte-ciel de Seattle –, nous restâmes en plan si longtemps que j'étais persuadé qu'il nous faudrait abandonner la voiture pour téléphoner.

Mais Julie refusait opiniâtrement d'appeler Triple A ; avec sa chance, elle savait quel dépanneur ils lui enverraient.

– Je préfère pousser la voiture jusqu'à Autumn Creek, s'il le faut, disait-elle.

Puis la Cadillac coopéra enfin, elle démarra à la tentative suivante, et roula tranquillement pendant tout le trajet du retour.

Nous arrivâmes à Autumn Creek un tout petit peu avant 17 heures. Je pensais que Julie rentrerait directement chez elle à moins qu'elle ne passe en coup de vent à l'Usine, au lieu de quoi, elle trouva une place sur Bridge Street et se gara devant son bar préféré.

– Ça ne me ferait pas de mal de boire un coup, dit-elle. Et toi ?

La réponse correcte à cette question était, bien entendu, « non merci ». Le règlement intérieur interdisait toujours formellement la consommation d'alcool, ce que justifiait mon expérience : chaque fois que j'avais bu de l'alcool – c'est-à-dire à trois reprises, avec Julie – j'en étais venu à le regretter. Franchement, il ne valait mieux pas.

Alors je n'ai absolument pas d'excuse d'avoir fait le mauvais choix. Je devrais sans doute pouvoir mettre ça sur le compte du choc profond causé par le spectacle de la mort de Warren Lodge ; ou sur le dos d'Adam, de mon père, et de toutes les autres âmes de la maison, car aucune ne prit la parole pour m'en empêcher – la chaire était vide comme elle l'avait été toute la journée, si bien que, dans cette voiture, j'avais l'impression d'être une personne normale, n'ayant pas de comptes à rendre à ses autres Moi. Mais comme explication cela ne tient pas le coup, et comme justification, encore moins. La seule raison – et non excuse –, c'était Julie : les sentiments que j'éprouvais pour elle ; ceux que j'avais ressentis lorsqu'elle avait posé sa tête sur mes genoux dans la montagne, et ceux que, espérais-je toujours, je finirais peut-être par lui inspirer, si les circonstances m'étaient favorables.

– D'accord, répondis-je, allons boire un verre.

Nous commençâmes par un pichet de bière puis nous passâmes à l'artillerie lourde, des pintes de blonde dans lesquelles avaient été versés de petits verres de bourbon. Enfin nous optâmes pour le scotch pur, et Julie transgressa ses propres interdits, se mettant à tout me raconter sur sa rupture avec Reggie Beauchamps. J'avais du mal à l'écouter. Julie était vraiment remontée, se répandait en injures contre ce salaud de Reggie… et contre toute logique, je me surpris à éprouver de la jalousie, j'enviais l'intensité de ses sentiments à son égard, même si celle-ci était négative.

Julie sentit ma gêne, et s'arrêta.

– Je suis désolée, s'excusa-t-elle, je n'étais pas censée te parler de lui.

– C'est pas grave, lui répondis-je.

– Mais si, ça te contrarie.

– Ça ne me contrarie pas du tout, mentis-je. Simplement… je ne comprends pas. S'il te rend aussi malheureuse que ça, et si tu savais qu'il allait te rendre malheureuse, au vu de ce qui s'était passé la première fois que vous étiez sortis ensemble… pourquoi t'es-tu remise avec lui ? Enfin… quand on fréquente quelqu'un, c'est tout de même parce qu'on *pense* que ça va nous plaire ?

Julie me jeta un sourire contrit.

– Tu es trop rationnel…

– Sans blague, Julie…

– Sans blague, Andrew… Écoute, je ne voudrais pas avoir l'air de dire que *tout* était à jeter. Je veux dire, on s'est quand même bien amusés, avant que Reggie décide de redevenir une merde…

– OK, alors. Je ne suis toujours pas sûr de comprendre, mais OK.

Julie soupira.

– Si tu ne comprends pas, c'est parce que tu es plus stable que moi, Andrew. Tu es plus intelligent que moi.

Je fis la grimace, mais Julie insista :

– Mais si, c'est vrai, tu es plus stable que moi. Et je ne suis pas la seule à dire ça. Penny aussi te trouve très stable… Penny te trouve génial.

Je me renfrognai.

– Tu ne veux pas arrêter, Julie ?

– Quoi ?

– De me parler de Penny comme si on était amoureux.

– Eh bien, elle t'aime bien pourtant…

Je secouai la tête.

– Je ne crois pas, Julie. Pas dans ce sens.

– Allons, Andrew, j'ai bien vu comment elle t'embrassait.

– Et je t'ai déjà dit que ce n'était pas elle.

– Eh bien, c'était tout de même une partie d'elle, objecta Julie.

Puis elle ajouta :

– Franchement, tu ne trouves pas que vous formeriez un chouette couple ?

– Pourquoi ? Parce qu'on a tous les deux des troubles de la personnalité multiple ?

– Écoute, dit Julie en haussant les épaules, il faut bien admettre…

– Penny est très instable, Julie. Ce serait comme si je sortais avec une malade mentale. Je ne sais pas, moi, peut-être que c'est toi qui devrais sortir avec elle.

Je craignais d'avoir passé les bornes en faisant ce commentaire, mais cela fit sourire Julie, qui se rendit à mes arguments.

– Peut-être, reconnut-elle, mais elle n'est pas mon genre.

– Eh bien, elle n'est pas le mien non plus. Au fond, je suis sûr que c'est quelqu'un de bien, et qu'une fois qu'elle aura fait une thérapie elle pourra être une chouette petite amie, mais… pas pour moi.

– D'accord, répondit Julie.

Elle jeta un coup d'œil à son verre, qui était vide.

– On se prend une autre tournée ?

– Il ne vaudrait mieux pas, pour moi… Qu'en penses-tu ?

– J'ai une bouteille à la maison, proposa Julie. On pourrait aller chez moi.

– D'accord.

Nous payâmes l'addition et sortîmes. Le soleil brillait toujours, ce qui était très perturbant ; je n'avais jamais été ivre en plein jour. Je décidai de regarder l'heure sur ma montre et découvris, sidéré, que mon poignet était nu. Songeant que j'avais dû laisser ma montre dans le bar, je tournai les talons.

C'est alors que je remarquai Julie à côté de sa Cadillac.

– Eh, Julie, criai-je, voyons, tu sais bien que tu n'es pas en état de conduire…

– Hmmm ?

Elle me lança une œillade, puis me rembarra d'un signe de la main.

– T'inquiète, dit-elle, cette saloperie ne va certainement pas vouloir démarrer, de toute façon.

Sa bouche se plissa, en colère.

– Cette saloperie de machine… Voiture de merde, mec

de merde, boulot de merde. Je suis complètement tarée, hein ?

– Écoute, Julie, il ne faut pas te sentir obligée de l'être, répondis-je.

Elle ne sembla pas m'entendre, ce qui, réflexion faite, valait sans doute mieux.

– Saloperie de machine, jura Julie une nouvelle fois.

Puis elle ajouta :

– Allez, viens, allons-y avant que je lui fasse de nouvelles bosses.

On alla chez elle à pied. À peine rentrée dans son appartement, Julie se rua sur le placard au-dessus de l'évier, dans la cuisine, pour y prendre une bouteille de scotch non entamée. Tandis qu'elle ouvrait le bouchon et remplissait deux verres, je fus tenté de me laisser aller au sommeil, ayant déjà plus que ma dose. Mais lorsqu'elle m'apporta un verre en me disant « santé », je le bus.

Emportant la bouteille avec elle, Julie se dirigea vers sa chambre. Je lui emboîtai le pas.

– Je vais prendre une douche, déclara-t-elle.

– Hein ?

– Je vais prendre une douche.

Julie posa la bouteille et son verre sur la commode et prit un peignoir dans sa penderie.

– Attends-moi tranquillement, dit-elle, je n'en ai que pour quelques minutes.

Elle se dirigea vers la salle de bains. Je restai planté là, à me demander si ce besoin impérieux de prendre une douche était effectivement bizarre, ou s'il me semblait tel parce que j'étais saoul. Plongé dans mes réflexions, j'avalai une nouvelle gorgée de scotch, qui me parut soudain avoir un goût affreux.

– Beurk ! m'exclamai-je. Ça suffit.

D'un geste ferme, je posai le verre sur la commode.

Je m'assis sur le futon et regardai par la fenêtre de la chambre. Le ciel était encore lumineux, quelques signes seulement suggéraient que la nuit allait bientôt tomber. Je lançai un coup d'œil au radio-réveil de Julie : 18:47. Mrs Winslow avait dû commencer le repas toute seule ; je me souvins alors que je n'avais pas téléphoné pour la prévenir que je ne rentrais pas. Elle devait se faire du souci.

Je me reprochai ma négligence. J'aurais mieux fait d'appeler, lui dire que j'allais bien… ou peut-être même rentrer. Évidemment, si je rentrais tout de suite, Mrs Winslow comprendrait que j'avais bu. Elle n'en dirait certainement rien, mais cela la décevrait sans doute. Elle connaissait les règles imposées par mon père aussi bien que moi.

Peut-être valait-il alors mieux que je ne rentre pas, peut-être valait-il mieux que je reste ici un petit moment, histoire de dessaouler.

Levant le bras machinalement, j'avalai une nouvelle gorgée de scotch. Cela ne me parut plus aussi mauvais – en fait, cela n'avait plus le goût de rien – mais, comme je buvais mon verre, je me surpris à le contempler d'un œil perplexe. Je songeai : *qu'est-ce qui cloche ?*

J'aurais sans doute compris par moi-même si Julie n'était sortie de sa douche à cet instant précis, apportant avec elle sa propre énigme. Je me rappelais l'avoir vue emporter un peignoir dans la salle de bains, or elle réapparaissait drapée d'une simple serviette-éponge. En termes d'esthétique, sa décision n'était pas critiquable : ses épaules nues, le haut de ses seins dénudés étaient rosis par la chaleur de la douche, et elle était belle comme un cœur, mais la question restait posée : où était passé son peignoir ?

Julie se dirigea vers la commode et attrapa son verre. Elle en but une gorgée, et je fus comme hypnotisé par la courbe de sa nuque ; je cherchais mes mots pour lui dire à quel point elle était sublime sans que cela ait l'air déplacé.

– Alors, me demanda Julie en se tournant vers moi, comme ça tu trouves que je suis tarée ?

Je clignai des yeux.

– Quoi ?

– C'est ce que tu as dit en sortant du bar, quand je t'ai demandé si j'étais tarée…

Génial. Ça ne lui avait pas échappé.

– "Écoute, il ne faut pas te sentir obligée de l'être…" *Obligée*. Ce qui veut dire que je le suis, non ?

– Non ! Non, Julie, je…

– C'est pas grave, répondit Julie, je préfère que tu sois franc avec moi. Et si tu penses…

– Je ne pense pas que tu es tarée, Julie. Je trouve… je trouve que tu n'as pas le sens des réalités, c'est tout.

– Le sens des réalités. Mmmff…

– Parfois on dirait que tu fais tout pour être déçue et ça, je n'arrive pas à le comprendre, pourtant je sais que tu es vraiment douée, vraiment intelligente, et, et belle, et que si pour l'instant ta vie n'est pas tout à fait comme tu voudrais qu'elle soit, ce n'est pas pour autant que tu y es *condamnée*… Tu as toutes les qualités du monde pour que les choses s'arrangent, il faut juste… que tu changes de stratégie, c'est tout…

– De stratégie. Hmm hmm…

Julie affichait désormais un petit sourire prudent, signe qu'elle n'avait fait que me taquiner, mais je continuais à bavasser, entremêlant excuses et compliments, jusqu'à ce qu'elle finisse par avoir pitié de moi.

– Andrew, dit enfin Julie, reposant son verre sur la commode avant de revenir vers le futon. Ce n'est pas grave…

– Si, ça l'est… tu étais déprimée et je voulais te réconforter, au lieu de quoi je…

– Je comprends ce que tu essayais de dire, Andrew… plus ou moins.

– Je suis désolé, Julie.

– Andrew, chut, cesse de t'excuser.

Elle s'assit près de moi sur le futon et passa un bras autour de mes épaules.

– Tu es mon meilleur ami, putain. Tu le sais, hein…

Elle leva son autre main pour me caresser le visage et je ne pus soudain plus me contenir : je me penchai pour l'embrasser.

Julie ne se dégagea pas, et me rendit doucement mon baiser. Puis nos lèvres se séparèrent, et, enhardi, je baissai le visage pour frôler le haut de ses seins avec ma bouche. Julie se raidit.

– Andrew, protesta-t-elle, Andrew, arrête.

Je n'en fis rien. Je relevai un peu la tête et déposai un baiser au creux de son cou, au bon endroit j'imagine, car, si elle se raidit à nouveau, ce fut différemment.

– Andrew, répéta-t-elle d'une voix elle aussi différente, ah, et puis merde…

Nous roulâmes sur le futon, l'un contre l'autre. Ma main caressait la peau nue de Julie, courant sur la courbe de son épaule.

– Ce n'est pas une bonne idée, Andrew, dit Julie.

Elle semblait sincère mais aussi désireuse de passer outre, et cela suffit à m'encourager. Mon désir s'était exaucé, ma chance s'était à nouveau présentée, et, cette fois, refusant d'être timide ou indécis, je l'avais saisie.

M'appuyant sur le coude, je me penchai et embrassai Julie sur la bouche, sur la gorge. Elle accepta d'abord passivement mes baisers, puis, comme je retrouvais ce point magique au creux de son cou, elle s'écria une nouvelle fois « et puis merde… » et se mit à me rendre mes caresses. Elle m'attrapa par le col, me poussa sur le dos et roula sur moi. Alors, ce fut elle qui m'embrassa dans le creux du cou, me mordillant. Ses doigts trouvèrent le bouton en haut de ma chemise et le défirent, puis ils s'attelèrent au deuxième bouton ; j'attrapai sa serviette qui glissait déjà. Nous nous mîmes à lutter pour avoir chacun la primeur de déshabiller l'autre. Je pris le dessus – outre le fait que les serviettes n'ont pas de fermeture Éclair, j'étais le plus costaud des deux. Mais Julie était plus rusée ; elle dégagea sa main et visa vers le bas, dans l'intention de me faire perdre l'équilibre en m'agrippant le bas-ventre.

C'est alors que les choses tournèrent au vinaigre. Julie m'empoigna l'entrejambe… et s'arrêta net. Son visage arbora une expression surprise – cet air légèrement étonné que l'on a lorsqu'on cherche des clés que l'on vient à peine de poser, et que l'on s'aperçoit qu'elles ne sont pas à l'endroit où l'on pensait les avoir mises. La main de Julie. La main de Julie m'empoignait avec frénésie maintenant, et sa surprise redoubla… Où étaient passées les clés ?

– Andrew, dit Julie en s'écartant un peu de moi tandis que sa main continuait ses recherches. Tu n'es pas… Tu n'as pas…

– Quoi ?

Elle se força à le dire.

– Oh, répondis-je d'un ton léger, comme si elle s'étonnait de mon choix de sous-vêtements. Oh oui… je n'ai pas… de truc comme ça.

– Tu n'as pas…

Julie roulait de grands yeux, s'efforçant de faire bonne figure.

– Est-ce que… ça fait partie des sévices… est-ce que ton beau-père… ?

– Quoi ?

Je compris soudain, éclatant de rire.

– Oh non ! Non, tu te trompes. Rien n'a été… coupé. Le corps est de sexe féminin, c'est tout.

– QUOI ?

– Le corps est de sexe féminin, répétai-je. Qu'est-ce…

– Non, protesta Julie. Non, c'est impossible… Tu dis "il"… tu dis toujours "il".

– Quoi ?

– Quand tu parles d'Andy Gage… le vrai Andy Gage… Tu dis toujours "il", pas "elle".

– Euh… ouais.

– Mais si Andy Gage était une fille, alors…

– Julie…

Le moment n'était pas aux discussions métaphysiques… mais, comme ça paraissait lui tenir à cœur, je pris sur moi.

– Si je dis "il" pour Andy Gage, eh bien, c'est parce que, parce que mon père le fait toujours… Adam aussi, Tante Sam aussi, et tous les autres aussi.

– Mais si Andy Gage était une femme…

– Son corps était féminin, mais son âme masculine.

Je n'en étais pas tout à fait sûr, mais cela me semblait le plus probable – en tout cas, je ne pouvais pas demander confirmation à mon père.

– Pourtant, tu m'avais dit que les âmes et les corps étaient jumeaux. Qu'ils se reflétaient comme dans un miroir.

– Chez les gens qui sont un. Mais…

– Mais Andy Gage était une entité à part entière. C'était lui l'âme originelle, n'est-ce pas ? Il… elle… existait avant que tout ne vole en éclats… Alors…

– Julie, l'interrompis-je, Julie, je ne voudrais pas te sembler impoli, mais… qu'est-ce que ça peut bien faire ? Je veux dire, je serais heureux qu'on en reparle un peu plus tard, mais…

– Quoi… ? dit-elle, émettant un rire dément, un gloussement étranglé. Oh, mon Dieu…

– Écoute, je suis désolé que le corps… ne soit pas exactement comme tu voudrais qu'il soit, mais je suis sûr que je peux compenser… tout ce qui manque.

Je souris, toujours persuadé qu'il ne s'agissait que d'un léger malentendu, qui serait bientôt derrière nous.

– Dis-moi simplement ce que tu veux.

Je tendis les bras vers elle, mais elle s'esquiva. Elle alla s'asseoir à l'autre bout du futon, enroulant soigneusement sa serviette autour d'elle.

– Julie ? demandai-je, finissant par m'inquiéter. Julie, qu'y a-t-il ?

Je me relevai, tendant à nouveau les bras vers elle, mais Julie me cria « laisse-moi », me tapant violemment sur la main. J'étais complètement abasourdi.

– Je suis désolée, Andrew, dit durement Julie. Je suis désolée, mais s'il te plaît ne me… s'il te plaît, ne me touche pas.

– Julie…

Je fus saisi par une sensation familière : un filet d'eau glacé se déversa sur mon cœur, filet qui devint torrent. C'était reparti : nous partagions une grande intimité, ouverts, aimants, tout était possible, et soudain… soudain la fenêtre s'était refermée, condamnée, volets fermés, barricadés. Et je ne comprenais pas.

– C'est si important que ça ? Je suis toujours moi, même si je n'ai pas…

Julie émit à nouveau ce rire dément.

– Oui, Andrew, ça compte.

– Mais… mais c'est bien avec moi que tu allais, que tu allais faire l'amour, hein ? Et tu savais que le corps n'est pas le reflet parfait de mon âme, alors…

– Andrew…

– … alors ce n'est qu'une question de nuance, n'est-ce pas ? C'est toujours moi, Julie…

– Je ne suis pas lesbienne, Andrew.

Je ne voyais tellement pas le rapport que sa réponse, pendant quelques instants, me laissa sans voix.

– Quoi ?

– Je ne suis pas lesbienne. Je…

– Mais… *moi non plus je ne suis pas lesbienne*.

Un espoir fugace, irrationnel, m'envahit soudain, qui mourut lorsque je m'aperçus que Julie restait impavide. Elle se fichait de savoir si j'étais lesbienne ; tout ce qui comptait, c'était que le corps d'Andy Gage était de sexe féminin. Point à la ligne.

Et pourtant je continuais de me battre, recherchant de nouveaux arguments, un moyen de la convaincre que cela ne comptait pas tant que cela. Ne trouvant plus mes mots, je tendis à nouveau mes bras vers elle, mais Julie s'esquiva, bondissant du futon à une vitesse si extraordinaire que je crus qu'elle s'était volatilisée.

– Je suis désolée, Andrew, dit Julie.

Elle se tenait à côté de la commode, en face de moi, et je cherchais à comprendre comment elle avait fait pour s'habiller si vite.

– Je suis désolée… Je sais que ça ne devrait rien changer, et je regrette de ne pas être plus ouverte à… à… mais si, ça compte. Ça compte. Ça compte, et je, et je ne peux pas… et en plus, ajouta-t-elle en me regardant par-dessus son épaule, c'est vrai, ce que j'ai dit, que ce serait une mauvaise idée d'être ensemble, je veux dire même si… ce serait une erreur. Alors peut-être est-ce un signe, hein ? Un signe de plus qu'on devrait rester amis, de très bons amis, pour toujours…

– Amis…

Le mot sortit de ma gorge comme un croassement âpre. Je levai mon verre, et pris une grosse rasade de scotch qui me réchauffa, m'anesthésia.

– Des amis, répétai-je, amer. Mais je *t'aime*, Julie… Je t'aime, et tu sais que je te traiterai bien, mais c'est quand même lui que tu choisis… Lui, et tous les autres avant, qui, qui te traitent comme de la merde…

– Je ne l'ai pas choisi, Andrew, répondit Julie en secouant

la tête. J'ai couché avec lui, OK. Mais maintenant c'est terminé, il ne fait plus partie de ma vie…

– C'est ça, jusqu'à la prochaine fois.

– Tu préférerais vraiment être à la place de Reggie, Andrew ? Tu voudrais coucher avec moi, et ne pas être mon ami ?

– Mais je veux les deux ! criai-je tandis que mes yeux s'emplissaient de larmes. Tu me fais toujours des compliments, tu me dis toujours que je suis merveilleux, que je suis stable… si tout ça, c'est la vérité, si tu le penses vraiment, pourquoi est-ce que tu ne m'aimes pas ? Pourquoi ?

Elle ne répondit pas ; je portai la bouteille à mes lèvres, que je tétai goulûment. Mon gosier refusa d'avaler le scotch et je m'étranglai. Lorsque ma vision s'éclaircit à nouveau, Julie ne se trouvait plus à côté de la commode, elle s'était assise par terre, près de la fenêtre. Elle avait les yeux rouges, comme au matin.

– Pourquoi, Julie, répétai-je d'une voix rauque. Pourquoi est-ce que tu ne m'aimes pas ?

Elle refusait de me regarder.

– Andrew, soupira-t-elle, l'air défaite, je ne sais pas… je ne sais pas ce que tu veux de plus de moi. Je veux dire, j'ai essayé…

– Je veux savoir *pourquoi*. Je veux que tu me dises…

– Andrew, *je t'en prie*… je suis *désolée*, OK. Je suis désolée de t'avoir fait tant de mal. Je suis désolée si… si tu penses que c'était par cruauté. C'est pas le cas, enfin je ne crois pas mais… je ne sais plus. Je suis fatiguée, Andrew… je suis fatiguée et j'ai l'impression de t'avoir déjà expliqué un million de fois, mais tu continues de ne pas vouloir accepter, et je n'ai simplement pas assez d'énergie pour atteindre le million et une fois… alors, on peut en rester là ? S'il te plaît ?

– Un million de fois ? répondis-je. Mais tu n'as jamais rien expliqué, Julie…

Julie se prit la tête entre les mains.

Portant mes lèvres au goulot, j'avalai une nouvelle rasade.

– Julie…, recommençai-je, puis je m'interrompis, distrait par la lueur d'un lampadaire qui brillait par la fenêtre, au-dessus de la tête de Julie.

Lorsque je recouvrai mes esprits et baissai les yeux vers elle, Julie avait disparu.

– Julie ?

Je jetai un coup d'œil vers la commode mais elle n'y était pas retournée ; elle avait disparu de la pièce. Où était-elle passée ?

– Julie ?

Je me levai. En fait, je m'y pris à deux fois ; ma première tentative avorta lorsque le sol s'approcha soudain dangereusement de moi, fracassant violemment ma tête contre le matelas de Julie. La seconde fois, j'y allai plus doucement, me concentrant pour garder l'équilibre, et je parvins à me remettre sur pied.

Je la cherchai dans tout l'appartement, appelant sans relâche. Elle s'était volatilisée. Je finis par remarquer que la porte de l'appartement était ouverte.

– Julie ?

Je trébuchai jusqu'au palier, en haut de l'escalier branlant, m'imaginant entendre ses pas qui s'éloignaient en contrebas. Mais il n'y avait personne dans l'escalier et la porte au rez-de-chaussée, qu'on apercevait à peine, était fermée. Je me mis à descendre, trop rapidement, et, après quelques pas seulement, je perdis à nouveau l'équilibre. Je trébuchai et tombai, la rambarde de l'escalier semblant elle aussi s'effondrer, si bien que j'atterris à l'extérieur, la face contre l'asphalte.

– Ju-u-lie, balbutiai-je, écartelé, les bras en croix.

Ma chemise débraillée s'était coincée sous ma hanche ; j'entendis le léger bruit d'un bouton qui s'arrachait et rebondissait sur le sol. Quelque chose de liquide m'éclaboussa le poignet.

Je roulai sur le côté, et m'aperçus que je tenais toujours la bouteille de scotch à la main. La bouteille était indemne malgré la chute, mais la violence du choc avait fait s'échapper une partie de son contenu ; c'était le liquide que j'avais senti. Le scotch me picota le poignet, qui me parut plus éveillé que le reste de ma personne. Je portai la main à mon visage, frottant mon poignet humide sur mes joues et mon front. J'avalai une nouvelle lampée.

– Julie ?

Étrangement, j'étais parvenu à me remettre debout. Je me tenais désormais au milieu d'une rue, celle en face de l'appartement de Julie, ou peut-être une autre, je ne savais pas. Il faisait nuit noire et j'y voyais trouble, il m'était difficile de déceler des formes, même illuminées par les lampadaires. À ma gauche, sur le trottoir, il me sembla apercevoir quelqu'un – une femme ? Julie ? – mais, alors que je m'approchais d'elle, elle se volatilisa tel un effet spécial tiré d'Eidolon, se fondant dans une nuée de colombes.

– Julie…

Où étais-je ? Il fallait que je trouve une plaque de rue, une chose sur laquelle me concentrer. Songeant qu'il me fallait pour cela trouver un carrefour, je décidai d'une direction et marchai.

Plutôt, je me traînai. Mon âme se détachait du corps, comme si elle n'était liée à Andy Gage que par quelques bouts de ficelle élastique. En me déplaçant, j'avais l'impression d'essayer de manipuler une marionnette de l'intérieur – j'oscillais et me balançais d'un côté puis de l'autre, me servant d'une rangée de voitures garées en file indienne comme d'une rampe, une rambarde de sécurité. Lorsque j'atteignis le carrefour, j'agrippai un poteau métallique pour observer deux étroites plaques vertes posées à angle droit, découvrant sur l'une IRVINE ST, et sur l'autre OSWEGO CT.

Irvine et Oswego, Irvine et Oswego, mais où était-ce ? Au-dessus de Bridge Street ou plus bas ? Tentant mentalement de replacer l'intersection sur une carte de la ville, je fus rattrapé par une autre considération : même en admettant que je sache où je me trouvais, où avais-je l'intention de me rendre ? Voulais-je rentrer chez Mrs Winslow ou retourner chez Julie ?

– Julie…

Je soupirai. Mon bras, le seul membre à être capable d'un mouvement coordonné, se mit à monter, et je le surpris juste à temps, alors que la bouteille s'apprêtait à effleurer mes lèvres. J'optai alors pour ce qui me semblait être la stratégie la plus pragmatique : j'allais continuer à marcher. Après tout, ce n'était pas grand, Autumn Creek ; si je continuais à avancer, tentais de nouvelles rues, et prenais garde à ne pas traverser de ponts, je finirais bien tôt ou tard par tomber sur l'immeuble de Julie ou la maison de Mrs Winslow, ou quelque autre repère qui me permettrait de savoir où j'étais. De plus, Julie devait elle aussi écumer les rues et, avec un peu de chance, nous nous croiserions. Cette pensée, plus qu'aucune autre, m'incita à me remettre en marche.

Un pas, puis un autre, puis un autre, puis un autre. Je ne sais pas pendant combien de temps ni combien de kilomètres je marchai. Bien sûr, je perdais le fil du temps ; les minutes et les blocs se succédaient à chaque pas dont j'avais conscience. Un pas, puis un autre, puis un autre, et soudain je stoppai net, comme si je m'apprêtais à m'écrouler à nouveau. Je virevoltai, m'écartant d'un abîme invisible, trébuchai sur le rebord du trottoir, traversai un bout de bitume et vacillai, avant de m'arrêter sur un carré de pelouse.

Une voix m'appelait, et je recouvrai un semblant de sobriété. Je me tenais dans le jardin de la demeure victorienne de Mrs Winslow. Celle-ci se tenait sur la véranda. C'était elle qui m'avait appelé.

– Mrs Winslow ! m'écriai-je.

L'exultation d'avoir retrouvé la maison céda presque immédiatement à la honte. Je devais avoir une allure épouvantable… est-ce que je trimbalais toujours la bouteille de scotch ? Oui, je portais toujours la bouteille de scotch. J'envisageai sérieusement de m'en aller, courbé en deux, de sortir de la vue de Mrs Winslow avant qu'elle ait le temps de bien m'observer, mais alors elle répéta « Andrew » avec tant d'inquiétude dans la voix que je compris qu'il était déjà trop tard.

Mrs Winslow n'était pas seule sur la véranda. Il y avait un homme à ses côtés, un policier, pensai-je au premier abord, et ma honte redoubla – elle s'était tellement inquiétée qu'elle avait signalé ma disparition. Mais le policier ne portait pas l'uniforme. Pas de costume non plus, donc il ne faisait pas partie du FBI…

C'était le docteur Eddington, réalisai-je brutalement. Mais que fichait-il à Autumn Creek ?

Je n'aurais jamais compris tout seul, étant encore trop ivre. Mais une autre âme jaugea la situation du haut de la chaire et additionna deux plus deux. La pensée germa enfin. Ce n'était pas la mienne, mais c'était clair comme de l'eau de roche. Il était arrivé malheur au docteur Grey. C'était pour cela qu'il était venu, la dernière fois.

Je ne voulais rien en savoir. Certes, ma mission est d'affronter le monde extérieur, même quand c'est difficile, mais je ne voulais rien en savoir. C'était le coup de grâce. J'avais tué Warren Lodge ; j'avais sans doute également tué mon amitié avec Julie ; s'il s'avérait que j'avais aussi tué le docteur Grey en la forçant à retravailler alors qu'elle était trop faible, je ne voulais rien en savoir. Je refusais de savoir.

– Andrew…, commença le docteur Eddington.

Mais je ne restai pas pour écouter. Je me dégageai du corps, arrachant les attaches élastiques. Il y eut un fracas de verre brisé, le bois de construction de la maison se fissura ; un chœur d'âmes hurla d'angoisse et d'inquiétude ; et tout fut avalé dans le tourbillon sifflant du brouillard, tandis que je retombais dans le lac. Je plongeai dans les profondeurs, les abîmes où l'eau est noire et où il n'y a pas de mauvaises nouvelles.

Je chutai dans le lac mais il fallait bien que quelqu'un contrôle le corps. Et quelqu'un s'en chargea, prenant le corps en main et ses jambes à son cou : quelqu'un qui attendait depuis longtemps que sa chance se présente. Avant même que les eaux ne se referment sur moi, le corps d'Andy Gage était déjà reparti ; s'enfuyant dans la rue, s'enfuyant dans la nuit ; loin, très loin.

LIVRE SIXIÈME

# SOURIS

# 16

La première consultation de Souris avec le docteur Eddington est prévue pour 19 h 30, un horaire plutôt tardif, mais c'est le seul qu'il avait de libre. Lorsque Souris lui a téléphoné pour prendre rendez-vous, elle a été surprise qu'il réponde en personne ; il lui a expliqué que sa secrétaire avait pris des congés pour se marier et que l'intérimaire venue la remplacer ne s'était pas présentée, « alors pour l'instant, c'est moi qui m'occupe de tout… c'est quoi déjà votre nom ? », Souris lui a répondu et il s'est gaiement écrié : « Oh Penny ! Danielle – le docteur Grey – m'a prévenu que vous me passeriez peut-être un coup de fil. C'est pour envisager le traitement d'un trouble de la personnalité multiple, n'est-ce pas ? »

Souris a été stupéfiée par le ton badin qu'il a employé. À l'entendre, on aurait cru qu'il lui proposait de lui poser un plombage, ou de vérifier les pneus de sa voiture.

– O-oui, a-t-elle dit.

– Parfait, alors.

Elle l'entendait remuer des papiers.

– Eh bien… que diriez-vous de venir en première consultation d'ici une huitaine de jours, mercredi prochain par exemple ?

– Une semaine ! s'est exclamée Souris.

– Je suis désolé de ne pas faire plus vite, s'est excusé le docteur Eddington. Demain, il n'y a pas de place, mercredi c'est le mariage de ma secrétaire, et jeudi je vais à San Francisco assister à un séminaire qui dure tout le week-end. Donc je n'ai pas de possibilité avant la semaine prochaine. À moins que…

– À moins que ?

– Eh bien, laissez-moi réfléchir… ma dernière consultation demain se termine à 17 heures, puis j'ai cours de karaté à 17 h 45. Je devrais pouvoir manger sur le pouce et repasser au cabinet, disons aux environs de 19 h 30. Est-ce que cela vous conviendrait ?… Penny ?… Vous m'entendez ?

– Oui, a répondu Souris à contrecœur.

La déception éprouvée en apprenant qu'il allait falloir attendre une semaine a laissé place en un clin d'œil à une souveraine réticence, un ultime espoir de renoncer au traitement et de revivre comme avant – bien qu'elle mène une vie de chien, elle y est habituée. Mais elle n'a plus le choix, maintenant.

– D'accord, dit le docteur Eddington. Je vais vous indiquer l'itinéraire.

Le cabinet du docteur Eddington se trouve à Fremont, un coin peuplé de hippies bohèmes, sur la rive nord du Washington Lake. Même si ce n'est pas la zone à proprement parler, Fremont est un quartier devant lequel la mère de Souris aurait tordu le nez ; c'est aussi un coin où Souris, l'année précédente, s'est réveillée à deux reprises dans le lit d'un étranger, après avoir fait un trou noir. Lorsqu'elle se rendra chez le docteur Eddington, il faudra veiller à ne pas surprendre le regard de quelqu'un qui la « connaît ».

Souris n'est pas contrariée d'avoir rendez-vous avec le docteur en début de soirée ; le seul inconvénient, c'est qu'il lui faudra tuer le temps entre la fin de sa journée de travail et le rendez-vous. Depuis la séance d'hypnose chez le docteur Grey, les membres de la Société se sont enhardis. Ils ne se contentent plus de lui écrire des pense-bêtes ou de laisser des messages sur son répondeur ; Souris entend désormais des voix. Parfois, ce ne sont que des murmures, comparables à des rêvasseries qui ne seraient pas les siennes. Parfois, elles sont fortes et distinctes, comme si quelqu'un parlait par-dessus son épaule. Les voix surgissent un peu n'importe quand, mais le plus souvent elles prennent la parole pendant des moments d'oisiveté, lorsque Souris est toute seule. Pour cette raison, elle avait espéré passer les heures précédant son rendez-vous avec Andrew, ou bien avec son père. Mais Andrew est parti quelque part avec Julie, il n'est pas disponible, et du coup Aaron, par définition, ne l'est pas non plus.

C'est incroyable tout ce qui peut advenir en une semaine. Lorsque Andrew lui a proposé de lui présenter son « père », Souris a été contrainte d'accepter, poussée par le désespoir, or elle ressent désormais le désir de lui parler. Il serait excessif de dire qu'elle a *plaisir* à lui parler – Aaron Gage n'est pas un homme très disert –, mais elle se félicite de l'avoir rencontré. En partie parce qu'elle éprouve un soulagement à entendre qu'une fois passée l'impression d'étrangeté qu'il a eue en découvrant qu'une autre personne occupait le corps d'Andy Gage, il ne trouve plus cela si étrange ; et aussi parce que le fait qu'il ait de multiples personnalités ne fait pas d'Andrew un phénomène de foire, alors peut-être y a-t-il de l'espoir pour Souris aussi.

Et puis c'est vrai, ce que dit Andrew : son père comprend vraiment ce que vit Souris.

– Bien entendu, tu es mort de peur, au début. Tu t'es toujours dit en ton for intérieur que tu étais fou, et soudain c'est comme si les preuves s'accumulaient contre toi, que tu n'étais plus capable de cacher ta folie. Les gens vont te percer à jour. Alors, en plus de la trouille, tu éprouves de la culpabilité, parce que tu t'es mis dans la tête que tout était ta faute, que tu as tout provoqué, même si tu n'arrives pas à te rappeler ce que tu as fait... et ainsi, non seulement le monde saura que tu es complètement barjot, mais il saura aussi que tu es mauvais...

– *Oui*... alors que faut-il faire ?

– Si vous êtes comme moi, vous allez perdre beaucoup de temps à avoir les chocottes. Et puis un jour, vous vous direz que vous en avez marre, que vous ne voulez plus avoir peur ni vous sentir coupable, et que vous avez besoin d'aide. Et si vous avez de la chance, si on vous apporte l'aide qu'il vous faut, si on ne vous trahit pas... finalement, vous arriverez à faire avec. Quand tout ça ne te fait plus peur et que ça n'est plus qu'un emmerdement, alors tu sais que tu as fait de vrais progrès.

Souris a hâte qu'arrive le jour où le fait d'entendre des voix ne sera plus qu'un «emmerdement». Pour l'instant, ça lui file les jetons. Mais elle essaie de suivre les conseils d'Aaron :

– Le docteur Grey a dû vous dire de considérer les membres de votre Société comme des alliés. Et c'est vrai, ils le sont. Mais vous pouvez aussi les considérer comme des invités qui ne savent pas se tenir. Lorsqu'ils se conduisent mal, au lieu de paniquer ou d'avoir honte, essayez plutôt de vous mettre en colère, comme si un visiteur, après être venu chez vous, vous laissait un évier plein de vaisselle sale. Ce n'est pas idéal, comme solution, mais ça évitera que vous sautiez par la fenêtre avant d'avoir commencé la thérapie – chose que vous devriez faire sans plus attendre.

D'accord, alors elle va s'y coller. Mais il lui reste encore deux heures à tuer. Souris ne repasse pas chez elle après le travail ; elle se rend dans le quartier estudiantin de Seattle et va faire les magasins autour d'University Avenue. Ce faisant, elle perd le fil du temps – 19 heures arrivent bien plus tôt que prévu et, jetant un coup d'œil à son portefeuille, elle s'aperçoit qu'il manque quinze dollars – mais elle n'entend des voix qu'une fois. Cela se produit juste avant 19 heures, dans une pizzeria pleine à craquer où Souris s'est arrêtée pour se mettre quelque chose sous la dent avant d'arriver à Fremont. Elle veut juste une part de pizza au fromage et un soda, mais le serveur, trop absorbé par sa conversation téléphonique, ne la sert pas et fait mine de ne pas la remarquer. Impatiente, Souris se surprend à penser que ce mec n'est qu'une espèce de sale plouc… et s'aperçoit avec un sursaut d'humeur que ce n'était pas du tout une pensée, mais Moche, Maledicta, qui rôde autour de l'ouverture de la grotte.

– Mets-la en veilleuse, crie Souris.

Mais son embarras redouble car cela attire enfin l'attention du serveur.

– Eh, on se calme, dit-il.

Ensuite, tout ce qu'elle sait, c'est qu'elle descend Fremont Avenue en Buick, les restes d'un menu McDonald's éparpillés sur le tableau de bord. *En colère, colère, j't'en ficherai, moi de la colère*, se dit-elle.

Ayant suivi l'itinéraire du docteur Eddington, elle arrive devant une demeure de trois étages, aux poutres apparentes. Elle est entourée d'un petit jardin grillagé ; comme Souris approche – elle a garé sa Centurion de l'autre côté du pâté de maisons et vient à pied –, elle aperçoit un homme, les épaules voûtées, qui se penche vers le sol et bêche patiemment un parterre de fleurs. Il porte un treillis et une légère chemise en coton dont les manches sont retroussées ; ses bras sont musclés, bronzés, et ses cheveux – courts, bruns, en broussaille – viennent d'être lavés.

– Docteur Eddington ? demande Souris.

Il relève les yeux, et pour la deuxième fois en deux semaines, Souris se retrouve devant le fantôme de son père. Mais là, la ressemblance est plus forte que lorsqu'elle a surpris Andrew en train de rire devant le restaurant. Le docteur Eddington a la même allure que Morgan Driver, ils se ressemblent physiquement : les mêmes yeux, le même nez, la même mâchoire. Il a atteint un âge que Morgan Driver n'a jamais atteint – Souris pense qu'il doit avoir une quarantaine d'années – mais en faisant abstraction des pattes-d'oie et en rajoutant un mégot au coin de sa bouche, on peut recréer un fac-similé de la photo de son père, le lendemain matin du bal de promotion.

– Bonjour, Penny, dit le docteur Eddington.

Penny doit glisser ses doigts à travers le grillage pour rester campée sur ses deux jambes. Elle ignore le timbre de voix qu'avait son père, mais celui du docteur Eddington… eh bien, c'est celui qu'il aurait dû avoir.

– Vous êtes bien Penny, n'est-ce pas ?

Souris parvient à faire oui de la tête. Le docteur Eddington se redressa, se met à s'essuyer les mains sur son pantalon, se reprend, les frotte l'une contre l'autre. Puis il tend le bras pour serrer la main de Souris, et sa poigne, chaude, sympathique et ferme, lui donne l'impression d'avoir deux ans.

– Bon, dit-il, en relâchant sa main, entrez donc.

Son cabinet se situe au deuxième étage, dans un appartement de trois pièces, réaménagé. Il la conduit dans un couloir, et ils longent une pièce dont le bureau et les placards croulent sous plusieurs centaines de magazines. Au bout du couloir se trouve une autre pièce, plus grande, trois des murs étant couverts d'étagères, le quatrième accueillant un bureau. Comme le docteur Grey, le docteur Eddington offre à ses patients un choix de sièges : il y a un fauteuil de ministre à roulettes, recouvert de cuir, très chic, et une chaise bien moins chic revêtue d'un doux imprimé représentant des planches de *Dennis La Menace*.

– Ça vient d'un vide-grenier, explique le docteur Eddington en attrapant derrière le bureau un autre siège à roulettes. Je vous en prie, asseyez-vous où vous voulez.

Souris choisit le fauteuil de ministre, non pas parce qu'elle n'aime pas les bandes dessinées mais parce qu'il est plus près du docteur Eddington.

– Alors, poursuit le docteur Eddington, parlez-moi de vous.

Souris cligne des yeux, pas sûre de comprendre ce qu'il lui demande.

– Mais… mais le docteur Grey ne vous a pas raconté…

– Elle m'a dit que vous alliez peut-être chercher à suivre une thérapie, et pourquoi, répond le docteur Eddington. Et que vous étiez une amie d'Andrew. Mais ce que je voudrais, c'est que vous me parliez de vous, vous-même. Qui êtes-vous ?

Qui est-elle ?

– Je…, commence Souris.

Elle voudrait dire « je ne suis personne en particulier », mais, mangeant les derniers mots, elle répond :

– Je ne suis personne.

Le docteur Eddington a un sourire peiné, comme s'il ne pouvait croire que c'est vrai.

– D'où venez-vous ?

– De l'Ohio.

– Vous avez encore des parents, là-bas ?

Souris secoue la tête.

– Ils sont morts.

– Je suis désolé, dit le docteur Eddington. Récemment ?

– Récemment... ?

– Quand sont-ils morts ?

– Oh. Mon père est mort quand j'étais très jeune, et ma grand-mère, la mère de mon père, est morte quand j'avais neuf ans. Je n'ai jamais connu mes autres grands-parents.

– Hum, hum, répond le docteur Eddington. Et votre mère ?

– Elle... est décédée il y a moins longtemps, précise Souris. Il y a sept ans.

Craignant qu'il ne lui demande davantage de précisions, elle détourne le regard, mais il se contente de dire :

– Alors, il ne reste plus que vous, maintenant.

– Oui, répond Souris.

Puis, se souvenant soudain des circonstances qui l'ont amenée ici, elle ajoute :

– Euh...

– Bien sûr, sourit gentiment le docteur Eddington. Et des amis ? Vous avez encore des amis dans l'Ohio ?

– Non. Je n'en ai jamais eu, en fait...

– Et ici, à Seattle ?

Souris s'apprête à dire non, puis se ravise.

– Il y a Andrew, sans doute.

Elle regarde le docteur comme si elle cherchait son approbation.

– Le docteur Grey vous a bien dit que c'était mon ami, n'est-ce pas ?

– Oui, elle me l'a signalé.

– D'accord, alors il y a Andrew, et... peut-être... peut-être Julie Sivik aussi. Mais c'est aussi ma patronne.

– Quelle est votre profession ?

– Je travaille dans une boîte qui fabrique des logiciels de réalité virtuelle.

– Formidable ! s'écrie le docteur. Ainsi, vous êtes programmatrice ?

– On dirait que oui, répond Souris. Enfin... je veux dire, oui c'est ça mon boulot, je suis programmatrice, simplement... je ne suis pas tout à fait certaine de ce que je fais au travail. Mais, ce qui se passe, c'est que le matin je vais travailler, je rentre à la maison le soir, entre-temps, je fais une pause-déjeuner, je discute avec les autres gens de l'Usine, mais je ne me souviens jamais d'avoir réellement travaillé. Et ça a toujours été comme ça, avec tous les boulots que j'ai eus : je fais le travail, je le fais bien, même, mais je… je n'ai pas conscience de le faire. Mais ça vaut mieux, sans doute, vu que je n'étais pas vraiment qualifiée pour la plupart des jobs que j'ai eus – et si je m'étais rendu compte du travail que j'avais à fournir, j'aurais certainement été incapable de le faire.

Elle s'interrompt, stupéfaite de se livrer avec autant de facilité.

Le docteur Eddington accepte tout cela sans tiquer.

– Vous savez, dit-il, certaines personnes vous envieraient beaucoup… Mais je comprends que ce ne soit pas drôle pour vous.

– Ce n'est pas drôle du tout, certifie Souris. Ça se passe comme ça, c'est tout.

– Ainsi, vous avez des absences au travail, dit le docteur Eddington. Et ailleurs également, j'imagine ?

Souris opine du chef.

– Et lorsque cela se produit, est-ce que vous faites un trou noir ou est-ce qu'il vous arrive de vous surprendre à vous regarder, comme si vous étiez spectatrice de vos propres actions ?

– Eh bien, avant ce n'était pas comme ça, explique Souris. Avant, d'habitude je… je disparaissais simplement. Mais depuis que le docteur Grey m'a hypnotisée…

Remarquant l'expression du docteur Eddington, elle s'interrompt.

– Oui ?

– Le docteur Grey vous a hypnotisée ?

Souris lui raconte : la façon dont la pièce s'est agrandie ; la façon dont, se retrouvant dans la caverne avec les jumelles Moche et Supermoche, parce qu'elle essayait d'échapper aux bruits de sa propre voix, elle s'était enfoncée de plus en plus profondément dans la grotte. Elle mentionne également les dormeurs, mais omet de parler de la petite fille à la bourse, se contentant de dire :

– Ça ne m'a pas plu, là-bas. Alors je suis ressortie dans le, dans mon, corps, et j'ai dit au docteur Grey que je ne voulais plus retourner à l'intérieur. Elle a répondu que je n'étais pas obligée, pas avant d'être prête, et puis, sur le chemin du retour…

Elle décrit la brève prise de pouvoir de Maledicta en arrivant sur le débarcadère du ferry.

Le docteur Eddington plisse le front.

– Y a-t-il eu d'autres incidents de ce type, depuis ?

– Quelques-uns, répond Souris.

Elle s'est retrouvée une ou deux fois à l'intérieur de la grotte – la plupart de ses trous noirs ne sont, de fait, que des trous noirs – mais elle se doute que les voix peuvent figurer parmi les « incidents ».

– Qu'y a-t-il ? demande-t-elle. Est-ce que le docteur Grey a fait une erreur ? Elle n'aurait pas dû m'hypnotiser ?

– C'est une décision qu'elle a prise en son âme et conscience, répond le docteur Eddington, l'air plus diplomate que sincère. Je préfère pour ma part pratiquer l'hypnose plus tard au cours de la thérapie ; je trouve cela un peu déplacé lors d'une première visite. Surtout lorsqu'on suspecte un TPM.

– Et pourquoi ?

– Eh bien, la règle d'or, c'est de ne pas prendre le risque de chambouler un patient lorsque l'on ne sait pas si l'on sera là pour l'aider à retrouver son équilibre. Mais Danny est… ambitieuse. Trop ambitieuse, parfois.

– Oh, répond Souris.

Elle est déconcertée de penser que l'empressement du docteur Grey a empiété sur son jugement professionnel mais, en toute honnêteté, Souris ne peut se sentir trahie. Elle sait pertinemment que le docteur Grey essayait de l'aider ; et elle comprend aussi que, même sans la séance d'hypnose, la Société lui créerait des ennuis actuellement.

Pourtant, il faut qu'elle demande :

– Est-ce que vous pouvez revenir en arrière ? Me faire redevenir comme j'étais avant ?

– C'est ce que vous voulez ? demande le docteur Eddington.

Il y a une semaine, elle aurait répondu oui. Mais grâce aux conversations avec le père d'Andrew, Souris a changé d'attitude. Elle ne se sent toujours pas prête à traverser les épreuves imposées par la thérapie – elle ne veut pas affronter la petite fille de la caverne – mais le résultat, si ça marche…

– Non, répond Souris, probablement pas.

Le regardant droit dans les yeux :

– De toute façon, vous ne pourriez pas revenir en arrière, n'est-ce pas ?

– Non, admet le docteur Eddington. Sans doute pas.

– Alors je veux être soignée, tranche Souris une bonne fois pour toutes. Je veux… je veux construire une maison, ou ce qu'il faudra. Si vous m'aidez.

– Je vais vous aider, lui assure le docteur Eddington.

Un téléphone se met à sonner dans une autre pièce.

– Ce que je vous propose, c'est de commencer à se voir régulièrement, dès la semaine prochaine.

Le téléphone continue de sonner, et le docteur Eddington se lève.

– Excusez-moi un instant, demande-t-il. Il me semble que j'ai oublié de brancher le répondeur.

Tandis que le docteur Eddington discute au téléphone, Souris s'enfonce dans son fauteuil, écoutant le bourdonnement de sa voix dans la pièce adjacente en roulant d'avant en arrière, satisfaite. Rêveuse, elle se figure une autre vie, dans laquelle sa mère serait morte dans l'accident d'avion et son père aurait survécu. Elle imagine un homme qui ressemblerait terriblement au docteur Eddington et qui marcherait main dans la main avec une fille très semblable à elle-même. C'est cruel, mais ça la rend heureuse.

Dans l'autre pièce, le docteur Eddington raccroche le combiné. De retour dans son cabinet, il affiche une mine de six pieds de long.

– Qu'y a-t-il ? lui demande Souris, encore perdue dans sa rêverie.

– C'était Meredith Cantrell, dit-il.

– La compagne du docteur Grey ?

Le docteur Eddington hoche la tête.

– Danny a fait une nouvelle attaque cet après-midi. Elle est morte.

Il lui faut un petit moment pour assimiler la nouvelle, mais Souris se rend compte qu'elle n'est pas si surprise que cela.

– Oh non, dit-elle, plus pour le docteur Eddington que pour elle-même.

Elle s'aperçoit que le docteur Eddington l'observe – comme pour voir si elle s'apprête à éclater en sanglots, ou à devenir quelqu'un d'autre.

– Tout va bien, lui assure-t-elle. Je… c'est triste qu'elle soit morte mais je n'étais pas très proche d'elle. Je n'en ai pas eu le temps. Êtes-vous…

– J'étais proche d'elle, répond le docteur Eddington, plongé dans ses pensées.

Puis il ajoute :

– Enfin, je préférerais ne pas avoir à raccourcir notre entretien, mais je dois aller à Autumn Creek pour annoncer la nouvelle à Andrew.

– Andrew… oh mon Dieu !

– Oui, dit le docteur Eddington. Il faut que je m'occupe de lui… Je l'ai promis au docteur Grey.

– Bien sûr, répond Souris en se levant. Évidemment. Je vais…

– Voudriez-vous m'accompagner ?

– Certainement. Si vous pensez…

– Je pense que ce serait bien qu'Andrew ait une amie auprès de lui, répond le docteur Eddington.

Il lui sourit, et Souris ne peut contenir une bouffée de plaisir. Il ressemble tellement à son père.

– D'accord, dit-elle.

– D'accord, répond le docteur Eddington. Je vais brancher le répondeur et on y va…

# 17

Souris entamait son second semestre à l'Université de Washington quand sa mère fit son attaque. L'information mit quelque temps à lui parvenir, et, dans les mois qui suivirent, elle regretta à plusieurs reprises qu'elle soit remontée jusqu'à elle.

Le fait qu'elle fasse ses études dans l'État de Washington était lié, elle le savait, à la Société. Sa mère voulait bien évidemment qu'elle « fasse des études supérieures » – comme toutes les jeunes filles de bonne famille – mais elle avait prévu à l'origine que Souris s'inscrive dans une université près de la maison, à une demi-heure de voiture tout au plus, afin qu'elle puisse continuer à la tenir à l'œil. Appuyée par sa mère, Souris posa sa candidature à Oberlin, Antioch, Notre Dame, et Northwestern ; en parallèle, des candidatures au nom de Souris furent envoyées à Oxford, Stanford, et à l'Université de Washington… et c'étaient les écoles dont Souris découvrit ultérieurement l'existence.

Stanford rejeta sa candidature, et elle ne sut jamais vraiment ce qui s'était passé avec Oxford. Mais l'Université de Washington, non contente de l'accueillir parmi ses rangs, lui proposait une petite bourse, ce qui, par le truchement d'une lettre signée de la main de la Société, devint un grand honneur – de ceux qui ne récompensent que les candidats les plus exceptionnels. Alors Souris partit faire ses études à Washington. Cet éloignement désolait sa mère, mais elle ne pouvait forcer Souris à refuser ce « grand honneur », d'autant plus qu'elle pensait que l'Université avait choisi Souris le plus spontanément du monde.

La joie que Souris ressentait à l'idée de s'être échappée de la maison maternelle (ressentie, mais jamais exprimée ou reconnue ouvertement) était tempérée par l'antipathie immédiate que lui inspira sa nouvelle compagne de chambre, Alyssa Geller, qui lui semblait être une version à peine plus adulte de Cindy Wheaton. Alyssa n'aimait pas beaucoup Souris non plus. Ceci était en partie dû aux éruptions fréquentes de Maledicta, et en partie à la mère de Souris, qui appelait la Cité universitaire presque tous les jours et devenait soupçonneuse, voire injurieuse, lorsque Souris ne pouvait pas lui répondre. Au cours du premier semestre, les relations entre Souris et Alyssa s'étaient envenimées petit à petit, atteignant un point de non-retour lorsque le lit d'Alyssa et la plupart de ses affaires se retrouvèrent dans le couloir. Peu de temps après, Souris échoua dans un appartement en demi-sous-sol situé à l'écart du campus.

Malgré une inévitable tendance à l'humidité, son appartement était étonnamment agréable avec ses murs de couleur vive et une abondance de lampes pour chasser les ombres. Il était petit, mais toujours plus grand que sa chambre universitaire, et n'était qu'à elle : après s'être remise du choc provoqué par le changement, Souris était si heureuse de vivre seule qu'elle laissa passer toute une semaine avant de se demander si sa mère savait où elle se trouvait. Quelques jours filèrent encore avant qu'elle comprenne que son nouvel appartement n'ayant pas le téléphone, sa mère ne parviendrait pas à la joindre, même en sachant où elle se trouvait. Souris envisagea alors de se procurer un téléphone, ou au moins d'appeler chez elle d'une cabine téléphonique, au lieu de quoi elle se rendit chez un fleuriste d'University Avenue et acheta une grosse couronne de fleurs séchées violettes qu'elle accrocha sur sa porte comme s'il s'agissait d'une pancarte INTERDICTION D'ENTRER.

Encore une semaine s'écoula. C'était désormais le mois de novembre ; par une froide matinée humide, alors que Souris traversait péniblement le campus, Alyssa Geller tenta de l'interpeller. À l'expression de son visage, Souris devina ce dont Alyssa voulait l'entretenir, et plutôt que de l'entendre décrire les incessants coups de fil de Verna Driver qui s'enquérait, de jour comme de nuit, de savoir où était passée sa fille, elle préféra prendre ses jambes à son cou. Une heure plus tard, alors qu'elle attendait que commence le cours de psychologie à Ken Hall, deux vigiles de l'Université entrèrent dans l'amphithéâtre pour y crier son nom ; Souris, assise au tout dernier rang, ne broncha pas, et lorsque les vigiles se retournèrent pour parler avec le professeur, elle s'esquiva par une porte dérobée.

Elle quitta le campus sur-le-champ, rentra chez elle à fond de train et passa les six jours qui suivirent cachée comme une fugitive. Elle savait pertinemment qu'elle était ridicule – elle ne parviendrait pas à échapper éternellement à sa mère – mais, à force de rester chez elle la porte fermée à double tour sans que personne puisse surgir sournoisement dans son dos, Souris décréta que le ridicule ne tuait pas.

Le sixième jour, en début de soirée, on cogna lourdement à sa porte. Souris dut se faire violence pour ne pas se précipiter sur les lampes et les allumer, car cela n'aurait fait que trahir sa présence.

Les coups redoublèrent. Une voix d'homme demanda à travers la porte :

– Miss Driver ?... C'est la police. Pourriez-vous nous ouvrir, s'il vous plaît ?... Miss Driver, vous êtes là ?

Souris retenait son souffle. *Allez-vous-en*, pensait-elle mais au troisième coup sur la porte, la voix, s'adressant à quelqu'un d'autre, ordonna : « Ouvrez-la », et il y eut le bruit d'une clé qui se glissait dans la serrure. Dans un éclair de folie, Souris envisagea de jeter une étagère à terre pour se barricader derrière la porte, mais déjà elle s'ouvrait en grand. Quatre hommes pénétrèrent chez elle : deux policiers, un des vigiles de l'Université, et le propriétaire de Souris. À eux tous, ils occupaient presque tout le petit salon de Souris ; un des policiers était si grand qu'il devait courber la tête pour ne pas se cogner au plafond bas.

– Miss Driver ? demanda le grand policier.

Comme Souris, les yeux braqués sur la porte grande ouverte, ne daignait même pas le regarder – elle s'attendait à voir rentrer sa mère –, il se tourna vers le propriétaire et lui demanda :

– Est-ce bien elle ?

Le propriétaire hocha la tête, et le policier reprit :

– Miss Driver, vous êtes sûre que tout va bien ?

– Où est-elle ? demanda Souris.

– Qui donc, Miss Driver ?

– Ma mère, répondit Souris. Elle vous envoie à mes trousses, hein ? Est-ce qu'elle est dehors ?

– Non, répondit le grand policier, l'air mal à l'aise, et il hésita.

Le vigile se racla la gorge.

– Effectivement, répondit-il à Souris, votre mère était très inquiète de ne plus pouvoir vous joindre. Elle a, hum... beaucoup insisté pour que nous retrouvions votre trace. Elle pensait qu'il avait dû vous arriver quelque chose.

– Non, répondit Souris. Non, j'ai juste déménagé...

– C'est ce que nous a dit votre ancienne camarade de chambre, confirma le vigile. Mais, euh, je crains que votre maman ne se soit pas satisfaite de cette réponse. En fait, elle a insinué que Miss Geller, eh bien, devait vous avoir fait quelque chose.

– Oh mon Dieu ! s'écria Souris.

C'était encore pire que ce qu'elle avait imaginé ; Alyssa devait être furieuse.

– Eh bien, vous lui direz que ce n'est pas vrai, d'accord ? Que je ne suis pas...

– Hum...

– Par contre, ajouta Souris, par contre, si vous ne lui avez pas encore dit où j'étais, pourriez-vous continuer à le lui cacher ? Dites-lui que je vais bien, qu'il ne m'est rien arrivé, mais ne...

Le grand policier reprit la parole :

– Miss Driver, dit-il, j'ai bien peur qu'on ne puisse rien dire à votre mère pour l'instant. Si nous sommes ici...

– Pourquoi ? demanda Souris, pensant que les policiers avaient reçu des instructions.

Peut-être ne pouvaient-ils plus se mêler de cette histoire, maintenant qu'ils savaient qu'Alyssa ne l'avait pas assassinée.

– Je vous rembourserai la communication, si c'est ce qui pose problème. Je…

– Miss Driver, l'interrompit le policier. Nous ne pouvons rien dire à votre maman parce qu'elle est hospitalisée. Elle a fait une attaque.

– Une attaque ? Vous voulez dire qu'elle est morte ?

– Non, non, répondit le vigile en levant la main pour la rassurer. Elle n'est pas morte, elle est simplement à l'hôpital.

– Mais…

Souris secouait la tête, perplexe.

– Ma grand-mère a fait une attaque, et elle est morte.

Les deux policiers échangèrent un regard. Puis le plus grand poursuivit :

– Je ne sais que vous dire sur votre grand-mère, Miss Driver, mais votre mère est bien vivante, en tout cas pour le moment.

– Alors, est-ce qu'elle va mourir ?

– Son état a été jugé préoccupant, mais stationnaire. Je ne peux pas vous en dire beaucoup plus. Le personnel soignant devrait pouvoir vous renseigner davantage…

– Dans quel hôpital est-elle ?

– Au Blessed Family General Hospital, dit le grand policier, après avoir jeté un coup d'œil à son bloc-notes. À Spokane.

– Spokane ? Dans l'État de Washington ?

Souris semblait de plus en plus perplexe.

– Qu'est-ce qu'elle fait là-bas ?

– Elle se trouvait dans un avion, expliqua le policier. Elle venait ici, sans doute pour vous chercher.

Disant ces mots, sa voix se teinta de reproches.

– L'avion, après avoir survolé l'Idaho, arrivait dans l'État de Washington lorsqu'il y a eu des turbulences. Alors votre mère a fait une sorte de crise.

Lorsqu'il parla d'« une sorte de crise », Souris pensa que le policier faisait allusion à l'attaque de sa mère. Mais elle allait bientôt apprendre que la peur que sa mère avait de l'avion (qui n'était pas aussi carabinée que sa phobie du violet, mais restait sévère), combinée à son inquiétude pour Souris et aux humeurs noires qui circulaient dans son corps, avait entraîné une vraie crise de paranoïa, dont l'attaque n'était que l'épilogue. Pendant que l'avion faisait des bonds à cent kilomètres au-dessus de la terre, Verna Driver s'était levée de son siège en criant à tue-tête, accusant ses voisins d'ourdir des plans contre elle ; le steward avait tenté de la maîtriser, mais avait dû la poursuivre sur toute la longueur de l'allée avant qu'elle ne finisse par s'effondrer, toute seule, dans le couloir de la première classe.

– Spokane, répéta Souris qui ne savait plus exactement où c'était, par rapport à Seattle, ni à quelle distance.

– L'avion a dû atterrir en urgence, conclut le policier. Votre mère a été emmenée au Blessed Family, et ils nous ont contactés. Il y a deux jours.

Nouveaux reproches dans sa voix.

– Nous avons eu un mal de chien à vous retrouver.

Souris ne pipait mot, mais le policier continua :

– Miss Driver, cela ne nous regarde pas, mais est-ce que vous et votre maman aviez des… difficultés ?

– Des difficultés ? demanda Souris.

… et la porte se referma derrière eux. Souris, à nouveau seule, resta assise sur son canapé jusqu'à ce qu'apparaisse un pense-bête avec l'adresse et le numéro de téléphone du Blessed Family Hospital. Le mot indiquait également les différents horaires des avions, bus et trains qui reliaient Seattle à Spokane, mais, étrangement, il n'y avait rien de plus, pas d'instructions quant à la date à laquelle Souris devait s'y rendre.

Évidemment, il n'était pas utile de faire une liste. Sa mère était hospitalisée, probablement mourante – mais ce n'était pas sûr. Souris devait aller la voir sur-le-champ : c'est ce que ferait n'importe quelle fille digne de ce nom. Mais Souris n'était pas une bonne fille, ce n'était qu'une espèce de sac à merde, une bonne à rien, et bien qu'elle ait reçu la visite de la police le mercredi, elle ne prit le train à King Street Station que le vendredi matin.

Le train était censé arriver à Spokane à 19 heures mais, alors qu'il longeait les Cascade Mountains, quelqu'un tira la poignée d'alarme à deux reprises. Après le deuxième incident, le train ne repartit pas avant une heure, et une équipe de contrôleurs interrogea tout le monde dans le wagon de Souris. Le coupable ne fut pas découvert, et le train repartit enfin, passant par Wenatchee à 17 h 30, et n'arrivant à Spokane qu'après minuit. Mais il était trop tard pour aller à l'hôpital, et Souris trouva un hôtel.

Le lendemain matin, elle ne se réveilla pas, puis se perdit en allant à l'hôpital, et, lorsqu'elle franchit enfin la porte du Blessed Family, il était midi. Samedi midi : trois jours depuis qu'on l'avait informée de l'attaque de sa mère, six jours qu'elle avait eu lieu : bien plus de temps qu'il n'en aurait fallu à sa mère pour mourir, si l'attaque avait été aussi violente que celle de Grand-mère Driver.

Mais Verna Driver était bien vivante.

– Son état est stationnaire, lui apprit l'infirmière de service, tandis qu'elle accompagnait Souris dans un long couloir.

Stationnaire : le mot employé par le policier. Souris se disait que cela devait signifier que, pendant quelque temps, l'état de sa mère n'empirerait pas, sans qu'il y ait pour autant d'amélioration.

– Mais comment va-t-elle ? Est-ce qu'elle peut parler ?

– Votre mère n'est pas vraiment consciente, expliqua l'infirmière. Depuis qu'elle est rentrée, elle a ouvert les yeux quelques fois, mais elle ne semble pas se rendre compte de là où elle est ni de ce qui lui est arrivé. De plus – mieux vaut que vous vous y prépariez – elle est paralysée, et même si elle était tout à fait réveillée, elle aurait sans doute des difficultés à parler.

– Paralysée..., dit Souris. Et est-ce provisoire ou définitif ?

– Il faudra demander au médecin. Dès que je vous aurai accompagnée dans sa chambre, j'irai le chercher pour qu'il vienne vous parler du pronostic... C'est ici.

La chambre était équipée de deux lits. Celui qui se trouvait le plus près de la porte était libre ; l'autre, situé à côté d'une fenêtre qui donnait sur le centre-ville de Spokane, accueillait le corps inerte de Verna Driver.

Souris avait vu sa grand-mère à l'hôpital, après son attaque. La mère de Souris n'avait pas voulu qu'elle s'y rende, mais Souris, prise d'un rare courage, avait insisté et sa mère avait cédé. Une vision lui avait fait mal au cœur : sa grand-mère toute petite et décharnée dans un lit, placée sous assistance respiratoire, la moitié du visage avachi. Souris s'était mise à pleurer, et sa mère, prise d'un accès de méchanceté, avait glissé le doigt au coin de la bouche tordue de Grand-mère pour lui retrousser les lèvres en un faux sourire, et s'était gaiement exclamée :

– Et voilà ! Tout va mieux !

Eh bien, la roue tourne, et c'était désormais le tour de sa mère.

Verna Driver n'était pas sous assistance respiratoire, mais le côté droit de son visage présentait le même affaissement paralytique. En fait, *affaissement* n'était pas le bon terme. Le mot qui sautait à l'esprit était *écoulement* : les plis de sa peau avachie brillaient étrangement, évoquant la cire ou le mastic. De même, son bras droit, étendu sur les couvertures, ressemblait moins à un membre humain qu'à une prothèse en piteux état, dont les doigts crochus faisaient davantage songer à une patte qu'à une main.

Pensant à sa grand-mère, Souris s'efforçait de rester insensible et de se dire que sa mère n'avait reçu qu'un châtiment mérité – son insensibilité ne dura que deux minutes.

– Maman, s'écria-t-elle, puis elle éclata en sanglots. Oh, maman…

– Pauvre petite, dit l'infirmière. Je vais chercher le médecin…

– Hummm ? renifla Souris, comprenant un peu trop tard que l'infirmière allait la laisser seule dans la chambre. Non, attendez, s'il vous plaît.

Trop tard. Lorsque Souris se retourna, l'infirmière avait déjà quitté la pièce. Souris renifla à nouveau, ses larmes se tarirent, son chagrin cédant la place à une soudaine tension. Lâchant un soupir nerveux, elle se retourna vers le lit.

Les yeux de sa mère étaient grands ouverts.

… et Souris se retrouva au bout du couloir, roulée en boule contre le mur pour mieux se protéger. D'après la foule de gens amassés autour d'elle et le fait qu'elle se mordait les poings, elle en conclut qu'elle devait hurler.

– Mademoiselle ? s'inquiétait l'infirmière en lui touchant gentiment l'épaule. Mademoiselle, est-ce que ça va ?

– Eh, demanda un homme vêtu d'une blouse blanche de médecin en s'accroupissant à côté d'elle. Que se passe-t-il ?

Souris réussit à ôter les mains de sa bouche assez longtemps pour s'écrier :

– Elle s'est réveillée !

Le médecin et l'infirmière se retournèrent d'un seul bloc, comme s'ils s'attendaient à trouver Verna Driver debout dans l'embrasure de sa porte.

– Dans son lit, précisa Souris. Elle a ouvert les yeux !

– Oh, ma pauvre, mais elle l'a déjà fait, ça, dit l'infirmière. Je vous avais prévenue. Mais…

– Non, répliqua Souris. Elle m'a vue. Elle m'a regardée.

– Vraiment ? dit le médecin. Alors, c'est un bon signe. Et si on allait voir ce qui se passe ?

Il se leva, avisant les badauds groupés autour d'eux.

– Je pense que vous pouvez continuer votre chemin, maintenant.

Dans la chambre, Verna Driver gardait les yeux ouverts, mais son regard ne se fixait plus sur quoi que ce soit, ses yeux se promenaient dans le vide, ternes.

– Mrs Driver ? demanda le médecin en agitant une main sous ses yeux. Verna ? Est-ce que vous m'entendez ?

Elle ne semblait pas remarquer sa présence, ses yeux roulaient dans leurs orbites, leurs mouvements étaient cordonnés mais ils ne se posaient sur rien.

Souris secoua la tête.

– Ce n'était pas pareil, tout à l'heure. Elle me regardait, moi.

Elle frissonna en se souvenant des yeux vifs, éveillés, de sa mère, totalement incongrus au milieu de son visage avachi – comme si, pour blaguer, elle avait confectionné à son image un masque en caoutchouc de mauvaise qualité, et regardait par les trous.

Le docteur sortit une lampe à fente d'ophtalmoscopie de la poche de sa blouse et ausculta les deux yeux de la mère de Souris. Ses pupilles se contractèrent sous la lumière, mais son regard continuait d'errer dans le vague.

Exaspérée, Souris explosa :

– Elle fait semblant !

L'infirmière prit un air réprobateur, mais le docteur sourit.

– Vous voulez dire qu'elle nous fait marcher, qu'elle fait semblant de ne pas me voir ? Ça aussi, ce serait bon signe, si c'était vrai. Mais je ne crois pas...

Souris se raidit.

– Regardez ! cria-t-elle en la montrant du doigt.

Le docteur se retourna vers le lit.

Le regard de Verna Driver, qui se baladait librement dans la pièce, s'était posé sur Souris... et immobilisé. Ses yeux restaient braqués sur elle, retrouvant leur vivacité ; il était manifeste qu'elle savait qui elle regardait.

En tout cas, ça l'était pour Souris. Le médecin restait sceptique.

– Mrs Driver ? répéta-t-il.

Elle ne réagit pas plus qu'auparavant. Mais cette fois, l'absence de réaction était différente ; alors qu'il était probable que, la première fois, elle ne l'ait pas vu, tout simplement, il était dorénavant flagrant (en tout cas pour Souris) qu'elle l'ignorait tout bonnement, trop intéressée par sa fille pour remarquer les mains qui lui faisaient signe ou les lumières braquées sur elle.

– Elle me voit, insista Souris qui fit un pas de côté.

Les yeux de sa mère ne la quittèrent pas.

Pour réitérer l'expérience, le médecin demanda à Souris de sortir de la pièce. Les yeux de sa mère la suivirent aussi loin qu'elle le pouvait sans avoir à tourner la tête, et elle continua à la guetter du coin de l'œil pendant plusieurs minutes, comme si elle attendait que Souris réapparaisse. Puis ses yeux finirent par se perdre dans le vague, et recommencèrent à se promener. Le médecin rappela Souris. Une minute passa, puis les yeux de sa mère retombèrent à nouveau sur Souris... et n'en bougèrent plus.

– D'accord, dit le médecin, enfin convaincu. C'est vrai

qu'elle reconnaît quelque chose lorsqu'elle vous voit… mais tant qu'on n'arrivera pas à la faire répondre à de vraies questions, on ne saura pas si des pensées vraiment cohérentes se forment là-dedans. Cela dit – il donna un petit coup de tête optimiste – c'est bon signe.

– Est-ce qu'elle va aller mieux ?

– Eh bien, répondit prudemment le médecin. C'est un progrès, et nous pouvons espérer en voir d'autres dans les jours qui suivront. Mais, pour être honnête, la gravité de l'attaque nous interdit de penser qu'elle puisse s'en remettre complètement. Elle sera handicapée pour le restant de ses jours, et aura certainement besoin d'une prise en charge complète.

– Vous voulez dire que ce sera *à moi* de la prendre en charge ?

– Non, si vous ne le souhaitez pas, répondit le médecin.

L'infirmière se renfrogna encore davantage.

– Et certainement pas seule. Il est possible de s'arranger pour qu'elle bénéficie d'une prise en charge médicale, soit chez vous, soit dans un établissement spécialisé.

– Dans un établissement spécialisé, répondit immédiatement Souris. À moins que… à moins que vous ne puissiez la garder ici ?

– On ne fait pas de long séjour, au Blessed Family, répondit sèchement l'infirmière.

– De plus, ajouta le médecin, il me semble que vous venez du Kentucky, n'est-ce pas ?

– De l'Ohio, répondit Souris. Ma mère est née là-bas, mais maintenant, je vis à Seattle.

Le médecin hocha la tête.

– Il y a un bon nombre d'établissements dans les environs de Seattle où votre maman pourrait être transférée. Et je suis sûr que ce serait plus pratique pour vous que votre mère soit là-bas…

Il y eut un long silence, que Souris ne brisa pas, puis le docteur poursuivit :

– En tout cas, nous avons le temps d'en rediscuter dans les jours qui viennent.

*Dans les jours qui viennent…* Ils pensaient que Souris

allait rester à Spokane tant que sa mère y serait hospitalisée. Le médecin semblait dire que le rétablissement de sa mère, qu'il soit partiel ou non, serait favorisé par la présence de Souris. Souris savait qu'il avait probablement raison et que, de plus, son devoir était de rester... mais, malgré ses larmes, elle ne voulait pas. Pas avec le regard de sa mère braqué sur elle dès qu'elle posait le pied dans sa chambre – et surtout pas si celle-ci recouvrait la santé. Seigneur, et si elle se mettait à parler, à dire des horreurs ? Ou pire encore... Si, pour jouer, elle ne parlait que lorsqu'elle serait seule avec Souris ? Le médecin et l'infirmière penseraient que Souris était folle et, de toute façon, elle finirait par le devenir.

Elle resta aussi longtemps qu'elle put le supporter : cinq journées. Elle ne passait chaque jour que peu de temps dans la chambre de sa mère. Lorsque les regards commençaient à être trop pesants – en général, au bout d'une demi-heure, les fois où elle n'arrivait pas à se débrouiller pour qu'un membre du personnel hospitalier reste avec elles dans la chambre –, Souris s'en allait discrètement faire un tour en ville. Au cours d'une de ses virées, elle tomba sur un chantier en construction sur un terrain vague situé près du fleuve, sur lequel, d'après les pancartes, devait être érigé un hôtel au printemps prochain. Souris n'en pensa pas grand-chose sur le coup, mais dut le graver dans un coin de sa mémoire.

Lors de sa quatrième journée à l'hôpital, l'infirmière demanda à Souris de passer à l'accueil, car il y avait un problème avec l'assurance-maladie de sa mère. Il s'avéra que celle-ci n'était plus valide depuis si longtemps qu'il avait fallu presque toute la semaine à la compagnie d'assurances pour vérifier qu'elle en avait bien eu une, un jour ; mais elle n'avait pas fait le moindre versement depuis plus de dix ans. Entendant tout cela, Souris se demanda fugacement si sa mère était ruinée et ne lui en avait rien dit. Mais ce n'était pas possible ; Verna Driver avait dépensé des fortunes pour d'autres choses pendant les dix dernières années. Elle avait dû oublier de payer ses cotisations – ou décidé de ne pas les payer. Peut-être, supposa Souris, s'était-elle dit que l'assurance-maladie était l'apanage des pauvres.

– Est-ce que cela signifie qu'elle doit quitter l'hôpital ? demanda Souris.

L'administratif lui assura que non, même les gens complètement indigents avaient le droit de recevoir des soins.

– On pourra prévoir d'échelonner les paiements selon ce qu'elle – ou vous – sera en mesure de payer. Mais cela peut compliquer les choses pour lui trouver une place à plus long terme, dans un établissement.

La gêne de Souris se mua vite en colère. Une fois rentrée dans sa chambre d'hôtel, sa colère se transforma en rage, et elle fit un trou noir la majeure partie de la nuit. Le lendemain, alors qu'elle pénétrait dans la chambre de sa mère qui la dévorait des yeux, elle fit un nouveau trou noir… et se retrouva à côté de son lit, la main pressée contre sa bouche. Elle n'appuyait pas fort – sa mère respirait encore – mais elle fut tellement terrifiée par ce qu'elle venait de faire qu'elle eut un nouveau passage à vide (les yeux de sa mère ne la quittèrent pas tandis qu'elle sortait à reculons de sa chambre), et elle partit de l'hôpital sans dire un mot à personne.

Les semaines qui suivirent défilèrent dans un brouillard. Entre le temps qu'elle avait passé à se cacher et son séjour à Spokane, Souris avait pris un retard incommensurable à la fac, et son manque de préparation pour les partiels ne laissait rien envisager de bon. Et bien qu'elle ne se souvienne pas d'avoir effectué la moindre séance de bachotage – ni la moindre préparation aux examens –, elle les réussit tous. Puis, autour du 16 ou du 17 décembre, sa vie reprit un tour suffisamment normal pour qu'elle parvienne enfin à faire installer le téléphone chez elle.

Elle appela l'hôpital. Sa mère était toujours en vie, mais elle n'avait pas fait de progrès. En l'absence de Souris, l'hôpital l'avait transférée dans une maison de repos publique. Ce n'était qu'un arrangement provisoire, c'était à Souris, en tant que membre le plus proche de sa famille, de trouver une solution durable.

Souris fit encore traîner les choses pendant une semaine, puis retourna à Spokane, en bus cette fois. Elle avait pris le Greyhound alors que le bulletin météo annonçait qu'une tempête se déclencherait quelques heures plus tard. Mais elle éclata plus tôt que prévu, et le bus de Souris, qui venait à peine de franchir les montagnes, fut contraint de s'arrêter en toute hâte à Ellensburg. Il lui fallut presque deux jours pleins pour rejoindre Spokane.

La maison de repos n'avait pas le même standing que l'hôpital, mais elle était plus propre que ce que Souris avait redouté, et l'équipe semblait sympathique ; ainsi, dès son arrivée, elle se mit à caresser l'idée que sa mère puisse rester là-bas indéfiniment. Souris savait que sa mère s'y serait opposée – les institutions publiques étant strictement réservées aux pauvres – mais, dans son état, elle ne serait sans doute pas capable de voir la différence. Et si c'était le cas, eh bien, ce n'était pas Souris qui avait cessé de cotiser pour l'assurance-maladie.

La nouvelle chambre de sa mère comprenait quatre lits au lieu de deux, et la vue était différente. Tous les lits étaient occupés : deux par des personnes âgées sous assistance respiratoire, un troisième par une jeune femme qui, bien qu'elle semble en bonne santé, ne bougea pas d'un pouce en présence de Souris.

Sa mère ne paraissait pas avoir changé : elle avait les yeux grands ouverts et les braqua immédiatement sur Souris, lui jetant le même regard sinistre.

– Maman, s'entendit dire Souris. Est-ce que tu m'entends ? Est-ce que tu sais où tu es ?

Rien, pas le moindre clin d'œil, pas le moindre frémissement de cils, rien que ses yeux fixés sur Souris avec tant d'intensité que, très vite, elle dut sortir prendre l'air.

Pourtant, quelque chose avait changé. Lorsque Souris regagna la chambre, il lui sembla que sa mère mettait de plus en plus de temps à la remarquer – à un moment, son regard balaya même Souris une demi-douzaine de fois avant de s'arrêter. Peut-être faiblissait-elle ; peut-être même se mourait-elle. À petit feu.

Souris s'arrangea pour que sa mère reste dans la maison

de repos. Il lui fallut plusieurs jours, car l'administrateur de l'institution fut d'abord très réticent à cette idée. Mais, curieusement, tout se débloqua, des arrangements furent trouvés.

Souris retourna voir sa mère dans sa chambre encore une fois. Chose exceptionnelle, elle dormait et Souris, soulagée de ne plus avoir ce regard braqué sur elle, se détendit assez pour arriver à pleurer à nouveau. Elle sanglota, promit à sa mère de lui rendre visite régulièrement puis, se penchant doucement vers elle, l'embrassa sur la joue.

Elle ne revit jamais sa mère vivante.

Elle n'avait pas voulu que les choses se passent ainsi, en tout cas pas consciemment. Souris avait sincèrement eu l'intention de retourner à Spokane une fois par mois, ou au moins tous les deux mois. Mais lorsqu'elle rentra à Seattle, et entama un nouveau semestre très prenant à l'Université, elle ne tint pas ses bonnes résolutions. Pourtant, elle était toujours sur le point de rendre visite à sa mère. Sur le point, mais jamais prête.

En revanche, elle appelait régulièrement. Tous les vendredis soir sans exception, Souris téléphonait à la maison de repos pour prendre des nouvelles de sa mère. Elle se disait que ces coups de fil lui permettaient d'exprimer son inquiétude, mais c'était plus compliqué que cela. En réalité, Souris avait commencé à faire des cauchemars, certainement induits par son sentiment de culpabilité, dans lesquels sa mère, ayant miraculeusement retrouvé sa mobilité, quittait en douce la maison de repos, au beau milieu de la nuit, dans l'espoir de faire une dernière belle frayeur à sa fille. Parfois les cauchemars s'achevaient alors que sa mère était encore en transit ; d'autres fois, elle finissait le voyage, retrouvait Souris et lui fichait une telle frousse que celle-ci faisait une attaque et finissait paralytique, au lit, à la merci de sa mère.

Ainsi, les coups de fil hebdomadaires à la maison de repos représentaient plus qu'une simple expression de son sens du dévouement filial ; c'était aussi une façon de veiller sur ses arrières.

Et puis un jour – le 2 mai 1990, un peu avant 9 heures

du matin, alors que Souris se préparait à aller à l'Université –, la maison de repos l'appela pour l'informer que sa mère était « au plus mal » et risquait de ne pas faire long feu. Quarante minutes plus tard – Souris était encore chez elle essayant de se décider, ou plutôt attendant de voir ce qu'elle devait faire –, la maison de repos rappela : sa mère était décédée.

Cette fois, Souris ne perdit pas de temps. Deux heures après, elle prenait l'avion à l'aéroport Sea-Tac ; une petite heure plus tard, elle faisait la queue devant le comptoir Avis à l'aéroport de Spokane pour savoir si un break était disponible : elle pouvait louer une voiture (au cours des mois précédents, Souris, au lieu de rendre visite à sa mère, avait préféré entre autres choses passer son permis de conduire ; ça n'avait pas été chose aisée – elle avait dû s'y reprendre à trois fois – mais, le 12 avril, elle l'avait enfin obtenu). Il y avait effectivement un break disponible ; Souris se précipita sur l'occasion et fonça vers la maison de repos.

Mais elle n'alla toutefois pas assez vite.

– Votre mère n'est plus parmi nous, lui dit la standardiste lorsqu'elle arriva.

– Oui, je sais qu'elle est décédée. Mais où…

– Non, je veux dire qu'elle n'est *physiquement* plus parmi nous, insista la standardiste. Elle n'est plus ici.

– Comment ça, elle n'est plus ici ? s'exclama Souris. Elle est morte, où voulez-vous qu'elle soit ?

La standardiste jeta un coup d'œil placide à son écran d'ordinateur.

– D'après la machine, les pompes funèbres de l'Archange sont venues la chercher il y a environ une demi-heure.

– Comment est-ce possible ? Il ne leur faut pas une autorisation ?

– Ils ont dû penser qu'ils l'avaient, dit la standardiste. S'il y a eu une erreur, je peux vous envoyer quelqu'un de l'administration…

– Ce n'est pas grave, dit Souris, sachant que cela ne servirait à rien ; d'après ce qu'elle savait, elle leur avait donné son autorisation. Pourriez-vous simplement m'indiquer l'adresse des pompes funèbres ?

Les pompes funèbres de l'Archange étaient sises dans un quartier de Spokane qui rappelait étrangement Poubelle-ville à une Souris mal à l'aise. Mr Filchenko, le directeur, était un homme trapu et court sur pattes, vêtu d'un costume noir et froissé. Quand Souris essaya, le plus discrètement possible, de savoir si elle lui avait déjà parlé auparavant, Mr Filchenko esquiva ses questions, de même qu'il tenta de la dissuader de voir le corps de sa mère.

– Et si vous nous laissiez le temps de la rendre un peu plus présentable, d'abord, histoire d'atténuer le choc…

– Non merci, répondit Souris. J'aimerais la voir tout de suite, s'il vous plaît.

– C'est simplement que la mort, même la plus paisible, peut avoir un effet sur l'apparence qui est… cruel. Et lorsque le défunt est un être proche, un ami ou un parent…

– Je voudrais voir ma mère tout de suite, insista Souris, heureuse que Mr Filchenko ne soit guère plus grand qu'elle.

Celui-ci soupira.

– Puisque vous insistez…

Il l'emmena dans la chambre froide qui, telle une morgue de film policier, présentait contre l'un de ses murs une double rangée de tiroirs.

– Je pense sincèrement que vous seriez plus satisfaite si vous nous laissiez d'abord achever le maquillage, dit Mr Filchenko en s'arrêtant devant l'un des tiroirs. Maquillons-la joliment pour l'enterrement, habillons-la proprement, mettons-la dans un beau cercueil avec des fleurs… Comme ça, ce seront d'adorables au revoir et vous conserverez un magnifique souvenir d'elle, et non…

– Oh, dit Souris, comprenant enfin. La note va être salée…

Mr Filchenko, s'interrompit, bouche bée devant tant d'impertinence, puis tenta de continuer comme si Souris n'avait rien dit :

– Comme je disais…

– Ça ne sert à rien de la maquiller, insista Souris. Il n'y aura pas d'enterrement.

Elle caressa du doigt la liste pliée dans sa poche ; elle était extrêmement précise sur ce point.

– Je veux qu'elle soit incinérée.

– Incinérée, mais parfaitement, nous pouvons le faire.

Mr Filchenko fit une légère courbette de la tête.

– Mais, dit-il en relevant les yeux. Peut-être qu'une petite cérémonie, pour commencer, histoire de…

– Non, répondit Souris. Je souhaite juste la revoir une dernière fois, puis je veux qu'on l'incinère. Rien d'autre.

– D'ac-*cord*… Allons la voir, alors – Mr Filchenko désigna l'un des tiroirs – et puis, lorsqu'on retournera dans mon bureau, on pourra choisir le cercueil…

– En quoi aurait-elle besoin d'un cercueil si elle est incinérée ?

– Doux Jésus ! s'exclama Mr Filchenko, horrifié. Doux Jésus, vous ne… vous ne voulez tout de même pas *balancer* votre mère dans l'incinérateur comme si c'était un sac d'ordures, si je ne m'abuse ?

Après cela, le temps se désintégra. Souris n'avait plus qu'un seul souvenir net, celui d'un tiroir qui s'ouvrait, d'une planche qui surgissait, et d'un drap qu'on écartait. Elle vit le visage de sa mère, désormais avachi des deux côtés. Les incisives de Verna Driver pointaient hors de sa bouche en un rictus de mégère ; ses yeux étaient ouverts, fixes, et inconscients, enfin dépourvus de toute malice. *Tout va mieux*, entendit Souris.

… et tout à coup, ce fut plus tard, peut-être même un autre jour, et Souris se trouvait derrière le bâtiment des pompes funèbres, observant l'un des assistants de Mr Filchenko qui chargeait un pot en plastique à l'arrière de son break de location. Mr Filchenko observait lui aussi la scène, planté de l'autre côté de la porte de ce qui devait être le crématorium, l'air furieux.

– Cela ne se fait vraiment pas, se plaignait-il. Vous êtes en train de violer la loi de cet État.

Souris lui jeta un regard et fut à la fois flattée et étonnée de le voir tressaillir. Il se reprit vite, tout de même, et demanda :

– Alors, vous me le donnez ?

– Vous le donner ?

– Mon argent, répondit sobrement Mr Filchenko. Avec ou sans chichis, ce n'est tout de même pas un service gratuit.

Souris, sans réfléchir, glissa la main dans la poche de son manteau, y découvrant une enveloppe qu'elle extirpa. Elle la tendit à Mr Filchenko, qui l'ouvrit immédiatement, retira la liasse de billets qu'elle contenait et entreprit de les compter. Souris trouvait qu'il devait y avoir beaucoup d'argent, mais Mr Filchenko ne semblait pas de cet avis – il recompta les billets quatre fois, et regarda à nouveau l'intérieur de l'enveloppe pour s'assurer qu'il n'en avait pas oublié. Puis il finit par se résoudre à l'idée qu'il n'aurait rien de plus et il empocha l'argent.

– Je persiste à penser que vous auriez dû prendre l'urne, râla Mr Filchenko. Vous auriez fait une bonne affaire.

Ce furent les dernières paroles qu'il lui adressa. Son assistant avait déjà refermé la portière arrière du break, et était rentré dans le magasin ; Mr Filchenko lui emboîta le pas, claquant violemment la porte du crématorium derrière lui. Souris monta dans son break.

Elle jeta un coup d'œil dans le rétroviseur intérieur et découvrit le pot en plastique qui contenait les cendres de sa mère. Elle n'aimait pas le savoir derrière elle, mais au moins elle pouvait le tenir à l'œil. Si jamais il s'était trouvé dans le coffre, hors de sa vue, et même dans une boîte fermée à clé, elle aurait été beaucoup plus nerveuse.

Elle mit le moteur en route…

… puis ce fut plus tard, un autre jour cette fois, juste après le lever du soleil. Souris se tenait derrière le grillage qui entourait le chantier de construction de l'hôtel, celui pour lequel elle avait vu des pancartes, en novembre. Le chantier était en cours. Un convoi de bétonneuses formait une ligne devant l'entrée principale du site ; elles déversaient le matériau pour les fondations de l'hôtel.

Souris avait mal au dos, elle était très fatiguée, comme si elle ne s'était pas couchée de la nuit. Elle était sale, aussi : ses chaussures étaient couvertes de boue et il y avait de la terre sur ses vêtements, ses mains, et même ses cheveux. Mais, bien qu'elle soit vaguement consciente de ces désagréments, elle en fit abstraction et se concentra sur les travaux qui avaient lieu derrière la clôture. À chaque cargaison de béton qui était déversée dans la fosse pour y bâtir les fondations, Souris sentait que son âme était délestée d'autant, qu'elle se débarrassait de l'angoisse des six derniers mois.

Les heures passèrent. Puis le dernier camion – le soleil était haut dans le ciel – finit par vider son contenu dans la fosse, et les ouvriers s'affairèrent pour continuer à aplanir la surface des fondations avant que le béton ne prenne. Souris tourna les talons, satisfaite. Le Pilote Automatique l'aida à retrouver son break ; Souris se glissa sur le siège face au volant et lança un nouveau regard vers le rétroviseur. Les cendres de sa mère avaient disparu.

Souris alla à l'aéroport, rendit la voiture de location, et prit le premier vol à destination de Seattle. Au cours des mois qui suivirent, elle mit de l'ordre dans les affaires de sa mère. Elle ne retourna jamais à Willow Grove ; elle préféra payer les services d'un notaire pour qu'il procède à la vente de la maison et des meubles de sa mère, et clôture ses comptes en banque. L'essentiel de l'argent servit à payer la note d'hôpital et les dettes extravagantes de sa mère ; ce qui restait fut utilisé pour couvrir partiellement les frais de scolarité de Souris.

Puis, cette même année, vint un jour de septembre où Souris se rendit compte qu'une nouvelle ère débutait. Ses derniers liens avec le passé étaient rompus ; elle n'était plus qu'une page blanche et pouvait faire ce qu'elle voulait de sa peau. Cette prise de conscience, quoique libératoire, annonça également le début d'une nouvelle série de trous noirs. Alors que Souris avait auparavant connu des absences suite à des événements traumatisants, les trous noirs se mirent à advenir dans des moments de calme relatif – lorsqu'elle se promenait tranquillement dehors, ou dans la bibliothèque, lorsqu'elle faisait les boutiques...

C'est également à cette époque que Souris commença à retrouver dans son appartement des objets – des vêtements, des bijoux, des joujoux d'enfants – qu'elle ne se souvenait pas d'avoir achetés. Parfois, ces choses traînaient en évidence, mais la plupart du temps elles étaient cachées dans des tiroirs et des placards, ou derrière les étagères où Souris les dénichait par hasard. Il y avait en particulier un placard, situé dans l'alcôve qui reliait sa cuisine et sa salle de bains, dans lequel elle apprit à ne pas s'aventurer sans avoir d'excellentes raisons.

Une troisième chose se produisit alors : les ressources de Souris commencèrent à fondre. Au cours de sa deuxième année, l'argent qu'elle avait placé sur le compte dévolu au financement de ses études sembla s'évaporer. Lorsqu'elle entama sa troisième année, elle dut demander une aide exceptionnelle pour payer ses frais de scolarité, malgré sa bourse. Elle commença alors à travailler à temps partiel pour joindre les deux bouts – de nombreux temps partiels.

Dans les années qui suivirent, tandis qu'elle luttait pour s'adapter à sa nouvelle vie, Souris tâchait de penser à sa mère le moins possible. Bien qu'elle n'en ait pas de souvenirs directs, elle savait vaguement ce qu'elle avait fait des restes de sa mère. Elle ne voulait pas trop s'appesantir là-dessus ; c'était un acte honteux.

Honteux et pourtant réconfortant. Il arrivait de temps en temps que Souris fasse des cauchemars dans lesquels sa mère, morte mais pas morte, rampait le long de ruelles sombres, en plein cœur de la nuit, pour se rapprocher inexorablement. Et lorsque Souris se réveillait, terrorisée par l'un de ses rêves, elle connaissait l'antidote à sa peur. Elle avait appris par cœur le numéro de téléphone pour réserver une chambre au Charter Hotel – dont la construction était achevée de longue date –, et, quelle que soit l'heure du jour ou de la nuit, elle pouvait prendre son téléphone pour entendre le standardiste répondre : « Bienvenue au Charter Hotel. » Souris savait que l'hôtel était toujours là, et qu'il pesait de tout son poids, de ses quatorze étages, sur ce qui était enterré sous ses fondations.

C'était une mauvaise fille, un sac à merde, une bonne à rien, qui avait traité sa mère de façon abominable pendant les derniers mois de sa vie. Mais elle savait désormais où se trouvait sa mère – en permanence –, et de savoir cela, d'en être persuadée, valait toute la honte du monde.

# 18

À présent, roulant en direction d'Autumn Creek, à quelques longueurs de voiture derrière la Jetta Volkswagen du docteur Eddington, Souris se demande quelles sont les dispositions que le docteur Grey a prises pour après sa mort. Souris ne devrait pas s'en préoccuper – elle devrait uniquement penser à Andrew – mais elle ne peut s'empêcher de spéculer.

Il va sans dire que le docteur a dû prévoir ses funérailles, et qu'elle a organisé à l'avance (et sans doute financé) sa mise en bière ou la crémation de son corps, selon son choix. Bien qu'elle ne l'ait rencontrée qu'une fois, Souris est convaincue que le docteur Grey n'était pas le type de personne qui s'en remettait pour ce genre de choses à quelqu'un d'autre qu'elle-même. Et Souris a presque pitié – presque ! – du pauvre directeur des pompes funèbres qui, tel Mr Filchenko, a essayé de lui vendre un service funéraire dont elle ne voulait pas.

Qu'a-t-elle donc souhaité ? se demande Souris. Une petite cérémonie, sans doute – sa compagne, le docteur Eddington, quelques amis intimes, des collègues, peut-être Andrew. Un enterrement plutôt qu'une incinération – Souris a l'intuition que le docteur voulait continuer à occuper l'espace, par un moyen ou par un autre, sans être éparpillée par la brise ou coincée dans une urne. Donc, un enterrement : un cercueil tout simple, une concession peu coûteuse, mais dans un cimetière où se trouvent des pierres tombales. La plaque sera sobre, pas de gravure sophistiquée ni d'épitaphe fleurie, mais tout de même imposante, un marbre plus sombre, quelque chose pour attirer l'œil… ou mordre les mollets de tous ceux qui espéreront passer sans rendre les hommages dus.

Souris, imaginant tout cela, arbore un petit sourire, jusqu'à ce qu'elle se rende compte que la tombe qu'elle se représente est celle de sa grand-mère, et que les pensées qu'elle impute au docteur Grey se fondent sur des déclarations de sa grand-mère qui lui racontait comment elle voulait être enterrée.

Ces souvenirs bercent Souris pendant plusieurs minutes, suffisamment longtemps pour que Malefica enfonce la pédale de frein de la Buick et réveille le conducteur d'une Toyota qui leur collait au train depuis quelques kilomètres. La Toyota garde ses distances ; Malefica sourit triomphalement et tend la main vers la boîte à gants pour fêter cela avec une rasade de vodka. Mais la flasque a disparu, et Malefica cède la place à Maledicta, qui en dit des vertes et des pas mûres à Duncan, ce sale fouineur.

… Et Souris se réveille à nouveau tandis que la Buick est à l'arrêt derrière la Jetta du docteur Eddington, à un feu de circulation sur Bridge Street.

La logeuse d'Andrew monte la garde lorsqu'ils arrivent devant la maison. Outrepassant son rôle habituel de sentinelle, elle est en train de faire les cent pas sur la véranda, et court sur le trottoir pour venir à leur rencontre.

– Docteur Eddington, s'écrie Mrs Winslow alors qu'il sort de la Jetta.

Elle fait un signe de tête pensif, comme si son arrivée lui donnait la clé d'une énigme sur laquelle elle se cassait les dents.

– Bonjour, Mrs Winslow, dit le docteur Eddington. Andrew est-il là ?

– Non, répond-elle en secouant la tête d'un air dépité. Non, et je suis inquiète. Il n'est pas rentré du travail et il n'a pas appelé…

Souris dit :

– Il est peut-être encore avec Julie.

Le docteur Eddington et Mrs Winslow roulent de grands yeux.

– Ils sont partis quelque part en voiture ce matin, explique Souris. Ils ne sont pas revenus au travail.

Mrs Winslow affiche une expression torturée.

– Eh bien, dit-elle au bout d'un moment, il me semble que j'ai le numéro de Julie. Je vous en prie, veuillez entrer. Tous les deux.

Tandis qu'ils remontent le chemin qui mène à la maison, elle demande au docteur Eddington :

– J'imagine que vous êtes venu nous annoncer de mauvaises nouvelles.

– Oui, malheureusement…

Il lui raconte pour le docteur Grey.

– La pauvre, compatit Mrs Winslow. J'ai bien peur que cela n'affecte fortement Andrew.

Elle soupire.

– Je sais qu'il n'y a jamais de moment opportun pour qu'une chose pareille se produise, mais j'aurais préféré que cela n'arrive pas en ce moment.

– Est-ce qu'Andrew a d'autres problèmes ? demande le docteur Eddington.

– Oui, je le crains.

En disant ces quelques mots, Mrs Winslow regarde le docteur Eddington mais Souris a l'impression que ce commentaire s'adresse directement à elle.

Ils entrent, rejoignant la cuisine située à l'arrière de la maison où Mrs Winslow prépare un café et fait chauffer de l'eau pour le thé. Tandis que le café passe et que l'eau chauffe, Mrs Winslow s'excuse et monte à l'étage. Elle revient alors que la bouilloire se met à siffler.

– Ça ne répond pas chez Julie, leur dit-elle.

Elle sert son café au docteur Eddington et une tasse de thé pour elle-même. Souris décline les deux breuvages.

– Alors, dit le docteur Eddington, Andrew a des problèmes ?

– Oui, répond Mrs Winslow.

Souris rassemble son courage, persuadée que Mrs Winslow va se mettre à se plaindre d'elle.

Au lieu de quoi, elle prononce un nom que Souris n'a jamais encore entendu :

– Ça a quelque chose à voir avec Warren Lodge, à mon avis… Avez-vous écouté ce qu'ils disent sur lui, aux nouvelles ?

Le docteur Eddington acquiesce.

– Un certain nombre de mes patients ont suivi l'affaire. J'imagine qu'Andrew aussi.

– On la suivait tous les deux. Je pensais que c'était moi qui en étais le plus affectée, et c'était peut-être le cas, au début. Mais dimanche soir Andrew est rentré quelques heures après que Lodge a eu cet accident, ou s'est tué, ou je ne sais quoi. Andrew en avait déjà entendu parler et il était en état de… de choc, j'imagine. Étant moi-même pas mal secouée, je n'y ai d'abord pas beaucoup pensé. Mais depuis, il est différent. Distrait – plus encore que d'habitude, je veux dire. J'avais l'intention de lui en parler… et puis, aujourd'hui, aux alentours de 17 h 30, voyant qu'il n'était pas encore rentré du travail et n'avait pas appelé, j'ai été saisie d'un mauvais pressentiment et j'ai soudain réalisé qu'Andrew était à Seattle au moment où Warren Lodge est mort. Alors peut-être qu'il n'en avait pas entendu parler, en fait. Peut-être qu'il a vu quelque chose.

– C'est possible, admit le docteur Eddington. Mais pourquoi ne vous en aurait-il rien dit ?

– Je l'ignore.

– Qui est Warren Lodge ? demande Souris.

Mrs Winslow la regarde comme si elle avait oublié sa présence à sa table, et, une fois encore, Souris s'attend à des reproches. Mais Mrs Winslow se contente de courber les épaules et, d'une voix posée, raconte une terrible histoire à Souris.

– Alors, vous pensez qu'Andrew a vu Warren Lodge se faire écraser par la camionnette ? demande Souris quand Mrs Winslow a fini.

– Plutôt qu'il est arrivé sur le lieu de l'accident après que cela s'est produit, spécule Mrs Winslow. À moins que ce ne soit tout autre chose, je n'en sais rien. En tout cas, il s'est passé quelque chose, dimanche… Je…

Elle s'interrompt au milieu de sa phrase. Il y a un temps

mort, *pendant lequel elle baisse la tête, puis elle file en* courant.

– Andrew ? crie-t-elle.

Elle fonce dans le couloir en direction de la porte d'entrée. Le docteur Eddington jette un regard interrogateur à Souris – il n'a rien entendu, lui – et tous deux emboîtent le pas à Mrs Winslow.

Lorsqu'ils la rattrapent, elle se tient sur la véranda, fouillant du regard la ruelle sombre, tel un marin qui scrute l'horizon pour apercevoir la terre. L'espace d'un instant, Souris songe que Mrs Winslow a la berlue, mais alors elle l'aperçoit : de l'autre côté du pâté de maisons, Andrew marche au beau milieu de la rue.

Comme il s'approche, Souris remarque qu'il a une allure d'épouvantail, sa chemise est débraillée, ses cheveux en bataille. Sa mise pourrait presque sembler comique, mais elle donne la chair de poule à Souris. Andrew tient une bouteille à la main, or il ne marche pas comme s'il avait bu : il marche comme s'il était en pilotage automatique, ou somnambule. Il balance la bouteille mécaniquement dans ses mains, sans se rendre compte qu'il la tient. Son visage affiche une expression impénétrable.

On dirait qu'il va longer la maison sans s'arrêter mais, passant à côté de la porte d'entrée de la demeure victorienne, il stoppe net, comme s'il avait atteint le bout d'une laisse invisible, et fait une petite pirouette – un autre geste comique qui n'est pas drôle. Toujours aussi inexpressif, il couvre la distance séparant la Buick de Souris de la Volkswagen du docteur Eddington et saute sur le trottoir.

Ratant le chemin, il trébuche sur la pelouse et s'arrête encore net. Ses paupières papillonnent, laissant entrevoir l'éclat d'un semblant de conscience. Souris, désormais complètement bouleversée, se surprend à se cacher derrière le docteur Eddington.

– Andrew ? demande Mrs Winslow.

Andrew, qui n'a pas encore complètement recouvré ses esprits, lui jette un regard d'ivrogne.

– Mrs Winslow ? bredouille-t-il d'une voix prise de boisson.

Souris se balance d'une jambe sur l'autre, les planches de la véranda craquent. C'est un bruit discret, mais Andrew le perçoit ; sa tête se tourne dans la direction de Souris.

Il aperçoit le docteur Eddington.

– Andrew, commence celui-ci.

Mais Andrew s'est déjà mis à reculer, il secoue la tête. Trébuchant sur le trottoir, il laisse choir la bouteille qu'il tenait dans la main ; les bris de verre lui font l'effet d'un pistolet annonçant le début d'une course. Virevoltant, il détale à toute vitesse dans la rue.

Mrs Winslow bondit de la véranda et part à ses trousses, mais, lorsqu'elle arrive dans la rue, Andrew a déjà pris beaucoup d'avance. Elle l'appelle encore une fois, d'une voix qui se brise, puis se dirige vers une vieille berline, une Dodge garée devant la Jetta du docteur Eddington. Il y a un tintement de clés, suivi d'un bruit de chute ; Mrs Winslow jure et se penche à terre.

Tandis que Mrs Winslow récupère les clés, le docteur Eddington se tourne vers Souris et lui dit :

– Il vaudrait mieux que j'aille avec elle. Pouvez-vous rester ici au cas où Andrew reviendrait à la maison de son propre chef ?

– D'accord.

Mrs Winslow a réussi à déverrouiller la berline. Elle se tient derrière le volant et allume le contact. Le docteur Eddington se précipite vers le siège passager, il frappe à la vitre ; le moteur rugit, et pendant un instant il est difficile de savoir si Mrs Winslow va le laisser entrer ou partir sans lui. Puis la portière s'ouvre, le docteur Eddington se glisse à l'intérieur et, avant qu'il ne parvienne à refermer la portière, Mrs Winslow fonce en marche arrière, écrasant le cul de la Dodge dans le pare-chocs avant de la Jetta. Elle passe la première, met les gaz, et fonce comme une fusée à la poursuite d'Andrew, la portière passager battant au vent comme une porte au loquet ouvert.

– Merde alors ! s'exclame une voix.

Souris fait la sourde oreille. Elle s'installe sur la balancelle de la véranda.

Andrew ne revient pas vers la demeure victorienne

mais, dans la demi-heure qui suit, la berline fait deux apparitions. Chaque fois, Mrs Winslow ralentit assez pour que Souris ait le temps de se lever et de secouer la tête ; puis la Dodge repart continuer ses recherches. Finalement – il commence à être tard, plus de 21 h 30 – la Dodge revient pour la troisième fois et se gare au petit bonheur la chance. Mrs Winslow en sort et se dirige vers la maison sans même jeter un regard à Souris ; le docteur Eddington, qui descend de voiture la mine défaite, marche prudemment sur le trottoir.

– Vous ne l'avez pas trouvé, fait Souris.

C'est plus une constatation qu'une interrogation.

– On a cru le voir vers l'école, explique le docteur Eddington. Mais, le temps que l'on fasse demi-tour – il lance un coup d'œil à la Dodge qui a une toute nouvelle bosse sur l'aile droite –, il s'était à nouveau volatilisé. Toujours aucun signe de lui par ici ?

Souris secoue la tête.

Le docteur Eddington monte sur le perron, s'appuyant de tout son poids contre la rampe.

– Alors, dit-il, vous tenez le coup ?

– Oui, répond Souris. Vous pensez... qu'Andrew va bien ?

– Ça ira mieux quand il se sera calmé.

Le docteur Eddington désigne la porte d'entrée d'un mouvement de tête.

– Mrs Winslow est en train d'appeler la police, qui va se mettre à sa recherche... Mais, pour parler franchement, je pense qu'il vaudrait mieux qu'il revienne ici de son plein gré, lorsqu'il sera redevenu lui-même.

– Normalement, ce genre de trucs n'arrive pas à Andrew, n'est-ce pas ? demande Souris. Enfin, je sais bien qu'il est comme... comme moi... mais il m'a dit qu'il ne faisait pas de trous noirs. Il est censé être plus... plus équilibré.

– Il est censé l'être. Mais le truc, avec Andrew...

Le docteur Eddington s'interrompt, choisissant soigneusement ses mots.

– Il, ainsi que les siens, devrait continuer à suivre une thérapie.

– Mais je trouve que ça a l'air d'aller, remarque Souris. À part ce soir.

– Il y a des éléments capitaux dans l'histoire personnelle d'Andrew dont je ne crois pas qu'il ait conscience, précise le docteur Eddington.

Remarquant le regard interrogateur de Souris, il secoue la tête.

– Je suis désolé de ne pas pouvoir vous en dire plus. Disons simplement que le traitement entrepris avec le docteur Grey… n'a pas eu les effets escomptés.

– Oh, je sais que le docteur Grey a eu sa première attaque alors qu'Aaron finissait de construire la maison. C'est lui-même qui me l'a dit : il a dû terminer tout seul, avec votre aide…

Mais le docteur Eddington se contente de la regarder, sans dire un mot, et Souris comprend qu'elle ne connaît pas le fin mot de l'histoire.

– Eh bien, poursuit-elle, peut-être qu'avec ce qui s'est passé ce soir, Andrew va prendre rendez-vous avec vous, comme le lui avait demandé le docteur Grey.

– Je l'espère, répond le docteur Eddington. Si Andrew ne s'attire pas trop d'ennuis ce soir, avant qu'on le retrouve, on aura peut-être eu de la chance dans notre malheur…

– La façon dont Andrew se comportait, ce soir…, dit Souris. Est-ce que… est-ce que je suis comme ça, quand la Société prend le dessus ?

– Ça vous a fait peur ?

Souris hoche la tête.

Le docteur Eddington lui lance un sourire chaleureux.

– Écoutez-moi bien, dit-il. J'ai quarante-trois ans, je ne fume pas, je ne souffre pas d'excès pondéral, et il n'y a pas d'antécédent de maladies cardio-vasculaires dans ma famille. Donc, la probabilité est que je ne ferai pas d'attaque pendant que vous serez en traitement avec moi.

Lorgnant la Dodge cabossée, garée en épi sur le trottoir :

– Pour ce qui est des accidents de voiture, je ne mettrais pas ma main au feu…

Mais il ajoute :

– … cela dit, après ce qui s'est passé ce soir, je ne laisserai plus personne me conduire.

Souris lui sourit à son tour, davantage touchée par sa prévenance que par son sens de l'humour.

– Waouh, dit le docteur Eddington, en jetant un coup d'œil à sa montre. Il est presque 22 heures. Vous devez aller au travail, demain ?

– Oui, répond Souris. Probablement.

– Vous avez peut-être envie de rentrer chez vous, alors.

– Oh non. Je préfère rester…

– Même si Andrew revient ce soir, ce ne sera peut-être pas avant plusieurs heures. Je vais sans doute rester encore un peu, mais…

– Mrs Winslow ne veut pas m'avoir dans ses pattes, n'est-ce pas ?

Cette hypothèse fait rire le docteur Eddington.

– Pour le moment, je pense que Mrs Winslow est trop obnubilée par Andrew pour prêter attention aux autres.

Il jette un nouveau coup d'œil à la Dodge.

– Alors, de là à vouloir que vous partiez… Nous serions ravis que vous restiez ici, simplement, il n'y a pas grand-chose à faire, surtout si Andrew ne rentre pas de la nuit…

– Il faudrait peut-être que je parte à sa recherche à mon tour, propose Souris.

– Comme vous voulez. Nous avons écumé presque toute la ville, mais vous serez peut-être plus chanceuse.

Le docteur Eddington lui adresse un sourire réconfortant.

– Vous avez le numéro d'ici, si vous le trouvez ?

Souris hoche la tête.

– Laissez-moi vous donner aussi mon numéro personnel, dit le docteur Eddington en lui tendant une carte. D'ordinaire, j'interdis à mes patients de m'appeler après 23 heures, mais aujourd'hui je ne pense pas que je vais beaucoup dormir, alors même si vous ne trouvez pas Andrew, mais avez besoin de parler…

– Merci, dit Souris.

Elle descend les marches du porche d'un pas léger puis, incapable de se contenir, se retourne et lui dit :

– Vous me faites penser à mon père.

Le docteur Eddington cligne des yeux, l'air surpris, mais également flatté, et avant qu'il ait pu répondre quoi que ce soit, Souris est dans sa voiture.

Elle ne connaît pas assez bien Autumn Creek pour se livrer à une recherche méthodique. Si elle retrouve Andrew, ce sera un coup de chance. Toutefois – et c'est peut-être le sourire qu'a eu le docteur Eddington lorsqu'elle s'en allait qui lui apporte un tel sentiment –, Souris est étonnamment optimiste. Elle sait par où commencer : Maynard Park, l'endroit où elle était allée se cacher le jour où Andrew lui avait appris qu'elle souffrait de troubles de la personnalité multiple. Il n'y a aucune raison qu'Andrew se dissimule là-bas, mais Souris tente sa chance.

Son intuition était sans fondement. Le parc – ou tout du moins la partie ouverte, allumée, dans laquelle Souris ne craint pas de s'aventurer la nuit – est désert. Andrew se terre peut-être derrière les buissons, mais Souris rechigne à aller tâtonner dans le noir pour le trouver. Un peu penaude, elle retourne à sa voiture et repart vers Bridge Street.

Et c'est là qu'elle le surprend : sur Bridge Street, à l'arrêt de bus, à la vue de tous. Souris n'en croit pas ses yeux. Il vient certainement d'arriver : l'abribus est flanqué de lampadaires, on doit voir Andrew de l'autre côté du pâté de maisons. Impossible que Mrs Winslow l'ait manqué.

Souris redoute qu'Andrew prenne ses jambes à son cou en voyant sa voiture, mais il ne lui prête pas attention tandis qu'elle s'approche, fait demi-tour avec la Buick et freine devant le trottoir qui borde l'arrêt de bus. Et même lorsqu'elle sort de sa voiture pour se diriger vers lui, il ne la remarque toujours pas, non pas volontairement, mais comme l'on fait quand un inconnu pénètre dans une salle d'attente et que l'on ne veut pas bavarder.

Encore inquiète à l'idée de l'effrayer, elle s'arrête devant l'abribus et l'appelle :

– Andrew ?

Pas de réaction. Andrew regarde de l'autre côté, au loin, comme s'il pouvait faire arriver le bus en se concentrant suffisamment ; ses mains martèlent ses cuisses avec impatience.

Souris se rapproche.

– Andrew ? répète-t-elle.

Ses mains s'arrêtent au vol, sa tête pivote brusquement.

– Eh, demande Andrew. Vous savez à quelle heure arrive le prochain bus ?

Sa voix a changé, plus haut perchée, plus rapide.

– Le prochain bus ? demande Souris. Non, je...

– Il devrait y avoir les horaires, se plaint-il en désignant un panneau d'affichage vide accroché à l'un des piliers de l'abribus. Ils sont censés les indiquer, mais non, bande d'irresponsables.

Il ne bredouille plus. Souris sent son haleine alcoolisée – très alcoolisée – mais sa diction accélérée est claire et distincte.

Il a également rajusté sa mise : les boutons de sa chemise sont refermés, les pans glissés dans son pantalon, ses cheveux plaqués en arrière.

– Où allez-vous ? lui demande Souris.

Il la lorgne d'un œil soupçonneux. Puis il hausse les épaules.

– Dans le Michigan, répond-il.

– Pourquoi est-ce que vous allez dans le Michigan ?

Il soupire, détournant les yeux.

– Alors vous ne savez pas quand arrive le prochain bus ?

– En fait, je crois que le bus ne passera plus ce soir.

– Il ne passera plus ?

Il bascule la tête en arrière, outré.

– Et pourquoi pas ?

– Eh bien... il est tard, répond Souris.

Comme cette réponse ne semble pas le satisfaire, elle bafouille :

– Il est tard, et les bus sont censés transporter les gens qui viennent travailler en ville ou rentrent chez eux...

– Et ? Alors ?

– Alors... en général, les gens ne voyagent pas à cette heure-ci.

– Oh, répond-il. Oh, très bien.

Il se lance dans une nouvelle salve de percussions contre son ventre puis demande, s'efforçant de prendre un air naturel :

– Et dans quelle ville sommes-nous ?

– À Seattle, répond Souris.

Et, au cas où :

– Seattle, Washington.

– Bien sûr.

Il opine du chef, comme s'il l'avait toujours su.

– Et c'est loin du Michigan ?

– Très loin. À plus de deux mille cinq cents kilomètres.

Sa réaction est difficile à interpréter. Il semble perdre conscience pendant une seconde, et puis, tout aussi brutalement, se remet à hocher la tête, les sourcils froncés et les mains battant la mesure.

– Donc… ça doit être trop loin pour que j'y aille à pied, hein ?

– Euh… oui, répond Souris. Oui, beaucoup trop loin.

– Et en avion ? ajoute-t-il d'un air entendu. En avion, on peut aller aussi loin, n'est-ce pas ?

– Absolument.

Plissant le front, il ajoute :

– Mais c'est cher de prendre l'avion.

– Oui, répond Souris. Pourquoi voulez-vous aller dans le Michigan ?

Il tapote les poches arrière de son pantalon, l'air soudainement perplexe, puis hoche la tête, fourre la main dans sa poche de devant, d'où il extirpe un portefeuille. Il l'ouvre et en sort une fine liasse de billets : des billets de vingt dollars, quelques-uns de dix, d'autres de un.

– Est-ce que ça suffira pour aller jusque dans le Michigan ?

– Non, explique Souris. Même un billet au rabais vous coûterait plus cher.

– J'ai aussi ça, lui dit-il en exhibant une carte bancaire. Elle était cachée, explique-t-il fièrement en lui montrant la poche secrète de son portefeuille, mais je l'ai retrouvée.

Sa fierté s'évanouit.

– Mais je ne sais pas combien d'argent il y a dessus…

Si j'essayais d'acheter un billet d'avion et que je dépasse le découvert autorisé, vous pensez que je pourrais avoir des ennuis ?

– Je ne sais pas, dit Souris. Sans doute pas… si c'est bien votre carte.

Ce à quoi il ne répond rien, se contentant de fourrer les billets et la carte dans le portefeuille.

– Vous savez quoi ? reprend Souris. Si vous avez besoin d'argent, je sais où on peut en trouver. Il y a une maison, pas très loin d'ici, je suis sûr que si vous veniez avec moi, la dame qui y habite nous…

– Il faudrait que j'attrape un taxi, dit-il en rangeant son portefeuille, puisqu'il n'y a plus de bus.

– Je peux vous accompagner, propose Souris.

Son front se plisse à nouveau, soupçonneux :

– C'est combien ?

– Rien du tout… et comme je vous disais, si vous avez besoin d'argent, on peut faire un saut dans cette maison…

Mais il secoue la tête.

– Je ne peux pas faire de détour, il faut que je me rende dans le Michigan, le plus vite possible.

– Pourquoi ? demande Souris pour la troisième fois.

Elle s'attend à ce qu'il ne lui réponde pas, mais son obstination est payante.

– Il faut que j'aille chercher l'héritage, voyez-vous, répond-il dans un soupir exaspéré. L'argent que le beau-père est censé m'avoir laissé.

– Le beau-père… le beau-père d'Andrew ?

– Évidemment !

Il semble stupéfait par la question.

– Qui d'autre voulez-vous que ce soit ?

– Alors il est mort ?

Sur le même ton geignard qu'il avait employé pour se plaindre de l'absence d'horaires de bus :

– Normalement. On aurait dit qu'il mourait. Il était par terre, dans le salon, il y avait plein de sang sur le tapis…

Chagrin, il poursuit :

– Mais je ne suis pas resté. J'avais froid. Tout ce que je voulais, c'était m'en aller.

Il croise les bras sur son torse.

– Alors, vous pensez que ce n'est pas un problème si je me sers de la carte ?

– Je… je ne sais pas, dit Souris, en s'efforçant de ne pas laisser paraître son trouble. Mais, mais écoutez, pourquoi est-ce que nous…

Il avance vers le trottoir pour observer la rue.

– Où puis-je trouver un taxi ?

– Je ne sais pas. Je ne sais pas si c'est possible, ici.

– Pas de taxi non plus ? C'est quoi, ce bled ?

– C'est une petite ville, acquiesce Souris.

Il y a un instant de silence, puis il se remet à dodeliner de la tête.

– L'endroit où je vais, dans le Michigan, c'est la même chose. Il n'y a même pas de bus, là-bas.

Il reprend son air renfrogné.

– Il est loin, l'aéroport ?

– Plutôt, répond Souris. Trop loin pour y aller à pied. Mais je peux vous y emmener en voiture.

Il la regarde.

– Sans faire de détour ?

– Sans faire de détour, ment Souris.

S'il en est à se demander dans quelle région il se trouve, il ne devrait pas être en mesure de comprendre qu'elle le ramène chez Mrs Winslow avant qu'ils n'y soient pour de bon. Et, s'il le faut, elle traversera le jardin en voiture, jusqu'à la véranda où Mrs Winslow, avec ses pouvoirs divinatoires et son oreille bionique, ne manquera pas de les entendre – à eux trois, Mrs Winslow, Souris et le docteur Eddington, ils parviendront bien à empêcher Andrew de s'enfuir.

– C'est gratuit ? demande-t-il, encore hésitant.

– Bien entendu, le rassure Souris.

Elle désigne la Buick.

– Allons-y.

La perspective de faire le trajet à l'œil a raison de sa méfiance, et ils montent dans la Centurion.

– Chouette voiture, dit-il, en observant l'habitacle. Si vous avez besoin d'essence, ajoute-il, magnanime, je peux sans doute y aller de ma poche. Je veux dire, au cas où il y aurait beaucoup de route jusqu'à l'aéroport.

– C'est bon, dit Souris.

Après avoir fait quelques mètres, elle est arrêtée par un feu rouge. Elle s'efforce de prendre un air nonchalant pour mettre le clignotant.

Le feu passe au vert. Souris appuie sur l'accélérateur, tourne à droite... une troisième main attrape alors le volant, le braquant à gauche. Souris enfonce la pédale de frein pour ne pas foncer dans le trottoir, de l'autre côté du carrefour.

– Qu..., commence à dire Souris, mais ses paroles se muent en couinement lorsqu'elle voit ce qu'est devenu son passager.

Il a encore changé. Il semble plus grand, étrangement, et l'esprit qui l'anime n'est plus l'individu inconstant et survolté avec lequel Souris papotait à l'arrêt de bus, mais quelqu'un de bien plus sinistre. Souris reconnaît l'âme sombre qu'elle a aperçue le premier jour où elle est allée à l'Usine du Réel : celle qui a traité Julie Sivik de sale connasse devant se mêler de ses affaires.

Il lui dit :

– Ce n'est pas la route pour aller dans le Michigan..., *Souris*.

Souris disparaît, emportée par un torrent d'épouvante. Maledicta prend le relais, toutes dents dehors... mais elle aussi est effrayée. Le connard sur le siège passager a dans les yeux la lueur qui brillait dans ceux de la mère de Souris, avant qu'elle ne se déchaîne. Alors Maledicta a peur, mais elle ne le montre pas :

– Enlève tes sales pattes de mon putain de volant, aboie-t-elle.

– Je vous prie de m'excuser, dit-il avec un petit sourire narquois, et il lâche sa prise.

Grand bien lui fasse : Malefica prend le relais, loin d'être effrayée, elle est hors d'elle. Mais Andrew – ou qui que ce soit – n'insiste pas. Avant que Malefica n'ait le temps de serrer le poing, il ouvre la portière et sort du véhicule.

– Merci beaucoup de m'avoir déposé, dit-il, je préfère continuer seul.

Fermant doucement la portière avec une feinte politesse, il lui fait au revoir, et s'enfonce dans la nuit d'un pas allègre.

– C'est ça, dit Maledicta qui refait surface. Casse-toi, connard !

... et Souris se retrouve à fixer le siège à côté d'elle tandis qu'une voiture frôle la Buick en klaxonnant. Elle tend la main pour s'assurer qu'Andrew a vraiment disparu. Elle jette aussi un coup d'œil à la banquette arrière. Ces vérifications faites, elle se retourne enfin pour voir qui la klaxonne. Sa voiture a calé au beau milieu du carrefour. Comme il est tard, les voitures qui circulent sur Bridge Street ont pu la contourner, mais un monospace souhaite se rendre de l'autre côté de la route. Souris démarre le moteur et fait marche arrière. Le monospace la dépasse dans un dernier coup de klaxon.

Souris gare la voiture au coin de la rue. Elle reste un moment sans rien faire, pour retrouver ses esprits, puis lance un coup d'œil au rétroviseur intérieur et s'aperçoit que, quelques rues plus loin, l'abribus est désormais vide. Elle sort de la voiture et fouille plus longuement Bridge Street du regard, cherchant aussi dans la rue en face ; Andrew n'est nulle part. Cela la soulage et elle s'en maudit, Andrew s'est mis en quatre pour l'aider, et tout ce qu'elle a fait pour lui rendre la pareille, c'est d'échouer. Elle remonte dans sa voiture.

Que faire ? Elle n'a pas perdu conscience pendant longtemps – quelques minutes au plus – et Andrew, s'il est toujours à pied, ne peut être bien loin. Avec un peu de chance, Souris doit pouvoir le retrouver. Mais, ensuite, que faire ?

Une autre solution, et sans doute la meilleure, serait de retourner à la maison pour raconter à Mrs Winslow et au docteur Eddington ce qui vient de se passer. Mais cela reviendrait à avouer qu'elle avait réussi à faire monter Andrew dans sa voiture, avant de le laisser s'échapper une deuxième fois. De plus, la semaine précédente, quand les rôles étaient inversés et que Souris était en cavale, Andrew n'avait pas perdu son temps à chercher de l'aide, il s'était lancé tout seul à sa poursuite, et, s'il ne l'avait pas fait, elle serait peut-être encore en train d'errer dans les bois autour de l'Usine.

Peut-être peut-elle trouver un compromis : elle va continuer à chercher Andrew en solo pendant dix ou quinze minutes. Si elle ne le trouve pas, elle ira raconter au docteur et à Mrs Winslow ce qui s'est passé. Et si elle le trouve, elle ne cherchera pas à l'affronter, mais se contentera de le suivre, de le traquer jusqu'à ce qu'il s'arrête quelque part ; alors elle dénichera un téléphone pour appeler le docteur Eddington.

Voilà son plan. Mais avant de le mettre en pratique, elle a besoin d'une information et, pour l'obtenir, il lui faut mettre son courage à l'épreuve.

Souris pose légèrement ses mains sur le volant, inspirant à pleins poumons, puis sonde le rétroviseur intérieur. Elle le scrute vraiment, ne se contentant pas d'y jeter un coup d'œil. Surprenant son regard dans le miroir, elle s'imagine qu'il est assez grand pour refléter tout son visage, tout son corps ; elle s'imagine que derrière elle se réfléchit non la banquette arrière de la Buick, mais la bouche d'une grotte obscure.

– Très bien, dit Souris en s'adressant aux silhouettes qui s'y sont attroupées, les membres de la Société ayant répondu à sa convocation. Dites-moi, si vous l'avez vu… par où est-il parti ?

# II

# CHAOS

LIVRE SEPTIÈME

# LES BADLANDS

# 19

J'étais ballotté dans le noir.

J'étais tombé dans le lac ; je le savais. Tout s'était passé dans un brouillard, une semi-conscience qui ne semblait durer que depuis quelques instants ; ainsi, je savais ce qui s'était produit et que je m'y trouvais toujours, sous les eaux noires, dans les profondeurs du lac, mon âme recroquevillée en position fœtale, ballottée par les courants obscurs.

L'eau était gelée. Elle s'enroulait autour de moi tel un vent glacial, me caressait la peau, m'ébouriffait les cheveux. Elle fouettait toute mon âme, comme pour la balayer, mais mes mains étaient prisonnières des herbes qui prolifèrent dans le lit du lac, agrippées aux algues noueuses. Une troisième liane, entortillée autour de mon avant-bras gauche, le sanglait. Les herbes s'étiraient sans se rompre et, tiraillé par le flux et le reflux des courants, je ballottais, je ballottais, je ballottais.

J'ouvris les yeux. Je ne me trouvais pas au fond du lac, mais dehors, dans le corps, à l'air libre, en plein soleil. J'étais assis sur une sorte de balançoire, d'escarpolette, et un dinosaure me regardait en souriant.

Je clignai des yeux.

Un dinosaure me regardait effectivement en souriant : un brontosaure vert et violet. Une échelle grimpait le long de son flanc, un toboggan courait sur son dos et jusqu'au bout de sa queue.

Jetant un coup d'œil à ma gauche, puis à ma droite, j'aperçus d'autres dinosaures : un ptéranodon écarlate dont les ailes formaient une balançoire ; un trio de bébés tricératops, jaune, orange et bleu, chacun fiché sur un épais ressort, leurs dos munis de selles, leurs cous protégés par une collerette transpercée de poignées.

Et, juste à côté, courbé vers moi : un tyrannosaure. Un amour de tyrannosaure rigolard, débonnaire, qui me tendait les pattes, ses poignes fermées autour des chaînes accrochées à la balançoire sur laquelle j'étais assis. Afin que les petits doigts ne se fassent pas coincer entre les maillons, les chaînes étaient recouvertes par un tube en plastique, flexible et souple au toucher.

J'infléchis les jambes pour arrêter la balançoire. Je fis remonter mes mains le long des chaînes gainées de plastique et me mis sur pied, une douleur fulgurante traversant alors mon avant-bras gauche. Mes yeux contournèrent le brontosaure ; le grillage qui entourait le terrain de jeux (car je me trouvais sur un terrain de jeux ; j'étais à l'extérieur, dans le corps, sur un terrain de jeux – mais *où* ?), et j'aperçus une plaine d'herbes sèches qui allait mordre une ligne de collines déchiquetées. Les collines étaient arides, presque lunaires, leurs visages mornes, dépouillés, striés de rayures grises et marron.

*Des strates*, me dis-je : *ces rayures sont appelées des strates*. Ce nom, qui n'était pour moi jusqu'à présent qu'un mot du dictionnaire, acquit une nouvelle signification, et je pris peur. Je scrutais un paysage inconnu : je ne savais pas où il se trouvait, mais je savais que ce n'était pas à Autumn Creek, ni dans les parages.

Une petite chose blanche, tombée du ciel, voleta quelque temps dans les airs, devant mon visage, se posa un instant sur mon nez, puis fut à nouveau emportée par la brise.

*Un flocon de neige*, pensai-je. Un flocon de neige ? C'était – ç'avait été – la première semaine de mai. *Il ne neige pas en mai*… non, un instant, c'est faux, il peut neiger en mai, mais c'est rare, surtout à Autumn Creek. Très bien alors, je n'étais pas à Autumn Creek, c'était indéniable. Je me trouvais peut-être plus au nord, ou plus haut ; peut-être le printemps était-il glacial dans ce pays de fous ; peut-être ce « flocon » n'était-il qu'une peluche qui dansait au vent.

Peut-être. *À moins que ce ne soit plus le mois de mai*. Je savais que j'avais perdu le fil du temps. Et si j'avais perdu *beaucoup* de temps ? Si c'était le mois de novembre, désormais ? Et si j'avais perdu *six mois*… ou pire, encore pire, si j'avais perdu des *années* ? Quel âge avait le corps, dorénavant ?

J'eus soudain les jambes flageolantes et dus m'agripper aux chaînes de la balançoire pour ne pas perdre l'équilibre. La douleur traversa à nouveau mon bras ; cette fois, pour me distraire, je baissai les yeux afin d'en connaître la cause. Mon bras était bandé ; mon avant-bras enroulé dans de la gaze, sur presque toute la longueur. La personne qui s'en était chargée avait dû utiliser presque toute la bande : les couches de gaze étaient tellement épaisses que ma manche de chemise avait dû être relevée au-dessus du coude.

*Ma manche de chemise !*

– Dieu soit loué, m'exclamai-je, en m'effondrant sur le siège de la balançoire.

Ma manche de chemise : c'était la chemise que je portais lorsque j'avais perdu connaissance.

Un instant. Un instant. Était-ce la même chemise ? Je me rappelais être tombé ivre mort au beau milieu de la rue, me rappelais le cliquetis du bouton qui rebondissait par terre. Je vérifiai… oui ! Il manquait un bouton. Baissant la tête, je reniflai le tissu… oui ! Il empestait le scotch. Mon pantalon, mes chaussettes, mes chaussures étaient également ceux que je portais cette nuit-là.

Bon. Bon. Ça ne faisait donc pas des mois ou des années. Quelques jours peut-être, sans doute, mais pas plus. Je n'avais pas perdu un énorme morceau de ma vie.

Je me balançais sur l'escarpolette, riant de soulagement.

Pourtant, cela ne signifiait pas que tout allait bien. Je restais très loin de chez moi, dans l'espace sinon dans le temps. Je ne savais toujours pas où je me trouvais. J'ignorais également ce que le corps avait fait, de quels actes j'allais être tenu pour responsable ; je me souvenais cependant qu'avant de perdre complètement conscience, j'avais violé le règlement intérieur en parfaite connaissance de cause, et que je m'étais ridiculisé devant Julie et Mrs Winslow.

Julie… oh mon Dieu.

Non. Interdiction de penser à elle. Retrouver d'abord mes repères.

– Où suis-je ? demandai-je tout haut, puis à l'intérieur. Où sommes-nous ? Ohé ?

Pas de réponse. Mais ce n'était pas comme s'il n'y avait personne en chaire ; on aurait plutôt dit que la chaire elle-même n'était pas là. Cela m'effraya. J'avais envie d'aller à l'intérieur pour en savoir plus, mais je ne pouvais pas abandonner le corps sur ce terrain de jeux.

Je me levai à nouveau. Jusqu'à présent, j'avais plus ou moins regardé dans la même direction. Je pivotai sur moi-même pour voir ce qui se trouvait derrière moi.

Un motel apparut dans mon champ de vision. Le terrain de jeux se situait au bout d'un parking en forme de V ; deux rangées de chambres d'hôtel bordaient le parking sur la gauche et la droite, et une île triangulaire fichée au centre abritait le bureau d'accueil. Une enseigne lumineuse, rotative, plantée sur le toit, indiquait RELAIS DES BADLANDS.

Je fis quelques pas pour entrer dans le parking, avançant prudemment, comme s'il était couvert de verglas noir plutôt que d'asphalte. Le parking donnait sur une autoroute à quatre voies. De l'autre côté il y avait quelques restoroutes, mais derrière eux j'apercevais des maisons individuelles, et plus loin encore des immeubles et des toits, mais aucun bâtiment qui excède deux ou trois étages. C'était donc une petite ville ; je me trouvais aux confins d'une bourgade, au milieu des Badlands… c'est-à-dire, je ne sais où.

Je tentai d'imaginer l'enchaînement de circonstances qui m'avait conduit ici – pas toute l'histoire, seulement les dix ou quinze dernières minutes. Séjournais-je au motel, ou étais-je de passage ? Aurais-je repéré le terrain de jeux et décidé de faire un tour de balançoire ? C'est le genre de choses qu'aurait pu faire Jake – comme tous les bambins, il adore les dinosaures –, mais, cela dit, il n'aime pas tant que ça s'aventurer tout seul dans des endroits inconnus, et je n'arrivais pas à l'imaginer marchant sans but le long de l'autoroute. Évidemment, si le règlement intérieur avait été complètement détruit, quelqu'un d'autre aurait pu faire la route à pied, permettant ainsi à Jake de surgir lorsqu'il aurait aperçu les dinosaures.

Je songeai un instant à me rendre au bureau d'accueil pour voir si le gérant du motel me reconnaissait. Cela pouvait marcher, sauf si quelqu'un d'autre m'avait attribué ma chambre. Ou bien, s'il ne me reconnaissait pas, je pouvais toujours essayer de lui demander franchement si j'étais bien inscrit sur le registre – mais alors, quel nom demander ?

Puis la solution me sauta à l'esprit : une clé. Si je séjournais dans ce motel, je devais avoir une clé.

Je commençai à fouiller dans mes poches. Dans l'une, pas celle que j'utilisais d'ordinaire, je trouvai mon portefeuille. Il était léger. La dernière fois que je l'avais sorti, dans le bar d'Autumn Creek, j'avais presque cent dollars en liquide et il en restait désormais moins de la moitié. Apparemment, quelqu'un s'était servi de ma carte bancaire ; elle est censée être planquée dans un compartiment « secret », mais avait été déplacée dans la poche centrale, à côté des billets. Le reste – mes cartes de bibliothèque et de vidéo-club, le vieux permis de conduire de mon père, et la photo de la mère d'Andy Gage – ne semblait pas avoir été touché.

Fourrageant dans mes autres poches, je trouvai la clé de chez moi mais pas de clé de chambre. Mais soudain je compris que cela ne résolvait pas l'énigme – j'aurais tout à fait pu laisser la clé dans la chambre tandis que je ne sais qui traînait sur le terrain de jeux. Je scrutai les chambres encadrant le parking, cherchant à en repérer une dont la porte serait ouverte. Elles étaient toutes closes.

Pour la première fois de ma vie, je commençais à comprendre réellement le chaos dans lequel avait vécu mon père avant de construire la maison – chaos dans lequel Penny Driver vivait encore.

Penny… une seconde. Sur une place de parking, à ma

gauche, se trouvait une berline noire aux allures familières : une Buick Centurion avec – oui ! – une plaque d'immatriculation de l'État de Washington. Je me rapprochai pour l'observer de plus près. Alors, la porte de la chambre la plus proche s'ouvrit en grand et Penny se précipita dehors. Elle était pieds nus, drapée dans une robe de chambre vaporeuse et verte ornée de dinosaures, ses cheveux mouillés étaient collés à son crâne. Lorsqu'elle m'aperçut planté devant sa voiture, elle se figea et lâcha un petit cri.

– Penny ? demandai-je.

Penny sembla surprise d'entendre son nom… et soudain pleine d'espoir.

– Andrew ? fit-elle.

Je hochai la tête.

– Dieu merci !… Andrew !… *Enfin !*

– Enfin, répétai-je, en me demandant combien de temps perdu recouvrait ce mot. Quel jour sommes-nous, Penny ?

– Le 8 mai, m'informa-t-elle. Il est environ 10 heures du matin, heure locale. Tout va bien, ça ne fait que deux jours. Tu as quitté Autumn Creek avant-hier.

Je hochai à nouveau la tête, songeant que tout n'allait pas bien mais que ça pourrait être pire. J'observai à nouveau le terrain de jeux et le décor environnant.

– Où sommes-nous ?

– Dans le Dakota du Sud, répondit Penny. J'ignore le nom de la ville, mais c'est pas loin de Rapid City.

Elle fronça les sourcils.

– En tout cas, c'est ce qu'on m'a dit.

– Le Dakota du Sud…

Je restai coi pendant quelques instants, cherchant à me rappeler où c'était – à l'est des Rocheuses, d'après mes vagues souvenirs, et au moins deux ou trois États après Washington. Mais tout cela n'était qu'une façon de noyer le poisson, de retarder la vraie question :

– Comment avons-nous atterri ici ?

– Ah…, soupira Penny. C'est une longue histoire.

# 20

Maledicta et Malefica, à la poursuite du camion qui traverse l'État de Washington, se passent le volant ; Souris, reléguée au statut de conducteur par procuration sur la banquette arrière, est coincée à l'entrée de la grotte. Ce n'était pas ce à quoi elle s'attendait lorsqu'elle a demandé de l'aide à la Société. Mais elle apprend qu'il y a un prix à payer quand on appelle la Société à la rescousse – et quand on cède volontairement sa place.

– Par où est parti Andrew ? avait-elle demandé lorsqu'elle était encore à Autumn Creek.

C'était une question facile et Souris aurait pu trouver toute seule la réponse qu'elle obtint : vers l'ouest. Il se dirigeait vers l'autoroute, sans doute dans l'espoir de se rendre à l'aéroport en auto-stop.

– Mais qu'est-ce que tu comptes faire, putain, quand tu l'auras rattrapé ? demanda Maledicta tandis que Souris tournait la clé de contact et démarrait. L'écraser ? Lui faire la tête au carré ?

– Non, répondit calmement Souris, peu encline à parler toute seule maintenant qu'elle avait ce qu'elle voulait.

– S'il vous plaît, laissez-moi.

– Connasse.

Souris atteignit la bretelle d'autoroute sans avoir aperçu Andrew. Croisant les doigts pour qu'il n'ait pas déjà été pris en stop, elle fonça vers la passerelle, côté ouest. Arrivée au sommet, elle s'arrêta afin de scruter l'accotement dans les deux directions et, en face du terre-plein central, remarqua une lumière étincelante de feux arrière – un trente-trois tonnes était en train de freiner pour s'arrêter sur la bande d'arrêt d'urgence.

– Oh mon Dieu ! s'écria Souris en découvrant une silhouette qui courait devant le camion, illuminée par ses phares.

C'était Andrew. Souris s'était engagée dans la mauvaise direction.

– Mais il a dit qu'il voulait aller à l'aéroport !

– Il a dit qu'il voulait aller dans le Michigan, corrigea quelqu'un. Et ensuite tu lui as dit qu'il n'avait pas assez d'argent pour se payer un billet d'avion.

Souris avisa le terre-plein défoncé et rocailleux qui séparait les deux côtés de l'autoroute. Elle se rappela le premier jour où elle s'était rendue à l'Usine du Réel, la façon dont elle avait manqué la sortie pour Autumn Creek et avait dû continuer pendant des kilomètres avant de pouvoir faire demi-tour.

– File-moi le volant, proposa Maledicta, dans l'entrée de la grotte. Je vais le rattraper en moins de deux.

Andrew était monté à l'intérieur du camion. Les freins du trente-trois tonnes s'éteignirent et il reprit sa route. Au même instant, un flot de voitures s'engouffra en direction de l'ouest, les véhicules fonçant par petites grappes serrées, à si vive allure qu'il sembla impossible à Souris de s'infiltrer dans la circulation, même pour aller dans la mauvaise direction. Elle se mit à paniquer.

– Allez, insista Maledicta. Dégage, passe-moi ces putains de manettes. Il va finir par se casser !

Le camion avait quitté la bande d'arrêt d'urgence et, prenant de la vitesse, était sur le point de disparaître derrière un tournant.

– Tu vas perdre sa trace, bordel !

– D'accord, dit Souris, et elle céda.

La réalité sembla se télescoper ; Souris fut précipitée à l'entrée de la grotte. Elle s'arc-bouta, s'attendant à ce que Maledicta parte à tombeau ouvert dans les flots de circulation. Elle se demanda l'effet que lui ferait un accident depuis la bouche de la grotte.

Mais au lieu de rejoindre l'autoroute, Maledicta passa la

marche arrière, et fonça à rebours sur la bretelle d'autoroute.

– Oh mon Dieu, s'écria Souris qui rentra la tête dans ses épaules lorsqu'elle aperçut une voiture arrivant derrière elles.

– Ah, espèce d'enculé ! s'exclama Maledicta.

Tenant le volant d'une main, elle évita l'autre voiture ; l'aile de la Centurion érafla la rambarde de sécurité, mais il n'y eut pas de collision. Maledicta reprit sa manœuvre quelques secondes plus tard, esquivant de peu un nouveau véhicule. Puis elles arrivèrent à l'entrée de la bretelle, s'insérant dans Bridge Street en marche arrière.

– Putain que je suis bonne, se félicita Maledicta.

Elle freina et rejoignit la route. Elle aurait dû continuer tout droit, prendre le passage souterrain pour rejoindre l'autoroute en direction de l'est, mais elle se comporta à nouveau de façon imprévue, faisant brusquement demi-tour pour retourner vers Autumn Creek.

– Eh, cria Souris, qu'est-ce que tu fabriques ? Tu vas dans le mauvais sens !

Elle tenta de faire un pas en avant pour reprendre possession du corps, mais s'aperçut que c'était impossible. Il n'était même pas envisageable de se battre, comme la dernière fois que Maledicta avait tenté de lui reprendre le corps : Souris ne pouvait tout bonnement pas franchir l'entrée de la grotte.

– Tu pars dans la mauvaise direction ! répéta Souris, exaspérée. On va perdre Andrew !

– Mon cul, répliqua Maledicta, il est dans un gros bahut merdique ; il ne risque pas de quitter cette saloperie d'autoroute et on va le rattraper les doigts dans le nez. Mais…

Elle pointa du doigt le tableau de bord de la Buick.

– … avant qu'on rejoigne les putains de Cascades, on a besoin de prendre de l'essence. De l'essence et des provisions.

– Oh, dit Souris, oh d'accord, c'est bon, alors… mais passe-moi le volant…

Maledicta éclata de rire :

– Va te faire foutre !

Il y avait une station-service et une boutique non loin; Maledicta s'y rendit et s'arrêta devant les pompes à essence. Elle se servit, utilisant une carte Shell que Souris n'avait jamais vue auparavant (en y réfléchissant bien, Souris ne se souvenait d'ailleurs pas d'avoir jamais mis de l'essence). Tandis que le réservoir de la Buick se remplissait, Maledicta alla à la boutique s'acheter des choses à grignoter et des cigarettes.

Pendant qu'elle fourrageait dans le rayon biscuits, Souris fit une nouvelle tentative pour reprendre le contrôle du corps. Peine perdue: on aurait dit qu'une barrière invisible avait été posée devant l'ouverture de la caverne, un charme qui ne faisait que se renforcer lorsqu'elle le combattait.

– *Ne la laisse pas tomber, elle est si putain de fragile,* chantonna Maledicta.

Se dirigeant vers la caisse, elle jeta deux paquets de biscuits sur le comptoir.

– Des Winston, claironna-t-elle à l'attention du caissier, sans filtre.

L'employé tendit la main vers une étagère située au-dessus de sa tête. Souris, qui s'évertuait toujours à pousser la barrière, en vain, tenta de l'appeler:

– Au secours!… Au secours!

L'employé posa les Winston de Maledicta à côté des biscuits et commença à taper sur sa caisse.

– Eh, l'interpella Maledicta, vous entendez rien?

Le caissier lui jeta un regard bovin.

– Quoi donc?

– On aurait dit le couinement d'une saloperie de souris.

– C'est sans doute mes nouvelles chaussures, répondit l'employé.

Ce qu'il illustra en faisant grincer son talon par terre, derrière le comptoir.

– Ouais, s'esclaffa Maledicta, ça doit être ça.

Elle paya et retourna à la voiture. Souris, abattue, tentait de s'accoutumer à l'idée de rester prisonnière de sa propre tête. Mais comme Maledicta s'entêtait à ne pas se diriger vers l'autoroute, elle perdit à nouveau son sang-froid:

– Mais qu'est-ce que tu fabriques ?

– Bordel de merde, soupira Maledicta en tirant sur sa Winston. Lâche-moi les basques.

– Il faut qu'on retrouve Andrew ! On…

– Je vais d'abord commencer par m'enfiler un putain de verre.

– Mais on n'a pas le temps !

– Si tu continues à me les briser menu, la prévint Maledicta, je vais arrêter cette putain de bagnole et je ne ferai plus un mètre avant d'avoir fumé toutes les clopes de ce putain de paquet. Et puis j'irai quand même m'enfiler un verre. Si ça te défrise, tu n'as qu'à retourner te pieuter dans ta caverne – de toute façon, c'est tout ce que tu es capable de branler.

Il y avait un caviste sur Bridge Street, mais il fermait à 21 heures et Maledicta dut aller dans un bar. Alors qu'elles tournaient pour se garer sur les chapeaux de roues, Souris aperçut parmi d'autres voitures la Cadillac de Julie Sivik, le long du trottoir. Elle eut également l'impression de voir Julie à l'intérieur mais, comme Maledicta monopolisait la vue, Souris ne put jeter un autre coup d'œil pour s'en assurer.

– Eh, dit Souris tandis que Maledicta bondissait hors de la Buick, une nouvelle cigarette au bec. Eh, attends, regarde à droite, c'est pas Julie, là-bas ?

– Qu'est-ce que ça peut me foutre ? répliqua Maledicta en entrant dans le bar.

Il était tard, en milieu de semaine, et le bar était quasiment désert – à part quelques couples dans des box (et notamment deux poivrots qui braillaient au fond de la salle), il n'y avait pas un chat, excepté la barmaid.

Celle-ci avait l'air d'un vampire : peau blanche ; cheveux noirs ; cernes noirs ; rouge à lèvres noir ; verni à ongles noir ; piercings en acier dans le nez, les sourcils et les deux joues. Souris la trouvait hideuse. Maledicta aussi, ce qui la lui rendit brièvement sympathique.

– Une Popov, commanda Maledicta en avançant vers le bar, sans glace.

– Ah ! s'écria le vampire avec aigreur. Ça rigole pas.

Tandis que la barmaid lui servait son verre de vodka bon marché, Maledicta lui demanda :

– C'est combien pour cette putain de bouteille, à emporter ?

– On ne fait pas de vente à emporter, l'informa le vampire. Il y a un caviste en bas de la rue.

– Le caviste est fermé, expliqua Maledicta.

– Pas de bol, hein ?

– Écoute, je te file quarante putains de sacs, proposa Maledicta en brandissant le portefeuille de Souris.

– Waouh, ironisa le vampire, quarante *putains* de sacs ! Attends une seconde… c'est non !

– Pauvre naze, murmura Maledicta alors que le vampire reposait sa bouteille sur son étagère.

Elle attrapa son verre et le descendit d'un trait rageur. Tapie à l'entrée de sa grotte, Souris entendit un grattement furtif et aperçut Malefica qui s'avançait en rampant comme une panthère.

Puis quelqu'un dans son dos demanda :

– Souris ?

Maledicta se retourna, c'était Julie Sivik.

– Dégage, siffla Maledicta en guise de salut, et elle se retourna vers le bar.

– Maledicta, dit Julie.

Maledicta se tourna à nouveau.

– Eh bien, dit-elle. J'en connais un qui a une grande gueule.

Puis elle haussa les épaules, et leva son verre.

– Tu prends quelque chose ?

– Quoi ? demanda Julie comme si elle n'avait pas remarqué qu'elles étaient dans un bar. Oh… oh mon Dieu, non, non, plus pour moi ce soir. J'ai passé les deux dernières heures à… eh bien, à me cacher, je crois… mais là, je m'apprête à rentrer chez moi, je m'étais dit que j'allais récupérer ma voiture, et c'est là que je t'ai vue arriver.

– Hum, hum, répondit Maledicta, que cette histoire ennuyait déjà.

– Écoute, est-ce que tu as vu Andrew ? Je n'ai pas du tout envie de le voir, précisa-t-elle hâtivement, mais je me fais du souci pour lui, et je voudrais savoir s'il est bien rentré chez lui. Je me suis dit que si tu étais encore en ville, à cette heure de la nuit…

– Alors comme ça c'est toi qui lui as beurré la gueule, devina Maledicta. Bien joué, ma garce.

– Beurré…, répéta Julie. Donc tu l'as vu…

– Un peu mon neveu, ricana Maledicta, qu'on l'a vu.

– Est-ce qu'il va bien ? Est-ce qu'il est rentré chez lui ?

– Environ dix secondes, raconta Maledicta, puis il s'est rebarré.

– Barré ?

– Il a dit qu'il s'en allait… Mais qu'est-ce que tu lui as fait, bordel ? Putain, j'ai jamais vu quelqu'un dans un état pareil.

– Arrête, protesta Souris dans la grotte. C'est méchant.

– Il t'a dit qu'il s'en allait, demanda Julie. Est-ce que ça… Tu ne veux pas dire qu'il est parti pour de bon, hein ?

Maledicta plia l'index pour faire signe à Julie de se rapprocher. Alors, elle lui chuchota à l'oreille :

– Putain, il faut que tu me rendes service. Tu vois la radasse, derrière moi ? Il faut que tu l'éloignes du bar pendant un moment.

– Quoi ? demanda Julie.

– T'as qu'à aller aux chiottes, puis tu reviens et tu lui dis qu'il y a pas de PQ. Non, attends, c'est foireux comme idée, elle en a peut-être rien à secouer… Je sais ! Dis-lui que son satané évier est niqué, que ça déborde de partout là-dedans…

– Souris… Maledicta ! *Qu'est-ce qu'Andrew t'a dit ?*

– Ah !

Maledicta la laissa en plan, agacée. Elle retourna vers le bar et frappa son verre contre le comptoir pour attirer l'attention du vampire.

– Tu m'en remets une.

– Avec plaisir, répondit le vampire.

Elle commença à servir le verre, mais soudain il y eut un grand fracas au fond de la salle, suivi d'éclats de rire. C'étaient les deux soiffards tapageurs qui s'étaient débrouillés pour bousiller la lampe posée au-dessus de leur box.

– Bon sang ! grogna le vampire.

Abandonnant la bouteille de vodka sur le comptoir, elle s'en alla enguirlander les ivrognes. Maledicta était aux anges. Dès que le vampire tourna le dos, elle attrapa la bouteille et s'enfuit du bar.

– Eh ! glapit Souris, toujours coincée dans la caverne. C'est du vol ! Tu n'as pas le droit.

– Eh bien, je prends le gauche, rétorqua Maledicta. Cette grognasse aurait dû profiter de ses quarante dollars pendant qu'il était temps.

– Mais… c'est moi qui vais payer les pots cassés !

– Eh ouais.

Maledicta riait.

– Ça ne sera pas la première fois.

Elles étaient arrivées à la voiture. Julie accourut derrière elles.

– Maledicta !… Maledicta, attends ! Il faut que tu me racontes ce qui s'est passé avec Andrew !

– Te fais pas de bile, répliqua Maledicta en cherchant ses clés. On va le ramener.

– Le ramener ? Alors tu sais où il est ?

– On sait où le trouver.

– Je viens avec toi…

– Mon cul, oui.

– Maledicta…

La porte du pub s'ouvrit dans un grand fracas ; le vampire en surgit.

– Hé ! hurla-t-elle.

– Faut que j'y aille, dit Maledicta en s'asseyant derrière le volant.

Démarrant en trombe, elle lança un coup d'œil par-dessus son épaule et vit Julie se précipiter vers sa voiture, avant d'être neutralisée par le vampire. Elles avaient sans doute beaucoup de choses à se dire.

– Ha, ha, ha ! Et merde, s'esclaffa joyeusement Maledicta.

Elle attrapa la bouteille de vodka, encore munie de son doseur, et versa une rasade parfaitement mesurée dans sa bouche grande ouverte.

– Aaaaahhh… Que d'émotions, hein ?

– Tu es *horrible*, protesta Souris.

– Ouais, je suis un sac à merde, on peut le dire, répondit Maledicta en riant à gorge déployée.

Cela s'est passé il y a environ deux heures et demie. Lorsqu'elles sont revenues sur l'autoroute, il leur a fallu moins d'une heure pour retrouver le camion (ou en tout cas celui que Maledicta désigne comme tel ; Souris espère que c'est le bon). Depuis lors, elles le suivent à une vitesse modérée, ce qui, après toute cette excitation, est ennuyeux.

Jusqu'à présent, Maledicta et Malefica se sont relayées au volant toutes les dix minutes ou presque ; Souris pense qu'elle pourrait sans doute revenir au gré de ces changements, mais, comme elle ne veut pas risquer un accident, elle reste tapie à l'entrée de la grotte en attendant un moment plus propice. Cependant, elles n'ont pas l'air d'envisager de s'arrêter prochainement et, les kilomètres défilant, Souris a de plus en plus de mal à rester sur le qui-vive…

… soudain elle se retrouve dans le corps.

C'est l'aube, le ciel s'illumine malgré les nuages gris. La Buick est garée sur une aire de repos, devant un restaurant. Un pense-bête coincé dans le pare-soleil au-dessus de la tête de Souris annonce : AUTOROUTE 90, ARRÊT, QUINZE KILOMÈTRES APRÈS LA FRONTIÈRE DE L'IDAHO.

Souris bâille et s'étire, se frotte le visage. Elle regarde le tableau de bord : 05:31. Bizarre. On dirait qu'elle a dormi pendant quelque temps, pourtant elle n'a pas fermé l'œil. Son âme est reposée – pour ainsi dire – mais son corps ne s'est pas assoupi une seconde. Ce n'est pas nouveau, comme expérience, mais c'est la première fois qu'elle en a pleinement conscience, et cette conscience lui donne l'impression d'être déphasée, dans les vapes.

À moins qu'elle ne soit envapée pour de bon. Elle renifle. Son haleine, ses vêtements, sa voiture empestent la vodka et le tabac. Le paquet de Winston que Maledicta a acheté à Autumn Creek est écrabouillé sur le tableau de bord, vide. La bouteille de Popov, par terre à ses pieds, est vide elle aussi, mais à y regarder de plus près il apparaît que son contenu a été renversé sans être bu – la moquette est trempée.

Souris reprend le pense-bête dans le pare-soleil et lit l'intégralité du message :

CARAMBOLAGE DE 4 BAGNOLES SUR LA ROUTE = BOUCHONS À LA CON PENDANT UNE HEURE, AURAIS EN FAIT DÛ TE LAISSER PRENDRE CE PUTAIN DE VOLANT. CAMION A LAISSÉ ANDY POURRI ICI & REPARTI SANS, ALORS MAINTENANT QUE TU ES RÉVEILLÉE VA PAS TOUT FAIRE MERDER.

Souris rit jaune en lisant les jérémiades de Maledicta au sujet de la circulation – *bien fait pour elle*, pense-t-elle, *ça lui apprendra à empuantir ma voiture*. Et Andrew... Andrew est à nouveau en vadrouille, on dirait. Où se trouve-t-il exactement ? Le pense-bête ne le précise pas.

– Où est Andrew ? demande Souris à voix haute. Est-ce qu'il est allé au restaurant ?

Pas de réponse. Maledicta et Malefica ont dû aller se reposer dans la caverne après avoir tant conduit et les autres membres de la Société encore éveillés l'ignorent, ou n'ouvrent pas la bouche.

Souris attrape le paquet de cigarettes vide et les emballages de friandises, elle saisit la bouteille de vodka, la tenant précautionneusement par le goulot. Elle sort de voiture. L'air est mordant mais cela ne la dérange pas ; après avoir jeté ses ordures, elle reste dehors un moment, s'expose au vent, les bras écartés, pour que la froidure gomme ses mauvaises odeurs. Ce n'est pas très efficace ; ce qu'il lui faudrait vraiment, c'est une douche chaude et de nouveaux vêtements. Ça ne lui ferait pas de mal non plus de se brosser les dents. Mais il faut sérier ses priorités.

Elle se dirige vers le restaurant et jette un coup d'œil à l'intérieur. Bien entendu, Andrew s'y trouve : tout seul, il est assis devant une grande table et feuillette le journal en se servant dans deux tas séparés de *pancakes* – l'un noyé sous le beurre et le sirop, l'autre sec.

Il y a une cabine téléphonique juste devant le restaurant. Souris n'ayant pas assez de monnaie pour téléphoner de si loin, elle appelle le docteur Eddington en PCV. Elle tombe sur son répondeur et l'opérateur ne l'autorise pas à laisser un message. Elle essaie alors chez Mrs Winslow, mais la ligne est occupée. Souris raccroche. Que faire, maintenant ? Elle pourrait appeler la police, mais elle a peur qu'on ne croie pas son histoire, surtout vu son état ; elle risque peut-être même de se faire enfermer pour conduite en état d'ivresse tandis qu'Andrew continuera son bonhomme de chemin tranquillement. De plus, elle ne veut pas lui créer d'ennuis : si jamais les policiers l'interrogeaient et qu'il se mette à parler de son beau-père ?

Se creusant la cervelle à la recherche d'un stratagème, Souris se retourne vers la fenêtre. À l'intérieur Andrew, qui a fini un tas de *pancakes*, écarte l'autre. Il boit son café en lisant le journal. Puis il repose sa tasse, attrape une cuiller et commence à taper sur la table.

Non, il ne tape pas – il tambourine, jouant un rythme…

– Salut, dit Souris en se laissant glisser sur un siège vide à la table d'Andrew.

– Salut, répond-il d'un air curieux mais pas du tout surpris de la voir. Que faites-vous ici ?

Une voix haut perchée, rapide… Souris ne s'est pas trompée : c'est bien la personne qu'elle a rencontrée la nuit précédente, à l'arrêt de bus, celle qui a accepté de se faire accompagner en voiture. Maintenant, si elle la joue assez finement pour ne pas faire sortir *l'autre* type…

– Je passais dans le coin, répond Souris en toute simplicité.

Il acquiesce, comme si ce n'était pas une énorme coïncidence de la voir débouler sur la même aire de repos après avoir fait quatre cent cinquante kilomètres.

– Et vous ? Je croyais que vous vouliez prendre un avion pour aller dans le Michigan, la nuit dernière.

– Oh, dit-il, perdant son rythme. Oh, ça, euh, ça n'a finalement pas marché.

– Oh, répond Souris, comme c'est dommage.

– Ouais… après que vous m'avez déposé à l'aéroport, j'ai, il n'y a pas dû avoir, il n'y a pas eu de place disponible.

Il se perd un instant dans ses pensées, puis reprend :

– Mais ça s'est bien passé malgré tout, un camion m'a emmené ici.

– Oh…

Souris jette un regard appuyé autour d'elle.

– Est-ce que le chauffeur…

– Eh bien, en fait, ça ne marche pas très bien entre nous, l'interrompt-il. D'après ce que j'avais compris, le camion était censé me déposer à Chicago – c'est près du Michigan, n'est-ce pas ? –, seulement le chauffeur et moi-même avons ce qu'on pourrait appeler une incompatibilité de caractère. Et il m'a demandé de descendre ici. Ce n'est pas très responsable, de revenir comme ça sur une promesse qu'on a faite, même si l'on prend quelqu'un en grippe… Dites, vous pensez que je vais avoir du mal à trouver un autre véhicule ?

Souris hésite, tentant d'estimer le degré de subtilité dont elle doit faire preuve. Sans doute minime.

– Moi, je peux vous déposer, offre-t-elle.

– Ah oui ?

Il semble tergiverser, et Souris comprend qu'il se demande s'il risque d'avoir à débourser de l'argent pour le trajet.

– C'est gratuit, précise Souris pour lui épargner de poser la question. Je suis désolée que vous n'ayez pas trouvé d'avion.

– Oh, eh bien, ce n'est pas votre faute, j'en suis sûr. Alors comme ça vous allez dans le Michigan, maintenant ?

Souris acquiesce.

– J'espère retrouver un ami, là-bas.

– Bon, d'accord… allons-y !

Prêt à partir sur-le-champ, il se lève de table, puis remarque que Souris ne fait pas de même et s'interrompt, perplexe.

– Oh, dit-il, après quelques instants de réflexion. Avez-vous… est-ce que vous voulez manger quelque chose d'abord ?

Il désigne le tas de *pancakes* qu'il n'a pas touchés.

– La serveuse m'a apporté le double de ce que j'avais commandé, par erreur, alors si vous voulez…

– Non merci, répond Souris.

Les cigarettes que Maledicta a fumées lui ont coupé l'appétit et elle a peur d'avoir la nausée quand elle le recouvrera – manger les restes d'un autre ne lui semble pas être une idée de génie.

– Par contre, dit-elle, je sais que vous ne voulez pas faire de détour, mais il faut que je m'arrête pour me reposer quelques heures.

– Quoi ?

– J'ai roulé toute la nuit. Il faut que je dorme, ou que je fasse au moins une sieste. Pas tout de suite – je peux sans doute encore tenir une heure – mais il va falloir que je fasse une petite pause dans un motel.

Il se renfrogne.

– Un motel ?

Souris hoche la tête en pensant : *dans un endroit loin de l'autoroute, où je pourrai te larguer le temps d'appeler le docteur Eddington.*

– Et combien de temps voulez-vous vous arrêter ?

– Pas longtemps, lui promit Souris, quelques heures tout au plus.

– Quelques heures… eh bien…

– Je comprends que vous ne vouliez pas prendre de retard, mais j'ai bien peur que, si vous restez ici, vous ne puissiez pas trouver de véhicule… en tout cas, pas gracieusement…

Il n'en faut guère plus pour le persuader. Une fois qu'il s'est décidé, Souris lui demande :

– Au fait, comment vous appelez-vous ?

– Xavier, dit-il. Xavier Reyes.

– Bonjour, Xavier, je suis Penny.

Souris lui sert la main puis ajoute :

– Vous voulez bien m'attendre un instant pendant que je vais aux toilettes, d'accord ? Je reviens tout de suite.

Souris a l'intention de se rafraîchir un peu puis de se faufiler à l'extérieur pour appeler Mrs Winslow, mais lorsqu'elle ressort des toilettes, Xavier l'attend devant la porte.

Il secoue la tête avec impatience, indiquant qu'il est temps d'y aller, et Souris se voit contrainte de le suivre.

Une fois dehors, il marche d'un pas assuré vers la voiture, sans prendre la peine de lui demander où elle est garée – et, au lieu d'attendre gentiment qu'elle ouvre la portière, il s'installe sur le siège du conducteur et lui tend la main pour récupérer les clés.

– Je crois qu'il vaut mieux que je conduise un moment, dit-il. Puisque vous êtes si fatiguée...

– Vous...

– ... *Souris*, ajoute-t-il dans un rictus sardonique.

*C'est lui.* Souris, apeurée, a un mouvement de recul et manque de disparaître ; seul le souvenir cuisant de son emprisonnement dans la grotte l'empêche d'abandonner le corps. Alors elle s'apprête à prendre ses jambes à son cou. Mais il ne bouge pas, ne fait pas mine de l'attraper ; en fait, il n'a pas le moindre geste menaçant, si ce n'est ce perfide ricanement.

– Maintenant écoute-moi bien, dit-il. Je ne suis pas en train de te voler ta voiture, d'accord ? Si tu veux venir avec moi, tant mieux pour toi – mais je n'ai pas l'intention de rentrer à Autumn Creek et encore moins de rester à trépigner devant un motel pendant que tu appelles les hommes en blanc.

– Qui êtes-vous ? demande Souris.

Il fait la sourde oreille, et sa main tendue a un mouvement impatient.

– Passe-moi les clés.

Elle secoue la tête.

– Très bien, dit-il en haussant les épaules. Dans ce cas, je vais chercher un autre conducteur. Surtout n'hésite pas à me suivre, si tu penses que tu ne risques pas de t'endormir au volant...

Il fait quelques pas.

– Attendez !

Il se retourne.

– Je ne..., balbutie Souris. Je ne vous fais pas confiance.

– Moi non plus, rétorque-t-il, et j'ai de meilleures raisons que toi. Mais, si c'est ce dont tu as peur, je n'ai pas l'intention de te faire de mal – à moins que tu ne m'en fasses la première.

Il tend à nouveau la main.
– Les clés.
Souris sort son trousseau de sa poche mais ne le lui donne pas.
– Vous… vous êtes sûr que vous pouvez conduire ?
– Il se peut que j'aie un peu perdu la main, admet-il, mais au moins je ne piquerai pas du nez sur la route.
– Et votre tête ? Vous étiez complètement saoul la nuit dernière…
– Ce n'était pas moi.
– Mais c'était votre corps.
– Le tien aussi, vu l'odeur.
Il hausse les épaules.
– J'ai peut-être une légère gueule de bois, ce matin – mais je suis coriace, ça ne me gêne pas. Puis ce n'est pas *ma* gueule de bois. Et j'ai un peu dormi dans ce camion quand le chauffeur a bien voulu fermer son claque-merde…
S'impatientant à nouveau, il ajoute :
– Alors, on y va, oui ou non ?
Rongée par le doute mais ne sachant que faire, Souris lui passe les clés. Il les lui arrache de la main. Elle est à nouveau submergée par une vague de panique : elle s'est fait piéger comme une idiote, il va lui voler sa voiture, s'en aller en l'abandonnant ici…
Il remarque ses yeux effrayés, et éclate de rire.
– Je pourrais parfaitement te larguer ici, annonce-t-il, mais je n'en ferai rien. Je vais avoir besoin de toi pour conduire lorsque je serai fatigué.
Il déverrouille la portière arrière et la lui ouvre.
– Allez, va t'allonger – je t'appellerai quand ça sera ton tour.
Elle monte en voiture mais ne se couche pas. Elle est toujours aussi épuisée mais ne conçoit pas de dormir. Alors elle s'assoit bien droite, et joue avec les ceintures arrière de la Buick qui sont emmêlées, effilochées, et n'ont de toute façon jamais servi.
– Mon Dieu, dit-il, en se glissant derrière le volant, quelle puanteur !
Il regarde Souris par-dessus son épaule.

– J'imagine que ce n'est pas ta faute.

– Je…, commence Souris, mais elle abandonne.

Il se fiche bien de savoir par la faute de qui la voiture empeste ; il ne fait que se moquer d'elle.

Avec des gestes lents, tel un pilote aux commandes d'un avion inconnu, il met en marche le moteur de la Buick, puis prend le temps d'étudier les voyants et indicateurs du tableau de bord, le clignotant, et la boîte de vitesses. Souris s'attendait à ce qu'il soit aussi casse-cou que Maledicta, mais c'est tout le contraire – lorsqu'il finit par enlever le frein à main et à se mettre en route, il s'avère un conducteur encore plus prudent que Souris. Alors qu'il se dirige vers le stop, il laisse passer tous les véhicules qui se trouvent sur la voie, et, arrivé au bout de la bretelle d'autoroute, il hésite si longtemps à se joindre à la circulation, attendant l'occasion idéale, que les autres voitures et camions se mettent à klaxonner derrière lui. Une fois sur l'autoroute, il ne quitte pas la file de droite et ne monte pas au-dessus de quatre-vingts kilomètres/heure, roulant ainsi à trente kilomètres/heure en dessous de la vitesse autorisée.

– Alors…, dit Souris.

Elle voudrait faire la conversation et peut-être apprendre son nom, quelque chose sur lui, mais il la coupe sèchement.

– Ne me distrais pas pendant que je conduis, ordonne-t-il.

– Pardon, s'excuse Souris.

Chagrine, elle s'enfonce un peu sur la banquette…

… Et la voiture est à nouveau à l'arrêt, on la secoue pour la réveiller. Ouvrant les yeux, Souris l'aperçoit penché sur elle, une main sur sa cuisse, et pousse un cri strident. Il sursaute et se cogne la tête au plafond de la voiture.

– Aïe ! hurle-t-il, en sortant à reculons de la Centurion, la main appuyée sur le sommet de son crâne. Tu m'emmerdes, espèce de crétine… Je ne voulais pas te faire du mal, c'est juste ton tour de prendre le volant…

Souris s'assied. Ils sont garés sur une nouvelle aire de repos. Elle semble plus petite que la précédente, au milieu d'une vaste vallée verte, parmi les montagnes aux sommets couverts de neige, les Rocheuses, sans doute. Souris louche vers le tableau de bord : 11:25.

– Où sommes-nous ?

– Dans le Montana, répond-il en faisant la grimace. On a passé Missoula, on se dirige vers Butte. Je viens de prendre de l'essence... Ouille !

– Désolée, dit Souris qui pourtant ne l'est pas vraiment.

Elle se masse doucement la nuque ; cela va mieux, mais il persiste une douleur latente depuis qu'elle a foncé tête baissée dans l'arbre, et il faut qu'elle veille à ce que ça ne s'enflamme pas à nouveau. Cela dit, pour l'instant, ça va.

Mis à part qu'elle meurt de faim. Elle sort de voiture, et regarde autour d'elle pour voir ce que l'aire de repos offre du point de vue gustatif.

– Je me suis occupé de toi, déclare-t-il.

– Comment ?

– Tu as faim, n'est-ce pas ?

Il désigne un sac en papier blanc posé sur le toit de la voiture.

– Je t'ai pris un hamburger et des frites. Il y a aussi un Pepsi, là.

– Oh... merci.

Bien entendu, ce n'est pas vraiment une preuve d'attention, il ne veut pas risquer qu'elle s'échappe pour passer un coup de fil. Souris envisage toutefois d'aller au restaurant, ne serait-ce que pour lui tenir tête – depuis qu'elle l'a vu se cogner le crâne, il ne lui fait plus aussi peur. Mais, effrayant ou non, c'est lui qui a les clés de la voiture et si l'envie l'en prend, il peut tout à fait la laisser en plan.

Malgré la neige sur les cimes des montagnes, il fait plus chaud ici que dans l'Idaho, sur l'aire de repos précédente. Le ciel est clair, le soleil est presque à son zénith ; la brise de la mi-journée est douce et pas trop fraîche. Souris mange debout à côté de la voiture. Lui s'appuie sur le capot avant et fume une cigarette – une Winston, la marque préférée de Maledicta.

– Allez-vous me dire votre nom ? demande Souris entre deux bouchées.

Il secoue la tête en rejetant la fumée.
– Comment faut-il que je vous appelle, alors ?
– Essaie "Andrew".
– Non, répond Souris. Je ne préfère pas.
Il se renfrogne.
– Je suis le vrai Andy Gage, tu sais. Au contraire des autres. Ils ne sont même pas réels… ce ne sont que des illusions dotées d'ego.
– Et Xavier ?
– Quoi, Xavier ?
– Eh bien, on dirait que tous les deux… vous faites équipe, en quelque sorte. Est-il une illusion, lui aussi ?
– Xavier n'est qu'un pion, dit-il, un pion inutile, ajoute-t-il, l'air contrarié. Enfin, tu l'as rencontré : il est censé être malin, et pourtant il n'a pas un sou de jugeote. Il est bête à bouffer du foin. Et en plus, c'est un pleutre…
– Un pleutre ? s'étonne Souris.
Il tire sur sa cigarette.
– Est-ce que…
Souris essaie une autre tactique.
– … est-ce que vous avez créé Xavier ?… Est-ce que vous l'avez convoqué comme Aaron a convoqué Andrew ?
Il glousse comme si elle venait de dire quelque chose d'amusant, mais ne répond pas à sa question.
– Dépêche-toi de finir, lui dit-il quelques instants plus tard, en jetant son mégot par terre avant de l'écraser. Il faut y aller.
– D'accord…
Souris avale une dernière frite et regarde autour d'elle pour trouver un endroit où jeter ses ordures… mais il attrape le sachet et la cannette de soda à moitié vide pour les balancer par terre à côté de son mégot.
– C'est parti, dit-il.
Il lui tend les clés et monte à l'arrière. Souris s'installe sur le siège du conducteur. Elle n'aime pas sentir sa présence derrière elle, même si elle est plus mal à l'aise qu'effrayée ; mais elle ne jurerait pas qu'il est inoffensif. S'il tentait de la maltraiter, elle sent Maledicta et Malefica, à l'entrée de la grotte, prêtes à sortir pour la défendre.

Soudain, elle a une révélation, et elle ne peut s'empêcher de rire.

– Quoi ? demande-t-il. Qu'y a-t-il de si drôle ?

– Rien, répond Souris.

Elle se débrouille pour cacher un nouvel éclat de rire derrière le bruit du moteur. Non, il n'y a rien de drôle, si ce n'est que contre toute attente, et sans même en avoir l'intention, elle a suivi les conseils du docteur Grey et s'est mise à considérer les membres de sa Société comme des alliés.

Cette prise de conscience en entraîne une autre : si elle a des alliés, lui, à l'évidence, n'en a pas. Il a traité Xavier de « pion inutile » ; et on ne dirait pas qu'il puisse appeler d'autres âmes à la rescousse en cas de crise. Alors peut-être que si Souris pouvait susciter une crise, créer une situation dont il ne puisse se tirer seul, peut-être que cela inciterait quelqu'un d'autre, un *non-allié*, à sortir – Andrew, ou bien le père d'Andrew, ou à tout le moins quelqu'un qui pourrait la mettre en contact avec eux.

Ça lui occupe l'esprit pendant qu'elle conduit. Elle se creuse la tête, au point d'en débattre en silence avec Maledicta. Mais celle-ci n'est pas d'un grand secours ; lorsque Souris lui demande ce qui serait susceptible de choquer leur passager au point qu'il perde le contrôle du corps d'Andrew, Maledicta répond :

– Pourquoi ne laisses-tu pas Malefica l'attacher au pare-chocs arrière pour le tirer sur plusieurs bornes ?

Elle est sérieuse comme un pape.

– Je ne veux pas lui faire du mal, dit Souris. En tout cas, je ne veux pas en faire à Andrew.

Un autre membre de la Société prend la parole :

– Il faut que tu t'arranges pour qu'il te parle de lui. Que tu découvres ce qui lui fait peur.

C'est une idée judicieuse, mais il n'a pas envie de parler, et encore moins de ses peurs.

– Contente-toi de rouler, lui dit-il.

Alors elle roule, bavardant en son for intérieur. La Société garde toutes ses paires d'yeux grandes ouvertes au cas où se présenterait une occasion de le leurrer ou de le forcer à changer de personnalité.

Le tableau de bord affiche 14:45 lorsqu'ils atteignent Billings, où Souris s'arrête pour prendre un peu d'essence. Plutôt que de s'escrimer à chercher la carte Shell de Maledicta, elle insiste pour qu'il paye. Ensuite, après la station-service, ils vont se restaurer dans une cafétéria – c'est encore lui qui régale, avec un billet de vingt dollars appartenant à Andrew – puis ils passent aux toilettes. Souris tente de poursuivre ses manœuvres, mais lorsqu'elle ressort des toilettes pour dames, il l'attend derrière la porte. Ils retournent à la voiture. Il se sent prêt à reprendre le volant mais Souris, peu disposée à céder la place, dit qu'elle peut tenir encore quelques heures.

Ils traversent la frontière du Wyoming à 16 h 52. À 18 h 39, Souris s'aperçoit que la lumière décline, ce qui lui semble tôt mais alors elle se souvient : comme ils vont vers l'est et sont déjà à presque mille cinq cents kilomètres de Seattle, ils ont dû pénétrer dans un nouveau fuseau horaire. Elle songe à régler l'horloge du tableau de bord, mais Maledicta, qui veille au grain devant l'entrée de la grotte, l'en dissuade :

– Ce qu'il faut, c'est la dérégler, pour niquer la tête de l'autre enculé sur la banquette arrière. Si tu tiens absolument à la changer, sois pas conne et dérègle-la encore un peu plus. Fous-la à l'heure de Tokyo, bordel.

Finalement, Souris décide de ne pas toucher à l'horloge. Les Rocheuses sont maintenant loin derrière eux ; ils traversent de larges plaines qui s'étendent entre les montagnes Bighorn et les Black Hills. Il n'y a presque plus de circulation et l'uniformité du décor qui défile rend le trajet ennuyeux. Souris, qui a maintenu un petit cent kilomètres/heure pendant presque tout l'après-midi, fait monter la Buick au maximum autorisé de cent vingt kilomètres/heure. Puis Malefica, par ennui autant que par malice, profite d'une seconde de distraction pour infuser un peu de peps dans le pied droit de Penny Driver.

… soudain, au moment où le soleil plonge sous la ligne d'horizon, des lumières bleues apparaissent derrière eux, une sirène hurle, et Souris, jetant un coup d'œil au compteur, constate que l'aiguille approche les cent soixante kilomètres/heure.

– Oh mon Dieu, s'écrie Souris.

– … ralentis, espèce d'idiote ! hurle-t-il sur la banquette arrière.

Cela fait un moment qu'il crie.

– Ralentis, ralentis, ralentis…

Elle ralentit – son pied décolle de la pédale, l'aiguille redescend, passe à 140, 130, 90, 60. La voiture de police la talonne désormais, gyrophares toujours allumés, et lui fait signe de se garer. Souris, obéissante, engage la Centurion sur le côté.

Panique sur la banquette arrière.

– Espèce de, espèce de…, bégaye-t-il, incapable de trouver l'épithète appropriée. T'as le feu au train ou quoi ?

– Ça…

C'est au tour de Souris de bégayer.

– Je ne crois pas que c'était moi.

– Oh, génial.

– C'est moi qui vais avoir des ennuis, vous savez, lui signale Souris. Je ne vois pas pourquoi vous vous mettez dans tous vos états.

– T'as intérêt à ne rien tenter, la menace-t-il. T'as intérêt à ne rien dire sur…

– Ne vous en faites pas.

C'est une possibilité que Souris a déjà envisagée, avant de l'exclure. Puisqu'elle n'a pas souhaité appeler la police lorsqu'elle était sur une aire de repos dans l'Idaho, il est hors de question qu'elle essaie d'expliquer sa situation à un flic qui vient de l'arrêter pour excès de vitesse.

Le policier de l'État du Wyoming sort de voiture, une main vissée à une lampe de poche, l'autre à la crosse de son revolver. Il marche vers Souris, tapote du doigt sur sa vitre. Elle la baisse.

– Bonsoir, dit le policier.

Il penche le visage par la fenêtre et illumine l'habitacle de la Centurion avec sa lampe de poche. Souris attend avec un calme surprenant qu'il lui demande son permis et sa carte grise, mais son passager se tortille anxieusement sur la banquette arrière, le souffle coupé lorsque le faisceau lumineux passe sur lui.

Le policier fronce le nez.

*Oh mon Dieu*, songe Souris qui se souvient soudain. La voiture a été aérée, depuis le matin – les vitres avant sont restées ouvertes pendant tout le trajet dans le Montana –, mais on se croirait toujours dans une distillerie.

Le policier dirige sa lampe de poche vers le visage de Souris, ses yeux.

– Avez-vous bu de l'alcool ce soir, madame ? demande-t-il.

– Non, répond Souris, percevant une respiration syncopée derrière elle. Non, je suis désolée, je sais pour l'odeur, mais… non, je n'ai rien bu.

Le policier attend, la lampe de poche toujours braquée sur Souris.

– Nous… J'étais à une fête hier au soir, poursuit Souris.

– Vous avez fait une fête dans votre voiture, hier soir ?

– Non ! crie Souris, et sa voix se lézarde quelque peu. Non. J'étais allée à une fête, je m'étais garée, et il y a eu… un petit incident. J'ai renversé une bouteille de vodka et je n'ai pas encore eu le temps de nettoyer. Je, nous, nous avons fait de la route toute la journée.

– Je vois, dit le policier.

Il s'écarte de la portière.

– Vous voulez bien sortir de la voiture, madame ?

– D'accord, répond Souris, et elle s'exécute. Je suis désolée, je sais que j'allais plutôt vite…

– Je ne vous le fais pas dire, madame. Marchez jusqu'à l'arrière de votre véhicule, s'il vous plaît. Très bien. Maintenant, je voudrais que vous leviez le bras à hauteur de votre épaule, comme ça, que vous fermiez les yeux et que vous vous touchiez le nez.

Souris fait ce qu'on lui demande, le doigt collé au bout du nez, les paupières encore closes, elle attend les instructions. Mais lorsque le policier reprend la parole, il ne s'adresse pas à elle :

– Eh vous ! crie-t-il, d'une voix plus lointaine. Monsieur, restez dans la voiture, s'il vous plaît. *Monsieur !*

Souris ouvre les yeux, le passager anonyme de la banquette arrière, en pleine crise de panique, tente de sortir. Mais le policier se précipite vers la portière et fait barrage avec son corps. Le passager de Souris émet d'effroyables vagissements et appuie de toutes ses forces pour ouvrir la portière ; le policier, laissant choir sa lampe de poche, fait un pas en arrière.

– Monsieur ! répète-t-il d'une voix lasse après l'effort qu'il a dû fournir pour bloquer la porte. Ne quittez pas le véhicule.

– Oh, mon Dieu, gémit Souris. S'il vous plaît, il est… il est claustrophobe ! S'il vous plaît, ne…

Elle fait un pas vers la voiture ; le policier sort son revolver.

… soudain le calme est revenu. Souris est à nouveau assise derrière le volant, la Centurion est toujours garée sur le bas-côté, mais la voiture de police est partie. Le tableau de bord indique 19:48.

D'une main tremblante, Souris allume le plafonnier de la Buick. Une amende est coincée dans le pare-soleil ; Souris l'attrape, la regarde sans la voir, et la pose près d'elle.

– Andrew ? demande-t-elle en lorgnant par-dessus son épaule.

La banquette arrière semble vide – mais soudain une tête surgit dans son champ de vision.

– Pourquoi nous sommes-nous arrêtés ? demande-t-il. Sommes-nous déjà dans le Michigan ?

– *Xavier ?*

– Je suis désolé, j'ai dû m'endormir.

Xavier observe le paysage crépusculaire par la fenêtre.

– Où sommes-nous ? Dans le Michigan ?

– N-non, répond Souris dont le cœur bat la chamade. Non, c'est… nous sommes à mi-chemin.

– Seulement à mi-chemin ? Pourquoi nous sommes-nous arrêtés, alors ?

– Euh… un problème de voiture, l'informe Souris. Je, je pense que ça va aller maintenant, mais il va falloir que je m'arrête à un garage pour la faire vérifier…

– Encore un arrêt ? s'impatiente Xavier.

– Ça va aller, vraiment, le rassure Souris. On est dans les temps.

Elle se retourne et tend la main vers la clé de contact.

– *Souris*, dit-il. Attention.

Souris s'arrête net, la main sur le démarreur. Elle est au bord des larmes.

– Sors d'ici, ordonne-t-il. C'est moi qui conduis.

Souris réprime ses pleurs.

– C'est impossible, dit-elle.

– Ah non ? Et pourquoi pas ?

– Et si on se faisait encore arrêter par la police ?

– Moi, je ne me crois pas sur un circuit de Formule 1.

– Mais quand même, si on se fait encore arrêter ? insiste Souris. Est-ce que vous avez votre permis de conduire, au moins ?

– Est-ce que…

Il s'interrompt. Souris l'entend sortir son portefeuille et y farfouiller.

– Ah ah ah ! s'exclame-t-il triomphalement, mais ses cris s'éteignent trop vite. Attends, en quelle année sommes-nous ?

– 1997, dit Souris.

– Bon sang !…

– Alors vous n'avez pas de permis de conduire, dit Souris. Et si on nous arrête une nouvelle fois, surtout avec une voiture qui empeste comme ça, vous allez à coup sûr vous faire embarquer.

– Très bien, dit-il.

Il tend la main vers la poignée de sa portière.

– Bon, je descends ici, et…

– On est en rase campagne, lui rappelle Souris. Et il commence à faire froid. Vous aurez gelé avant d'avoir trouvé une voiture.

Il lui lance un regard assassin.

– D'accord. Si tu veux conduire jusqu'à la prochaine grosse ville, ne te gêne pas. C'est là que je descends.

Souris hésite.

– Écoutez, dit-elle d'une voix douce. Je n'ai vraiment

pas fait exprès de nous faire arrêter. Si vous voulez continuer à voyager avec moi, je vous promets que je ne…

Il la coupe.

– Roule, c'est tout… ou bien…

Elle roule.

La prochaine grosse ville est Rapid City, dans le Dakota du Sud – à une heure et demie de voiture seulement, même si Souris s'efforce d'aller le plus lentement possible. Il lui reste quatre-vingt-dix minutes pour trouver une solution. Il lui semble d'abord que la situation est désespérée : chaque fois qu'elle louche vers le rétroviseur intérieur, elle découvre ses yeux braqués sur elle, comme s'il l'entendait manigancer.

Mais, l'expérience l'a enseigné à Souris, la vigilance s'avère parfois épuisante. Peu de temps après avoir changé d'État, elle jette un énième coup d'œil dans le rétro et s'aperçoit qu'il s'est endormi.

En tout cas, presque complètement : son corps est avachi sur la banquette, sa tête dodeline. Mais tandis que Souris continue de l'observer, son attention allant du rétroviseur à la route devant elle, il lève le bras droit, qui surgit tel un cobra de son panier, jusqu'à ce que le dos de sa main effleure le plafond de la voiture. Au contact du toit, sa main se retire, se contracte, puis commence à le frapper de façon méthodique, ménageant les coups doux et les coups secs.

Tchouc-TCHAC-TCHAC-tchouc… tchouc… TCHAC-tchouc… TCHAC-tchouc… TCHAC-tchouc-TCHAC-TCHAC…

– Xavier ? demande Souris.

Loin d'être un solo de batterie de Xavier, c'est quelque chose d'autre.

… tchouc-TCHAC-TCHAC… tchouc-tchouc-tchouc-tchouc… tchouc… tchouc-TCHAC-tchouc… tchouc…

Un code, comprend Souris. C'est un message codé.

– Je ne comprends pas, dit-elle.

La main tapeuse s'interrompt, puis reprend : Tchouc-TCHAC-TCHAC… tchouc-tchouc-tchouc-tchouc…

– Non, dit Souris, je ne connais pas le morse, à moins que… Maledicta ? Est-ce que…

Mais soudain *il* se réveille, sa tête se précipite brutalement en avant.

– Qu'est-ce… ? s'exclame-t-il en regardant son bras levé d'un air effaré.

Il fusille Souris du regard.

– Qu'est-ce que c'est que ce bordel ?

– Rien du tout, répond Souris, peu convaincante. Vous vous étiriez pendant votre sommeil.

– C'est ça.

Ils croisent un panneau indicateur : RAPID CITY – 67.

– Roule plus vite, ordonne-t-il.

– Je vais à 80, réplique Souris. Je croyais que vous ne vouliez pas que…

– Plus vite. Que ce voyage finisse.

Il se réinstalle sur son siège, la main gauche agrippée à son bras droit comme pour le neutraliser. Souris voit qu'il a la trouille, désormais. La rencontre avec le policier a vraiment dû l'ébranler. Il est en train de perdre le contrôle. Mais à moins d'être arrêtés par la police une deuxième fois, Souris ne sait toujours pas comment elle peut le faire craquer dans le peu de temps qui lui est imparti.

Et c'est finalement l'office du tourisme du Dakota du Sud qui achève le boulot pour elle.

Entre deux indicateurs kilométriques, ils croisent de nombreuses enseignes vantant diverses attractions touristiques : le mont Rushmore, le Crazy Horse Monument, Wounded Knee, les Petrified Gardens et un truc nommé Wall Drug dont Souris n'a jamais entendu parler mais qui semble très populaire dans le coin. L'affiche, assez mystérieusement, propose VENEZ VOUS RINCER À WALL DRUG. Un autre panneau, représentant une vitrine débordante de marchandises, indique : WALL DRUG STORE – C'EST TOUT ÇA ET UN VERRE D'EAU FRAÎCHE GRATUIT EN PRIME !

– Ça alors, s'écrie-t-on à l'arrière. Est-ce qu'il s'agit du vrai Wall Drug Store ?

C'est une nouvelle voix.

– Je… je ne sais pas, répond Souris. Sans doute. Qu'est-ce que c'est exactement, une espèce de centre commercial ?

– Il paraît que c'est l'un des centres commerciaux les plus géniaux de tout le pays, précise-t-il. Je parie qu'il est bien mieux que le Westlake Center.

– Oh, eh bien…

– Je me suis fait arnaquer la dernière fois qu'on devait aller au centre commercial, ajoute-t-il sur le ton de la confidence. Est-ce que vous pensez qu'on pourrait s'arrêter un petit moment au Wall Drug ? On n'est pas forcés de le dire aux autres.

– Bien sûr, dit Souris. Oui, je veux bien qu'on s'arrête, simplement – est-ce que tu penses que je peux d'abord dire deux mots à Andrew ?

Le corps d'Andrew se contorsionne et *l'autre* revient.

– Arrête la voiture ! hurle-t-il. Arrête…

Ils passent devant un nouveau panneau d'affichage.

– Ooh, s'écrie-t-il avec la voix de fausset d'un bambin. Des mammouths à poils longs !

Souris ne pipe mot, elle attend. Un nouveau panneau d'affichage vante les mérites des Camel.

Il se penche en avant, clignant des yeux.

– Ma chère, demande-t-il avec une voix de femme, pourrais-je fumer une cigarette pour m'éclaircir les…

– NON !

Il se contorsionne à nouveau.

– Arrête la voiture ! Arrête la voiture !

Souris continue de rouler.

– Arrête la voiture ! beugle-t-il en donnant un coup de pied dans le siège de Souris. Arrête, arrête, arrête…

Un morceau de temps disparaît, et ils se retrouvent à l'arrêt dans un virage, sur l'autoroute. Souris, pivotant sur son siège, aperçoit en un éclair son passager qui se précipite hors du véhicule, laissant la portière ouverte derrière lui.

– Andrew ! crie Souris…

… puis elle atterrit elle aussi à côté de la voiture, plantée à côté d'un large fossé qui borde le bas-côté de la route. Elle entend des hurlements.

– Andrew ? crie Souris. Andrew ?

Le fossé fait environ deux mètres cinquante de profondeur, et grâce à la lumière des feux arrière de la Buick, Souris aperçoit le corps d'Andrew qui bat des bras et des jambes au fond du trou. Il semble prisonnier de quelque chose ; d'après la violence de ses mouvements et les hurlements atroces qui s'échappent de sa bouche, Souris craint qu'il ne soit tombé dans un piège à ours, ou quelque chose de tout aussi épouvantable. Mais une voiture passe alors sur l'autoroute, et l'éclat de ses phares balaie le fossé. Souris voit qu'il s'est affalé dans du fil de fer barbelé.

Quelqu'un a abandonné une clôture et il est emberlificoté dans les rouleaux de fil de fer barbelé. Au lieu de rester tranquille et d'essayer de se relever prudemment, il panique et gigote. Souris aperçoit les rouleaux et les poteaux de clôture qui remuent.

– Oh mon Dieu ! Andrew ! s'écrie-t-elle. Andrew, arrête, tu vas vraiment te faire mal…

Elle voudrait descendre pour l'aider mais craint, le voyant se débattre comme un beau diable, qu'il ne l'entraîne dans sa chute. Penchée au-dessus du fossé, elle l'implore pour qu'il arrête de se démener.

Il laisse s'échapper un dernier cri à fendre le cœur puis cesse de bouger. Souris attend encore dix secondes et crapahute pour le rejoindre.

Ce n'est pas si grave que ça. Elle avait eu l'impression que tout le corps d'Andrew était embobeliné dans du fil de fer barbelé, mais seul son bras gauche est coincé. Ça reste inquiétant quand même : le fil s'enroule au moins deux fois autour de son avant-bras, et il l'a tendu en se débattant, les barbelés s'enfonçant désormais profondément dans sa chair. Lorsque Souris lui touche la manche, elle est poisseuse de sang.

– Andrew…

On dirait qu'il s'est évanoui, ce qui n'est pas un mal, même si elle ne sait pas comment elle va lui faire regagner la voiture. Il faut d'abord qu'elle le libère. Tâtonnant prudemment dans le noir, Souris retrouve l'endroit où le fil barbelé s'enroule autour de son bras et cherche s'il y a du mou pour se mettre au travail. On dirait que oui, mais, comme Souris tire un peu sur le fil pour s'en assurer, Andrew revient à la vie.

Sa main libre surgit et attrape brutalement l'épaule de Souris.

– *Pou eimaste ?* lui demande-t-il. *Ti symbanei ?*

Souris pousse un petit cri.

# 21

– … et après je ne me souviens plus, conclut Penny. Tout ce que je sais, c'est qu'on était là.

Ils étaient allés dans la chambre du motel pour qu'elle lui raconte son histoire. Elle s'empara d'une feuille de papier à lettres ornée de dinosaures posée sur le poste de télévision.

– La Société m'a laissé un petit mot, dit-elle, et elle me le tendit.

Il indiquait :

*Penny,*

*Nous nous trouvons dans une ville aux abords du parc national des Badlands, au sud-est de Rapid City ; j'ai jugé qu'il était plus sage de ne pas s'arrêter en ville, ni de continuer en direction de Wall, alors, j'ai quitté l'autoroute pour venir ici (cf. carte au verso). Andrew est resté évanoui quasiment tout le temps du trajet, j'espère qu'il va continuer à dormir. J'ai désinfecté et bandé son bras du mieux que j'ai pu, mais il faut qu'il voie un docteur pour se faire faire une piqûre contre le tétanos.* Appelle le docteur Eddington.

*Duncan*

– Duncan, dit Penny, lorsque j'eus fini ma lecture. Je ne sais pas qui c'est.

– Moi, si, je l'ai rencontré une fois. C'est…

Je m'interrompis lorsque je surpris le regard qu'elle me jetait.

– Tout va bien, Penny, la rassurai-je. Duncan fait partie de tes protecteurs. Il est bon.

Je parcourus à nouveau le petit mot.

– Alors, est-ce que tu as appelé le docteur Eddington ?

– J'ai essayé, m'expliqua Penny. Mais le téléphone ne marchait pas – elle fait un geste vers la table de nuit – et j'avais peur qu'en quittant la chambre, pour l'appeler d'un autre endroit, tu ne t'échappes à nouveau. Je me suis endormie dans le fauteuil et lorsque je me suis réveillée tu étais toujours dans les pommes, du coup j'ai pensé que je pouvais prendre une douche en vitesse, mais…

Elle semblait au bord des larmes.

– Penny, dis-je, tout va bien. Tu as été parfaite. Je…

– Je n'ai pas été parfaite du tout ! s'exclama Penny en abattant son poing sur sa cuisse. J'ai encore failli te perdre ! J'avais envie d'une douche, mais je ne voulais pas laisser la porte de la salle de bains ouverte au cas où *l'autre* reviendrait…

– Tout va bien, Penny. Je ne me suis pas enfui et je ne risque pas de t'en vouloir parce que tu as pris une douche, après tout ce que tu as fait… Vraiment, je ne pourrai jamais assez te remercier de m'avoir suivi jusqu'ici… Franchement, quand je repense aux deux dernières semaines, je crois que je n'en méritais pas autant.

Elle secoua la tête en signe de désaccord.

– Tu m'as suivie quand je me suis enfuie.

– Quoi, tu parles de la fois où tu es partie dans les bois ? C'était à deux kilomètres, Penny. Mais ça… Ce que j'ai fait pour toi n'est rien à côté.

– Tu m'as aidée, insista Penny, alors je t'ai aidé. Mais je n'aurais pas dû te laisser seul, pas une seconde, sans être certaine…

– Penny, voyons… tu sais, s'il faut absolument que l'un de nous deux se flagelle, ce serait plutôt à moi de le faire. Tout est ma faute.

– Non. Tu n'aurais rien pu faire…

– Oh, que si ! dis-je. Je n'aurais jamais dû me saouler. C'est contraire au règlement de mon père – je crois que je n'avais jamais compris pourquoi c'était interdit, mais maintenant je sais. J'ai tout fait pour perdre le contrôle.

Je soupirai, pétri de culpabilité et de récriminations

envers moi-même – au sujet de la beuverie, de Julie, du docteur Grey (le docteur Grey !... était-elle vraiment morte ?) –, n'ayant plus qu'à attendre de disparaître sous terre. Mais je ne pouvais pas me le permettre tout de suite.

– Est-ce que tu sais, demanda Penny, qui c'est, le méchant ? Celui qui refuse de me donner son nom ?

– Non. Je ne connais pas les deux âmes que tu as rencontrées. Je n'avais jamais entendu parler de Xavier. Et quant à l'autre... on dirait Gideon, mais c'est impossible.

– Gideon, dit Penny, est-ce qu'il est mauvais ?

– Il est égoïste.

Je désignai mon bras bandé.

– Mais il a une peur bleue des choses pointues, qui piquent – les couteaux, les clous, les épines –, je veux dire qu'il en a tellement la frousse que ça lui fait perdre complètement les pédales. Mais le truc, c'est que normalement il ne devrait plus être capable de sortir, alors si c'est lui qui s'est emparé du corps...

– Qu'est-ce qui va se passer maintenant ? s'inquiéta Penny. Tu as repris le contrôle, hein ?

– J'espère bien... Je pense que la priorité, c'est de trouver un téléphone qui marche et d'appeler le docteur Eddington et Mrs Winslow. Seigneur, Mrs Winslow ! Elle doit se faire un sang d'encre.

– Eh bien, répondit Souris, Maledicta a dit à Julie qu'on partait à ta recherche. Alors, peut-être que si Julie est allée voir Mrs Winslow...

– Peut-être, répondis-je, peu convaincu.

Quelque chose me disait que ce n'était pas le fait d'avoir entendu Julie lui raconter sa rencontre avec Maledicta qui allait rassurer Mrs Winslow.

– Il vaut quand même mieux que je lui passe un coup de fil, et puis après, il va falloir que je rentre à l'intérieur pour parler à mon père, et voir dans quel état se trouve la maison. Peut-être que tu pourrais surveiller le corps, pendant ce temps.

– Hum... D'accord, répondit Penny.

Elle resserra l'encolure de son peignoir.

– Laisse-moi simplement m'habiller et je t'accompagnerai pour téléphoner.

Tandis que j'attendais Penny devant la porte de la chambre, je tentai d'appeler mon père. D'abord, il n'y eut aucune réponse – la chaire n'était toujours pas là – puis j'entendis mon nom, qui semblait venir de très loin :

– … drew ?…

– Père ? demandai-je.

La porte de la chambre s'ouvrit et Penny sortit précipitamment à cloche-pied, tandis qu'elle s'escrimait à enfiler sa chaussure. Apercevant mon air égaré, elle s'affola :

– Andrew ?

– Tout va bien, lui répondis-je en cessant de m'évertuer à contacter la maisonnée. C'est bien moi.

Nous nous rendîmes au bureau d'accueil et annonçâmes au gérant que le téléphone de notre chambre était hors d'usage. Il haussa les épaules, l'air de penser que ce n'était pas son problème ; mais, comme j'insistais, il accepta à contrecœur de me laisser utiliser le téléphone de son bureau.

Je composai le numéro de Mrs Winslow et eus la surprise de tomber sur un répondeur :

– *Bonjour. Ici, Mrs Winslow. Si c'est toi, Andrew, ou Aaron, ou quelqu'un d'autre de la famille, merci de me laisser un message en me disant où vous êtes. Si vous ne savez pas où vous vous trouvez, il faut que vous appeliez immédiatement la police ; dites à la personne qui prendra votre appel que vous êtes perdus et donnez-lui mon numé…*

Le message s'interrompit dans un bip sonore.

– Mrs Winslow ? m'enquis-je. Tout va bien, Mrs Winslow, je suis…

Encore un bip, des grésillements, puis la communication fut interrompue.

– Alors ? demanda Penny.

– Je suis tombé sur un répondeur, l'informai-je. Je ne savais même pas que Mrs Winslow en avait un… Enfin, ça doit être normal, mais elle est presque toujours à la maison.

– Tu n'as pas laissé de message ?

Je secouai la tête.

– Il y a un truc qui cloche…

Je refis le numéro, la ligne sonnait occupé. Contrarié, je raccrochai et m'apprêtai à composer le numéro du docteur Eddington.

– Hum, Hum…

Le gérant du motel se raclait la gorge.

– Vous avez l'intention de passer combien de coups de fil, au juste ?

– Encore un, répondis-je.

Le téléphone sonna deux fois, puis le répondeur du docteur Eddington se mit en marche. Au moins, il avait l'air de fonctionner convenablement. Je laissai un long message.

– OK, dis-je à Penny après avoir raccroché. Retournons à la chambre et…

Le gérant se racla la gorge une nouvelle fois.

– Ça fera quinze dollars.

– Quinze… et pour quoi ?

– Trois coups de téléphone longue distance, répondit le gérant du tac au tac. Ça fait cinq dollars l'appel.

– Le premier coup de fil a dû durer trente secondes, lui signalai-je. Et pour le deuxième, ça sonnait occupé.

Le gérant haussa les épaules.

– Je n'ai pas entendu que ça sonnait occupé.

– Vous…

Je laissai tomber, n'ayant pas l'énergie de protester.

– Je suis désolée, s'excusa Penny, sur le chemin du retour. Duncan a manifestement choisi le mauvais motel.

– Il avait d'autres priorités. Et toi aussi. Enfin bon, c'est pas tant l'argent qui m'embête que le fait que je n'ai pas pu parler à Mrs Winslow.

Une fois dans la chambre, je songeai à prendre une douche rapide, mais dus y renoncer. Histoire de parer au plus pressé. J'informai Penny de ce que je m'apprêtais à faire.

– Alors tu vas de nouveau être inconscient ? demanda-t-elle.

Je fis signe que oui.

– J'aurai l'air de dormir, expliquai-je. Et en cas d'urgence, n'hésite pas à me secouer pour me réveiller, sachant que ça prendra peut-être quelques secondes.

– Et si ce n'est pas toi que je réveille ? Si c'est *l'autre*, à la place ?

– Ça ne sera pas le cas.

Son regard suffisait.

– D'accord, dis-je. D'accord…

Je me mis à la recherche d'un objet pointu et acéré, mais pas trop ; dans la table de nuit, à côté de la Bible et du Livre des Mormons, je trouvai un coupe-papier.

– Tiens, dis-je en le lui présentant. Si Gideon apparaît, il suffit que tu le menaces avec ça…

Penny cligna des yeux.

– Tu te fous de ma gueule ? demanda Maledicta. Putain, tu veux que je te surine ?

– Pas que tu me surines, non, répondis-je. Tu n'auras pas besoin de t'en servir, montre-le-lui, c'est tout. Menace-le, titille-le avec…

– Le titiller…, répéta Maledicta. Dis-moi, et pourquoi j'éclaterais pas cette putain de fenêtre pour le menacer de le titiller avec un bout de verre ?

– D'ac-*cord*, répondis-je, ce n'est peut-être pas une si bonne idée…

Elle cligna à nouveau des paupières.

– Non, reprit Penny, non, je suis désolée, tout va bien. C'est ce que je vais faire.

Soudain je ne savais plus si c'était ce que je souhaitais.

– Ne te sens pas obligée, Penny. Si tu n'es pas tranquille à l'idée de rester ici pendant que je…

– Ça va. Passe-moi le coupe-papier.

Je m'exécutai, un peu à contrecœur.

– Mais… fais attention, c'est tout, ajoutai-je. En fait, si Gideon revient, le mieux ce serait peut-être que tu t'écartes et que tu le laisses partir.

Penny ne trouva rien à répondre et resta assise sur sa chaise, le coupe-papier maladroitement placé entre ses mains.

Je m'étendis sur le lit et fermai les yeux.

Il me fut bien plus difficile de rentrer à l'intérieur que d'ordinaire. Tentant de sortir du corps, je rencontrai une résistance ; comme si j'essayais de pénétrer dans un tunnel bourré de coton. Mais, me concentrant, je poussai de toutes mes forces, et quelque chose finit par céder ; je me retrouvai en bas, dans un décor tellement changé que je crus avoir atterri dans un autre paysage.

La brume surplombant d'ordinaire Coventry s'était mue en un épais brouillard qui s'était répandu au point de cacher le lac et ses rives ; une buée plus légère mais encore conséquente couvrait la forêt alentour, les arbres n'étant plus que de sombres silhouettes. Du haut de la colline, à l'endroit où atterrit la colonne de lumière, je n'arrivais pas à voir la maison.

– Père ? criai-je, mes mots se noyant dans le brouillard. Adam ? … Il y a quelqu'un ?

Personne ne me répondit, mais j'entendis un bruit, comme si on donnait des coups de marteau, au loin. Je partis dans cette direction, et me retrouvai devant la maison.

Elle était dévastée. Certes, elle tenait encore debout, mais on aurait dit que quelqu'un l'avait soulevée pour la faire tomber de très haut : le sol était jonché de bouts de bois, de verre brisé, de bardeaux fendus. Comme je m'y attendais, la chaire s'était volatilisée, arrachée sans doute ; la porte qui donnait sur la galerie du deuxième étage avait été renforcée à l'aide d'épaisses planches.

Mon père, planté dans le jardin, prenait la mesure des dégâts. Quand il m'aperçut debout derrière lui, sa réaction fut étonnamment douce.

– Andrew, dit-il. Enfin, tu es réveillé…

– Oui, répondis-je, décontenancé par son attitude. Depuis un petit moment. J'ai… j'ai repris le contrôle du corps, aussi.

– Et où se trouve le corps ? demanda-t-il sur un ton qui trahissait son indifférence. À mille lieues d'Autumn Creek, je suppose ?

– Oui, admis-je. Nous sommes dans le Dakota du Sud. C'est jeudi.

J'attendis qu'il réagisse, mais, comme rien ne se produisait, je balbutiai :

– Je suis vraiment navré de m'être saoulé.

– Eh bien, il y a de quoi.

Il se renfrogna, et je songeai qu'il allait enfin me passer un savon ; mais sa colère se dissipa aussitôt.

– Je suis sans doute moi aussi responsable de cet échec.

– Tu n'es pas… tu ne vas pas m'engueuler ?

Il secoua la tête, affichant un sourire déçu.

– Ça ne servirait à rien. Tu sais que ce n'était pas bien ; tu le savais avant même de le faire ; et ce n'est pas la première fois que ça se produit. Mais ça ne t'a pas empêché d'agir ainsi.

– Eh bien, je ne pensais pas que ça se passerait comme ça, ni…

– Et pourquoi crois-tu que je te l'avais interdit, Andrew ? me demanda-t-il, toujours souriant. Est-ce que tu pensais que je voulais juste jouer les rabat-joie ?

– Je ne sais pas ce que je pensais, je crois même que je ne pensais pas du tout.

Je baissai la tête. Comme je ne me faisais toujours pas enguirlander, je finis par relever les yeux vers la maison.

– Qu'est-ce qui s'est passé, ici ?

– On aurait dit un tremblement de terre, expliqua mon père, mais le ciel lui aussi tremblait. Et puis, la brume sur le lac… Eh bien, tu vois ce qui est arrivé avec la brume.

– Est-ce que tout le monde va bien ? Où sont-ils tous passés ?

– Les Témoins sont à l'intérieur, à la garderie. Les autres… dans le coin. J'ai essayé de les rassembler pour faire une réunion, mais ils continuent de s'égailler dans la nature, de se perdre dans le brouillard.

Il resta silencieux quelques instants. Puis il reprit :

– Le Dakota du Sud, dis-tu ?

– Oui. Pas loin de Rapid City.

– Et Penny Driver est avec toi ?

– Oui. Comment est-ce que tu le sais ? Est-ce que tu as pu…

– … regarder ? Non. Depuis que la chaire s'est désagrégée,

je n'ai que de vagues impressions de ce qui se passe dans le monde extérieur ; je savais qu'on avait pris la route, mais pas grand-chose d'autre. Je n'ai d'ailleurs pas pu sortir, à part une fois, et encore qu'en partie. Le corps se trouvait sur le siège arrière de la voiture de Penny, on roulait sur l'autoroute, de nuit.

– Le message en morse. C'était toi.

Il acquiesça.

– Vraiment pas très futé. J'aurais mieux fait de vous faire signe de me passer un stylo ou un crayon. Cela dit, on n'aurait sans doute pas eu le temps... J'avais à peine commencé à établir le contact que *quelqu'un* m'a foutu dehors. Qui était-ce, au fait ? Qui a pris le contrôle du corps ? Est-ce que tu le sais ?

– Pas vraiment.

Je lui fis un rapide résumé de ce que Penny m'avait raconté de notre périple entre Autumn Creek et les Badlands.

– Je ne connais pas d'âme qui s'appellerait Xavier, constata mon père lorsque j'eus fini.

Son regard se perdit dans le brouillard, vers le lac.

– C'est sans doute un nouveau...

– Je ne pense pas. D'après ce que Penny m'a dit, il a l'air d'être déjà allé dans le Michigan, et il... connaîtrait le beau-père.

Une pensée soudaine me fit m'interrompre brutalement.

– Attends une seconde – si c'est bien vrai, tu le connais forcément, n'est-ce pas ? Je veux dire, n'as-tu pas été obligé de recenser toutes les âmes pour construire la maison ?

Mon père s'était mis à scruter le brouillard avec intensité.

– Il t'a dit que son nom de famille, c'était Reyes ?

– Oui... il me semble.

– C'est intéressant, répondit mon père. On connaissait un certain Oscar Reyes, à l'époque où on vivait dans le Michigan, quand on était petits. Il tenait une boutique antiparasitaire à Seven Lakes.

– Antiparasitaire... tu veux dire que c'était un dératiseur ?

Mon père hocha la tête.

– Il venait chez nous tous les ans pour passer du produit dans la cuisine. Et puis une fois où notre mère a eu des problèmes avec des lapins qui s'en prenaient à son potager…

Sa voix mourut, ce qui n'était pas pour me déplaire ; je ne tenais pas spécialement à entendre cette histoire de lapins.

– Et pour l'autre âme ? demandai-je. Celle qui refuse de nous donner son nom. Est-ce que ça pourrait être Gideon ?

– Gideon est emprisonné dans l'île de Coventry.

– Je sais qu'il est censé l'être, dis-je, mais…

Mais s'il y avait d'autres âmes que mon père ne connaissait pas qui se promenaient dans la nature, tout était possible.

– Oui, mais…

Mon père soupira.

– Il vaudrait peut-être mieux qu'on aille y jeter un coup d'œil.

– On ?

– Toi aussi, tu es responsable. Allons-y.

Nous prîmes le sentier qui conduisait au petit port. Le Capitaine Marco nous y attendait, veillant sur le bateau qui était – ou était censé être – le seul moyen d'accès possible à l'île de Coventry. Pourtant je savais déjà que ce n'était pas tout à fait exact. Le lac pouvait certes sembler constituer un formidable obstacle, mais ce qui contraignait vraiment Gideon, c'était la mainmise de mon père sur le paysage ; si celle-ci avait failli, une âme aussi obstinée que Gideon aurait eu peu de difficultés à ourdir un plan pour s'évader.

Le bateau, un canot à coque plate, fut mis à flot alors que nous montions à bord. Mon père se dirigea vers la proue, je m'assis au milieu et le Capitaine Marco s'installa à l'arrière, équipé d'une longue perche. La traversée fut brève : le Capitaine nous poussa pour que nous quittions le quai, englouti immédiatement dans le brouillard ; puis il plongea la perche à trois reprises dans le lac ; il y eut des remous, et la proue du canot cogna contre la berge grise de Coventry.

L'île de Coventry, si elle était réelle, mesurerait deux

cents mètres d'un bout à l'autre, pour une surface d'environ quatre hectares. Dans ces confins limités, mon père avait garanti à Gideon un minimum d'autonomie, lui permettant ainsi de construire sa propre maison. Ce qu'il faisait, régulièrement : la dernière fois que mon père lui avait rendu visite, il avait bâti une cabane de pêcheur, en bois ; la fois d'avant, un phare ; et encore la fois d'avant, un donjon médiéval. Je ne m'étais rendu à Coventry qu'une fois, peu après ma naissance, et à cette occasion il avait fait feu de tout bois, construisant sur toute l'île un complexe carcéral tentaculaire ; mon père et moi nous étions munis de patience pour nous faufiler dans le labyrinthe de murs et de portes de sécurité, mais lorsque nous étions enfin arrivés à lui, il avait refusé de nous adresser la parole, sauf pour nous insulter.

– Comment crois-tu que ça va se passer, cette fois ? demandai-je alors que nous posions pied à terre.

Mon père n'était pas d'humeur à jouer aux devinettes.

– On le saura bien assez tôt, dit-il.

Nous grimpâmes sur une colline qui menait au centre de l'île, où devait se trouver Gideon. Là-bas, sur l'île, le brouillard n'était plus qu'une fine brume. Il s'éclaircissait à chaque nouvelle enjambée, puis, chose extraordinaire, disparut tout à fait, révélant un petit coin de ciel bleu – seule lucarne sur le ciel de tout le paysage.

Surgissant de cette brèche, une douce lumière inondait un décor en ruine, savamment mis en scène. Des pierres brûlées, brisées, avaient été éparpillées pour former un cercle autour de fondations elles aussi circulaires, comme si une tour ronde s'était écroulée sur elle-même ; cela me rappela un rêve que j'avais fait, dans lequel Coventry m'était apparue comme le centre d'une cible. Au milieu de ce désastre, étrangement préservée par la force qui avait dévasté la tour, une âme était assise devant une table, occupée à jouer aux dames. La lumière faisait des reflets spectaculaires dans ses cheveux.

– Gideon ! cria mon père en se frayant un chemin parmi le cercle de décombres.

À mi-parcours, il s'arrêta, se pencha, et tira quelque

chose des gravats de pierre : une grille en métal, de celles que l'on trouve aux fenêtres des geôles. Le symbole était loin d'être abscons.

– Gideon !

Gideon se courba sur le damier et fit une série de bonds – *bang, bang, bang, bang, BANG !* – qui lui permirent de capturer tous les pions ennemis restants. Dans un grand sourire, il ôta les pions adverses du damier et fit une dame.

– *Gideon.*

– Tiens, bonjour, répondit Gideon en levant les yeux vers le ciel. Quel bon vent vous amène ?

Comme il se tournait vers nous, je ne pus m'empêcher de le regarder avec des yeux ronds ; la ressemblance entre l'âme de Gideon et le corps d'Andy Gage est tellement frappante qu'elle fait peur. Ce n'est vraiment pas étonnant qu'il s'estime en droit de contrôler le corps.

Le sourire de Gideon s'élargit encore lorsqu'il remarqua ma réaction.

– Eh bien, dit-il, je constate que tu as amené ta petite créature avec toi.

En guise de réponse, mon père lança la grille métallique sur la table. Elle atterrit au beau milieu du damier, éparpillant les pions de Gideon et décapitant sa nouvelle reine. Gideon éclata de rire, mais mon père claqua alors des doigts et quatre pointes de fer jaillirent dans toutes les directions, transperçant le plateau de la table. Gideon lâcha un chapelet de jurons et se recula violemment, tombant de sa chaise.

– Maintenant que j'ai toute ton attention…, dit mon père.

Les pointes se rétractèrent ; la grille disparut.

Gideon se releva lentement ; sa main droite abritait sa main gauche, occupée à frotter un point douloureux au niveau du pouce.

– Sortez d'ici, fulmina-t-il. Je n'ai rien à vous dire, ni à l'un ni à l'autre.

Mon père ne bougea pas d'un iota.

– Des manches longues, tiens, tiens, commenta-t-il en

remarquant la chemise dans laquelle était drapé Gideon. Ça te change.

– Sortez, répéta Gideon. Vous êtes sur mon île.

– Elle est à toi dans la mesure où tu y restes, souligna mon père. Je t'ai laissé le choix, il y a deux ans : c'était soit ça, soit le champ de potirons. Si tu as changé d'avis, mieux vaut que tu me le dises tout de suite.

Mal à l'aise, je me tortillai en entendant cette atroce menace. Les yeux de Gideon clignèrent brièvement et, tandis qu'il me regardait, le coin de sa bouche se tordit. Puis mon père ajouta :

– Alors ?

Gideon reprit ses esprits.

– Je n'ai absolument pas changé d'avis, répliqua-t-il. Je sais que tu as des problèmes pour tenir ta maison de poupée, mais je n'ai rien à voir là-dedans.

– Il vaudrait mieux. Que sais-tu sur Xavier ?

– Qui ?

– Gideon…

– C'est toi qui étais responsable du recensement. Si tu ne sais pas qui c'est, comment veux-tu que je le sache ?

– Gideon, je te préviens que…

– Je n'ai jamais entendu parler d'une âme qui s'appellerait Xavier.

Pourtant il savait qui c'était ; ça se lisait sur son visage. J'aurais aussi mis ma main au feu qu'il avait quitté l'île pour aller dans le corps, et que s'il avait remonté sa manche gauche, on aurait vu les blessures infligées par le fil barbelé. Mais mon père n'insista pas.

– Très bien, dit-il. Il vaudrait mieux que Xavier ne nous pose plus le moindre problème, ce qui vaut aussi pour les âmes qui ne déclinent pas leur identité.

Il laissa s'écouler quelques instants afin que Gideon saisisse bien le message puis se retourna pour s'en aller.

– Est-ce que tu t'es déjà dit, intervint Gideon, que tout ça était peut-être lié à un problème de sincérité ?

Mon père s'arrêta net.

– Je veux dire, lorsqu'on construit une maison sur des

fondations mensongères, on ne peut pas vraiment s'étonner qu'elle ne soit pas stable, n'est-ce pas ?

Posant les yeux sur moi, il me sourit.

– Aaron ne t'a jamais raconté, hein ?

– Me raconter quoi ?

Mon père se retourna.

– Gideon, l'avertit-il.

– Me raconter quoi ? répétai-je.

– Oh, allez, dit Gideon comme pour gronder mon père. Tu ne voudrais tout de même pas me punir parce que je dis la vérité, n'est-ce pas ?

– Quelle vérité ? demandai-je. De quoi parle-t-il ?

– Je parle de son plan de génie, poursuivit Gideon. Celui qu'Aaron a mijoté avec l'autre estropiée. Toi, tu crois toujours que tu étais inclus, c'est ça ? Mais tu te trompes.

– Je ne comprends pas… "L'autre estropiée" ? Tu parles du docteur Grey ?

– Celle qui vient de crever. Ils avaient tout bien programmé, avec Aaron : mater la multitude, ériger la maison, trouver un nouveau porte-parole – à part que ça, c'était pas dans le plan originel.

Je secouai la tête, perplexe.

– C'était lui qui était censé être responsable du corps, dit Gideon en pointant mon père du doigt. Le plan, c'était ça.

– Non.

Je continuais de secouer la tête.

– Non, c'était prévu que ça soit mon boulot. Mon père était fatigué…

– On était tous fatigués… mais Aaron voulait être le chef. Et… eh eh ! – Gideon brandit sa main gauche, barrée d'une cicatrice – il a prouvé qu'il était plus fort que moi… ou, en tout cas, plus impitoyable. Or il était censé s'occuper de *tout*… simplement, au dernier moment, il ne s'est plus trop senti de le faire. Alors il a improvisé, et il a appelé un petit aide à la rescousse…

Je me retournai vers mon père.

– Est-ce que… ce n'est pas vrai, n'est-ce pas ?

Mon père ne me répondit pas, mais le regard qu'il lança

à Gideon et le fait que celui-ci ne disparaisse pas alors dans un trou de souris me firent comprendre que cela pouvait être vrai.

– Père ?

– Rentrons à la maison, ordonna mon père.

– Attends. Est-ce que ça veut dire qu'il a raison ?

– Je n'ai pas l'intention d'en parler en face de lui, rétorqua mon père. Rentrons à la maison.

Il fit volte-face et il s'en alla dans la brume.

– T'as raison, ricana Gideon, retourne jouer avec ta maison de poupée !

Puis, s'apercevant que j'étais toujours là, il décida de semer une nouvelle graine maligne.

– En parlant de la maison, dit-il, tu peux sans doute m'éclairer sur un point. Saurais-tu par hasard combien de portes se trouvent au rez-de-chaussée ?

– Quoi ?

– Au rez-de-chaussée de la maison de poupée d'Aaron. Il y a combien de portes ?

– Trois, répondis-je. La porte d'entrée, et la porte de derrière.

Gideon opina du chef.

– La porte d'entrée et la porte de derrière… et ça fait trois, hein ?

– Andrew ! cria mon père.

– Il faut… il faut que j'y aille, dis-je en marchant à reculons.

Gideon me lança un sourire narquois.

– C'est ça, petite créature, rentre vite dans la maison de poupée avec ton père. Mais… on va se revoir bientôt, hein ?

Tout à coup, il fondit vers moi, bondissant sur ses pieds, arquant ses jambes et ouvrant grand les bras, comme pour m'attraper. Je détalai comme un lièvre, le rire moqueur de Gideon me poursuivant jusqu'à ce que je regagne la rive.

Je rejoignis mon père à bord du canot, et le Capitaine Marco nous poussa à nouveau au large. Cette fois, il ne nous ramena pas directement. Sentant que mon père et moi devions parler en tête-à-tête, il choisit plutôt de nous emmener loin des curieux de l'île et du continent, et il cessa de nous diriger à l'aide de sa perche. Nous dérivions dans le brouillard.

– C'est la vérité, n'est-ce pas ? demandai-je.

– Tout n'est pas vrai, répondit mon père.

– Mais alors, qu'est-ce qui l'est ?

– Commençons d'abord par ce qui ne l'est pas. Je n'ai pas "improvisé". Je ne t'ai pas convoqué sur un coup de tête.

– Alors qu'est-ce…

– Depuis le début, nous n'avions pas qu'un plan. Pendant la thérapie, le docteur Grey et moi avions envisagé plusieurs solutions pour l'étape finale. Le premier scénario, mon préféré, est celui que tu connais : j'allais diriger les opérations de l'intérieur, et créer quelqu'un de nouveau – toi – qui s'occuperait du corps.

– C'était ton scénario préféré, relevai-je. Mais pas celui du docteur Grey ?

– Le docteur Grey avait l'impression… vu les problèmes que j'avais avec Gideon, qui voulait me voler la place, elle pensait qu'il valait mieux que l'autorité ne soit pas partagée. Elle voulait qu'au moins j'essaie de contrôler le corps tout seul. Elle a toujours insisté sur le fait que la décision finale me reviendrait, mais c'est ce qu'elle me conseillait. Et il est vrai, ajouta-t-il, que lors de notre dernière séance j'ai accepté de suivre son plan. Mais ensuite, elle a fait son attaque, et j'y ai repensé, et j'ai rechangé d'avis.

– Le docteur Eddington appréciait-il ce revirement ?

– Non, reconnut mon père, il pensait que je commettais une erreur.

Ce qui, logiquement, revenait à qualifier mon existence d'erreur – mais je décidai de ne pas m'attarder sur ce genre de considérations, préférant lui demander :

– Comment se fait-il que tu ne m'aies jamais parlé de tout cela ?

– Il ne me semblait pas utile que tu le saches.

– Y a-t-il d'autres choses qu'il ne t'a pas semblé utile de me communiquer ?

Pas de réponse. Ce qui devait signifier oui.

– Gideon m'a posé une drôle de question, juste avant qu'on parte, repris-je quelques instants plus tard.

– Quelle question ?

– Il voulait savoir combien de portes il y avait au rez-de-chaussée.

– Trois, répondit mon père. La porte d'entrée et la porte de derrière.

– Oui, c'est ce que je lui ai répondu. Simplement… ça ne fait pas tout à fait le compte, hein ?

Mon père me jeta un regard curieux. Il fallut que je compte à voix haute, avec les doigts :

– La porte d'entrée, ça fait un… la porte de derrière, ça fait deux…

– C'est exact.

– C'est exact, mais alors où est la troisième ?

– La troisième, c'est celle de devant… non. Non, la troisième c'est… c'est…

– Moi non plus, je ne sais pas, dis-je. Je sais qu'il y a trois portes, mais…

– Une minute, dit mon père. Une minute. La troisième, c'est… la porte sous l'escalier ! Voilà ! C'est ça !

– La porte sous l'escalier.

J'avais du mal à la visualiser, mais j'y parvins enfin : une petite porte en bois dans la pénombre, sous l'escalier qui mène de la salle commune à la galerie, au premier étage.

– Oui, d'accord… et elle conduit où, déjà, cette porte ?

– Où… ? Elle conduit… elle conduit à…

Il cligna des yeux et se tut.

– Dis-moi, fis-je, à tout hasard, est-ce que la maison comporterait une cave ?

LIVRE HUITIÈME

# LAKE VIEW

# 22

Andrew a dit que, lorsqu'il est à l'intérieur, on dirait qu'il dort, mais Souris a plutôt l'impression qu'il est tombé dans le coma : son souffle est si faible qu'il est quasiment indétectable, et il ne bouge plus d'un millimètre. Comme Souris s'approche de son lit sur la pointe des pieds pour l'observer de plus près, elle s'aperçoit que même ses yeux ne remuent plus sous ses paupières closes, ils ne font pas ce va-et-vient furtif qui signale les rêves.

À force d'attendre qu'Andrew revienne, elle commence à ne plus tenir en place, elle essaie de s'asseoir sur une chaise, mais n'arrive jamais à y être confortablement installée. Elle se lève, marche jusqu'à la fenêtre, observe le parking un petit moment ; s'en lasse, va vers la porte, se met dans la peau de Xavier en utilisant le manche du coupe-papier pour tambouriner contre l'embrasure ; s'en fatigue également et retourne à la fenêtre. Mis à part la fois où elle va s'assurer qu'Andrew respire encore, elle se tient à l'écart du lit.

Les minutes s'égrènent. Souris pense qu'une demi-heure minimum a passé, mais lorsqu'elle lance un coup d'œil au réveil posé sur la table de nuit, elle constate que ça ne fait que dix minutes. Souris se dit qu'elle a besoin de faire pipi.

Elle se rend à la salle de bains. Elle entrouvre la porte, assez pour entendre ce qui se passe de l'autre côté, mais pas assez pour voir – ni pour être vue. Elle s'assoit.

Tout en faisant sa petite affaire, elle réfléchit à ce qui va se passer lorsque Andrew se réveillera. Elle ne connaît pas ses intentions – ignore s'il souhaite rentrer dans l'État de

Washington ou continuer vers le Michigan, ou autre. Il ne sait sans doute pas lui-même ce qu'il veut faire.

Souris se persuade qu'elle aimerait rentrer chez elle, mais plus elle y réfléchit, moins elle en est sûre. D'abord, le comportement de Maledicta dans le bar, mardi soir, va la contraindre à payer les pots cassés, si elle rentre – ou plutôt lorsqu'elle rentrera. Souris suppute que Julie se montrera compréhensive et ne la licenciera pas à cause de la grossièreté de Maledicta, mais si elle a l'intention de continuer de travailler à Autumn Creek, il va falloir qu'elle dédommage la barmaid pour sa bouteille volée et elle craint que le vampire ne soit pas aussi coulant que Julie.

Et même si tout cela ne lui pendait pas au nez, mieux vaut ne pas se cacher le fait qu'elle ne raffole pas particulièrement de sa vie à Seattle. Alors peut-être ferait-elle mieux de ne pas rentrer : peut-être pourrait-elle, une fois qu'Andrew sera arrivé à destination sain et sauf, continuer à rouler jusqu'à… eh bien, continuer à rouler, c'est tout, elle verra bien où ça la mène.

Non.

Non, c'est une idée grotesque ; évidemment qu'il faut qu'elle rentre. Elle n'a tout bonnement pas assez d'argent pour lâcher les amarres et partir à l'aventure. En plus, le docteur Eddington – et Souris reprend du poil de la bête à cette pensée – a promis de lui venir en aide. Elle n'a pas de droit de le décevoir. Elle…

Elle entend quelqu'un qui allume la télévision dans l'autre pièce.

– Andrew ? crie Souris, qui se souvient soudain qu'elle se trouve sur la cuvette des toilettes, son pantalon sur les chevilles.

Elle attrape le rouleau de papier hygiénique et s'essuie à la hâte. Elle se relève. Elle ne tire pas la chasse, mais se dirige discrètement vers la porte qu'elle ouvre suffisamment pour voir de l'autre côté.

Andrew est assis sur le lit, tapotant sur les touches de la télécommande. Il a l'air contrarié.

– Andrew ? demande doucement Souris.

Soit il ne l'entend pas, soit il fait la sourde oreille. Il continue à pianoter jusqu'à ce que sa contrariété se transforme subitement en satisfaction.

– Ah, s'écrie-t-il, et la télévision affiche un nouveau programme.

Souris entrebâille davantage la porte.

– Andrew ?

– Désolé, dit-il.

Il la regarde, un sourire satisfait aux lèvres. Souris pense : *l'autre !*, mais il lui dit alors :

– Ne t'en fais pas, je ne suis pas Gideon. Il est avec Aaron et Andrew en ce moment, à jouer au Seigneur de la Montagne… et vu qu'ils sont tous occupés, je me suis dit que ce serait dommage de laisser désœuvré un corps en parfait état. Pendant que j'y suis – il regarde dans la pièce – est-ce qu'il y aurait un minibar, par ici ?

– Un minibar ?… Non ! proteste Souris. Tu ne vas pas encore te saouler !

Il hausse les sourcils comme pour dire *Ah oui ?*, mais heureusement le chapitre est clos ; il n'y a pas de minibar dans la chambre.

– Et zut, ça fait chier, dit-il.

Puis il hausse les épaules et se concentre à nouveau sur le téléviseur.

Souris jette à son tour un coup d'œil à l'écran de télévision, et elle est horrifiée. L'écran dévoile une chambre de motel, pas tellement différente de celle-ci… mis à part les femmes nues vautrées sur le lit.

– L'Indienne qui se branle à l'arrière-plan s'appelle Hyapatia Lee, l'informe-t-il, serviable. Et les deux autres qui se broutent la minette, c'est Summer Knight, et la plus petite, c'est Flame.

Il se penche vers l'avant, comme s'il venait de remarquer quelque chose.

– Tu sais, dit-il, tu lui ressembles un peu… enfin, si tu étais rousse.

Il sourit niaisement.

– Et très souple.

– Mais je peux être souple, susurre Loins, qui s'avance,

faisant fi du dégoût de Souris. Par contre, les santiags ne me vont pas aussi bien.

La scène a changé, l'écran montre une quatrième femme qui, pour quelque raison inconnue, ne participe pas aux ébats qui ont lieu sur le lit.

– Waouh, siffle Loins, c'est à elle que j'aimerais bien ressembler.

– Hum, Christy Canyon, dit-il, je parie qu'il y a plein de gens qui aimeraient ressembler…

Il s'arrête.

– Attends une seconde, lui demande-t-il, en se tournant pour la regarder dans les yeux.

Il n'a plus son sourire narquois, et semble tout à coup hésitant. Ce qui plaît plutôt à Loins. Elle va le rejoindre sur le lit, s'assied contre lui en riant de le voir soudain intimidé.

– Qu'est-ce qui ne va pas ? roucoule Loins. Ne me dis pas que tu n'aimes que regarder.

Elle pose la main sur sa cuisse ; il en a le souffle coupé, se crispe… et se détend immédiatement.

Il lui tapote le dos de la main, avec affection mais sans passion.

– Voyez-vous, ma chère, dit-il d'une voix devenue féminine, vous n'êtes malheureusement pas mon type.

Il ôte la main de sa jambe et la repose sur les genoux de Loins.

– Et maintenant que tout est clair entre nous, auriez-vous par hasard une cigarette ?

– Non, répond Maledicta, cet enculé de Duncan a refusé de s'arrêter pour qu'on en achète, hier soir. T'es sûre que t'en as pas ? Tu clopais des Winston, hier.

– Des Winston.

Il – elle – tord le nez.

– Ce ne sont pas mes préférées.

Elle fouille quand même dans ses affaires, mais fait chou blanc.

– Eh bien, si j'en avais, je ne sais pas ce que j'en ai fait.

– Tu les as peut-être fait tomber dans ce foutu fossé. Tu veux qu'on en chope d'autres ?

– Oh oui, ce serait fabuleux.

Lui tendant la main :

– Je m'appelle Samantha, au fait. Sam, pour les amis.

– Maledicta, répond Maledicta. Je n'ai pas d'amis.

Mais elle lui sert la main dans un sourire.

– Bon, Sam, si on allait chercher ces putains de clopes avant que les adultes rappliquent ?

Elles sortent. Comme elles traversent le parking, Sam pivote sur elle-même pour mieux admirer le paysage.

– Quel beau décor, s'émerveille-t-elle.

– Tu déconnes, hein ? demande Maledicta. Putain de trou à rats bourré de dinosaures…

– Cela ne me gêne pas que ce soit un trou, lui dit Sam. J'ai toujours eu envie de vivre dans le désert. Si j'avais le choix, j'irais vivre au Nouveau-Mexique et j'ouvrirais une galerie d'art à Taos ou bien à Santa Fe.

– Ah ouais ? Et alors, les autres ont voté contre ?

Sam glousse.

– Il n'y a pas eu de vote. Nous ne sommes pas en démocratie. Aaron et Andrew prennent toutes les décisions importantes, quant à nous autres, nous tentons de nous adapter.

Soupir.

– Certes, je comprends pourquoi il faut qu'il en soit ainsi, mais quand même, parfois j'aimerais bien… eh bien…

– Hum, répond Maledicta, perturbée. Vaudrait mieux que Souris ne s'attende pas à ce que je me casse le cul pour m'adapter.

Elle secoue la tête, comme pour appuyer son propos.

– Fait chier !

Elles découvrent un distributeur de cigarettes à côté du bureau d'accueil du motel. Maledicta se sert la première, glissant les billets dans la fente avant de tourner le bouton pour sélectionner les Winston. Il y a un clic, mais le paquet ne tombe pas.

– C'est quoi, cette merde… ? s'énerve Maledicta.

Elle tourne le bouton une nouvelle fois, puis essaie de sélectionner des Camel. En vain. Elle donne un coup de pied à la machine, toujours rien.

– Un instant, intervient Sam, essayons les Kool.

La machine refuse également de donner des cigarettes au menthol. Maledicta cherche des yeux un bouton ou une tirette qui lui rendrait son argent, au lieu de quoi elle découvre un mot manuscrit scotché au-dessus de la fente : CE DISTRIBUTEUR NE REND PAS LA MONNAIE, AUCUN REMBOURSEMENT POSSIBLE. *La Direction*.

– Enfoirés.

Maledicta fonce vers la porte de l'accueil, les yeux injectés de sang, mais Sam la rattrape par le bras.

– Attendez, dit Sam. Ne faites pas de scandale.

– Lâche-moi, tu veux ! dit Maledicta. J'ai pas l'intention de me laisser entuber par ce connard !

– Je vous en prie, l'implore Sam, sans la lâcher. Si on s'attire des ennuis, je n'aurai peut-être plus la possibilité de rester dehors. Et si Andrew revient, ce n'est pas lui qui voudra fumer en votre compagnie.

Maledicta, toujours furibonde, hésite.

– De grâce, ma chère, insiste Sam, pourquoi ne prendrions-nous pas l'auto jusqu'à une épicerie ? Je vous offrirai vos cigarettes, je vous le promets.

– Ah ouais ? s'étonne Maledicta. Avec quelle thune ?

– Ne vous en faites pas, je vais simplement... emprunter de l'argent à Andrew. Je m'arrangerai avec lui plus tard.

– S'il s'en rend compte, tu veux dire... D'accord, concède Maledicta, on va y aller, dans ton épicerie pourrie. Mais dès qu'on sera rentrées, j'en connais un qui va se faire botter le cul.

Elles montent en voiture où l'odeur de la vodka, moins forte mais toujours présente, fait surgir Malefica un instant. Elle ouvre la boîte à gants pour s'assurer qu'une nouvelle bouteille ne s'y serait pas nichée par miracle, mais ce n'est pas le cas.

– Enculé de Duncan, grommelle Maledicta. Hé, Sam, du moment qu'on va prendre des clopes, si on en profitait pour choper de la bibine, aussi ?

– Cela ne me semble pas très raisonnable, dit Sam. Étant donné la situation.

– Et merde à la raison. On pourrait se déchirer la gueule, et se casser au Nouveau-Mexique.

– Où sommes-nous, maintenant ?

– À Bite de Brontosaure, dans le Dakota du Sud. Ça fait un putain de trajet jusqu'à Santa Fe, mais…

Sam rit.

– On n'y arrivera jamais, dit-elle les yeux brillant devant cette perspective.

– Non, mais on pourrait tenter le coup, bordel.

Sam secoue la tête.

– C'est séduisant, ma chère, mais il me semble qu'il vaut mieux que je me satisfasse de plaisirs plus simples. Une cigarette, peut-être deux, si j'ai le temps.

Elle s'interrompt pour réfléchir.

– Il faut qu'on se dépêche, cela dit – ils vont bientôt revenir.

– Ça roule, Raoul, dit Maledicta en mettant les gaz.

Évidemment, elle n'était pas sérieuse lorsqu'elle avait proposé de se casser au Nouveau-Mexique ; Maledicta sait pertinemment qu'elles ne peuvent pas vraiment le faire, mais ça serait tellement rigolo de voir la tête de Souris lorsqu'elle se réveillerait dans le pays de Georgia O'Keeffe. Mais pour ce qui était de se péter la gueule, elle ne rigolait pas. Maledicta ne cracherait pas sur un petit verre ; Malefica encore moins ; et quant à Sam, Maledicta l'aime plutôt bien – malgré tous ses « de grâce » et ses « très chère », elle lui est sympathique –, cela dit, ça ne lui ferait pas de mal de péter un coup.

En haut de la route se trouve une petite boutique familiale, à côté de laquelle il y a un bar nommé Le Mammouth Rose. *Quel nom craignos*, pense Maledicta, mais d'un autre côté il semble ouvert. Elle s'engage sur le parking du Mammouth. Sam plisse le front, mais n'émet pas d'objection.

– Allez, dit Maledicta pour l'amadouer. Rien qu'un putain de godet. Qu'est-ce que t'en dis ?

– Pensez-vous qu'ils ont du thé ?

– Genre cocktail, peut-être.

Elles entrent. Le Mammouth s'avère être un rade atroce : décor style Far West, de la putain de sciure de bois par terre, et une vague odeur de dégueulis séché, comme si un couple de tigres à dents de sabre avait vomi dans l'arrière-salle à la période glacière et que leur gerbe avait été fossilisée. Le point positif, c'est que le distributeur de cigarettes fonctionne et que, malgré l'heure peu avancée, on peut picoler. Sam et Maledicta sont pratiquement seules. L'unique client est un vieux saoulard qui regarde des dessins animés sur le poste de télé posé au-dessus du bar.

Elles achètent des cigarettes. Tandis que Sam allume la sienne, Maledicta commande deux bières.

– Très peu pour moi, ma chère, proteste Sam.

Mais Maledicta s'écrie :

– Voyons, fais pas ta mauvaise tête !

Et elle réitère sa commande. Le barman leur sert deux Budweiser. Maledicta en passe une à Sam, qui la prend mais n'y touche pas, même lorsque Maledicta veut trinquer. Celle-ci commence à voir rouge, mais se calme lorsque Sam prend spontanément le portefeuille d'Andrew pour payer les deux bières.

Maledicta, d'un coup de pouce, désigne une table de billard à l'autre bout du bar.

– On se fait une petite partie ?

Sam sourit.

– Quelle délicieuse idée !

Elles se dirigent vers la table, et Maledicta prend un triangle accroché au mur.

– Eh, tu te démerdes avec ça ? demande-t-elle.

– Avant, oui. Mon amoureux m'avait appris à y jouer, il y a des années. Il disait que j'étais douée.

Son sourire s'efface.

– En fait, il disait beaucoup de choses, mais ça, je pense que c'était vrai.

– Un amoureux, hé ? C'était avant qu'Andrew devienne responsable ?

– Bien avant. Nous vivions toujours à Seven Lakes, dans la maison où nous avons grandi.

Le triangle est plein, Maledicta le fait glisser plusieurs fois d'avant en arrière pour que les boules soient disposées correctement.

– Eh, Sam, je peux te poser une question perso ?
– Je vous en prie.
– T'as un zguègue ou une chagatte ?
Sam rejette la tête en arrière, l'air complètement déroutée, mais elle se reprend vite.
– Une chagatte, répond-elle un peu bégueule, si vous tenez absolument à savoir.
– Putain, j'en étais sûre.
Maledicta repose le triangle sur le mur et attrape une queue de billard.
– On ne peut pas vraiment savoir, tu sais, quand Andrew ou Aaron sont derrière leur foutu volant, mais quand tu es dans le corps, putain ça crève les yeux. T'es sûre qu'il vaudrait pas mieux que ça soit toi qui mènes la baraque ?
Sam secoue la tête.
– Il peut m'arriver d'en rêver mais je ne suis pas assez forte pour supporter la réalité à temps complet. Les faits l'ont prouvé.
– Ah ouais ? Tu m'as l'air plutôt costaude. Mais bon, je suis pas la mieux placée pour faire de la psychologie à deux balles. Je casse, d'accord ?
Sam fait signe que oui. Puis, tandis que Maledicta passe de la craie sur la queue, Sam annonce :
– J'ai essayé de me tuer. Deux fois.
– Ah ouais ? Et pourquoi ?
– Jimmy Cahill – mon amoureux – s'est engagé dans l'armée. On était censés s'enfuir ensemble, mais il a préféré partir tout seul. Il m'a envoyé une lettre de rupture quand il faisait ses classes… alors j'ai essayé de me tuer. Avec des cachets, la première fois. J'ai avalé une boîte de somnifères, et une flasque de whiskey…
– … et tu t'es réveillée dans un hôpital à la con ?
– Non ; en fait je me suis réveillée à la maison avec la gueule de bois. Je n'ai jamais su qui, mais j'imagine que l'un des autres a saboté l'affaire, vidant les gélules pour les remplir de farine. J'ai souffert de constipation pendant des jours, mais je ne suis pas morte. Alors après, j'ai essayé de me pendre, mais les nœuds n'arrêtaient pas de se défaire – puis, avant que je trouve un autre moyen, je me suis

endormie pendant très longtemps. Je ne suis pas ressortie avant que nous soyons à Seattle, en thérapie avec le docteur Grey.

– Hum, grommelle Maledicta, ne sachant plus quoi dire.

Elle se penche sur la table de billard et casse ; quelques boules ricochent autour des poches, mais aucune n'y entre.

– Merde.

– Et vous ? demande Sam. Vous avez déjà eu un amoureux ?

– Moi ? ricane Maledicta. Non. Le cul, c'est pas mon truc.

Sam reprend un air gêné, alors Maledicta continue :

– Et les idylles encore moins… Au cas où tu l'aurais pas remarqué, je suis une putain de sauvage.

Elle fait un signe de tête en direction de la table.

– À toi de jouer.

Elles font deux parties. Sam ne plaisantait pas en affirmant qu'elle était douée ; elle écrase Maledicta lors de la première partie. Du coup, pour la deuxième, Maledicta laisse tous les coups difficiles à Malefica et remporte la victoire sur le fil.

Tandis qu'elles jouent, Maledicta boit sa bière, et celle de Sam ; elle partage également une double vodka avec Malefica. Après avoir rentré la boule numéro huit, dans la deuxième partie, elle a encore besoin d'aller faire pipi. Elle demande à Sam de l'attendre une minute et se dirige vers les toilettes. Lorsque Maledicta revient dans la salle du bar, Sam ne se trouve plus à côté du billard. Assise au bar elle regarde la télé avec le vieux soûlot. Elle rit.

Plutôt, quelqu'un rit – Maledicta connaît le rire de Sam et ce n'est pas ça. Le rire de Sam est grave, rauque, presque un souffle ; ce rire-là – qui s'apparente plutôt à un gloussement – est haut perché, cristallin, et très sonore. En d'autres termes, c'est le rire d'un petit enfant. Le langage du corps est aussi celui d'un petit enfant : il se balance dangereusement sur le tabouret du bar, se tient le ventre, montre du doigt, se tape les genoux.

Maledicta lève les yeux vers le téléviseur. Les dessins

animés sont finis ; maintenant, la télé diffuse *Frankenstein Junior*, la parodie stupide de ce putain de Mel Brooks. Gene Wilder, qui joue le rôle de Frankenstein, vient d'être retrouvé à la gare de Transylvanie par Igor, interprété par Marty Feldman. « Il faut marcher comme ça », dit Feldman ; quand Wilder imite son boitillement de bossu, le petit enfant qui sommeillait en Andrew manque de se faire pipi dessus tant il jubile.

Puis Wilder, jetant un coup d'œil dans la charrette de foin d'Igor, découvre Terri Garr, dans le rôle d'Inge, la laborantine aux gros seins. « Voudriez-vous vous rouler dans le foin ? » demande-t-elle. Le rire d'Andrew prend alors des inflexions adolescentes, les yeux braqués sur le décolleté de Miss Garr, il attrape la tasse posée sur le comptoir en face de lui et commence à boire, manquant s'étouffer lorsqu'il s'aperçoit que le récipient contient du lait, et non de la bière.

– Hep ! crie-t-il.

Mais avant qu'il puisse passer sa commande, une blague crétine au sujet des loups-garous, cette fois – « Loup y es-tu ? Loup y es-tu ? » –, fait ressortir le petit enfant. « Loup qui pue ! » piaille le petit. Il se tape sur la cuisse, se penche un peu trop sur son tabouret, et se vautre par terre.

– Eh, dit Maledicta alors qu'il se remet debout. Eh ! Sam, t'es toujours là ?

– *Pou eimaste ? Ti...*

– Arrête ton putain de sabir. Et fais-moi sortir Sam – il faut qu'on fasse la belle.

Il cligne des yeux et redevient Andrew.

– Penny ? demande Andrew d'un air perdu.

– Chiotte.

La fête est finie. Maledicta est tellement contrariée qu'elle s'engouffre dans la caverne, tire Souris de sa planque, et lui botte les fesses pour la faire sortir sans même lui dire ce qu'il s'est passé. Souris arrive, dans tous ses états. Son dernier souvenir, c'est le téléviseur dans la chambre du motel, et maintenant, alors qu'elle se réveille, ses yeux se portent naturellement sur l'appareil qui trône au-dessus du bar ; elle se demande comment il s'est retrouvé suspendu au plafond et quelles nouvelles perversions il affiche pour qu'elles ne puissent être montrées qu'en noir et blanc.

– Maledicta ? demande Andrew, juste derrière elle.

– Andrew ? s'étonne Souris.

– Penny ! se réjouit Andrew.

Puis, en chœur :

– Où sommes-nous ?

– Vous êtes sur la planète Mongo, dit le vieux poivrot. Je suis Flash Gordon, et cette mocheté, là-bas – il désigne le barman –, c'est l'Impitoyable Ming.

Le barman, jouant le jeu, attrape une pinte de bière vide et, dans un geste théâtral, la brandit pour les saluer.

– Bienvenue dans notre galaxie, dit-il. Vous reprendrez bien un peu de lait ?

# 23

Nous ne parvenions pas à ouvrir la porte.

Lorsque nous arrivâmes à quai, mon père et moi rentrâmes directement à la maison (plutôt que nous y retrouver tout simplement, nous dûmes y aller à pied). Comme nous nous rapprochions, mes souvenirs de la porte nichée sous la cage d'escalier se firent plus précis ; toutefois je me demandai s'il ne s'agissait pas d'un piège de Gideon, un faux souvenir avec lequel il nous avait contaminés. Ainsi, jusqu'à la dernière seconde, je ne sus à quoi m'attendre.

Mais elle était bien là, à la vue de tous : non cachée dans la pénombre mais en évidence sous la cage d'escalier. Impossible de la manquer.

Cela devait être un effet du tremblement de terre. Enfin, si elle avait toujours été aussi visible, je ne sais pas comment nous aurions pu ne pas la remarquer… Nous devions bien savoir qu'elle était là, puisque nous la comptions.

Troublé par le silence de mon père, je lui lançai une œillade.

– Tu es bien certain de n'avoir jamais construit de cave, ou même un gros cagibi ?

– Il me semble que si c'était le cas, je le saurais, Andrew.

– C'est ce qui me semblait à moi aussi, rétorquai-je. Pourtant, tu n'étais pas au courant pour Xavier…

Maintenant que nous étions certains de son existence, nous restâmes plantés un moment face à la porte avant de nous décider à la franchir. Je fus surpris de constater que j'étais le premier à la toucher – je m'attendais à ce que mon père prenne l'initiative, mais il paraissait subitement saisi de paralysie, et, les minutes défilant, je compris que nous pourrions y passer la journée si je comptais sur lui pour faire le premier pas. Alors, je m'armai de courage, tendis la main et la refermai sur la poignée.

Elle ne bougeait pas. Ce qui ne signifiait pas qu'elle ne tournait pas – je n'arrivais même pas à la secouer. Et la porte elle aussi semblait inébranlable, comme si ce n'était pas une porte, mais une sculpture de porte en marbre, peinte avec tant d'habileté qu'elle paraissait réelle.

– Pas moyen de faire quoi que ce soit, dis-je en reculant d'un pas. Essaie, toi.

J'eus d'abord l'impression qu'il n'en ferait rien, mais il prit sur lui. La poignée ne tourna pas davantage ; la porte ne bougea pas d'un iota.

Je replongeai dans mes méditations.

– Serait-il possible qu'il n'y ait rien derrière cette porte ? demandai-je. Est-ce que ça pourrait être une sorte de tour que Gideon…

La porte d'entrée s'ouvrit brusquement et Tante Sam pénétra dans la demeure. Elle avait l'expression qu'elle arbore généralement lorsqu'elle vient de se chamailler avec Adam ou Jake, mais au lieu de venir s'en plaindre à mon père ou à moi, elle nous évita, montant à l'étage sans un mot. Après son passage, j'eus l'impression de sentir des effluves de cigarette – mais moins qu'une odeur, c'était une impression. Cela aurait dû m'indiquer que quelque chose se tramait, mais j'étais bien trop occupé pour m'en inquiéter.

– Alors, qu'en penses-tu ? dis-je en tournant le dos à cette mystérieuse porte. C'est un mauvais tour ?

Avant que mon père ait la possibilité de me répondre, je sentis une bourrasque qui provenait d'en bas, et j'entendis le bruissement d'une feuille de papier. Baissant les yeux, j'aperçus le coin d'une page qui dépassait sous la porte, voletant dans le courant d'air.

Cette fois, mon père fut le premier à réagir, se précipitant sur le papier – il s'agissait en fait de deux feuilles, pliées et agrafées comme pour former une petite brochure – tandis que j'essayais de comprendre ce dont il s'agissait. Il tenait le fascicule de façon à ce que je ne puisse pas le voir, mais je parvins à déceler une croix dessinée sur la couverture ainsi que les mots : *IN MEMORIAM*.

– Qu'est-ce que c'est ?

Je tentai d'attraper le livret, de l'incliner de façon à pouvoir lire ce qui y était inscrit, mais mon père le tira vers lui. Comme il le parcourait, j'eus l'impression qu'il ne s'agissait pas tant pour lui de le lire que de l'étudier attentivement, comme s'il l'avait déjà vu et voulait vérifier que c'était bien ce dont il se souvenait.

– Père, dis-je. Qu'est-ce que c'est ?

– Dans le canot, répondit mon père, tu m'as demandé s'il y avait d'autres choses que je t'avais cachées. Effectivement…

La porte de l'entrée s'ouvrit à nouveau avec fracas. Adam rentra maladroitement. Jake était sur ses talons, on aurait dit que le diable était à ses trousses ; il bondit pour éviter Adam et grimpa quatre à quatre les marches de l'escalier menant à sa chambre.

– Qu'est-ce que… ? commençai-je.

C'est alors qu'un cri d'alarme retentit à l'extérieur.

– Seferis ! cria mon père. Le corps est en danger.

J'étais déjà reparti. Je franchis la porte d'entrée en courant pour me précipiter sous la colonne de lumière, atterrissant dans un environnement bien plus effarant que menaçant. Le corps, je ne sais comment, avait été transporté de la chambre du motel à un saloon. Penny s'y trouvait elle aussi, l'air atterrée. Il y avait également deux drôles de bonshommes, qui ne nous furent d'aucun secours pour que nous retrouvions nos marques.

Penny et moi levâmes le camp le plus vite possible (l'un des hommes, celui qui se tenait derrière le comptoir du saloon, prétendait que je lui devais un dollar pour « le jus de pis », et je réglai la note sans avoir la moindre idée de ce dont il parlait). Par bonheur, il s'avéra que nous n'étions pas loin du motel ; dès que nous posâmes le pied dehors, je découvris de l'autre côté de la route l'enseigne lumineuse du Relais des Badlands.

– Je suis désolée, dit Penny, une fois que nous eûmes repéré sa voiture.

– Désolée pour quoi ? Tu sais ce qui vient de se passer ?

Elle me raconta ce dont elle se souvenait : elle veillait sur mon corps et s'était rendue à la salle de bains pour se laver les mains, lorsque quelqu'un s'était réveillé, allumant la télévision.

– Il a mis une chaîne porno, poursuivit-elle, rougissante. Et puis tu… ou plutôt celui qui avait pris ta place a dit que je ressemblais à l'une des actrices du film. Et après cela… j'ignore totalement comment nous nous sommes retrouvés ici.

*Adam*, pensai-je, furieux.

– Dans ce cas, dis-je à Penny, c'est à moi de te présenter des excuses.

– Que s'est-il passé à l'intérieur ? demanda Penny, pour changer de sujet. As-tu appris ce que tu voulais savoir ?

– Pas exactement, répondis-je. Il va falloir que j'y retourne – ne t'en fais pas, c'est pas pour tout de suite. Et la prochaine fois, je ne te demanderai pas de garder le corps.

– Non, c'est bon, répondit Penny. Simplement… simplement, la prochaine fois, on pourra peut-être débrancher la télé.

L'odeur de vodka qui flottait dans la Centurion me rappela quelque chose ; plaçant la main devant ma bouche, je soufflai pour sentir mon haleine et vérifier si j'avais bu. Mon haleine sentait le… lait.

– Le jus de pis, réalisai-je.

– Quoi ? demanda Penny.

– Rien, dis-je.

Puis :

– Est-ce que tu t'es habituée à te retrouver dans des situations abracadabrantes, sans savoir ce qui a bien pu se passer ?

– Je n'en sais rien, répondit Penny. Je veux dire, pour moi c'est normal. Je n'ai jamais eu à m'y habituer.

Je la regardai avec intensité.

– Tu sais, je suis vraiment désolé, Penny.

– Pour quoi ?

– Quand Julie m'a demandé pour la première fois de t'aider… J'ai failli dire non. J'ai essayé de dire non.

– C'est normal, moi aussi j'ai essayé. Tu te souviens ? Et de toute façon, tu as dit oui.

– Oui, mais…

Mais seulement parce que Julie me l'avait demandé ; mieux valait que je ne me cache plus la vérité.

– Je suis désolé de ne pas avoir dit oui plus tôt.

Nous étions de retour dans le parking du motel. Nous ne retournâmes pas directement dans la chambre, mais restâmes un moment dans la voiture, trop fatigués pour bouger. Au fait, je pense que Penny n'était pas simplement fatiguée ; son haleine ne sentait pas du tout le lait.

– Alors, est-ce qu'on rentre à la maison maintenant ? demanda Penny.

Elle posait la question par curiosité, mais j'entendis autre chose.

– Il vaudrait mieux que tu rentres, c'est sûr, répondis-je, m'efforçant de l'encourager.

– Non.

Penny secoua la tête.

– Je ne suis pas du tout pressée de rentrer, je voulais seulement savoir. Si tu as toujours l'intention d'aller dans le Michigan, pour voir… pour savoir…

Pour savoir ce qui était arrivé au beau-père. Pour savoir si Xavier Reyes l'avait exterminé.

– … ou bien ailleurs, poursuivit Penny. Si tu en as envie, ça ne me dérange pas de t'accompagner.

– Je crois bien, dis-je en me frottant les yeux. Je crois bien que j'ai envie de prendre une douche bien chaude. Et puis, peut-être d'aller manger un bout, et d'essayer de rappeler Mrs Winslow. Et alors, alors je prendrai ma décision… Ça te convient ?

Penny hocha la tête.

– Par contre, je vais t'attendre dehors pendant que tu prends ta douche.

– D'accord, répondis-je dans un sourire. Je vais aussi m'occuper de la télé, pendant que j'y suis.

La porte de la chambre était ouverte. À l'intérieur, la chaîne porno était restée allumée.

– Adam, soufflai-je, exaspéré.

Je ne débranchai pas la télé, mais l'éteignis, et je cachai soigneusement la télécommande. Puis je me déshabillai avant d'aller sous la douche. Je restai longtemps sous le jet d'eau chaude, sans bouger.

Je me surpris à penser à Billy Milligan.

Ce nom vous est sans doute familier ; sans être aussi connu que celui de Sybil ou Eve White, c'est l'un des cas de TPM les plus célèbres. Billy Milligan était un dealer à la petite semaine, un auteur de rapines qui fut arrêté en 1977 pour le kidnapping, le vol, et le viol de trois femmes. Il plaida non coupable, arguant l'irresponsabilité car les viols avaient été commis par d'autres âmes que lui et sur lesquelles il ne pouvait exercer aucune autorité. Quatre psychiatres différents – dont Cornelia Wilbur, la psy de Sybil – abondèrent dans son sens, et la Cour accepta de le déclarer irresponsable de ses actes.

Pendant les treize années qui suivirent, il alla d'hôpital psychiatrique en hôpital psychiatrique. En 1991, les médecins l'estimèrent « guéri » et le relâchèrent. Puis il fut à nouveau arrêté en 1996, pour avoir menacé un juge, cette fois. L'histoire défraya la chronique à Seattle, et piqua la curiosité de Julie. Elle finit même par emprunter l'exemplaire de mon père de *Billy Milligan, l'homme aux 24 personnalités*[1].

– Waouh, s'était-elle écriée, quelques jours plus tard. C'est vraiment une histoire fascinante.

– Sans doute, répondis-je sans grand enthousiasme.

– Quoi ? s'étonna Julie. Tu n'es pas impressionné ?

– Impressionné ? Ce n'est pas le mot que j'emploierais. Il a violé trois femmes, Julie.

– Eh bien, oui et non.

– C'est plutôt oui – surtout si tu te mets à la place des filles qui se sont fait violer.

1. De Daniel Keyes, publié chez Balland en 1982.

– Tu crois qu'il a fait semblant d'avoir une personnalité multiple ?

– Non, répondis-je. Enfin, c'est difficile à dire d'après la lecture d'un livre, mais je pense que c'était sans doute un individu qui souffrait – et souffre toujours – de troubles de la personnalité multiple. La Cour s'est rangée à cet avis. Mais c'est aussi un violeur.

– Seulement une de ses facettes. Billy Milligan – l'âme qui s'appelle Bill – était innocent.

– Eh bien, ce n'est pas parce qu'il est innocent qu'il n'est pas responsable, rétorquai-je. Mon père dit toujours : "Quand tu es responsable d'une maison, tu es responsable de tous les actes commis par les âmes de cette maison, même si elles font des choses que tu n'aurais jamais faites toi-même."

– Mais à l'époque où les viols ont eu lieu, Billy Milligan n'était pas responsable. Et d'ailleurs, personne ne semblait l'être – sa maison était plongée en plein chaos.

– Ce qui n'est pas particulièrement impressionnant.

– Oh là là ! Andrew ! Je ne voulais pas dire – pourquoi est-ce que tu le prends si mal ?

– Je ne le prends pas mal du tout. Mais je ne pense pas que Billy Milligan soit un bon exemple de personne atteinte de TPM. C'est le... O.J. Simpson de la communauté des personnalités multiples.

Julie s'esclaffa.

– Mais quand même, reprit-elle. Il ne s'en est pas tiré à si bon compte. Et tu ne crois pas qu'il valait bien mieux qu'il soit à l'hôpital plutôt qu'en prison ?

– Je pense que treize ans, où qu'il soit enfermé, ce n'est jamais suffisant pour un violeur... ou pour quelqu'un qui a laissé une personne se faire violer.

Julie semblait songeuse.

– Qu'est-ce que tu aurais fait ?

– Si j'avais dû juger Billy Milligan ?

– Non, répondit Julie. Si tu étais Billy Milligan.

– Je te demande pardon ?

– Imagine que tu découvres que l'une de tes âmes a... bon, disons qu'elle n'a pas violé quelqu'un, mais qu'elle a fait un truc moins horrible, un braquage par exemple...

– Un braquage ?
– Ouais. Imagine…
– Je n'ai pas l'intention de braquer une banque, Julie.
– Pas toi. Mais une autre âme.
– Personne d'autre dans cette maison ne va faire de braquage. Et si quelqu'un s'avisait de vouloir essayer, mon père l'enverrait tout de suite dans le champ de potirons.
– Eh bien, imaginons que cela se soit produit avant que la maison n'ait été construite, insista Julie, et que tu viennes de le découvrir. Disons que tu es tombé sur, je ne sais pas, une consigne automatique qui appartenait à une autre âme avant même que tu sois né. Tu l'ouvres, et à l'intérieur tu découvres un sac bourré de billets sur lequel est inscrit : "Propriété de la First National Bank". Et il y a aussi un revolver, et un masque à l'effigie de Ronald Reagan…
– Un masque de Ronald Reagan ?
– … ou n'importe quel masque porté par les braqueurs et à la mode, il y a dix ans. Tu trouves tout ça, plus des preuves irréfutables que c'était toi – ton corps – qui as tout fourré dans la consigne. Qu'est-ce que tu fais ?
– C'est une histoire à dormir debout, Julie.
– C'est une hypothèse. Que ferais-tu ?
Je haussai les épaules.
– J'appellerais la police, sans doute. Je dirais ce que j'ai trouvé.
– Aussi facilement que ça ?
– Que veux-tu que je fasse d'autre ?
– Alors, tu te dénoncerais, comme ça…
– Eh bien, ça ne veut pas nécessairement dire que je me dénoncerais. Il pourrait peut-être y avoir une autre explication… mais il faudrait bien évidemment que j'en parle à la police, si j'étais vraiment certain qu'il s'agissait d'argent volé.
– Tu te mettrais donc à la merci des flics. Sans la moindre hésitation.
– J'assumerais la responsabilité des actes du corps. Je n'en aurais peut-être pas envie – et j'hésiterais peut-être un peu – mais au final je n'aurais pas le choix. C'est mon devoir.

Julie était sceptique.

– Je ne sais pas, dit-elle. Tout cela me semble très noble, mais j'ai tout de même l'impression que c'est très naïf de croire que les policiers se montreront bienveillants avec toi sous prétexte que tu auras été franc. Et si tu risquais vraiment de te faire juger pour attaque à main armée…

– Mais ce n'est pas le cas, répondis-je, agacé. C'est une hypothèse, et puisque tu peux faire de telles conjectures et raconter des histoires d'armes à feu et de masques de Ronald Reagan, je ne vois pas pourquoi je ne spéculerais pas sur le fait que j'obéirais à mes principes.

– C'est d'ailleurs un autre point intéressant. Comment peux-tu être si sûr que ce n'est qu'une hypothèse ?

– Julie…

Je commençais à voir rouge.

– Je ne dis pas que tu as dévalisé une banque, je serais vraiment, vraiment surprise si c'était le cas. Mais comment peux-tu être sûr à cent pour cent que bien avant que la maison ne soit construite…

– Adam a commis quelques vols à l'étalage à l'époque, lui dis-je. Et Seferis a cassé le doigt d'un type, au cours d'une rixe dans un bar, mais c'était de l'autodéfense. Bien sûr, il y a eu d'autres incidents – de petits délits, quelques malentendus – auxquels ont été mêlées d'autres âmes. Mais pas de crime, et certainement jamais d'agression gratuite sur des inconnus.

– Pour autant que tu le saches… mais tu m'as dit qu'il reste des trous dans les informations qui t'ont été communiquées sur ces années-là, alors…

– Pas des trous suffisamment grands pour y fourrer des attaques à main armée.

– Comment peux-tu en être si certain ?

– Parce que, si quoi que ce soit de tel s'était produit, mon père l'aurait su. Il l'aurait su. Ça, c'est son boulot, Julie.

– Mais…

– On peut changer de sujet maintenant, s'il te plaît ?

*Mon père l'aurait su… Ça, c'est son boulot, Julie.* Et c'était vrai. Mais c'était aussi son boulot de connaître toutes les âmes, de maintenir le paysage en l'état… et d'être sincère avec moi.

Et si Xavier – ou Gideon – avait réellement fait du mal au beau-père, quelque chose que mon père ne savait pas, ou qu'il avait préféré ne pas me dire ?

En un sens, c'était une question facile. J'avais dit la vérité à Julie : en ma qualité d'âme occupant le corps d'Andy Gage, je devais assumer la responsabilité de tous les actes du corps, qu'ils soient passés ou présents, et même ceux dont je n'étais techniquement pas coupable. Il fallait qu'il en soit ainsi, à la fois pour des raisons de discipline intérieure et de sens civique. Il est intolérable que des crimes soient commis sans être imputables à quiconque.

Facile. Mais difficile aussi, parce que ce n'était plus une simple hypothèse. Comme je considérais les responsabilités que j'allais devoir endosser si le pire s'avérait, je compris qu'au moins une chose que j'avais dite à Julie était fausse : je n'hésitais pas qu'un peu à assumer la situation.

Admettons le pire : admettons qu'Andy Gage ait tué son beau-père, non pour se défendre ou dans un moment d'égarement, mais qu'il l'ait assassiné de sang-froid. Était-ce une si mauvaise action ? En temps normal, je dirais qu'un meurtre est l'un des rares crimes plus atroces que le viol. Mais quand on tue un violeur ? Quand on tue *son* violeur ? Est-ce que c'est plus atroce ? La vengeance n'est pas censée justifier la violence – mais le peut-elle, si l'objet de la vengeance est suffisamment horrible ?

Ce n'est pas, songeai-je, la même chose que pour Billy Milligan. C'était un vrai prédateur, qui s'en prenait à des inconnus, des gens qui ne lui avaient jamais rien fait. Il était devenu coutumier du fait. Si Andy Gage avait éliminé son beau-père, c'était un acte unique, réactionnel, singulier, qui ne faisait pas partie d'un tout.

Sauf si l'on incluait le cas de Warren Lodge.

Non. Non. Ne pas y penser maintenant. Se concentrer sur un meurtre – une *mort* – à la fois.

Et d'ailleurs, je n'étais même pas sûr que le beau-père

était décédé. Il me semblait que oui – en tout cas, telle était mon intuition –, mais je ne me rappelais pas précisément me l'être entendu dire. Mieux vaudrait que je m'en assure, avant de trop m'en faire. Il faudrait également que je me renseigne sur les causes de sa mort – s'il avait eu un infarctus, ou un cancer, je ne serais bien évidemment plus sur la sellette.

À moins qu'il ne faille pas que je cherche à savoir.

Je ne pouvais assumer la responsabilité de choses que j'ignorais : c'était un mode de pensée spécieux mais extrêmement séduisant. Si Xavier avait fait quelque chose au beau-père, cela devait remonter à plusieurs années, peut-être même cinq ans. Après tant de temps, il était peu probable que la vérité s'enquière de moi, à moins que je ne me décide à la chercher le premier. Mais si j'optais plutôt pour laisser tomber, tout bonnement ?

Ce n'était pas forcément irrévocable, comme décision. Il suffisait que je rentre à Autumn Creek, pour l'instant, et que je reporte toutes les questions relatives au Michigan, à ce qui avait pu s'y passer ou s'y était passé, jusqu'à ce que l'ordre revienne à nouveau dans la maison… Quitte à prendre mon temps. Et puis, si le beau-père était mort, il n'irait pas bien loin ; il serait toujours temps d'assumer mes responsabilités.

Séduisant. Séduisant.

Mais.

Avant de pénétrer dans la douche, j'avais ôté la gaze enroulée autour de mon bras. Les plaies dues aux barbelés étaient couvertes de croûtes, mais elles m'élançaient encore sous le jet d'eau chaude. Je les scrutai attentivement puis tournai la main pour observer la vieille cicatrice, semblable à une marque de vaccin, qui figurait sur la paume d'Andy Gage. C'était l'œuvre de mon père, suite à sa dernière lutte contre Gideon.

Cela s'était passé dans un restaurant – non le Harvest Moon, mais un autre, plus près de Bit Warehouse. Mon père venait de finir de déjeuner et s'apprêtait à régler l'addition lorsque Gideon tenta de prendre le pouvoir. Ce n'était pas une tentative classique pour lui voler la place :

Gideon avait l'intention d'écarter mon père définitivement. Celui-ci, saisissant la gravité de la situation, se trouva dans l'obligation de réagir de façon radicale. Il souleva le bras et, sous les yeux épouvantés de la caissière, empala sa main sur la pointe de fer sur laquelle elle plantait les tickets, à côté de la caisse. Il avait gagné la bataille.

Peut-être ne comprenez-vous pas cela (mais au point où nous en sommes, il est fort possible que si). Pour arriver à imposer sa suprématie dans une maison abritant de nombreuses personnalités, il faut être capable de supporter plus de traumatismes que les autres. Plus une âme résiste à la tentation de céder la place, mieux elle est armée par rapport à celles qui n'en sont pas capables. En se transperçant la main, mon père avait prouvé qu'il était non seulement capable de résister à une grande souffrance, mais que, s'il le fallait, il avait le courage de se l'infliger lui-même. Gideon, quant à lui, ne pouvait même pas supporter la douleur ; et si l'on pouvait penser que mon père avait quelque peu triché en provoquant la douleur avec un objet que Gideon redoutait particulièrement, le combat était trop important pour qu'il se préoccupe d'être bon joueur.

Ainsi mon père sortit vainqueur de cette lutte de pouvoir et, ce faisant, devint assez puissant pour maintenir Gideon en quarantaine à Coventry. Mais, un peu plus tard, lorsqu'il me fit sortir du lac et renonça au contrôle du corps, son pouvoir s'en trouva diminué ; et cela, outre la faiblesse dont j'avais fait montre les deux nuits précédentes, avait sans doute donné assez de latitude à Gideon pour qu'il s'échappe de l'île.

Ce qui me posait un dilemme : une nouvelle démonstration de faiblesse serait perçue comme une invitation à une prise de pouvoir en bonne et due forme. Et si Gideon souhaitait se rendre dans le Michigan alors que je voulais rebrousser chemin par peur d'affronter ce qui m'y attendait... Eh bien, ce n'était pas parce que je repartais en direction d'Autumn Creek que j'arriverais à bon port...

Je ne souhaitais pas céder le corps à Gideon – ce serait

un atroce échec. Mais je ne voulais vraiment pas aller en prison pour l'assassinat de quelqu'un que je n'avais jamais vu de ma vie.

Je songeai à Billy Milligan, où qu'il soit désormais, qui devait se gausser de la situation fâcheuse dans laquelle je me trouvais : *Ha ! ha ! ha ! Ça t'apprendra à juger les autres !*

– Va au diable, m'écriai-je en balançant mon poing contre le mur de la douche. J'obéirai à mes principes. J'assumerai mes responsabilités.

Attrapant mon bras blessé, je le serrai si fort qu'il se remit à saigner ; la douleur me fit grincer des dents, mais m'aida à me sentir mieux. Billy Milligan n'avait plus rien à dire.

Je sortis de la douche et m'essuyai. Comme je m'apprêtais à me rhabiller, je me rendis compte que je n'avais pas de vêtements propres, seulement la chemise et le pantalon que je portais depuis deux jours. Il ne restait également plus de bande de gaze, et je dus réutiliser la même.

Me sentant moins frais que ce que j'avais escompté, je retournai à la voiture.

– Très bien, Penny, dis-je en m'asseyant. Je crois que je sais ce que j'ai envie de faire. Ou plutôt, ce qu'il faut que je fasse.

– Ah ouais ? dit-elle.

Je remarquai qu'elle fumait une cigarette.

– Maledicta.

– Toujours aussi rapide, eh ?

– Maledicta, dis-je, il faut que je parle à Penny. J'ai décidé d'aller dans le Michigan, et…

– Il va falloir faire des concessions, me coupa Maledicta.

– Pardon ?

– Il va falloir faire des putains de concessions. Souris est peut-être d'accord pour te trimbaler dans tout le pays, mais moi j'ai pas dit oui, bordel. Si tu veux aller dans le Michigan, il va falloir que tu fasses des trucs pour moi, en échange.

– Comme quoi ?

Elle haussa vaguement les épaules.

– Sam et moi, on doit se faire la belle au billard.

– Sam… Tante Sam ? Tu as joué au billard avec Tante Sam ?

– Comme je disais, tu es toujours aussi rapide, eh ?

– Qu'est-ce que tu veux d'autre ?

– Eh bien, comme tu sais, je vais finir par devoir me coltiner pas mal de route, hein ? Je veux que Sam soit ma passagère, au moins en partie.

Je secouai la tête.

– Si je fais ça, tous les autres vont vouloir sortir, eux aussi. Je ne peux vraiment pas me permettre ce genre de sac de nœuds en ce moment.

– Qu'est-ce que c'est que ces conneries ? s'écria Maledicta. Putain, t'as pourtant bien dit à Souris que tu allais devoir retourner à l'intérieur, hein ? Et faut que tu sois vraiment bouché pour pas piger qu'il va falloir que quelqu'un de l'extérieur veille au grain pendant que tu seras pas là. Et pourquoi il ne reviendrait pas à Sam, ce putain de job ?

Je réfléchis. C'était loin d'être absurde. Tant que l'ordre ne serait pas rétabli de façon définitive dans la maison, il faudrait que quelqu'un occupe le corps quand je ne m'y trouverais pas, et Tante Sam faisait une bien meilleure candidate qu'Adam – mais Seferis serait encore un meilleur cheval. Cela dit, c'était marrant que Tante Sam s'entende si bien avec Maledicta.

– D'accord, admis-je enfin. On pourra peut-être le faire. Mais alors je veux que toi aussi tu fasses une concession.

Maledicta me lança un regard exaspéré.

– Quoi ?

– Est-ce que Penny nous entend, là ?

– Non. Elle roupille dans sa caverne à la mords-moi-le-nœud.

– C'est toi qui l'as forcée à dormir ?

– J'avais encore envie de me taper une putain de clope. De toute façon, elle branlait pas grand-chose, à part rester assise sur son cul.

Je hochai la tête.

– À partir de maintenant, lorsque tu auras envie de fumer, ou de faire quoi que ce soit qui nécessite le corps, je ne veux pas que tu t'imposes de force. Je veux que tu demandes la permission.

– Va te faire foutre.

– Maledicta, je ne plaisante pas.

– Mon cul, ouais, répliqua Maledicta. Primo, je n'ai pas à demander une putain de permission, et deuzio, si je le faisais, et que Souris réponde non, je ne…

– Tout à fait. Encore une chose. Je ne veux plus que tu fasses sombrer Penny dans l'inconscience contre son gré. C'est une chose qu'elle soit contrariée et décide d'aller dormir ; mais si tu veux juste faire une pause-cigarette, il n'y a aucune raison pour qu'elle ne te surveille pas par-dessus ton épaule.

Maledicta détourna les yeux, marmottant dans sa barbe d'un air dégoûté.

– Quelles conneries…

– Ce ne sont pas des conneries, dis-je. Tu es venue me voir pour que je vous aide à gérer votre TPM. La discipline joue un rôle important.

– La discipline !

Maledicta se retourna, un sourire narquois aux lèvres.

– Putain, tu peux parler !

– Je rencontre effectivement en ce moment quelques problèmes pour la faire respecter, reconnus-je. C'est aussi la raison pour laquelle je te demande ça. Si on se met tous les deux à changer de personnalité en permanence, Dieu seul sait comment ça va se terminer. Mais si tu fais de gros efforts pour que les choses restent en ordre, et moi aussi, eh bien, avec un peu de chance, il y en aura au moins un des deux qui restera stable en permanence.

– Ehhh…

Maledicta fit un geste avec son bras, comme pour balayer cette idée, mais je voyais que j'avais marqué un point.

– Alors, affaire conclue ?

– Ehhh, merde.

Elle baissa sa vitre et jeta son mégot sur le parking.

– Compte pas sur moi pour te faire des promesses craignos, m'avertit-elle. Si Souris ne veut pas me laisser le temps que je lui demanderai, ou si elle commence à prendre des airs à la con parce que je dis s'il te plaît…

– Je suis persuadé que Penny sera très obligeante.

Je lui tendis la main.

– Affaire conclue ?

Maledicta scruta ma paume d'un air dédaigneux.

– Pour qui tu te prends, putain ? James Stewart ? Je risque pas de te serrer la main. Je t'ai dit, pas de promesses craignos. Je vais juste… je vais juste essayer, d'acc ?

– Très bien, répondis-je. C'est très bien comme ça.

– Ouais, ouais, très bien, mon cul, dit Maledicta. Alors, on peut aller béqueter, maintenant ?

# 24

Après avoir rendu leur chambre de motel et déjeuné, ils font l'inventaire de leurs ressources. Il reste environ soixante dollars en liquide à Souris ; Andrew n'a plus que quinze dollars. Souris ne possède pas de carte bancaire et celle d'Andrew est limitée à mille dollars ; il faut qu'il appelle le numéro vert pour savoir combien d'argent a été utilisé jusqu'à présent (il y en a au moins pour deux cents dollars, car comme ils ont manqué à dix minutes près l'heure officielle de remise des clés, le gérant du motel des Badlands leur a facturé une nuit en plus).

Il leur reste un demi-plein et la carte d'essence. Il y a deux paquets de cigarettes déjà entamés. Ils n'ont pas de vêtements de rechange ni d'affaires de toilette.

Ils retournent à Rapid City et aperçoivent un magasin. Andrew et Souris ne se quittent pas et s'efforcent de converser pour mieux lutter contre des prises de pouvoir inopinées. Ils achètent quelques T-shirts, des sous-vêtements, des chaussettes et des jeans. Ils trouvent de la gaze et du désinfectant pour Andrew, de l'aspirine pour Souris, des brosses à dents et du dentifrice pour les deux. À un moment, Maledicta, rôdant aux abords de la grotte, repère un fichu qui lui plaît – un bandana rouge, blanc et noir ayant pour motif des crânes en feu – et demande s'il « plairait » à Souris de le lui acheter. Souris s'étonne à la fois de cette requête et de la courtoisie inédite (aux intonations toutefois sarcastiques) de sa formulation. Comme le fichu ne coûte que 4,99 dollars, elle accepte mais décide de le payer à part, en liquide. Lorsqu'ils sont à la caisse, il y a un certain suspens pour le plus gros achat, mais la carte bancaire d'Andrew finit par passer. Ils changent de vêtements dans une station-service à l'écart de la ville et sont sur le point de retourner vers l'autoroute lorsque Maledicta, tapie près de la bouche de la grotte, reprend la parole :

– Est-ce que je pourrais conduire un moment, *s'il te plaît* ?

– Qu'y a-t-il ? demande Andrew en remarquant la réaction de Souris.

Celle-ci lui raconte ce que Maledicta vient de lui demander.

– Oh, dit-il. Elle veut passer un peu de temps avec Tante Sam. Je lui ai dit que ça ne posait pas de problème, du moment qu'elle était polie – et si tu étais d'accord.

– Tu lui as dit ça ? s'étonne Souris qui n'aime pas la position dans laquelle elle se retrouve.

Andrew vole à son secours :

– Dis à Maledicta que j'ai dit pas aujourd'hui. C'est trop tôt, après ce qui s'est passé ce matin. Demain, peut-être, si je me sens plus fort.

– Très bien…

Souris commence à répéter les propos d'Andrew, mais Maledicta l'interrompt :

– Je l'ai entendu, le fumier ! Dis-lui que c'est un sale menteur ! Le fils de pute ! Il m'avait promis !

Souris ne transmet pas le message.

Le soir venu, ils arrivent à Sioux Falls. Il fait encore jour après le dîner, mais Souris est épuisée.

– Est-ce que tu veux passer la nuit ici ? demande-t-elle à Andrew.

Il se tâte. Il voudrait bien s'arrêter ici mais, comme il essaie de l'expliquer à Souris, il ne faut absolument pas qu'il ait l'air de tergiverser.

– On pourrait peut-être continuer encore un peu ?

– Je ne sais pas trop, répond Souris en consultant la carte routière. Je ne suis pas sûre qu'on puisse continuer juste un peu, sur cette autoroute… On dirait que la prochaine grande ville est à l'autre bout du Minnesota.

Andrew se rembrunit. Il ne veut pas la harceler, mais n'a pas l'intention non plus de baisser les bras.

– Peut-être…, dit Souris en réfléchissant à haute voix. Voudrais-tu conduire ?

Il secoue la tête.

– C'est impossible.

– Tu sais, il n'est pas vraiment nécessaire d'avoir le permis, explique Souris. Enfin, tant que tu es prudent, que tu ne vas pas trop vite et que tu n'as pas d'accident.

– Ce n'est pas qu'une question de permis ; je ne sais pas conduire.

– Je peux t'apprendre. Ce n'est pas difficile. Et comme il n'y a pas trop de circulation, il s'agit surtout de rester sur sa voie.

Souris ne veut pas mettre Andrew au défi – simplement, elle a peur qu'en continuant de rouler elle ne s'endorme au volant. Pourtant, on dirait que c'est ainsi qu'il entend sa proposition. Il prend son souffle, expire et répond :

– Très bien, je devrais y arriver.

– Tu n'es pas forcé, lui répond Souris. Peut-être que si je faisais une petite sieste…

– Non, je devrais y arriver.

Ils montent en voiture et Souris lui explique le b.a.-ba : accélérateur, frein, boîte de vitesses, clignotants. Lorsque Andrew semble avoir tout assimilé, Souris lui demande d'échanger encore une fois son siège avec elle.

– Je vais conduire pour sortir de la ville, dit-elle.

Ils quittent Sioux Falls et rejoignent une aire de repos à la frontière de l'État. Puis Andrew prend le volant. Il est d'abord nerveux – et Souris, qui se demande s'ils ne commettent pas une erreur, l'est également – mais il prend rapidement confiance en lui. Trop rapidement : Souris ne tarde pas à lui rappeler qu'il doit surveiller sa vitesse.

– Désolé, dit-il, en levant le pied. Mais tu avais raison, ce n'est pas difficile.

– Je suis étonnée que tu ne saches pas conduire, dit Souris. C'est très pratique.

– Bien trop pratique, rétorque-t-il. C'est comme avoir une carte bancaire. Mon père adorait conduire, avant, mais lorsqu'il s'est mis à perdre le fil du temps, c'était dangereux qu'il puisse se servir d'un véhicule. Il a fini par décréter que ça n'en valait pas la peine. On aurait sans doute pu s'y remettre quand je suis arrivé, mais, pour être franc, je n'ai jamais eu l'impression d'avoir besoin d'une voiture. Je ne quitte pas souvent Autumn Creek.

Il observe la chaussée.

– En fait, c'est la première fois que je vais aussi loin.

– Est-ce que tu sais où nous allons ? demande Souris.

Il hoche la tête.

– Andy Gage est né dans une ville qui s'appelle Seven Lakes. Près de Muskegon et de Grand Rapids.

– Tu n'y es jamais allé ?

– Pas personnellement, mais j'ai regardé plusieurs fois la carte, je sais plus ou moins où elle se trouve, et mon père nous indiquera la direction si c'est nécessaire.

Souris le scrute attentivement.

– Est-ce que tu as peur ?

– D'aller là-bas ? Oui, répond Andrew. Mais je suis curieux, aussi. J'aimerais bien voir la maison dans laquelle a grandi Andy Gage, si elle est toujours debout. Et quant au beau-père – je crois qu'au fond de moi je n'arrive toujours pas à croire que j'aie pu le tuer, à moins que… à moins que ce n'ait été un accident.

Il lève les yeux vers elle.

– Est-ce que tu crois que je, que l'un des miens, aurait pu…

– Une fois, j'ai essayé de tuer ma mère, l'informe Souris.

– Ah bon ? demande Andrew, qui semble étonné mais pas choqué. Comment ?

– À l'hôpital. J'ai collé ma main sur sa bouche…

Elle lui raconte l'histoire, brièvement d'abord, mais donne de plus en plus de détails, si bien que le récit de la mort de sa mère est presque complet – elle dit tout, sauf ce qu'elle a fait de ses cendres.

– Je n'ai pas l'impression que tu aies vraiment essayé de la tuer, la rassure Andrew quand elle a terminé. On dirait plutôt que c'était un fantasme. Qu'il aurait été surhumain de ne pas avoir, vu les circonstances.

– Ce n'était pas seulement un fantasme. J'ai vraiment plaqué ma main sur sa bouche.

– Mais tu n'as pas appuyé suffisamment fort pour qu'elle cesse de respirer. Et tu t'es arrêtée net lorsque tu t'es rendu compte de ce que tu faisais.

– Je n'aurais rien dû faire du tout. C'était mal.

– Écoute-moi bien, Penny, dit Andrew. Si, en arrivant à Seven Lakes, je réalise que la pire chose que j'aie jamais faite de ma vie, c'était de pincer le nez du beau-père pendant son sommeil, je suis sûr que j'arriverai à supporter le poids de ma culpabilité.

– Qu'est-ce qu'il t'a fait ? demande Souris. Est-ce que tu le sais ?

– Mon père ne t'a pas raconté ?

Souris secoue la tête.

– On a surtout parlé de ce qui s'est passé après qu'il avait quitté la maison – la façon dont il avait compris qu'il avait une personnalité multiple, comment il s'était dépatouillé avec. J'ai eu l'impression qu'il ne voulait pas parler de ce qui s'était passé avant.

– C'est vrai, il n'aime pas ça, consent Andrew.

Puis il ajoute :

– J'ai une vague idée de ce que faisait le beau-père. D'abord, c'était beaucoup plus sexuel que ce qui s'était passé avec ta mère. Enfin, c'était aussi violent – il avait un caractère de cochon –, mais son truc c'était surtout de se servir d'Andy Gage comme d'un joujou. En fait, c'était sa poupée gonflable.

Andrew tressaille en s'entendant dire ces mots. Et Souris, se rappelant la brassière de Loins, sent le rouge lui monter au front.

– Et puis ça avait commencé tôt – je ne pourrais pas exactement te donner de date, mais mon père pense que c'est très tôt –, tellement tôt qu'à ce stade ce n'est même plus du vice, c'est autre chose. Puis, pendant qu'Andy Gage grandissait…

Il s'interrompt, grinçant involontairement des dents, puis dévie quelque peu :

– Nous… ils… étaient plutôt isolés, aussi. Seven Lakes fait à peu près la taille d'Autumn Creek, mais la maison des Gage se trouvait aux confins de la ville. Comme si on avait vécu à East Bridge Street, environ sept kilomètres après l'Usine du Réel.

– Et tu vivais seul avec ton beau-père ?

– Oui.

– Et ta mère ? Elle était morte ?

Il s'apprête à dire oui, puis hésite.

– Je… oui, je pense que oui.

Souris relève la tête, une question muette dans les yeux.

– Je veux dire, poursuit Andrew, je ne me souviens pas qu'on en ait jamais parlé, mais je sais que mon père aimait ma mère. Il l'aimait beaucoup… Et, le connaissant, je ne vois pas comment il aurait pu éprouver de tels sentiments si elle était partie, l'abandonnant avec le beau-père. Alors oui, elle devait être morte…

Mais il fronce les sourcils, insatisfait par sa propre logique.

– Il faudrait que je me renseigne.

Ils continuent de bavarder un moment. Puis, environ une demi-heure après le coucher du soleil, Souris bascule la tête en arrière…

… et soudain elle s'aperçoit qu'ils sont garés sur le bas-côté.

– Hein ? demande-t-elle en se redressant tel un diable à ressorts. Où sommes-nous ?

– On va bientôt passer dans le Wisconsin, lui apprend Andrew. Il y a une ville un peu plus loin, et je me suis dit que tu préférerais sans doute reprendre le volant. Je veux bien m'arrêter pour la nuit.

Le Wisconsin… Souris jette un coup d'œil au tableau de bord, qui annonce 22:29. Elle tente de se souvenir si elle a remis la bonne heure ce matin, avant de quitter le motel ; même si c'est le cas, ils sont certainement dans un nouveau fuseau horaire. Alors il doit être 23 heures passées, peut-être même plus de minuit.

Il est tard. Souris prend le volant, et traverse le fleuve Mississippi pour rejoindre La Crosse, dans le Wisconsin. Ils trouvent un motel. Souris, encore somnolente, ne prête guère attention aux tractations d'Andrew pour avoir une chambre.

Mais Loins, elle, n'a pas du tout envie de dormir.

– Des lits jumeaux ou un lit double ? demande la veilleuse de nuit.

– Hein ? fait Andrew.

– Un lit, ou deux ?

– Oh… deux *chambres*, s'il vous plaît.

– Non, c'est bon, l'interrompt Loins, coupant habilement l'herbe sous les pieds d'une Souris endormie. On n'a qu'à partager la chambre. Ça ne me dérange pas.

– Tu es sûre ? demande Andrew.

– Tout à fait, réplique Loins, en s'efforçant de ne pas se trahir. À quoi bon jeter l'argent par les fenêtres ?

– Très bien…

Il se retourne vers la fille derrière le comptoir.

– Deux lits, dans ce cas.

– Excuse-moi.

Loins se dirige vers la fille, murmure quelque chose à son oreille, et toutes deux se mettent à glousser.

– Quoi ? demande Andrew.

– Oh, rien, ricane l'employée. Voilà, c'est la chambre 230.

Ils s'y rendent et découvrent qu'elle ne comporte qu'un seul lit. Andrew fronce les sourcils.

– Je suis désolé, dit-il, comme si c'était sa faute. Descendons arranger…

– Ça va, dit Loins qui se faufile près de lui pour entrer dans la chambre. C'est un grand lit.

Elle s'assoit sur le matelas et rebondit plusieurs fois dessus pour l'essayer.

– On tiendra à deux.

– Hum, Penny…

– Je suis vraiment claquée, Andrew, dit-elle. Je n'ai pas envie de me fader un changement de chambre. Je me ferai toute petite, dans un coin, tu ne sauras même pas que je suis là.

Il sent que quelque chose ne tourne pas rond, mais ne sait quoi.

– Maledicta ?

Loins rit.

– Est-ce que je parle comme Maledicta ? Voyons, c'est moi, Andrew.

Elle se lève d'un bond, et va se laver les mains et le visage dans la salle de bains. Lorsqu'elle en ressort, Andrew se trouve encore près de la porte ouverte.

– Quel est le problème ? lui demande Loins. Tu ne vas pas rester planté là toute la nuit, n'est-ce pas ?

– Penny…

– Ferme au moins la porte.

– Penny, qu'est-ce…

– Tu sais ce qui te ferait du bien ? demande Loins. Une bonne douche.

– Une douche ?

– Oui.

Elle opine du chef.

– Ça te détendrait, après cette journée harassante.

Elle penche un peu la tête et lui fait son sourire le plus charmeur.

– Ou peut-être un bon bain chaud… Bon, de toute façon, moi je sors chercher une boisson fraîche, alors pendant que je ne suis pas là, n'hésite pas…

– Tu vas chercher une boisson ? Mais je croyais que tu étais épuisée.

– Oh, oui, dit Loins. Mais j'ai très soif.

Elle le frôle à nouveau et ne peut résister à la tentation de lui caresser la joue avec le doigt, en passant.

– À tout à l'heure…

Cinq minutes, tout au plus, se dit Loins, tandis qu'elle descend au rez-de-chaussée. Elle découvre un distributeur de boissons dans un passage reliant deux bâtiments du motel. Il y a également un distributeur de cigarettes, mais Loins s'en moque ; en fait, elle n'aime pas fumer, et ne le fait que par affectation. Mais Andrew, lui dit son petit doigt, n'est pas le genre d'homme à trouver sexy une femme qui fume.

À propos de fumeurs sexy… Comme Loins choisit son rafraîchissement, la braise d'une cigarette illumine la pénombre, plus loin dans le passage. Son propriétaire est un homme au crâne rasé, qui porte un jogging. Il est suffisamment mignon pour que Loins oublie Andrew pendant quelques instants.

– Salut, mon chou, roucoule-t-elle d'une voix travaillée. Tu veux un peu de compagnie ?

Cette entrée en matière fait sourire l'homme, mais il

lève la main gauche pour lui montrer ses doigts : une alliance étincelle sur son annulaire.

– Tant pis pour toi, plaisante Loins.

Elle attrape une bouteille de Seven-Up dans la machine, et – bien que la brise nocturne soit fraîche – fait rouler la cannette contre sa nuque comme si elle avait vraiment très chaud.

– Fais de beaux rêves…

Quand Loins remonte à l'étage, la porte de la salle de bains est fermée mais elle entend l'eau couler. Elle pose le soda sur le lit, se pomponne rapidement en face du miroir posé au-dessus de la commode, puis va rejoindre Andrew.

– Salut, mon chou, fait-elle en ouvrant la porte sans frapper. Tu veux un peu de comp…

La salle de bains est vide. Les bruits d'eau que Loins avait entendus proviennent de la chambre voisine.

– À quoi tu joues ? demande Andrew, dans son dos.

Elle virevolte. Andrew est assis sur une chaise, près de la porte, les bras croisés sur sa poitrine. En entrant, Loins a dû passer juste à côté de lui.

– À quoi tu joues ? répète-t-il.

Loins sourit, puis hausse les épaules.

– Je voulais m'assurer que tu n'avais besoin de rien…

– Vous n'êtes pas Penny.

– Tu m'as percée à jour.

Loins lève les bras de la plus charmante façon, feignant de se rendre, mais Andrew n'est pas du tout charmé.

– Vous trouvez que c'est bien, de faire croire aux autres qu'on n'est pas qui l'on est ? lui demande-t-il.

– Bien… ? s'étonne Loins, sur un ton qui semble dire : "Quel étrange concept !" Je trouve ça amusant.

– Moi, je trouve ça grossier. Envers moi, et envers Penny, aussi. Avez-vous déjà songé à lui demander la permission, avant de surgir comme ça ?

– Lui demander la permission ?

Loins éclate de rire.

– Voyons, elle ne me connaît même pas. Elle bien trop ennuyeuse pour me connaître.

– Je ne la trouve pas ennuyeuse. Je trouve que c'est quelqu'un de gentil, et une chouette amie – et je voudrais lui parler. Pourriez-vous lui demander de sortir, s'il vous plaît ?

– Certainement pas. Moi, j'ai envie de m'amuser. Si ça ne t'intéresse pas, très bien, je trouverai quelqu'un d'autre…

Vexée, elle quitte la pièce. Retournant dans le passage, Loins songe : *Très bien. Voyons ce que vaut cette alliance. Cinq minutes, tout au plus*. Mais, lorsqu'elle arrive, le fumeur s'est volatilisé – il a fini sa cigarette pour courir rejoindre bobonne. Loins remonte tout le passage pour s'en assurer, mais il n'y a pas la moindre trace de lui, ni la moindre solution de secours en vue.

Soudain elle entend un vrombissement derrière elle – quelqu'un met de l'argent dans l'un des distributeurs. Affichant son sourire le plus sexy, elle se retourne.

– Salut, mon chou…

Son sourire disparaît aussitôt ; ce n'est qu'Andrew. Et puis merde… se ravisant, Loins roucoule, en se dirigeant vers lui :

– On a changé d'avis ?

– Certainement pas, répond Andrew.

Extirpant un paquet de cigarettes de la machine, il le brandit pour qu'elle puisse voir la marque : des Winston.

– Attrape, dit-il en les lui envoyant.

– … 'culé ! répond rageusement Maledicta, interceptant le paquet en plein vol.

Elle agite les cigarettes dans les airs.

– Tu crois que tu vas m'acheter avec ça ?

– Pas du tout, répond Andrew, mais je pensais que ça m'aiderait à capter ton attention. Et j'ai bien plus confiance en toi pour t'occuper du corps de Penny qu'en cette fille.

– Confiance ! réplique-t-elle avec mépris. Mets pas tes histoires de confiance à la con sur le tapis.

Puis :

– Cette foutue Loins… Je te jure, quelle sale pute…

– Je suis désolé que tu n'aies pas pu passer un peu de temps avec Tante Sam cet après-midi…

– Tu peux l'être, ducon !

– … mais je ne t'ai jamais promis qu'on le ferait aujourd'hui. Demain, peut-être…

– “Peut-être” ? C'est à ça que j'ai droit, avec tous mes *s'il te plaît*, un “peut-être” de merde ?

– Je suis fatigué, Maledicta. Si je te promets de te laisser seule avec Tante Sam, demain, sans peut-être, est-ce que tu veux bien retourner dans la chambre et y rester ? T'assurer que Penny n'en sort pas ?

– Et toi, tu vas te pieuter où ? demande Maledicta. Pas avec moi, en tout cas.

– Non, pas avec toi, acquiesce Andrew. Je vais prendre une autre chambre. Ou bien je dormirai dans la voiture…

– Je t'interdis de dormir dans ma putain de caisse.

– Alors je vais prendre une chambre.

Il lui tend la clé de la porte 230.

– D'accord ?

– 'culé…

– Soit dit en passant, j'ai repéré un minibar dans la chambre, remarque Andrew comme elle prend la clé. Ne pète pas les plombs.

… et alors, environ sept heures plus tard, Souris se réveille toute seule, la langue chargée de nicotine, avec un léger mal de tête. À côté d'elle se trouve un petit mot posé sur l'oreiller, écrit de la main de Maledicta : IL TE LÂCHE PAS LE CUL. Souris doit rassembler tous ses neurones, pourtant fatigués, pour comprendre que cela signifie qu'Andrew ne l'a pas abandonnée.

Elle sort du lit, se douche, se brosse les dents. Elle avale trois aspirines. Elle s'habille et se dirige vers le parking, où elle découvre Andrew qui l'attend près de la voiture.

– Il s'est passé quelque chose, hier soir, dit-elle en marchant vers lui.

– Tu as changé de personnalité, explique-t-il. Il a fallu que j'appelle Maledicta pour être sûr que tu ne… n'ailles pas faire les quatre cents coups.

– Et qui m'avait remplacée, pour que tu en viennes à penser qu'il valait mieux convoquer Maledicta ?

– Eh bien, fait Andrew, quelque peu hésitant, je ne sais pas trop, il me semble qu'elle s'appelait Loins…

– Oh mon Dieu ! s'exclame Souris lorsqu'elle sait ce que Loins a fait – ou plutôt ce qu'elle a essayé de faire.

– Tout va bien, Penny.

– Tout va bien ?

– Je veux dire qu'elle n'a pas été agressive. Elle a laissé tomber dès que je lui ai fait comprendre que son petit jeu ne m'intéressait pas. J'ai eu l'impression qu'elle avait l'habitude que les hommes lui cèdent facilement.

– Super, gémit Souris.

Puis :

– Ça ne va pas du tout. Tu n'es pas au courant, mais cette… Loins… m'a créé beaucoup de problèmes. La veille de mon premier jour à l'Usine du Réel…

Mais Souris ne peut pas lui raconter cette histoire.

– Eh bien, Penny, suggère Andrew, si tu n'aimes pas sa façon de se comporter, tu peux toujours lui demander de cesser.

– Lui demander ?

Il hoche la tête.

– Aller la chercher, à l'intérieur, et lui dire que tu n'es pas contente. Imposer ta loi.

– Tu crois que ça marcherait ?

– Sans doute pas les premières douzaines de fois, mais si tu ne la lâches pas…

Il hausse les épaules.

– C'est toi le chef, Penny. En tout cas tu vas l'être, si tu prends le taureau par les cornes. Aujourd'hui, il faut que je retourne à l'intérieur, ajoute-t-il, pour recevoir des instructions de mon père, et poursuivre notre conversation. Et comme j'ai plus ou moins promis à Maledicta qu'elle passerait du temps avec Tante Sam, on pourrait peut-être synchroniser tout ça : je vais parler à mon père, et toi tu vas à l'intérieur pour lui mettre les points sur les i, et on laisse Maledicta et Tante Sam faire la route.

– Maledicta…

Souris cligne ses yeux rougis.

– Tu crois que c'est une bonne idée ?

– Je vais d'abord parler à Tante Sam, lui dire qu'elles ne sont pas autorisées à faire le moindre détour. Quant à Maledicta, si tu lui demandes gentiment…

Souris est sceptique, mais elle s'aperçoit soudain que, si elle a autant de réticences, ce n'est pas tant à cause de ce que Maledicta risque de faire du corps que parce qu'elle a peur de ce que la caverne lui réserve. Elle pense à la petite fille dans sa robe de princesse.

– Et si ça ne se passe pas bien avec Loins ? Si, une fois à l'intérieur, je rencontre quelqu'un d'autre, à qui je n'ai absolument pas envie de parler ?

– Tu n'auras qu'à dire que tu n'as pas envie de parler.

Il réfléchit un instant.

– Quand tu as eu ta consultation avec le docteur Grey, est-ce qu'elle t'a fait faire ce truc avec le casque de mineur ?

– Oui.

– Mon père aussi l'a fait, poursuit Andrew. Il a dit que c'était très utile, vu que la lumière n'arrivait pas encore à l'intérieur. Prends le casque avec toi lorsque tu iras parler à Loins – il te protégera.

Ils quittent leur chambre. Après avoir pris le petit déjeuner, ils se rendent dans une station-service pour se réapprovisionner en essence (Andrew, dans son obstination à « continuer encore un peu », a failli tomber en panne sèche). Puisque Maledicta considère que le plein est son domaine réservé, c'est ici qu'ils abandonnent leurs corps – Andrew convoque d'abord Sam, puis Souris, un peu à contrecœur, appelle Maledicta.

Le casque de mineur est posé par terre, à l'entrée de la grotte. Souris l'attrape et le visse sur sa tête – il lui va toujours aussi bien – et la lampe s'allume.

« *J'ai tout bien ficelé, Sam*, marmonne Maledicta, la cigarette au bec. *On continue sur cette route à la con jusqu'à l'Illinois, l'air de rien, puis, sans se faire chier, on fonce en direction du sud et là, on prend à l'est au niveau de Saint Louis. Si on appuie sur le putain de champignon et si on s'arrête pas pour pisser, on peut être à Santa Fe demain dès potron-minet, bordel...* »

Mieux vaudrait que ce soit une blague, pense Souris. D'un autre côté, si Maledicta et Sam préparent vraiment un mauvais coup, cela lui fera une bonne excuse pour couper court à son expédition.

Souris se dirige vers la caverne, faisant une pause pour écouter d'éventuels bruits de pas. Elle n'entend rien, rien que la respiration régulière des dormeurs. Cependant, elle est nerveuse et se demande s'il est possible de régler l'intensité de la lampe fichée sur le casque de mineur. Elle porte les mains à sa tête et, comme elle s'y attendait, découvre un bouton de réglage à côté de la lampe. Souris le tourne pour voir ce que ça donne, et un torrent de lumière, assez vif pour éblouir tous les souvenirs qui viendront à sa rencontre, se déverse.

Bien. Souris tourne le bouton dans l'autre sens car elle ne souhaite voir que ce qui est strictement nécessaire.

Les cailloux blancs se trouvent toujours à l'endroit où elle les a fait tomber la dernière fois qu'elle est venue ici. Elle s'apprête à les récupérer puis se ravise, songeant que le moment est mal choisi pour transporter avec elle une poignée de cailloux ; mieux vaut qu'elle garde au moins une main libre pour régler sa lampe, au cas où. Elle scrute les alentours pour voir s'il y a d'autres pierres et aperçoit un rouleau de grosse ficelle blanche.

La question est de l'attacher quelque part… une stalagmite apparaît fort à propos. Souris y enroule sa ficelle et tire dessus plusieurs fois. Les nœuds tiennent.

– Très bien.

Par précaution, au cas où la ficelle romprait, elle décide de suivre les parois de la caverne. Elle fait am stram gram, pic et pic et colégram pour choisir sa direction et prend sur la gauche, déroulant la ficelle dans son sillage.

Elle n'a pas beaucoup progressé lorsqu'elle entend un son familier – *slap slap* – et se fige, paralysée. Toutefois, ce ne sont pas des bruits de pas mais de l'eau qui clapote. Il y a une odeur, aussi, une odeur salée, musquée, pareille à celle de l'eau de mer chaude. Soudain persuadée d'être sur la bonne voie, Souris continue et découvre une niche dans la paroi de la caverne. Elle donne sur un espace baigné d'une douce lumière rosée. Souris pénètre à l'intérieur. C'est une grotte semblable à une caverne sous-marine ou à une tanière dans un désert montagneux ; au centre il y a un bassin rutilant, illuminé comme si la force qui l'avait creusé dans le sol de la grotte avait posé des néons sous les pierres. Souris s'avance vers le bord du bassin et se voit, flottant dans les eaux vaporeuses.

Non, ce n'est pas elle : l'âme dans le bassin a sans doute le même aspect – pas une vraie jumelle mais presque – mais, du point de vue onthologique, elle se trouve à des années-lumière de Souris.

Loins.

Elle est nue, bien évidemment. Elle flotte sur le dos, remuant langoureusement les bras et les jambes dans les flots, provoquant de petites vagues qui viennent mouiller ses seins dardés, sa... Mon Dieu, c'est écœurant. Souris roule de grands yeux, répugnée mais également fascinée.

Cette apparente similitude l'affecte. Souris – elle ne perd jamais son temps à y songer, mais elle sait que c'est vrai – n'est pas plus attrayante, sexuellement, qu'un tas de boue ; de sa vie, elle n'a jamais été sexy, pas une fois. Tandis que Loins, si. Il est délicat de dire exactement comment, ou pourquoi – en réalité, elle ne fait rien, se contente de flotter nonchalamment –, mais, c'est indéniable, elle suinte l'érotisme par tous les pores ; d'autres spectateurs de la scène en diraient autant. Or, si Loins est sexy, et si Loins ressemble à Souris, on pourrait en déduire que Souris aussi peut être sexy, qu'elle a du potentiel.

Ce n'est pas le genre d'informations dont Souris a besoin. C'est honteux, une nouvelle tare dans sa personnalité déjà douteuse. Et pourtant, l'espace d'un instant – le temps d'un furtif clin d'œil, pourrait-on dire –, elle éprouve un sentiment de stupéfaction qui n'est pas entièrement déplaisant.

Puis la honte déferle sur elle, et Souris entend la voix condamnatoire de sa mère, la maudissant de gâcher son bonheur, de le *foutre* en l'air avec le premier venu de Poubelle-ville. C'en est presque trop – Souris doit lutter pour ne pas faire un trou noir.

C'est alors que Loins la remarque. Elle se redresse dans une gerbe d'eau, et ses mains viennent lisser ses cheveux bruns et humides vers l'arrière, geste qui a pour conséquence, sans doute étudiée, de propulser ses seins en avant. Ses lèvres se plissent, esquissant un sourire narquois.

– Tiens, tiens, dit-elle. Je ne m'attendais pas à te voir ici. Tu viens nager avec moi ?

Souris semble sur le point d'avoir un haut-le-cœur.

– On dirait que non, constate Loins dans un petit rire.

Elle s'apprête à quitter le bassin ; Souris fait quelques pas précipités en arrière.

– Alors, que me vaut l'honneur ? C'est au sujet de la nuit dernière ?

Loins sort de l'eau et attrape une serviette drapée autour d'un rocher. Elle s'essuie – cheveux, visage, nuque, bras, dos, seins, ventre –, se débrouillant pour tenir sa serviette de façon à ce que Souris voie le maximum de chair.

– Il ne s'est rien passé, tu sais. J'ai essayé de baiser Andrew, mais il n'a pas joué le jeu…

S'étant séché le buste, Loins place un pied sur un rocher, glisse la serviette entre ses jambes et frotte vigoureusement, bien plus vigoureusement que nécessaire. Elle bascule la tête en arrière et cesse de parler pendant quelques instants.

Souris ferme les yeux.

– Oh… Ah !… s'exclame Loins sur un ton qui trahit ce que Souris ne voit pas. Ouh !… Pardon. De quoi parlait-on ? Ah, oui ! Andrew – quel parfait gentleman !

Elle pouffe de rire.

– Mortellement ennuyeux… Enfin, j'imagine que ça doit être un amour, pour vouloir ainsi protéger ta vertu.

Nouveaux rires.

– Tu sais, il m'a vraiment mangée toute crue… enfin, au sens figuré, je veux dire.

*Arrête*, pense Souris.

– Ouais, il m'a passé un sacré savon. Ce qui m'a un peu foutu les boules. Mais il a dit de gentilles choses à ton sujet… Je ne sais pas, et si tu essayais de te le faire, toi ?

– Arrête, ordonne Souris, qui a ouvert les yeux mais les détourne – ce qui ne va pas l'aider à imposer sa loi.

Elle se force à regarder Loins en face.

– Ne dis pas ça.

Loins, ayant fini de se sécher, a enroulé la serviette autour de son cou – mais, comme celle-ci fait la taille d'un mouchoir de poche, elle ne couvre rien du tout. Loins est toujours nue comme un ver.

– Il ne faut pas que je dise quoi ? “Baiser” ? Pourtant, question gros mots, tu devrais être vaccinée maintenant, à force de traîner avec Maledicta. Enfin, j’imagine qu’elle ne parle pas tant que ça de cul.

Elle s’assoit sur le rocher.

– Tu veux que j’arrête de le dire, ou de le faire ?

– De le faire.

Se faisant violence pour continuer :

– J’en ai marre de… de me réveiller à côté de gens que je ne connais pas.

– Alors tu veux que j’arrête de choper des mecs dans les bars.

– Oui.

– Oui, répète Loins qui semble soudain raisonnable et accommodante, comme si cela ne posait pas de problème, et que Souris aurait dû en parler bien plus tôt.

Mais son sourire redevient vicieux.

– Eh bien, on veut sans doute tous quelque chose, hein ? Moi, je veux m’amuser.

– T’amuser…

Souris prend le ton le plus méprisant possible.

– Et c’est pour ça que tu dois te saouler ? C’est pour ça que tu me les refiles, au matin ?

– Le matin, c’est embêtant, réplique Loins, sans se démonter. Quant à l’alcool, la plupart du temps, ce n’est même pas moi, et quand ça l’est, ça fait partie du jeu. Mais si, je m’amuse – tu le saurais si tu avais le courage de le faire, rien qu’une fois. Tu veux savoir ce que c’est, le meilleur ?

– Non, certainement pas, je veux que…

– Ce n’est pas la baise en soi – oh, je ne voudrais pas mentir, ça aussi ça peut être amusant, si le type sait ce qu’il fait. Mais le meilleur moment, indiscutablement, c’est au début, quand tu les accroches, et que tu en fais ce que tu veux. Le moment où tu sais que tu les tiens, qu’ils seraient prêts à faire *n’importe quoi* pour être avec toi… mmmh, je ne connais rien d’aussi satisfaisant.

Loins ferme les yeux, comme pour mieux savourer ses souvenirs.

– Oh… Oui…

Elle se renverse sur le rocher.

– Rien que d'y penser, ça me fait tout chose… ici.

Ses pieds se soulèvent, viennent se coincer sous ses fesses, ses genoux s'écartent, et Souris reste plantée là, à la regarder bouche bée, tandis que la lampe de mineur brille comme un spot sur…

Trop, c'est trop. Souris bat en retraite, sort en trébuchant pour rejoindre la caverne. La lampe de mineur s'éteint par la simple volonté de Souris, et elle avance à pas maladroits jusqu'au centre de la caverne, où elle se jette au milieu des dormeurs pour laver sa honte.

Le temps passe. Souris est couchée dans le noir, à demi consciente, jusqu'à ce qu'une secousse de la ficelle accrochée à son poignet la tire de sa torpeur…

… soudain c'est l'après-midi ; Souris et Andrew sont assis dans le box d'un restaurant. À en juger par les assiettes vides posées devant eux – et la panse rebondie de Souris –, Maledicta et Sam viennent de se goinfrer de pâtisseries et de *cheesecakes*.

– Sam ! s'écrie Andrew en découvrant l'addition.

– Co-comment s'est passée ton entrevue ? demande Souris.

Sans doute aussi bien que sa rencontre avec Loins, si elle en juge par son attitude.

– Il faut que j'aille quelque part, avant Seven Lakes, lui dit Andrew. Avec un peu de chance, ce ne sera plus nécessaire de se rendre à Seven Lakes.

– D'accord, répond Souris.

Elle observe par la vitre le parking du restaurant, mais elle a du mal à le distinguer de toutes les aires de repos qu'ils ont vues depuis trois jours.

– Où sommes-nous, maintenant ?

– À Gary, dans l'Indiana, répond Andrew. On arrive.

Il va payer l'addition, puis ils sortent pour regagner la voiture. Souris prend le volant. Une demi-heure plus tard, ils sont dans le Michigan. Ils prennent la route côtière qui borde le lac, et arrivent en fin d'après-midi à Muskegon. La ville natale d'Andy Gage se trouve dans l'arrière-pays, mais Andrew demande à Souris de poursuivre vers le nord.

Ils quittent l'autoroute pour rejoindre une route étroite, à deux voies, qui s'enroule autour du lac Michigan. Après quelques kilomètres, la route se divise, une branche descend vers une plage de sable, l'autre serpente le long d'une colline boisée. Ils prennent le chemin qui monte.

Le cimetière s'appelle Lake View : un coin d'une demi-acre, composé de terrains herbeux, en bordure de falaise, entouré par un muret de pierres et flanqué de bosquets d'érables. Le sol pentu donne l'impression que les rangées de pierres tombales sont les sièges d'un amphithéâtre.

– "Lake View", fait observer Maledicta d'un ton moqueur, tapie près de la bouche de la grotte. Ça alors, il fallait avoir une putain d'inspiration pour trouver un nom pareil.

– Tais-toi, ordonne Souris, le cœur au bord des lèvres après tous les gâteaux, sans parler de toutes les cigarettes.

– Quoi ? Qu'est-ce que tu dis, putain ?

– Tu as parfaitement entendu.

Souris n'arrive peut-être pas à maîtriser Loins, mais Maledicta ne lui fait plus peur.

Andrew est déjà sorti de la voiture. Il marche jusqu'au portail du cimetière, puis s'arrête ; Souris ne sait pas s'il a peur, ou s'il est simplement perdu dans ses pensées. Elle serre prudemment le frein à main de la Buick – le parking lui aussi est en pente – et va le rejoindre.

– Andrew ? demande Souris.

– Ça me fait penser au champ de potirons, dit-il. Ce n'est pas tout à fait pareil – chez nous, il n'y a pas tant de tombes – mais quand même…

Il se tourne vers elle.

– Tu veux bien me donner la main ?

Elle acquiesce, glisse sa main dans la sienne. Andrew soulève le loquet de la porte. Ils entrent.

– C'est impossible qu'ils soient enterrés ici, dit Andrew tandis qu'ils évoluent parmi les rangées de l'amphithéâtre. On est dans la partie la plus vieille du cimetière, et mon père m'a dit qu'il n'y avait plus de place depuis longtemps.

Souris lorgne les pierres tombales en passant et, effectivement, les dates les plus récentes remontent aux années 50. Andrew se dirige vers un passage dans le muret ; derrière, un sentier serpentin grimpe le long de la colline, parmi les arbres, menant à un autre cimetière. Il est bien plus grand que l'amphithéâtre, mais ne donne pas sur le lac, à moins que l'on ne monte sur les monuments funèbres les plus hauts.

– Très bien, dit Andrew qui s'est arrêté pour discuter avec un membre de la maisonnée. Très bien.

Il fait un signe du doigt.

– Par ici.

Ils traversent le cimetière en diagonale. Andrew compte les rangées dans sa barbe, arrivé à la vingt-cinquième environ, il ralentit et se met à étudier les tombes une à une.

– On cherche quel nom ? demande Souris.

– Celui du beau-père. Là.

C'est un énorme caveau en granite, de ceux que l'on utilise d'ordinaire pour abriter des familles entières. L'inscription indique :

HORACE GARFIELD ROLLINS
3 FÉVRIER 1932 – 24 MAI 1991
*Ici je reposerai*
*Jusqu'à ce que je sois rappelé*
*Dans la maison de mon Père*

Le visage d'Andrew trahit une foule d'émotions. Mais, quelles qu'elles soient, la colère prédomine ; il serre les poings, broyant la main de Souris, qui laisse échapper un cri.

– Excuse-moi, dit Andrew d'un air absent, et il la relâche.

Campé devant la tombe de Horace Rollins, il secoue la tête.

– Le 24 mai. Ça ne va pas, comme date.

– Ça ne va pas ?

– Ce n'est pas la date que j'espérais, explique Andrew.

Mais pour Souris, cette explication ne clarifie pas

grand-chose. Andrew continue d'observer la pierre tombale pendant quelque temps, puis il dit :

– D'accord…

Il fait trois pas en arrière, et se tourne vers une tombe, sur sa droite, qui, selon la plaque, appartiendrait à un certain Joshua Green, mort le 5 juin 1996.

Le front d'Andrew se plisse à nouveau. L'air soucieux, il vérifie l'emplacement à gauche de celui de Horace, mais il n'y a personne.

– Où est-elle ? demande Andrew, et la question ne s'adresse pas à Souris. Est-il possible qu'elle ne soit pas vraiment… Eh bien, pourtant elle n'est pas là où elle devrait être, père.

Andrew se met à regarder attentivement toutes les tombes environnantes. Trois rangées plus haut, et une douzaine d'emplacements plus tard, il trouve ce qu'il cherchait.

La plaque est plus délicate, une fine tablette de marbre aux nervures rosées. Elle indique :

Althea Gage
8 décembre 1944 – 16 décembre 1994
*Ma Bien-aimée*

– 1994, soupire Andrew.

Cette fois, son visage ne semble pas la proie d'émotions contradictoires, mais d'une grande tristesse.

– C'est donc vrai.

Souris n'a pas besoin de lui demander ce qu'il veut dire. Manifestement, la mère d'Andy Gage n'est pas morte lorsqu'il était encore enfant ; et le fait qu'elle soit enterrée ici, si près du beau-père d'Andy Gage, indiquerait qu'elle ne s'est jamais enfuie… Pourtant, il est intéressant de noter qu'elle n'est pas enterrée auprès de Horace, contrairement à ce qui semblait initialement prévu.

Les yeux d'Andrew se remplissent de larmes, discrètement d'abord ; mais soudain son corps s'effondre, parcouru de sanglots.

– Maman, gémit-il d'une voix qui n'est pas celle d'Andrew, mais d'Aaron.

Souris vient le rejoindre, elle veut le réconforter mais ne sait comment s'y prendre. Il lance un regard de côté, l'aperçoit, et lâche un sourire amer, derrière ses larmes.

– Tu vois ? dit-il. Tu as toujours pensé que tu étais bonne à rien. Mais au moins ta mère ressentait quelque chose à ton égard, même si elle était mauvaise. Notre mère à nous…

Il se retourne vers sa tombe, son amertume se muant en colère.

– Pourquoi ne nous as-tu pas aimés ? demande-t-il. Comment as-tu pu l'aimer, lui, et pas nous ? Comment ?

Sans crier gare, il fait volte-face et fonce dans les allées, en direction de la tombe de Horace, comme pour l'attaquer. Il bat en retraite devant l'imposante masse de pierre ; ses poings ricochent sans causer de dommages sur la surface polie qui, lorsqu'il précipite son corps contre elle, semble à peine vibrer, tandis qu'il perd l'équilibre.

– Aaron ! crie Souris, accourant pour voir si tout va bien.

Lorsqu'elle le rejoint, il est en larmes. Il lève le bras et lui attrape la main ; elle se penche vers lui, ses articulations sont écorchées, en sang.

– Pourquoi ne nous aimait-elle pas ? sanglote-t-il ; et Souris ne sait pas exactement qui parle. Qu'avons-nous fait de si horrible, pour qu'elle nous rejette comme ça…

– Je ne sais pas, répond Souris qui ne sait que dire. Je suis désolée, Aaron… Andrew… Je n'ai pas de réponse.

Lâchant une nouvelle fois sa main, il roule sur le côté et se recroqueville en boule.

– Pourquoi ne nous aimait-elle pas ? geint Andy Gage. Pourquoi ?

LIVRE NEUVIÈME

# RETOUR AU PAYS

# 25

– Tu croyais que notre mère était morte quand Andy Gage était petit enfant, n'est-ce pas ? demanda mon père.

– Je n'y avais jamais vraiment pensé, répondis-je. Enfin, oui, je devais me dire qu'elle était morte des années auparavant – c'est l'impression que j'avais chaque fois que tu parlais d'elle –, mais je ne me suis jamais appesanti là-dessus. Pourquoi l'aurais-je fait ? Ce n'est pas mon boulot de revenir sur le passé.

Nous étions sur le perron de la maison, assis dans la lumière du jour : le brouillard s'était éclairci pendant la nuit, mais il surplombait toujours le lac. Plus tôt dans la matinée, mon père avait réussi à rafistoler la chaire (un vrai bricolage, mais fonctionnel), et Seferis y était monté pour veiller sur le corps – ou plutôt sur Tante Sam, qui s'y trouvait, traversant le Wisconsin aux côtés de Maledicta.

– Voici le faire-part de décès de notre mère, me dit mon père.

Il me tendit le livret que nous avions trouvé sous la mystérieuse porte, la veille.

– J'ai jeté l'original, mais quelqu'un a dû en rapporter un exemplaire sans que j'y prête attention… Soit c'est ça, soit le souvenir a survécu par lui-même, bizarrement.

Il me le tendit. La couverture indiquait le nom d'Althea Gage, et une date.

– Décembre 1994, notai-je, surpris. Est-ce exact ? Ça ne fait que trois ans ?

– Deux ans et demi.

– C'est si récent que ça ?

Soudain je compris :

– Alors ça s'est produit deux mois avant ma naissance.

Il acquiesça.

– J'ai appris la nouvelle la semaine où le docteur Grey a fait son attaque.

– Et est-ce que ça a joué un rôle dans ta décision de…

Il se mit à pleurer.

J'avais déjà vu mon père hors de lui, à plusieurs reprises, mais je ne l'avais jamais vu pleurer. Je ne savais pas qu'il en était capable. Maintenant, ses yeux s'emplissaient de larmes, et son âme était secouée de terribles sanglots. Cela me faisait du mal de le voir ainsi, mais cela m'effrayait également ; je me surpris à lever les yeux au ciel de façon répétée, pour voir si le soleil, par empathie, se voilait. Il n'en fut rien ; mais j'aurais pu jurer que le brouillard planant au-dessus du lac s'était à nouveau épaissi.

– Je l'aimais, tu sais, dit mon père lorsqu'il fut à nouveau en mesure de parler. Je l'aimais, et pendant des années j'ai attendu un signe, n'importe lequel, me prouvant qu'elle aussi m'aimait. De tous les espoirs que j'aie jamais conçus, c'est à celui-ci que je me suis le plus longtemps accroché, le plus farouchement. Je désirais son amour plus que tout au monde, et même plus que de lui échapper, à *lui*.

– Le beau-père, dis-je découvrant la réalité sous un jour nouveau. Elle était là, elle vivait dans la même maison, pendant tout le temps qu'il…

– Oui.

– Est-ce qu'elle savait ?

– Ne sois pas stupide, Andrew. Bien sûr que oui. Mais elle ne nous a jamais fait de mal, ajouta-t-il avec force. Pas une fois. Et lorsqu'on était rien que tous les deux, quand il n'était pas à la maison, c'était bien. C'était merveilleux, en fait. Mais quand il était à la maison… elle savait.

– Alors elle était aussi mauvaise que lui, dis-je.

Il sortit de ses gonds :

– Je t'interdis de parler ainsi ! Tu n'étais même pas là ! Ne t'avise jamais plus de dire ça d'elle !

– Je regrette, père, mais tu sais que c'est la vérité. Si elle savait ce qui se passait et qu'elle n'a rien fait pour que ça cesse…

Il disparut. Son visage devint rouge tomate, au point que je crus qu'il allait se jeter sur moi, puis il disparut. Quelques secondes plus tard, un grand fracas retentit dans la forêt, derrière la maison – des bosquets d'arbres étaient déracinés et lancés dans les airs, avec fureur. Comme ça durait, je relevai les yeux vers le ciel, m'attendant cette fois à voir déferler des météorites.

Le tumulte cessa. Mon père, apaisé, réapparut à mes côtés.

Je n'essayai pas de reprendre la conversation là où nous l'avions laissée.

– Pourquoi agissait-elle ainsi ? demandai-je plutôt. Est-ce qu'elle aimait le beau-père au point de le laisser…

– Je ne connais pas ses motivations, répondit mon père. Ce qui la poussait à agir ainsi. Je ne l'ai jamais su. Tout ce que je peux dire… ça devait lui convenir d'être mariée avec lui, en tout cas assez pour qu'elle décide de passer outre… de laisser…

Il perdit contenance.

– J'imagine qu'elle devait l'aimer, si elle était capable d'amour. Plus que moi, de toute façon. Cela dit, poursuivit-il, je n'ai jamais perdu espoir, et j'attendais toujours un signe. Et un jour, j'ai cru que je l'avais. C'était la fin du lycée, à l'époque où tu commences à postuler à la fac. Le beau-père ne voulait pas que je quitte la maison, mais elle a argumenté en ma faveur. C'est la seule fois que je l'ai vue se disputer avec lui pour quelque chose. Et je me suis dit, ça y est, j'ai la preuve. Peut-être qu'elle ne peut pas l'empêcher de faire ce qu'il me fait, en tout cas pas tant qu'on vit sous le même toit, mais elle essaie de m'aider à m'enfuir. Au fond, elle tient à moi. Au fond, elle m'aime…

Il secoua la tête.

– J'aurais dû m'en tenir à ça, j'aurais dû croire ce que j'avais envie de croire, et m'en satisfaire. Mais ce n'était pas assez ; il fallait que j'en aie la confirmation. Alors une fois qu'il a été décidé que j'allais effectivement à la fac, je l'ai prise à part et j'ai essayé de la remercier. Je lui ai dit combien je lui étais reconnaissant, que je comprenais ce que ça signifiait, qu'elle se soit impliquée comme ça pour moi.

« Elle m'a interrompu avant même que je puisse finir. Elle m'a dit que j'avais tort de m'emballer. Qu'elle n'avait certainement pas fait ça pour moi ; simplement que... elle en avait marre d'avoir à lutter contre moi pour attirer son attention.

Il s'interrompit, et j'eus l'impression qu'il allait se remettre à pleurer, mais au contraire, il sourit, un sourire affreux.

– Et ce n'était... ce n'était pas la réponse que j'avais espérée.

– Et après cela, tu as cessé d'espérer...

Il se mit à rire pour de bon.

– Voyons, Andrew, me gronda mon père. On ne perd pas si facilement ses illusions. Tu es bien placé pour le savoir.

– Mais comment pouvais-tu encore penser, après qu'elle t'a dit une chose aussi atroce, qu'elle puisse...

– Tu n'as pas connu le beau-père. Il avait... du pouvoir. C'était un monstre, mais il pouvait aussi se montrer charmant, et ceux qu'il n'arrivait pas à charmer, il savait les persuader. Il arrivait à te pousser à dire certaines choses, ou à les taire. Il m'a fallu du temps, après que nous nous sommes enfuis, pour que je puisse énoncer ce qu'il avait fait ; or s'il parvenait à exercer ce type de pouvoir sur moi alors qu'il était absent, il n'était pas malaisé de songer qu'il avait le même ascendant sur notre mère, et que, lorsqu'elle parlait ainsi, ce n'était pas vraiment elle qui s'exprimait, simplement... son pouvoir, à lui.

« Mais il était plus vieux qu'elle. Le temps passant, il s'est mis à boire de plus en plus. Il était très probable qu'elle vivrait plus longtemps que lui et qu'un jour viendrait – peut-être dans dix ou vingt ans, mais il viendrait – où elle ne serait plus sous son influence, et où, finalement, ses vrais sentiments s'exprimeraient...

– C'est...

– Ridicule ? dit mon père. Sans doute. Mais pas suffisamment ridicule pour que je renonce à mes espoirs les plus fous.

– Et tu étais prêt à attendre ? demandai-je. À attendre qu'il meure de mort naturelle ?

– Il ne s'agissait pas d'être prêt. J'aurais été incapable de le tuer. Je n'étais même pas capable de l'empêcher de me baiser. Alors, quant à l'empêcher de vivre…

Il secoua la tête.

– C'était hors de question. Ma seule chance de le vaincre, c'était de lui échapper ; ma vengeance, c'était de survivre, et peut-être, un jour, d'aller chier sur sa tombe – une fois qu'il l'aurait creusée lui-même.

– À ce propos, demandai-je. Est-ce que le beau-père…

– Oh oui, dit mon père. Il est mort. Mais pendant longtemps je ne l'ai pas su.

« Le fait d'aller à la fac a été une première étape, dans ma fuite, m'expliqua-t-il. L'université où j'ai commencé n'était pas assez loin. Elle se trouvait seulement à deux heures de voiture de Seven Lakes. Pendant le premier semestre il a essayé de venir me rendre visite, sur le campus. Deux fois. La première, je savais qu'il venait, alors je me suis caché pendant trois jours. La seconde, je n'avais pas été prévenu, et j'ai fini par sauter par la fenêtre pour lui échapper.

« Il n'y a pas eu de troisième fois, après sa visite-surprise j'ai abandonné la fac, et je n'ai pas laissé d'adresse…

Il s'interrompit pour se corriger :

– Quand je dis "je", en réalité, je parle de Gideon. Gideon, et sans doute Adam. Moi, tout ce que j'ai fait, c'était de fermer les yeux un après-midi à East Lansing et, lorsque je les ai rouverts, c'était neuf mois plus tard et je vivais à Ann Arbor.

« Je ne suis jamais retourné à Seven Lakes. Je n'ai jamais appelé non plus, même pas d'une cabine – j'aurais aimé entendre à nouveau la voix de notre mère, mais j'avais peur qu'il découvre la provenance du coup de fil, ou qu'il surgisse du combiné, que sais-je. Alors je n'ai jamais appelé, ni écrit, mais j'avais trouvé un stratagème que je jugeais très malin pour me tenir au courant : j'appelais très régulièrement les renseignements et je leur donnais le nom du beau-père. Je m'étais dit que tant qu'il figurait dans l'annuaire, il était vivant ; il ne m'avait pas traversé l'esprit que notre mère puisse garder la ligne à son nom, après son décès.

« Bon, en tout cas, j'étais là-bas, à Ann Arbor. Cette partie de l'histoire, tu la connais plutôt bien : je, nous, nous nous sommes mis à recoller les morceaux, petit à petit, à découvrir notre multiplicité. Puis on a rencontré le docteur Kroft, et on a travaillé avec lui jusqu'à cette brouille. Et puis on est allés vivre à Seattle, où on a rencontré le docteur Grey.

« À partir de là, tu connais. Mais ce que je ne t'ai jamais vraiment dit, parce que j'estimais que ça n'avait pas d'importance, c'est que j'ai tout de même fini par tenter de recontacter notre mère. Ça faisait déjà un bout de temps qu'on était suivis par le docteur Grey. La thérapie se passait vraiment bien, et je ne sais si j'ai été pris d'un regain d'optimiste ou d'une impulsion perverse de tout foutre en l'air, mais j'ai décidé de retrouver notre mère et de lui faire savoir qu'on était bien vivants, pour voir si on lui manquait. Si elle se sentait prête à nous aimer.

– Oh ! là ! là ! m'exclamai-je.

– Oui, dit mon père. Le docteur Grey ne trouvait pas non plus que c'était une idée de génie. Mais Mrs Winslow était plus encourageante. J'ai préféré écrire plutôt que d'appeler – j'avais toujours peur que le beau-père ne remonte jusqu'à nous. Mrs Winslow a fait une suggestion pour que la provenance de la lettre soit difficile à identifier. J'utilisais une poste restante à Seattle, où je pouvais passer pour vérifier mon courrier lorsque je me rendais à Poulsbo, et à partir de laquelle j'écrivais à notre mère. Mrs Winslow m'avait également promis que si le beau-père arrivait malgré tout à nous retrouver, elle lui ferait son affaire.

Il sourit.

– Je pense que j'aurais donné la lune pour voir ça. Il avait peut-être du pouvoir, mais Mrs Winslow l'aurait écrasé.

– Bon, il n'a pas débarqué, finalement ?

– Non. Il était déjà mort, mais ce n'est pas pour autant que notre mère nous a répondu. J'ai attendu quelques mois, puis j'ai écrit une autre lettre, puis une autre… cinq au total. Dans la dernière, je n'ai même pas pris la peine d'indiquer la poste restante – j'ai noté notre adresse personnelle et notre numéro de téléphone à Autumn Creek.

Il secoua la tête.

– Quel idiot… mais elle ne nous a jamais contactés.

« En janvier 95, toutefois, juste après que le docteur Grey s'est fait hospitaliser, j'ai reçu un coup de fil du commissaire Bradley, de Seven Lakes. Je l'avais connu à l'époque où nous étions petits, quand lui n'était que simple flic – c'était un ami de notre père, de notre vrai père, et il venait régulièrement à la maison pour voir comment se portait notre mère.

– Est-ce que tu lui avais dit, pour le beau-père ?

– J'ai essayé, répondit mon père. Une fois. Mais j'avais tellement la trouille que j'ai tout saboté – il n'avait pas la moindre idée de ce que je bafouillais – et puis après, va savoir comment, le beau-père savait, savait que je m'étais mal comporté… à partir de là, tu peux me croire, j'ai gardé ma langue dans ma poche.

« En tout cas, c'est le commissaire Bradley qui m'a appelé pour m'apprendre la mort de notre mère. Il m'a dit qu'il regrettait de ne pas m'avoir contacté plus tôt – l'enterrement avait déjà eu lieu –, mais il venait tout juste de trouver notre dernière lettre.

– Alors, elle l'avait reçue, dis-je. Et conservée.

– Je pense qu'elle avait tout bonnement oublié de la balancer, répondit mon père. Pendant cette conversation, j'ai aussi appris que le beau-père aussi était mort, depuis quatre bonnes années. *Quatre ans* – ça m'a crevé le cœur. Je veux dire, je regrette, il avait peut-être du pouvoir, et Dieu sait qu'il en avait – mais, quatre ans, c'est plus de temps qu'il n'en fallait pour qu'elle dépasse ça.

« Puis, il y a eu la goutte qui a fait déborder le vase : le commissaire Bradley m'a dit qu'il appelait aussi pour que l'on sache que dans son testament notre mère avait tout laissé à sa sœur, mais il apparaissait qu'elle aussi était décédée, et qu'elle n'avait pas d'héritier. Alors, le commissaire Bradley estimait qu'il était juste que la propriété nous revienne, ainsi que la maison. "Je suis certain que c'est ce qu'aurait souhaité votre mère", disait-il.

« Mais c'était faux.

Mon père me regarda.

– C'était faux, et je ne pouvais plus faire semblant. J'ignorais ce qu'on avait fait de mal, ou ce qui nous manquait, mais elle ne nous aimait pas. Elle ne nous aimait pas.

« Et c'est pour ça que je me suis décidé à te convoquer, conclut-il. Ce qui était arrivé au docteur Grey, c'était dur, mais j'aurais pu m'en sortir. Mais notre mère… Le fait de découvrir que notre mère…

Les larmes brillèrent à nouveau dans ses yeux.

– Comment est mort le beau-père ? demandai-je alors.

– Il a eu un accident.

– Un accident.

– En tout cas, c'est ce que m'a dit le commissaire Bradley. Il ne m'a pas donné davantage de détails, et je me fichais bien de poser des questions.

– Eh bien, dis-je, je me serais passé de cette réponse.

– Franchement, je doute fort que nous ayons quoi que ce soit à voir là-dedans, dit mon père.

– Tout ça parce que tu crois que toi, tu aurais été incapable de le tuer…

– Pas seulement moi. Je ne pense pas qu'aucun d'entre nous aurait pu le faire. Y compris Gideon. En plus, Gideon n'a jamais désespérément recherché l'amour de notre mère. Le seul amour dont Gideon ait jamais eu besoin, c'est son amour-propre.

– Il y a d'autres raisons de commettre un meurtre.

– Telles que la vengeance ?

Mon père secoua la tête.

– Gideon a autant de mal à haïr les gens qu'à les aimer – pour éprouver des sentiments d'une telle intensité, il faut d'abord être capable de s'intéresser aux autres, or Gideon ne s'intéresse qu'à lui.

– Pourtant, il a l'air assez doué, quand il s'agit de te détester…

– Simplement parce qu'il lui est impossible de m'ignorer. Si nous n'étions pas prisonniers de la même tête…

– Et pour l'argent ? demandai-je. Xavier a dit à Penny qu'il devait aller dans le Michigan pour récupérer un héritage.

– Eh bien, convint mon père, c'est vrai que Gideon voulait que j'accepte la maison de Seven Lakes. Ça a été l'objet de notre dispute.

Il jeta un coup d'œil à la cicatrice qui barrait sa main.

– Je croyais que j'avais maîtrisé Gideon, qu'il était prêt à accepter sa place dans le paysage, et puis on a reçu ce coup de fil. Quand Gideon a compris que j'avais dit au commissaire Bradley que je ne voulais pas de la propriété de notre mère, il s'est mis dans une colère noire. Il affirmait que cette propriété lui revenait de plein droit, et que je ne pouvais pas le flouer.

– C'est à ce moment qu'il a essayé de prendre le pouvoir ?

Mon père hocha la tête.

– Et jusque-là ? demandai-je. Est-il possible qu'un peu plus tôt, à l'époque où le beau-père était encore vivant, Gideon soit allé le rencontrer pour lui demander, je ne sais pas, moi, une sorte d'avance sur son héritage ?

– … Et qu'il l'ait liquidé parce que le beau-père lui aurait répondu par la négative ?

Mon père semblait sceptique.

– C'est dur à imaginer. Je t'ai dit que…

– Peut-être qu'il ne l'a pas fait lui-même. Peut-être qu'il a convoqué quelqu'un d'autre, quelqu'un de nouveau, pour qu'il fasse le boulot à sa place. C'est peut-être pour ça que Xavier est né.

– Je ne sais pas. Je ne sais rien sur Xavier, et ça me gêne beaucoup, mais…

– Sais-tu où nous étions, le jour où le beau-père a eu son accident ? Je veux dire, est-il possible qu'on ait été à Seven Lakes, ce jour-là ?

– Je ne connais même pas la date exacte de son décès. Je ne l'ai jamais demandée.

– Père !

– Je m'en fichais, Andrew ! J'étais heureux de savoir qu'il n'était plus là, mais les questions que j'ai posées au commissaire Bradley concernaient toutes notre mère.

– Est-ce que tu sais quand, en gros…

– À la fin du printemps 1991. C'était une période très chaotique, pour nous. C'est là que j'ai eu cette grosse crise avec le docteur Kroft.

– Le docteur Kroft… Alors il y a une chance pour que nous ayons été enfermés à Ann Arbor à l'époque où le beau-père a eu son accident ?

Il hocha la tête.

– Ça dépend de la date. Pendant presque tout le mois d'avril, cette année-là, les choses ont été plutôt stables ; j'ai fait quelques trous noirs, deux trois heures ici et là, mais rien d'énorme. Et puis le… 29 avril, je crois bien… j'ai eu une séance avec le docteur Kroft au cours de laquelle nous avons tenté de procéder à une réintégration de force, et j'ai perdu les cinq jours qui ont suivi, mais je sais que, pour les trois derniers, j'étais dans le secteur fermé de l'hôpital psychiatrique. Ils nous ont fait sortir le 6 mai et puis le lendemain je suis retourné à l'hôpital pour ce qui s'est avéré être la dernière séance avec le docteur Kroft. C'est au cours de cette consultation que j'ai perdu mon sang-froid – et ensuite, pendant les deux semaines qui ont suivi, on était plus ou moins bouclés dans le secteur fermé.

– Plus ou moins ?

– Les deux dernières semaines de mai se sont complètement volatilisées. Lorsque j'ai perdu le fil du temps, le 18 – à moins que ce n'ait été le 19 –, j'étais toujours à l'hôpital. Puis je me suis réveillé le 2 juin, dans un Greyhound, en direction de Seattle.

Je n'avais jamais entendu cette version des faits.

– Tu t'es réveillé dans un bus ? Mais je croyais… tu m'as toujours dit que tu avais *décidé* de quitter le Michigan.

– Eh bien c'est vrai, répliqua mon père. Je veux dire, j'aurais très bien pu descendre du bus à Chicago et rentrer à la maison. Mais quand j'ai regardé dans mon portefeuille, j'y ai trouvé un chèque bancaire qui semblait représenter toutes mes économies, et un numéro à appeler pour faire suivre mes affaires... Alors j'ai compris que si je rentrais à Ann Arbor, je n'aurais pas d'appartement qui m'y attendrait, ni de compte en banque – et j'étais certain de ne plus avoir de boulot. De plus, je n'avais tout bêtement aucune raison de rentrer. J'en avais fini avec le docteur Kroft et avec ce chapitre de ma vie ; il était temps de passer à autre chose. J'ai donc décidé – j'ai vraiment décidé – de rester dans le bus et de continuer la route.

– Mais...

Je m'interrompis. C'était un sujet qu'il nous faudrait explorer plus tard, avec plus de détails, mais pour l'instant c'était accessoire.

– Donc il manque deux pleines semaines. Du 18 ou 19 mai au 2 juin.

– Exact.

– C'est pas fameux.

– Eh bien, ça dépend du jour où est mort le beau-père... Tu pourrais sans doute aller t'en assurer en allant voir sa tombe. Le cimetière se trouve juste à côté de Muskegon, c'est presque sur le chemin.

– Tu sais où est enterré le beau-père ?

– Je sais où est enterrée notre mère. Ils avaient le même caveau.

Son regard se perdit dans la brume du lac.

– Si tu passes par là-bas...

– Tu tiens vraiment à lui dire au revoir ?

– C'était notre mère, dit-il.

Nous bavardâmes encore un peu, puis nous restâmes encore quelques minutes sans parler. Ensuite, mon père finit par se lever et dit qu'il allait faire une promenade en forêt. Je lui tendis le faire-part de décès, mais il n'en voulut pas.

– Garde-le, toi, ou bien balance-le dans le lac.

– Le garder où ? Je ne vais pas le laisser n'importe où, et je n'ai pas envie de le cacher...

– Si tu tiens tant que ça à le conserver, ajouta mon père d'une voix lasse, tu peux aller le poser dans ma chambre.

Il tourna les talons et disparut ; je rentrai à la maison. Gravissant l'escalier qui mène au premier étage, je fus frappé par le silence qui régnait dans la maison. D'ordinaire, il y a au moins quatre ou cinq âmes dans la pièce commune, ou sur la galerie. Ce jour-là, il n'y avait pas un chat. On aurait dit que la demeure était vide, pourtant je doutais fort que tout le monde soit à l'extérieur. La plupart des âmes devaient se cacher dans leur chambre.

La chambre d'une âme est un endroit absolument inviolable – aussi inviolable, d'un certain côté, que l'esprit d'un être – et habituellement le fait d'avoir la permission d'y accéder, surtout seul, est une grande marque de confiance. Mais, dans le cas présent, je crois que mon père était simplement trop épuisé pour s'inquiéter à l'idée que je fouine dans ses affaires. Non pas qu'il m'ait été possible de fouiner *dedans*. La chambre de mon père est on ne peut plus spartiate : elle se résume à quatre murs et un lit.

C'est cette austérité même qui, par inadvertance, m'a poussé à la curiosité. Il fallait que je trouve un endroit où ranger le faire-part. Manifestement, mon père ne voulait pas avoir à poser les yeux dessus ; il était donc exclu de le mettre par terre ou sur le lit. S'il avait eu des étagères, des malles ou un classeur, c'est là que je l'aurais rangé, mais ce n'était pas le cas, ce qui ne me laissait qu'une solution : sous le lit. Glissant la main sous le sommier, j'eus la surprise d'y découvrir quelque chose. Je l'empoignai, avec pour seule intention de le décaler un peu – je le jure –, mais je finis par l'extirper de là-dessous pour y jeter un coup d'œil.

Ce quelque chose était un tableau. De l'huile sur toile, comme ce que faisait Tante Sam, mais dans un style très différent. Le tableau représentait une femme qui serrait une petite fille dans ses bras. Il n'y avait pas de décor, aucune indication de lieu ; simplement ces deux personnages. Le visage de la fillette était caché, enfoui dans la poitrine de la femme, mais la figure de la femme – la partie la plus détaillée du portrait – irradiait l'amour, et si je ne l'avais pas reconnue grâce à la photographie soigneusement rangée dans mon portefeuille, je n'aurais pas eu de mal à deviner son identité.

Je refis glisser le tableau sous le lit, accompagné du faire-part. Luttant contre la tentation de fouiller davantage, je me levai pour partir… et c'est alors que j'aperçus le Témoin planté sur la galerie, qui me dévisageait. C'était une fillette de onze ou douze ans, sans doute l'un des Témoins les plus âgés.

– Qu'est-ce que tu veux ? lui demandai-je avec rudesse, gêné d'être pris la main dans le sac.

Elle ne répondit pas, tourna les talons et s'écarta de mon champ de vision. J'allai sur le palier, mais, lorsque je sortis, elle se trouvait déjà de l'autre côté de la galerie. Elle disparut dans la garderie.

Je n'essayai pas de la suivre, préférant plutôt descendre pour tenter une nouvelle fois d'ouvrir la mystérieuse porte. Elle résistait toujours. Pris d'une impulsion soudaine, je frappai ; cela ne marcha pas non plus, et l'écho de mes coups dans la pièce commune déserte me glaça tant le sang que je cessai immédiatement. Finalement – sentant à nouveau le courant d'air –, je me mis à quatre pattes pour coller mon oreille contre la fente, sous la porte. J'entendis un soupir faible et irrégulier qui s'apparentait à un ronflement étouffé.

Je me relevai, et, une fois encore, je sentis un regard posé sur moi : le Témoin était de retour, il m'observait depuis la galerie. Cette fois, je ne lui demandai pas ce qu'elle voulait ; je quittai la maison.

– Sam ! criai-je en traversant le paysage en trombe pour rejoindre la colonne de lumière. Ton tour est terminé.

Nous étions déjà dans l'Indiana. Tante Sam et Maledicta avaient pris du bon temps. Et elles s'étaient bien comportées, mise à part une orgie de desserts qui me délesta de vingt dollars et dont je ne profitai que les toutes dernières minutes. Je passai l'éponge ; c'était le milieu de l'après-midi et je tenais à être sur la tombe de Horace Rollins avant la nuit, afin de m'assurer qu'il avait été suffisamment délicat pour passer de vie à trépas en avril, ou début mai, ou en juin.

Manque de chance. La date de son décès, gravée sur la pierre tombale, était du 24 mai, c'est-à-dire en plein pendant la période du trou noir, qui avait duré deux semaines. On n'était pas sortis de l'auberge.

Il était près de 18 heures lorsque nous quittâmes le cimetière. Nous avions encore assez de temps pour arriver à Seven Lakes avant la tombée de la nuit, mais tout en répugnant à montrer de la crainte ou de l'hésitation, je ne voulais pas en faire trop. *Demain matin*, songeai-je, *il fera jour*.

Nous allâmes à Muskegon où nous prîmes une chambre de motel. Afin d'éviter que se répètent les infortunes des nuits précédentes, je demandai deux chambres dans des parties bien distinctes de l'établissement. Mais quand chacun eut sa clé et qu'il fut temps de se souhaiter bonne nuit, Penny sembla soudain hésitante.

– Attends, dit-elle.

– Quoi ? répliquai-je, immédiatement sur mes gardes.

– C'est bien moi, m'assura-t-elle. Pas... pas Loins. Mais je ne veux pas me transformer en Loins ce soir, ni en personne d'autre, alors crois-tu que tu pourrais rester avec moi jusqu'à ce que je m'endorme ?

– Ah... Penny...

– Je t'en prie. Je sais que ça tombe mal, après... mais je ne veux pas me réveiller dans la chambre d'un inconnu demain matin. Ni avec la tête comme une enclume.

– Tu sais, si tu changes de personnalité, je ne pourrai sûrement rien y faire.

– Je sais. Mais... je t'en prie.

Nous allâmes dans sa chambre. Penny s'assit sur le lit, moi sur le fauteuil.

– C'est où, Seven Lakes, par rapport à ici ? demanda Penny. Il me semble qu'on est près...

– Très près. À moins d'une heure.

– Que vas-tu faire, une fois qu'on y sera ?

– D'abord, je pense que j'irai à la maison, voir si... s'il y a quelque chose à voir. Puis j'irai sans doute faire un tour à la bibliothèque municipale.

Elle me jeta un regard interrogateur.

– Pour consulter de vieux journaux, expliquai-je.
– Oh, bien sûr.
– Avec un peu de chance, il y aura un article sur sa… sur les circonstances de sa mort. Avec assez de détails pour que je n'aie pas à embêter la police. Sinon, la police ce sera sans doute la troisième étape. Il y a un certain commissaire Bradley qui pourra peut-être nous aider.
– Tu es très courageux, dit Penny.
– Pas du tout. Je fais simplement mon devoir.
– Tu sais, c'est la première fois que je me retrouve si près de ma ville natale, depuis que ma mère est morte.
– C'est vrai, m'exclamai-je. Tu es originaire de l'Ohio. Est-ce que tu veux qu'on y aille, après…
– Non ! répondit fermement Penny. Je n'ai pas besoin de m'assurer de quoi que ce soit à Willow Grove. Jamais.
– Même au sujet de ton père, tu es sûre ?
– Je sais ce qu'il faut que je sache.
Un petit sourire s'esquissa sur ses lèvres.
– Ma grand-mère m'a raconté beaucoup d'histoires.
– Ce devait être chouette, dis-je. D'avoir au moins quelqu'un de bienveillant dans la famille, même si elle est morte.
– Et ton vrai père ? demanda Penny. Est-ce qu'il était méchant ?
– Je ne sais pas. Je ne sais pas grand-chose sur lui. Je sais qu'il a fait l'armée et qu'il est mort quelques mois avant la naissance d'Andy Gage. Quant à savoir le genre de bonhomme que c'était – s'il y a des histoires, je ne les ai jamais entendues.
– Eh bien, peut-être que tu en sauras plus demain, peut-être qu'en ville on rencontrera quelqu'un qui le connaissait.
– Je ne sais pas, Penny. J'aimerais autant éviter de parler à quiconque à Seven Lakes, si c'est possible. Ce que j'aimerais, c'est y aller, découvrir ce qu'il faut que je sache au sujet du beau-père, puis rentrer à la maison.
Ce qui me rafraîchit la mémoire : j'attrapai le téléphone et tentai de rappeler Mrs Winslow.
– Ça ne répond toujours pas ? demanda Penny, comme je laissais sonner deux douzaines de fois.

– Non.

Je raccrochai.

– Je ne comprends pas. Où est-elle passée ?

– N'oublie pas que c'est plus tôt, là-bas. Elle est peut-être encore dehors… euh…

– Dehors, à me chercher, dis-je en finissant sa phrase.

J'attrapai à nouveau le combiné et composai le numéro du docteur Eddington. Son répondeur s'enclencha et je laissai un nouveau message, parlant jusqu'à ce que la machine me coupe.

Je replaçai le combiné sur le téléphone et m'assis sur le lit.

– Excuse-moi, dis-je en me reprenant. Il vaudrait mieux que j'aille dans ma chambre, maintenant.

– Tu n'es pas obligé, dit Penny, qui semblait mal à l'aise. Je veux dire… si tu veux rester, je ne vais pas…

C'était sans doute une mauvaise idée et si j'avais vu la moindre esquisse de sourire sur son visage, je serais reparti aussi sec. Mais il ne s'agissait pas de Loins jouant les timides ; c'était bien Penny, qui avait peur de ce qu'elle pourrait faire en se retrouvant seule. Et moi-même, à l'idée d'être seul avec tous ces sujets d'inquiétude ou de culpabilité à ressasser…

Je m'étendis sur le matelas avec prudence, restant le plus près possible du rebord, sans en tomber ; Penny, quant à elle, se pelotonna le plus loin possible de moi. Nous restâmes ainsi, bavardant tranquillement, jusqu'à ce que, dans ma somnolence, je tende le bras. Penny tendit le sien et, toujours aussi éloignés, nous nous tînmes la main, et sombrâmes ainsi dans le sommeil.

Le lendemain matin, je sortis discrètement de la chambre tandis que Penny ronflait toujours, et regagnai la mienne pour prendre une douche. Comme je m'apprêtais à entrer dans la cabine, Adam me fit la surprise d'apparaître dans une chaire fraîchement reconstruite, exigeant ses deux minutes réglementaires.

– C'est quoi, le problème ? demanda-t-il. Ça fait seulement quelques jours, ne me dis pas que tu ne sais plus ce que c'est d'entendre des voix.

– En fait, puisque tu en parles, je m'étais très bien fait au calme et à la tranquillité, rétorquai-je.

Puis :

– Je ne suis pas sûr que tu aies mérité de passer du temps à l'extérieur, après ce que tu as fait dans le Dakota du Sud.

– Tout ce que j'ai fait dans le Dakota, c'était d'allumer la télé – c'est Sam qui est allée dans le bar. Et pourtant, ça ne t'a pas empêché de lui laisser le corps tout l'après-midi, hier… Mais bon, on ne va pas revenir là-dessus.

Je lui accordai ses deux minutes, qui tournèrent aux dix. Quand il eut fini, je demandai aux autres s'ils voulaient se livrer à leur petite routine matinale, mais Tante Sam et Jake ne daignèrent même pas répondre à mes appels.

– Ils se sont planqués dans leur chambre, m'informa Adam. Et la plupart des autres âmes aussi. Elles ont la trouille, elles savent où on va, aujourd'hui.

Seferis n'avait pas peur, lui. Lorsque nous sortîmes de la douche, il fit une gymnastique quelque peu adaptée, à cause des mains et du bras encore endoloris du corps ; une fois ses exercices finis, je retournai me rincer sous la douche. Le temps que tout cela soit terminé, Penny s'était réveillée. Elle frappa à ma porte alors que je venais de m'habiller.

Nous prîmes un petit déjeuner en vitesse et montâmes en voiture. Nous n'avions plus qu'une soixantaine de kilomètres à parcourir, mais le trajet n'en finissait pas ; pour passer le temps, j'enfouissais mes doigts dans le rembourrage des sièges.

– Il est encore temps de faire demi-tour, signala Penny quand elle aperçut la blancheur de mes articulations.

– Non.

Je secouai la tête.

– Je ne peux pas me dérober.

Seven Lakes se trouve en bordure de la forêt de Manistee. En réalité, les lacs qui ont donné son nom à la ville s'apparentent davantage à de gros étangs, et selon mon père leur nombre exact varie d'année en année, selon les précipitations. Nous aperçûmes le premier quelques instants plus tard : un corps aqueux en forme de haricot qui venait clapoter contre un virage de la route. Il semblait trop petit pour subvenir aux besoins ne serait-ce que d'un ou deux poissons riquiqui, mais cela n'empêchait pas un homme vêtu de cuissardes de pêcheur de se tenir au beau milieu de l'étang, lançant mollement sa canne à pêche. Comme nous passions, l'homme tourna la tête vers nous, mais entre l'énorme chapeau de paille qu'il s'était vissé sur la tête et les rayons ardents du soleil matinal qui se réfléchissaient sur l'eau, je ne pus voir son visage.

Une centaine de mètres après ce « lac », un nouveau coude sur la route dévoila une pancarte indiquant « Bienvenue à Seven Lakes ». Nous prîmes le virage, et nous retrouvâmes dans la Grand-Rue de la ville natale d'Andy Gage.

Mon père et Adam n'avaient pas quitté la chaire de tout le trajet depuis Muskegon ; maintenant, malgré leur appréhension – et, dans certains cas, leur terreur –, d'autres âmes commençaient à pointer leur nez. La plupart d'entre elles se contentaient de monter en chaire quelques instants pour jeter un coup d'œil furtif avant de retourner en trombe dans la maison ; leurs allées et venues formaient un bruissement continu à l'arrière de mon crâne.

Penny roulait au ralenti, et je scrutais chaque bâtiment et chaque magasin que nous longions, espérant des souvenirs qui ne vinrent jamais : il y avait une caserne de pompiers avec un camion et un bouledogue ensommeillé qui se prélassait dans l'allée ; une station Exxon ; une boulangerie ; un restaurant, « Chez Winchell » ; un disquaire-libraire ; un petit bureau de poste ; un coiffeur ; une boutique de mode ; un tailleur ; et un lavomatique, tous alignés le long du même bâtiment en brique ; le commissariat de Seven Lakes ; un vidéoclub ; une épicerie ; une quincaillerie ; un salon de beauté ; deux ou trois magasins d'antiquités défraîchis et un fast-food condamné par des planches et à moitié en ruine qui, à en juger par son allure et ses couleurs, avait dû être un Kentucky Fried Chicken. Tout cela se trouvait sur la Grand-Rue ; lorgnant dans les rues adjacentes, j'aperçus également quelques églises, un bar, une école, et ce qui devait être une bibliothèque ou la mairie.

Je ne reconnaissais rien de tout cela. Bien entendu, il n'y avait aucune raison pour que ça ait l'air familier, mais je m'attendais tout de même à quelque chose, une impression de déjà-vu. Il me semblait que j'aurais dû connaître cette ville, même si je n'y étais jamais allé. Mais les seuls souvenirs que je possédais étaient de seconde main, transmis depuis la chaire, où le raffut des âmes était entrecoupé de chuchotements et d'exclamations au sujet de telle ou telle enseigne.

– On va par où, maintenant ? demanda Penny après avoir dépassé le KFC désaffecté.

– Je ne sais pas, répondis-je. Et si on... attends ! Arrête-toi ici.

La Centurion fit un bond en avant, puis s'arrêta face à ce qui ressemblait à une maison individuelle. Une petite enseigne de bois, accrochée à l'avant-toit surplombant le porche, annonçait : « Maître Oscar Reyes – Avocat ».

– Avocat ? demandai-je en m'adressant à mon père. Tu m'avais dit qu'il tenait une boutique antiparasitaire.

– Il avait les deux activités, répliqua mon père. Il y a plein de gens à Seven Lakes qui font plusieurs boulots. Sa clientèle a dû se développer depuis que nous sommes partis, cela dit – il a une nouvelle maison.

Je me tournai vers Penny.

– Tu veux bien te garer ici et venir avec moi ?

– Tu as besoin des services d'un avocat ?

– Non, répondis-je. En tout cas, pas pour l'instant. Cela peut te paraître un petit peu étrange, mais j'aimerais savoir si cet homme te rappelle Xavier en quoi que ce soit.

– D'accord...

Après avoir gravi le perron, nous découvrîmes un mot accroché sur la porte qui indiquait que Mr Reyes était en vacances au Canada et ne serait pas de retour avant le 1er juin. Frustré, je tentai de regarder par les fenêtres du devant – regarder quoi, je l'ignore –, mais les rideaux et les volets étaient baissés.

Comme Penny et moi regagnions la voiture, je remarquai que des passants de l'autre côté de la rue zieutaient dans notre direction. Je pensai d'abord que leur curiosité avait été piquée en nous voyant tourner autour de la maison de Mr Reyes, puis réalisai qu'ils avaient peut-être l'impression de me connaître. Ne me sentant pas prêt à affronter cela, je regagnai précipitamment la voiture et demandai à mon père de nous guider jusqu'à la maison des Gage.

Je retransmis ses instructions à Penny :

– Tu continues encore pendant environ cinq kilomètres. Puis tu prendras un sentier sur la gauche, pendant encore deux kilomètres, dans les bois.

La première partie de l'itinéraire se déroula sans embûche, mais le sentier avait été élargi et recouvert de bitume, et Penny le dépassa sans s'arrêter. Une fois que mon père eut compris notre erreur, nous fîmes demi-tour et découvrîmes que de grandes parcelles de bois avaient été abattues et transformées en clairières pour que de nouvelles habitations soient construites.

– Hum ! dis-je.

Comme j'ignorais l'ancien aspect de cet endroit, je ne pouvais pas vraiment saisir l'étendue des changements, mais les réactions de mon père m'en donnèrent un aperçu.

– Ce n'est plus aussi isolé que ça.

Sur les cinq cents derniers mètres, la route redevint un chemin terreux et les bois réapparurent, nous encadrant. Et puis, sans crier gare, nous arrivâmes devant le jardin de la maison où Andy Gage naquit et mourut. Penny gara la Buick, serra le frein à main et coupa le moteur : nous nous retrouvâmes soudain dans un silence total – plus un bruit ne provenait de la chaire – à observer la maison comme s'il s'agissait du squelette d'un dragon ou de quelque autre animal mythologique.

Elle était plus petite que je ne l'aurais cru. Non pas que j'aie tant réfléchi au sujet, mais d'après les deux maisons que je connaissais le mieux – celle qui occupait la tête d'Andy Gage et la demeure victorienne de Mrs Winslow – je m'étais représenté quelque chose d'assez colossal, avec deux, voire trois étages, et de nombreuses chambres. En fait, un agent immobilier rusé aurait qualifié la maisonnette des Gage de « charmant » petit cottage, avec son rez-de-chaussée et son grenier bas de plafond, coincé sous un toit peu pentu.

Les murs extérieurs étaient blancs, et semblaient avoir été repeints depuis la mort d'Andy Gage. Et bien qu'il saute aux yeux – pour une raison que j'expliquerai dans un instant – que le cottage n'était pas occupé pour le moment, d'autres signes prouvaient qu'il avait été régulièrement entretenu : la pelouse avait été récemment tondue, et les étroits parterres de fleurs qui encadraient la porte d'entrée hébergeaient de nouvelles pousses printanières.

– Est-ce que tu veux entrer ? demanda Penny.

– Non, répondis-je.

Cela signifiait : mais il le faut.

– C'est peut-être dangereux, poursuivit Penny.

– Oui, acquiesçai-je.

Autre détail important concernant le cottage : il *penchait*. L'érosion du sol avait sapé les fondations d'un côté, au point que l'inclinaison était visible à l'œil nu, comme celle d'un bateau qui chavire. Quelqu'un – sans doute la même personne qui s'était occupée du jardinage – l'avait consolidé à l'aide de longues planches en bois et d'un poteau téléphonique récupéré. Ce rafistolage semblait fonctionner, en tout cas pour le moment, mais ce n'était qu'une solution provisoire : la plupart des planches ployaient sous le poids de la maisonnée et le poteau téléphonique s'était vrillé à mi-hauteur. Bien que je me soucie peu que le cottage s'effondre, j'espérais que cela n'adviendrait pas lorsque Penny et moi serions à l'intérieur.

Alors mieux valait en finir au plus vite : je me dirigeai vers la porte d'entrée pour voir si la personne qui s'était chargée de l'entretien l'avait laissée ouverte. Ce n'était pas le cas. Mais, suivant les conseils d'Adam, je cherchai autour du seuil, et découvris une dalle branlante.

L'inclinaison de la maison avait commencé à voiler la porte d'entrée, pas assez pour la condamner complètement mais suffisamment pour que ça frotte. Après avoir bataillé pour ouvrir la serrure, il fallut que je pousse de toutes mes forces pour pénétrer à l'intérieur. La porte s'ouvrit sur un petit vestibule. Derrière celui-ci il y avait un salon peuplé de fantômes.

Ce n'était pas de vrais fantômes. Ni des fantômes émotionnels. Je ne reconnaissais toujours pas les choses que je voyais. Les fantômes qui se trouvaient dans le salon constituaient un mobilier fantasmagorique : une causeuse, un rocking-chair, une table basse, un grand objet efflanqué qui s'avéra être une horloge comtoise, tous recouverts de draps blancs, tels de poussiéreux polissons à la recherche de friandises pour Halloween. Dans une cloison opposée, une porte ouverte dévoilait une cuisine où d'autres fantômes s'étaient réunis.

– Ça ne craint rien d'entrer ? demanda Penny en se faufilant derrière moi.

– Non, je ne crois pas, répondis-je.

Je fis quelques pas pour aller dans le salon, mais entendis alors, provenant de l'extérieur, le bruit d'une voiture qui se garait devant la maison.

– Qui va... ?

Apercevant une voiture de police à côté de la Buick de Penny, la première chose qui me vint à l'esprit fut que je m'étais fait piéger. C'était donc vrai : j'avais tué le beau-père, les policiers de Seven Lakes le savaient, ils avaient fait surveiller la maison pendant tout ce temps, dans l'attente de mon retour...

– Ne panique pas, dit Adam. On est passés à côté de ce mec tout à l'heure, dans la Grand-Rue, après avoir fait demi-tour. Il a dû nous voir prendre le sentier, ce qui a attisé sa curiosité.

Le policier était sorti de sa voiture et marchait vers nous. Il avait une épaisse tignasse blonde, et une moustache qui semblait dessinée au crayon. Il devait avoir à peu près mon âge.

– Bonjour, m'sieur-dame, nous salua-t-il. Qu'est-ce qui vous amène sur cette propriété ?

– Rien de spécial, lui répondis-je. J'ai vécu ici.

Je ne sais si ce furent mes paroles, ou le fait qu'il se soit rapproché, mais les yeux du policier s'écarquillèrent soudain ; il m'avait reconnu.

– Qui est cet homme ? demandai-je anxieusement. Est-ce qu'on le connaît ?

– Oui, répondit mon père du haut de la chaire. C'est un peu délicat, comme situation. C'est…

Le policier continuait de marcher vers nous. Comme il s'approchait assez près pour pouvoir bavarder, j'aperçus le nom sur son uniforme : *Officier Cahill*. Son prénom était James, mais ses amis – et ses petites amies – l'appelaient Jimmy.

– Salut, Sam, dit-il.

# 26

L'agent a un air ahuri.

– Sam..., répète-t-il d'un ton à la fois plaintif et cajoleur.

– Je ne suis pas Sam, dit Andrew pour la troisième fois.

– Écoute, je sais que tu es furieuse...

– Je ne suis pas furieux, seulement vous faites erreur. Je ne m'appelle pas Sam mais Andrew...

– Sam... Andrea... s'il te plaît. Je comprends que tu fasses semblant de ne pas me reconnaître après ce que je t'ai fait, mais...

– Vous ne comprenez pas du tout, dit Andrew.

– Putain, tu m'étonnes, intervient Maledicta, à l'entrée de la caverne.

Andrew poursuit :

– Je ne fais pas mine ne pas vous connaître à cause de ce que vous avez pu faire à Sam, je vous jure que je ne vous ai jamais vu de ma vie. Je ne suis pas la personne que vous pensez.

– Moi non plus je ne suis plus la même personne, Sam, répond le policier. Quand je repense à ce gamin égoïste qui t'a laissée tomber...

– Monsieur l'agent...

– Sam...

– Est-ce que Gordon Bradley vit toujours à Seven Lakes ?

Le policier reste coi, déboussolé par la question.

– Le commissaire Bradley ? Oui, il vit toujours ici.

– Il faut que je lui parle.

– Sam..., reprend-il.

– Il faut que je lui parle, l'interrompt Andrew, parce que je crains d'avoir tué quelqu'un.

Un autre silence, plus long cette fois.

– Quoi ?

– Je crains d'avoir tué quelqu'un, je n'en suis pas sûr, j'espère que non, mais il faut que j'en parle au commissaire Bradley.

– Tué qui ? demande le policier, l'air incrédule.

– Écoutez…

– Sam, si tu as des ennuis…

– Je ne suis pas Sam ! crie Andrew, perdant son sang-froid. Sam sera peut-être d'accord pour venir vous parler tout à l'heure mais pas avant que j'aie vu le commissaire Bradley. Alors, vous voulez bien nous emmener jusqu'à lui ? S'il vous plaît ?

– Très bien, répond le policier, qui garde un air sceptique. Tu veux monter en voiture avec moi ?

– Non, répond Andrew. Nous allons vous suivre dans notre véhicule.

– Très bien…

Il s'en va, s'arrête, se retourne, dit « Sam… » puis abandonne. Pendant ce temps, Andrew, la tête penchée, semble s'énerver contre quelqu'un à l'intérieur :

– Qu'est-ce que tu voulais que je lui dise ? Il faudra bien que j'en parle si je veux comprendre… C'est toi qui vas te taire !

– Ta tante Sam, demande Souris quelques instants plus tard, dans la voiture, est-ce qu'elle a eu une aventure… avec cet agent de police ?

– Je n'en ai aucune idée, répond Andrew. Tante Sam ne cesse de dire qu'elle avait un amoureux, et c'est possible que ce soit ce type, mais je ne connais pas l'histoire et Sam ne veut plus m'adresser la parole.

– Il t'a appelé Andrea, aussi.

– Andrea Samantha Gage. C'est mon vrai nom.

– Ta mère t'avait baptisé Andrea ?

– Oui, répond Andrew d'une voix morne. Le corps est de sexe féminin.

Il lui jette un regard plein d'appréhension, mais tout ce que Souris trouve à dire est :

– Oh… d'accord.

– D'accord ? s'étonne Andrew. Ça ne te fait pas flipper ?

Souris secoue la tête.

– Je suis… surprise, sans doute, mais flippée ? Pas du tout.

Elle fait un grand mouvement de bras comme pour englober par ce geste tout ce qui s'est produit depuis qu'elle a été embauchée à l'Usine du Réel, trois semaines auparavant.

– Tu sais, au point où on en est…

– Exactement ! s'écrie Andrew, comme s'il attendait que quelqu'un voie enfin les choses sous cet angle. Oui, tout à fait, il n'y a pas de quoi fouetter un chat. C'est ce que je me suis toujours dit. Mais Julie…

Il s'interrompt, lançant ses mains en avant, comme pour repousser quelque chose.

– Non… Je ne vais pas repartir là-dessus…

L'intérieur du commissariat de Seven Lakes s'apparente davantage à une agence immobilière qu'à un local censé abriter des représentants de l'ordre. La porte d'entrée s'ouvre sur l'accueil en bois verni, dont une des parois est couverte par une énorme carte de la ville, sur laquelle sont balisées toutes les propriétés privées. À l'arrière de la salle, après quelques bureaux encombrés, la porte grillagée de la cellule principale du commissariat est grande ouverte, et partiellement cachée par une énorme fougère empotée ; la cellule elle-même est utilisée pour stocker des piles de boîtes pleines de classeurs ou de dossiers marron et blancs. Souris en déduit qu'il ne doit pas y avoir beaucoup de criminels dans le coin, et se demande si c'est bon ou mauvais signe pour quelqu'un dans la situation d'Andrew.

– Mortimer, demande le policier Cahill à un homme assis derrière l'un des bureaux, est-ce que le chef est dans le coin ?

Mortimer secoue la tête.

– Il devrait bientôt rentrer. Par contre, il vient de nous laisser un message radio pour nous dire qu'il allait s'acheter une part de gâteau chez Winchell.

– Parfait, répond Cahill. Quand il reviendra, dis-lui qu'il faut que je le voie.

Il cherche Andrew et Souris du regard.

– On va l'attendre dans la salle commune. Par ici.

Le policier les emmène jusqu'à une kitchenette, dans un coin reculé du bâtiment. Une fois la porte refermée, ça le reprend :

– Très bien, Sam, qu'est-ce qui se passe ?

– Je ne suis pas…

– Écoute, Sam : je veux bien que tu fasses semblant de ne pas me connaître mais je tiens toujours à toi et si ces histoires de meurtre ne sont pas une mauvaise plaisanterie, tu vas avoir besoin de quelqu'un qui tient à toi. Alors, avant que le chef arrive et que les choses aillent trop loin, pourquoi est-ce que tu ne me raconterais pas ce qui s'est passé ? Est-ce que toi et… – il jette un regard soupçonneux à Souris – ton amie avez eu des ennuis sur la route ?

– Non.

Andrew secoue la tête.

– Penny n'a rien à voir là-dedans. Il s'agit d'une vieille affaire, s'il y a bien eu meurtre. C'est le beau-père, mon beau-père.

– Horace ?

– Oui, Horace Rollins… Est-ce que…

– Horace n'a pas été tué, Sam, répond le policier, l'air perturbé. Il s'est tué.

– Le beau-père s'est suicidé ?

– Eh bien, c'était un accident… Mais tout le monde sait que c'était sa foutue faute.

– Quel genre d'accident ?

– Tu l'ignores vraiment ? s'étonne le policier, puis il hausse les épaules. Il était ivre, il a trébuché et il est tombé sur une table en verre. Il s'est salement amoché… tu ne le savais pas ?

Andrew fait la sourde oreille.

– Êtes-vous sûr qu'il a trébuché ?

– Est-ce que…

– Vous dites que tout le monde savait que c'était sa faute. Mais est-ce que vous avez enquêté vous-même sur cet accident ?

– Non, répond le policier. Non, je n'étais pas dans la police, à l'époque… J'habitais en Virginie.

Il fait cet aveu d'un ton vraiment honteux, comme si le fait de vivre en Virginie était une sorte de péché.

– Que voulez-vous dire ?

– J'étais marié, balbutie le policier. Jusqu'à l'année dernière... Après l'armée, je me suis marié.

Il lui lance le même regard plein d'appréhension qu'Andrew a jeté à Souris, dans la voiture. La réaction d'Andrew est la même que celle de Souris : il s'en fiche royalement.

– Oh, dit-il. D'accord.

Soudain, la salle se télescope brutalement, Maledicta venant d'attirer de force Souris dans l'entrée de la caverne. Elle déboule comme une furie.

– Espèce de salopard ! explose-t-elle. Après toutes les conneries que tu avais débitées à Sam, tes histoires à la con de ne pas vouloir t'engager, tout ce que tu as trouvé à faire, c'était de te marier, bordel ? Et c'était combien de temps après l'avoir larguée comme une merde ? Deux jours ?

Cahill accuse le coup – il s'attendait à se faire envoyer sur les roses, mais pas de ce côté-là. Il se défend, s'adressant à Andrew mais gardant les yeux braqués sur Maledicta :

– Sam, ce n'était pas ça – j'ai eu tort de t'écrire ce que j'ai écrit dans ma dernière lettre, mais à l'époque je le pensais.

– Je suis navré, monsieur l'agent, répond Andrew. Mais cela ne me regarde vraiment pas. Je...

– Non, mais ça regarde Sam, ça regarde Sam, bordel, l'interrompt Maledicta. Fais-la sortir une minute, et je te parie qu'elle va te lui coller une putain de branlée, à ce fumier...

– Maledicta ! la gronde Andrew. Ça ne nous mène nulle part.

Indifférente à ce qu'il peut dire, Maledicta ouvre la bouche pour ajouter quelque chose, et c'est alors que Souris revient, luttant pour reprendre possession du corps.

– Je suis désolée, s'excuse Souris. Ce ne sont absolument pas mes affaires, bien entendu.

Le policier semble tellement sidéré qu'il en reste bouche bée.

– Pour en revenir au beau-père, poursuit Andrew, êtes-vous certain que sa mort était accidentelle ou est-il possible que quelqu'un…

– Sam, bégaie le policier. Sam, je ne comprends pas ce que c'est que ce cirque, mais…

La porte s'ouvre, et un autre policier – plus vieux, cheveux grisonnants – pénètre dans la pièce. Il porte une canne à pêche, et un chapeau de paille à larges bords est coincé sous son bras. Son visage rougeaud est plissé par la contrariété.

– Qu'est-ce que c'est que ce bazar ? demande-t-il d'une voix de stentor qui fait sursauter Souris.

– Chef ! s'exclame Cahill. Euh… voici – il désigne Andrew – voici…

– La fille d'Althea Gage, Andrea, répond le commissaire Bradley. Je sais.

Il se tourne vers Souris.

– Par contre, je ne vous connais pas.

Souris ne sait pas si c'est une simple constatation ou s'il l'encourage à se présenter, mais avant qu'elle puisse ouvrir la bouche, le commissaire pose à nouveau le regard sur l'agent de police.

– Qu'est-ce qu'elles font ici ?

– Sam – Andrea – avait des… euh… questions au sujet de la mort de son beau-père.

– Tiens, tiens.

Le commissaire Bradley fait la moue. Puis il se tourne vers le policier.

– En venant ici, j'ai vu que Dave Brierson avait encore garé son camion devant le magasin, ce qui bloque la bouche d'incendie. Et si tu allais lui en toucher deux mots – dis-lui que la prochaine fois, je mets son bahut à la fourrière.

– Bien sûr, j'irai lui parler, répond le policier. Mais si ça ne vous dérange pas, j'aimerais rester ici pendant qu'Andrea…

– En fait, je pense qu'il vaudrait mieux que tu y ailles tout de suite, l'interrompt le commissaire. Avant que Dave déplace le camion de son propre chef et prétende ensuite que j'ai eu des hallucinations.

– Très bien, répond le policier. Bon, eh bien…

Il observe Andrew.

– À plus tard, j'espère, Sam…

Le commissaire Bradley attend qu'il s'en aille, puis il dit :

– Allons dans mon bureau.

Souris ne pense pas que l'invitation la concerne, mais Andrew la prend par la main et l'entraîne avec lui. Ils pénètrent dans le bureau du commissaire Bradley. Le commissaire prend son temps pour poser la canne à pêche dans un coin et accrocher son chapeau et sa veste.

– Eh bien, Andrea, dit-il finalement. Je ne m'attendais pas à te revoir ici, après notre dernière conversation. Je pensais que tu ne voulais plus jamais remettre les pieds à Seven Lakes.

– C'est ce que je croyais aussi, répond Andrew. Mais le problème, commissaire Bradley, poursuit-il avec quelque hésitation, sans doute inquiet à l'idée que le commissaire ne comprenne pas davantage que Cahill. Le problème c'est, c'est compliqué, mais la personne à qui vous avez parlé au téléphone après la mort de ma mère, ce n'était pas exactement moi. À dire vrai, ça l'était, mais pas tout à fait…

– Hum, hum…, fait le commissaire Bradley. Tu dois faire allusion à ce fameux trouble de la personnalité multiple, n'est-ce pas ?

Andrew écarquille les yeux.

– Alors vous êtes au courant ? Est-ce que mon père – est-ce que je… – vous a parlé de ça, à l'époque… non, il ne me semble pas.

– C'est ton docteur qui m'a raconté.

– Le docteur Eddington vous a appelé ?

Andrew s'emballe.

– Et Mrs Winslow ? Est-ce qu'elle sait que…

– Calme-toi, Andrea.

Le commissaire Bradley lève la main.

– Je ne connais pas de Mrs Winslow. Et le médecin auquel j'ai parlé s'appelle Kroft, pas Eddington.

– Le docteur Kroft… Mais pourquoi aurait-il appelé ?

C'est impossible qu'il sache que j'avais l'intention de venir ici, nous n'avons pas été en contact avec lui depuis…

– Ça remonte à six ans, explique le commissaire. En mai 91, j'ai reçu un coup de fil d'un certain Kroft qui me disait qu'Andrea Gage s'était échappée de l'hôpital psychiatrique d'Ann Arbor, et qu'il était probable qu'elle revienne dans sa ville natale pour y faire des siennes. Il m'a aussi dit que tu serais habillé en homme, et répondrais au nom d'Aaron ou de Gideon… et ce n'était pas ce qui était le plus insensé, dans son récit. Pour te parler franchement, j'ai d'abord pensé que cet homme était un imposteur, un malade mental lui-même, ou un farceur qui voulait régler ses comptes avec toi. Mais j'ai fait ma petite enquête, et j'ai découvert qu'il n'était pas fou. La police d'Ann Arbor avait fait un rapport au sujet de ta fuite de l'hôpital psychiatrique.

« Alors j'ai rappelé le médecin, et on a continué à bavarder – et au final, j'avais toujours l'impression qu'il t'en voulait pour quelque chose. J'étais presque soulagé que tu ne viennes pas, j'avais peur pour ta sécurité bien entendu, et pour cette raison même j'aurais eu des réticences à te renvoyer auprès de ce médecin.

– Vous dites donc que je ne suis pas revenu ici ? demanda Andrew.

– Que se passe-t-il ? s'étonne le commissaire. Est-ce que tu t'es mis dans la tête que tu avais assassiné Horace ?

– Oui… je sais que tout le monde pense qu'il a eu un accident, mais…

– Je ne le pense pas, je le sais. J'étais là quand ça s'est produit.

– Vous l'avez vu ?

Le commissaire Bradley opine.

– Au cours de ma deuxième conversation avec le docteur Kroft, il a fait quelques… allégations au sujet de ton beau-père.

Ses yeux se posent rapidement sur Souris, puis reviennent sur Andrew.

– J'imagine que je n'ai pas à décrire par le menu ce qu'étaient ces allégations.

– Non, dit Andrew. Penny est au courant, mais non, ne vous sentez pas obligé de les répéter.

– Alors très bien… Le docteur a dit certaines choses, et mon premier réflexe a été de penser : encore des foutaises… Mais après avoir raccroché, je me suis souvenu d'une drôle de conversation que j'avais eue avec toi quand tu devais avoir dix ou onze ans. Tu avais tenté de me dire quelque chose au sujet de Horace, mais, à l'époque, c'était resté tellement vague que je n'avais pas du tout saisi où tu voulais en venir. Mais soudain, à la lumière de ce qu'avait insinué le psy, j'ai décrypté notre conversation.

« Et alors, j'ai commencé à me souvenir d'autres choses. Tu te rappelles cette fille qui s'appelait Kristin Williams ?

Andrew se met à secouer sa tête, s'interrompt, prend un air concentré, et dit :

– Elle m'a baby-sitté plusieurs fois quand j'étais à l'école primaire.

– Je l'ai arrêtée pour conduite en état d'ivresse, le jour de ses seize ans, continue le commissaire Bradley. Elle avait pris la Plymouth de son père pour aller au Greenwater Lake. Comme j'essayais de prendre sa déposition sur les berges du lac, elle a eu une drôle de réflexion au sujet de Horace.

– Quel genre de réflexion ? Elle a dit qu'il lui avait fait quelque chose ?

– Ça m'avait semblé complètement farfelu à l'époque – elle était dans un état second. Et une fois qu'elle avait dessaoulé, elle avait refusé de s'expliquer, alors je m'étais dit que c'était un délire d'ivrogne… jusqu'à ce que j'aie cette conversation avec ton médecin.

« J'ai réfléchi à tout ça pendant un jour ou deux, et j'ai décidé qu'il valait mieux que j'aille en parler à Horace. Ce jour-là, ta mère était sortie pour rendre visite à sa sœur, j'ai donc sauté sur l'occasion. Quand je suis arrivé, Horace était ivre. Il a refusé de me parler – j'ai dû insister pour qu'il me laisse entrer – et quand il a compris pourquoi j'étais venu, il est devenu très nerveux. Il s'est mis à faire les cent pas dans la maison, et c'est alors qu'il a eu son accident. Il traversait le salon quand il a trébuché sur la table basse de ta mère.

Le commissaire Bradley désigne la cicatrice au-dessus de l'œil d'Andrew.

– C'est à cette table que tu dois ça, si je me souviens bien… Seulement, comme Horace était un bonhomme de cent vingt kilos et qu'il est tombé de toute sa hauteur, le verre s'est brisé et il s'est tailladé de partout. J'ai fait tout ce que je pouvais pour lui venir en aide, mais le temps que l'ambulance arrive, il s'était vidé de son sang.

Comme le commissaire achève son exposé des faits, les épaules d'Andrew s'affaissent tant il est soulagé.

– Alors, ce n'était pas moi, dit-il.

– Non, confirme le commissaire Bradley. Ça te tourmentait ?

Andrew hoche la tête.

– Eh bien, dit le commissaire, je suis heureux d'avoir pu t'apporter du réconfort.

Ils sont restés debout pendant toute la conversation. Soudain, le commissaire s'assoit derrière son bureau et, d'un geste de la main, indique à Andrew et Souris qu'ils devraient prendre des chaises pliantes posées contre un mur. Mais Andrew ne bouge pas, et Souris, qui ne se sent toujours pas à sa place avec eux, non plus.

Réfléchissant pendant une minute à ce qu'il vient d'entendre, Andrew demande :

– Pourquoi n'avez-vous rien dit de tout cela lorsque nous nous sommes parlé au téléphone, il y a deux ans ?

– Eh bien, j'ai essayé de te dire ce qui était arrivé à Horace, mais tu semblais très peu encline à aborder le sujet.

– Je sais bien que nous ne voulions pas parler de lui, répond Andrew, mais – pour ce qui était du docteur Kroft et de notre fuite de l'hôpital – vous n'en avez pas dit un mot non plus.

Il s'interrompt.

– Est-ce que… est-ce que ça fait de moi un fugitif ?

– Eh bien, dit le commissaire Bradley, je ne te conseillerais pas de te faire arrêter parce que tu as grillé un feu à Ann Arbor – et nulle part dans cet État, d'ailleurs. Mais aucun avis de recherche n'a été lancé contre toi, et c'est pas moi qui vais les prévenir. J'ai fait quelques vérifications auprès de la police de Washington, il y a deux ans, pour voir si tu avais eu d'autres ennuis par là-bas. Mais ce n'était pas le cas, et je t'avais trouvée plutôt normale au téléphone, alors j'ai décidé de laisser ce problème de côté. Tu avais assez de soucis, je me suis dit, avec le décès de ta mère. Quant à tes "troubles de la personnalité multiple", je ne vais pas te dire que j'y crois, mais je comprends que tu puisses avoir besoin de faire semblant d'être quelqu'un d'autre.

Il prend un air grave.

– Je suis vraiment désolé, tu sais, de n'avoir pas saisi la nature de Horace bien plus tôt. De ne pas avoir vu la vérité à temps pour te protéger – c'est un de mes plus gros échecs. Je ne pourrai jamais te dire combien je le regrette.

Ses excuses semblent sincères, pourtant Souris les trouve étonnamment superficielles. Peut-être est-ce dû à la précipitation avec laquelle le commissaire, après les avoir faites, passe du coq à l'âne :

– Dis-moi... Est-ce que tu es retournée dans ton ancienne maison ?

– Oui, répond Andrew. En coup de vent.

– Je te dois aussi des excuses pour ça. J'ai essayé de maintenir le cottage en état, depuis la mort de ta mère, dans l'espoir que tu changes d'avis et le réclames, mais je n'ai pas pu faire de miracle. Ça fait quelques années déjà qu'il y a un problème de fondations, et pendant les grosses pluies de l'automne dernier...

– Vous auriez dû la laisser s'écrouler.

– Ne dis pas ça, répond le commissaire Bradley, dépité. Ta mère adorait cette maison.

– Eh bien moi, je ne l'aime pas, rétorque Andrew. Je vous suis reconnaissant de vous en être occupé pour moi, commissaire Bradley, mais je n'en veux toujours pas. Je n'en voudrai jamais.

– Eh bien, je comprends, Andrea, mais dans ce cas tu devrais la vendre, et non la laisser à l'abandon.

Andrew commence à secouer la tête, et le commissaire ajoute :

– Eh ! Je pourrais l'acheter, moi, si tu m'en fais un prix honnête.

– Pourquoi achèteriez-vous une maison qui tombe en ruine ?

– Elle est encore récupérable, et le terrain a de la valeur.

Le commissaire Bradley hausse les épaules, comme si tout cela n'avait pas beaucoup d'importance, mais Souris a l'impression que ça en a et qu'il cherche simplement à éviter qu'Andrew fasse grimper le prix.

– Réfléchis-y, peut-être. Maintenant que tu as la réponse à ta question, as-tu l'intention de rester quelque temps en ville ?

– Je ne sais pas, répond Andrew. Rien n'est vraiment arrêté.

– Constance McCloy vient d'ouvrir un *bed and breakfast* au-dessus du Two Seasons Lake. Les chambres sont à un prix très raisonnable.

Andrew secoue la tête.

– Si on reste dans le coin, on ne dormira pas ici, Muskegon est à deux pas.

– Comme tu voudras, répond le commissaire. Peut-être… ça te dirait de venir dîner chez moi, un soir ? On pourrait convenir d'un prix pour la propriété. Tu te souviens d'Oscar Reyes ?

– Je… sais qui c'est.

– Il est en vacances actuellement, mais il m'est redevable de plusieurs petits services. Il pourrait nous aider à réaliser la transaction.

– Je vais y réfléchir, dit Andrew. Je sais où vous trouver.

Pour la première fois depuis le début de la conversation, le commissaire Bradley sourit.

– Ça fait partie des avantages du métier.

Il se lève et lui tend la main. Andrew la serre. Le commissaire ne prend même pas la peine de dire au revoir à Souris.

– Il ne m'a pas fait bonne impression, dit Souris, une fois qu'ils sont de retour dans la Centurion.

– Oh, pourquoi donc ? demande Andrew. Il m'a l'air d'un bon bougre.

– Il était bien plus embêté par l'état de la maison que par ce que t'a fait subir ton beau-père.

– Peut-être a-t-il peur que ça ne l'affecte trop. S'il prend vraiment la mesure de ce que j'ai enduré, ce sera encore plus dur pour lui de ne rien avoir fait.

– Peut-être, dit Souris. Mais je persiste à trouver grossière la façon dont il t'a proposé d'acheter la maison. Et cette manière qu'il avait de jouer la comédie, de faire semblant de ne pas être si intéressé que ça – serait-il possible que la maison ait plus de valeur que tu ne le crois ?

– Genre, qu'il y ait des lingots d'or enterrés dans le jardin ?

Andrew affiche un scepticisme poli.

– Ça m'étonnerait, Penny.

– Est-ce que tu vas la lui vendre ?

– C'est possible. En tout cas, je ne veux pas la garder.

– Eh bien tu ne devrais pas la brader, insiste Souris. Ne la vends pas pour une bouchée de pain.

– De toute façon, pour l'instant, je ne vais pas vendre tout court… Maintenant, ce que j'aimerais faire, si tu te sens d'attaque, ce serait de retourner voir le cottage pour finir de l'explorer.

– Tu te poses encore des questions ?

– Rien de spécial, dit Andrew. Je suis rassuré, pour la mort du beau-père, et c'est ce qui compte le plus mais… j'ai l'impression que tout n'est pas encore réglé. Il faut que je découvre ce que c'est, et que je m'en occupe, pour ne plus jamais avoir à revenir à Seven Lakes.

– Je comprends, répond Souris en mettant en marche le moteur.

# 27

La table basse que la mère d'Andy Gage avait achetée après la mort du beau-père possédait un plateau en bois et non en verre. Cela n'aurait pas dû me surprendre, pourtant, lorsque je soulevai le drap qui la couvrait, je ne m'attendais pas à voir une table basse en verre quelconque, mais *la* table basse en verre qui aurait été soit minutieusement recollée, soit recréée par magie. Et même après avoir compris que cette table était neuve, il fallut que je passe la main sur le bois à la recherche de fissures et de taches de sang. Évidemment je ne trouvai rien, et le tapis sous la table était lui aussi immaculé ; je dus lutter contre le besoin d'examiner le plancher.

– Eh bien…, dis-je, en reposant le drap. Allons jeter un coup d'œil dans la maison.

Le salon couvrait environ un quart du rez-de-chaussée du cottage, une énorme cheminée de brique occupant tout un coin. Comme je l'ai dit plus haut, le mur face à l'entrée était pourvu d'une ouverture qui donnait sur la cuisine ; mais en prenant à droite, dans le vestibule, on tombait sur une porte que l'inclinaison de la maisonnée maintenait fermée.

– C'était leur chambre, m'apprit mon père.

La façon dont il s'exprima me rendit nerveux à l'idée de m'aventurer à l'intérieur, mais comme j'étais déterminé à faire preuve de courage, ou du moins à feindre le courage, je me dirigeai vers la porte et l'ouvris avant d'être submergé d'effroi.

L'air de la chambre était confiné, elle sentait le renfermé mais moins qu'on n'aurait pu le croire après deux ans et demi. Je me demandai si le commissaire Bradley, dans son effort pour maintenir la maison dans un état convenable, l'avait régulièrement aérée. Il y avait un lit à une place, ce qui, bizarrement, me contraria. Peut-être était-ce la pensée que quelqu'un, même une mauvaise mère, soit forcée de se coucher si près d'un monstre tel que le beau-père. À côté du lit se trouvaient une commode, une petite coiffeuse, une table de nuit accueillant une lampe à l'abat-jour bosselé, et une télévision posée dans un équilibre précaire sur un guéridon en osier. Malgré les draps qui les recouvraient, je décelai les formes de cadres de photo et d'autres effets personnels posés à la verticale sur la commode et la coiffeuse ; il faudrait sans doute que je m'y intéresse plus tard, mais pour l'heure, je tournai à gauche et ouvris deux nouvelles portes. L'une d'elles donnait sur un placard, l'autre sur une salle de bains. Celle-ci était exiguë mais abritait toutefois des toilettes et une baignoire.

– Est-ce… ? commençai-je.

Mon père finit pour moi :

– … la seule salle de bains de la maison ? Oui.

Ainsi, chaque fois qu'Andy Gage avait voulu utiliser les toilettes ou prendre un bain, il avait dû traverser la chambre à coucher de Horace Rollins. Et – vérifications faites – la porte ne comportait pas de verrou. Soudain, l'ardeur avec laquelle Adam et Tante Sam défendaient leurs privilèges en matière de toilette – sans parler du plaisir inouï que mon père prenait à déféquer dans l'intimité de sa propre salle de bains – prit tout son sens.

– Andrew ? m'appela Penny.

Un peu en retrait, elle n'avait fait que quelques pas dans la chambre.

– Qu'est-ce que c'est ?

– Une raison de plus de ne pas aimer cette maison.

Nous retournâmes dans le salon et passâmes dans la cuisine. C'était la pièce la plus illuminée, théoriquement la plus gaie de la maisonnée, mais je la trouvais froide. Il s'agissait d'une cuisine-salle à manger, avec une table ronde et quatre chaises. La table et trois des chaises étaient camouflées par un drap, mais la quatrième, non protégée, avait été tirée au milieu de la pièce. Par curiosité, je passai mon doigt sur le siège, il était propre, sans une once de poussière.

Je me dirigeai vers la porte de derrière et jetai un coup d'œil au jardin. Comme la pelouse de devant, il avait été tondu. Il y avait un potager grossièrement démarqué par des dalles, mais contrairement au parterre de fleurs devant la maison, ces terrains n'étaient pas fleuris, seulement en germination.

Mon père me fit remarquer une rangée de ronces au fond du jardin, qui formaient une barrière naturelle entre le potager et les bois.

– Des mûriers, surtout. Il y avait aussi des églantiers qui bordaient la maison, mais ils n'ont jamais donné grand-chose.

La barrière semblait inviolée, sauf à un endroit qui donnait sur un sentier menant dans les bois. Il y avait une petite remise à l'intérieur du jardin, à côté du passage ; elle était sans doute utilisée pour entreposer les outils de jardinage, mais sa taille et son emplacement évoquaient un poste de péage.

– Qu'y a-t-il par là ? demandai-je à mon père.

– Le Quarry Lake, répondit-il.

Je sentis qu'il y avait une histoire derrière tout ça, et peut-être même plusieurs.

– Il se trouve à environ cinq cents mètres si tu ne t'éloignes pas du sentier, c'est plus loin si tu prends par les bois.

Je m'aperçus que Penny observait elle aussi le chemin.

– Qu'est-ce que c'est ?

Penny secoua la tête mais Maledicta surgit alors.

– Cette saloperie de cabane à outils. Putain, Verna l'aurait adorée – c'est l'endroit idéal pour tendre une embuscade. Et ces putains de bois pour rôder, comme le grand méchant loup...

Elle quitta le jardin et se dirigea vers la cuisine qui donnait sur un garde-manger qu'elle voulait inspecter. Il faisait également office de buanderie, un recoin renfermait une machine à laver et un sèche-linge. Maledicta explora les lieux, puis examina les étagères du garde-manger qui croulaient encore sous des boîtes de conserve et des bocaux couverts de toiles d'araignées.

– Les provisions de cet enculé de Mathusalem ! s'exclama-t-elle. Miam, miam !

Elle recula de quelques pas, s'en retourna dans la cuisine, fouilla ses vêtements à la recherche de cigarettes, s'énerva et céda la place à Penny.

– Andrew, demanda Penny, où dormais-tu ? S'il n'y a qu'une chambre…

C'était également la question que je me posais, mais la réponse nous crevait les yeux : entre la porte de derrière et le garde-manger se trouvait une autre porte qui donnait sur un escalier en colimaçon.

– Mon Dieu, dit Penny.

L'escalier qui menait au grenier devait déjà être dangereux à l'époque où le cottage était parfaitement stable, mais maintenant, avec les contremarches qui penchaient vers l'arrière, c'était un vrai brise-cou.

– Attends-moi en bas, si tu préfères, dis-je à Penny. Je vais monter voir vite fait ce qu'il y a en haut.

– Non, répondit Penny, l'air chagrin. Je t'accompagne.

Je passai devant, agrippé à la rampe d'escalier – un ensemble de bouts de bois attachés au mur par des crochets métalliques. Un peu plus haut, l'escalier allait à droite, puis encore plus à droite, arrivant sous un plafond bas. Comme je parvenais au sommet, j'entendis Penny qui trébuchait derrière moi ; Maledicta lâcha un chapelet de jurons.

– Tout va bien ? demandai-je.

Je me tournai pour regarder. Penny était tombée à genoux, au dernier virage de l'escalier. Je songeai au beau-père montant et descendant ces marches, ivre, et il m'apparut que mon père avait raison : nous devions être trop impressionnés pour le tuer, sinon il n'aurait jamais vécu aussi vieux.

– Ça va, répondit Penny en se remettant sur ses pieds.

Le grenier me fit penser à l'Usine du Réel. L'espace était plus exigu, bien entendu, mais c'était le même principe :

une seule salle sous une toiture douteuse avec une colonne en briques délabrées (le conduit de la cheminée) qui s'élevait au beau milieu de la pièce, tel un pilier porteur. Il n'y avait pas beaucoup de lumière ; le grenier était doté de fenêtres de chaque côté, mais elles étaient petites et leurs vitres crasseuses. Apparemment, le zèle du commissaire Bradley pour entretenir la propriété n'avait pas atteint cette partie du cottage. Et il n'était pas le seul – comme je traversais le grenier, mes pieds firent rouler au sol de gros moutons, fruits d'années de négligence. Althea Gage non plus n'avait pas fait beaucoup de ménage là-haut, après le départ de son unique enfant. Mais bon, songeai-je avec amertume, pourquoi s'en serait-elle donné la peine ? On ne pouvait tout de même pas s'attendre à ce qu'elle ait éprouvé de la nostalgie ou autre chose.

La partie du grenier la plus proche de l'escalier avait été la chambre à coucher d'Andy Gage. Si les meubles ne me semblaient pas familiers, quelque chose l'était dans leur disposition ; j'imaginais parfaitement mon père, Adam, Tante Sam et les autres – qui, à l'époque n'avaient au mieux qu'une vague conscience de leurs existences respectives – agencer et réagencer le tout dans de sempiternelles chamailleries de colocataires. À côté de la fenêtre, se trouvait le petit lit pliant – pas un vrai lit, un lit de camp – où ils avaient dormi et peut-être regardé le jardin potager avant de sombrer chaque soir dans le sommeil ; près du conduit de la cheminée un bureau était stratégiquement situé devant l'escalier ; de-ci de-là, sur les côtés de la chambre où le toit mansardé se rapprochait du plancher, il y avait des étagères basses faites à l'aide de parpaings et de planches, couvertes de livres, de joujoux et d'un fouillis de choses. Je n'en revenais pas de voir qu'autant d'affaires étaient restées, mais j'imagine que mon père n'avait pas eu le droit d'emporter grand-chose lorsqu'il avait quitté la maison pour l'Université. Si chaque âme à demi consciente avait essayé de voler du temps pour s'assurer que ses biens préférés seraient emportés, les derniers jours de préparation avaient dû être particulièrement chaotiques.

La deuxième partie du grenier, de l'autre côté de la cheminée, servait de remise. Mais en fait la frontière n'était pas si déterminée ; comme mes yeux s'habituaient au noir, je découvris qu'il s'agissait plus d'un dépotoir que d'une remise. On aurait dit que nous avions toujours eu de petits problèmes de rangement.

Je m'accroupis près de l'une des étagères, passant la main pour ôter la poussière et les poissons d'argent crevés sur une rangée de livres. Je ne reconnus aucun des titres mais une vague sensation de familiarité me saisit de nouveau : ces livres avaient appartenu à une personne – plusieurs personnes – dont je connaissais les goûts. Un ouvrage en particulier attira mon regard : *Les Contes des héros grecs*, de William Seferis. Je m'en emparai ; sur la couverture une princesse se recroquevillait derrière Hercule, qui s'apprêtait à trancher les têtes d'une hydre menaçante.

Je me tournai pour montrer le livre à Penny et la découvris qui regardait le bazar entreposé à l'autre bout du grenier avec des yeux écarquillés.

– C'est un peu sombre, hein ? demandai-je.

– Dieu soit loué, répondit Penny. Dieu soit loué, notre maison de Willow Grove n'avait pas de grenier. Ma mère… je serais devenue folle dans une chambre comme celle-là.

D'humeur soudain badine, j'eus envie de lui dire que moi, j'étais littéralement devenu fou dans une chambre comme celle-ci, mais je songeai que mon père n'apprécierait peut-être pas mon sens de l'humour. Je me contentai alors de lui dire :

– Est-ce que tu crois vraiment que ta mère t'aurait mise dans un grenier, même si elle en avait eu un ? Parce que, d'après ce que tu m'as dit, pour elle c'était peut-être un peu trop…

– Pauvre ? proposa Penny en haussant les épaules. Peut-être.

Tentant une blague à son tour :

– Elle aurait au moins insisté pour que l'escalier soit mieux.

– Attends voir : un escalier de marbre ?

Penny hocha la tête.

– Avec une rampe en or. Et un tapis de velours, pour que je ne l'entende pas arriver.

Elle sourit, amusée davantage par son audace que par la plaisanterie, me semble-t-il. Je ris aussi, et la poussière qui me chatouillait le nez depuis que nous étions entrés me fit alors éternuer. De l'autre côté de la cheminée, quelque chose bondit dans la pénombre, une boîte tomba d'une pile et s'écrasa par terre. Penny lâcha un couinement épouvanté.

– Tout va bien, dis-je, en luttant pour ne pas éternuer à nouveau. Je crois que ça va – c'est trop petit pour être un fantôme…

J'aperçus deux yeux qui brillaient dans le noir, et une queue épaisse qui cinglait l'air avec indignation.

– C'est un écureuil ! Tout va bien, Penny, ce n'est qu'un écureuil…

L'écureuil me regardait en chicotant, agitant sa mâchoire comme un petit vieux dont le dentier aurait glissé, puis il fila dans le trou par lequel il avait dû entrer.

Je me dirigeai vers la boîte que l'écureuil avait fait tomber, elle était pleine de réveils. J'en sortis un, le tendant à bout de bras pour mieux l'observer.

– Est-ce qu'ils étaient à toi ? demandai-je à mon père, mais avant que je puisse finir ma question, j'aperçus, réfléchi par le verre, le visage de quelqu'un qui regardait par-dessus mon épaule.

Ce n'était pas Penny, c'était une jeune fille. Un Témoin. Le Témoin, devrais-je dire : celui qui m'avait suivi dans la maison lorsque j'avais cherché sous le lit dans la chambre à coucher de mon père.

Évidemment, elle ne regardait pas exactement par-dessus mon épaule. Le reflet n'était qu'une illusion, qui disparut dès que je le remarquai – mais, même après son départ, je sentais encore la présence du Témoin.

Une curieuse idée me vint. Je me retournai.

– Penny, dis-je. Pourrais-tu faire un pas de côté, s'il te plaît ?

– Qu-quoi ? demanda Penny, encore effrayée par l'écureuil.

– Décale-toi un peu, veux-tu ?

Je fis un geste de la main.

– Je voudrais voir un truc.

Penny fit un pas de côté, et je jetai sournoisement le réveil vers l'escalier. Il sortit de mon champ de vision en s'engouffrant dans la cage d'escalier, puis roula sur les marches à grand bruit, carambolant contre les murs jusqu'à la cuisine, où il se cassa enfin en mille morceaux. Nous entendîmes le verre se briser, et les boulons et les engrenages et les ressorts qui s'éparpillaient sur le lino.

Tout cela nous parvenait très clairement. Ce n'était pas seulement parce que la porte en bas des marches était ouverte. Le son passait tout naturellement par le plancher du grenier. Si j'avais brisé un réveil dans le salon ou la salle de bains, pensai-je, cela se serait entendu tout aussi distinctement.

– Qu'en penses-tu, Penny ? Si un petit enfant avait crié à l'aide, ici, aurais-tu pu l'entendre d'en bas ?

Penny cligna nerveusement des yeux, comme si elle se demandait si j'étais toujours moi-même.

– Je pense que oui.

– C'est bien ce qu'il me semble, acquiesçai-je.

Et je sentis à nouveau la présence du Témoin, tel un spectre qui m'aurait tiré la manche pour obtenir mon attention.

Je me dirigeai vers le lit de camp. Quelques robes à ma taille avaient été étalées sur le matelas, puis abandonnées à la poussière. Leur tissu était grignoté, et, lorsque je les écartai, je m'aperçus que la couverture, les draps, la toile du matelas l'avaient également été. L'ensemble était répugnant. Le sommier du lit de camp paraissait malgré tout solide. Je m'en assurai d'une pression des mains, puis m'assis précautionneusement.

– Penny, dis-je. Pourrais-tu me rendre un service ?

– Seigneur… tu ne veux pas encore aller à l'intérieur ? *Ici ?*

– J'ai l'impression que quelqu'un veut me dire quelque chose. Je vais essayer de ne pas rester trop longtemps.

La mâchoire de Penny bougea – on aurait presque dit l'écureuil, mais, contrairement à lui, elle ne s'enfuit pas.

– D'accord, dit-elle. Mais s'il te plaît, dépêche-toi. Je n'aime pas trop cet endroit.

Lorsque j'apparus sur la colline à côté de la colonne de lumière, le Témoin m'attendait. Elle n'eut pas une parole ni un geste d'accueil, se contentant de me lancer un regard lourd de sens.

Mon père, qui était également là, était un peu plus loquace.

– Qu'est-ce que tu fous, Andrew ?

C'était une question purement rhétorique, mais j'y répondis toutefois, mes paroles trahissant une ironie pas tout à fait maîtrisée.

– J'apprends.

– Tu ne devrais pas faire ça *là-bas*, dit mon père. Pas dans cette maison. Quand tu seras de retour à Seattle, peut-être, encadré par le docteur Eddington…

– Eh bien malheureusement, il se trouve que nous ne sommes pas à Seattle, dis-je, d'un ton encore plus sarcastique. On y serait sans doute, si tu avais été plus franc avec moi.

– Je suis désolé de ne pas t'avoir tout raconté, Andrew. C'était une erreur de jugement. Je le sais, maintenant. Mais ça – il eut un geste de la main vers le Témoin –, c'est dangereux.

– Elle veut me montrer quelque chose.

– Tu ne vas rien apprendre que tu ne sais déjà. Ça va simplement faire encore plus mal.

J'eus l'impression qu'il disait la vérité, en tout cas je crus ses paroles, mais peu m'importait, j'étais convaincu.

– Remonte en chaire, père, dis-je. Veille sur le corps.

– Andrew…

– Remonte en chaire. Si c'est aussi dangereux que ce que tu dis, et que Gideon essaie d'en tirer profit… eh bien, je ne veux pas que Penny ait à s'en occuper. On lui en a déjà suffisamment fait voir comme ça.

Il hésita, tenté de m'ordonner de ne pas agir ainsi. Mais le rapport de force s'était modifié entre nous, et finalement ma volonté l'emporta. Mon père remonta en chaire.

Je me tournai vers le Témoin, qui se tenait toujours patiemment auprès de moi.

– Allons-y, lui dis-je.

Lorsqu'un Témoin partage ses secrets avec vous, ça avale toute votre tête. Je n'avais jamais vécu cela, mais j'avais une assez bonne idée de ce qui allait se passer, et ne pouvais m'empêcher de regarder le Témoin avec l'œil d'un dompteur qui observe le lion dont il s'apprête à écarter la mâchoire. Je m'agenouillai devant elle, approchant l'oreille de sa bouche, comme si je voulais qu'elle me murmure quelque chose. D'abord, ce fut exactement ce qu'elle fit : d'une main, elle attrapa mon épaule, puis elle mit l'autre en coupe contre ses lèvres, et se pencha tout près. J'entendis sa bouche qui s'ouvrait, je sentis son souffle caresser ma peau ; ce ne furent pourtant pas des mots qui se déversèrent mais un large éventail de bruits, de sons parasites – d'une autre époque et d'un autre lieu. L'intensité de son souffle augmenta – trop tard, je perdis mon sang-froid et tentai de m'écarter, mais la main se resserra sur mon épaule, implacable – et sa bouche s'ouvrit encore plus grand, impossible béance, qui était désormais moins une bouche humaine que l'ouverture d'une bourse ou d'une cagoule qui glissait, se *coulait* sur le sommet de mon crâne, recouvrant mes yeux. Il y eut un moment de noirceur étouffante, de pression terrible – le crâne de mon âme fut pris dans un étau –, et puis – *fusion* – le Témoin et moi ne fûmes plus qu'un, nous ne sommes qu'un, nous sommes…

… je me retrouve sur les rives d'un lac, à regarder un galet qui ricoche à la surface de l'eau. Mon poids porte entièrement sur mon pied gauche et mon bras est tendu en face de moi ; je sens une tension dans mon poignet et mon épaule, et l'impression évanescente qu'un objet dur, plat, se nichait il y a peu dans le creux de ma main.

Je trébuche, déséquilibrée. Le galet ricoche, ricoche, et finit par couler, à un ou deux bonds d'un gros monticule de sable et de gravier qui forme une île au milieu du lac. Comme je me redresse sur mes jambes, des ondes apparaissent aux endroits où la pierre a ricoché, formant une chaîne d'anneaux concentriques qui deviennent de plus en plus grands.

Voici les choses que je sais : le corps aqueux en face de moi s'appelle le Quarry Lake. Trois ruisseaux s'y jettent, après avoir couru du Mont Idyll au nord-est, et le lac nourrit à son tour une plus grande étendue d'eau – la rivière Hansen, qui coule vers l'ouest sur plusieurs kilomètres jusqu'au Two Seasons Lake. Le tas de sable et de gravier n'a jamais été officiellement baptisé, mais, pour moi, c'est l'Île du Diable. Maintenant, sous les rayons ardents du soleil, elle ne semble pas très diabolique – seulement déserte – mais je sais qu'à la pleine lune ou sous la brume du matin, c'est très différent. De plus, bien qu'elle paraisse suffisamment proche pour être rejointe à la nage, je sais qu'il est en fait très difficile d'y aller ou d'en revenir : les eaux du Quarry Lake sont bien plus profondes qu'elles n'en ont l'air, et étonnamment froides, même en été.

Outre ma connaissance précise du lac et du paysage qui m'entoure, je sais que j'ai onze ans, que l'on me nomme Andrea Gage et que j'habite dans un cottage, un peu plus loin dans les bois, derrière moi. Je sais que j'y suis très malheureuse et je sais pourquoi.

Voici certaines des choses que j'ignore : le jour qu'il est. L'heure qu'il est. Ce que je faisais deux minutes plus tôt. Ce que je faisais une heure plus tôt. Ce que je faisais la veille, ou l'avant-veille.

Pourquoi j'ai peur.

En fait, je sais pertinemment pourquoi j'ai peur, parce qu'une chose très néfaste va m'arriver, de façon imminente. Mais quant à la nature exacte de cette chose, la façon dont j'en ai eu conscience et, surtout, ce que j'ai fait pour la mériter – toutes ces informations me manquent.

Je scrute les berges du lac et les rangées d'arbres qui le bordent, à la recherche d'un indice. Je ne remarque rien, mais soudain mes yeux se posent sur un bouquet d'arbustes fleuris – les arbustes qui délimitent le début du sentier menant au cottage où je vis – et tout mon système nerveux se met en branle. Je fouille la haie des yeux, cherchant si quelqu'un s'y serait tapi, des yeux qui m'épieraient entre les branches écartées, je ne vois rien, mais maintenant je sais ce dont j'ai peur. Comme je me détourne pour reprendre mon observation méticuleuse des arbres, le cri retentit, une psalmodie qui se réverbère sur le lac :

– Youuuuuuuu-houuuuuuuu !

Mes yeux se précipitent sur les arbustes et repèrent une branche qui s'agite. Je ne parviens toujours pas à le voir, mais maintenant je sais qu'il est là. J'attends, à demi paralysée par l'épouvante, qu'il sorte des arbustes et se montre. Mais rien, et le cri ne se répète pas.

Le temps passe. Je sens ses yeux rivés sur moi, qui attendent que je fasse quelque chose. Je suis furieuse, je déteste qu'on joue ainsi avec moi, mais ma colère s'évapore vite devant la certitude de mon impuissance. Ensuite mes genoux fléchissent ; j'ai envie de m'écrouler, de le supplier de sortir pour qu'on en finisse, qu'il fasse ce qu'il va faire. Ce sentiment lui aussi disparaît, bien qu'il perdure plus longtemps. Finalement, une espèce de fatalisme buté m'envahit, la sensation qu'il faut que j'essaie, en vain, de m'échapper.

Il y a, je le sais, trois façons de sortir d'ici : le chemin qui mène au cottage dans lequel j'habite ; le sentier qui monte et contourne le Mont Idyll ; et le chemin qui suit la rivière Hansen jusqu'au Two Seasons Lake. Le sentier du Mont Idyll est sans doute la meilleure solution pour s'échapper. Escarpé, accidenté, sauvage, il convient bien mieux à une petite personne agile qu'à un gros bonhomme maladroit. De plus, les nombreuses bifurcations et boucles offrent de multiples occasions de perdre son poursuivant, en utilisant ses jambes et son intelligence. Si j'arrive à atteindre le premier embranchement du sentier, je devrais réussir à disparaître sans trop de difficultés ; et bien que je ne puisse pas m'éclipser éternellement, un sursis vaut toujours mieux que rien. Il se lassera peut-être d'attendre que je revienne, ce qui lui coupera l'envie de le faire, et peut-être que ce soir sera l'une des rares soirées où des invités viendront à la maison, et que tout le monde se conduira de son mieux ; peut-être boira-t-il trop pendant le dîner et s'endormira-t-il comme une bûche, juste après.

Il n'y a qu'un problème, avec le chemin du Mont Idyll : pour l'atteindre, il faudrait que je contourne le lac par l'est, passant juste devant sa cachette. Ce n'est pas vraiment possible de prendre l'autre côté, et même si ça l'était, le temps que je barbote pour traverser l'embouchure de la rivière Hansen et que je me force un passage à travers les épais sous-bois qui rendent la quasi-totalité des berges au nord du Quarry Lake impraticables, il serait déjà à m'attendre à l'orée du chemin, couché par terre, en riant aux éclats devant mes vaines tentatives de fuite.

Je ne quitte pas les buissons du regard, tâchant d'évaluer mes chances de les longer en courant à toute vitesse, sans me faire attraper.

Je comprends que je ne m'en sortirai jamais. Le chemin du Mont Idyll est exclu, il va falloir que je prenne le sentier le long de la rivière – un itinéraire plutôt plat, pour lequel les gens munis de longues jambes ont l'avantage.

Je commence à rebrousser chemin, lentement, comme si, en ne prenant pas mes jambes à mon cou, je cachais mes desseins. Je sais qu'il sait à quoi s'en tenir, mais si j'ai un peu de chance, il sera beau joueur et me laissera un peu d'avance avant de partir à mes trousses. Et puis, si j'ai vraiment beaucoup de chance, sa résistance faiblira avant que je perde mon avance. Alors, je recule – un pas, un autre, encore un autre – jusqu'à ce que soudain émerge un nouveau bruit, un rire désincarné qui croît puis se tait en se réverbérant sur le lac. Quelque chose atterrit dans l'eau à côté de moi, dans un grand plouf.

Je détale comme un lapin. Le bas de ma jupe se plaque entre mes cuisses, menaçant de m'emprisonner les jambes et de me faire tomber ; je me cogne l'orteil contre une pierre, trébuche, mais continue. Je remonte les berges du lac jusqu'à atteindre l'embouchure de la rivière Hansen. Je tourne à gauche et prends le chemin qui mène au Two Seasons Lake.

… et m'arrête net, bloquée par des épines. La première pensée qui traverse mon esprit affolé va à la Belle au Bois dormant, et à la méchante fée qui a fait apparaître une forêt de ronces pour empêcher le prince d'atteindre le château. Mais ces ronces sont mortes : des églantiers séchés, leurs branches collées les unes aux autres, posées par terre et entassées à l'aide de tronçons de vieux troncs d'arbres pour former un gros piège épineux. Je suis presque admirative des efforts qu'il a fallu déployer pour le construire, du travail que cela a demandé.

Le piège bloque complètement le passage. Il est hors de question de grimper par-dessus, quant à le contourner… Tournant les yeux sur ma droite, vers le lit rocailleux de la rivière, j'avise quelque chose qui étincelle parmi les galets couverts de vase, quelque chose de brillant et de pointu : des bris de verre. Des bouteilles cassées.

*Pas moyen de s'échapper.* La pensée se forme avec une telle clarté qu'elle aurait pu être formulée à voix haute. J'attends que son rire retentisse à nouveau à mes oreilles, que sa main se plaque contre ma nuque. Cela ne se produit pas. Évidemment, songé-je : il sait qu'il n'est plus nécessaire de me poursuivre. Tout ce qu'il a à faire, c'est attendre, attendre que je comprenne que je ne peux pas m'échapper, attendre que je baisse les bras et revienne. Même ce piège (combien de temps avait-il passé dessus ? Des heures ? Des journées ?) n'est pas vraiment nécessaire. Et même si j'avais vraiment réussi à le semer, si j'étais allée jusqu'au Two Seasons Lake sans me faire prendre ? J'aurai beau courir le plus vite ou le plus loin possible, il faudra toujours que je rentre à la maison.

*Pas moyen de s'échapper.* Très bien, alors, j'abandonne. Je me rends. Je suis un peu surprise, tandis que je regagne la rive du lac, de ne pas le trouver qui m'attend. Ce n'est pas grave, toutefois : je sais où il est. Tête baissée, je me dirige vers sa cachette, me préparant à ce qu'il surgisse par surprise pour m'attraper.

Cela ne vient pas. J'y suis, maintenant, je suis arrivée devant les buissons et il ne m'a toujours pas sauté dessus. Je relève la tête, perturbée : où est-il ?

Je sais qu'il était ici – le cri, ce rire, je les ai vraiment entendus mais, curieusement, maintenant il n'y est plus. Mon cerveau turbine, à la recherche d'une explication : serait-il possible qu'il ait oublié avoir construit ce piège ?

Qu'ayant vu la vitesse à laquelle je courais, il ait pensé qu'il n'arriverait jamais à me rattraper et abandonné la poursuite ?

C'est une idée absurde, mais avant que je puisse m'en départir, je suis prise d'un espoir irrationnel. Le chemin du Mont Idyll, pensé-je, je peux le gagner, maintenant. Je peux y aller, et disparaître, et peut-être que je ne reviendrai pas, peut-être resterai-je là-bas dans les bois pour toujours.

Vite, songé-je, vite, avant qu'il ne comprenne son erreur et rapplique…

Non. Attends.

Le chemin du Mont Idyll : bien sûr. Il n'a pas laissé tomber. Il n'est pas parti. Il continue de jouer avec moi, me fait croire qu'il a abandonné, me pousse à courir encore avant de bondir. Le chemin du Mont Idyll : voilà où il se cache.

Est-ce là qu'il se cache ? Hésitante, je louche vers l'orée du chemin.

J'aperçois une ombre qui se déplace parmi les arbres. C'est lui !

Minute. Minute. Est-ce bien lui ?

Ma tête reste dans le doute mais mes pieds se sont décidés : je m'élance à nouveau, traversant les massifs d'arbustes, remontant le sentier qui mène au cottage. Je cours, les bois ne sont plus qu'un tourbillon indistinct. Mon orteil heurte une nouvelle pierre et cette fois je tombe à terre, mais ça va, je me redresse en un clin d'œil, la maison est tout près maintenant, j'aperçois la porte du jardin, accueillante.

Je me précipite pour franchir la porte ouverte – crétine – et, bien sûr, c'est là qu'il m'attrape, surgissant de derrière la remise pour me cueillir comme une fleur. Je pousse un hurlement, qui est autant un cri de frustration que de frayeur – crétine, crétine – et bats désespérément des bras et des jambes dans les airs. Il rit, me soulevant sans effort – une main sur mon sternum, qui s'étend sur ma poitrine, l'autre sous ma jupe qui fouille entre mes jambes –, et me laisse me débattre à ma guise.

La résignation vient sans tarder. Ma force ne peut lutter contre la sienne, nous le savons tous les deux. Je cesse de donner des coups de pied, mes bras retombent mollement le long de mon corps. Il m'attire plus près, dans une intime étreinte ; les mouvements de ses mains se font plus insistants, je sens ses lèvres qui se pressent contre ma nuque, dans le creux de mon cou. J'essaie de me laisser mourir à l'intérieur. Je quitterais mon corps si je le pouvais, mais je ne le peux pas, je dois supporter tout cela, alors je tente de mourir pour que cela se passe sans que je le sente. Dans l'un des terrains du potager, des potirons prolifèrent ; je m'imagine enterrée parmi eux, couverte par la douce terre.

Le soleil se cache derrière un nuage. La lumière change, dans le jardin.

Et soudain je reviens à la vie. L'éclat du soleil s'étant estompé, j'aperçois un visage derrière la vitre de la cuisine. Elle ne regarde pas dehors – on dirait qu'elle fait la vaisselle, ses yeux sont braqués sur l'évier – mais si elle relève la tête ne serait-ce qu'une seconde, elle me verra. Elle *nous* verra.

Sans que je puisse me contrôler, je suis à nouveau pleine d'espoir. C'est un espoir vain – au fond de moi, je le sais parfaitement – mais il me galvanise, m'anime. Il faut que je parvienne à attirer son regard, il le faut : alors elle verra, elle me sauvera, elle fera cesser tout cela !

J'ouvre la bouche. Je hurle.

Peut-être ce hurlement est-il très puissant, assez puissant pour faire se briser la vitre de la cuisine.

Peut-être ce hurlement est-il muet, étouffé par mon épouvante, par la main grossière posée sur ma poitrine.

Assourdissant ou silencieux, ma mère l'entend. Elle relève la tête. Elle nous voit. Ses yeux s'agrandissent.

La joie que je ressens alors est indescriptible. Elle va me sauver. Elle va me sauver. Dans une seconde elle franchira en trombe la porte de derrière, les mains encore pleines de produit vaisselle, et elle va hurler, va lui hurler de s'arrêter, va lui hurler dessus et le frapper pour qu'il me relâche. Je tends les bras vers elle, attendant qu'elle vienne à mon secours.

Mais soudain son front se plisse, elle prend une expression colérique, pas scandalisée, mais contrariée. Elle inspire, lâche un soupir de… d'exaspération ? Ses mains entrent dans mon champ de vision, elle les essuie à l'aide d'un torchon avec des mouvements nerveux, impatients. Une fois qu'elle a terminé, elle jette le torchon de côté, pour s'en débarrasser.

Elle tourne le dos.

Elle tourne le dos, et j'aperçois son crâne qui recule, qui s'éloigne de la fenêtre, s'enfonçant dans la maison. Je ne comprends d'abord pas, et puis si : elle va dans sa chambre, dans *leur* chambre. Elle va fermer les yeux pour faire la sieste. Elle fait souvent la sieste. Je le sais.

Elle est partie.

Elle est partie, il n'y a plus que lui et moi, moi et le beau-père. Soudain, il me tient différemment, m'empoignant d'un bras tandis que l'autre part en arrière. J'entends la porte de la remise qui s'ouvre dans un craquement. Il me fait tournoyer, m'entraînant à l'intérieur…

… « Andrew ! »…

… et la porte claque derrière nous…

… mes pieds frappent par terre, s'enfonçant dans les planches.

« Arrête, Andrew ! Andrew, je t'en supplie, arrête, tu vas »…

… et il me pose à terre sur le sol, j'observe le mur noir de la remise. Ses mains sont partout sur moi, maintenant, mais ça ne me fait plus rien. Je n'ai plus besoin de faire mourir mes sentiments ; je suis morte, je…

… « Bordel, mais tu veux te tuer, espèce de sombre con ? *Arrête tes conneries !* »…

… et il m'écrase de tout son poids, par-derrière, mon visage s'écrabouille contre le mur de la cabane, mais moi je ne vois pas de mur, rien que la vitre de la cuisine et ma mère figée alors qu'elle s'apprête à tourner le dos, toujours tourner le dos. Puis j'entends le bruit du bois qui se fissure et le mur cède sous la pression de mes mains, s'enroule sur lui-même…

… bras agrippés au poteau de téléphone, muscles bandés, je tirais de toutes mes forces. Maledicta hurla « Arrête tes conneries ! » encore une fois, puis Malefica me sauta sur le dos. Elle me donna un coup de poing derrière la nuque, me fit lâcher prise et me précipita par terre. Elle me donna plusieurs coups de pied dans les côtes, le premier pour que je ne bouge plus, le deuxième pour s'assurer que je ne bougerais plus et le dernier parce qu'elle était en colère. Ses coups me faisaient mal, mais je ne criais pas, n'essayant pas non plus de me défendre, me contentant de gésir là où elle m'avait fait tomber.

Ma fusion avec le Témoin n'avait été que provisoire, mais il me semble que la petite fille aurait souhaité qu'elle soit permanente : quelque part à l'intérieur, sur les berges du lac ou dans la forêt, j'entendais ses pleurs, ses lamentations, la peine qu'elle ressentait à voir son existence se poursuivre. J'aurais dû être navré pour elle, simplement j'étais bien trop content pour cela, trop content que la vision ait disparu, que sa vivacité s'émousse, et que ce souvenir qui brièvement s'était fait mien devienne à nouveau celui d'une autre, ne soit plus que le souvenir d'un souvenir, une histoire que l'on m'avait racontée mais que je n'avais pas vécue.

La tête me faisait mal. Le cœur plus encore. *Tu t'es trompé, père*, songeai-je. *J'ai vraiment appris quelque chose.*

– J'ai vraiment appris quelque chose, criai-je.

Je le répétai, à l'intérieur, mais il n'y eut aucune réponse du côté de la chaire.

Je me relevai – doucement, afin que Malefica ne me donne pas un nouveau coup de pied. Nous nous trouvions devant le cottage, et je m'aperçus que les planches d'appoint avaient été retirées ou brisées. On aurait dit que quelqu'un s'était muni d'une masse pour les détruire, mais de nouvelles douleurs dans les pieds, les jambes, les mains et les bras d'Andy Gage racontaient une tout autre histoire : mes articulations étaient ensanglantées et pleines d'échardes.

– Qu'est-ce qui s'est passé ? demandai-je.

*– Qu'est-ce qui s'est passé ?*

Maledicta était blême.

– Putain, mais à ton avis, qu'est-ce qui s'est passé, trouduc ?

– J'ai essayé de faire tomber la maison ?

– Oui, tu as essayé de faire tomber cette putain de baraque ! Alors qu'on était encore à l'intérieur !

– Alors que vous étiez... non. Non, Maledicta, je ne ferais jamais...

Je m'interrompis en remarquant un bleu sur sa joue et une bulle de sang dans sa narine.

– Qu'est-ce que tu t'es fait au visage ?

En guise de réponse, elle sembla me viser pour me balancer un nouveau coup de pied, mais se reprit, tournoya sur un talon, et fonça vers le jardin. Quelques instants plus tard, j'entendis des coups réguliers – Malefica avait décidé que la cabane à outils était ma cage thoracique. Comme les coups continuaient, je me surpris les yeux braqués sur le poteau téléphonique, qui était le dernier pilier du cottage, et compris qu'au fond de moi, ça me démangeait toujours de le réduire en poussière. Je croisai les bras sur ma poitrine et coinçai les mains sous mes aisselles, oublieux des égratignures causées par les échardes. J'avais très froid.

LIVRE DIXIÈME

# LES LARMES DU COMMISSAIRE BRADLEY

# 28

– Mon père s'est trompé, lui dit Andrew. Il m'a dit que je n'apprendrais rien que je ne sache déjà, que ça ferait encore plus mal. Mais le fait même d'éprouver personnellement cette douleur m'a appris quelque chose.

Ils sont assis dans un box, chez Winchell, les tasses de café auxquelles ils n'ont pas touché refroidissent sur la table devant eux. Souris frotte l'ecchymose sur sa joue à l'aide d'un glaçon enveloppé dans une serviette.

– Elle nous a fait plus de mal que lui, dit Andrew. Pas en ce qui concerne la dose de sévices subis – le beau-père reste le seul responsable, je pense qu'il est le seul à être responsable d'avoir brisé l'âme d'Andy Gage en mille morceaux. En termes de quantité, c'est lui le pire. Mais la manière dont *elle* nous a fait mal… ça a une qualité, une profondeur dont le beau-père n'a jamais pu approcher, même lorsqu'il…

*Elle nous a fait plus de mal que lui.* Andrew s'échine à lui expliquer cet argument depuis déjà quelque temps, et bien que du point de vue intellectuel Souris saisisse plutôt bien ce qu'il veut dire, émotionnellement, ça ne passe pas. Ces histoires de jeu du chat et de la souris avec le beau-père d'Andrew autour des berges du Quarry Lake : ça, ça lui parle. C'était le genre de passe-temps qu'affectionnait particulièrement sa mère. Mais lorsque Andrew se met à lui expliquer que l'incapacité de sa mère à le protéger a été en quelque sorte plus néfaste que les assauts du beau-père… Eh bien, Souris comprend, mais pas complètement. Elle ne peut s'empêcher de penser qu'elle aurait tout donné pour avoir une mère dont le pire vice aurait été de ne rien faire.

– C'était un tel viol, dit Andrew.

– Un viol ? Mais c'était le beau-père qui…

– Je ne parle pas de viol physique. Je parle du viol de… de l'ordre, de la façon dont les choses sont naturellement censées se passer… Le beau-père, lui, a toujours été un monstre, rien de plus. Ça n'a jamais été un *vrai* père pour nous. Juste un horrible bonhomme qui vivait dans notre maison. C'est comme quand… quand un animal sauvage te mord, ça fait mal, c'est traumatisant, mais tu ne peux pas dire que c'est une aberration. Les animaux sauvages mordent, ils sont faits comme ça ; ça peut déplaire, mais on sait à quoi s'attendre.

« Mais nous, ce qu'on éprouvait lorsque notre mère tournait le dos et s'en allait – c'était comme regarder des cours d'eau qui remonteraient les collines. Écoute, je sais qu'elle devait faire ça tout le temps, nous tourner le dos, et je ne comprends pas pourquoi on attendait quand même autre chose de sa part, mais je sais – je l'ai ressenti – que c'était le cas. C'était un sentiment inouï de déception, de trahison, et ça devait se reproduire chaque fois, chaque fois qu'elle le laissait nous faire ça sans réagir…

« Alors, ce que je ne comprends absolument pas, dit-il en reprenant sa respiration, c'est comment j'ai fait, pendant si longtemps, pour ne pas avoir la moindre idée de tout ça. Enfin, tu te souviens : il y a deux jours, tu m'as posé des questions sur ma mère et j'étais incapable de te dire si elle avait survécu à l'accouchement. Et même après que mon père m'a dit la vérité, après que je l'ai vu pleurer, *piquer une crise de larmes* à cause d'elle, eh bien… je n'aurais jamais, jamais compris. Toute ma vie lorsque mon père, Adam, ou n'importe quelle autre âme parlait des sévices qu'ils avaient subis, c'était toujours le beau-père qu'ils mentionnaient – sa méchanceté à lui, ce qu'il leur avait fait, lui. Jamais un mot sur *elle*.

Andrew observe Souris comme s'il s'attendait à ce qu'elle résolve son énigme, mais tout ce qu'elle peut faire, en guise de réponse, c'est hausser les épaules – geste qui lui fait mal au visage.

– Comment va ta joue ? demande Andrew, en la voyant grimacer.

– Elle me fait mal.
– Oh.
C'est sans doute une autre raison pour laquelle elle a tant de difficultés à compatir : elle est encore en état de choc, suite à ce qui s'est passé dans le cottage.
Andrew restait étendu, inerte, sur le lit de camp poussiéreux tandis que Souris, qui montait la garde, était de plus en plus terrorisée par des petits trottinements furtifs dans la pénombre, à l'autre bout du grenier. Maledicta, dans la bouche de la grotte, ne cessait de lui répéter d'arrêter de jouer les connasses au bord de la crise de nerfs, que c'était encore cette saloperie d'écureuil – mais Maledicta semblait également apeurée et ses remontrances vulgaires n'avaient d'autre effet que d'attiser la nervosité de Souris. Elle se laissa glisser de plus en plus près du lit de camp, si bien qu'elle finit par se tenir juste au-dessus d'Andrew, effleurant le bord du matelas crasseux avec sa jambe. Elle se mit à donner de petits coups, qui se firent de plus en plus forts et insistants, jusqu'à ce que le lit tout entier soit ébranlé, mais Andrew restait inerte ; alors quelque chose *galopa* à l'autre bout du grenier, et Souris secoua le corps d'Andrew comme un prunier, en criant :
– Réveille-toi ! Réveille-toi !
Andrew ouvrit les yeux et bondit sur ses pieds, dans un hurlement. Il repoussa brutalement Souris, qui tomba tête la première sur le plancher du grenier. La violence du choc l'estourbit quelque peu, et, le temps qu'elle retrouve ses esprits, Andrew avait disparu : il avait pris l'escalier, la porte de derrière, et contourné la maison. Comme Souris se relevait, elle entendit que des planches se brisaient quelque part en dessous d'elle. La première pensée qui la traversa fut qu'Andrew essayait de mettre le cottage en pièces ; puis, se souvenant des planches d'appoint, elle comprit que c'était exactement à cela qu'il s'employait.
Elle a encore les jambes coupées en repensant à ce qui s'est alors passé. Ce n'est pas bien grave qu'Andrew l'ait envoyée par terre dans un moment de panique – Souris aurait pu faire une chose pareille, et l'a déjà fait, d'ailleurs. Par contre qu'Andrew manque de détruire une maison

dans laquelle elle se trouve, c'est autre chose. Non qu'il ait eu l'intention de lui faire du mal – lui, ou la personne qui occupait alors son corps, ne devait pas du tout penser à elle, mais tout de même… Si elle était tombée un peu plus mal, s'était cogné la tête un peu plus fort, elle aurait pu rester dans les pommes, dans ce grenier, jusqu'à ce que la maison s'écroule. Elle aurait pu mourir. Et Andrew aussi d'ailleurs : lorsque Souris a accouru en bas pour l'empêcher d'abattre le cottage, il ne semblait guère préoccupé par son propre sort.

– Je crois, dit Souris, que j'aimerais bien rentrer à Seattle, maintenant. Je sais qu'il te reste des choses à comprendre, et j'ai envie de continuer à t'aider, mais… je ne veux plus retourner dans cette maison, et nulle part où tu risques de réagir comme ça.

Elle le regarde.

– Alors, on arrête les frais ? S'il te plaît ?

Avant qu'Andrew puisse lui répondre, la clochette accrochée au-dessus de la porte du restaurant retentit et une voix, hors d'haleine, crie :

– Sam !

Doux Jésus. Souris, qui tournait le dos à la porte, fait volte-face pour découvrir l'agent de police Jimmy Cahill qui fonce vers eux. Son visage est cramoisi par l'effort, et Souris songe que son arrivée n'est pas le fruit du hasard, mais qu'il a dû repérer la Centurion garée deux pâtés de maisons plus loin et qu'il vient de descendre la rue à toutes jambes, observant chaque devanture pour les apercevoir.

Souris se prépare à un nouveau quiproquo identitaire, mais lorsqu'elle pose les yeux sur Andrew, ses façons ont changé, soudain plus posées et féminines. Tante Sam a peut-être réussi à faire pression pour qu'il la laisse sortir, à moins que – hypothèse la plus vraisemblable, se dit Souris – elle n'ait profité de la fragilité mentale d'Andrew pour s'imposer de force.

– Sam…

Le policier, en rejoignant leur box, semble manifestement rassembler tout son courage pour se lancer dans un discours. Mais Sam, lui coupant l'herbe sous le pied, lui dit, tout miel :

– Bonjour, Jimmy. Comment vas-tu ?

L'agent, sidéré par l'accueil qui lui est réservé, cligne des yeux. Puis il sourit à son tour.

– Sam, s'écrie-t-il chaleureusement. Puis-je… Ça ne te dérange pas si je m'assieds avec vous ?

Sans attendre sa réponse, il entreprend de se glisser sur la banquette, à côté de Souris. Comprenant qu'elle risque de se faire écraser, Souris se sauve rapidement de l'autre côté, et se fait voler la place par Malefica, qui attrape une cuiller à café qu'elle semble déterminée à enfoncer dans les fesses du représentant de l'ordre.

– Attends un instant, Jimmy, dit Sam.

Et le policier s'arrête docilement, avant d'être installé dans le box.

– Aurais-tu la gentillesse de m'apporter d'abord une part de tarte ?

– De la tarte ?

Il est pris de court, comme s'il n'avait jamais entendu le mot. Puis il sourit à nouveau.

– Bien sûr. Qu'est-ce qui te ferait plaisir ?

– Une tarte aux cerises, s'il te plaît.

Sam lui rend son sourire, ses yeux brillent.

– Avec de la crème Chantilly. Plein de crème Chantilly.

– Une tarte aux cerises avec plein de crème Chantilly. C'est parti.

– Sam ? demande Maledicta.

– Ma chère.

Son sourire est devenu triste.

– Auriez-vous une cigarette ?

Ses mains tremblent.

– Non. Désolée.

Maledicta repose la cuiller sur la table.

– Sam, à quoi tu joues, bordel ? Tu vas arrêter de lui lécher le cul, à cet enculé ?

Sam ne répond pas, gardant les yeux rivés sur ses mains. Quand l'agent revient avec sa tarte aux cerises, elle a réussi à contenir ses tremblements.

– Et voilà, Sam…

Il apporte une fourchette et une serviette sur la table et s'apprête à poser également l'assiette contenant la tarte, mais elle lui attrape le poignet.

– Sam ?

– Jimmy…

Elle incline la tête comme si elle voulait lui chuchoter quelque chose, il se penche alors en avant et Sam glisse sa main libre sous l'assiette et la plaque, avec la montagne de crème Chantilly, sur son visage. Le policier pousse un cri étouffé – eurk ! – et se recule en crachant. Sam se lève, fonçant à toute allure vers la sortie, manquant dans sa précipitation de porter à deux partout le nombre des KO de la journée.

– Ouais, *Sam* ! hurle Maledicta, en tapant du poing tellement fort sur la table qu'elle renverse les tasses de café.

Elle se glisse à l'extérieur du box et fait sa sortie, prenant le temps de s'arrêter à la porte pour beugler à l'attention de la serveuse ahurie :

– T'en fais pas pour ta putain d'addition – c'est don Juan, là-bas, qui régale !

Elle rattrape Sam quelques rues plus loin, près de l'endroit où elles ont garé la Centurion. Sam est plantée devant un lavomatique dont elle regarde fixement la vitrine. Maledicta la rejoint et lui donne une bonne grosse tape dans le dos.

– Putain, quel *pied*, Sam !

Elle désigne une rue transversale dans laquelle elle se souvient d'avoir aperçu un bar.

– Viens, on va boire un coup. C'est ma putain de tournée.

– Non merci, il ne manquerait plus que ça.

Andrew. L'expression de jubilation qu'arborait Maledicta laisse la place à une mine renfrognée.

– Et merde !

– Je suis désolé de te décevoir, dit Andrew.

– Me décevoir, mon cul, espèce de pisse-froid ! Fais revenir Sam tout de suite.

– Sam est rentrée dans sa chambre, et elle ne ressortira pas aujourd'hui.

Il jette un coup d'œil vers la rue qui mène au restaurant.

– C'est vraiment… fâcheux, ce qui vient de se passer là-bas.

– Fâcheux, se moque Maledicta. Putain, c'était la classe !

– Eh bien, je suis heureux que ça t'ait plu, Maledicta. Mais je pense qu'il vaudrait mieux que nous quittions la ville, maintenant. Fais-moi plaisir, veux-tu, appelle Penny de ma part.

– Non, j'ai pas envie de te faire plaisir en appelant cette saloperie de Souris. Et je ne quitterai pas cette ville avant d'avoir rincé mon putain de gosier.

– Maledicta… au cas où tu ne l'aurais pas remarqué, je viens d'agresser un policier.

– Oh, foutaises ! C'est pas un enculé de flic, mais un ex à la con qui a récolté la merde qu'il a semée.

– Eh bien, même si c'était le cas, il faudrait qu'on s'en aille. J'en ai marre d'être ici, de toute façon…

– Eh bien, moi, je n'en ai pas marre, bordel. Et je vais aller m'en jeter un.

Le fusillant du regard :

– Il faut que je me calme les nerfs parce qu'un abruti fini a failli me faire tomber une maison sur la gueule.

– Maledicta, je suis vraiment, vraiment navré, mais…

Marre de ces conneries.

– Tu viens, oui ou merde ? demande-t-elle en s'en allant.

– Maledicta…

Elle ne se retourne même pas, se contentant de lui faire un doigt d'honneur par-dessus l'épaule, et continue son chemin.

– Maledicta !

« Maledicta ! » criai-je, mais elle me fit un geste ordurier et s'en alla. Je restai planté dans la rue, sans d'abord savoir que faire puis, dans l'espoir que ça l'aide à changer de personnalité, je hurlai : « Penny ! »

Rien à faire. Maledicta continua jusqu'au carrefour, puis traversa la rue après avoir insulté un conducteur qui avait eu l'impudence de penser qu'un feu vert lui donnait le droit de passer. Affreusement contrarié, ne sachant que faire à part la suivre, je posai le pied sur la route, tournant le dos au flot de voitures qui arrivait.

Un retentissant coup de klaxon me fit bondir sur le trottoir. Me retournant, j'aperçus une voiture de police qui me suivait au pas. Je crus que c'était à nouveau Jimmy Cahill mais le visage qui se pencha sur le siège passager était celui de Gordon Bradley.

– Tu vas réussir à te faire écraser, Andrea, me gronda-t-il.

– Commissaire Bradley. Je suis désolé, je…

Je levai le bras pour désigner Maledicta, puis me ravisai.

– J'étais distrait.

– Oui, c'est comme ça que ça arrive, en général. Est-ce que tu as vu Jimmy ?

– L'agent de police ? Euh…

– Je lui ai dit d'aller te chercher. On vient d'avoir un coup de téléphone de cette dame dont tu as parlé.

– Quelle dame ?

– Ta logeuse. Mrs Winslow, n'est-ce pas ?

– Mrs Winslow a appelé ? Comment va-t-elle ? Vous lui avez dit que je me portais bien ?

– Tout à fait, répondit le commissaire Bradley, mais elle voudrait voir par elle-même. Elle est en train d'arriver à l'aéroport, en ce moment même.

– Oh mon Dieu.

Je ne savais si je devais m'en réjouir ou en être consterné.

– Elle a fait tout ce chemin depuis Seattle ?

– Depuis Rapid City, en fait. À ce que j'ai cru comprendre.

– Rapid City ? Qu'est-ce qu'elle faisait… Oh, non.

– Elle a dit qu'elle appelait d'un motel dans les Badlands du Dakota du Sud. Apparemment, un médecin lui aurait dit que tu y avais séjourné – je ne suis pas sûr d'avoir tout bien suivi. En tout cas, elle sait que tu es ici, maintenant, et elle m'a demandé de m'assurer que tu ne bougerais pas avant qu'elle arrive. Bien sûr, je n'envisage pas de te retenir officiellement, mais…

– C'est bon, répondis-je. Je n'ai l'intention d'aller nulle part.

– Très bien, alors…

Le commissaire regarda par-dessus son épaule les voitures qui faisaient la queue derrière lui.

– Écoute, je ne voudrais pas créer d'embouteillage, mais est-ce que ça te dirait de venir déjeuner à la maison ? On pourrait reparler de la vente de la propriété.

– Euh, en fait…

Je scrutai la rue dans laquelle Maledicta s'était engouffrée ; elle avait disparu de ma vue. Pivotant pour regarder dans l'autre direction, j'aperçus l'agent de police qui sortait du restaurant. Il avait la main pleine de serviettes, essuyant la chantilly qui s'étalait sur son visage.

– … en fait, ce serait volontiers, répondis-je.

Le siège passager de la voiture de police étant encombré par une grosse boîte pleine de matériel de pêche, je montai à l'arrière, m'enfonçant le plus profondément possible sur la banquette. Le commissaire Bradley me lança un coup d'œil étonné mais ne dit rien ; la voiture repartit, tournant à gauche au croisement suivant. Ce qui nous amena juste devant le bar où Maledicta était allée boire un verre, et je songeai à demander au commissaire de s'arrêter pour aller lui proposer de se joindre à nous. Mais je doutais de pouvoir la convaincre, et je ne pensais pas que c'était une bonne idée de la faire venir chez le commissaire Bradley. Penny, oui ; mais pas Maledicta.

À l'intersection suivante, nous prîmes également à gauche, et puis encore à gauche, et finalement à droite, pour rejoindre la Grand-Rue au niveau de Chez Winchell. Je croisai les doigts pour que le commissaire Bradley ne s'arrête pas pour dire à Cahill qu'il m'avait retrouvé. Ce ne fut pas le cas, et lorsque je me redressai enfin pour jeter un coup d'œil autour de moi, nous avions déjà dépassé la caserne des pompiers et quittions la ville.

– Euh, commissaire Bradley, où se trouve votre maison ? Vous ne vivez pas à Seven Lakes ?

– En fait, je vis juste à la périphérie. J'ai un petit terrain à côté du Sportsman's Lake.

Ce devait être, songeai-je, l'étang en forme de haricot dans lequel je l'avais vu pêcher le matin même.

Je repensai à Maledicta et il m'apparut que j'aurais au moins dû m'arrêter pour lui dire où j'allais.

– Écoutez, je viens de réaliser que mon amie est restée en ville, euh, à faire du shopping, et que si elle ne me trouve pas quand elle aura fini ses courses, elle va s'inquiéter.

– Nous n'en avons pas pour longtemps, répliqua le commissaire Bradley, et je peux toujours lancer un message radio à Jimmy pour qu'il dise à ton amie où tu es.

– Eh bien, pour parler franchement, commissaire Bradley, j'aime autant que Cahill ne sache pas où je me trouve.

Il me regarda dans le rétroviseur intérieur.

– Y aurait-il un léger différend entre Jimmy et toi ?

– Léger, oui, acquiesçai-je.

– Il a toujours le béguin pour toi, n'est-ce pas ?

Le commissaire secoua la tête et s'écria :

– Ah, les hommes ! (Comme s'il n'en était pas un lui-même.) Les hommes sont des imbéciles, en amour, Andrea...

La maison du commissaire Bradley possédait une véranda surélevée qui donnait sur le Sportsman's Lake, mais elle se trouvait très loin de l'eau. Ce que le commissaire souligna lui-même alors que nous prenions l'allée menant chez lui.

– J'aurais voulu faire construire sur la berge, mais le problème, avec ce fichu étang, c'est qu'il change tout le temps de taille. Tu sais, les pluies qui ont miné les fondations de la maison de ta mère ? Eh bien, elles ont failli m'inonder. C'est aussi pour ça que je cherche à acquérir une nouvelle propriété.

– Bon, ce n'est peut-être pas très réaliste, comme calcul, fis-je observer. Si ces pluies ont failli détruire le cottage de ma mère, ne risquez-vous pas de récupérer une maison qui vous posera exactement les mêmes problèmes ?

Il gloussa comme si je l'avais pris la main dans le sac.

– Il y a du vrai dans ce que tu dis, Andrea. Je ne dois pas avoir le sens des réalités.

Il se gara, sortit de voiture, et vint m'ouvrir la portière. Je saisis la main qu'il m'offrit, mais, au lieu de reculer et de m'aider à me redresser, il resta planté là, à me bigler la main comme s'il allait l'embrasser.

– Commissaire Bradley ?

– Seigneur, Andrea, dit-il. Qu'est-ce que tu t'es fait ?

Oh ! Il regardait mes blessures aux articulations. Dans les toilettes, chez Winchell, j'avais retiré la plupart des échardes et fait couler de l'eau froide sur mes mains jusqu'à ce qu'elles cessent de saigner, mais je n'avais pas encore eu le temps de les panser – la bande de gaze était restée dans la Centurion.

– Ce n'est rien, dis-je.

Je n'avais pas l'intention de lui expliquer que j'avais tenté de démolir la maison qu'il convoitait.

– Tout va bien, vraiment – c'est plus vilain qu'autre chose.

– Tu devrais te désinfecter, Andrea. Il ne faut pas que…

– Tout va bien, répétai-je. Et maintenant, pourrais-je… pourriez-vous me laisser passer, s'il vous plaît ?

– Bien sûr.

Il recula et je sortis.

– Bon, dit le commissaire Bradley en refermant doucement la portière, est-ce que tu as faim ?

Je n'avais absolument pas faim, et j'eus soudain une violente envie de déguerpir. J'aurais voulu retourner en ville, retrouver Penny, et m'enfuir le plus loin possible de Seven Lakes. Mais je ne pouvais pas partir – Mrs Winslow venait me chercher.

– Bien sûr, répondis-je dans un sourire forcé. Volontiers. Déjeunons donc.

Maledicta vient d'écluser sa deuxième vodka lorsque l'agent de police pénètre dans le bar. Elle s'attend à voir apparaître Andrew – il n'a personne pour le trimbaler en voiture, où diable pourrait-il aller ? –, mais lorsqu'elle découvre le visage du nouvel arrivant, elle reprend un air contrarié.

Merde. Encore ce connard. Maledicta envisage de se cacher, mais l'espace ne s'y prête pas : le bar est minuscule et presque désert, les seuls occupants, outre Maledicta et le barman, sont une poignée d'alcooliques grisonnants, de vrais clones du vieux schnock du Mammouth

Rose. Elle pourrait aller se planquer dans les toilettes pour dames mais se dit que ça n'en vaut pas la peine.

Le barman et la bande de vieux débris lèvent la main pour dire bonjour au policier, comme on salue un habitué. Il va pour leur serrer la main puis repère Maledicta. L'air médusé, il la regarde à deux reprises. Maledicta en déduit que le policier ne l'a pas suivie jusqu'ici ; il est venu dans le bar de son propre chef pour y noyer son chagrin. C'est le problème avec ce genre de bled pourri : il y a trop peu de troquets où se bourrer la gueule. Et bien sûr, même si le représentant des forces de l'ordre ne la cherchait pas, il va se sentir obligé d'interrompre sa *happy hour*. On ne se refait pas.

Gagné. Il se dirige directement vers le bar.

– Est-ce que Sam est ici ? demande-t-il sur un ton insistant et geignard.

Il est dangereux d'agonir un policier d'injures – même Maledicta en a conscience –, mais ce type a le chic pour la faire sortir de ses gonds.

– Va te faire enculer, lui dit-elle.

Il se hérisse.

– Écoutez-moi bien, dit-il en se penchant dangereusement vers elle. Je ne sais pas qui vous êtes mais…

– Tu l'as dit, bouffi, l'interrompt Maledicta. T'as aucune idée de qui je suis.

Elle se dresse sur son tabouret de bar jusqu'à ce qu'ils soient nez à nez.

– Tu sais pas qui je suis parce que tu m'as royalement ignorée toute la journée, comme si j'étais invisible, putain. Il y a un quart d'heure, t'as même failli poser ton gros cul sur moi. Alors comme ça, tu ne sais pas qui je suis, mais tu sais qui je ne suis pas, bordel ? C'est pas moi qui ai tout fait foirer entre Sam et toi. C'est toi qu'as tout foutu en l'air, espèce d'enculé, et tu ferais mieux de ne pas penser une seconde à me faire chier à cause de tes conneries !

Un silence de mort règne dans le bar. Le barman et les vieux débris feignent de s'être transformés en statues, or les statues n'ont pas les oreilles écarlates. Quant à l'agent de police, il prend une tout autre couleur : ses oreilles, ses joues et son front deviennent blancs comme un linge alors que le sang les quitte.

Satisfaite de son petit effet, Maledicta se retourne vers le bar et tape son verre vide contre le comptoir pour faire revenir le barman à la vie. Il lui sert une autre vodka pendant que l'agent de police rétablit la circulation, sanguine cette fois, dans la partie de son cerveau qui commande le langage.

– Écoutez, bégaie-t-il, je ne voulais pas… Je suis désolé si…

Il bloque, s'arrête, ferme les yeux une seconde, puis reprend :

– Pouvez-vous me dire où se trouve Sam, s'il vous plaît ?

Maledicta plaque son verre sous son nez, laissant les vapeurs d'alcool friser les poils de ses narines.

– Sam est rentrée chez elle, dit-elle.

– Chez elle ? Vous voulez dire, au cottage, ou…

– Chez elle, à la maison.

Prise d'une nouvelle inspiration, elle lui fait un large sourire.

– Elle est repartie au Nouveau-Mexique.

– Au Nouveau-Mexique ?

Maledicta bascule la tête en arrière, vidant son verre.

– Aaah, fait-elle. Et ouais, au Nouveau-Mexique. À Santa Fe. C'est là qu'on habite, bordel. Sam et moi, on s'est dégoté une putain de galerie d'art là-bas.

– Alors, vous êtes toutes deux… artistes.

– Non, pas moi. Je veux dire, je bidouille un peu – des performances, ce genre de conneries, mais le petit génie, c'est Sam. Moi, mon truc, c'est plutôt le bizness. Elle, elle peint, et moi, je m'occupe de la thune.

– Et vous vivez ensemble.

– Ouais, répond-elle – puis elle comprend ce qu'il veut vraiment dire. Nom de Dieu ! C'est pas ça. On n'est pas *gouines*, bordel !

– C'est bon, dit l'agent de police, feignant de n'avoir pas fait la moindre insinuation de ce genre.

– On est potes, putain, dit Maledicta en en rajoutant une

couche. De très bonnes copines, les meilleures copines de la terre, mais pas…

– C'est bon, c'est bon…

Il semble très soulagé, malgré ses efforts pour s'en cacher.

– Donc, Sam, elle n'a personne en ce moment ?

Souris fait un raffut énorme à l'entrée de la grotte, criant que ce n'est pas bien, que Maledicta n'a pas le droit de faire ça. Mais pour Maledicta c'est la *happy hour*, alors elle ne va pas bouder son plaisir.

– Personne ? Oh, j'ai pas dit ça… En vrai, elle est mariée…

La tronche qu'il tire – ça vaut le putain de coup d'œil !

– Mariée…

Il blêmit à nouveau.

– Mais vous avez dit qu'elle vivait avec vous… Alors vous vivez avec Sam et son mari ?

– Eh bien, c'est un peu le bordel…

Elle a une nouvelle inspiration. Elle lui tend son verre.

– Paye ton coup !

Il roule de grands yeux effarés.

– T'inquiète pas, je vais pas te balancer mon verre en pleine poire, dit Maledicta. Mais je suis venue ici pour boire des coups et me détendre, alors si tu as l'intention de continuer à me poser tes questions foireuses, va falloir casquer, mon pote.

L'agent de police hésite. Il n'est pas complètement crétin et, au fond de lui, se doute bien qu'elle se paye sa tête. Mais son chagrin d'amoureux éconduit finit par avoir raison de son bon sens. Il prend le tabouret à la droite de Maledicta et fait signe au barman.

– Deux vodkas.

– Et des clopes, corrige Maledicta. Il me faut des putains de sèches.

– Tu l'aimes épicé, ton chili ? demanda le commissaire Bradley.

– Je n'en sais rien, lui répondis-je. Je ne crois pas en avoir déjà mangé.

– Jamais ?

– Pas que je sache.

– Pas trop épicé, alors, dit le commissaire Bradley en retournant remuer bruyamment ses casseroles.

Ce qui était censé être un déjeuner sur le pouce prenait l'allure d'un grand raout, en tout cas à en juger par le niveau sonore des préparatifs.

Le devant de la maison du commissaire Bradley constituait une sorte de loft. En arrivant par la véranda, après avoir franchi les baies vitrées, on pénétrait dans un espace haut de plafond, en forme de U. Le bras gauche du U abritait la cuisine; le bras droit, le salon; et le tronçon reliant l'un et l'autre, la salle à manger qui donnait sur le lac. Je restai d'abord assis à la table de la salle à manger, à regarder vers la véranda et, au loin, l'étang, mais, comme le commissaire Bradley continuait à faire du boucan, il m'apparut que le mitonnage du chili allait durer un moment. Je me levai et allai me promener au salon.

Le salon mêlait l'austérité au fouillis: il y avait peu de meubles, mais les murs croulaient sous les décorations. Surtout des peintures réalisées d'après patron, quelques canevas et des étagères qui accueillaient de vieux trophées sportifs; mais aussi beaucoup, beaucoup de photographies. Un mur en particulier en était constellé, comme si le contenu de deux ou trois albums photo y avait été accroché pour pouvoir être plus aisément contemplé. À première vue, la disposition semblait totalement erratique, mais en y regardant de plus près, je m'aperçus que les photos étaient regroupées par sujet, en petites grappes ou constellations.

Un ensemble de photos était dévolu au jeune Gordon Bradley et à un ami qui, je compris petit à petit, n'était autre que le vrai père d'Andy Gage, Silas Gage. Il me fallut quelque temps pour le reconnaître car je n'avais vu qu'une photographie de lui jusqu'alors – une photo de mariage que mon propre père avait soigneusement conservée – et, sur la plupart des clichés, c'était encore un adolescent: sur l'un d'eux, il posait avec le commissaire Bradley devant une vieille voiture qui ressemblait fortement à la Cadillac de Julie Sivik; sur un autre, ils jouaient dans l'orchestre du lycée (le commissaire Bradley au trombone, Silas Gage au saxophone) ; ici, ils se trouvaient sur un stade de foot, à moitié couverts de boue ; là – quelque peu vieillis –, au garde-à-vous parmi une douzaine d'hommes, tous en uniforme ; sur un autre, ils portaient à nouveau l'uniforme, mais faisaient les clowns, le commissaire Bradley se protégeant les oreilles tandis que Silas Gage menaçait avec un marteau la gueule d'un canon.

Et là ils étaient à un mariage, encadrant une femme en robe de mariée dont je reconnus immédiatement le visage : Althea Gage. C'était la dernière photographie sur laquelle Silas Gage apparaissait, mais il y avait encore quelques clichés avec Althea : sur une photographie, elle était au bal avec le commissaire Bradley, sur une autre, en face du cottage – encore stable, à l'époque –, le désignant avec une fierté manifeste. Cette photo me donna envie d'emprunter le canon du cliché militaire.

– Le chili est en train de cuire, dit le commissaire Bradley en me rejoignant. Il devrait être prêt d'ici une vingtaine de minutes. Une petite soif ? Je sais qu'il est un peu tôt, mais…

Il me tendit une bouteille de bière.

– Non merci, répondis-je.

Je désignai les photographies d'un signe de tête.

– J'ignorais que vous et… mon père étiez si proches.

– Aussi proches que des frères, depuis le premier jour. Euh… le deuxième, en fait.

Je secouai la tête, ne comprenant pas ce qu'il voulait dire.

– Je suis originaire de Peoria, expliqua le commissaire Bradley. Mais ma mère est partie lorsque j'avais seize ans et mon père ne se sentait pas de m'élever tout seul, alors il m'a envoyé chez sa sœur et son mari.

Il désigna des photographies représentant des personnes assez âgées que j'avais prises pour ses parents.

– En arrivant ici, j'étais le nouveau, dans une petite école, et le premier jour, ton père s'était mis en tête de se bagarrer avec moi – et comme il en fallait peu pour me mettre en boule, à l'époque, je m'étais fait un plaisir de répondre à ses attentes…

Il colla un doigt au coin de sa bouche et retroussa sa lèvre, dévoilant un trou dans ses molaires.

– Mon père vous a cassé une dent ? demandai-je.

– Tu parles, répondit-il en refermant la bouche. C'est moi qui lui en ai pété une. La mienne, il n'a fait que l'ébranler, et elle est tombée toute seule.

Il gloussa.

– Le lendemain, on est arrivés tous les deux à l'école en se demandant s'il y aurait une revanche, mais il m'a bien regardé, je l'ai bien regardé, et tous les deux, on a vu… je ne sais pas, quelque chose.

Il haussa les épaules, un peu gêné.

– À partir de là, on est devenus les meilleurs amis du monde.

– Ah, répondis-je, pas sûr de comprendre comment une rixe pouvait engendrer une telle amitié.

Je me retournai et désignai une autre série de photos sur lesquelles le commissaire Bradley apparaissait en compagnie d'une jolie blonde à l'air maussade.

– Est-ce que c'est votre femme ?

– Ça l'était.

Je ne compris pas si ça voulait dire qu'il était veuf ou divorcé, mais il ajouta :

– Elle m'a quitté.

– Oh, je suis désolé.

– Il ne faut pas. C'était une femme bien, mais ce n'était pas une bonne idée de se passer la bague au doigt. Ce n'était pas le mariage que j'aurais désiré.

Il but une gorgée de bière.

– Et toi ?

– Moi ?

– Tu es une belle jeune femme. Es-tu mariée ?

Je commençais à m'habituer au fait qu'il s'adresse à moi en m'appelant Andrea, mais de là à être qualifié de « belle jeune femme »… J'en restai sans voix, d'autant plus qu'il ne semblait pas dire cela par politesse, mais avait l'air sincère.

– Je, je… non, répondis-je. Je ne suis pas marié.

Il sourit.

– Mais ça ne devrait pas tarder, n'est-ce pas ?

– Ça ne risque pas. Enfin, il y avait une personne que je… mais elle, cette personne, ne partageait pas mes sentiments.

– C'est dur, commenta le commissaire Bradley.

Il jeta un coup d'œil aux photos accrochées au mur. Puis il me demanda :

– Tu as bien reçu le faire-part que je t'avais envoyé ?

– Quel faire-part ?

– Celui du décès de ta mère. Je sais que tu m'avais dit que tu n'en voulais pas – mais j'ai pensé qu'il valait mieux que tu l'aies.

– Oh, fis-je. C'était vous ?… Enfin, oui, on l'a bien reçu.

Je m'apprêtais à ajouter un merci de circonstance, mais alors ma bouche s'assécha. Sans réfléchir, je saisis la bouteille – bouteille qui avait étrangement fini par se retrouver dans ma main – et avalai une gorgée de bière.

– Je suis désolé que tu n'aies pas pu assister à la cérémonie, dit le commissaire Bradley, c'était triste, mais très beau… C'était une femme bien, ta mère…

– Si vous le dites, marmonnai-je.

Je repris une gorgée de bière, puis une autre. La bouteille était presque finie lorsque je réalisai enfin ce que je faisais – et il était déjà trop tard.

– Alors, maintenant les deux gosses vivent avec son mari, à Seattle, poursuit Maledicta. C'est pour ça qu'on y était avant de venir ici.

– Donc, Sam et son mari, dit l'agent de police, son mari…

– … Dennis, dit Maledicta, tout en se pinçant l'intérieur du poignet pour ne pas rire.

Elle n'a pas cessé d'avoir recours à ce stratagème, mais il perd de son efficacité – plus elle boit, moins elle sent les pincements. Et elle en est à sa septième vodka.

– Dennis, c'est ça… Ils sont séparés ?

– Pas du point de vue juridique. Et t'emballe pas,

andouille, c'est temporaire. Un de ses quatre, il va arrêter de jouer au con, et il va rappliquer à Santa Fe pour se remettre avec sa gonzesse. Y a pas à tortiller du cul pour chier droit.

Le policier sirote sa vodka comme si c'était de l'huile de castor, un infect breuvage. C'est pourtant son troisième verre et quelque chose dit à Maledicta qu'il gobe son histoire. Cahill est encore en service et il voulait se limiter à un verre – c'est ce qu'il a dit tout à l'heure –, mais, quand Maledicta lui a dit que Sam avait des niards – des jumeaux –, sa limite, il se l'est fourrée dans le cul.

– Alors, puisqu'il y a tout ce bazar avec son mari, demande-t-il ensuite, qu'est-ce que Sam fiche à Seven Lakes ? Et c'était quoi, ces histoires à dormir debout de Sam qui aurait tué Horace ?

– Oh, ça…

Maledicta lève la main et manque tomber de son tabouret.

– Eh ben, tu sais, la plupart des problèmes de Sam, comme avec son enflure de mari, et tout, ça remonte à tout ce que son enculé de beau-père lui a fait. Tu sais.

– Non, pas du tout. Qu'est-ce…

– Oh, arrête ton char, Ben Hur de mes deux. C'est toi l'ex, putain. Le mec avec qui elle allait se faire la malle. Me dis pas que t'étais pas au parfum, ducon.

– Je sais que Sam et Horace ne s'entendaient pas bien…

Grognant :

– "Ne s'entendaient pas bien."

– D'accord. Sam le détestait, mais…

– Sam le détestait parce qu'il la baisait, glandu !

De l'autre côté du bar, un des vieux schnocks tourne la tête, et Maledicta est prise d'un soudain sentiment de gêne. Elle n'avait l'intention que de débiter des mensonges, et la voilà qui se met à raconter la vérité.

Et puis merde.

– Il la quoi ? demande l'agent de police. Je vous demande pardon ?

– T'as les portugaises ensablées ou quoi ?

Maledicta frappe son verre sur le comptoir pour demander une autre tournée mais le policier lui attrape le bras.

– Hé ! proteste Maledicta. Bas les pattes !

– Est-ce que c'est une blague ? demande l'agent de police. Est-ce que vous l'inventez pour je ne sais quelle…

– Non, c'est pas une putain de blague. Va te faire foutre ! Si tu me crois pas, t'as qu'à demander à ton patron à la con.

– Le commissaire Bradley est au courant ?

– Un peu mon neveu. Avec un train de retard mais…

Elle se dégage dans une violente secousse et recule, furax mais curieuse.

– Vraiment, t'étais pas au courant ? Sam ne t'en a jamais parlé ?

– Non ! Non, Sam n'a jamais…

Il s'interrompt soudain et Maledicta a l'impression d'entendre le souvenir se remettre en place, telle une brique tombée par terre.

– Non, ce n'est pas ce qu'elle voulait dire…

– C'est ça, dit Maledicta. Alors, elle t'a tout raconté. Seulement, t'étais trop bouché pour piger. Putain, j'aurais dû m'en douter.

– Oh mon Dieu. Oh Sam…

– Oh, je t'en prie, épargne-moi ces conneries.

Maledicta tapote son paquet de Winston pour faire tomber une cigarette, et l'allume.

– Alors le commissaire Bradley était au courant ? répète Cahill. Il avait compris ?

– Pas assez vite pour bouger son gros cul, mais ouais.

– Mon Dieu. Ça aurait pu le tuer.

– Tu parles, Charles, dit Maledicta. Comme s'il était en train de crever quand on lui a parlé.

Le policier la regarde sans aménité.

– Je suis certain que le commissaire Bradley a dû être mortifié quand il a appris ça. Mon Dieu, et pas seulement vis-à-vis de Sam – vis-à-vis de lui-même, aussi.

– De lui ? Pourquoi ? Parce qu'il a merdé ?

– Parce qu'il n'a rien pu empêcher, évidemment. Et aussi…

– Quoi ?

– Rien.

– Rien, mon cul. Et pourquoi est-ce qu'il se sentirait mal vis-à-vis de lui-même ?

Maintenant c'est l'agent de police qui prend un air gêné, comme s'il s'apprêtait à révéler un secret. Mais Maledicta ne le lâchera pas des yeux tant qu'il n'aura pas parlé.

– C'est juste que ça doit déjà être assez dur d'être supplanté par un chic type, mais alors, par quelqu'un qui… fait ça.

– Quèsaco, supplanté ? Supplanté comment ?

Ça fait tilt.

– Oh, merde.

– La mère de Sam, continue l'agent de police. Le commissaire et le père de Sam – son vrai père, Silas – avaient tous les deux fait la cour à la même femme. Silas a gagné : c'est lui qui l'a épousée. Mais peu de temps après, il est mort, et le commissaire Bradley…

– La classe, putain, ironise Maledicta. Et qu'est-ce qu'il a fait, alors ? Il l'a demandée en mariage au putain d'enterrement ?

Cahill lui jette un nouveau regard létal.

– Je suis sûr que ça ne s'est pas passé comme ça. Mais Althea l'aimait beaucoup, et il fallait qu'elle pense au bébé qui allait arriver, et j'imagine qu'elle a dû lui laisser entendre qu'elle était intéressée… Mais avant qu'il se passe vraiment quelque chose, elle a changé d'avis et s'est retrouvée avec Horace.

– Et on peut savoir comment tu t'es rencardé sur tout ça ? Tu ne devais être qu'un foutu mouflet à l'époque, hein ?

– C'est le commissaire Bradley qui me l'a dit.

L'agent passe le doigt sur le rebord de son verre.

– On buvait des coups, un jour, dans le cottage, il doit y avoir un an de ça…

– Quoi, c'est votre garçonnière ou quoi ?

– Non mais… le commissaire, vous savez, a essayé d'entretenir la maison depuis la mort d'Althea. Et un soir, je l'ai trouvé là-bas, il ne faisait rien de particulier, mais buvait tranquillement dans la cuisine. Alors je me suis assis avec lui, et il s'est mis à me parler de l'amour qu'il avait éprouvé pour elle pendant toutes ces années…

« Ça devait déjà être assez rude, conclut le policier, d'avoir de tels sentiments et d'être rejeté, pas seulement une mais deux fois, mais en plus, découvrir que tu as été supplanté par, par un violeur d'enfant… J'arrive même pas à imaginer.

Il ajoute précipitamment :

– Ça n'a bien sûr rien à voir avec ce que Sam a subi.

Maledicta a envie de ficher une beigne à Cahill, au lieu de quoi, elle avise le barman qui rôde autour d'eux en feignant de ne pas les écouter, et lui tend son verre vide.

– Tu m'en remets un pour la route.

– Vous ne pensez pas que vous avez assez bu comme ça ? demande le policier.

– Tu ne penses pas que tu ferais mieux de t'occuper de ton cul ? rétorque Maledicta.

L'agent de police soupire.

– Très bien, dit-il, c'est votre foie. C'est mon argent, mais c'est votre foie.

Il sort son portefeuille pour vérifier qu'il a de quoi régler toutes les tournées.

– Dites-moi encore rien qu'une chose. Quand vous m'avez dit que Sam était déjà en route pour Santa Fe, ce n'était pas vrai, n'est-ce pas ? Elle est encore en ville.

– Elle y sera tant que j'aurai pas rampé jusqu'à cette putain de caisse, répond Maledicta. Mais… – son verre est à nouveau rempli, elle le vide d'un trait – a-a-a-ah !… mais tu ne risques plus de la faire chier, je te dis. Et je ne te conseille pas non plus de lui dire ce que je t'ai raconté sur son putain de beau-père.

– Non, bien sûr que non, je ne ferai pas… En tout cas pas tant qu'elle… mais, par contre, j'aimerais bien lui reparler avant que vous ne partiez. Pas pour l'embêter, juste… hé, est-ce que ça va ?

– Ça roule, ma poule, ment Maledicta.

Le dernier verre de vodka lui a méchamment attaqué le tronc cérébral, elle laisse tomber son verre et doit s'agripper au comptoir pour ne pas perdre l'équilibre.

– Vous n'avez pas l'air bien, remarque l'agent de police, vous avez l'air verte.

Maledicta ne répond pas ; son estomac se retourne sur lui-même.

– … dix mille dollars, disait le commissaire Bradley, la voix légèrement étouffée par la porte qui nous séparait. Je sais que ça peut sembler peu mais tu comprends, le cottage doit être perdu. J'adorerais pouvoir le sauver, si c'était possible, s'il y avait un moyen de rafistoler les fondations, mais j'ai l'impression qu'il va falloir que je le démolisse pour en construire un autre. En plus, il y a le problème du travail d'entretien que j'ai effectué pendant les deux dernières années – je sais que tu ne m'as pas demandé de le faire, mais j'ai dû y mettre de ma poche, et je crois que ça devrait être pris en considération… Alors, qu'en dis-tu, Andrea ?

– Ça me semble… honnête.

Je relevai la tête pour qu'il puisse bien m'entendre.

– … Seulement je ne me sens pas encore vraiment prêt à prendre une telle décision.

– Eh bien, je ne voudrais surtout pas te forcer la main, poursuivit le commissaire Bradley, mais d'après ce que tu m'as dit, on dirait bien que tu ne tiens pas à vivre à Seven Lakes.

– C'est vrai. Mais…

– Bon, et on dirait aussi que tu n'as pas non plus l'intention de revenir ici très souvent…

– C'est également vrai.

– Bon ! Alors voilà – ce serait dommage de laisser tomber en ruine une belle propriété comme ça, si tu n'as pas l'intention d'en jouir toi-même. Et tu sais…

Mais la suite ne me parvint jamais. Une nouvelle vague de nausée me submergea, et je dus encore pencher la tête vers la cuvette. J'étais tenté de mettre mon embarras du moment sur le compte du chili du commissaire Bradley : une sorte de ragoût de bœuf assez terne, agrémenté de-ci, de-là, de gros morceaux d'un piment rouge extrêmement fort. Mais j'en avais mangé très peu – un coup d'œil au fond des WC me le confirma –, cinq ou six cuillerées à tout casser.

S'il y avait un coupable, ce devait donc plutôt être la

bière. Je ne savais pas exactement combien j'en avais picolé. Je ne m'étais rendu compte que je buvais qu'au moment de prendre place à table et quand le commissaire Bradley, désignant la bouteille que je tenais en main, me demanda si j'en voulais une autre. Surpris, je lui répondis que non, pourtant, quelques instants plus tard, comme je me précipitais sur mon verre afin de faire passer un morceau de chili, je me surpris à siroter une Budweiser bien fraîche, tout juste sortie du frigo. Et puis, un peu plus tard, quand un petit bout de *jalapeños* se coinça dans mon gosier et sembla souder les parois de ma gorge, je tendis alors la main, entre deux quintes de toux, pour attraper ce que je croyais être un verre d'eau et, en avalant, reconnus le goût de la bière.

À ce moment-là, je commençai à me sentir patraque. Bien que j'aie réussi à éteindre le feu des *jalapeños*, je continuai à avoir l'impression qu'un doigt s'enfonçait dans ma gorge pour me faire vomir. Cette sensation ne faisant qu'amplifier, j'avais dû me lever et m'enquérir de la salle de bains. Je l'avais gagnée juste à temps.

Par bonheur, le commissaire Bradley ne semblait pas vexé que j'aie gaspillé son déjeuner, en fait il semblait ne pas avoir remarqué ce qui s'était passé.

– … et si tu as envie de mieux connaître la valeur des propriétés du coin avant de prendre ta décision, je le comprends parfaitement. Il faut que cela te convienne, Andrea. Mais, par contre, je crois que tu trouveras…

Ma nausée semblait s'être calmée. Je patientai encore une minute pour m'en assurer, puis me levai pour aller au lavabo. La tête me tournait d'être resté plié en deux aussi longtemps, aussi, après m'être rincé la bouche, je fermai la bonde et le laissai s'emplir d'eau. Comme je m'aspergeais les joues et le front, j'entendis grincer les gonds d'une porte et je sentis quelqu'un arriver derrière moi.

– Tout va bien, commissaire Bradley, criai-je.

Mais en relevant les yeux pour regarder dans le miroir, je m'aperçus que la porte de la salle de bains était restée fermée ; le visage qui lorgnait par-dessus mon épaule n'était pas celui du commissaire.

– Salut, créature imaginaire, dit Gideon.

Sur le lavabo se trouvait un verre en plastique dans lequel étaient plantés une brosse à dents et un cure-dent à la pointe d'acier. Je tentai d'attraper le cure-dent mais ma main gauche fut la plus rapide et envoya valdinguer le verre. Puis elle me sauta à la gorge, et les murs de la salle de bains firent place à un ciel immense. On me tirait hors du corps. Baissant les yeux, j'aperçus le lac, loin en dessous de moi, ses eaux sombres tourbillonnant autour du point gris qu'était Coventry.

– Andrea ? cria le commissaire Bradley, sa voix me parvenant comme un écho. Qu'est-ce qui vient de tomber ?... Andrea, ça va, là-dedans ?

– Tout va bien, répondit Gideon. J'arrive tout de suite.

Il y a un distributeur de boissons fraîches à côté de l'épicerie qui se trouve sur la Grand-Rue. Souris espère que c'est le type de machine qui offre des bouteilles d'eau minérale – car ce qu'il lui faut maintenant, c'est de l'eau fraîche – mais ici, elle est à Seven Lakes et non à Seattle, et la machine ne contient que des sodas. Elle pourrait aller acheter de l'eau dans un magasin, mais l'idée de faire la queue en s'efforçant de ne pas s'endormir ou s'évanouir de honte lorsque le caissier et les autres clients sentiront son odeur lui est insupportable.

Ce sera donc une boisson pétillante. Elle glisse ses pièces dans la machine et appuie sur le bouton pour commander une boisson gazeuse au gingembre. La cannette sort chaude de la machine et la boisson au gingembre évoque le liquide dans lequel on nettoie les dentiers, mais Souris se force à la boire. Elle a besoin de s'hydrater.

Elle louche de l'autre côté de la rue, où est garée la Centurion. Andrew n'a toujours pas refait surface. Souris pense qu'elle ne peut pas vraiment lui en vouloir de lui avoir faussé compagnie. Mais en réalité, elle lui en veut. Il aurait dû l'attendre. Il aurait dû venir avec elle. Bon, d'accord, il n'aurait pas dû venir avec elle – Maledicta le couvrait d'injures et, s'il l'avait suivie dans le bar, cela n'aurait fait qu'empirer la situation – mais, par contre, il aurait dû l'attendre.

Souris s'appuie contre le distributeur de boissons et se laisse glisser sur le trottoir, assise, les genoux sous le menton. Elle boit son soda chaud et se sent minable. Les gens qui entrent et sortent de l'épicerie la regardent de travers, comme si elle était une sans-abri. Elle est sans abri. Elle n'a pas de chambre de motel, aucun endroit où elle puisse dormir quelques heures en sécurité dans cette ville. Et elle ne peut aller nulle part, parce que, même si elle se sentait capable d'abandonner Andrew – comme il l'a abandonnée, lui, pense-t-elle avec humeur –, elle n'est pas en état de conduire. La majeure partie de la vodka engloutie par Maledicta est restée dans le bar, mais Souris en a encore suffisamment dans le sang pour ne pas oser prendre le volant.

Le seul point à peu près positif, dans sa situation navrante, est qu'elle est presque certaine que Cahill ne viendra plus l'embêter. Quand Souris, prenant ses jambes à son cou, a quitté le bar, il était encore en train de se nettoyer dans les toilettes, mais ce n'était qu'un rafistolage provisoire – il allait devoir rentrer chez lui pour se changer et sans doute prendre une bonne douche. Souris sait qu'elle ne devrait pas s'en réjouir – elle devrait être dégoûtée d'elle-même et furieuse contre Maledicta (et elle l'est) – mais, au point où elle en est, tout ce qui facilitera une sortie discrète de cette ville est une bénédiction.

– Allez, Andrew, dit-elle. Reviens. Partons d'ici.

Mais elle attend un moment avant qu'Andrew apparaisse. Le son de sa voix la tire de sa torpeur d'ivrogne ; elle se réveille complètement désorientée, avec un besoin impérieux de boire une gorgée de soda chaud – qui désormais ne pétille plus, beurk – pour se rappeler où elle se trouve.

Andrew est de l'autre côté de la rue, il sert la main du commissaire Bradley à travers la vitre baissée de la voiture de police. « Ce soir, à 19 h 30 », l'entend dire Souris ; puis il fait un pas en arrière et le commissaire s'en va.

Souris se relève du trottoir.

– Andrew ! appelle-t-elle.

Il se retourne, pris au dépourvu, l'air hostile, tant il doit être surpris… et puis sourit.

– Salut, Penny, crie-t-il, comment ça va ?

Souris laisse passer une voiture et traverse la rue.

– Andrew, dit-elle en se rapprochant de lui. Où étais-tu ?

– Chez le commissaire Bradley.

Semblant enfin remarquer son humeur :

– Zut, Penny, j'espère que tu ne t'es pas fait du souci.

– Si, dit Souris. Mais ça ne fait rien, maintenant. Tu es prêt à y aller ?

– Eh bien, en fait, c'est plus ou moins ce que j'avais à te dire : je ne peux pas partir tout de suite.

– Quoi ?

– Je me suis décidé à vendre le cottage au commissaire Bradley, explique Andrew. Ce ne sera pas officiel tant que rien n'est signé, bien entendu, mais nous sommes tombés d'accord pour faire affaire, et il va même me donner un premier versement. Il faut que je retourne chez lui ce soir pour prendre l'argent.

– Ce soir ? Alors on est bloqués ici ?

Mon Dieu, faites que non.

– On n'est pas bloqués ici, répond Andrew. Moi, si, mais il n'y a aucune raison que toi, tu le sois. En fait, si tu voulais rentrer à Seattle toute seule…

– Non, répond Souris, c'est impossible.

– Bien sûr que si. Ne t'en fais pas pour moi, je…

– Non, je veux dire que c'est vraiment impossible. Maledicta nous a fait boire, m'a fait boire. Je ne peux pas conduire.

– Oh.

Il se penche vers l'avant, renifle.

– Waouh ! Mince alors, Penny…

– Alors j'ai besoin que ça soit toi qui conduises.

Souris lui fourre ses clés de voiture dans les mains avant qu'il puisse les refuser.

– S'il te plaît… emmène-moi quelque part, n'importe où, tant que je peux dormir. Et puis, si tu as besoin de m'emprunter la voiture pour retourner voir le commissaire Bradley plus tard ce soir, ça ne me dérange pas, je t'attendrai.

Andrew fait sauter les clés dans sa main, l'air songeur.

– Hum, d'accord. Ça devrait aller…

– Seulement, allons-y, insiste Souris. Je ne tiens plus debout.

– Bien sûr.

Il sourit à nouveau.

– Couche-toi sur la banquette arrière, je m'occupe de tout.

Avant de s'allonger, Souris baisse les vitres dans l'espoir que l'air frais combattra toute envie persistante de vomir. Ça fonctionne : son estomac se rebelle un peu alors qu'Andrew manœuvre pour sortir du parking, mais une fois qu'ils sont lancés, le vent lui fait du bien.

– Rien qu'une chose, demande-t-elle, tandis que ses paupières se ferment.

– Hum ? Qu'est-ce que c'est ?

– J'ai une soif monstrueuse. Pourrais-tu aller quelque part, me chercher…

– Bien entendu, Souris, répond-il. Détends-toi, je m'en occupe tout de suite.

– Merci…

Elle s'installe confortablement, bercée par le roulis relaxant de la voiture et…

… quelque chose lui démange la paupière. La brise s'engouffre toujours par les vitres, mais avec moins d'ardeur ; la Buick est garée quelque part. Souris porte la main à son visage, et repousse, ensommeillée, ce qui la démange. Une feuille.

Elle s'assoit en clignant des yeux, pour se réveiller. Elle essaie d'appeler Andrew mais sa bouche et sa gorge sont complètement sèches. Elle jette un coup d'œil vers le siège du conducteur et s'aperçoit qu'il est vide.

Souris songe qu'ils se trouvent sur quelque aire d'autoroute. Andrew a dû aller lui chercher de l'eau. Elle bâille à s'en décrocher la mâchoire et est surprise de se sentir nettement mieux : elle est complètement desséchée et a un mal de tête carabiné mais elle a dessaoulé, et si elle ne savait pas que ce n'était pas vrai, elle croirait presque qu'elle a dormi tout l'après-midi.

Hum, c'est étrange. D'après l'horloge du tableau de

bord, Souris a effectivement dormi tout l'après-midi. Et après avoir attentivement regardé dehors, elle s'aperçoit que c'est une aire d'autoroute très particulière ; le parking est recouvert d'herbes, il n'y a pas de station-service ou de restoroute, rien qu'un bâtiment blanc semblable à une maisonnée, penché sur le côté…

Oh mon Dieu.

Souris se retourne pour regarder par la vitre de derrière, dans l'espoir que ce ne soit qu'une sorte de mirage. Mais il n'y a pas plus d'aire d'autoroute derrière la voiture, rien qu'un chemin terreux qui lui semble bien trop familier.

Pourquoi Andrew devait-il revenir ici ?

Après tout, qu'est-ce que ça peut faire. Tout ce qu'elle veut, c'est partir d'ici. Souris se penche par-dessus le dossier du siège et appuie sur le klaxon de la Buick. Des coups brefs d'abord, puis un coup strident et interminable qui fait s'envoler les oiseaux des arbres environnants. Mais Andrew n'accourt pas.

Nom de nom. Si les clés étaient sur le contact, Souris serait tentée de s'en aller, elle est suffisamment dégrisée, maintenant – mais elles ne s'y trouvent pas, et de toute façon elle sait que ce ne serait pas bien de s'en aller comme une voleuse. Elle ne comprend pas exactement ce qui se passe, mais elle en est en partie responsable. Si, pour commencer, elle n'avait pas été ivre au point de ne pas pouvoir conduire…

Souris sort de la voiture et se dirige vers le cottage. Personne ne répond lorsqu'elle frappe à la porte, et elle ne se rappelle plus sous quelle dalle la clé est cachée. Elle contourne la maison, découvrant un indice qui pouvait peut-être expliquer pourquoi Andrew est revenu : les planches d'appoint cassées ont été dégagées, et celles qui étaient encore intactes, remises en place et soigneusement disposées de façon à cacher le fait qu'elles sont désormais moins nombreuses. Le commissaire Bradley s'en rendra sûrement compte, mais sans trace des débris, il devra se creuser la tête pour comprendre ce qui s'est passé.

Souris continue de marcher vers la porte de derrière, qui est ouverte. À l'intérieur du cottage règne un silence total

– une nouvelle preuve que la maison est déserte. Ce qui ne l'empêche pas de jeter un coup d'œil. Andrew n'est pas dans la cuisine, dans le garde-manger non plus, il n'est ni dans le salon ni dans la chambre à coucher qu'elle aperçoit depuis l'embrasure de la porte. Souris se dirige ensuite vers la porte du grenier. Elle passe le cou dans l'escalier et écoute ; il n'y a pas un bruit, pas même les couinements des écureuils. Andrew se trouve peut-être à nouveau là-haut, étendu sur son lit de camp, dans un état comateux, mais s'il y est, il va y rester ; même la promesse d'un grand verre d'eau fraîche n'inciterait pas Souris à monter cet escalier toute seule.

De l'eau. L'évier se trouve juste derrière elle. Elle ouvre les deux robinets mais il n'en sort pas une goutte. Elle retente sa chance dans le garde-manger, à la recherche de boissons, cette fois. La plupart des bocaux contiennent des légumes ou des fruits conservés dans du liquide, mais Souris n'est pas désespérée au point de boire du vinaigre ou du sirop épais. Quant aux boîtes de conserve, la sélection de la mère d'Andrew prouve qu'elle faisait beaucoup de soupes et de ragoûts : une étagère entière est dévolue à du bouillon de bœuf, du bouillon de poulet, et à un concentré de bisque de palourdes.

Elle revient vers l'évier et regarde par la fenêtre du jardin, pour s'assurer que personne n'est venu y installer une fontaine au cours des deux dernières minutes. Ce n'est pas le cas, mais quelque chose a changé : la porte qui donne sur le sentier est grande ouverte.

Elle était fermée lorsque Souris est venue avec Andrew, plus tôt dans la journée. Elle essaie de se rappeler si elle l'était déjà lorsqu'elle a contourné le cottage tout à l'heure, mais elle n'en a pas souvenir.

Souris observe le sentier et imagine le lac, de l'autre côté, à environ cinq cents mètres, a dit Andrew. Elle n'a pas vraiment envie d'y aller, mais elle n'a pas le choix. Cela lui prendrait bien plus longtemps de marcher jusqu'à Seven Lakes et elle n'y trouverait sans doute ni Andrew ni ses clés de voiture.

Les bois derrière le portillon sont touffus et ténébreux ;

Souris marche d'un pas rapide. Assez vite, elle aperçoit le lac un peu plus loin, à travers les branches des arbres. Malgré la distance, l'eau semble alléchante ; Souris part au petit trot et manque de faire un roulé-boulé quand le chemin suit une pente inattendue. Le Quarry Lake ressemble exactement à ce qu'Andrew a décrit, d'après son souvenir – ou celui du Témoin. Seuls quelques éléments diffèrent : il n'y a pas de buissons touffus au bout du sentier et « l'île » au centre du lac est bien plus petite que ce qu'Andrew indiquait ; ce n'est qu'un minuscule tas de gravats qui pointe son nez hors de l'eau.

En revanche, le lac est indéniablement profond et froid ; et son eau, délicieuse. Souris joint ses deux mains et boit gorgée après gorgée, jusqu'à ce que son estomac se serre en signe de protestation. Alors elle s'arrête, respirant très fort, et aperçoit une silhouette du coin de l'œil.

– Salut, Penny, dit Andrew.

Souris, qui a retrouvé sa voix, laisse s'échapper un petit cri et tombe à la renverse.

– Penny..., dit Andrew.

Il lui tend une main rassurante...

... et se ravise au beau milieu de son geste, décidant de ne pas se donner tant de mal.

– Laisse tomber, dit-il. Tu n'en vaux pas la peine.

Souris relève la tête et cligne des yeux.

– Andrew ? demande-t-elle.

Il n'essaie même pas de la corriger, se contentant de lui jeter un regard méprisant jusqu'à ce qu'elle comprenne.

– Non, crie Souris.

Elle se remet lentement sur pied.

– Pas toi. Tu ne peux...

– Je ne peux pas quoi ? demande Gideon. Pas être dehors ? Et pourquoi donc, au juste ? Parce qu'Andrew est preux et loyal ? Parce qu'il ne fuit pas ses responsabilités ?

Il éclate de rire.

– Andrew n'est même pas réel, *Souris*.

– Bien sûr que si ! proteste Souris. Il... il est courageux.

– Par rapport à toi, peut-être. Mais il aura beau s'échiner à avoir l'air courageux, ça ne compte pas ; il a été engendré par la peur et la faiblesse, il n'est que peur et faiblesse. La peur d'Aaron.

Gideon sourit de toutes ses dents en disant ces paroles mais les petits tressaillements de ses mains trahissent sa rage.

– Aaron ! Non seulement il me vole ma vie, se débarrasse de mon bien et essaie de me mettre en bouteille comme un fichu génie ! Mais ensuite, il retourne sa veste, et simplement… abdique, comme s'il n'en voulait même pas… ah !

Il est tellement furieux que, pendant quelques instants, il ne peut plus parler.

– Tu n'as pas idée de la frustration… mais la faiblesse demeure faiblesse. Il suffisait que j'attende mon heure, que j'attende le bon moment.

Souris ne répond rien, mais Gideon lui lance soudain un regard noir, comme si elle venait de le contredire.

– Je sais ce que tu penses, dit-il. Tu penses que je suis déjà sorti une fois et que je n'ai pas réussi à tenir. Tu penses que je vais sans doute garder le corps une journée, peut-être une semaine, mais qu'Andrew finira par le récupérer.

– Je n'ai pas…

– Eh bien, va te faire foutre, Souris !

Soudain, il se cambre et balance une pierre ; Souris tressaille, mais au lieu de la lui envoyer, il la fait ricocher sur le lac. Le lancer est mou et la pierre ne ricoche que deux ou trois fois avant de couler ; mais Gideon semble plus ravi que déconfit alors qu'il regarde les cercles concentriques surgir à la surface du lac puis commencer à disparaître. Il reprend :

– Andrew ne reviendra pas. Avant, je n'étais pas vraiment prêt. Mais cette fois, je l'ai définitivement évincé.

– Alors qu'est-ce qui… Qu'est-ce qui va se passer, maintenant ? demande Souris.

– Je te l'ai déjà dit : je vais vendre le cottage au commissaire Bradley. Une fois que j'aurai mon argent – dans sa totalité –, je vais me casser d'ici. Pour aller ailleurs, et vivre la vie que j'ai toujours été censé mener.

– J'espère que tu ne comptes pas sur moi pour t'aider.

Gideon lui rit au nez.

– Tu penses que j'ai besoin de ton aide ? Tiens…

Il plonge la main dans sa poche et en extirpe les clés de voiture, qu'il jette à ses pieds.

– Vas-y, tire-toi. Rentre à Seattle. Commence ta thérapie. Ah !

Étonnée, Souris récupère les clés.

– Quoi ? demande Gideon. Tu t'attendais à ce que je te retienne prisonnière, quelque chose de ce genre ?

Effectivement, oui, elle s'attendait à quelque chose comme ça.

– À quoi bon ? dit-il. Tu ne me fais pas peur, si c'est ce que tu penses. Tu ne peux rien faire pour m'arrêter.

Souris n'en mettrait pas sa main au feu – elle pense qu'elle s'est très bien débrouillée pour l'arrêter la dernière fois qu'il est sorti –, mais il semble trouver hilarant son air sceptique.

– Quoi ? la défie-t-il. Qu'est-ce que tu crois que tu peux faire ? Aller porter plainte chez les flics parce que j'ai volé le corps d'Andrew ? Ah ah ah ! J'adorerais te voir expliquer tout ça à Jimmy Cahill. Ou bien au commissaire Bradley – te voir lui expliquer qu'il ne peut plus acheter le cottage parce que l'Andy Gage avec lequel il est en affaires n'est qu'un imposteur. Même si tu arrivais à lui faire avaler ça, est-ce que tu crois que ça le chagrinerait ?

Souris referme sa main sur les clés.

– N'empêche que tu as besoin d'une voiture pour aller chez lui, ce soir.

– Pas vraiment. S'il le faut, je marcherai jusqu'à là-bas – je passais mon temps à faire de grandes ballades dans les environs, quand j'étais petit. Mais ça ne sera pas nécessaire. Tu vas m'accompagner en voiture.

– Non, certainement pas.

– Je crois bien que si. Tu ne me crois pas quand je te dis qu'Andrew ne reviendra pas. Tu penses que si, et tant que tu n'auras pas compris que tu te trompes, tu ne me lâcheras pas d'une semelle. Ce qui signifie que, quand il sera l'heure d'aller chez le commissaire Bradley, soit tu vas m'y conduire, soit tu vas me suivre au ralenti dans ta bagnole – si je suis assez aimable pour marcher le long de la route.

Il hausse les épaules.

– Moi, je crois que tu vas m'y conduire.

Souris aimerait partir sur-le-champ pour lui prouver qu'il a tort. Malheureusement, il a raison.

– Toujours ici ? demande Gideon d'un air suffisant, ses yeux parcourant le sol à la recherche d'un autre galet.

Souris préfère changer de sujet :

– Parle-moi de Xavier.

Gideon sourit, comme s'il s'attendait aussi à cette question.

– Que veux-tu savoir ?

– La première fois que tu m'as parlé de Xavier, tu m'as dit que ce n'était qu'un pion. Mais tu ne m'as pas dit à quoi il te servait.

– Tu veux savoir si je l'ai convoqué pour qu'il tue le beau-père ?

Il ricane.

– "Xavier l'exterminateur" : c'est l'idée que tu t'en fais ?

– Non, répond Souris. Mais il ne me fait pas non plus l'effet d'un avocat.

– Ce n'en est pas vraiment un. Les vrais avocats coûtent cher et je n'ai pas les moyens de jeter mon argent par les fenêtres, c'est justement là l'intérêt.

– Tu voulais l'argent du beau-père.

– Je voulais de l'argent, dit Gideon. Le beau-père me semblait être le pigeon idéal pour en obtenir.

– Alors tu as fabriqué un avocat pour lui intenter un procès. Pour lui faire du chantage.

– Xavier allait lui laisser le choix, et l'une des options, c'était de me payer.

– Seulement, Xavier est arrivé trop tard. Le commissaire Bradley était déjà là.

– Ce n'est pas ma faute, dit Gideon, contrarié. Si Mr Nullos ne s'était pas perdu dans les bois, nous serions arrivés les premiers.

– Alors, c'est vrai. C'était bien la même nuit. Quand

Xavier a parlé du sang sur le parquet du salon – c'était l'accident. Il l'a vu.

– C'était la nuit où le beau-père est mort, ouais. Impossible d'imaginer un pire concours de circonstances. Mais je ne parlerais pas d'accident pour autant.

– Qu'est-ce que tu insinues ?

Gideon, sans prendre la peine d'essayer de le faire ricocher, cette fois, lance un nouveau galet qui atterrit dans le lac avec un grand plouf.

– Tu comprends, dit-il. Je n'étais pas là à strictement parler. C'est Xavier qui s'est rendu au cottage ; je ne regardais pas quand il a épié par la fenêtre. Mais j'ai quand même entendu quelque chose avant qu'il ne panique et prenne ses jambes à son cou. C'est quoi, la version officielle ? Le beau-père a trébuché sur une table basse ?

– … et il s'est coupé.

Souris cligne des yeux.

– Ce n'est pas ce qui s'est passé ?

– Eh bien, je ne sais pas, dit Gideon, qui savoure la réaction de Souris. Peut-être qu'il était délirant, après avoir perdu tout ce sang. Mais c'est un peu étrange de supplier une table basse de t'épargner, n'est-ce pas ?

J'étais mort.

En soi, cela ne me dérangeait pas tant que ça. Je n'avais jamais eu peur de la mort. De mourir, bien sûr ; d'une fin douloureuse ou prématurée – des choses importantes encore inachevées –, certainement. Mais la pensée d'être effectivement mort ne suscitait en moi aucune sorte de terreur. Je me souvins de ma naissance, de ma progression dans le noir. Et il me semblait seulement naturel d'y revenir, finalement. Ce qui fichait la trouille, c'était l'entre-deux.

Ainsi le fait d'être mort ne me tracassait pas. Ce qui me tracassait, c'était cette façon que ça avait de ne pas me tracasser. Dans le non-lieu de l'oubli, il n'y a pas de place pour les émotions ; le temps où l'on se sent à l'aise avec sa mort est antérieur au décès, non postérieur. Comment se faisait-il que j'éprouve encore des sentiments ?

Et puisque j'en étais encore à poser des questions : comment se faisait-il que je puisse encore voir ? Il n'y a dans le noir, par définition, rien à regarder. Mais ici – où que ce soit – il y avait quelque chose : pourtant, il restait difficile de dire ce qu'était exactement ce quelque chose.

Un labyrinthe, peut-être : un dédale symétrique d'allées surélevées, imbriquées les unes dans les autres, et divisées au milieu par une tranchée particulièrement profonde. Elle était grise, ce qui m'évoqua Coventry, mais sa disposition semblait bien trop convolutée, à moins qu'une fois encore cela n'ait été une tactique de Gideon pour décourager les visiteurs.

J'étais suspendu dans les airs, regardant vers le bas, incapable de bouger. Ce dernier point, en revanche, me paraissait adapté à la situation : lorsqu'on est mort, on ne peut plus bouger. Quant au reste…

Je repensai à ma mort, essayant de comprendre quand et comment le processus s'était grippé. Gideon m'avait fait tomber de très haut dans le lac, et j'avais heurté la surface avec une force formidable – il ne me restait plus qu'à espérer que la maison n'avait pas été emportée par le tsunami qui avait dû en résulter. La violence du choc avait failli me tuer ; je m'étais déjà enfoncé profondément dans les eaux lorsque j'avais retrouvé mes esprits, mais il n'y avait alors rien d'autre à faire que de me laisser emporter, mon âme tournoyant telle une hélice voilée dans les courants d'eau froide, descendant en spirale dans les abysses.

Ce n'était pourtant pas les dégâts physiques ou métaphysiques qui m'empêchaient de me sauver (bien que j'aie désormais une idée de ce que l'on pouvait éprouver en se brisant le dos après avoir sauté d'un pont). C'était le désespoir : la certitude irréfutable que j'avais échoué. Pas seulement ce dernier échec, cette attaque sournoise que j'aurais dû déjouer. Tous mes échecs : les insuffisances, les faux pas, les foirades de ma courte vie se concentrant pour former cette unique épiphanie, boulet accroché à mon pied. Tu apprendras, répétait toujours mon père, et j'avais appris au moins une dernière leçon : j'étais inutile. Inutile.

Ainsi, je coulais. Ce fut un soulagement de finir par atteindre le fond du lac, de glisser entre les algues et de m'enfouir dans une vase qui n'est pas de la vase, la dernière lumière s'évanouissant comme mon âme était aspirée par le vide pour être anéantie. Tout était fini, terminé. Ne restait plus qu'à disparaître.

Un instant. Un instant.

Oui, c'était bien cela : c'était à cet endroit que la scène de ma mort commença à se dérouler : exactement à l'endroit où je me déroulais moi-même, telle une pelote. Car mon âme ne s'était pas simplement désagrégée pour former un rien uniforme ; elle s'était disloquée par étapes, des couches d'identité s'enlevant les unes après les autres, m'épluchant jusqu'à la non-existence. Seulement, cela n'alla jamais aussi loin parce que la couche où Andrew pleurnichait sur son sort, qui désirait cette dissolution, figura parmi les premières épluchures. Une fois que la dépouille superflue fut arrachée, l'Andrew qui resta – le vrai Andrew qui formulait ces pensées – n'était plus si désireux d'abandonner la partie. Ne le pouvait pas : il n'avait pas encore accompli sa mission. Cet Andrew, s'agrippant opiniâtrement à son But, s'efforçait de réunir ce qui lui restait d'âme alors même qu'il continuait de couler jusqu'à…

Oh.

Oh, bien sûr.

Le labyrinthe gris : je ne flottais pas dessus, regardant vers le bas ; je me trouvais en dessous, regardant vers le haut. C'était un paysage, le paysage, mais vu de l'autre côté. Je n'avais pas coulé jusqu'au fond du lac ; j'étais passé à travers et ressorti par en dessous dans…

– Les antipodes, dit une voix.

Les antipodes, c'est ça, bien sûr, c'est comme ça que ça s'appelle ; pourtant, comme pour les strates dans les collines des Badlands, je n'avais jamais vraiment vu d'antipodes auparavant. Je ne me serais pas attendu à ça, d'après le nom. Je m'interrogeai au sujet du pluriel : quelle portion de ce que j'observais constituait un seul antipode ?

– Ce n'est peut-être pas le moment que je perde mon temps à jouer sur les mots.

Qui parlait ? Je tentai de me tourner vers la voix mais ne pouvais pas bouger, ce qui était vraiment frustrant maintenant que je savais que je n'étais pas mort. Songeant qu'un peu plus de matière m'aiderait peut-être, je regroupai quelques couches dont je m'étais débarrassé en descendant jusqu'ici et, en effet, dès que mon âme se recomposa, je retrouvai un peu de ma mobilité. Mais alors, la sensation d'échec revint elle aussi, menaçant de me paralyser complètement à nouveau.

Heureusement, il y avait une solution à cela : levant le bras vers le paysage, j'aplanis une aspérité sur l'un des récifs gris. Comme si j'avais baissé un volume émotionnel, ce sentiment néfaste retrouva un niveau supportable.

Mais il était toujours là. J'avais vraiment commis de grossières erreurs, et fait des choix épouvantables, et je le savais. Il serait beaucoup plus agréable de l'ignorer. Et si j'attrapais ce récif gris et m'en débarrassais ?

– Il ne vaudrait mieux pas, dit la voix. C'est exactement à cause de ce genre de trucs que je me retrouve dans un tel bourbier.

Je pouvais me retourner désormais, ce que je fis. Mais il n'y avait personne d'autre.

Je parlais tout seul. Typique.

– Typique, répondit la voix avec affabilité, comme je pivotais vers le paysage. Alors, qu'est-ce que je fais maintenant ?

– C'est pas sorcier, répondis-je. Il faut que je remonte là-haut.

– Et comment ai-je l'intention de procéder ? Ce n'est pas comme si je me promenais dans la maison, ou même essayais de m'échapper de Coventry. Pour partir d'ici, il faut que quelqu'un me convoque.

– Mon père…

– … se dit sans doute que j'ai disparu à tout jamais. Si le Capitaine Marco a essayé de repêcher mon âme et fait chou blanc… Alors, je vais devoir le faire moi-même.

Sceptique :

– Que je me convoque moi-même ? Est-ce que c'est seulement possible ?

– Je ne sais pas, reconnus-je. Mais puisque personne ne peut le faire pour moi…

Je levai à nouveau les bras, m'agrippant à tout le paysage pour faire levier, et dis :

– Je m'appelle Andrew Gage.

… et puis le choc froid, froid, tandis que j'émergeais à nouveau du lit du lac, les algues et les eaux sombres se fendant violemment tandis que je remontais.

Comme je crevais la surface, je découvris que le lac était la proie d'une violente tempête. La brume avait disparu, emportée par le vent qui fouettait furieusement les eaux. Le ciel au-dessus était noir de nuages, et il pleuvait et tonnait également. Je fis du surplace, me laissant ballotter par les moutons jusqu'à ce qu'un puissant éclair révèle la rive la plus proche. Elle semblait très distante, mais je savais que ce n'était qu'une illusion : je venais de bien plus loin. Je partis à la nage.

Cette fois, personne ne m'attendait sur les berges du lac. Le petit port et le champ de potirons étaient complètement déserts ; le canot du Capitaine Marco tanguait sans surveillance, toujours amarré, et la pelle de Joe Bouche Cousue était muettement posée contre le portail du champ de potirons. À première vue, on aurait dit que la maison elle aussi était abandonnée : la chaire était vide, les volets des fenêtres donnant sur le lac avaient été fermés, mais, en y regardant de plus près, j'aperçus de la lumière qui brillait sous la porte d'entrée. Je longeai le sentier et, sans prendre la peine de frapper à la porte, pénétrai dans la maison.

Elle n'était pas vide mais pleine à craquer. Une réunion avait été organisée : la grande table de conférence trônait au centre de la pièce commune et toutes les chaises sauf la mienne étaient occupées ; à l'étage, sur la galerie, un contingent de Témoins s'était réuni derrière la rambarde.

Toutes les têtes se tournèrent vers moi lorsque j'entrai. Adam accueillit mon arrivée par son éternel sourire insolent, mais toutes les autres âmes attablées semblèrent abasourdies de me voir.

– Andrew ! cria mon père en bondissant de sa chaise.

J'aurais dû dire quelque chose – au moins « bonjour » – mais je me sentais désormais investi d'une mission, et je me dirigeai directement vers la porte sous l'escalier. Sous mes efforts, la poignée lâcha un peu de lest, mais ne céda pas.

Je décidai que ce n'était plus possible.

– Cette porte n'est pas fermée, déclarai-je.

La poignée tourna, pivotant vers l'intérieur, et je posai le pied sur un petit palier. Le palier et la cage d'escalier étaient ornés de toiles d'araignées et couverts d'une couche de poussière aussi épaisse que celle que j'avais vue dans le grenier du cottage. Dans la poussière apparaissaient deux types d'empreintes de pied distinctes.

En dessous, la cave était noire comme du charbon.

Je décidai que cela non plus n'était plus possible.

– Lumière ! criai-je.

Une kyrielle d'ampoules apparut au-dessus de l'escalier. Plus bas, la lumière blanche et clignotante des néons irradiait la cave proprement dite.

Je descendis, laissant mes propres traces de pas dans la poussière.

Imaginez que la cave soit un musée plein comme un œuf, et vous aurez à peu près une idée de ce que j'ai découvert. Le sous-sol de la maison était carré et faisait à peu près la même taille que la pièce commune qui le surplombait, avec un sol en ciment et des murs en parpaing. Disposées dans cet espace suivant un modèle pas tout à fait erratique, qui me rappela le mur de photos du commissaire Bradley, il y avait des dizaines d'œuvres d'art, dans tous les styles.

La variété esthétique était impressionnante, pourtant je m'aperçus que le sujet restait toujours le même, sujet que j'avais vu sur le tableau trouvé sous le lit dans la chambre à coucher de mon père : une femme – une mère – étreignant sa petite fille.

– Andrew ? demanda mon père.

Il m'avait suivi dans l'escalier et jetait des coups d'œil effarés aux tableaux, aux nombreux visages d'Althea.

– Qu'est-ce que c'est ?

En guise de réponse, je lui désignai la partie du mur où un trou avait été creusé entre les moellons. Derrière lui, un tunnel grossièrement foré s'enfonçait à perte de vue. Un courant d'air régulier en sortait, apportant l'odeur du lac.

– C'est le passage secret de Gideon, dis-je. Ce tunnel doit mener jusqu'à Coventry. À mon avis, il l'utilise depuis un moment, pour voler de petits bouts de temps, mais il faut une crise pour qu'il puisse vraiment l'exploiter.

– Mais…

Après avoir rapidement regardé le tunnel, mon père recommença à étudier les huiles et les aquarelles ; les dessins au fusain et les croquis au crayon ; les statues en marbre, en bronze et en papier mâché.

– Qu'est-ce que c'est ?

– Une réserve. C'est là que tu as rangé tous les sentiments que tu éprouvais pour notre mère et que tu n'arrivais pas à maîtriser, qu'aucun d'entre vous ne pouvait maîtriser – à part Gideon, parce qu'il s'en fichait. C'est ton refoulé, père.

– Non.

Il secoua la tête.

– Je n'ai pas créé cette pièce.

– Mais si. Tu l'as cachée, même à tes propres yeux, mais tu l'as créée. Je suis surpris que le docteur Grey ne l'ait jamais découverte. Je suis sûr qu'elle aurait réussi à la mettre au jour, finalement. Mais grâce à son attaque, tu as réussi à préserver ton secret… De tout le monde, sauf de Gideon.

– Gideon, répéta sombrement mon père.

– Ne te mets pas dans tous tes états parce qu'il s'est échappé. En un sens, il nous a rendu service. Et ce n'est pas parce qu'il est plus solide que toi du point de vue émotionnel. Simplement, tu l'as dit toi-même, il est tellement égocentrique qu'il n'a jamais eu besoin de l'amour de notre mère. Ce qui doit aider à supporter le fait d'en être privé.

– Moi, je vais te lui donner quelque chose à supporter, quand je lui remettrai la main dessus…

– Non, père.

– Non ?

– Gideon n'est plus sous ta responsabilité, mais sous la mienne.

– C'est faux, Andrew – la discipline intérieure, c'est mon domaine.

– *C'était* ton domaine, répliquai-je. Ça fait désormais partie des choses qui vont changer. Si on veut vraiment mettre durablement les choses en ordre, il faut qu'on cesse de considérer que le corps et la maison sont deux entités distinctes – il faut qu'une seule âme s'occupe des deux. Et cette âme, c'est moi.

– Andrew…

– Ça ne peut pas être toi, père. Tu as fait ton boulot : tu nous as sortis de la pièce noire, tu as construit la maison, mais maintenant tu es fatigué. Et Gideon ne peut pas diriger, même s'il en meurt d'envie – il est trop égoïste, il nous sacrifiera tous, et ça ne marchera jamais.

« Alors, il ne reste que moi. Je me sens prêt à en prendre la responsabilité. Tous ces sentiments que tu as mis sous le boisseau, je pense que je peux vivre avec. Je ne suis pas comme Gideon ; ça m'affecte, ça me fait du mal que notre mère ne nous ait pas aimés, mais pas au point de ne pas arriver à faire avec. Je suis capable d'accepter notre histoire, père – dans son intégralité. Et tu ne crois pas qu'au bout du compte, c'est pour cela que tu m'as convoqué ?

– Je…, commence mon père.

Puis il s'arrête, soudain l'air très vieux. Il s'assied en bas des marches. Au niveau du palier, j'entends des bruits de pas : les autres âmes, piquées par la curiosité.

– Ça ne va pas être facile de récupérer le corps, dit mon père. Gideon n'a pas l'intention de perdre la partie, cette fois.

– On verra bien. Mais d'abord…

Je me mis à faire le tour de la cave, à la recherche de quelque chose.

– Qu'y a-t-il, Andrew ?

– Je viens juste de me souvenir qu'il y avait deux types de traces de pied dans l'escalier… et Gideon n'était pas le seul à ne pas avoir répondu à l'appel pour la réunion. Tiens !

Par terre, entre deux sculptures, je découvris un tas en forme d'âme recouvert par un tissu. Je me penchai et tirai le tissu de côté.

Xavier Reyes ouvrit les yeux et s'assit.

– Bonjour, dit-il. Faut-il que je reparte en mission ?

– Pas aujourd'hui, répondis-je. Mais j'ai quelques questions à te poser…

– Attention aux arêtes, prévient le commissaire Bradley en posant un plat fumant sur la table.

Le commissaire s'est mis en quatre pour le dîner : du pain de maïs tout juste sorti du four, du riz long grain, du riz sauvage, des asperges à la vapeur et, en plat principal, une espèce de poisson blanc pané à la farine de maïs et frit à la poêle. C'est remarquablement peu appétissant. Enfin, peut-être pas tout, le riz ne semble pas trop mal… Quant au reste : les asperges sont molles, le pain de maïs suinte la graisse au sommet et a brûlé en bas, et le poisson a l'air… croustillant.

Souris a une faim de loup, mais après avoir vu la nourriture, elle se dit qu'elle va prétendre ne pas avoir d'appétit. Elle peut même prétexter qu'elle a mal au ventre – ce ne serait pas un mensonge éhonté, après l'après-midi qu'elle a passé.

Mais Gideon est plus rapide :

– En fait, dit-il, en jetant un regard méfiant vers le plat de poisson, j'ai encore l'estomac fragile après les épices de tout à l'heure…

– Oh, mais il n'y en a pas dans le poisson, le rassure le commissaire Bradley. Juste un peu de piment dans la panure, c'est tout.

– Quand même, insiste Gideon, je ne vais prendre que du riz…

Maledicta, qui observe la scène tapie à l'entrée de la grotte, fait une remarque. Souris l'écoute attentivement, puis dit d'une voix forte :

– Voyons, Andrea, tu ne peux pas faire ça.

Gideon lui lance un regard noir.

– Je te demande pardon ?

– Tu ne peux pas te contenter de manger du riz, continue Souris, un peu déstabilisée. Après tout le mal que le commissaire Bradley s'est donné pour nous, en attrapant ces poissons…

Le commissaire Bradley émet un petit rire.

– Pour dire la vérité, je les ai attrapés au marché de la Grand-Rue, dit-il. Je n'oserais pas offrir à mes invités le genre de poissons qui sortent du Sportsman's Lake.

– Eh bien ceux-là m'ont l'air délicieux ! s'écrie Souris.

Saisissant la spatule posée sur le plat, elle dépose deux morceaux de poisson dans son assiette. Elle essaie aussi de servir Gideon, mais il lui attrape le bras.

– Non merci, dit-il.

– Voyons, Andrea, insiste Souris, ne sois pas impolie…

Elle avance sa spatule, mais il lui serre le poignet d'une main de fer. Poussant fortement, il la force à reculer le bras, puis le tord jusqu'à ce que le poisson retombe dans le plat.

– Je t'assure, dit Gideon en lui tordant à nouveau vicieusement le poignet avant de le relâcher. Je n'en veux pas.

– Eh bien, personne ne te force à le manger, voyons, dit le commissaire Bradley, l'air décontenancé.

Puis il tourne la tête en souriant.

– Ça nous en fait plus, n'est-ce pas… Penny, c'est bien ça ?

– En fait, dit Gideon, elle préfère qu'on l'appelle *Souris*.

– Alors, Souris… que diriez-vous de quelques asperges pour aller avec le poisson ?

Le commissaire Bradley sert généreusement Souris afin qu'elle ait de belles portions d'asperges et de pain de maïs, puis remplit sa propre assiette.

Gideon réquisitionne tout le riz, long grain et sauvage, en déversant une montagne dans son assiette pour que ça occupe toute la place.

Souris prend une bouchée de poisson. C'est atroce – du caoutchouc pané au sable, avec un arrière-goût de Tabasco – mais, au lieu de l'avaler d'un coup, elle le garde en bouche comme si elle se régalait.

– Mmmmff, dit-elle brusquement.

S'enfonçant un doigt dans la bouche, elle en tire quelque chose de long et effilé.

– Vous ne blaguiez pas, avec les arêtes.

Elle la brandit pour que Gideon la voie bien.

– Une vraie petite lance.

– Oui, il vaut mieux pas les avaler, dit le commissaire Bradley.

– C'est sûr que je n'aimerais pas en avoir une coincée dans le gosier, surenchérit Souris.

Elle pose l'arête sur le rebord de son assiette. Elle pointe vers l'extérieur, vers Gideon.

– Alors, que faites-vous dans la vie ? demande le commissaire Bradley.

– Je fais de la programmation informatique, répond Souris.

Elle s'interrompt pour cracher une nouvelle arête, puis ajoute :

– Andrea est femme de ménage dans la même entreprise.

– Femme de ménage, s'étonne le commissaire Bradley. Il me semblait que tu m'avais dit que tu étais chef du personnel, Andrea.

– C'est vrai, répond Gideon, c'est-à-dire, je l'étais, et je le serai à nouveau.

Jetant un regard assassin à Souris :

– Le boulot de femme de ménage, c'était du provisoire. J'ai déjà donné ma démission. Je n'y remettrai plus les pieds.

– Il n'y a pas de quoi avoir honte, tu sais, dit le commissaire Bradley. Ma tante a été femme de ménage pendant des années.

– Je n'en ai pas *honte*, dit Gideon. Simplement, ce n'est pas le genre de choses auxquelles je consacrerais *ma* vie.

Souris avale une nouvelle bouchée de poisson et dispose quelques arêtes supplémentaires sur le rebord de son assiette. Les épices dans la panure du poisson ont commencé à chauffer et il faut qu'elle boive quelque chose. Le commissaire Bradley a servi à tout le monde des verres d'eau et des verres de vin blanc. Maledicta recommande chaleureusement le vin blanc, mais Souris a besoin de tout sauf d'alcool et préfère s'en tenir à l'eau. Elle remarque alors que Gideon ne boit que de l'eau, lui aussi.

– Et si on trinquait ? propose-t-elle en saisissant son verre de vin. À la vente de la propriété.

– Très volontiers, dit le commissaire Bradley.

Il lève son verre de vin et Gideon est obligé de faire de même. Ils trinquent, et boivent.

En tout cas le commissaire Bradley boit, Souris fait seulement semblant et Gideon ne boit qu'une gorgée, pour la forme… pour commencer. Mais alors qu'il s'apprête à reposer son verre sur la table, celui-ci, au lieu de s'en approcher, passe de sa main gauche à sa main droite, et remonte à ses lèvres avant d'être vidé d'un trait. Puis Gideon repose le verre pour de bon et, manifestement sans avoir conscience de ce qui vient de se passer, reprend sa cuiller et se remet à manger son riz.

Souris, qui surveille la scène du coin de l'œil, est parcourue d'un frisson d'excitation. Elle songe à proposer de trinquer une nouvelle fois, puis se dit que ce serait trop gros, alors Maledicta lui souffle une autre idée.

– Dites-moi, commissaire Bradley, demande Souris. Qu'allez-vous faire avec le cottage ? Vous allez sans doute devoir le démolir ?

– Probablement, répond le commissaire Bradley. Comme je le disais à Andrea au déjeuner, si je pouvais trouver un moyen de réparer les fondations sans faire tomber la maison, je le ferais, mais…

– Et si vous démantibuliez le cottage ? Ça serait possible, n'est-ce pas ? De le désassembler, puis de le reconstruire sur de nouvelles fondations ?

– J'y ai pensé, dit le commissaire en hochant la tête. Je crois que ce serait difficile, et coûteux… Mais c'est cher de faire construire, aussi. Et j'aimerais vraiment préserver le cottage, si c'était possible, pour des raisons sentimentales…

– Évidemment, dit Souris, si ce sont vos intentions, il faut que vous le fassiez vite avant que le cottage s'écroule de lui-même.

– J'espère bien avoir encore un peu de temps avant que cela ne se produise.

– Oh, je n'en sais rien.

Souris passe le doigt sur l'ecchymose qui orne sa joue.

– Quand Andrea et moi y sommes passées ce matin, j'ai vraiment cru que la maison allait nous tomber sur la tête.

Elle entend un tintement ; Gideon a fait tomber sa cuiller.

– Que voulez-vous dire ? demande le commissaire Bradley. Que s'est-il passé ?

– Eh bien…, commence Souris.

– Il ne s'est rien passé, la coupe Gideon. *Souris* exagère. Sa voix est maîtrisée, agréable, mais ses yeux jettent des éclairs menaçants. Souris manque de perdre son sang-froid, mais elle s'aperçoit que, tandis que Gideon ne la quitte pas du regard, sa main droite, indépendante, part pour attraper la bouteille de vin.

– Elle exagère à quel sujet ? demande le commissaire Bradley, curieux. Comment vous êtes-vous blessée, Souris ?

– Penny, le corrige Souris qui reprend confiance. En fait, je préfère nettement qu'on m'appelle Penny.

– Penny… comment vous êtes-vous fait mal ? Que s'est-il passé ?

– Nous étions dans le grenier, Andrea fouillait dans des vieilleries, et tout à coup je suis tombée à terre. J'ai cru que le cottage allait s'écraser.

– Vous étiez dans le grenier ? Andrea, tu es folle ?

– Je lui avais dit que c'était dangereux, continue Souris, mais elle avait vraiment envie de revoir sa chambre.

– Quand vous dites que vous êtes tombée à terre, est-ce que ça veut dire que le sol a bougé ?

– Je ne sais pas vraiment – ça a été si rapide.

Souris se tourne vers Gideon qui sirote un nouveau verre de vin.

– Tu t'en souviens, Andrea ? Est-ce que le sol a bougé ?

Gideon lui lance un sourire mauvais.

– Tu sais, *Souris*, dit-il, je ne me rappelle même pas t'avoir vue tomber. J'imagine que je devais être perdu dans mes pensées. Tu es sûre qu'il ne s'agit pas encore d'une de tes maladresses ? Tu sais que tu es une vraie casse-cou.

– C'est possible que j'aie été maladroite, répond Souris

en lui rendant son sourire, mais il ne faudrait pas que tu oublies les planches d'appoint.

– Comment t'es-tu fait mal aux mains, Andrea ? demande le commissaire Bradley.

– Aux mains ? répète Gideon. Je…

Il s'interrompt pour observer les croûtes qui couvrent ses articulations, et s'aperçoit soudain qu'il tient un verre de vin.

– Aux mains, répète-t-il et il lance à Souris un regard qui exprime une sorte d'admiration pleine de rancune. Eh bien, dit-il, moi aussi j'ai dû être maladroit…

Il garde les yeux braqués sur sa main traîtresse jusqu'à ce que celle-ci s'abaisse vers la table et repose le verre de vin.

– Andrea ? demande le commissaire Bradley.

Gideon relève la main, étirant et refermant les doigts pour voir s'il les maîtrise toujours. Satisfait du résultat, il reporte son attention vers le commissaire.

– Je suis désolé, commissaire Bradley, ça a été une journée éprouvante. Vous devez comprendre, tous ces souvenirs traumatisants…

– Bien sûr, répond le commissaire Bradley, le rose aux joues.

– Évidemment, vous avez raison : on a été stupides de monter dans le grenier. Je ne sais pas ce qui m'a pris de faire quelque chose d'aussi crétin, mais contrairement à ce que dit *Souris*, je ne pense pas que ça ait causé le moindre dégât. De plus, conclut-il, je crois me rappeler que, lorsque nous marchandions le prix, vous m'avez dit à plusieurs reprises que vous trouviez que ce cottage était une vraie ruine.

– Eh bien, c'est vrai, Andrea, mais si je peux le préserver, j'aime autant.

– Eh bien, il l'est – en tout cas il était toujours bel et bien debout la dernière fois que je l'ai vu, et comme je n'ai aucune intention d'y retourner, c'est à vous d'en faire ce que vous voulez. Avez-vous l'argent ?

– Pour le premier versement ?

Le commissaire Bradley acquiesce.

– Oui, je suis allé en chercher.
– En liquide ?
– Oui, j'avais l'intention de te le donner après le repas…
– Et si vous me le donniez maintenant ? propose Gideon. J'aimerais qu'on règle tout de suite nos affaires, comme ça on pourra… finir tranquillement le dîner.
– Très bien, dit le commissaire Bradley.
Il repousse sa chaise.
– Suis-moi.
Il se lève et traverse le salon, se dirigeant vers l'arrière de la maison. Gideon se prépare à le suivre, mais, en sortant de table, il glisse à l'oreille de Souris :
– Si tu as foutu mon plan en l'air, tu t'en mordras les doigts.
Gideon rattrape le commissaire alors qu'il prend le couloir du fond, et Souris l'entend lui demander :
– Que voulait-elle dire, au sujet des planches d'appoint ?
Ils s'absentent pendant plusieurs minutes. Lorsqu'ils reviennent, Souris a fini son poisson et remis les asperges ainsi que le pain de maïs dans leurs plats respectifs.
– Alors, vous pensez que l'affaire pourrait être conclue d'ici la fin du mois de juin ? demande Gideon comme ils reprennent place à table.
– Sans doute, répond le commissaire Bradley. Il faut voir ce qu'en dira Oscar, à son retour de vacances. Mais il a le bras long, dans la région, et je l'ai déjà vu faire des miracles pour éviter la paperasserie, alors il me semble que tout peut se régler très vite.
– Très bien, dit Gideon. Grâce à l'argent que vous m'avez donné ce soir, plus mes économies, je devrais pouvoir tenir sans problème jusqu'au mois de juillet. Quant à toi – il regarde Souris –, mieux vaudrait que tu rentres à Seattle tout de suite. Dis au revoir à tout le monde de ma part.
Il attrape sa fourchette, et enfourne une énorme bouchée de riz.
– Tu comprends bien, Andrea, reprend le commissaire Bradley, que je ne peux pas t'apporter la garantie que ça ira aussi vite. Je suis tout aussi désireux que toi d'en finir, mais tant qu'on n'aura pas parlé avec Oscar… Andrea ?
La mâchoire de Gideon semble s'être paralysée alors

qu'il a la bouche pleine. Pendant quelques instants, il a l'air simplement perplexe, mais soudain ses joues se gonflent, et ses yeux fous d'angoisse sortent de leurs orbites.

– Que se passe-t-il, Andrea ? demande gentiment Souris. Un problème avec ta nourriture ?

Il la regarde, puis baisse le regard vers le bord de son assiette, puis vers la sienne. Ses yeux s'écarquillent d'effroi quand il s'aperçoit qu'au moins une douzaine d'arêtes ont été fourrées dans son riz sauvage.

Saisi de haut-le-cœur, Gideon ouvre la bouche et crache une boulette de nourriture à demi mâchée. Il tend la main vers son verre d'eau, et remarque une arête qui flotte au beau milieu.

– Sale *connasse* ! hurle-t-il, riz et postillons fusant de sa bouche. Sale *CONNASSE* !

Il pivote sur son siège, le bras replié comme pour balancer son verre d'eau à la figure de Souris, mais avant qu'il puisse mettre à bien son projet, quelque chose se coince dans son gosier. Il hoquette, puis crie de terreur ; il lâche son verre, sa main se plaque contre sa gorge.

– Mon Dieu, s'écrie le commissaire Bradley, elle s'étouffe !

Il se lève, mais Gideon gronde « Non ! » et le commissaire, pensant qu'il s'adresse à lui, s'arrête net.

– Non… je… t'interdis ! dit Gideon.

Les tendons de son cou se bandent, son visage vire au rouge écarlate ; sa main gauche reste agrippée à sa gorge ; sa main droite, de nouveau traîtresse, se dirige de l'autre côté de son assiette.

– Non ! siffle Gideon à son attention, mais la main, qui tremble sous l'effort, continue de se tendre jusqu'à ce que ses doigts s'enroulent à nouveau autour d'un verre.

Cette fois, la main ne tente pas de lever le verre ; elle se contente de le serrer.

– Oh mon Dieu ! s'écrie Souris, qui sait à quoi s'attendre.

Le ballon du verre explose, dans un bruit de brindille sèche, puis les morceaux s'éparpillent ; la main continue de broyer, brandissant un poing ensanglanté.

Gideon hurle. Il hurle, mais tient bon, n'abandonnant pas le corps jusqu'à ce que la main traîtresse, brandie sous ses yeux, s'ouvre pour exposer la paume criblée de bris de verre. Ce spectacle lui est insupportable ; il recule, essayant d'échapper à sa propre main, puis sa chaise bascule en arrière.

– Doux Jésus !

Le commissaire Bradley, se précipitant de l'autre côté de la table pour voler au secours de Gideon, renverse sa chaise.

– Andrea ! crie-t-il en se penchant vers le corps désormais pris de violentes convulsions, et dont les paupières clignotent. Andrea, tu m'entends ?

N'obtenant pas de réponse, le commissaire se tourne vers Souris et lui demande :

– Qu'est-ce qui se passe ? Elle est épileptique ?

Souris, qui serre les deux poings et semble vouloir s'arracher les articulations à coups de dents, ne répond pas.

– Hé ! beugle le commissaire. Est-ce qu'Andrea est épileptique ?

Souris parvient à faire non de la tête.

– Bon, dit le commissaire. Elle fait une espèce de crise… Je vais appeler les urgences, il faut que vous restiez auprès d'elle pour vous assurer qu'elle n'avale pas sa langue. Vous voulez bien ?… Eh ! Jeune fille ! Vous voulez bien ?

Souris remue à nouveau la tête et le commissaire Bradley préfère se dire que c'est en signe d'assentiment ; il se lève et disparaît au fond de la maison.

Le corps d'Andy Gage, gisant, est toujours parcouru de violents soubresauts, mais Souris rechigne à s'asseoir par terre pour prendre la place du commissaire Bradley. Elle ne quitte pas sa chaise, songeant que lorsque sa mère a fait son attaque, dans l'avion, cela a dû faire le même effet. Souris était responsable de cette attaque, et elle vient de recommencer. Elle se croyait si maligne, plus rusée que Gideon, mais en fait elle n'a été bonne qu'à provoquer une attaque dont Andrew, à coup sûr, va mourir, et…

Mais alors que Souris imagine le pire, la « crise » semble

passer : les convulsions cessent, et les clignotements d'yeux inconscients laissent place à des clins d'yeux volontaires. Andy Gage relève la tête et observe Souris. Puis il tourne la tête vers sa main en sang, et soupire d'une voix lasse :

– Pourquoi n'a-t-il pas peur du noir, comme tout le monde ?

– Andrew ?

– La femme de ménage, pour vous servir.

– Dieu soit loué…

Souris quitte enfin sa chaise, manque presque lui tomber dessus ; un de ses genoux lui écrase même la cuisse.

– Je suis désolée, dit-elle, désolée…

– Ça va, grogne Andrew.

Souris roule sur le côté, le libérant, et il se relève lentement.

– C'était une bonne idée, le coup des arêtes.

– Maledicta me l'a soufflée. Mais j'ai cru que tu t'étranglais vraiment.

– Ouais, répond-il, l'air vaguement fanfaron, Gideon aussi y a cru. Mais il ne voulait vraiment pas lâcher, alors j'ai dû employer les grands moyens.

Il louche sur sa main.

– J'espère simplement que c'était le dernier round. Je commence à ne plus avoir de place pour de nouvelles cicatrices.

Relevant la tête, il jette un coup d'œil curieux alentour.

– Où est passé le commissaire Bradley ? Il est allé appeler les urgences ?

– Oui, répond Souris.

Baissant la voix, elle ajoute :

– Écoute, Andrew, il faut que tu sois prudent. Gideon m'a dit qu'il pensait que le commissaire Bradley avait tué ton beau-père.

– Je sais. J'ai parlé à Xavier, à l'intérieur. Il dit que le beau-père n'est pas tombé sur la table ; que le commissaire Bradley l'a envoyé par terre, et qu'il l'a laissé saigner jusqu'à ce que mort s'ensuive.

– Oh mon Dieu. Il faut qu'on s'en aille. Il faut qu'on…

– Coucou, commissaire Bradley, s'écrie Andrew, qui vient de regarder par-dessus l'épaule de Souris.

– Andrea, dit le commissaire Bradley d'une voix atone. Je vois que tu te sens mieux.

– Oui, répond Andrew.

Souris est sidérée par son calme.

– Ça va mieux, mais je ne suis pas dans une forme olympique.

Il brandit sa main blessée, un filet de sang dégouline le long de son avant-bras.

– L'ambulance arrive ?

– Non, répond le commissaire Bradley, malheureusement. J'ai appelé les urgences de Seven Lakes, et ils ont dit que leur ambulance était déjà sortie. Le standardiste voulait m'envoyer une autre équipe, mais puisque tu vas mieux, il est préférable que je t'y emmène moi-même.

– Tout va bien. Ne vous en faites pas. Penny va m'accompagner.

– Non, je vous emmène, je vous emmène tous les deux. Laissez-moi juste une minute…

Il repart dans le salon. Souris se lève dès qu'il disparaît de la pièce ; elle aide Andrew à se redresser et tous deux se dirigent vers la baie vitrée. Mais avant qu'ils puissent sortir, le commissaire réapparaît, désormais muni de son arme de service.

– Enroule ça autour de ta main, ordonne sèchement le commissaire Bradley, en attrapant un torchon de cuisine qu'il lance à Andrew.

Puis il recule, leur faisant signe de marcher devant lui.

– Allons-y.

Ils s'exécutent, passent sur la véranda pour rejoindre la cour où sont garées les voitures. Souris, qui a l'impression de flotter, se dirige vers sa Buick, mais le commissaire Bradley lui crie, sur un ton comminatoire :

– Non !

Souris s'arrête, se retourne, le commissaire se dirige vers sa voiture, ouvre la portière, et fait signe à Andrew et Souris de monter.

Andrew obéit, mais Souris se rebiffe.

– Non, répète-t-elle, d'une voix à peine audible, non, je vais prendre ma voiture…

Le commissaire ne répond rien, se contentant de changer de position pour qu'elle voie mieux l'arme plaquée sur sa hanche. Puis Andrew, peut-être inquiet à l'idée de ce qui pourrait arriver si Souris essayait de s'enfuir, renchérit :

– Viens, Souris, on n'a qu'à prendre la voiture du commissaire.

– Andrew…

– Viens, dit-il en lui prenant la main. C'est bon.

Souris secoue la tête : *Oh non, ce n'est pas bon*. Andrew, souriant – comment fait-il pour rester si calme ? –, se penche près d'elle pour lui souffler à l'oreille :

– T'en fais pas. On est plus nombreux.

Après nous avoir enfermés à l'arrière de la voiture de police, le commissaire Bradley attrapa une radio sur le siège avant et sortit pour parler. Je n'entendais pas ce qu'il disait, mais je m'en doutais : il rappelait les urgences, leur disant que son appel précédent n'était qu'une fausse alerte, et joignit probablement le standardiste du commissariat pour lui demander de ne pas le déranger car il avait des problèmes personnels à régler.

J'attendais, impassible, qu'il règle ses prétendus problèmes. Penny semblait terrorisée, ce qui était compréhensible : contrairement à moi, elle n'avait pas ressuscité d'entre les morts, et n'éprouvait pas le sentiment d'invulnérabilité que confère une telle expérience. Mais le fait qu'elle n'avait pas bu autant que moi pendant le dîner, ne saignait pas, et devait percevoir la situation avec bien plus de lucidité que moi – cela ne m'effleura pas l'esprit.

Le commissaire Bradley acheva sa conversation. Montant en voiture, il jeta un coup d'œil dans le rétroviseur intérieur, sans un mot, et mit le moteur en marche. Il se dirigea vers la ville. Comme nous prenions le virage qui donnait sur la Grand-Rue, j'aperçus une autre voiture de police plus loin, devant le commissariat. Je me demandai si c'était celle de Cahill, et ce que le commissaire Bradley lui dirait, s'il devait lui parler.

Mais le commissaire Bradley ne continua pas dans cette direction. Il quitta presque immédiatement la Grand-Rue, prenant à gauche après la caserne des pompiers. Nous croisâmes quatre rues, puis arrivâmes devant l'hôpital de Seven Lakes. C'était un petit bâtiment, mais il était bien illuminé, avec une croix rouge qui clignotait sur la pelouse de devant. Comme nous approchions de l'entrée des urgences, le commissaire Bradley ralentit, et je me redressai, surpris, songeant que je m'étais sans doute mépris sur ses intentions ; puis il enfonça à nouveau l'accélérateur. Penny regarda disparaître la croix rouge et tenta un couinement de protestation.

– Je crois que vous avez manqué la sortie, commissaire Bradley, dis-je.

Il continua jusqu'à un croisement ; le commissaire Bradley prit alors à droite, sur une route doucement serpentine qui longeait un nouveau lac. Entre les bungalows et les cabanes bordant ses rives, j'apercevais l'eau sombre sur laquelle rougeoyaient les derniers rayons du soleil couchant.

D'après son nom, on pourrait penser que le Two Seasons Lake n'était plein qu'une partie de l'année, comme Thaw Canal, à Autumn Creek. En fait, c'est l'une des masses d'eau les plus vastes et les plus permanentes de Seven Lakes ; seul le Greenaway Lake est plus grand. Les rives à l'ouest du lac sont assez peuplées, mais son extrémité est, à l'endroit où se déverse la rivière Hansen, reste assez sauvage, à part quelques cabanons et des sentiers de randonnée.

C'était là que le commissaire Bradley nous emmenait. Comme nous continuions le long de la route côtière, les maisons se firent plus rares, puis disparurent ; la route devint plus accidentée, semblant rapidement déboucher sur un cul-de-sac. Mais le commissaire Bradley tourna une dernière fois, prenant un chemin recouvert d'herbes folles qui menait vers le lac, juste devant. Pour prévenir les véhicules non amphibies, une chaîne équipée d'un panneau réflecteur avait été suspendue face au lac, près de la berge.

La voiture de police n'avait pas l'intention d'obéir à un panneau. Alors que nous étions encore à quelques mètres de la chaîne, le commissaire Bradley leva le pied de l'accélérateur, mais la voiture continua d'avancer. Le commissaire la laissa rouler, comme s'il était curieux de voir jusqu'où elle pouvait aller ; ses mains se détachèrent du volant. On aurait dit que nous nous apprêtions à aller à l'eau, mais au dernier instant le commissaire Bradley baissa sa main, qui s'enroula autour du frein. La voiture de police s'arrêta dans un dernier cahot.

Il coupa le moteur mais laissa les phares allumés, qui se reflétaient sur les eaux troubles. Je fus presque tenté de demander au commissaire pourquoi il nous avait emmenés ici, non parce que j'ignorais la réponse, mais parce que je pensais que ma question susciterait en lui un sentiment de honte qui l'amènerait à reconsidérer la situation. Je penchai finalement pour le laisser parler le premier. À plusieurs reprises, il parut prêt à ouvrir la bouche, mais se contenta de soupirer comme si quelque chose venait de lui échapper.

– Sais-tu, dit-il enfin, que c'est ici que ton père s'est noyé ?

Cette allusion brutale à la noyade sembla couper le souffle à Penny, et il me fallut quelques instants pour comprendre à quel père il faisait allusion.

– Pas ici, poursuivit le commissaire Bradley. Là-bas, dans les eaux profondes. Avant, il y avait un ponton en bois, pour plonger. Les gosses y allaient de temps en temps, pour prendre un bain de minuit, parfois ils étaient saouls, et il y avait des accidents.

– Silas Gage a eu un accident, demandai-je, ravalant mes paroles à la dernière minute : *lui aussi ?*

– Il ne s'agit pas de ça.

Il se retourna, me regardant fixement à travers la grille de séparation, et je m'aperçus avec surprise qu'il avait les larmes aux yeux.

– Comment oses-tu *penser*…

Sa voix mourut, le regard figé, puis il se retourna, demandant :

– Quelle idée as-tu derrière la tête, Andrea ? Ce matin, quand je suis arrivé au boulot et que je t'ai trouvée en train de bavarder avec Jimmy, je me suis dit… et puis tu t'es mise à raconter toutes ces sornettes, à dire que tu craignais d'avoir tué Horace Rollins…

Il secoua la tête.

– Que veux-tu ? Me faire chanter ? Je t'ai déjà dit que je te donnerais de l'argent pour la maison, si tu en veux plus… Ou cherches-tu à me punir, pour une raison ou une autre ? Si c'est ça, tu viens trop tard. La vie m'a déjà puni.

– Je ne veux pas vous punir.

Je glissai les doigts dans la grille, me demandant combien de temps il faudrait à Seferis pour la briser.

– Dites-moi ce qui est arrivé à Silas Gage.

– Je n'ai pas noyé ton père, Andrea, il s'est noyé tout seul.

– Vous étiez jaloux de lui.

Le commissaire Bradley soupira.

– Jimmy t'a raconté.

– Non, dis-je. C'est vous. La maison de ma mère vous fait tellement envie, et même avant ça, vous vous êtes occupé de son enterrement et de sa tombe. C'est vous, n'est-ce pas, qui l'avez changée d'emplacement ?

– Par simple décence. Je ne pouvais pas la laisser reposer pour l'éternité aux côtés de cet homme.

– Ou avec son nom. La tombe indique Althea Gage et pas Althea Rollins.

Il lâche un rire amer.

– Tu as des yeux de lynx, Andrea.

– Et j'ai vu l'épitaphe, aussi. C'est flagrant, que vous étiez amoureux d'elle.

– Oui, répondit le commissaire Bradley. Oui, je l'étais, idiot que je suis… mais j'aimais ton père, aussi. J'aurais pu mettre le nom de jeune fille de ta mère sur cette tombe, ou le mien, si je l'avais souhaité. Personne n'y aurait trouvé à redire. J'étais la dernière et la seule personne qui prenait encore soin d'elle, à la fin. Même si elle n'a jamais…

« Oui, je devais être jaloux de ton père, poursuivit-il, mais surtout, il me contrariait. Je ne sais pas si tu peux comprendre, Andrea, mais la chose pire que de ne pas obtenir ce qu'on veut, c'est de voir quelqu'un d'autre l'obtenir, sans y accorder la même valeur que toi. Quand Silas et moi faisions tous les deux la cour à Althea, il s'est démené comme un beau diable pour conquérir son amour ; mais une fois qu'elle a été à lui, en particulier une fois qu'ils étaient mariés, on aurait dit que tout lui était acquis. Moi, je l'aurais choyée, et même si ça n'avait pas été le cas, même si elle n'avait pas été aussi précieuse pour moi – une femme d'exception, une femme méritant d'être choyée... quand un homme épouse une femme, fonde une famille, il est censé changer. Grandir, nom de Dieu. C'est ainsi. Mais Silas le refusait. Il l'aimait à sa façon, et je pense qu'il lui était fidèle, mais à part cela, il ne la traitait pas comme une femme – et surtout elle – mérite d'être traitée. Et qui sait – il haussa les épaules – Dieu seul le sait, peut-être que ça lui plaisait, peut-être que ça faisait partie du truc, peut-être qu'elle aimait être considérée comme une chose acquise. Moi, ça me rendait dingue.

« La nuit de sa mort, j'étais dehors, de service ; j'ai rencontré ton père sur la route. Il était 23 h 30, un mardi ; il roulait avec un pack de bières posé sur le siège passager – et il ne se dirigeait pas vers la maison.

« Je lui ai demandé où il allait. Il m'a dit qu'il s'était disputé avec Althea, qu'il valait mieux qu'elle reste un peu seule pour se calmer, et qu'il avait décidé de sortir pour s'amuser. “T'amuser, j'avais répondu. Elle est enceinte de cinq mois, et tu es en train de me dire que tu l'as laissée toute seule à la maison ? Et s'il lui arrive quelque chose ?” Il m'avait affirmé que tout irait bien – elle fulminerait sans doute pendant un moment mais dormirait à poings fermés lorsqu'il rentrerait à la maison. Il m'a demandé si je voulais venir piquer une tête avec lui. J'ai éclaté : je lui ai dit qu'il était temps qu'il se comporte en adulte. Je lui ai dit, si c'était ma femme... alors il s'est mis à rire. “Ce n'est pas ta femme, a-t-il répondu. C'est moi qu'elle a choisi, tu te souviens ? En tout cas, tu ferais mieux de te féliciter de tout cela – si elle demande le divorce pour abandon, tu pourras retenter ta chance.”

« En entendant ça, j'ai failli le sortir de sa voiture par la peau des fesses. Si je l'avais fait, si je lui avais mis la bonne trempe qu'il méritait... mais rien. Je lui ai dit de déguerpir avant que je ne l'arrête. Je lui ai dit que j'espérais qu'il allait se noyer, l'abruti…

« Ce qui s'est passé, poursuit le commissaire Bradley, ce que nous avons fini par déduire, c'est que Silas a bu presque toutes ses bières dans sa voiture, au même endroit, puis qu'il a pris la dernière avec lui pour nager jusqu'au ponton. Il a fait un mauvais plongeon, s'est cogné la tête et s'est évanoui. Le lendemain, son corps avait dérivé jusqu'à l'ouest du lac. J'ai reçu un coup de fil aux environs de 9 heures du matin.

– Ainsi, il a eu un accident, dis-je. Et alors, qu'est-ce, est-ce que vous et ma mère…

– C'est elle qui est venue vers moi, Andrea. J'ignore l'opinion que tu t'es faite de moi, mais je n'ai pas considéré que la mort de ton père – la mort de mon meilleur ami – était une occasion en or. Quoi qu'il ait pu en dire cette nuit-là. Mais elle est venue vers moi. M'appelant à l'aide. Alors, comment aurais-je pu dire non ?

« Tu sais que j'étais là, le jour où tu es née. C'est vrai : j'ai mené ta mère à la maternité et je suis resté à ses côtés. Et le cottage, aussi, je l'ai aidée pour ça. L'assurance-vie de Silas, elle était chiche, mais je l'ai aidée. J'ai rendu quelques services pour qu'elle fasse une bonne affaire, pour que tu n'aies pas à grandir dans une caravane…

– Pourtant, vous n'avez rien fait de tout cela, dis-je, par *égoïsme*.

Il sembla hausser les épaules.

– Bien sûr, j'avais encore envie d'être avec elle, dit-il. On peut toujours rêver… et elle paraissait vouloir de moi, elle aussi, pendant quelque temps, mais j'ai dû me tromper. Cependant, ce qu'il faut que tu comprennes, Andrea, ce qui s'est passé, ce n'était pas qu'une question de désir – c'était une question de sens.

« J'ai souffert d'un terrible sentiment de culpabilité, après la mort de ton père. Non, je n'en étais pas responsable. Mais j'étais hanté par l'idée que j'aurais pu l'empêcher. Si je l'avais arrêté, cette nuit, si j'étais parti avec lui… J'en rêvais la nuit, des cauchemars où j'allais effectivement avec lui, où je me trouvais sur le ponton quand il s'assommait et où je restais planté sans rien faire tandis qu'il se noyait.

« Alors, quand Althea est venue vers moi, quand elle a eu besoin de moi, ce n'était pas seulement une deuxième chance de conquérir la femme que j'aimais. C'était l'occasion de justifier ce qui était arrivé à Silas. Lorsqu'un homme meurt, c'est une tragédie absurde, mais si, parce qu'il est mort, une femme – une femme bien – et sa fille se retrouvent protégées par un autre homme, un homme qui n'est pas fondamentalement mieux que le premier, mais mieux pour elles, alors la tragédie prend du sens, une signification cachée. Même si c'est terrible…

« Je sais que ça m'arrangeait de penser en ces termes, dit-il en me regardant dans le rétroviseur intérieur, comme s'il s'attendait à ce que je proteste. Je le sais et j'ai payé pour ça. Mais à l'époque, j'y croyais. C'est parce que j'y croyais que j'ai tant souffert, leurré par ma propre logique – quand le deuxième homme, celui qui était censé être mieux, s'est avéré ne pas être moi.

– Comment le beau-père est-il arrivé là-dedans ? demandai-je. Était-ce un autre de vos amis ?

– Non ! s'écria le commissaire Bradley. Non, c'était un inconnu, un étranger. Elle l'a rencontré chez sa sœur… Je l'avais demandée en mariage. C'était trop tôt, je le savais, mais je me disais que c'était le destin, qu'on était faits l'un pour l'autre. Alors je lui ai demandé sa main, et Althea a voulu avoir un peu de temps pour réfléchir. Elle devait aller voir sa sœur à Mont Pleasant, et m'a dit qu'elle me donnerait sa réponse à son retour. Évidemment, j'étais d'accord – je pensais, à ce stade, que ce n'était qu'une formalité. Elle est partie onze jours. Elle devait partir trois jours, mais ça a été onze, et, quand elle est rentrée, la bague de fiançailles qu'elle avait au doigt n'était pas la mienne.

« Je me suis énervé, bien entendu. Je l'ai accusée de s'être fichue de moi, et pire. Je n'étais pas content, ni aimable. Et Horace ne m'a jamais plu, même lorsque j'ai appris à mieux le connaître – lorsque je croyais le connaître. Mais quand Althea m'a dit sans ambages que c'était l'homme qu'il lui fallait, que pouvais-je répondre ?

« Piégé par ma propre logique. Il fallait que tout prenne du sens : ça ne voulait pas dire que ça prendrait un sens qui me conviendrait. Ainsi, avec le temps – une fois que je me fus complètement ridiculisé aux yeux d'Althea –, j'ai bien dû l'accepter : Horace était mieux. Même si j'avais du mal à l'entendre, ça ne pouvait être que ça. La raison l'exigeait.

« Pendant plus de vingt-cinq ans, je me suis forcé à y croire. Et puis, en un jour, par un simple coup de fil, j'ai découvert que ce n'était pas le cas. Que ça ne pouvait pas l'être. Un ivrogne, une brute, voire un sadique – ça pouvait toujours faire, en théorie, pour des raisons obscures, un meilleur mari que, que… mais cette espèce de… cela n'avait plus de sens. Ça n'avait plus de sens, nom de Dieu. C'était une sinistre plaisanterie.

– Alors vous l'avez tué, dis-je.

– C'était un accident, répondit le commissaire Bradley. Ça m'a mis hors de moi, qu'il nie. Il mentait comme il respirait. Et de penser qu'il lui avait caché toutes ces années l'homme qu'il était réellement…

– Elle savait ce qu'il était.

– J'ai failli ne rien lui en dire, continua le commissaire sans prêter attention à mes paroles. C'est ce que j'aurais dû faire. Mais Althea fut tellement triste, pendant tellement longtemps, que j'ai fini par ne plus tenir – il fallait qu'elle sache qui elle pleurait vraiment. Elle ne m'a pas cru, évidemment. Elle a dit que j'avais tout inventé, que tu avais tout inventé. Elle m'a demandé de ne plus jamais lui adresser la parole. Et elle ne m'a jamais, jamais pardonné.

– Commissaire Bradley, repris-je.

Il releva la tête pour plonger ses yeux humides dans le rétroviseur intérieur.

– Quoi, Andrea ?

– Ma mère vous a menti. Elle savait parfaitement, pour le beau-père. Si elle a feint de ne pas vous croire, c'est simplement pour que personne ne la tienne pour responsable, elle. Mais elle savait.

– Non.

Il secoua la tête, doucement d'abord, puis plus catégoriquement.

– Non, tu te trompes, Andrea. Ta mère n'aurait jamais fermé les yeux sur une telle chose.

– Pourtant si.

– Non. Je comprends que tu sois amère, mais si tu tiens à ce que quelqu'un soit coupable de ne pas t'avoir protégée, accuse-moi. Si j'avais écouté plus attentivement ce que tu m'as dit, la fois où…

– Ça ne marche pas et vous le savez bien. Vous ne pouvez pas dire que vous avez tué le beau-père par accident, puis vous excuser de ne pas l'avoir trucidé plus tôt. En plus, vous n'avez pas fait ça pour moi – ni pour elle.

– Peut-être pas, répondit le commissaire, avec feu. Peut-être pas. Mais…

– Encore une chose. Je ne prétends pas connaître les motivations de ma mère mieux que vous, mais s'il y a une chose que j'ai comprise à son sujet, c'est qu'elle n'offrait pas son amour à ceux qui en avaient vraiment besoin. Alors, même si vous vous étiez débarrassé du beau-père des années plus tôt, cela ne vous aurait pas aidé à obtenir ce que vous vouliez. Elle ne vous aurait jamais choisi. Même si vous aviez tué des centaines de beaux-pères.

– Eh bien…, dit le commissaire Bradley. Ce n'est qu'une hypothèse.

– Ça l'est, acquiesçai-je, et ça ne sert à rien de continuer à parler de tout ça. Je vous remercie de m'avoir raconté toute cette histoire, mais j'ai mal à la main, et j'aimerais bien aller aux urgences, maintenant.

– Andrea…

– Vous pouvez nous y accompagner si vous voulez, à moins que vous ne préfériez ouvrir simplement les portières. Je parie que Penny ne rechignera pas à marcher.

Il gardait les yeux fixés devant lui, sur le lac, les deux mains serrées autour du volant.

– Tu n'as toujours pas répondu à ma question, Andrea, dit-il. Sur les raisons de ton retour ici.

– Ce n'était pas pour vous faire du mal, ni pour vous créer des ennuis, dis-je. Mais ce n'est pas mon rôle non plus d'excuser ce que vous avez fait. Mais si vous voulez raconter votre histoire à un juge, peut-être…

– Un *juge* ?

Il émit un petit rire haut perché, sinistre.

– Un juge… alors tu es bien revenue ici pour me punir.

– Non, commissaire Bradley.

– Tu sais que personne ne te croirait si tu parlais. Une fille dérangée, qui a été enfermée en hôpital psychiatrique.

Il secoua la tête.

– Tu inventes certainement beaucoup d'histoires… mais personne ne te croira si tu n'as pas de preuve.

– Alors vous n'avez aucune raison d'avoir peur. Vous pouvez nous laisser partir.

Il y eut un long silence. Lorsqu'il reprit la parole, ce fut d'un ton plein de regrets, mais résolu, et bien qu'il prononce mon nom il se parlait surtout à lui-même.

– Je suis désolé, Andrea. Je n'ai jamais voulu faire de mal à quiconque. Je voulais simplement être un homme bon, et honnête…

– Il en est encore temps, commissaire Bradley.

– … mais j'ai presque tout bousillé. J'ai perdu mon meilleur ami, et la femme que j'aimais… et même celle que je n'aimais pas. Mon nom et ma réputation dans cette ville, c'est tout ce qui me reste à présent, et si je devais les perdre, ce serait la fin. Je ne peux pas courir le risque. Je regrette, je regrette vraiment, mais c'est impossible.

Sa main gauche lâcha le volant et disparut de mon champ de vision. En haut de la chaire, Adam hurla un signal de détresse, mais ce n'était pas nécessaire.

– Moi aussi, je regrette, commissaire Bradley, dis-je.

Puis, me préparant à la suite :

– Seferis. Sors-nous de là.

À cet instant, Souris est à deux doigts de faire un trou noir. Depuis que le commissaire Bradley est passé devant l'hôpital sans s'arrêter, elle essaye, en vain, de se fondre dans le plancher de la voiture pour s'échapper. Incapable de violer les lois de la physique, elle est forcée d'écouter, dans une terreur toujours croissante, le dialogue entre le commissaire Bradley et Andrew. La moindre déclaration du commissaire Bradley – même les plus geignardes – est lourde de menaces, pourtant ce sont les répliques d'Andrew qui lui mettent les nerfs en pelote. Au lieu de surveiller ses paroles, comme il est préférable de le faire lorsqu'on est à la merci de quelqu'un, Andrew fait preuve d'une liberté de ton téméraire et, par moments, il semble même agiter une cape rouge devant le commissaire Bradley. *Ta gueule*, aurait envie de hurler Souris, *ta gueule*, et Maledicta, dans la bouche de la grotte, ne se contente pas d'en avoir envie.

Ils finissent par atteindre un point critique, le dialogue se muant en un monologue pendant lequel le commissaire Bradley se prépare à commettre un acte très grave. Dans la grotte, Maledicta psalmodie « oh merde, oh merde, oh merde, oh merde, oh *merde* », et Souris sent que sa prise sur la réalité se desserre, que la noirceur s'approche dangereusement, et elle l'accueille à bras ouverts, peu désireuse d'assister à son propre meurtre.

Alors Andrew, derrière elle, déclare : « Moi aussi je regrette, commissaire Bradley » d'une voix forte et claire qui lui fait tourner la tête. Elle le voit changer, son maintien change, il semble grandir sur son siège, comme s'il s'allongeait physiquement. Il soulève son bras droit et place le coude contre la vitre ; son bras fait un geste brusque, et la vitre explose. Avant même que Souris ait le temps de rester bouche bée, il plonge dans l'ouverture.

– Andrea ! beugle le commissaire Bradley.

À l'extérieur, Souris entend de lourds bruits de pas, qui contournent la voiture et se rapprochent de la portière du conducteur au moment où le commissaire l'ouvre pour sortir. Il y a un grognement sonore puis des bruits d'échauffourée ; quelque chose de lourd s'écrase sur le capot avant.

Puis la portière de Souris s'ouvre violemment et Andrew se penche à l'intérieur.

– Viens, Penny, dit-il…

… et ils se retrouvent dehors. Andrew tire le bras de Souris pour qu'elle continue de marcher, mais elle hésite en voyant le commissaire Bradley qui vacille tel un faon aveuglé par les phares de la voiture de police. Le commissaire fait un faux pas et sort de leur vue, mais réapparaît aussitôt, les mains agrippant son arme. Andrew tire à nouveau Souris par le bras…

… puis il leur fraye un chemin dans les sous-bois touffus, plongés dans la nuit. Des branches invisibles viennent régulièrement fouetter Souris au visage, mais le bras d'Andrew est solidement enroulé autour de sa taille, la portant et l'entraînant avec lui.

– Andrea ! crie le commissaire Bradley qui les suit maladroitement dans les broussailles. Andrea, arrête ! Andrea, je te vois…

… et il y a un crac ! tonitruant, comme si une grosse branche se brisait…

… puis Souris et Andrew ont le dos plaqué contre un tronc d'arbre. Andrew colle sa main contre la bouche de Souris pour l'empêcher de couiner, ce dont il peut se féliciter car le commissaire Bradley se trouve juste en face d'eux, si près qu'il pourrait presque tendre le bras pour les toucher. Il leur tourne le dos, à l'affût, immobile ; Souris a l'impression que le bruit de son souffle expulsé par ses narines est aussi puissant que le vrombissement d'un avion.

Le commissaire Bradley regarde à gauche puis à droite, puis encore à gauche. Il fait nuit noire maintenant, mais à cette distance, s'il fait volte-face, il ne pourra pas les rater.

Il ne se retourne pas. Il recule d'un pas. Maintenant il est à portée de bras, et Souris sent qu'Andrew bande tous ses muscles, prêt à l'écarter brutalement et à assaillir le commissaire par-derrière. Puis quelque chose bouge dans la nuit ; une bête sans doute. Le commissaire Bradley perçoit le bruit et s'en approche. L'animal, quel qu'il soit, l'entend arriver et bondit pour s'échapper ; le commissaire Bradley part à ses trousses. Il disparaît dans les ténèbres.

Andrew se détend à nouveau. Il ôte la main de la bouche de Souris.

Souris s'effondre…

… elle est assise à croupetons dans un fourré qui borde un sentier à peine visible sous la lumière de la lune. Elle entend des clapotis, non loin ; le lac, peut-être, bien que cela ressemble davantage au murmure d'une rivière ou d'un ruisseau. Un peu plus loin, de l'autre côté, quelqu'un fend les fourrés à grand bruit. Le commissaire Bradley, songe Souris, qui continue de poursuivre la faune des bois ; il fait un grand raffut mais ne semble pas se rapprocher. Mais où est donc Andrew ? D'une voix si basse que c'est presque un murmure, Souris prononce son nom. De l'autre côté du sentier, une ombre lui répond par un doux « chut… ».

Andrew rampe jusqu'à elle. Glissant sa main autour de son oreille, il chuchote :

– Est-ce que tu as été blessée ?

Souris se rend compte qu'en fait il lui a demandé : « Est-ce que tu as été touchée ? », comme s'il parlait d'une blessure par balle.

– Je crois que non, chuchote-t-elle à son tour.

– Très bien, dit Andrew et il relève la tête quelques instants. Le commissaire Bradley doit s'être assez éloigné, maintenant. On va suivre ce chemin – reste courbée le plus bas possible, jusqu'à ce qu'il tourne pour longer le ruisseau, alors on se redressera pour courir.

– Où mène ce chemin ? demande Souris.

Mais Andrew plaque ses doigts contre ses lèvres.

Le tapage dans les buissons se fait plus fort.

– Fonce, chuchote Andrew, et…

… Souris court.

Cela brûla lorsque je plongeai la main dans la rivière Hansen. Puis l'eau froide fit son effet, rinçant et anesthésiant les entailles. Je m'agenouillai dans un coin, le long de la berge, me retenant à une branche pour ne pas tomber à l'eau.

Nous avions parcouru environ un kilomètre sur le chemin. Ce n'était sans doute pas malin de s'arrêter ici, mais Penny était à bout de souffle et je commençais à être pris d'un inquiétant vertige ; je sentais mon pouls dans ma main au rythme de mes battements de cœur, et je craignais d'être en train de perdre trop de sang. Avant de m'agenouiller près du ruisseau, j'avais tendu l'oreille pour surprendre d'éventuels bruits de pas et, comme Seferis a l'ouïe plus fine que la mienne, je l'avais rappelé dehors pour qu'il écoute lui aussi. Ni lui ni moi n'avions entendu quoi que ce soit.

Quelques minutes plus tard, je retirai ma main de l'eau. Je voulus l'examiner, mais il faisait trop sombre pour que je distingue le moindre détail ; à la lumière des étoiles, le sang et l'ombre se confondaient. Quelque peu tremblant, j'enroulai à nouveau ma main dans le torchon.

Penny elle aussi frissonnait. Elle avait passé les bras autour de ses genoux, et oscillait d'avant en arrière pour tenter de se tenir au chaud.

– Eh, dis-je doucement, comment ça va ?

– J'ai froid, répondit-elle. J'ai peur.

– Moi aussi, lui dis-je. Mais je crois que tout va bien se passer.

– *Bien ?* répéta Penny, qui dut faire un effort pour ne pas hausser la voix. Andrew, nous avons un commissaire de police à nos trousses. Tu l'as frappé – je suis heureuse que tu l'aies frappé, mais s'il ne nous tue pas tout simplement, il va sans doute nous jeter en prison.

– Non, objectai-je. Ça ne se passera pas comme ça. C'est lui qui est en tort, pas nous !

– Ça ne veut rien dire. C'est un commissaire. Il peut être en tort, s'il le veut.

– Il a avoué. À nous deux ! Si on raconte…

– On ne nous croira pas. C'est vrai, ce qu'il a dit : tu es officiellement déclaré dément dans l'État du Michigan et moi, moi je voyage avec toi. Notre parole ne l'emportera pas contre la sienne.

– Cahill nous croira, lui. En tout cas, il me laissera au moins le bénéfice du doute. Et lorsque Mrs Winslow arrivera…

– Mrs Winslow ?

– Oui, répondis-je, elle arrive. Le commissaire Bradley lui a parlé ce matin. Elle est peut-être déjà là.

– Eh bien, même si ça peut être utile, concéda Penny, comment pourrait-elle nous retrouver ?

– Euh…

Je dus réfléchir quelques instants.

– Eh bien, le sentier sur lequel nous sommes mène jusqu'au Quarry Lake, et de là, tu sais, on peut rejoindre le cottage, et puis…

– Oh mon Dieu, s'écria Penny qui aurait préféré se pendre plutôt que d'y retourner.

– Je sais, répondis-je. Moi non plus je n'ai pas envie d'y aller, mais… on n'a pas le choix. Je veux dire, tu as raison, si on reste par ici, Mrs Winslow ne nous retrouvera jamais. Il faut qu'on se débrouille pour rentrer discrètement en ville et, une fois qu'on sera au cottage, on décidera de la meilleure stratégie pour s'y rendre.

– Mais le commissaire Bradley ne risque-t-il pas de nous retrouver, si on va au cottage ? Il doit savoir où mène le sentier.

Cette idée suivant son chemin, elle jeta un regard craintif vers le sentier qui montait jusqu'au Quarry Lake, comme si elle s'attendait à ce que le commissaire ait déjà déjoué nos manœuvres.

Elle avait raison. Le commissaire Bradley devait connaître les sentiers pédestres de la région comme sa poche. Surtout celui qui menait jusqu'au jardin d'une maison qu'il convoitait. Mais Adam, montant à son tour en chaire, expliqua que le commissaire ne savait pas nécessairement que nous étions partis par là et que, même s'il s'en doutait, il réfuterait la réalité le plus longtemps possible.

– Ce qu'il veut, c'est que nous soyons près du lac, dit Adam, alors, même s'il se doute que nous n'y sommes plus, il va continuer à fouiller les fourrés pendant un petit moment dans l'espoir de se tromper.

– Mais pourquoi… ?

– Le commissaire Bradley ne veut pas nous abattre. Il veut que nous ayons un accident – quelque chose dont même lui pourra penser que c'était un accident. Il n'y a pas de piscine à la maison.

– Il y a le Quarry Lake, fis-je remarquer.

– Il ne peut pas foncer en voiture dans le Quarry Lake. Écoute, je ne dis pas qu'il ne va pas aller jusqu'au cottage, mais il nous reste sans doute un peu de temps avant cela. Ne le perdons pas.

Penny, plongée dans sa propre discussion intérieure, en

était arrivée aux mêmes conclusions. Avec un « Oh mon Dieu, qu'on en finisse », elle se remit à marcher. Je lui emboîtai le pas.

Je songeai à Xavier, qui avait suivi le même chemin, six ans auparavant. Gideon lui avait laissé une carte et des instructions spécifiant qu'il devait s'introduire dans le cottage par-derrière, se faufiler par la porte du fond, au crépuscule, et cogner à la porte de la cuisine après s'être d'abord assuré qu'il n'y avait pas de visiteur dans la maisonnée. La suite du plan, qui consistait à menacer Horace Rollins de le dénoncer pour pédophilie, sauf s'il faisait un chèque de dix mille dollars, m'apparaissait abracadabrante à plusieurs points de vue, mais le beau-père n'eut jamais l'occasion de rire au nez de Xavier. Lorsque, à la tombée de la nuit, il avait rejoint le Quarry Lake, Xavier avait manqué le sentier qui menait au cottage et pris celui qui montait vers le Mont Idyll. Quand il avait enfin compris son erreur – parce que Gideon l'avait forcé à faire demi-tour –, la nuit était tombée pour de bon, et si la lune n'avait pas été pleine, il n'aurait peut-être jamais retrouvé son chemin. Alors, c'était trop tard. Lorsqu'il atteignit enfin la porte, il perçut des cris à l'intérieur de la maison…

Je m'arrêtai net. Le sentier qui longeait le ruisseau disparut brutalement, le Quarry Lake se trouvant juste sous nos yeux. Surpris, je me retournai pour observer la direction d'où nous venions.

– Qu'y a-t-il ? chuchota Penny qui ne comprenait pas mon attitude. Tu as entendu quelque chose ?

– Non, répondis-je, simplement… N'y avait-il pas une forêt de ronces par ici, ce matin encore ?

Non, me dis-je, c'était il y a vingt ans… et le diabolique sorcier, après avoir donné rendez-vous au mauvais prince, était mort dorénavant.

– Ce n'est rien, expliquai-je en secouant la tête. Des fantômes.

– Viens, dit Penny.

Elle me prit par la main et m'entraîna le long des berges, où naissait le sentier qui menait au cottage. Puis, nous serrant l'un contre l'autre, nous pénétrâmes dans les bois.

Derrière les arbres, il fait noir comme dans un tunnel. Ils crapahutent lentement, s'interrompant fréquemment pour s'assurer qu'ils n'ont pas quitté le sentier. Ils tendent l'oreille pour écouter les bruits suspects qui leur parviendraient, et les bois leur fournissent toutes sortes de sons étranges. À un moment, ils entendent un raclement bizarre qui évoque à Souris le bruit d'une plaque d'égout que l'on soulève. Ils attendent que le bruit se produise à nouveau mais, comme ce n'est pas le cas, ils continuent leur chemin.

Le sentier devient moins difficile et la noirceur change, semblant moins absolue ; un peu plus haut, Souris aperçoit des ombres alignées irrégulièrement, et interrompues par une porte.

La porte est fermée comme pour ne pas les inviter à entrer. Souris se dit que c'est bon signe. Ils ne se précipitent pas pour autant à l'intérieur. Ils se postent devant, fouillant le noir des yeux, à la recherche de monstres. Après les ténèbres des bois, les légères lueurs de la lune se reflétant dans le jardin du cottage font l'effet d'un projecteur ; Souris n'aperçoit pas le commissaire Bradley ni quoi que ce soit pouvant s'en approcher. Ne proviennent du cottage pas le moindre bruit ni le moindre mouvement et, là où ils se trouvent, bien qu'ils ne puissent pas voir le jardin de devant, si une voiture s'engageait dans l'allée, ils l'entendraient.

Souris, qui craint de parler, même à voix basse, tire gentiment la main d'Andrew pour voir s'il se sent prêt à continuer. Il n'en a pas l'air ; Souris, songeant qu'il a remarqué quelque chose lui ayant échappé, fouille à nouveau le jardin des yeux.

– C'est cette putain de remise, explique Maledicta à l'ouverture de la grotte. Elle lui fout les jetons.

La cabane à outils : le commissaire Bradley pourrait parfaitement se cacher derrière, ou dedans, mais Souris n'y croit pas, ils sont si près et si attentifs qu'ils l'entendraient. Mais Andrew a plus d'expérience dans ce domaine. Encore agrippée à sa main, elle fait un mouvement de côté : veut-il éviter complètement le jardin de derrière en le contournant ?

Il hésite suffisamment longtemps pour qu'elle comprenne que cette solution le tente, mais il finit par secouer la tête. S'ils contournent la maison, ils finiront probablement par s'empêtrer dans les ronces et feront alors du bruit. Rassemblant tout son courage, Andrew tend le bras, Souris lève le loquet et ouvre la porte.

Le loquet émet un son métallique. Les gonds de la porte grincent.

Rien ne leur bondit dessus.

– Très bien, murmure Andrew. À partir d'ici, on rejoint le cottage sur la pointe des pieds et dès qu'on sera sûrs qu'il n'y a personne dans le jardin de devant, on part en courant. Adam dit qu'il y a un autre sentier, environ deux cents mètres plus bas, sur la route ; il nous amènera presque en ville.

Ils franchissent le portail, Andrew sautillant sur le côté pour se tenir à distance de la remise, pivotant sur lui-même pour ne pas la quitter des yeux. Le commissaire Bradley ne se cache pas derrière ; il ne surgit pas de l'intérieur. Ils traversent le jardin sans incident.

Mais, comme ils atteignent l'arrière du cottage et entreprennent de le contourner, Souris se sent soudain envahie par la méfiance. Son petit doigt lui dit que quelque chose ne tourne pas rond, que quelque chose a changé, mais elle ne sait pas quoi. Alors, son pied cogne contre un objet dur, et tout lui revient.

Les planches d'appoint : elles ont à nouveau été ôtées. Le poteau téléphonique est toujours en place mais les planches que Gideon avait remises dans l'après-midi ont été retirées et posées par terre. Souris trébuche sur l'une d'elles.

Elle tombe à terre et le faisceau d'une lampe de poche se braque subitement sur elle et sur Andrew. Souris relève la tête, aveuglée. Derrière la lumière éblouissante, résonne la voix du commissaire Bradley :

– Arrête-toi ici, Andrea.

Alors la voix d'Andrew, à nouveau incroyablement calme, retentit :

– Coucou, commissaire Bradley.

La main droite du commissaire Bradley se déplace sous le faisceau lumineux, brandissant un revolver dont elle les menace.

– Ici, Andrea, dit-il. Maintenant, écoute-moi bien. Toi et ta copine, vous allez vous retourner et marcher lentement jusqu'à la porte de derrière. Puis on va tous aller à l'intérieur.

– Pourquoi ? demande Andrew. Pour qu'on puisse avoir un accident ?

– Andrea…

– Je suis étonné que vous soyez prêt à sacrifier le cottage… En fait, Adam devait avoir raison, vous n'avez pas le choix : il n'y a pas de piscine.

– Andrea, je ne plaisante pas.

Le pouce du commissaire Bradley se pose sur le chien et arme le revolver. Souris, en entendant le cliquetis de son arme, laisse s'échapper un petit cri et essaie de partir à reculons. Le revolver se braque sur elle, tandis que le commissaire Bradley ordonne :

– Pas un geste !

Andrew fait un pas de côté, s'immisçant entre Souris et l'arme.

– Vous croyez que ma mère aurait été impressionnée par tout ça ? demande-t-il. Vous pensez que ça l'aurait fait tomber amoureuse de vous ?

– Andrea, nom de Dieu…

– Vous êtes très égoïste, poursuit Andrew. Je suis navré que vous n'ayez pas obtenu ce que vous désiriez ; je suis également navré que vous ayez peur d'affronter les conséquences de vos actes. Mais si vous reposez cette arme, vous pourrez vous consoler, quoi qu'il advienne ensuite, en vous disant qu'au moins une fois, vous avez fait ce que vous aviez à faire…

– Andrea…

Le ton du commissaire Bradley est impénétrable. Il pourrait hésiter, tout comme il pourrait s'apprêter à appuyer sur la gâchette.

– Mais si vous ne reposez pas votre arme, continue Andrew, si vous ne nous relâchez pas, alors, ne comptez pas sur moi pour vous aider à croire que vous se faites pas quelque chose de vraiment très grave. Vous allez devoir m'abattre ; et alors, je hurlerai le nom de ma mère pour que, chaque fois que vous penserez à elle, pour le restant de vos jours, vous vous rappeliez cet instant, vous vous rappeliez avoir fait, en connaissance de cause, le mal…

– Andrea… Andrea, nom de Dieu…

– Althea, le reprend Andrew, Althea. Althea, *Ma Bien-aimée…*

– Nom de *Dieu…*

La voix du commissaire se brise et Souris plaque ses mains sur sa tête pour étouffer le son du coup de feu, mais, comme elle s'apprête à enfouir son visage dans l'herbe, elle aperçoit le faisceau lumineux qui bouge.

Le commissaire Bradley a baissé les bras. Le revolver et la lampe de poche sont désormais braqués vers le sol et les épaules du commissaire tremblent. Il sanglote : Souris aperçoit les larmes du commissaire Bradley qui luisent le long de ses joues.

Qui luisent… Mais ce n'est pas la lune, ni les étoiles, ni les reflets de la lampe de poche qui font ainsi briller ses larmes. Une nouvelle lueur illumine la nuit, accompagnée d'un nouveau bruit : le grondement d'un moteur.

Une voiture approche. Le commissaire Bradley s'en rend compte en même temps que Souris. Il se tourne vers le jardin de devant au moment où les phares balayent le dernier virage de la route.

Il y a un grincement de freins : la voiture arrive trop vite, le conducteur ne s'attend pas à trouver le cottage si rapidement. La lumière s'atténue puis disparaît complètement quand le véhicule emboutit l'arrière de la voiture du commissaire Bradley. Sous le choc, celle-ci bondit vers l'avant et s'écrase sur la façade du cottage.

La maison tout entière s'ébranle sous la violence du choc. Les poutres gémissent et les vitres se brisent ; le bois se fissure dans un grondement sonore.

Et Souris, se relevant, sent la main d'Andrew posée sur son épaule, qui l'attire vers l'arrière pour mieux la protéger. Le commissaire Bradley tente lui aussi de se mettre à l'abri, mais son talon se prend dans l'une des planches d'appoint et, comme il n'a personne à qui s'accrocher pour retrouver son équilibre, il trébuche et bascule en arrière.

– Oh merde ! s'écrie le commissaire Bradley en croisant ses bras contre son visage.

Le cottage s'écroule sur lui.

# III

# ORDRE

LIVRE DERNIER

# ÉPILOGUE

# 29

Plus tard dans la nuit, les sauveteurs l'ayant libéré des gravats du cottage, le commissaire Bradley passa aux aveux.

Il n'était pas sévèrement blessé, bien que cela soit d'abord sujet à caution. Il s'était cassé le bras et quelques côtes, et un éclat de bois de dix centimètres lui avait transpercé l'épaule ; il était couvert d'ecchymoses et en état de choc. Le médecin qui l'avait examiné à l'hôpital de Seven Lakes n'avait pas décelé de traumatisme crânien ni d'hémorragie interne, mais, pour s'en assurer, il fut envoyé au centre hospitalier de Muskegon. Cahill fit le trajet avec lui en ambulance, et en profita pour poser au commissaire Bradley des questions relatives aux éléments que nous lui avions révélés. Le commissaire Bradley, rendu prolixe par les analgésiques et peut-être par la peur de mourir avec autant de péchés sur la conscience, avait tout déballé à Cahill : ce qu'il avait fait à Horace Rollins et ce qu'il avait voulu nous faire.

Puis le lendemain, alors que l'effet des calmants s'estompait et qu'il lui apparut clairement qu'il ne mourrait de s'être cassé le bras, il revint sur ses aveux. Il dit aux policiers qui lui rendirent visite qu'il était délirant la nuit précédente et que l'agent de police avait déformé ses propos. Il se prétendit victime d'une conspiration orchestrée par une jeune malade mentale s'étant mis en tête de l'accuser de la mort accidentelle de son beau-père. Il insinua que l'attachement de l'agent de police pour ladite malade mentale avait permis de le manipuler.

Tout aurait pu tourner à l'aigre, mais Mrs Winslow intervint alors. Allant clopin-clopant sur ses béquilles

– elle s'était cassé le pied lorsque la voiture louée à l'aéroport avait embouti l'arrière de la voiture de police –, elle rendit visite au commissaire, dans sa chambre d'hôpital. Ils passèrent plus d'une heure en tête à tête. Ce qu'ils échangèrent reste secret, mais une fois qu'ils eurent terminé, le commissaire Bradley rappela les policiers, avoua qu'il avait menti, et réitéra ses premières déclarations.

Nous n'étions pas encore tout à fait au bout de nos peines. Nous étions contraints de rester dans le Michigan, le temps que l'enquête soit bouclée. Nous ne quittâmes presque pas l'hôtel de Muskegon où nous logions, croisant les doigts pour que le docteur Kroft ne se pointe pas avec une équipe d'hommes en blouse blanche. Mais il ne vint jamais, n'envoya aucun émissaire de l'administration psychiatrique du Michigan, et on finit par nous dire que nous étions libres de rentrer chez nous.

Le jour où le commissaire Bradley fut officiellement accusé du meurtre de Horace Rollins, nous nous rendîmes une dernière fois à Seven Lakes. Jimmy Cahill – qui officiait désormais en tant que commissaire de police par intérim – nous attendait devant la propriété des Gage avec une équipe de démolition.

Le cottage ne s'était que partiellement écroulé, ce qui expliquait notamment que le commissaire Bradley n'ait pas été plus grièvement blessé. Un mur s'était effondré, ainsi qu'environ la moitié de la toiture, mais l'ossature générale et la charpente, toujours soutenues par le poteau téléphonique, avaient résisté. Le cottage n'allait sans doute pas tenir debout encore longtemps, de toute façon, mais l'agent de police avait déclaré qu'il représentait un danger pour la sécurité publique et qu'il fallait le terrasser à l'aide de bulldozers ; il nous avait conviés à venir assister au spectacle.

– Quelqu'un a-t-il quelque chose à dire ? demanda Cahill lorsque nous fûmes tous réunis devant la maison.

Il observa Andrew, qui semblait perdu dans ses pensées, mais celui-ci retrouva ses esprits et déclara :

– Non, je n'ai rien à dire, mais… vous voulez bien me laisser une minute, s'il vous plaît ?

Cahill hocha la tête et Andrew se tourna vers le cottage, une demi-douzaine d'expressions se succédant sur son visage alors que les âmes défilaient pour voir la maisonnée une dernière fois. J'en reconnus quelques-unes – Aaron, Jake, Samantha, Seferis – mais il y en avait d'autres qu'il me semblait ne jamais avoir rencontrées.

Puis Andrew revint, se tourna vers l'agent de police et lui dit :

– Allez-y.

Cahill fit signe aux bulldozers.

Le cottage fut détruit en quelques minutes. Mais le policier ordonna au démolisseur de rouler plusieurs fois sur les gravats avec son bulldozer afin de les aplanir. Puis il se retourna vers Andrew et lui demanda :

– Ça suffit ?

Andrew hocha la tête.

Cahill fit un nouveau signe, et le bulldozer s'ébranla vers le jardin du fond. Entre-temps, le visage d'Andrew changea encore, affichant un air polisson : Adam. Il se dirigea vers l'endroit où se trouvait anciennement la porte d'entrée du cottage et sortit une salière chipée chez Winchell. Il ôta le bouchon, versa le sel dans sa main et le sema sur les ruines.

Lorsqu'il eut fini, il jeta la salière et passa le corps à Tante Sam.

Celle-ci se dirigea vers l'agent de police qui, à son grand étonnement, reçut un gros baiser sur la joue et, à sa stupéfaction, s'entendit dire :

– Tu restes un saligaud, Jimmy, mais je te remercie d'avoir fait tout ça.

Puis Sam céda la place à Andrew, qui recula d'un pas, rouge comme une pivoine, et murmura :

– Pardon.

– Ça va, dit Cahill. Je comprends. Enfin, je ne comprends rien, mais je m'en remettrai.

Dans un nouveau fracas, le bulldozer écrasa la remise à outils. Le conducteur sortit la tête de sa cabine et appela l'agent de police :

– Autre chose ?

– Non, répondit le policier. Non, c'est parfait !

Et puis Andrew, l'air las, se tourna vers moi et me demanda :

– Qu'en penses-tu, Penny ? Tu te sens prête à rentrer à la maison, maintenant ?

– Oui, répondis-je. Je suis prête. Rentrons à la maison.

# 30

Étonné ?

Je n'ai pas pu résister à la tentation d'inclure ce passage, mais je ne voudrais pas que vous vous fassiez des idées ; pour couronner nos aventures, Penny ne subit pas de transformation miraculeuse. Il lui faudrait presque un an de séances hebdomadaires avec le docteur Eddington pour pouvoir réellement se considérer comme Penny et non Souris, et encore une année et demie pour atteindre un équilibre. Dans le cadre de sa thérapie, Penny dut finalement se coltiner la lecture des journaux électroniques de Fil – ces journaux mêmes sur lesquels je me suis appuyé pour raconter cette histoire à travers ses yeux – et en réécrire certaines parties à la première personne ; mais cela n'advint qu'à la toute fin de son traitement. Au début, le fait qu'elle communiquait désormais directement avec ses personnalités alternantes constitua une avancée capitale, mais ce n'était que la première étape d'un long processus.

Nous rentrâmes donc à Washington et reprîmes une vie normale, les choses se remettant en place avec beaucoup plus de douceur que je ne l'avais redouté. Non seulement nous retrouvâmes notre boulot à l'Usine du Réel, mais Julie, magnanime, insista pour que l'on perçoive l'intégralité de notre salaire. « Congé maladie, expliqua-t-elle. Les plus grandes entreprises le prennent en charge. »

Julie. L'une des premières choses que je fis, à mon retour à Autumn Creek, fut de lui écrire une longue lettre d'excuses que je lui apportai en main propre. Quand elle eut fini de la lire, nous allâmes au restaurant (par un accord tacite, nous en avions choisi un qui ne servait pas d'alcool) et nous parlâmes à cœur ouvert. Je ne peux pas dire que nous réglâmes tous nos problèmes mais, à la fin de la soirée, j'avais l'impression que nous avions pansé nos plaies.

Évidemment, Julie étant Julie (et – soyons juste – moi étant moi), il y avait toujours de nouveaux défis à relever. Deux semaines après mon retour, j'entrepris moi-même une thérapie avec le docteur Eddington. J'avais rendez-vous tous les vendredis après-midi à 16 heures. Penny m'accompagnait ; on quittait l'Usine du Réel aux environs de 15 heures pour aller en ville. Pour le retour, je prenais parfois le bus, mais le plus souvent Penny me raccompagnait aussi chez moi – ou bien c'était Maledicta qui ramenait Tante Sam, si elles s'étaient bien comportées toutes les deux. Les séances de Penny avec le docteur Eddington avaient lieu tous les mercredis, et là aussi je l'accompagnais ; je laissais Adam, Jake et les autres explorer Fremont tandis que Penny était en consultation. Après quoi, selon son humeur, on allait au ciné ou on se baladait autour de Lake Union, ou bien – si la séance s'était particulièrement mal passée – on allait s'asseoir dans Gas Works Park pour discuter.

Tout cela était fort agréable, mais cela signifiait que nous quittions tous deux le travail plus tôt deux fois par semaine. Julie s'en accommoda d'abord parfaitement – semblant prête à tout pour nous empêcher de nous enfuir à nouveau dans le Michigan – mais, dans le courant de l'été, elle se mit à rouspéter au sujet des heures de travail perdues censées « ralentir la productivité ». Je ne crois pas que nous ralentissions la productivité ; je pense que Julie était jalouse du temps que Penny et moi passions ensemble. Penny déplaça sa séance au vendredi après-midi, juste après la mienne, pour que l'on perde moins d'heures de travail, mais Julie continua à râler, et je m'étonnais de ne pas m'en formaliser davantage. En fait, les jours de l'Usine du Réel étaient comptés. Courant septembre, alors que Julie œuvrait depuis des mois à ce qu'une grosse entreprise rentre dans le capital, ses manœuvres échouèrent. Elle tint une réunion pour nous informer qu'à moins qu'elle ne trouve de nouveaux investisseurs, l'Usine ne tarderait pas à faire faillite. Puis il y eut un nouveau coup de théâtre, lorsque Dennis annonça que, faillite ou pas faillite, il avait pris la décision de rentrer en Alaska.

– Qu'est-ce que tu racontes ? dit Julie. Tu ne peux pas t'en aller comme ça. Comment veux-tu qu'on finisse le projet sans…

– Voyons, Grand Manitou, répondit Dennis en s'éventant avec les pans de sa chemise ouverte. Tu sais aussi bien que moi qu'il ne sera jamais achevé. J'en ai ma claque.

Penny et moi nous esquivâmes avant le carnage. Irwin se trouvait juste derrière nous.

– Moi, je ne retournerai pas en Alaska, annonça-t-il d'un ton féroce.

Et il se mura dans un silence boudeur jusqu'à ce que Julie vienne nous annoncer que tout était fini : nous mettions la clé sous la porte.

À la mi-octobre, Dennis était rentré en Alaska. Irwin, ne s'étant pas dédit – à la grande surprise de son frère –, préféra rester dans l'État de Washington mais quitta Autumn Creek. Il alla vivre à Renton et trouva un boulot dans une entreprise qui fabriquait des jeux de cartes fantaisie ; Jake, lorsqu'il entendit cette histoire, en bava d'envie.

Penny et moi retrouvâmes tous les deux un emploi à Bit Warehouse. Oui, j'ai bien dit Bit Warehouse. Je sais ce que vous pensez, mais il s'avéra que la plaisanterie d'Adam était prémonitoire : il avait coulé assez d'eau sous les ponts pour qu'ils oublient ma « toxicomanie ». En fait, le *turnover* constant des employés avait pour corollaire d'utiles pertes de mémoire. Mr Weeks était parti depuis longtemps, comme la plupart des collègues de mon père. En revanche, le dossier professionnel presque sans faille de ce dernier était toujours là, et je n'eus pas la moindre difficulté à me faire réembaucher, en tant que caissier plutôt que manutentionnaire cette fois. Penny rejoignit les services techniques pour réparer et moderniser les ordinateurs.

Quant à Julie, je ne suis pas tout à fait sûr de ce qu'elle fit pour gagner sa vie dans les mois qui suivirent la fermeture de l'Usine du Réel. Il me semble qu'elle réalisa plein de petits boulots pour son oncle et qu'elle passa beaucoup de temps à Seattle, sans doute pour faire de l'intérim. Mais elle n'aimait pas en parler. Elle consacrait la plupart de son temps libre à un procès : lorsqu'elle tenta de résilier le bail des entrepôts de l'Usine, le propriétaire la poursuivit pour loyers impayés et parce qu'elle n'avait pas effectué les réparations promises. L'affaire se régla finalement sans les tribunaux car Julie donna deux mille dollars au propriétaire (ne me demandez pas où elle les dénicha) et l'autorisa à garder tout le matériel qui s'y trouvait, ou en tout cas tout ce qui n'avait pas déjà été saisi par les autres créanciers de l'Usine. Le matériel informatique fut vendu, et le Seau de Miel – je l'espère – emporté puis brûlé ; mais pour autant que je sache, la plupart des tentes sont encore là-bas, nids à poussière attendant dans les moisissures qu'arrive le prochain entrepreneur visionnaire.

Un jour, alors que l'été s'achevait, Julie m'emmena déjeuner et m'annonça qu'elle allait elle aussi quitter Autumn Creek.

– Tu ne pourras jamais deviner où je vais : en Alaska.

– En Alaska ? m'étonnai-je. Quoi, tu as l'intention de retrouver Dennis pour que vous vous rabibochiez ?

– Non, j'ai déjà oublié l'existence de Dennis… Enfin, bien sûr, si je tombe sur lui, et qu'il se trouve au bord d'une falaise, le dos tourné vers moi, qui sait, mais bon, sinon, non, je n'ai pas l'intention de le tuer.

En revanche elle avait l'intention, me dit-elle, de travailler sur un chalutier congélateur, c'est-à-dire une sorte de grosse usine flottante qui part en mer pendant des mois, attrape des milliers de kilos de cabillaud et d'églefin, et est équipée pour congeler à bord filets et bâtonnets de poisson. D'après la description de Julie, ça avait l'air d'être le pire métier au monde – des journées de labeur de seize heures, des conditions de travail dangereuses, un équipage masculin composé presque exclusivement d'anciens détenus, etc. – mais Julie n'en démordait pas : si elle survivait, ça valait le coup.

– Tu es payé au pourcentage des recettes, ce qui peut rapporter énormément d'argent, si la pêche est bonne.

– Et si la pêche n'est pas bonne ?

– Eh bien, c'est pour ça qu'il faut choisir le bon chalutier… ne t'en fais pas, ça ira. Je vais passer quelques mois en enfer, faire fortune, puis je reviendrai ici et on montera une nouvelle boîte.

Elle avait quelques cadeaux de départ pour moi, même si c'était elle qui s'en allait. Le premier, c'était sa Cadillac.

– Je ne peux pas la prendre avec moi, dit-elle. Elle ne tiendrait pas le coup jusque là-haut et, même si c'était le cas, ne survivrait certainement pas, clouée trois mois dans un parking d'Anchorage.

– Eh bien, ça me ferait plaisir de te la garder, Julie, mais tu sais bien que je n'ai pas le permis.

– Tu finiras bien par l'avoir, répondit Julie. Penny m'a dit que tu étais un excellent conducteur…

Ce qui nous amena au deuxième cadeau de départ. Le bail de Julie se prolongeait jusqu'en février, et après tous les soucis qu'elle avait eus avec l'Usine du Réel, elle ne voulait pas prendre le risque de le rompre. Alors elle s'était débrouillée pour sous-louer à Penny, dont le bail actuel, pour son appartement de Queen Anne, était reconductible de mois en mois.

– Une voisine de perdue, dix de retrouvées, dit Julie. Comme ça, je sais que tu ne seras pas seul.

Je n'avais aucune objection – je trouvais formidable que Penny vive à Autumn Creek – mais je répondis :

– Ce n'est pas pour autant que cela va se passer, Julie.

– Qu'est-ce qui ne va pas se passer ?

– Tu sais parfaitement de quoi je parle. Tu joues encore les marieuses. Mais Penny et moi ne sommes qu'amis.

– Les marieuses ? Moi ?

Elle afficha ce sourire faussement innocent que je connaissais si bien.

– Tu te fais des idées, Andrew. Pourtant… c'est vrai que vous seriez mignons, tous les deux.

Elle partit en Alaska en septembre. En décembre, je reçus une lettre qui m'apprit que son boulot sur le chalutier ne s'était pas goupillé comme prévu et qu'elle bossait comme caissière au zoo d'Anchorage. «C'est vraiment du délire, on est ouvert pendant les heures où il fait jour, c'est-à-dire entre 10 et 16 heures, à cette époque de l'année, et la moitié des animaux sont en train d'hiberner. Mais bon, il faut bien gagner sa croûte. P.S. J'ai besoin que tu vendes la Cadillac et que tu m'envoies l'argent.»

Je vendis la voiture pour une somme bien plus modique que celle que Julie avait escomptée et je lui envoyai un chèque, avec en sus un peu d'argent puisé dans mes économies. Depuis lors, j'ai reçu quelques lettres et e-mails m'apportant des détails sommaires de sa vie dans diverses villes d'Alaska – on dirait que, plus le temps passe, plus elle se rapproche du pôle Nord. Sa dernière carte postale indiquait: «Mariage annulé. Je suis à Fairbanks et j'apprends à conduire un avion & d'ici le printemps je devrais avoir mon permis pour pouvoir voler sur la steppe arctique. Bisous, Julie.»

C'était il y a sept mois. Depuis, je n'ai pas eu la moindre nouvelle, et je vous ficherais mon billet que Julie n'est pas devenue pilote d'avion. Mais vous devez vous en douter aussi bien que moi. J'espère que, quoi qu'elle fasse, elle est heureuse. Je l'aime toujours, bien entendu, et tout en acceptant désormais le fait que rien ne pouvait se passer entre nous, je ne lui souhaite que du bonheur.

Et non, je n'ai pas la moindre idée de ce qu'était ce fameux projet de mariage auquel elle faisait allusion.

Si c'était un conte de fées, les talents d'entremetteuse de Julie auraient fini par porter leurs fruits: Penny et moi serions tombés amoureux et aurions eu beaucoup d'enfants. La réalité (jusqu'ici) n'a pas correspondu totalement à la fiction, mais quand même un peu plus que je ne l'aurais cru.

Pendant une longue période, après notre retour du Michigan, nous ne fûmes qu'amis – même plusieurs amis, par ricochet: j'étais l'ami de Penny, Tante Sam était l'amie de Maledicta; Adam était l'ami – partenaire de poker – de Malefica; et, plus surprenant, Jake était l'ami de Loins qui, étonnamment, avait un faible pour *La Petite Sirène* et autres dessins animés de Walt Disney. Nous découvrîmes d'autres affinités entre nos deux maisonnées, mais il n'y avait malheureusement pas assez d'heures dans une journée pour toutes les cultiver.

Lorsque Julie quitta Autumn Creek et que Penny emménagea dans son appartement, notre(nos) amitié(s) se renforça(cèrent) tout naturellement. Penny m'amenait déjà chaque jour au travail, et me raccompagnait. Je prenais désormais tous mes petits déjeuners en sa compagnie (parfois elle venait chez Mrs Winslow, parfois on allait au Harvest Moon) et nous passions la plupart de nos week-ends et soirées ensemble – je veux dire encore plus souvent qu'avant.

J'avais d'abord pensé que cela me ferait bizarre d'être avec Penny dans l'ancien appartement de Julie. Mais Penny le refit à neuf : elle balança tous les meubles que Julie avait laissés, repeignit les pièces, obtint la permission de recarreler la salle de bains et de poser un nouveau lino dans la cuisine ; elle accrocha des guirlandes d'ampoules lumineuses à l'escalier de secours et remplaça la poignée sur la porte. Quand ce fut fini, on aurait dit un tout autre appartement et bien que de temps en temps j'aie un vague sentiment de déjà-vu – le plus souvent en montant ou en descendant l'escalier –, cela n'approchait en rien ce à quoi je m'étais préparé.

Ce n'était pas seulement les nouvelles peintures et les meubles qui changeaient, bien évidemment ; c'était Penny. Et si notre amitié connaissait des hauts et des bas, Penny ne me déconcertait jamais comme Julie. Lorsque je ne comprenais pas sa façon d'agir, je pouvais lui demander de s'expliquer, et ses arguments paraissaient rationnels. Quand elle m'en voulait, c'était en général pour de bonnes raisons ; mes excuses sonnaient le glas de la dispute, au lieu d'annoncer une nouvelle phase de notre mésentente. Surtout, je n'avais jamais cette impression que je ressentais si souvent avec Julie, d'avoir affaire à quelqu'un dont la conception de la réalité était aux antipodes de la mienne. Il arrivait parfois que Penny et moi n'atteignions pas les mêmes conclusions, mais nous voyions les mêmes choses. On s'était bien trouvés.

– C'est trop facile, se plaignit un jour Adam, après que Penny et moi étions, sans rancœur, tombés d'accord pour ne pas être d'accord. Où est passé le schéma agressivité/passivité ? Où sont les signaux contradictoires et les messages cachés ? Où est la souffrance ?

– Je te les laisse, lui dis-je. Moi, ça me plaît comme ça.

Cela semblait aussi plaire à Penny et il n'est sans doute pas aberrant qu'étant devenus aussi proches, nous nous aventurions finalement à tenter de dépasser la simple amitié. Cela advint une nuit de février 1999, alors que nous étions allés en ville voir un concert de Lyle Lovett, à l'occasion de mon anniversaire. Il neigeait lorsque nous quittâmes la salle de concert et Penny et moi décidâmes de faire un tour sur le monorail de Seattle pour observer les flocons qui tombaient. Nous finîmes curieusement par nous embrasser. C'est tout ce qu'on fit cette nuit-là, s'embrasser, mais à partir de là notre relation changea, et plus tard – pas si tard que ça – on fit d'autres choses.

Nous fîmes des choses et c'était agréable, mais cela causa également des problèmes aux âmes de nos maisonnées qui, pour certaines, déploraient ce nouveau rebondissement. Mais surtout, quelques-unes des choses les plus intimes que nous fîmes exhumèrent des souvenirs que Penny avait de sa mère, des souvenirs très sombres qu'elle avait jusqu'à présent réussi à refouler. En mars, elle se remit à faire des trous noirs pour la première fois depuis plus d'un an. En avril, elle disparut pendant trois jours et se réveilla dans la cave d'un hôtel de Spokane appelé le Charter Hotel. Après cet incident, nous décidâmes de rester juste amis, en tout cas tant que Penny n'aurait pas réglé quelques problèmes.

Elle se mit à consulter son psychiatre deux puis trois fois par semaine. Je la voyais moins, ce qui était dur ; mais lorsque j'étais avec elle, je lui posais toujours des questions et je savais toujours où nous en étions. Et elle commençait à aller mieux : sa thérapie avançait à grands pas, comme si une ultime barrière s'était effondrée, si bien qu'au milieu de l'été elle parlait d'atteindre une conclusion définitive.

Mais pour achever le traitement, il fallait que Penny prenne une dernière décision, et le choix qu'elle fit finalement me stupéfia.

– Une réintégration ? répétai-je, croyant avoir mal compris. Penny, c'est…

– … un choc, je comprends, dit-elle.

Fou, m'apprêtais-je à dire. Autant opter pour une lobotomie. Je cherchai une formulation plus délicate :

– La réintégration, ça ne marche pas, Penny. Ça ne marche pas, et si ça marchait, ce serait une sorte de mort. Tu ne serais plus toi.

Elle se mordit la lèvre, malheureuse de me voir réagir ainsi.

– Le docteur Eddington pense que cela pourrait marcher, me dit-elle. Il croit…

– Il se trompe, la coupai-je. Si le docteur Grey était ici…

– Le docteur Grey n'a jamais dit que la réintégration, ça ne marchait pas. J'ai lu son livre : elle dit que la réintégration c'est une option, et non un but inatteignable.

– C'est une mauvaise option, rétorquai-je. Et les autres, qu'en disent-ils, ils ne doivent pas tous être d'accord ?

– Si, dit Penny, en tout cas personne ne s'y oppose. Et puis, de toute façon, c'est moi qui décide, je refuse de continuer à vivre ma vie par intermittence ; je veux être une personne à part entière. Tu dois pouvoir comprendre, n'est-ce pas ?

Je comprenais. Je ne pouvais l'admettre. Je continuai à m'opposer à cette idée et, lorsque je revis le docteur Eddington, je lui rentrai dans le lard.

– Vous savez que je ne peux pas parler du traitement de Penny avec vous, Andrew, dit-il. Si vous avez l'impression que cela soulève un problème vis-à-vis de votre propre thérapie…

– *Ma* thérapie ? Ça n'a rien à voir avec moi. Je ne procéderai jamais à une réintégration.

– Et il me semble que vous faites le bon choix – pour vous. Mais vous n'êtes pas Penny.

Il soupira.

– Écoutez, Andrew… Je sais que vous pensez que

Penny et vous avez beaucoup de choses en commun, mais il y a également de grandes différences entre vos deux situations. Dans le cas de Penny, la dissociation de la personnalité originelle, aussi profonde soit-elle, n'est pas aussi marquée que chez vous : la Penny Driver originelle existe toujours et souhaite toujours exister. Maintenant – il tendit la main – cela ne garantit pas que la réintégration fonctionnera, mais cela veut dire qu'il y a une chance. Et puisque c'est ce que Penny souhaite, j'espère qu'en tant qu'ami, vous la soutiendrez.

Je faisais de mon mieux pour la soutenir, mais Penny et moi nous disputions fréquemment au sujet de sa décision de réintégrer. Mon père, pourtant d'ordinaire un excellent conciliateur, ne me fut d'aucun secours, s'opposant encore plus farouchement que moi à la décision de Penny. Mais rien de ce que nous faisions ou disions ne pouvait l'inciter à changer d'avis. En outre, Penny partit faire une retraite d'un mois dans le Centre d'Orphée, à Port Townsend, une sorte de centre de réadaptation pour « multiples », spécialisé dans la réintégration. Elle partit sans me dire au revoir (nous nous étions disputés la veille) mais me laissa un petit mot et la clé de son appartement. Pendant les quatre semaines qui suivirent, je relevai consciencieusement son courrier, tout en me demandant si la personne à laquelle il était adressé existerait encore lorsque le mois de septembre arriverait.

Le jour de son retour, je me trouvais à Fremont pour ma séance hebdomadaire ; lorsque les cinquante minutes se furent écoulées, le docteur Eddington me demanda si j'aimerais saluer une vieille amie. Penny nous attendait à un café, à quelques rues du cabinet. Elle était assise en terrasse et je fus soulagé de voir que j'arrivais aisément à la reconnaître. Ses cheveux étaient plus longs – elle les avait laissés pousser pendant tout l'été et ils lui arrivaient désormais aux épaules – mais, à part cela, elle ressemblait à la Penny que j'avais connue.

Toutefois, son langage corporel me laissait perplexe. Comme nous approchions, je m'aperçus qu'elle fumait une cigarette, ce qui était d'ordinaire le signe que Maledicta contrôlait le corps. Mais, lorsqu'elle releva la tête et nous vit arriver, sa réaction – l'expression de son visage, la façon vaguement timide dont elle fit coucou de la main – indiquait « Penny », pour moi… Et puis, sans changer d'expression, elle tira une dernière bouffée sur sa cigarette et l'écrasa d'un geste impatient qui était du Maledicta pur jus.

Pendant les premières minutes de nos retrouvailles, je restai muet comme une carpe. Il me semble que je parvins à dire bonjour, mais, après cela, le docteur Eddington dut nourrir la conversation tout seul. Il ne resta pas longtemps ; après m'avoir installé confortablement sur une chaise et s'être assuré que je n'étais pas véritablement catatonique, il s'excusa, ajoutant qu'il demeurerait encore un moment dans son cabinet au cas où Penny ou moi aurions besoin de lui. Pendant le silence qui suivit son départ, Penny attrapa le paquet de Winston posé sur la table en face d'elle. Je la regardai sortir une cigarette d'une pichenette et l'allumer, le mouvement de sa main évoquant encore une fois Maledicta. Mais après avoir avalé sa première bouffée, elle l'expira par-dessus son épaule plutôt que sous mon nez, et, comme la fumée revenait vers la table, elle la chassa d'un geste de la main.

– Je suis désolé, finis-je par dire en baissant les yeux. Tu n'es pas une bête curieuse…

– Non, c'est bon, dit Penny.

Sa voix semblait plus pleine, ou en tout cas plus forte ; et il me sembla également y déceler une touche d'harmonie – mais cela devait être un effet de mon imagination débridée.

– Je sais que ça doit te faire bizarre, ça l'est encore pour moi, et pourtant j'ai eu du temps pour m'y habituer.

– C'est comment ? demandai-je.

– Pas évident à décrire.

Elle rit, un rire qui me fit penser à Loins.

– C'est comme ça… – elle brandit sa cigarette – en fait, je n'aime pas vraiment fumer, mais, en même temps, j'adore ça. Je veux dire, j'ai envie d'arrêter, mais je continue.

– Maledicta et les autres, dis-je. Est-ce qu'ils sont… ?

– Encore en vie ?

Penny hocha la tête.

– Je ne pensais pas que ça serait comme ça – elle, nous, nous sommes toujours tous là, simplement moins distincts qu'avant. Nous n'avons plus besoin de nous relayer pour occuper le corps, nous coexistons à l'intérieur.

– Vous *co*existez ? Alors tu es toujours multiple ?

– Oui et non.

Elle rit à nouveau.

– C'est ce qu'il y a de plus dur à expliquer. En fait, là, je te regarde, et je te vois, je ressens des choses pour toi, en tant que Penny, et en même temps je te vois et je ressens des choses pour toi, en tant que Maledicta. Et, si je le souhaite, j'arrive à distinguer les sentiments de Penny de ceux de Maledicta, mais je peux aussi les laisser fusionner…

– Et ceux des autres, aussi ? Ceux de tout le monde ?

– Tout le monde à la fois, c'est un petit peu difficile. J'arrive à les faire ressortir tous ensemble mais c'est un peu perturbant.

– Et c'est… c'est mieux, tu crois, que comme c'était avant ?

– Oui.

Venant d'achever sa cigarette, Penny en tira une autre de son paquet puis secoua la tête et la replaça.

– Oui, c'est mieux – la plupart du temps. Les médecins, à Orphée, pensent que ça deviendra de plus en plus facile avec l'entraînement, qu'en partageant plus d'expériences on développe plus d'affinités. Je ne sais pas si c'est vrai, ou si c'est ce que les médecins veulent croire. Je le découvrirai sans doute par moi-même.

– Eh bien, dis-je, tant que tu es heureuse…

– Nous sommes… satisfaits, dit Penny. Je suis désolée de ne pas arriver à mieux te l'expliquer. Tiens, ça me rappelle : j'ai quelque chose pour toi.

Elle sortit un petit paquet entouré de papier cadeau. À l'intérieur se trouvait un CD doré sur lequel avait été inscrit au feutre indélébile « fil.doc ».

– C'est une copie des journaux de Fil, dit Penny.

– Pourquoi est-ce que tu me donnes ça ?

– Pour que tu les lises, si tu en as envie. Pour que tu comprennes mieux pourquoi j'ai eu l'impression que je devais faire cela, et aussi…

– Oh, Penny, dis-je, tu ne me dois aucune explication. Je suis désolé si je…

– Non, Andrew, j'ai envie que tu comprennes. Et ce n'est pas tout : il y a des choses à ton sujet, là-dedans, à partir de notre première rencontre… Eh bien, tout n'est pas flatteur, mais je voulais que tu saches, que tu aies une preuve de l'importance que tu as eue pour moi.

C'est alors que je compris ce qui me dérangeait : c'était un cadeau de départ.

– Penny, dis-je. Tu reviens à Autumn Creek pour de bon, hein ?

Elle se mordit la lèvre.

– Un petit moment, répondit-elle.

– Un petit moment, répétai-je. Et puis quoi ? Tu t'en vas, après ? Ce… ce n'est pas à cause de la façon dont je me suis comporté, n'est-ce pas ? Tu ne…

– Non ! Non, Andrew, c'est pour moi que je fais ça, comme si c'était en quelque sorte la dernière étape de ma thérapie : recommencer dans un nouvel endroit, avec un nouveau moi.

– Quel endroit ?

– La Californie, répondit-elle. Je n'ai pas encore choisi la ville, mais… peut-être San Diego. Un des résidents du centre ne tarissait pas d'éloges sur cette ville.

San Diego : l'extrême sud de la Californie, à plus de mille cinq cents kilomètres de Seattle. Je me sentis vide.

– Quand pars-tu ?

– Après Thanksgiving, je me suis dit.

Dans trois mois. Ma voix se voila, mes paupières se mirent à clignoter.

– Oh là là !

– Andrew ? demanda Penny. Ça va aller, oui ?

J'aurais voulu dire non, mais je lui en avais tellement fait baver avec ces histoires de réintégration que je songeai que j'avais dû dépasser mon quota d'égoïsme pour cette année.

– Ça va être… difficile, lui dis-je. Mais si c'est ce que tu as envie de faire…

Elle tendit le bras et m'attrapa la main, et ce geste, la sensation de sa menotte dans ma paume, c'était vraiment Penny.

– Il nous reste encore trois mois, dit-elle. On va passer beaucoup de temps ensemble d'ici là. Et puis je viendrai te voir.

– Tant mieux, dis-je, les larmes ruisselant désormais sur mes joues. D'accord, c'est mieux…

Cette nuit-là, Penny me raccompagna à Autumn Creek et à partir de cet instant, jusqu'à son départ, nous passâmes quasiment tous nos moments de liberté ensemble – mais, bien sûr, cela ne suffisait pas. Pour que ces trois mois aient l'air de passer plus vite, il aurait fallu que je fasse un trou noir.

Toutefois, j'eus le temps de mieux saisir la façon dont sa réintégration avait transformé Penny, bien qu'en tentant de la décrire je me retrouve empêtré dans les mêmes locutions contradictoires qu'elle avait utilisées : Penny était différente, mais en un sens elle n'avait pas changé. Je finis par m'habituer à la « nouvelle » Penny, celle qui montrait les caractéristiques d'une demi-douzaine d'âmes simultanément, mais qui n'était pas toujours la même : parfois, le plus souvent, pendant des moments de stress ou d'intense émotion, ou de temps en temps, lorsque c'était plus calme, une âme semblait prendre le dessus, et j'aurais pu jurer être en présence de Maledicta – la « vieille » Maledicta – ou de Loins, ou de Duncan. Ou bien de Souris. Je n'en disais rien – s'ils étaient contents, je n'allais pas leur gâcher leur plaisir –, mais cela me réconfortait de voir qu'après tout la réintégration n'était pas une chose effrayante. Ma meilleure amie, sous tous ses aspects, existait encore. Puis la fin du mois de novembre arriva. Nous nous dîmes au revoir sur le parking du Harvest Moon, après un dernier petit déjeuner ensemble. Les adieux n'en finissaient pas ; quasiment toute la maisonnée voulut sortir pour lui souhaiter un bon voyage, et j'eus peur qu'elle n'ait plus rien pour moi. Mais je me trompais. Nous nous étreignîmes très longuement, puis Penny monta en voiture.

– T'as intérêt à m'écrire, lui dis-je, accoudé à la portière. Et à m'appeler.

– Compte sur moi, promit Penny.

Elle attira ma tête vers elle et m'embrassa sur les lèvres.

– Mon chou, dit-elle, et elle cligna de l'œil. Ne laisse personne te faire chier.

Puis, posant une main sur le volant et l'autre sur le bouton de l'allume-cigare, elle s'en alla.

***

Un mois plus tard, je fêtai le réveillon avec Mrs Winslow pour accueillir l'année 2000. Nous avions posé ma télévision couleur dans la cuisine pour regarder le feu d'artifice et, lorsque minuit sonna, nous ouvrîmes une bouteille de jus de raisin pétillant. Cela faisait longtemps que je n'avais pas été aussi heureux, mais mon bonheur restait teinté d'une mélancolie que je ne pouvais dissimuler.

– Elle te manque, n'est-ce pas ? demanda Mrs Winslow.

– Chaque jour.

Mais comme je ne souhaitais pas gâcher la soirée, je poursuivis :

– Mais ça va, vous êtes toujours là, vous.

– Euh… c'est bizarre que tu en parles…

– Pourquoi, bizarre ? répondis-je. Vous ne… Oh mon Dieu, Mrs Winslow ! Vous n'êtes pas en train de mourir, n'est-ce pas ?

Elle éclata de rire.

– Non, je ne vais pas mourir. Tout le contraire, j'espère. Je ne sais pas si tu l'as remarqué, mais ces derniers temps je n'attends plus le facteur avec autant de ferveur.

Je m'en étais rendu compte, effectivement – en tout cas, Adam s'en était aperçu. Ces dernières semaines, après m'avoir regardé partir au travail, le matin, Mrs Winslow s'en retournait dans la demeure victorienne au lieu de faire la sentinelle sur la véranda.

– Mais je m'étais dit, je ne sais pas, que peut-être vous aviez froid…

– Que mes vieux os usés ne pouvaient plus supporter l'hiver ?

Elle sourit.

– Je ne suis pas si vieille que ça – mais ça finira bien par arriver. Le printemps prochain, ça va faire quinze ans que Jacob et les garçons sont morts, et presque dix que la dernière lettre m'est parvenue. Il serait temps que je passe à autre chose.

*Oh non*, songeai-je, *pas vous aussi*.

– C'est formidable ! m'écriai-je. C'est merveilleux !

– Tu es un piètre menteur, Andrew, me répondit gentiment Mrs Winslow. Je sais que ça va être dur pour toi, et si je pensais que tu ne pouvais pas le supporter… mais ce n'est pas le cas. Tu as vécu des moments difficiles l'année dernière, et tu t'en es bien sorti. Je pense que tu es prêt à continuer sans moi.

– Bien sûr, répondis-je absolument pas sûr.

– C'est bien, parce que je vais avoir besoin de ton aide.

– Bien sûr, répétai-je, avec plus d'assurance. Tout ce que vous voudrez, que voulez-vous que je fasse ?

– Il faudrait sans doute que je rompe une fois pour toutes avec le passé, mais je ne suis pas certaine d'être assez forte pour le faire, en tout cas pas d'un coup. Alors, si je quitte cette maison, je voudrais que quelqu'un de confiance y reste pour continuer à surveiller le courrier pour moi. Au cas où. Cela ne serait pas éternel, un an, tout au plus – si je ne revenais pas –, puis je serai prête à laisser tomber pour de bon.

– Je peux m'en occuper, je veux dire, ça m'éviterait de chercher un autre appartement, alors ça m'arrange.

– Il faudrait que tu t'occupes de la maison, poursuivit Mrs Winslow. Bien entendu, je ne te demanderais plus de me payer de loyer.

– Oh non, Mrs Winslow, n'en faites pas tant.

– Ce n'est rien, Andrew, je préférerais que ça te permette de faire des économies et que tu commences à penser à ce dont tu as vraiment envie pour la suite. Et comme je t'ai dit, cela ne durera pas éternellement. Dans un an, peut-être deux, je vendrai la maison.

– Alors c'est d'accord, répondis-je. Je vais m'en occuper jusqu'à ce que vous vous sentiez prête à vous en débarrasser.

Comme Julie, Mrs Winslow me laissa également sa voiture, mais c'était un vrai cadeau, et non un prêt. Elle insista aussi pour que je passe mon permis, ainsi lorsqu'elle partit, le premier jour de mai, je pus la conduire à l'aéroport. Elle partait pour Galveston, Texas, elle connaissait du monde là-bas, de vieux amis de fac qui tentaient depuis des années de la persuader de déménager.

– En fait, c'est surtout un prétexte pour aller quelque part, dit Mrs Winslow. Si le Texas ne me plaît pas, j'irai ailleurs.

Une fois l'avion de Mrs Winslow envolé, je remontai en voiture et partis faire une très longue promenade, sans but, autour du détroit de Puget. La nuit était tombée depuis un moment lorsque je rentrai à Autumn Creek. J'avais décidé de filer directement au lit, pour ne pas avoir à songer au vide qui régnait désormais dans la maison, mais je ne parvins pas à m'endormir. J'allai dans la cuisine pour préparer du thé et un lait chaud. Je préparai le thé comme Mrs Winslow l'aimait et posai la tasse à sa place, puis je m'assis sur mon siège de prédilection, bus le lait chaud, et pleurai.

Malgré tout, je survécus à cette nuit et, le lendemain matin, je fis le petit déjeuner tout seul. Le bacon d'Adam était un petit peu trop croustillant et mes œufs brouillés trop salés, mais je savais que je m'améliorerais avec un peu d'entraînement.

Une semaine plus tard, je reçus une lettre de Mrs Winslow. Il faisait très chaud à Galveston, mais elle avait déniché un logement agréable, un bungalow climatisé sur une plage du golfe du Mexique. « J'ai nagé tout l'après-midi d'hier, écrivait-elle, & la nuit dernière, pour la première fois depuis tellement longtemps que je ne m'en souviens plus, j'ai dormi jusqu'à l'aube… Je crois que je vais rester quelque temps ici. »

Ce qu'elle a fait.

Donc, il ne reste plus que moi pour raconter. Nous sommes à la mi-juin 2001. J'ai trente-deux ans – ou six, c'est selon. J'habite toujours dans la demeure victorienne d'Autumn Creek ; je me suis quelque peu étalé depuis que Mrs Winslow est partie – jamais elle n'aurait toléré que la cuisine soit aussi encombrée – mais je me suis interdit de réquisitionner les pièces situées à l'étage. Dans mon esprit, c'est toujours le domaine réservé de Mrs Winslow, et de plus, lorsque l'on a davantage d'espace, on a la tentation d'accumuler les choses, or j'essaie de faire des économies.

Je continue de me lever tous les matins à la même heure et je suis toujours le même rituel matutinal. Je vais et reviens du boulot à Bit Warehouse, et le soir, si je ne sors pas avec des amis du travail, je rentre à la maison et j'accorde un peu de temps dehors aux âmes qui en réclament (selon, comme toujours, leur comportement).

La psychothérapie avec le docteur Eddington s'est achevée – par un succès, estimons-nous tous deux – en fin d'année dernière. Je vais toujours le voir environ une fois par mois pour qu'il me fasse l'équivalent mental d'un check-up, mais ces séances sont extrêmement informelles : en général, on se retrouve dans son cabinet puis nous allons manger quelque part. La dernière fois que nous nous sommes vus, nous avons pris le bateau jusqu'à Bainbridge Island pour un brunch dominical à La Frégate puis nous nous sommes recueillis sur la tombe du docteur Grey, à Poulsbo. On a aussi fait un saut pour voir Meredith ; elle vit dans une nouvelle maison avec une nouvelle compagne. Elle a l'air heureuse.

Il y a eu, bien entendu, quelques changements à l'intérieur de la tête d'Andy Gage. C'est moi qui m'occupe de la maison maintenant ; je vais toujours voir mon père pour lui demander conseil, mais la décision finale sur tous les problèmes officiels me revient. Je préside l'assemblée pendant les conseils. Je fais appliquer le règlement intérieur. Ce n'est pas toujours facile, mais, tout compte fait, il me semble que d'avoir plus de responsabilités m'a été bénéfique. La maison est plus vide. Au cours de ma thérapie, j'ai absorbé tous les Témoins, faisant fusionner leurs souvenirs avec les miens et, par là même, apprenant encore plus de choses que je ne l'aurais voulu sur Horace Rollins et Althea Gage. Cela fut difficile, comme le fut la gestion de la maisonnée, mais au final, c'était mieux pour moi ; si je suis moins insouciant que je l'étais naguère, je suis aussi plus mûr, plus proche de mon âge biologique, et, pour le meilleur et pour le pire, je connais désormais mon histoire.

Le changement le plus surprenant sans doute est que Gideon contrôle désormais le paysage. Après ce qui était arrivé à Seven Lakes, mon père avait souhaité lui faire rejoindre le champ de potirons ; l'une de mes premières mesures, en tant que chef de la maisonnée, fut de le gracier. Je le maintins plusieurs mois en détention dans Coventry mais, après avoir consulté le docteur Eddington, je tranchai pour une nouvelle tentative de socialisation. Je rouvris le tunnel entre Coventry et la cave de la maison et, plus tard, ayant balancé les saletés qui s'y trouvaient, je fis du sous-sol une sorte de chambre d'amis dans laquelle Gideon pouvait séjourner à sa guise.

Cette tentative de réhabilitation rencontra un succès mitigé. Gideon reste la principale force perturbatrice de la maisonnée. Dans ses mauvais jours, il ne veut pas démordre du fait que les autres âmes ne sont pas réelles ; dans ses bons jours, il reste terriblement pénible et sème constamment la zizanie. Mon père et Gideon refusent de s'adresser la parole, et lors des rares occasions où Gideon assiste aux réunions de la maisonnée, ils ne communiquent que par personne interposée.

C'est parfois très difficile, mais Gideon n'a pas fait de nouvelle tentative pour s'emparer du corps. Je ne pense pas qu'il regagnera un jour suffisamment ma confiance pour que je l'autorise à sortir, mais le fait que je l'aie « réintégré » dans la maisonnée, même avec des restrictions, est une grande source de satisfaction pour moi, et la meilleure preuve que cette maison n'est finalement plus la proie des âmes qui y logent.

J'ai reçu trois lettres cette semaine.

La première était écrite par Mrs Winslow, qui voulait me dire qu'elle se sentait enfin prête à vendre la maison. «Ça ne va pas se faire sur-le-champ, s'empressait-elle de me dire. Mon idée serait de revenir à A. Creek autour du 1er mai, de passer la maison en revue & de voir les réparations qu'il faut effectuer. Puis contacter une agence immobilière, mettre tout ce qui reste dans des cartons, etc. Vu la crise économique, elle ne va sans doute pas se vendre tout de suite, en fait je ne devrais même pas essayer de la vendre maintenant – mais mieux vaut battre le fer quand il est chaud… En tout cas, il te reste du temps pour que tu décides où aller à présent.»

La deuxième lettre était signée Gordon Bradley, l'ex-commissaire de police de Seven Lakes, Michigan. Non, il ne l'avait pas écrite en prison ; malgré ses aveux, le commissaire Bradley ne fit jamais un jour de prison pour le meurtre de Horace Rollins. Il avait eu l'autorisation de plaider coupable pour homicide involontaire et fut condamné à dix-huit mois avec sursis. Quant à ce qu'il avait essayé de nous faire, à Penny et à moi, ils passèrent l'éponge dessus, estimant qu'il avait agi sous le coup d'une folie temporaire ou d'un énorme malentendu et il ne fut jamais poursuivi.

Je savais qu'il était libre, mais je fus toutefois surpris de recevoir une missive de lui. Après un paragraphe d'introduction extrêmement incohérent – qui, finis-je par comprendre, était une tentative de s'excuser d'avoir manqué me noyer dans le Two Seasons Lake –, le commissaire Bradley m'informait qu'Oscar Reyes lui avait dit que j'avais fini par revendiquer la propriété des vieilles terres des Gage. (C'est exact. Il y a un an, pour faire un cadeau de réconciliation à Gideon, j'ai contacté Oscar Reyes – qui d'autre ? – et lui ai demandé s'il était toujours possible que j'hérite des terres d'Althea. Il s'en occupa contre une somme modique.) «Bien que je comprenne que tu puisses ne pas avoir envie de traiter avec moi, continuait le commissaire Bradley, je reste intéressé par le rachat de la propriété. Au cas où tu serais d'accord pour considérer mon offre, merci de contacter Oscar.»

Adam m'a conseillé de lui répondre en lui disant que je serais d'accord pour vendre la propriété à n'importe qui, sauf lui, mais franchement, même après ce qui s'est passé, je ne me sens pas tellement vindicatif. À vrai dire, je ne sais pas ce que je ressens à son égard. Je crois que je vais demander à Oscar Reyes de vendre la propriété au plus offrant, et de ne pas me dire qui en est l'acheteur. Puisque le commissaire Bradley est si désireux de payer pour posséder les ruines de ma mère, ainsi soit-il.

La troisième lettre que j'ai reçue cette semaine, un e-mail, en fait, m'était envoyée par Penny, de San Diego.

**Objet : OK pour le 15 juillet?**
**Date :** mardi 21 juin 2001 08:08
**De :** Penny Driver
<pdriver@catchpennylane.org>
**À :** gardiendelamaison@pacbell.net

Andrew,
J'ai finalement réussi à obtenir des congés pour venir te voir. Que dirais-tu d'une petite huitaine, à partir du 15 juillet? Dis-moi si je peux m'occuper de la réservation de l'avion.
Je t'embrasse,
Penny

Après ceci, il y avait un saut d'environ dix lignes, puis je découvris :

P.S. : donne à Sam mon putain de bonjour… M

– Eh bien, s'exclama Adam, perché dans la chaire, ça devrait être intéressant, comme petite réunion !

Dimanche 24 juin 2001, 7 h 35 (à peu près) : je suis assis sur la balancelle de la véranda, et je bois mon premier café. Je n'attends rien en particulier – le facteur ne passera pas, aujourd'hui, et Penny n'arrivera pas avant trois semaines – mais j'observe le jour qui se lève, et je pense, sans anxiété, à ce que j'aimerais faire de ma vie.

J'ai mes fantasmes, bien sûr, concernant ce qui pourrait se passer lorsque Penny arrivera enfin. Toutefois, je suis suffisamment adulte pour savoir que ce ne sont que des fantasmes, et que je ne peux donc pas me fier à eux. La vérité, c'est que cela fait plus d'un an et demi que je n'ai pas vu Penny, et bien qu'on soit restés en contact pendant tout ce temps, je ne sais pas vraiment comment elle va maintenant (et si ce P.S. de la part de Maledicta n'est pas une plaisanterie, Penny elle-même ne sait peut-être plus vraiment où elle en est). Alors, même si je rêve qu'elle m'invite à la rejoindre à San Diego, je ne compte pas dessus.

Cela dit, on devrait sans doute s'amuser, pendant qu'elle sera là.

Quant au futur plus lointain, je crois qu'une fois que Mrs Winslow aura vendu sa maison, je vais peut-être voyager un petit moment – de mon propre chef, cette fois. J'aimerais voir du pays, découvrir des lieux où j'aimerais vivre, peut-être un endroit où la terre serait suffisamment bon marché pour que je ne sois pas obligé d'être locataire.

Je me surprends à penser au Nouveau-Mexique. Je sais que c'est le rêve de Tante Sam, alors peut-être a-t-elle trouvé un moyen de faire pénétrer ses désirs dans mon inconscient – mais Tante Sam souhaite vivre à Santa Fe, et je ne pense pas que je pourrais me payer une propriété là-bas. Mais à l'extérieur de la ville, dans le désert – peut-être pourrais-je m'offrir quelques acres. Quitte à bâtir de mes propres mains ma maison en adobe : pourquoi pas ?

– Oh, ouais, dit Adam, et puis si tu fais pousser des céréales, tu construiras ton toit en chaume tout seul. Peut-être même que Julie Sivik pourrait prendre son avion en Alaska et voler jusqu'à toi pour te filer un coup de main ?

D'accord, peut-être n'est-ce pas une idée très réaliste.

Tout de même, j'arrive parfaitement à me représenter la maison : petite – un étage suffirait, je crois –, mais avec une grande véranda ou un patio orienté à l'est, un endroit où prendre mes petits déjeuners sous le soleil du matin.

De l'espace alentour, suffisamment pour planter quelques arbres, et un grand chemin qui me permettrait de voir qui vient. Un jardin derrière. Et à l'intérieur, à l'abri mais visibles, plein d'étagères et d'armoires et de placards, afin que tout ce que je possède déjà, et que tout ce qui me reste à acquérir, trouve sa juste place.

# Remerciements

Comme toujours, je suis reconnaissant à beaucoup de gens, mais ma plus grande dette, je l'ai contractée auprès de ma femme, Lisa Gold, qui m'a aidé avec une telle constance, et de tant de manières différentes, qu'elle mériterait une page de remerciements à elle toute seule. Elle a fait tour à tour office de muse, cobaye, critique, éditrice, correctrice, assistante de recherche, meilleure amie, pompom girl, conseillère, et gestionnaire de moult choses pratiques. Merci, Lisa.

Merci aussi à Michael B., dont les goûts douteux en matière de femmes m'ont donné l'inspiration initiale pour cette histoire.

Merci à mon agente, et deuxième supporter devant l'Éternel, Melanie Jackson.

Merci à mes trois éditeurs : Dan Conaway, qui m'a mis sur les rails, Jennifer Hershey, qui a apprécié la direction que j'ai prise, et Alison Callahan, qui a magnifiquement fini le travail entrepris alors que Jennifer s'était fait entraîner dans une étrange maison.

Merci à Brenda Cavender, qui m'a offert un magnifique endroit où vivre le temps de finir cet ouvrage.

Merci à Josh Spin, Greg Delaney, Neal Stephenson, Ellen Lackermann, Harold et Rita Gold, Susan Weinberg, Lydia Weaver, Elliott Beard, Olga Gardner Galvin, Michael McKenzie, Andrea Schaefer, Cynthia Geno, Lee Drake, Michael Alexander, Noah Price, Karen Carr, Lisa Fogelman, Jonathan Jacobs, George Coulouris, et Christodoulous Litharis. Pour finir, merci aux bibliothécaires, aux chatters, et à tous ceux qui ont mis des messages sur

Usenet pour m'aider à répondre aux questions occasionnées par mes recherches.

Retrouvez Matt Ruff sur le web à l'adresse suivante : www.bymattruff.com